Ingo Richter
Meine deutsche Bildungsrepublik

Für Sabine

Ingo Richter

Meine deutsche Bildungsrepublik

Eine bildungspolitische Autobiographie

Verlag Barbara Budrich
Opladen • Berlin • Toronto 2021

Bibliografische Information der Deutschen Nationalbibliothek
Die Deutsche Nationalbibliothek verzeichnet diese Publikation in der Deutschen
Nationalbibliografie; detaillierte bibliografische Daten sind im Internet über
https://portal.dnb.de abrufbar.

Gedruckt auf säurefreiem und alterungsbeständigem Papier

ISBN   978-3-8474-2476-5 (Paperback)
eISBN   978-3-8474-1620-3 (PDF)
DOI   10.3224/84742476

Umschlaggestaltung: Bettina Lehfeldt, Kleinmachnow – www.lehfeldtgraphic.de
Titelbildnachweis: istockphoto.com
Satz: Linda Kutzki, Berlin – www.textsalz.de
Druck: docupoint GmbH, Barleben
Printed in Europe

Inhaltsverzeichnis

Teil II. Zwei Schritte vor, einen Schritt zurück – Reformpolitiken 1963–1989

Teil III. Jugend- und Bildungspolitik in Zeiten der Wiedervereinigung und der Globalisierung (1989–2019)

Vorwort

Kann nur ein Bildungspolitiker, das heißt jemand, der selber Bildungspolitik gemacht hat, eine bildungspolitische Autobiographie schreiben? Ich war nie Bildungspolitiker und ich habe es dennoch versucht, weil die Bildungspolitik mein Leben bestimmt hat und weil ich deshalb von meiner (west)deutschen Bildungsrepublik spreche. Ich beschreibe zunächst meine eigene Bildung und es ist banal, zu sagen, dass sie durch die Bildungspolitik der Zeit bestimmt war. Ich berichte über Institutionen der Bildungsforschung und Bildungspolitikberatung, in denen ich als Jurist gearbeitet habe. Die Juristenausbildung, in der ich tätig war, sollte einen neuen Juristen bilden. In der politiknahen Kinder- und Jugendforschung, der ich mich gewidmet habe, ging es darum, die Lebensbedingungen aller Kinder und Jugendlichen zu verbessern, eine Voraussetzung aller Bildung. Und schließlich habe ich als politischer Mensch und als Jurist sehr viel über Bildungspolitik geschrieben, habe im Inland und im Ausland Politiker und Verwaltungsbeamte beraten und bin sehr viel gereist, – und Reisen bildet bekanntlich. Vielleicht habe ich dann doch ein wenig Bildungspolitik gemacht.

Dieser bildungspolitischen Autobiographie liegen meine Erinnerungen zugrunde. Andere Menschen haben andere Erinnerungen an die Ereignisse und Entwicklungen, die ich beschreibe und viele bewerten sie anders als ich. Es geht in diesem Buch um meine Wahrheit. Es ist kein wissenschaftliches Buch. Andere Menschen mögen andere Wahrheiten haben. Ich habe mich dazu entschlossen, die meisten Menschen, über die ich etwas schreibe, mit ihrem wirklichen Namen zu nennen und nur diejenigen zu anonymisieren, über die ich etwas Unschönes erzähle. Den Menschen, die mir begegnet sind, mit denen ich zusammengearbeitet habe und die ich in diesem Buch nenne und beschreibe, möchte ich danken, denn sie haben mir geholfen, bildungspolitisch zu denken und zu handeln. Ich widme dieses Buch meiner Frau, weil ich nur durch sie und mit ihr diesen Weg gehen konnte.

Meine bildungspolitische Autobiographie endet scheinbar mit PISA und den Folgen. Einem solchen Eindruck wollte ich entgegentreten und habe deshalb in einem Nachtrag meine Einschätzungen zu den zur Zeit wichtigen bildungspolitischen Problemen niedergeschrieben, zur Inklusion von behinderten Menschen, zur Integration von Einwanderern und Flüchtlingen sowie zum Überleben in einer „pandemischen Gesellschaft", weil ich davon ausgehe, dass wir diese Probleme durch Bildung bewältigen werden. Ich äußere mich aber auch zu gegenwärtigen Herausforderungen, durch die das Bildungswesen überfordert ist, nämlich zur Digitalisierung von Information und Kommunikation, und zur Belastung der Gesellschaft durch radikale und anome Einstellungen und Verhaltensweisen sowie durch die Legitimationsschwäche des politischen Systems.

Teil I. Ein hoffnungsvoller deutscher Jüngling – Aufwachsen und Studieren 1945–1963

Einleitung: Deutschland 1945

Auferstanden aus Ruinen und der Zukunft zugewandt, lass uns dir zum Guten dienen, Deutschland, einig Vaterland.
└ Nationalhymne der DDR, Text Johannes R. Becher, Musik Hanns Eisler, 1949

Das Deutsche Reich hatte im Jahre 1939 rd. 80 Millionen Einwohner. Die Zahl der Kriegstoten belief sich insgesamt auf 3,2 Millionen Soldaten und 3,6 Millionen Zivilisten. Es gab im Jahre 1945 rd. 1,5 Millionen Kriegsversehrte. Die Flucht oder Vertreibung aus den ehemaligen deutschen Ostgebieten betraf rd. 10 Millionen Menschen. Die Bombardierung der deutschen Großstädte führte durch Evakuierung und Tod zu großen Bevölkerungsverlusten. So hatte Köln z. B. im Jahre 1939 750.000 Einwohner, im Jahre 1945 aber nur noch 40.000. In den vier Besatzungszonen lebten im Jahre 1946 nur noch rd. 65 Millionen Menschen. Der Zweite Weltkrieg führte in Deutschland jedoch nicht nur zu großen Bevölkerungsverlusten, sondern durch Flucht und Evakuierung, Umsiedlung und Neuansiedlung auch zu großen Bevölkerungsverschiebungen, sodass die Bevölkerungsstruktur 1945 völlig anders aussah als 1939. Von diesen Verlusten und Verschiebungen waren alle Menschen betroffen, alle Familien, alle Nachbarschaften und alle Gemeinschaften.

Insbesondere in den Großstädten und den Mittelstädten, die die Flächenbombardierungen durch die Alliierten besonders betroffen hatten, waren die Wohnungen und Fabriken weitgehend zerbombt, während die Kleinstädte und Dörfer weniger oder gar nicht betroffen waren, es sei denn, es hatten sich dort Kriegsbetriebe befunden. Im Jahre 1945 waren jedenfalls 1,8 Millionen Wohnungen gänzlich unbrauchbar und 3,6 Millionen Wohnungen beschädigt. Zerstörung und Beschädigung betrafen rd. 20 Millionen Menschen, d. h. rd. 25 % der Bevölkerung. Auch rd. 25 % der Industrieanlagen waren zerstört und rd. 50 % der Verkehrswege. Jeder kennt die Bilder der „Ruinenstädte" Berlin, Hamburg und Dresden, und man fragt sich heute, wie ein Leben in diesen „Geisterstädten" überhaupt möglich war.

Elend und Hunger in der unmittelbaren Nachkriegszeit lassen sich nicht in Zahlen fassen. Die Kindersterblichkeit war hoch, der Gesundheitszustand vieler Menschen sehr schlecht. Viele Menschen starben an Unterernährung, und zwar insbesondere in dem außerordentlich kalten „Hungerwinter" 1946/47. Den Angehörigen der Besatzungsmächte war es im ersten Nachkriegsjahr untersagt, Lebensmittel an die deutsche Bevölkerung weiterzugeben, auch nicht Speisereste, und die großzügige Care-Paket-Aktion der USA setzte erst nach einem Jahr ein. Bei Kriegende konnte der tägliche Kalorienbedarf der deutschen Bevölkerung nur zu 40–50 % gedeckt werden, wobei es auch hier zwischen Stadt und Land beträchtliche Unterschiede gab. Es gab den Lastenausgleich, jedoch erst ab 1952. Auch wenn der Lastenausgleich vielleicht der größte Versuch war, Kriegsschäden auszugleichen, den es in der europäischen Geschichte je gegeben hat, so bewirkte er keinesfalls eine soziale Egalisierung. Er beschränkte sich bei den Opfern auf Soforthilfen und langfristige Entschädigungsleistungen, während die Belasteten ihre Verpflichtungen mehr oder weniger aus den Renditen ihres Vermögens und durch die Belastung ihres Grundeigentums bezahlen konnten. Im Jahre 1949 gab es in der amerikanischen und der britischen Zone bereits das Soforthilfegesetz, das in die französische Zone übernommen wurde. Aber vorher? Es ist heute nur sehr schwer vorstellbar, wie die 65 Millionen Menschen im Nachkriegsdeutschland untergebracht, ernährt und versorgt worden sind, insbesondere angesichts von Zerstörung und einer statistisch nicht erfassbaren Arbeitslosigkeit.

Auf allem Elend aber lastete der Zusammenbruch der deutschen gesellschaftlichen und staatlichen Ordnung. Die militärische Niederlage Deutschlands war durch die Besetzung des Landes und die Beseitigung der deutschen Staatsgewalt so offensichtlich, dass niemand sie leugnen konnte. Anders als im Falle des Ersten Weltkrieges war die Kriegsschuldfrage beim Zweiten Weltkrieg eindeutig zu beantworten; dennoch verdrängten viele Menschen die Antwort auf diese Frage oder suchten die Schuld an Krieg und Niederlage bei „den anderen". Mögen auch viele die These von der Kollektivschuld des deutschen Volkes zurückgewiesen und die später von Theodor Heuss umgedeutete Formulierung „Kollektivscham" nicht zur Kenntnis genommen oder nicht nachvollzogen haben; eine diffuse Belastung empfanden alle, und zwar auch diejenigen, die die historischen Tatsachen nicht wahrhaben wollten. Das ganze Ausmaß der Verbrechen des „Dritten Reiches" kannten vermutlich nur wenige, aber irgendetwas wusste jeder, denn es gibt nicht Wissen und Nicht-Wissen, sondern sehr viele Abstufungen des Wissens, und mögen es bei einigen auch nur Ahnungen gewesen sein! Das politische Versagen der deutschen Eliten, die Identifikation der großen Mehrheit des deutschen Volkes mit dem Nationalsozialismus – von Sebastian Haffner in seinen „Anmerkungen zu Hitler" 1978 so eindrücklich erklärt und von Martin Walser 1998 in seinen Erinnerungen an das Wasserburg der NS-Zeit „Ein springender Brunnen" so plausibel beschrieben – führten zusammen mit der Führung eines Angriffskrieges, dem Völkermord und den Verbrechen gegen die Menschlichkeit zu einer Zerstörung der gesellschaftlichen Ordnung und zu einer Zerrüttung der öffentlichen Moral, die in ihrer Bedeutung das materielle Elend bei weitem übertrafen. Dennoch: Viele zerstörte Familien fanden wieder zusammen und die Eltern versorgten und kümmerten sich um ihre Kinder; die Schulen öffneten schon im Sommer 1945 wieder ihre Pforten; die heimkehrenden Soldaten strömten in die Betriebe, Verwaltungen und Universitäten, und deutsche Politiker übernahmen sehr bald wieder politische Verantwortung auf den unteren Ebenen der Verwaltung.

Welche Entwicklung Deutschland nehmen würde, war im Jahre 1945 durchaus offen. Die Gebiete östlich von Oder und Neiße waren abgetrennt und unter polnische Verwaltung gestellt worden. Deutschland war zwar in vier Besatzungszonen und Berlin in vier Sektoren der vier Siegermächte des Zweiten Weltkrieges aufgeteilt; doch es war bis zur Gründung der beiden deutschen Staaten im Jahre 1949 noch ein Land, dessen Teilung und unterschiedliche gesellschaftspolitische Entwicklung keinesfalls ausgemacht war. Nach 1949 führte der „Kalte Krieg" zwar zur West- bzw. Ostintegration der BRD bzw. der DDR, und es entstand eine kapitalistische Gesellschaftsordnung im Westen und eine sozialistische im Osten; doch erst der Bau der Mauer 1961 verfestigte die Teilung und konsolidierte die unterschiedlichen Gesellschaftsordnungen. Es ist verfehlt, aus dieser Entwicklung zu schließen, dass dies alles bereits im Jahre 1945 so angelegt war. Die „Auferstehung aus Ruinen" führte zunächst zur Wiederherstellung der traditionellen gesellschaftlichen Strukturen, auch wenn die Besatzungsmächte insbesondere in der Wirtschaftspolitik unterschiedliche Akzente setzten. Die Kinder und Jugendlichen wuchsen in der unmittelbaren Nachkriegszeit jedenfalls noch in traditionellen deutschen Gesellschaftsstrukturen auf, wie der nachfolgende Bericht über das Leben in Westdeutschland zeigt, der allerdings eine zunehmende Prägung durch die Lebensumstände des westlichen gesellschaftlichen und politischen Systems aufweist.

1 Aufwachsen

In der unmittelbaren Nachkriegszeit habe ich als Flüchtlingskind in einem kleinen niedersächsischen Dorf fern der zerstörten Großstädte gut versorgt und wohl behütet gelebt (1.1.1). Meine sozialdemokratischen Lehrereltern vermittelten mir in der jungen Bundesrepublik einerseits die schlichten bürgerlichen Tugenden und andererseits den Willen zum sozialen Aufstieg durch Bildung (1.1.2). Das Curriculum eines kleinstädtischen niedersächsischen Gymnasiums hat mich zwar nicht „dumm gemacht", mir aber auch nicht mehr als eine normale neusprachlich geprägte Bildung vermittelt (1.2.1); wichtiger wurde die außerschulische Sozialisation (1.2.2)

1.1 Eine preußisch-sozialdemokratische Volksschullehrerfamilie

1.1.1 „Auf der Lüneburger Heide ..." – Über familiäre Milieus

Aus Hinterpommern

Ich bin 1938 geboren und in einer preußischen Volksschullehrerfamilie groß geworden. Wir haben bis 1945 in Pollnow gelebt, einer Kleinstadt in Hinterpommern, von 1945 bis 1949 in Gülden, einem kleinen Dorf in Niedersachsen, und von 1949 bis 1957 in Lüchow, einer niedersächsischen Kleinstadt, wo ich 1957 das Abitur machte.

Die Familie meines Vaters stammte aus der Gegend von Neustettin in Hinterpommern, wo mein Großvater einen Bauernhof bewirtschaftete; doch als vierter Sohn von sechs Kindern konnte mein 1893 geborener Vater dort nichts werden und erben. Im Ersten Weltkrieg wurde er Soldat und gegen Ende des Krieges Leutnant, eine Karriere, die Bauernkindern verschlossen war; doch es war Krieg und der ermöglichte auch Unterschichtkindern den Aufstieg ins Offizierscorps. Der Krieg, in dem er verletzt worden war, hatte meinen Vater zum Pazifisten, Atheisten und Sozialisten gemacht. Er trat in eine pazifistische Organisation und in die Unabhängige Sozialdemokratische Partei Deutschlands (USPD) ein, wandte sich aber später den Sozialdemokraten zu. Er ging auf eine sog. Präparandenanstalt in Hinterpommern und danach aufs Lehrerseminar, erhielt seine erste Stelle in Köslin und wurde bald Arbeitsgemeinschaftsleiter für die jungen Lehrer und Lehrerinnen. Dort traf er eine junge Lehrerin, die aus einer westpreußischen Lehrerfamilie stammte, elf Kinder, von denen neun groß wurden. Sie hatte – als zweitjüngste in der Familie – das Lyzeum in Droyßig in Sachsen und danach das Lehrerinnenseminar in Torgau besucht. In Köslin erhielt sie ihre erste Stelle an einer Hilfsschule in einem evangelischen Stift. Nach einem halben Jahre waren die beiden verheiratet und bekamen bald zwei Kinder, meine beiden älteren Geschwister, Isolde und Ottfried. Meine Vorfahren waren also väterlicherseits pommersche Bauern und mütterlicherseits westpreußische Lehrer.

Mein Vater muss ein politisch engagierter und pädagogisch begabter Lehrer gewesen sein, denn 1932 wurde er Rektor einer sog. Weltanschauungsschule in Köslin in Hinterpommern. Das waren Schulen für die Kinder von Eltern, die weder die christliche öffentliche Gemeinschaftsschule noch eine öffentliche oder private konfessionelle Schule, sondern eine durch die Religion nicht geprägte Volksschule bevorzugten. Die Weimarer Verfassung hatte 1919 solche Schulen vorgesehen; doch die Errichtung von Weltanschauungsschulen war nur sehr zögerlich vorangekommen, sodass 1932 im gesamten Reich nur 0,6 % aller Volksschulen bekenntnisfreie Schulen waren. Es kann deshalb als etwas ganz Besonderes gelten, dass mein Vater 1932 Rektor einer solchen Weltanschauungsschule wurde. Im Jahre 1933 – das von den Nationalsozialisten abgeschlossene Reichskonkordat hatte die Konfessionsschulen gewährleistet – wurde mein Vater als Pazifist, Sozialist und Rektor einer Weltanschauungsschule zwar nicht entlassen, jedoch sofort zwangsversetzt, und zwar als einfacher Lehrer in die Kleinstadt Pollnow bei Köslin. Freunde und Genossen kamen ins KZ und einige, die überlebt hatten, machten später Karriere in der DDR.

Pollnow, diese hinterpommersche Kleinstadt mit ihren 2000–3000 Einwohnern stellte sich jedoch für meine Eltern als gar nicht so schlecht heraus. Es gab 1933 angeblich nur drei Nazis in der Stadt, darunter ein braver Schneidermeister, der zum Bürgermeister avancierte. Das Klima unter den Kollegen meines Vaters an der Volksschule war erträglich. Seen und Wälder, die nahe Ostseeküste, die bäuerliche Verwandtschaft, Wandern im Sommer und Skilaufen im Winter. Meine Eltern begannen mit dem Tennisspiel. 1935 schien das Schlimmste vorbei zu sein. Meine Mutter macht mit einem befreundeten Ehepaar zwei Auslandsreisen, in die Schweiz und nach Paris; mein Vater fährt 1936 nach Berlin zur Olympiade, wo er u. a. eine Ausbildung als Sprachlehrer für Stotterer macht. 1937 war vielleicht das glücklichste Jahr in der Ehe meiner Eltern, und mit Hitler schien es doch nicht so schlimm zu kommen, wie sie befürchtet hatten. Die wenigen jüdischen Familien in Pollnow waren, so hieß es, gleich nach 1933 emigriert, was sich jedoch später als falsch herausstellte. An sich hatten meine Eltern nach 1933 beschlossen, keine weiteren Kinder mehr haben zu wollen, aber wenn es nun doch nicht so schlimm kam, dann – so meinten sie – könnten sie auch noch ein weiteres Kind haben. Ich verdanke also meine Existenz einem politischen Irrtum meiner Eltern. Wenn sie auch nur geahnt hätten, dass 1938 die Kriegsgefahr riesengroß würde, dass Deutschland 1939 einen Krieg entfesseln würde, hätte es mich nie gegeben.

Zu meiner ganz frühen politischen Sozialisation in der Familie gehörte 1. die Gegnerschaft zum Nationalsozialismus und 2. die Solidarität mit dem leidenden deutschen Volk. Meine Eltern hatten sich nach 1933 nicht mehr aktiv gegen die Nazis betätigt und waren von weiterer politischer Verfolgung verschont geblieben. Mein Vater war für den aktiven Kriegsdienst zu alt und litt an den Folgen seiner Verwundung aus dem Ersten Weltkrieg. Er wurde als Kommandant eines russischen Kriegsgefangenenlagers in Bromberg an der Weichsel eingesetzt und stieg in der militärischen Hierarchie bis zum Hauptmann auf – was mag er dort getan und erlebt haben? Er erzählte nie davon; ich habe nie gefragt! Am Schluss des Krieges wurde mein Vater als lokaler Volkssturmkommandant in Pollnow eingesetzt und wusste deshalb genau, wo die russische Armee stand. Meine Mutter übernahm es, für die nationalsozialistische Volkswohlfahrt den Familien in Pollnow die Nachricht von der Verletzung oder vom Tod ihrer Männer und Söhne zu überbringen – „Totenvogel" nannte man das. Sie sprach viel von dem, was sie dort alles erlebt hatte. Die prinzipielle Gegnerschaft zum Nationalsozialismus und zu dem von Deutschland vom Zaun gebrochenen Weltkrieg schloss die praktische Solidarität im Alltag nicht aus.

Nach einer Flucht im Angesicht der russischen Panzer mit dem letzten Lazarettzug der Wehrmacht im Kohlenwagen am 23. Februar 1945 – meine Mutter hatte den Lokführer mit einer Schachtel Zigaretten bestochen – landeten wir in Quickborn bei Dannenberg in Niedersachsen und wurden vom dortigen uns unbekannten Volksschullehrer sofort in seiner Wohnung aufgenommen. Wir erfuhren so die Solidarität unter Kollegen, lebten dann bis zum Kriegsende bei dem örtlichen Kaufmann, wo ich zum ersten Mal soziale Unterschiede im Alltag bewusst erlebte: Frau Schönemann, die Kaufmannsfrau, hatte Süßigkeiten gehortet und versteckte für die etwa 30 einheimischen und die im Hause lebenden geflüchteten Kinder je ein Osterei in ihrem riesigen Garten. Am Zaun aber, außerhalb des Gartens, standen die Flüchtlingskinder, die nicht dabei sein durften, und schauten zu, wie wir unsere Eier suchten. „So viele Eier habe ich nicht" erklärte Frau Schönemann, und ich habe zum ersten Mal verstanden, dass die prinzipielle Knappheit der Güter soziale Ungleichheit bedingen kann, dass die Entscheidungen über die Umverteilung von den Besitzenden getroffen werden, wenn sie nicht der Staat trifft. Ich bin auch nie auf die Idee gekommen, dass man die Eier vielleicht hätte teilen können! – Doch auch ein solcher „radikaler Sozialismus" wäre möglicherweise an tatsächliche Grenzen gestoßen.

Auf dem Dorfe

Dank der politisch-freundschaftlichen Beziehungen meines Vaters aus der Zeit vor 1933 zu einigen jetzigen Beamten des niedersächsischen Kultusministeriums erhielt mein Vater von dem nationalsozialistischen, aber im Amt gebliebenen Kreisschulrat Hahn sofort eine feste Lehrerstelle, und zwar in Gülden, einem kleinen Dorf am Rande der Göhrde, einem großen Waldgebiet in Nord-Ost-Niedersachsen. Der Wechsel des politischen Systems führt nicht immer zum Austausch des gesamten administrativen Personals, wie es in der Sowjetischen Besatzungszone weitgehend der Fall war, sondern zu einer Anpassung des „Apparates" an die jeweils neuen Verhältnisse – eine Einsicht, die in einem Land, das im Lauf eines Jahrhunderts fünf gänzlich unterschiedliche Herrschaftsverhältnisse erlebt hat, vielleicht nicht ganz unbedeutend ist.

In Gülden waren wir nicht willkommen. Der dortige frühere Lehrer Busse muss in der Partei eine gewisse Rolle gespielt haben, denn er wurde von der britischen Besatzungsmacht mehrere Jahre lang interniert und nun bekam ein Sozialdemokrat seine Stelle. Die sieben Bauern hielten zu dem internierten Lehrer und wollten uns nicht einmal Milch und Brot verkaufen. Doch zu unserem Glück waren die anderen neun Dörfer, die zum Schulsprengel gehörten, mit dem Hauptdorf „seit Jahrhunderten" verfeindet und stellten sich nun – Sozi hin, Sozi her – auf die Seite des neuen Lehrers und versorgten uns mit den nötigen Lebensmitteln. Jeden Sonntag luden sie uns zum Mittagessen ein. Mein Vater spielte mit den Bauern Skat und fachsimpelte – als Bauernsohn – mit ihnen über landwirtschaftliche Fragen, während meine Mutter mit den Frauen „Häusliches" und „Fraulich-Familiäres" beim Stricken besprach und ich mit den Jungen und Mädchen auf dem jeweiligen Bauernhof in Stall und Scheune herumtobte.

Die Sozialkompetenz meiner Mutter bewährte sich auch an anderer Stelle. Da der Pfarrer sich weigerte, bei familiären Festen wie Hochzeiten, Taufen und Beerdigungen neben den kirchlichen auch die üblichen häuslichen Feiern musikalisch und rednerisch zu gestalten, und da mein Vater, dem diese Aufgabe als Lehrer an sich oblag, sich ebenfalls verweigerte, übernahm meine Mutter diese Aufgabe, und zwar mit größtem Vergnügen und auch mit viel Erfolg. Sie schilderte gefühlvoll und beredt das Leben der Menschen, um die es ging, und alle sangen – je nach dem Anlass – die traurigen oder fröhlichen Kirchen- und Volkslieder. Selbst in den „Hungerjahren" nach dem Krieg bogen sich die Tische bei solchen Festen unter der Last der Speisen und Getränke – herrlich für mich, der ich immer dabei sein durfte. Das „soziale Geflecht" wird durch Nähe und Ferne bestimmt, nicht durch Herkunft und Politik.

Die kommunalen und politischen Differenzen der ferneren und unmittelbaren Vergangenheit wurden jedoch in der Nachkriegszeit völlig vom Unterschied zwischen den Einheimischen und den Flüchtlingen überlagert. In Gülden gab es sieben Bauernhöfe mit – sagen wir einmal – rd. 70 Familienmitgliedern sowie Knechten und Mägden; hinzu kam noch einmal die gleiche Anzahl von Flüchtlingen bzw. Evakuierten, die auf den Bauerhöfen Aufnahme gefunden hatten oder dort zwangsweise einquartiert worden waren. Das waren also rd. 140 Menschen in einem eher armen Dorf auf der Geest. Die Bauern galten als „reich", die Flüchtlinge waren „arm". Die soziale Ungleichheit – neben der landsmannschaftlichen Ungleichheit – war mit Händen zu greifen. Die Bauern arbeiteten auf ihrem eigenen Land, die Flüchtlinge arbeiteten gegen geringen Lohn auf den Bauernhöfen mit, soweit sie arbeitsfähig waren und die Kriegsgefangenen und Zwangsarbeiter in der Landwirtschaft ersetzen konnten. Finanzielle Unterstützung gab es nicht; der sog. Lastenausgleich setzte nach einer Soforthilfe von 1945/46 erst 1952 ein. Die Flüchtlinge aßen auf den Höfen mit und galten deshalb weitgehend als Last. In Gülden gab es zwei „Großbauern" mit viel Land, während die anderen fünf eher kleine Höfe besaßen. Soziale Unterschiede bei den Flüchtlingen gab es nicht, wurden jedenfalls nicht offensichtlich, weil alle das Schicksal der Vertreibung teilten. Es kam hinzu, dass die Bauern den „Hamsterern", die überwiegend aus dem hungernden Hamburg kamen, Lebensmittel gegen „Teppiche und Juwelen" verkauften und so noch wohlhabender wurden, während die Flüchtlinge kaum etwas zu „versetzen" hatten. Als Lehrerfamilie hatte meine Familie eine merkwürdige Zwischenstellung, denn wir waren einerseits Flüchtlinge, wurden jedoch andererseits vom Staat mit einem geringen, aber auskömmlichen Gehalt alimentiert. Als Flüchtlinge – und Sozialdemokraten – zogen wir zwar den Hass der Einheimischen ebenso auf uns wie die anderen Flüchtlinge; aber der Lehrer und die Lehrerin – meine Mutter unterrichtete von Anfang an mit – galten doch in gewisser Weise als Respektspersonen, mit denen man es sich nicht gänzlich verderben durfte. Und zum Glück gab es ja noch die anderen neun Dörfer!

Wir waren „Selbstversorger" wie die Bauern, denn der riesige Garten, der zur Lehrerwohnung im Schulhaus gehörte, versorgte uns mit Kartoffeln, Gemüse und Obst, das für den Winter eingekellert bzw. eingeweckt wurde. Für meinen Vater als Bauernsohn war dies in gewisser Weise „sein Hof", während die Arbeit im Wesentlichen von meiner Mutter geleistet wurde. Sieben Hühner, die uns die Bauern der Nachbardörfer jeweils im Frühling schenkten, legten für uns Eier, bevor sie selber „in den Topf wanderten". Ein Schwein gaben wir jährlich „in Pension" bei einem der Bauern in den Nachbardörfern, für das wir allerdings das Futter bezahlten. Am Schlachttag im Herbst kam der Schlachter aus einem Nachbardorf, und wir Kinder durften das entsetzlich quiekende

Schwein festhalten, während ihm der Schlachter mit dem Holzhammer einen Keil in das Gehirn trieb. In dem großen Kupferkessel, in dem sonst die Wäsche gewaschen wurde, kochte meine Mutter die Wurst; die Tischlersfrau rührte mit bloßem sehnigem Arm in unserem Wäscheeimer das Blut für die Blutwurst; die fetten Fleischstücke kamen in die Salzlauge im Pökelfass, das den ganzen Winter über bei uns im Schlafzimmer neben dem Sauerkrautfass in der Ecke stand; die besten Koteletts gab es noch am Schlachttag abends frisch für den Schlachter und für uns – alles, aber auch alles wurde verwertet! Brot gab es im Kolonialwarenladen – so hieß der, obwohl es keinerlei Waren aus den nicht vorhandenen Kolonien gab, z. B. aber Maisbrot, drei Kilo schwer das Stück! Eines Tages werde ich zum Brotholen geschickt, und in kindlichem Vergnügen werfe ich das Brot in die Luft, um es wieder aufzufangen; doch es fällt zu Boden und bricht auseinander. Schrecklich! „Unser täglich Brot …". Ich füge die Stücke wieder aneinander und lege das Brot auf den Küchentisch; die zu erwartenden Schläge oder zumindest Schimpfkanonaden bleiben aus. Doch das tiefsitzende Trauma bleibt – bis heute!

Ich lebte mit meinen Eltern allein in der Zweizimmer-Dienstwohnung im Schulhaus. Mein fünfzehnjähriger Bruder arbeitete zwei Jahre lang als Knecht auf einem Bauernhof in der Nähe von Lüchow, weil das Geld nicht reichte, und besuchte von dort aus die Schule, als in Lüchow 1947 ein privates Gymnasium gegründet wurde. Meine achtzehnjährige Schwester arbeitete zwei Jahre lang als Hauswirtschaftslehrling auf einem Bauernhof in der Nähe von Lüneburg, wo sie sich in einen Studenten der Pädagogischen Hochschule Hildesheim verliebte, der dort sein Landschulpraktikum absolvierte – doch der war katholisch! Sie heirateten noch im selben Jahr, nachdem meine Schwester konvertiert war. Die kirchliche Trauung fand in der katholischen Kirche in Dannenberg statt und die Hochzeit wurde in Gülden in einem Klassenraum der Schule gefeiert, ganz groß, denkt man an die damaligen Verhältnisse. Es kamen viele Verwandte, und meine Mutter hatte es geschafft, Essen und Trinken für alle zu „organisieren" – im Herbst 1947! Es war ein fröhliches Fest; doch der Stachel der Konversion saß tief im Herzen meiner Mutter, und sie hat es bis zu ihrem Tode nicht verwunden, dass ihre einzige Tochter zum Katholizismus konvertiert war und dass ihre Enkel katholisch sein würden – und das, obwohl sie selber gar nicht sonderlich protestantisch war! Aber vielleicht gerade darum.

Doch während dieses ach so fröhlichen Hochzeitsfestes hatte meine Mutter heimlich zusammen mit ihrer Schwester aus Sachsen, meiner Patentante, ihre „Flucht" aus der Ehe vorbereitet. Die Ehe meiner Eltern war nämlich nicht gut. Mein Vater – ein pazifistischer Sozialdemokrat! – war herrisch und gelegentlich auch gewalttätig. Er wurde häufig gegen meine Mutter ausfällig, beschimpfte sie auf das Gröbste, war schrecklich eifersüchtig, schlug sie gelegentlich. Der Geschlechtsverkehr war dagegen stumm und ebenfalls ziemlich gewaltsam. Da ich das Schlafzimmer mit meinen Eltern teilte, blieb mir das nicht verborgen. Erst viel später wurde mir klar, dass meine Mutter meinen Vater vermutlich ihrerseits gereizt und zur Wut gebracht hatte, und zwar durch ihren calvinistischen Hochmut und durch ein Gebildetsein, das sie ihn häufig spüren ließ. Mir wuchs so – mit meinen nicht einmal zehn Jahren – die Rolle des Vertrauten und „Beschützers" meiner Mutter zu, bei dem sie sich auf Spaziergängen ausweinte und den sie auf diese Art und Weise an sich zu binden suchte. Aber aus der „Flucht" wurde nichts. Ich weiss nicht, ob und wie sich meine Eltern ausgesöhnt haben. Lange vorgehalten hat es jedenfalls nicht, denn die schlimmen Auseinandersetzungen, das Brüllen und Schlagen fingen wieder an. Mich übrigens schlug mein Vater nicht, jedenfalls nicht zu Hause.

Alle Kinder spielten im Dorf zusammen, Einheimische und Flüchtlinge. Wenn es Kämpfe gab, dann zwischen Einheimischen und Flüchtlingen. „Schlachten" gab es aber vor allem mit den Kindern aus den Nachbargemeinden. Es gab regelrechte „Kriegserklärungen" und „Friedensschlüsse" und man traf sich dann irgendwo in der Mitte zwischen den Dörfern im Wald, um sich zu verprügeln. Wir spielten in den Scheunen und Ställen, auf den Feldern und Wiesen, im Wald. Ab und zu durften wir auch mit den Pferdewagen mitfahren oder auf den Landmaschinen aufsitzen. Traktoren gab es noch nicht. Wir, die Kleineren, mussten nicht in der Landwirtschaft mithelfen, nur mal ein bisschen Kartoffeln sammeln oder Ähren nachlesen. Besonders gerne schauten wir den Bullen oder Hengsten „bei ihrem Geschäft" zu. Das durften wir zwar nicht und die Bauern scheuchten uns weg, aber es fand sich immer ein Plätzchen, von dem aus wir die Ereignisse verfolgen konnten. Und wir wollten es natürlich den Tieren nachmachen. Es zogen Gruppen von Jungen mit Gisela, einem Flüchtlingsmädchen in den Wald. Zunächst kamen natürlich die älteren Jungen dran, aber auch wir Kleinen mussten uns auf sie legen. Ich war da nicht ganz unerfahren, denn schon in Pollnow, also vor meinem siebenten Lebensjahr, hatte es die vierzehnjährige Briefträgertochter aus unserem Hause mit mir versucht. Sie hatte zu diesem Zweck aus Gardinenstoff sogar ein Kondom genäht, was allerdings nicht nur funktionsuntüchtig, sondern auch unnötig war. Doch das Gefühl des Geheimnisvollen, des Verbotenen hatte sich mir schon damals tief eingeprägt.

Geheimnisvoll und verboten war in Gülden vor allem das Schnapsbrennen. Eine Flüchtlingsfamilie hatte sich aufs illegale Schnapsbrennen verlegt, Kartoffelschnaps natürlich! Ein Sohn schleuste uns in ihre Wohnung und wir guckten durchs Schlüsselloch ins Schlafzimmer. Sie hatten Betten und Laken auf Leinen aufgehängt, aber durch die Lücken konnten wir die Kessel und Schläuche sehen. Der Sohn klaute auch mal eine Flasche und wir mussten alle einen Schluck nehmen – scheußlich, ganz, ganz scheußlich! Zu bestimmten Zeiten am frühen Abend, wenn es schon dunkelte, schlichen wir auch in die Wohnung, um durch das besagte Schlüsselloch dem Geschlechtsverkehr der Eltern zuzuschauen. Lustig war das eigentlich nicht, und man konnte sowieso so gut wie gar nichts sehen.

Angesichts meiner besonderen Stellung als Lehrerssohn musste ich in der Dorfgemeinschaft der Kinder zwischen den Einheimischen und den Flüchtlingen das herausbilden, was Soziologen später eine „balancierende Identität" nannten (Lothar Krappmann). Irgendwie wollte es sich keiner mit mir verderben; doch ich versuchte immer, bei der jeweils stärkeren „Truppe" zu sein, was mir auch mehr oder weniger gelang. Nur ein einziges Mal gelang es mir nicht. Es war Winter und am Nachmittag schon dunkel und wir spielten am Dorfteich, und zwar alle Kinder zusammen. Ich weiß nicht mehr wie und wieso, jedenfalls verbündeten sich plötzlich alle gegen mich, wollten mich verprügeln. Ich rannte los und versuchte zu entkommen, nur rund hundert Meter bis zur Schule, in der wir wohnten. Die ganze Meute hinter mir her. Ich erreiche mit allergrößter Mühe das Schulhaus. Die Tür des Holzstalls ist zum Glück nicht verschlossen – gerettet! Daraus habe ich gelernt, möglichst Situationen zu vermeiden, in denen ich ganz allein bin, in denen sich alle gegen mich verbünden können. Natürlich meinte ich, mein Vater, der Lehrer, dem ich das gleich erzählte, würde sie alle am nächsten Tage zur Rechenschaft ziehen, sie verprügeln, mein großer starker Vater! Doch mein kluger Vater tat im Unterricht nichts dergleichen, kein Wort.

In der Kleinstadt

Im Jahre 1949 erhielt mein Vater eine Stelle als Lehrer an der Volksschule in Lüchow, einer Kleinstadt im Nordosten Niedersachsens mit rd. 7000 Einwohnern, von denen die Hälfte Flüchtlinge waren. Der ganze Stolz meines Vaters wurde dann das kleine Einfamilienhaus mit großem Garten, das er 1953 bauen konnte. Hier hatten wir drei Zimmer – wir waren ja nur zu dritt – eine winzige Küche und ein winziges Bad; im Dach oben wohnten noch zwei ältere Damen zur Miete, und zwar in einer noch kleineren Wohnung. Das Elternschlafzimmer und das Wohnzimmer hatten vielleicht je 15 qm, mein Zimmer 12 qm. Aber, ich hatte ein eigenes Zimmer! Im Schlafzimmer meiner Eltern standen zwei Betten, zwei Schränke und zwei Nachttische aus Fichte, hellbraun gestrichen. Im Wohnzimmer gab es einen Couchtisch, der sich empor drehen ließ und dadurch zum Esstisch wurde. Es gab vier gepolsterte Stühle, zwei Clubsessel und eine Couch. Auf dem dunkelbraunen Vertiko stand das Grundig-Radio mit brauner Stoffbespannung und Goldleiste. Der dunkelbraune Schrank besaß eine ausklappbare Platte zum Schreiben sowie hinter einer Glasscheibe zwei Fächer für Geschirr und Nippes und drei Fächer für Bücher. In meinem Zimmer hatte ich ein Bett und einen Tisch mit einem Stuhl sowie ein kleines Bücherregal. In der Küche stand eine Kochplatte mit zwei Platten und der Heibacko-Herd (Heizen-Backen-Kochen), der alle drei Zimmer heizte und eine Back- und Wärmeröhre besaß. Das Badewasser kam aus dem kupfernen Badeofen im Badezimmer. Unser Kunstlehrer im Gymnasium, dessen moderner Unterricht auch Design umfasste, brachte eines Tages Abbildungen aus dem Katalog eines Möbelhauses mit und verglich den kleinbürgerlich-spießigen Stil dieser Möbel mit den Arbeiten der Hochschule für Gestaltung in Ulm, der Avantgarde der damaligen Zeit. Ich erlitt einen kleinen Schock, denn der Möbelhauskatalog zeigte die Möbel unserer Wohnung.

Der das kleine Haus umgebende Garten war die ganze Freude und Leidenschaft meines Vaters. Schließlich war er ein Bauernsohn, und in diesem Garten war er Bauer. Er pflanzte viele Obstbäume, veredelte sie durch Aufpfropfen, baute Kartoffeln an und viel, viel Gemüse, vor allem Spargel. So konnte er für den Winter sieben Zentner Kartoffeln einkellern – für drei Personen! – und Obst auf Darren lagern, während meine Mutter unendlich viele Gläser Marmelade einkochte und Gemüse einweckte. So waren wir auch in Lüchow fast „Selbstversorger". Schließlich gab es in den 1950er Jahren in Lüchow auf dem Markt im Winter nur Kartoffeln, Weißkohl und Rotkohl − keine Tomaten und Gurken, Äpfel und Birnen, geschweige denn Zucchini und Oliven, Orangen und Bananen. Die Beete im Garten legte mein Vater nach dem Modell eines Militärfriedhofes an, alle gleich groß und ganz akkurat: Bindfäden, die an kleinen Stöckchen in der Erde befestigt wurden, sorgten für gerade Wege zwischen den Beeten. Da die obere Erdschicht im Garten aus Sand und auch etwas Bauschutt bestand, während sich der Humus und die gute Erde in tieferen Schichten befanden, musste ich im Lauf der Jahre den ganzen Garten zum Zwecke der Bodenverbesserung 30 bis 50 cm tief umgraben, eine „Schweinearbeit". Wir hatten natürlich einen Komposthaufen, den ich mehrmals im Jahr umschichten musste. Kein Kunstdünger wurde benutzt! Zu seinem 64. Geburtstag schenkte ich meinem Vater ein kleines Buch „Gartenglück durch Schnellkompost". Meine Eltern waren schon seit den zwanziger Jahren Anhänger der Lebensreformbewegung, kauften nur im Reformhaus, Vitaquell-Margarine statt Butter, Kathreiner-Malzkaffee statt Bohnenkaffee, „Pflanzenwurst" aus der Dose − vorbildlich für eine gesunde Lebensweise und insofern waren meine Eltern in dieser Zeit Pioniere, die den heutigen „Grünen" Freude gemacht hätten. Ich aber liebte dieses ganze „Gartenglück" nicht.

Das Ganze lag am Stadtrand, in einer Siedlung, eine für die 1950er und -60er Jahre typische Stadtrandbebauung. An die Siedlung grenzten die großen

Gärten der Bürger der Stadt mit hohen Hecken und alten Obstbäumen. Und hinter den Gärten floss die Jeetzel, ein Nebenfluss der Elbe. In den fünfziger Jahren wurde sie begradigt und eingedeicht, wodurch die typische Landschaft der Elbniederung mit ihren Wiesen- und Wasserbiotopen in eine regulierte Nutzlandschaft verwandelt wurde. Vom Deich aus konnte man über die nur 7 km entfernte Zonengrenze hinweg die Türme von Salzwedel sehen, die nahe, aber doch so ferne feindliche Welt der DDR. Jeden Nachmittag machte ich einen kleinen Spaziergang auf dem Deich und dachte über meine kleine abgeschiedene Welt im Zonenrandgebiet und über meine Einsamkeit nach. Denn im Herbst kamen die Nebel, legten sich über das Flusstal und blieben den ganzen Winter über, den die Männer nur mit sehr viel Bier und Korn überstehen konnten!

In unserer Gartenkolonie der 1950er Jahre dominierte ein kleinbürgerliches Milieu: mittlere Angestellte, kleine Beamte, Rentner, Flüchtlinge; die Bürger lebten damals noch in der Stadt, die Kaufleute, Anwälte und Ärzte, die Beamtenschaft der Kreisstadt. Und man lebte sehr für sich. Meine Eltern hatten nur mit anderen Lehrerfamilien gesellschaftlichen Verkehr; ich kann mich nicht erinnern, dass sie auch nur ein einziges Mal bei Nicht-Lehrern eingeladen gewesen wären und Gäste kamen zu uns selten oder nie ins Haus. Das Verhältnis zu den Nachbarsfamilien beschränkte sich auf Gespräche über den Gartenzaun. Laute Gartenfeste gab es nicht und das Grillen war noch nicht erfunden. Aus der großen Verwandtschaft erhielten wir nur sehr selten Besuch, denn die Verkehrsverbindungen waren schlecht, die Wohnung reichte für Gäste nicht und eine Hotelübernachtung kam aus Kostengründen gar nicht in Frage.

Es gab nur wenige Autos in der Stadt, keine einzige Ampel regelte den Verkehr, die Landleute kamen noch mit Pferd und Wagen in die Stadt. Wir hatten sowieso kein Auto, und mein Vater hasste Autos. Wir hatten kein Telefon und kein Fernsehen; abonniert waren die „Zeit" und die Lüneburger Landeszeitung mit der Kreisbeilage „Das Wendland". Das Radio bedeutete die Welt, vor allem der „geheiligte" Internationale Frühschoppen von Werner Höfer am Sonntag um zwölf Uhr. Ferienreisen machten meine Eltern nicht; ich ging auf Fahrrad- und Zelttouren. Ich war abgeschnitten von der Welt, wirklich isoliert, die „Zone" im Norden, Osten und Süden – Hamburg 120 km, Hannover 140 km, faktisch unerreichbar!

Mein Vater untersagte meiner Mutter, als Lehrerin zu arbeiten, weil er meinte, sie solle sich um Haus und Garten kümmern und uns versorgen. Ich habe nie erlebt, dass er sich auf den Unterricht vorbereitete; schriftliche Arbeiten korrigierte er aber natürlich. Nach dem Mittagessen und dem Mittagsschlaf arbeitete er im Garten und machte gegen Abend einen einstündigen Spaziergang ins „Reetzer Holz", jeden Tag den gleichen Weg. Meine Mutter versorgte in der Tat den Haushalt, machte sauber, kaufte ein, machte Handarbeiten. Eine Hilfe im Haushalt hatte sie nicht; auch ich musste nie im Haushalt helfen. Einmal in der Woche war „Kränzchen" mit vier oder fünf anderen Damen, meist Lehrerinnen. Meine Eltern sangen im „Gemischten Chor". In die Kirche gingen sie nicht, während ich zwei Jahre lang in meiner Konfirmandenzeit jeden zweiten Sonntag in den Gottesdienst gehen musste. Sonntags gingen wir „in die Natur", machten lange Spaziergänge in die Wiesen und Wälder.

Die Lebensverhältnisse der Familie konsolidierten sich ein wenig angesichts von Haus und Garten, der festen Lehrerstelle, der Integration in die kleinbürgerliche Umgebung und die kleinstädtischen Verhältnisse. Die krankhafte Eifersucht meines Vaters blieb, aber die Wutausbrüche wurden seltener; Schläge gab es nicht mehr, jedenfalls nicht in meiner Anwesenheit; da mein Zimmer durch den kleinen Flur vom Schlafzimmer meiner Eltern getrennt war, blieb mir auch ihr Geschlechtsleben verborgen. Haben sie sich überhaupt geliebt? Irgendwie vielleicht, aber sichtbar wurde es nicht, keine Zärtlichkeiten, kein Lob. „Das schmeckt aber heute gut", war schon das „Höchste der Gefühle"; meist aber gab es Kritik am Essen: „Ist im Keller, kommt aber nicht auf den Tisch." Keine Geschenke! Wenn mein Vater zum Ferienbeginn nach der dritten Stunde aus der Schule nach Hause kam, brachte er ein Tütchen mit 100g Schokoladenplätzchen für meine Mutter mit. Das war aber auch schon alles! Mich aber vergötterten sie alle beide, und zwar jeder auf seine Weise.

Mein Vater war mächtig stolz auf mich, auch wenn er das wegen seiner emotionalen Gehemmtheit kaum zum Ausdruck bringen konnte. Da er mich so liebte, konnte ich auch keinen Widerstand gegen ihn leisten, wenn er meine Mutter misshandelte. Aber vielleicht war ich auch zu feige, zu konfliktscheu! Meine Mutter dagegen lobte mich, schenkte mir kleine Aufmerksamkeiten; wenn ich einmal – selten genug – spät nach Hause kam, stellte sie mir einen Teller mit geschälten Apfelstücken ins Zimmer oder legte einen Riegel Schokolade hin, natürlich nie eine ganze Tafel. Wenn ich aus den Ferien nach Hause zurückkam, gab es Apfelbeignets mit Kakao, ihr Liebstes, und sie meinte, dass auch ich das mögen müsste. Meine Pubertät verlief glimpflich; ich kämpfte nicht, sondern isolierte mich.

Höhepunkt des Jahres in Lüchow ist das Schützenfest, das eine ganze Woche lang dauert und auf dem Schützenplatz vor und in dem Schützenhaus gefeiert wird. Es beginnt an einem Sonntag im Juni mit dem Kinderschützenfest, an dem die Schülerinnen und Schüler von ihren Schulen aus festlich gekleidet und geschmückt mit Musik zum Schützenplatz ziehen, wo die Jungen mit Luftgewehren schießen und die Mädchen mit Holztauben auf Scheiben zielen, um den Kinderschützenkönig und die Kinderschützenkönigin zu ermitteln. Ich habe noch nie ein Gewehr in der Hand gehabt, ziele und treffe mit dem ersten Schuss die „zwölf", mit dem zweiten Schuss immerhin noch die „neun", und da ich so aufgeregt bin, weil ich mich als Kinderschützenkönig sehe, treffe ich mit dem dritten Schuss überhaupt nicht mehr die Scheibe, sondern schieße komplett daneben. Aus der Traum vom Kinderschützenkönig! Mitglieder des Schützenvereins sind die örtlichen Honoratioren, die Kaufleute, Handwerker und auch einige Beamte und Angestellte. Lehrer gehören dort nicht hinein, und meine Eltern verachteten das pseudo-militärische Gehabe, das Fressen und Saufen. Der Schützenverein ist nämlich paramilitärisch organisiert, selbstverständlich in Uniform, mit militärischen Rängen, Fahnen, Orden und Ehrenzeichen, mit viel Musik und Tschingderassassa. Alles folgt einem festen Rhythmus, das feierliche Abholen des letztjährigen Schützenkönigs, die Fähnchen schwingende Bevölkerung am Straßenrand, der große Schützenball in Abendgarderobe und jeden Tag und Abend die heillosen Besäufnisse der Männer. Immer gab es wilde Spekulationen, dass der Schützenkönig vorher ausgekungelt und der sog. Königsschuss manipuliert wird, denn es ist teuer, Schützenkönig zu sein! Und wehe dem, der es aus Versehen wird! Meist aber haben die Kerle sowieso so viel gesoffen, dass sie gar nicht mehr zielen können. Ich habe übrigens nach meinem Fehlschuss nie wieder ein Gewehr oder eine andere Waffe in der Hand gehabt!

Das Leben in Lüchow folgte in den 1950er Jahren den Regeln bürgerlicher Wohlanständigkeit. Die bürgerliche Ehe und Familie dominierten. Natürlich gab es Junggesellen, die (noch) nicht verheiratet waren, und ebenso ledige Frauen, die selbstverständlich bis ins hohe Alter „Fräulein" genannt wurden. An uneheliche Kinder kann ich mich nicht erinnern, aber es gab sie sicherlich. Man heiratete eben, wenn ein Kind kam. Über Abtreibungen ist mir nichts bekannt geworden. Unverheiratete durften dauerhaft nicht zusammenleben; die Vermietung an sie wurde als Kuppelei bestraft. Natürlich gab es Gerüchte über außereheliche Verhältnisse und es gab sie selbstverständlich, auch wenn nach dem Gesetz der Ehebruch strafbar sein konnte. In der Kino-Klause war eine Prostituierte anzutreffen, die angeblich auch ältere Schüler aufsuchten; aber einschlägig war der Nachtclub „Oase" im 40 km entfernten Uelzen. Wir Schüler redeten viel über Homosexualität, und die sexistischen Witze galten gleichermaßen hetero- wie homosexuellen Beziehungen. Aber über schüchterne flüchtige Berührungen gingen unsere eignen Versuche in dieser Richtung kaum hinaus; nur gerüchteweise hörte man von weitergehenden erotisch-sexuellen Abenteuern von Schülerinnen und Schülern. Mein Geigenlehrer fasste mich in unzweideutiger Weise gelegentlich an, wenn er meine Haltung korrigierte, und auf einer Konzertreise machte er im Hotel einen deutlichen Annäherungsversuch, der aber nicht sehr weit führte. Darüber hinaus habe ich in meiner Schulzeit die männliche Homosexualität nicht kennengelernt, und von lesbischen

Beziehungen wusste ich nichts. War also in Lüchow in den fünfziger Jahren die „Welt noch in Ordnung"? Vermutlich nicht, aber man erfuhr nichts davon, weil das abweichende Verhalten „unter den Teppich gekehrt" wurde.

Acht Jahre Kindheit und Jugend in Lüchow! Was habe ich eigentlich in all diesen langen Jahren dort gemacht – außerhalb des Schulbesuchs und der damit zusammenhängenden Verpflichtungen? Die heutigen kindheits- und jugendtypischen Freizeitbeschäftigungen gab es noch nicht. Ich habe jeden Tag eine Stunde lang Geige geübt, im Schulorchester gespielt, in einem Jugendsingkreis gesungen und klassische Musik im Radio gehört. Ich habe zwei Jahre lang den Konfirmandenunterricht besucht und war zwei Jahre lang bei den Christlichen Pfadfindern. Ich habe Tennis gespielt, nicht Fußball! Ich bin viel Fahrrad gefahren, wenn auch nicht sportlich, sondern einfach durch Feld und Wald zum Vergnügen. Ich bin auch viel mit Freunden spazieren gegangen. Gelesen habe ich viel und viel geredet. Deutlich im Mittelpunkt des Bewusstseins, des Trachtens und der Aktivitäten standen aber natürlich Lust und Leid der Beziehungen, zunächst zu Jungen und dann zu Mädchen. Die Beschäftigung mit dem Thema „Wer mit wem und was?" war wichtiger als die Beziehungen selber. Sie blieben, soweit ich das damals erfahren habe und erinnern kann, weitgehend harmlos, flüchtige Küsse und ein bisschen Petting, das wars auch schon. Doch bestimmten diese Gedanken und Gespräche die Tag- und Nachtträume, die nie endenden Versuche, ein Mann zu werden. Außer den wenigen frühkindlichen Versuchen mit selbst gedrehten Zigaretten aus Kippen und einem gelegentlichen unvermeidlichen Bier habe ich weder geraucht noch getrunken, und zwar in erster Linie aus finanziellen Gründen, aber auch, weil es in meinem Elternhaus weder Tabak noch Alkohol gab und weil beides dort als gesellschaftliches Grundübel galten.

1.1.2 „Üb immer Treu und Redlichkeit!" – Über Weltanschauungen und Tugenden

Unter den Bedingungen des Aufwachsens in der Nachkriegszeit auf dem Dorfe und in einer kleinen Stadt weit weg von der „großen Welt" stand die Sozialisation in einer Kleinfamilie im Mittelpunkt. Die Verwandtschaft und die Nachbarschaft, die Freundschaft und das dörfliche und kleinstädtische Leben, die Schule (dazu unter 1.2) und die Vereine waren zwar auch von Bedeutung, und die obigen Skizzen zeugen davon; doch Weltanschauungen und Tugenden bildeten sich vor allem in der Familie durch Anpassung und Widerstand – zumal wenn die mediale Vermittlung auf spärliche Bücher, traditionelle Zeitungen und das Radio beschränkt blieb.

Lernen, Lernen, Lernen

Das war das Allerwichtigste! Bildung! und zwar sozialer Aufstieg durch Bildung. Auf der politischen Ebene war es verständlich, denn die deutsche reformistische Sozialdemokratie hatte nach dem Verzicht auf die Revolution 1919 fälschlicherweise gemeint, die politische Mehrheit mit dem Stimmzettel zu erringen, wenn die Arbeiter durch Bildung die nötige Einsicht erwürben. Auch familiär war es eindeutig. Nachdem meine Eltern aus Kriegs- und Nachkriegsgründen meinen älteren Geschwistern nur verkürzte Bildungskarrieren hatten ermöglichen können, lagen alle ihre Hoffnungen auf einen sozialen Aufstieg durch Bildung auf mir. Auch auf der beruflichen Ebene war es plausibel, dass der soziale Aufstieg die erste Priorität meiner Eltern war. Schließlich sahen sie als Volksschullehrer ihre Aufgabe vor allem darin, begabten Kindern „aus dem Volk" den Zugang zum Gymnasium und damit zur höheren Bildung und zu besseren Berufschancen zu eröffnen und das taten sie auch! Es war für meine Eltern völlig selbstverständlich, dass ich auf das Gymnasium gehen und studieren würde. Sie hätten ihr „letztes Hemd" ausgezogen, wenn das etwa am Geld hätte scheitern können.

Bildung, dass hieß zunächst einmal Lernen, Lernen und nochmals Lernen! Schulisches Lernen, ja natürlich, aber das reichte nicht. Also hatte auch zu Hause das Lernen die alleroberste Priorität, ich meine das „häusliche Lernen". Schon in der Grundschule in Gülden durfte ich mir die Schullandkarten aus dem Klassenzimmer mit „nach Hause" nehmen, durfte sie in dem kleinen Wohnzimmer der Zweizimmerlehrerwohnung auf dem Boden ausbreiten, darauf herumrutschen und die Länder, Städte, Flüsse und Berge identifizieren. „Stadt-Land-Fluss" wurde bald mein Lieblingsspiel und ich brillierte darin. Im Alter von 11 Jahren konnte ich 150 Gedichte aufsagen und mein Vater brachte mir zu Hause eine eurythmische Art des Aufsagens bei, was in der Schule schreckliche Folgen hatte (s. u.), aber zu Hause machte es mir Spaß. Dazu kamen noch die vielen Kirchenlieder, die ich von meiner Mutter lernte. Meine Eltern meldeten mich in Lüchow für die siebente Klasse des Gymnasiums an. Das hieß zwei Jahre Latein nachholen, und zwar zu Hause. „Unser Ingo schafft das!" – aber dann doch nicht!

Lernen, das hieß vor allem lernen aus Büchern. Sieben Bücher nannte ich damals mein Eigen; stolz hatte ich sie nummeriert. Die Bildungskonzeption meiner Eltern war auf Wissen aufgebaut, auf der Vorstellung eines enzyklopädischen Wissens. Die Lüneburger Landeszeitung veröffentlichte ein Volkslexikon, und zwar jeden Tag eine Seite, die man ausschneiden und abheften konnte – das wars! Darüber hinaus kam für mich nur „gute Literatur" in Frage. Meine Mutter las heimlich „Gesellschaftsromane", was mein Vater nicht duldete. Einmal erwischte er sie mit „Vom Winde verweht", schnappte das Buch und schleuderte es in einem seiner Wutanfälle in die Ecke: „Schund, alles Schundliteratur! Kein Wunder, dass Du immer nach fremden Hosenschlitzen schielst!" Ich durfte mir aus der „Schulbibliothek", die aus einem einzigen Schrank bestand, sowie aus dem Bücherwagen des Hamburger Amerikahauses, der einmal in der Woche auf dem Marktplatz stand, „gute Literatur" ausleihen, z. B. Hamsuns „Viktoria", Hesses „Narziss und Goldmund", Hemingways „Wem die Stunde schlägt" usw, die – bei einiger Phantasie – auch der sexuellen Aufklärung unter den damaligen Verhältnissen dienen konnten. Ich hätte gern einmal in den Ferien gejobbt, um raus zu kommen, um dieses elende Lüchow einmal zu verlassen, um „die Arbeitswelt" kennen zu lernen, um „Abenteuer zu erleben"; aber nein, ich sollte lieber lernen, allenfalls reisen, aber meine Eltern gestatteten nur Fahrradreisen in die Natur und „in die Kultur"!

Eine gesunde natürliche Lebensweise

Meine Eltern legten auf die Gesundheit den allergrößten Wert. Meine Eltern waren Vegetarier und „Kneippianer", lüften und kalt schlafen, barfuss gehen, Oberarm- und Unterschenkelgüsse usw. Kein Alkohol und kein Tabak. Möglichst kein Doktor und keine Medikamente. Mein Vater nahm täglich homöopathische Pillen. Gesunde Kleidung: Keine Lederhosen, weil sie die Entwicklung der Geschlechtsteile beeinträchtigen und keine Jeans, weil das amerikanisch war. Viel Spazierengehen und Arbeiten an frischer Luft, d. h. im Garten. Als Kind war ich eher dick und hatte in der Schule deshalb den Spitznamen „Jumbo", wie der Elefant; in der frühen Pubertät wurde ich dagegen ganz dünn und hatte einen eher asthenischen Körper. Sport ja, aber nicht als Leistungs-, sondern als Gesundheitssport. Den eigenen Körper gesund zu erhalten, war eine Art moralische Pflicht, ihn zu lieben eher verwerflich. Kosmetika waren bei meinen Eltern verpönt. Sie benutzten Kernseife, die in einem großen Topf im Badezimmer stand. In der Wohnung bewegten sich meine Eltern weitgehend nackt, wenn auch nicht demonstrativ, denn sie waren eher prüde. Kein Auto, und zwar nicht nur aus finanziellen Gründen, sondern aus Überzeugung. Wir liebten den Wald und das Wasser, denn die Natur war gut, die menschliche Technik schlecht. Ich habe als Kind und Jugendlicher nicht die geringsten technischen Fähigkeiten erworben, so dass es bei dem bisschen naturwissenschaftlichen Schulwissen blieb, das ich vollständig vergessen habe und deshalb heute allen naturwissenschaftlichen Erkenntnissen und technischen Errungenschaften vollkommen verständnislos gegenüberstehe.

Die verdorbene böse Gesellschaft

Der gesunde natürliche Körper ist gut, die Gesellschaft schlecht. Warum ist die Gesellschaft schlecht? Das deutsche Volk ist an sich gut, aber die gesellschaftliche und politische Formation hat es verdorben. Niedrige Instinkte wie die Triebhaftigkeit und die Geldgier sind Sünde, aber leider verführungsmächtig. In der Masse gewinnen solche niedrigen Instinkte die Oberhand, auch die Herrschsucht und die Grausamkeit. Die herrschende Klasse, d. h. die alten Oberschichten des Adels, des Militärs, der Großgrundbesitzer und Industriellen usw. sowie die schlimmen Neureichen, insbesondere die Profiteure und Schieber, die „Kriegsgewinnler" und Anpasser hatten Schuld, – sowohl am Krieg wie auch am Nachkriegselend. Die amerikanische „Massenkultur" hasste mein Vater, insbesondere Jeans und Jazz, den er verächtlich Jatz nannte. Meine Mutter hatte eine „grundständige" antisemitische Einstellung, die sie aus ihrer westpreußischen Heimat mitgebracht hatte. Die nationalsozialistischen Verbrechen an den Juden waren natürlich schrecklich, und sie wurden mir immer wieder als beispielhaft für das verbrecherische nationalsozialistische Regime präsentiert, aber dahinter lag doch auch eine Kritik der deutschen jüdischen Sozialgeschichte, insbesondere der reichen jüdischen Familien und vor allem des internationalen „Finanzjudentums". Nein, nein, der einzelne Adlige, Großgrundbesitzer, Unternehmer, Amerikaner oder Jude ist natürlich in Ordnung, manchmal reizend und manchmal bedauernswert, aber die gesellschaftliche Formation, „der Adel" als solcher, „der Amerikaner" oder eben „der Jude", das war das Problem. Wir sind gut, weil wir uns von denen unterscheiden, weil wir nach Bildung streben und sie – nach Meinung meiner Eltern – als „wahre Bildung" auch besitzen; die anderen aber sind schlecht, weil sie – von Ausnahmen abgesehen – der „Vorbestimmung" ihrer Klasse und Rasse nicht widerstehen. Das war schon echter calvinistischer Hochmut.

Der schnöde Mammon[1]

Das Geld ist böse und die, die es haben, auch. Wir hatten keins. Mit zwei Volksschullehrergehältern kamen meine Eltern in den fünfziger Jahren zwar gut über die Runden, aber üppig war es nicht. Für unser kleines Eigenheim hatten sie 5.000 DM angespart; soviel Eigenkapital wurde verlangt. Das ganze Häus-

---

1 „Niemand kann zwei Herren dienen: Entweder er wird den einen hassen und den anderen lieben, oder er wird an einem hängen und den anderen verachten. Ihr könnt nicht Gott dienen und dem Mammon." Matthäus 6 Vers 24 in der Lutherübersetzung.

chen kostete 27.000 DM – zinsloser Beamtenkredit. Das eigene Haus – und vor allem der eigene Garten, ja, durchaus! Aber darüber hinaus galt Besitz als verwerflich, und vor allem das Hängen am und das Streben nach Besitz. Die Nachbarin in Pollnow, Frau Brauer, auch eine Lehrersfrau, liebte schöne Kleider und hatte angeblich einen Schrank voll davon. 1945, als die Russen kamen, konnte sie sich nicht von ihren Kleidern trennen, flüchtete nicht, sondern blieb und wurde mehrfach vergewaltigt, weil sie so stark am Eigentum hing, wie meine Mutter nicht müde wurde zu betonen. Dr. Maus, ein gutaussehender praktischer Arzt in Lüchow, hatte eine reiche Frau aus Bremen geheiratet, eine schöne Villa am Stadtrand gebaut und vier Kinder bekommen, die meine Schule besuchten. Mit dem Geld seiner Frau und einer Sprechstundenhilfe „brannte er durch", kam irgendwann wieder und ließ sich scheiden. „Das Geld und die Gelegenheit haben ihn in Versuchung geführt und die schändliche Lust natürlich, denn Geld und Verbrechen wohnen dicht beieinander, und nun die armen „Scheidungskinder" in Deiner Schule!" sagte meine Mutter. „Und der Hitler, der so viel Unglück über unser Volk und die ganze Welt gebracht hat, ist mit Hilfe des Geldes der deutschen Großindustrie an die Macht gekommen", was ja nicht von der Hand zu weisen ist.

Woher kam diese Verachtung der Besitzenden? Ich glaube, dass es die totale Unkenntnis der „Welt des Geldes" war. Meine Eltern kannten Besitz nur als Grundbesitz und Geld nur als Tauschmittel im Alltag. Die ökonomische Funktion des Geldes war ihnen unbekannt und fremd, und deshalb fürchteten sie sich vor der „Macht des Geldes", verachteten es und schrieben ihm alle möglichen unheimlichen und verderblichen Kräfte zu. Und so kam es, dass ich nicht nur ohne Geld aufgewachsen bin, sondern dass ich auch keine Ahnung von wirtschaftlichen Zusammenhängen und Handlungen und ihren finanziellen Voraussetzungen hatte. Ich hatte als Schüler kein Konto und nicht einmal ein Sparbuch. Ich wusste überhaupt nicht, was Geld ist . Die Verachtung und die Verschwörungstheorien meiner Eltern habe ich allerdings nicht übernommen. Geld interessierte mich nicht. Ich hatte wenig, aber genug.

All animals are equal, but some animals are more equal than others[2]

In Lüchow gab es in den fünfziger Jahren keine Reichen, aber auch keine Armen. Oben im Kolborner Wäldchen wohnte der reiche Holzhändler Kohrs in einer Villa mitten im Wald, der im Jahre 1947 dem neugegründeten Gymnasium die Tische und Bänke spendiert hatte. In meiner Klasse gab es Karin

---

2   George Orwell, Animal Farm, 1945

Krome, deren Eltern im nahen Wustrow eine Weberei besaßen. Aber darüber hinaus? Da es keine Industrie gab, gab es auch keine Unternehmer. In Lüchow gab es auch keinen „Slum". Bei uns um die Ecke wohnte in einem Einzelhaus „Kinderschulz", so genannt, weil er unendlich viele Kinder hatte und eines Jahres zu Weihnachten gleichzeitig zweimal Großvater und einmal Vater wurde. Er war „vom Bau" und es hieß, dass er sein Haus ausschließlich mit geklautem Material gebaut habe. Die „Kinderschulzens" waren möglicherweise „asozial", aber arm waren sie eigentlich nicht. Die Nachkriegszeit mit ihrem Flüchtlingselend war vorbei. Viele Menschen waren weitergezogen, nach Wolfsburg oder ins Ruhrgebiet, wo es hinreichend Arbeit gab.

Dass es im Lüchow der fünfziger Jahre weder sichtbaren Reichtum noch sichtbare Armut gab, hieß aber nicht, dass es keine sozialen Unterschiede gab. Oho! Die gab es durchaus und die waren auch sichtbar. Auf dem Lande gab es die Adligen, die auf ihren Gütern saßen, auch wenn diese nicht so groß waren wie in „Ostelbien", die Bernstorffs in Gartow einmal ausgenommen. Doch viele von ihnen hatten ihre Verwandten aus dem Osten aufgenommen, so dass „das Haus voll war". Sie traten in der Stadt nicht in Erscheinung, und ihre Kinder verließen häufig nach der 10. Klasse das Gymnasium, um aufs Internat zu gehen. Im Schützenverein trafen sich die „Bürger", die Einzelhändler und ein paar Akademiker und leitende Verwaltungsbeamte. „Krethi und Plethi" hatten da keinen Zugang. Aber auch für die wenigen Ärzte, Rechtsanwälte usw. war das nicht eigentlich das richtige „Milieu"; doch der Rotary Club bildete sich schon bald und es war sogar von Freimaurern die Rede. Die „Masse Mittelstand", die Angestellten und Beamten, die Lehrer und Krankenschwestern, blieb sozial unorganisiert. Die kleinstädtische Gesellschaft lebte ihre Differenzierung und freute sich, Krieg und Nachkriegszeit überstanden zu haben. Mir blieben diese „feinen Unterschiede" weitgehend verborgen und sie spielten für mich auch keine Rolle. Die vehemente Verachtung für die „imaginierten Reichen" und die prinzipielle Zuwendung zu den „absenten Armen" verdeckten in meinem Elternhaus die Aufmerksamkeit für die soziale Differenzierung der angeblich „nivellierten Mittelstandsgesellschaft"(Helmut Schelsky). Ich wuchs in dem Pathos auf, dass alle Menschen eigentlich gleich seien und dass sie alle gleiche Würde besäßen – nur für die Verbrecher und die Asozialen gab es kein Verständnis in meinem Elternhaus. Ähnlich wie in der „Animal Farm" nahmen wir es hin, dass es soziale Unterschiede gab, und dass die Besitzenden die politische Macht hatten, auch wenn diese die Macht einmal usurpiert hatten. Gewerkschaften gab es als soziale und politische Gegenmacht in Lüchow nicht, da es keine Industrie gab. Meine Eltern waren zwar im Lehrerverein, der im Jahre 1948 eine Gewerkschaft im Deutschen Gewerkschaftsbund geworden war, aber so eine richtige Gewerkschaft war das sowieso nicht.

Der „liebe Gott"

Meine Eltern stammten aus protestantischen Elternhäusern und sind in den zwanziger Jahren vermutlich nicht aus der Kirche ausgetreten, obwohl sie doch linke Sozialisten waren und meine älteren Geschwister wurden getauft. Ich wurde 1938 auch getauft, und zwar mit dem von meiner Patentante, einer Diakonisse, ausgesuchten Taufspruch: *„Du aber sollst Menschen fangen"*[3], womit sie mich zum Pfarrer zu bestimmen meinte, während ich später darin eher die Berufung zum Polizisten oder Staatsanwalt zu sehen pflegte – aber nicht wirklich! Meine Eltern waren jedenfalls in der Nachkriegszeit in der Kirche, zahlten Kirchensteuer und wurden später auch kirchlich bestattet. Ich besuchte selbstverständlich den Religionsunterricht und wurde konfirmiert. Mein Vater war jedoch eher Pantheist und ging nicht in den Gottesdienst, denn er suchte „seinen Gott" – mit Goethe, wie er zu sagen pflegte – eher auf seinen täglichen Spaziergängen durch die Felder in der Natur. Meine Mutter betete mit mir vor dem Einschlafen und wir sangen viele Kirchenlieder, die ich noch heute auswendig weiß – wenn auch meist nur noch den ersten Vers. Sie erzählte mir alle wichtigen Geschichten aus der Bibel, die ich ebenfalls noch kenne. Sie wurde aber nicht müde zu betonen, dass die „Papisten" nicht die richtigen Christen wären, weshalb sie die heiratsbedingte Konversion meiner Schwester zum Katholizismus nie verwunden hat. Ich würde das protestantisches „Kulturchristentum" nennen.

Wir beteten zwar nicht bei Tisch, aber wir glaubten doch daran, dass „das Brot" irgendwie von oben kommt und deshalb etwas Heiliges hat, auch und gerade weil es sich nicht um „Manna" handelt, das einfach vom Himmel fällt. Die Bitte um das „tägliche Brot" war auch ernst gemeint, d. h. dass harte Arbeit nicht immer belohnt wird, sondern dass man um „Arbeit und Brot" bitten muss. Dazu kam durchaus so etwas wie Dankbarkeit, d. h. die Freude darüber, dass wir immer genug zu essen hatten – dankbar wem gegenüber auch immer! Ich würde dies „Alltagschristentum" nennen.

Prädestination.

Ganz anders verlief dagegen die Glaubensgeschichte meiner Schwester, die mich zutiefst bewegte und bis heute erschüttert. Sie heiratete 1947 mit 19 Jahren einen Junglehrer, der katholisch war, konvertierte zum katholischen Glauben, und wurde sehr fromm. Sie bekam fünf Kinder, die streng im katholi-

---

3   So rekrutierte Jesus den Fischer Petrus als seinen ersten Jünger, s. Lukas 5, Vers 1

schen Glauben erzogen wurden. Bei dem Ältesten wurde nach der Geburt eine Fimose, also eine Verengung der Vorhaut festgestellt, die den Geschlechtsverkehr ausschließt oder jedenfalls sehr erschwert, die aber im frühen Alter ohne Probleme zu operieren ist. Meine Schwester verweigerte die ihr nahegelegte Operation, weil – wie sie meinte – der Wille Gottes dieses Kind zum Priester bestimmt hätte – Prädestination also. Trotz oder gerade wegen der sehr katholischen Erziehung wurden alle fünf Kinder keine guten Katholiken, sondern mehr oder weniger überzeugte Atheisten. Schon in der Pubertät verschränkten sie aus Protest beim Tischgebet die Arme. Die Eltern nahmen es hin, denn Gott habe ihnen – wie sie meinten – dies als Prüfung auferlegt.

Doch es blieb nicht bei der Abkehr der Kinder vom Glauben. Zwei der fünf Kinder wurden psychisch krank und übten allenfalls vorübergehend eine Erwerbstätigkeit aus. Der Älteste entwickelte einen maßlosen Ehrgeiz und wollte immer der erste und der Beste sein. Er versuchte in Berlin ein Jurastudium und geriet in die „Fänge" der Studentenbewegung, konnte dem psychischen Druck der Genossen aber nicht standhalten und flüchtete – aufgrund meines Hilferufes – nach Hause in sein Elternhaus. Er wurde manisch-depressiv, schloss keine Ausbildung ab, arbeitete ein paar Jahre glücklich in einer Gärtnerei, lebte zeitweilig in einer Wohngemeinschaft psychisch Kranker, jobbte als Zeitungsausträger und endete im Alkoholismus. Das älteste Mädchen wurde eine glänzende Studentin der Politikwissenschaft, schrieb eine Magisterarbeit über Habermas, die veröffentlicht wurde, und eine Doktorarbeit über die brasilianische und die kubanische Volkswirtschaft, die ebenfalls veröffentlicht wurde. Sie arbeitete als Gutachterin für Asylkammern eines Verwaltungsgerichtes und wurde Mitglied einer Wahlkampftruppe der SPD, in der es politisch und sexuell „hoch her ging". Sie heiratete einen Bibliothekswissenschaftler, der aber ihren Ansprüchen weder intellektuell noch sexuell genügte. Ich weiß dies alles, weil sie mir ein 170-seitiges Manuskript schickte, in dem die Einzelheiten in aller Ausführlichkeit geschildert wurden. Eine Psychologieprofessorin der Frankfurter Universität erklärte sie zu einem Medium höherer Mächte, das durch „Erdstrahlen" beeinflusst und befähigt würde, wie ich aus Briefen der Professorin weiß. Meine Nichte entwickelte eine „klassische" Schizophrenie und hielt sich für einen Mann, insbesondere für Napoleon. Als sie zum ersten Mal in dieser Rolle mit mir telefonierte, habe ich zum ersten Mal seit meiner Kindheit geheult – ein Mensch, der nicht erreichbar war! Ich versuchte, ihr mit Hilfe von Ulrich Oevermann, der sie für eine höchst begabte Studentin hielt, eine Scheintätigkeit beim Max-Planck-Institut für Psychiatrie in München zu verschaffen, damit „sie sich selber heilt", aber das Institut ließ sich aus ethischen Gründen zurecht nicht darauf ein. Als sie aus dem ersten Stock in einer Fußgängerzone einen Sack Kartoffeln auf eine Menschenmenge warf, brachte sie die Polizei in ein psychiatrisches Krankenhaus, wo sie „erfolgreich" medikamentös behandelt wurde, so dass sie seit mehr als dreißig Jahren – dergestalt sediert – in ihrer Familie „glücklich" lebt, ohne je einen Beruf ausgeübt zu haben. Und auch dieses Schicksal sei – so sagten die Eltern gottergeben, wie sie waren – ihnen durch Gott auferlegt worden. Sie waren bereit, es zu tragen, und – man kann es gar nicht leugnen – es ging von ihnen trotz dieses Schicksals eine gewisse Fröhlichkeit aus. Nachdem meine Schwester 1999 gestorben war, versorgte mein Schwager drei seiner fünf Kinder zu Hause, weil sie nicht alleine leben konnten.

Der heilige Augustinus schrieb in „De gratia et libero arbitrio" im Jahre 427, dass sich der Mensch auf Grund der durch den Sündenfall bedingten Erbsünde nicht für „gut" oder „böse" entscheiden könne, sondern nur durch die Gnade Gottes von „Bösen" erlöst werden könne. Dieser Gnade würden aber nur die von Gott Auserwählten zuteil, während die übrigen verdammt seien, und diese göttliche Bestimmung sei von Verdienst und Schuld unabhängig. Warum, so habe ich mich immer wieder gefragt, wurden mein Neffe und meine Nichte paranoid und schizophren, warum konnten sie nie ein glückliches selbständiges Berufs- und Familienleben führen? Ich habe die Ursachen in Vererbung und Erziehung gesucht, in der Kirche und der Schule, der Umwelt im Allgemeinen, und letztlich keine befriedigende Erklärung gefunden. Aber, dass es keine Ursachen und Entstehungsbedingungen geben könnte, dass ein Gott es so gewollt haben könnte, das wollte und will ich nicht hinnehmen. Und deshalb war das nicht mein Gott! Es wird Vieles und Verschiedenes zusammengewirkt haben, und an diesem Zusammenwirken ist auch das Individuum beteiligt, auch wenn mir der Ausdruck „Lebensführungsschuld" immer suspekt geblieben ist. Viel später las ich bei Ronald Dworkin, dass „dignity" letztlich „self-esteem" meint, dass die Würde des Menschen darin besteht, dass er sein Leben bejaht und für gelungen hält, dass er es nicht wegwerfen, sondern nutzen kann und soll.[4]

„Du sollst nicht"

Auch wenn die Gebote und Verbote, so wie ich sie zu Hause erlebte, in einem religiösen Zusammenhang standen, hinter ihnen stand eine bürgerliche Moral, d. h. ein Satz von Regeln, deren Einhaltung für die Aufrechterhaltung einer bürgerlichen Ordnung unerlässlich erschien. Es handelte sich nur um ganz wenige, nur fünf Regeln und die waren material, d. h. gegenstandsspezifisch

---

4 Ronald Dworkin, Justice for Hedgehogs, 2011, S.193ff.

inhaltlich begründet und nicht bloße formale Referenzregeln wie der kategorische Imperativ. Meine Eltern legten größten Wert auf die Einsichtigkeit und die Einhaltung dieser Regeln. Diese mussten aus sich heraus verständlich sein, und deshalb bedurfte es keiner Sanktionierung für ihre Durchsetzung.

An allererster Stelle stand natürlich das Tötungsverbot, was bei überzeugten Pazifisten nicht nur in den internationalen Beziehungen, sondern auch im gesellschaftlichen Zusammenleben selbstverständlich war. An zweiter Stelle stand die Anerkennung des Anderen als Person, d. h. das Verbot physischer und psychischer Gewaltanwendung, und zwar unter Einschluss des Achtungsanspruches der Person, also ihrer „Ehre". Diesem hohen Stellenwert lag ein Widerspruch zwischen der äußeren und der inneren Welt zugrunde, denn mein Vater neigte seiner Frau gegenüber ausgesprochen zur Anwendung physischer und vor allem psychischer Gewalt, und ihm fehlte jede Achtung für sie. Meine Mutter nahm es hin, erklärte es durch Krankheit und machte nur ein einziges Mal einen kleinen Versuch, ihren Mann zu verlassen. Als Drittes kam schon ziemlich bald der Schutz der Eigentumsordnung und der Integrität der geschäftlichen Beziehungen, wobei Diebstahl und Unterschlagung natürlich schlimmer waren als Betrug und Untreue, von denen meine Eltern annahmen, dass sie in der „Welt des Geldes" sowieso an der Tagesordnung waren. Ich habe mich an die Eigentumsordnung stets sklavisch gehalten und nur einmal als 10jähriger eine Mark gestohlen; Betrug und Untreue zu vermeiden, fällt dagegen schon wesentlich schwerer, zumal sie uns in manchen Bereichen geradezu nahegelegt werden. Viertens: Die Wahrung von Identität und Integrität – Offenheit und Aufrichtigkeit, Engagement und Toleranz, Zuwendung und Treue – galten zwar viel; doch „die Verhältnisse, die sind nicht so".[5] Ich will damit sagen, dass das wohlfeile Bekenntnis zu diesen Werten nicht verhindert, dass Beleidigung und Lüge, Bosheit und Gemeinheit, Faulheit und Unduldsamkeit, Kälte, Verachtung, Hass und Verrat in der Welt sind und im Alltag eine große Rolle spielen. Und fünftens schließlich die Freiheit der demokratischen politischen Willensbildung und die friedliche Konfliktlösung in den Gemeinschaften, aber auch in der Gesellschaft unter Anerkennung der Autorität von staatlich und gesellschaftlich legitimierter Gewalt, so z. B. von Gerichten und Behörden, Militär und Polizei, Schule und Betrieb. Auch wenn sich meine Eltern ständig über den Schulrat und über das Finanzamt ärgerten, wenn sie sich über Polizeigewalt und Korruption gelegentlich empörten, aufgrund der Erfahrungen der ersten Hälfte des Zwanzigsten Jahrhunderts waren sie echte Demokraten,

---

5   Peachum in der Dreigroschenoper von Berthold Brecht (1928): „Wir wären gut – anstatt so roh, doch die Verhältnisse, sie sind nicht so."

hätten aber an politische Demonstrationen oder Streiks nicht gedacht und daran auch nicht teilgenommen. Kein Wunder, dass auch ich nie an einer Demonstration oder einem Streik teilgenommen habe! – obwohl es sich doch um urdemokratische Rechte handelt!

Lob und Tadel

Die fünf Regeln setzten meine Eltern durch, so gut sie konnten, zwar nicht mit Zuckerbrot und Peitsche, denn ich bin nie mit Süßigkeiten belohnt worden, weil Süßigkeiten sowie schlecht für die Gesundheit sind, und ich bin zu Hause von meinen Eltern nie geschlagen worden. Lob und Tadel stattdessen, weil sie diese zurecht für wirksamer hielten. Doch Lob lässt sich auch erschleichen. Ich war erst sechs Jahre alt, und ich erinnere mich ganz genau, weil es noch in Pommern vor der Flucht war, und weil die Tomaten reif waren, also im Sommer 1944. In meiner Familie wurde das Essen stets zugeteilt und niemand konnte sich nehmen, was er wollte und verweigern, was er nicht wollte. Und es musste immer aufgegessen werden und wer nicht aufgegessen hatte, musste so solange sitzen bleiben, bis er aufgegessen hatte. Da saß ich also in unserer Veranda allein vor meinem Teller mit einem Bohneneintopf mit Majoran, den ich absolut nicht mochte. Alle anderen waren aufgestanden und gegangen, während meine Mutter nebenan hörbar in der Küche abwusch. Ab und zu kam sie, um zu sehen, ob ich nun endlich aufgegessen hatte und machte eine entsprechende drohende Bemerkung über den Entzug von Spielzeug oder von weiterem Essen oder sonst etwas. Kaum war sie wieder einmal gegangen, nahm ich entschlossen den Teller mit dem grässlichen Bohneneintopf mit Majoran und schüttete ihn aus dem offen stehenden Fenster. „O, das brave Kind hat aufgegessen!" hieß es beim nächsten Kontrollbesuch. Noch Wochen lang musste ich beim Verlassen des Hauses an den Tomatensträuchern unten bei der Haustür vorbeigehen, auf denen die Reste meines Eintopfes traurig klebten. Und dann diese ständige Angst, entdeckt zu werden!

Und so wie sich Lob erschleichen lässt, so kann Tadel abprallen, vor allem wenn er überzogen ist. Vielleicht war ich 12 Jahre alt, vielleicht auch 13. Ich komme aus der Schule und nenne beim Mittagessen die deutsche Fahne „Schwarz-Rot-Mostrich", was ich irgendwo aufgeschnappt hatte und nun ohne jede Provokationsabsicht einfach flott „an den Mann brachte". Ein Donnerwetter meiner Eltern ging auf mich nieder. „Die deutschen Demokraten haben 1848 unter dieser Fahne für die Freiheit gekämpft und viele sind unter dieser Fahne in den Tod gegangen" – „Die Republik hat unter dieser Fahne Krieg und Kaiser besiegt" – „Die unverbesserlichen Nationalsozialisten versuchen jetzt unsere freiheitliche Ordnung in den Schmutz zu ziehen" usw. usw. Was nur ein ganz blöder Pennälerspruch war, erhielt durch die emotionale Überreaktion meiner Eltern ein völlig unangemessenes Gewicht, worauf normalerweise pubertäre Jugendliche mit Abwehr, wenn nicht mit Aggression reagiert hätten, ich aber nicht, denn ich sah ein, dass sie Recht hatten, meine Eltern! Eine spontane Ohrfeige wäre vermutlich die angemessene Reaktion gewesen. Stattdessen diese überladene triefende politische Moral. Aber, wie gesagt, ich bin als Kind nie geschlagen worden, und als Jugendlicher schon gar nicht. Aber, ich bin auch nicht in den Arm genommen worden und ich wurde auch nicht Gute-Nacht-geküsst, und überhaupt nicht geküsst. Alles Körperliche war tabu.

1.2 Ein niedersächsisches kleinstädtisches Gymnasium

1.2.1 „Curriculum, Curriculum macht die kleinen Kinder dumm" – Über die Schule

„Das Schulwissen nützt generell, aber speziell fällt mir eigentlich nichts ein". Journalist, geb. 1924
∟ Walter Kempowski: Immer so durchgemogelt, Erinnerungen an unsere Schulzeit, 1976, S.12.

Meine Schulkarriere

Über Hans Giebenraths Begabung gab es keinen Zweifel. Die Lehrer, der Rektor, die Nachbarn, der Stadtpfarrer, die Mitschüler und jedermann gab zu, der Bub sei ein feiner Kopf und überhaupt etwas Besonderes. Damit war seine Zukunft bestimmt und festgelegt. Denn in schwäbischen Landen gibt es für begabte Knaben, ihre Eltern müssten denn reich sein, nur einen einzigen schmalen Pfad: durchs Landexamen ins Seminar, von da ins Tübinger Stift und von dort entweder auf die Kanzel oder aufs Katheder.
∟ Hermann Hesse, Unterm Rad (1906), zitiert aus „Gesammelte Dichtungen" 1952 Erster Band, S. 377.

Meine Schulkarriere begann nicht in Schwaben, sondern in Hinterpommern und sie begann eigentlich mit etwas, was man heute „homeschooling" nennt. Im Sommer 1944 fand in Pollnow in Hinterpommern kein Schulunterricht mehr statt, sodass ich nicht eingeschult werden konnte. Mein Vater, für den aktiven Kriegsdienst schon zu alt und noch vom letzten Krieg verletzt, unterrichtete mich jeden Nachmittag zu Hause im Lesen, Schreiben und Rechnen, denn als lokaler Volkssturmkommandant war er nicht überbeschäftigt. Während die anderen Kinder draußen in dem verzweigten System der Schützengräben „Räuber und Gendarm" spielten, musste ich also „pauken" und meine schulische Karriere vorbereiten. Nach der Flucht aus Pommern im Jahre 1945 besuchte ich die Unterstufe der Volksschule in einem kleinen niedersächsischen Dorf, Gülden im Kreis Lüchow-Dannenberg. Meine Mutter war meine Lehrerin, denn in Gülden gab es nur eine einzige Lehrerin für die Unterstufe der Volksschule. Mein Vater, der einzige Lehrer der Volksschuloberstufe, nahm mich nach drei Jahren in die Volksschuloberstufe. Es gab sowieso nur die Unterstufe und die Oberstufe, jeweils in dem einzigen Schulraum, vormittags bzw. nachmittags, ohne Klasseneinteilung. Ich habe deshalb in der Volksschule außer meinen Eltern nie einen anderen Lehrer oder eine andere Lehrerin erlebt.

Nach dem Umzug in die Kreisstadt Lüchow besuchte ich dort das einzügige neusprachliche Gymnasium, an dem ich 1957 das Abitur ablegte. „Karrieren" in einem einzügigen Gymnasium in den fünfziger Jahren des vergangenen Jahrhunderts? „Neumodisches" wie Schnellläuferkurse, Niveaukurse, Neigungsgruppen oder Arbeitsgemeinschaften, extra curricular activities, Projektgruppen, Angebote für „Hochbegabte", alles so etwas gab es nicht. Nur im Sport und in der Musik konnten man sich „austoben" und etwas Besonderes leisten. Ranglisten waren unbekannt, aber mein Freund Jürgen und ich waren immer die Klassenbesten. Für ein „Überspringen" einer Klasse gab es überhaupt keinen Anlass. Und das war auch gut so! Ich absolvierte das Gymnasium ganz normal bis zum Abschluss der dreizehnten Klasse. Die Schule eröffnete guten Schülerinnen und Schülern jedoch besondere Karrieremöglichkeiten, und zwar durch die Auswahl für besondere Förderprogramme.

Der American Field Service (AFS) wählte in den fünfziger Jahren deutsche Schülerinnen und Schüler für einen kostenlosen einjährigen Aufenthalt in den USA aus, heute ein kommerzielles Programm für jedermann. In den fünfziger Jahren, als wir allenfalls Fahrradtouren in den Ferien unternahmen, als die Deutschen gerade begannen, Bibione und Jesolo zu erobern, als ein Schüleraustausch im heutigen Ausmaß undenkbar erschien, war das etwas ganz ganz Außergewöhnliches, eine Chance für mich. Mit sechzehn Jahren einmal aus der Isolierung im abgelegenen Lüchow auszubrechen. Ein kompliziertes mehrstufiges Auswahlverfahren. Meine Schule schlug mich vor, zunächst schien es auch zu laufen, aber in der letzten Instanz scheiterte ich. Ich war unendlich enttäuscht.

Dann aber die „Studienstiftung des Deutschen Volkes". Schon der Name! Das „Deutsche Volk" würde mich auswählen. Der Direktor des Gymnasiums wusste von nichts, im hinterwäldlerischen Lüchow, hatte noch nie davon gehört. Mein Vater hatte in der Zeitung gelesen, dass die Gymnasien Vorschläge machen konnten. Meine Eltern waren zwar entschlossen, mein Stu-

40

dium zu finanzieren und dass ich studieren sollte, stand sowieso schon lange fest. Meine älteren Geschwister hatten in der Nachkriegszeit dagegen nicht studieren können. Mein Bruder studierte später mit selbstverdientem Geld, nachdem er zunächst auf die Pädagogische Hochschule gegangen war und als Lehrer gearbeitet hatte. Ein Stipendium für mich? Das Honefer Modell, Vorgänger des BAföG, gab es nur rudimentär; Stipendien waren eigentlich unbekannt. Die Aufnahme in die Studienstiftung wäre also für meine Eltern eine enorme finanzielle Erleichterung gewesen – ganz zu schweigen von Ehre und Karriere! Also legte mein Vater dem Direktor nahe, mich doch vorzuschlagen, was der auch prompt tat. Was aber, um Himmels willen, konnte man tun, um das zu schaffen? Gute Zeugnisse konnte ich zwar vorweisen, aber erstklassig waren sie nicht. Ich weiß gar nicht, inwieweit ich die Auswahlkriterien damals überhaupt kannte. Anders als in späteren Jahren kam es nicht nur auf die schulischen Leistungen an, sondern auf „Bildung" – aber was war das? Aufgeschlossenheit – wofür? Engagement – aber wo? demokratische Gesinnung, vermutlich! – also allgemeine Persönlichkeitsmerkmale. Ein mehrstufiges Auswahlverfahren war vorgesehen, an dem ich übrigens später – auf der anderen Seite – als Gutachter beteiligt war.

Ich erhielt eine Einladung ins Kultusministerium nach Hannover, weil die Gutachter für die niedersächsischen Schulvorschläge offensichtlich im Kultusministerium saßen. Oberschulrat Dr. Schaar hieß mein erster Prüfer, ein Herr! – ganz und gar ein Herr! – im dunklen Anzug mit Krawatte! Hinter einem riesigen Schreibtisch kam er hervor, begrüßte mich freundlich und bot mir einen Sessel in der Sitzgruppe in seinem Zimmer an. Was ich denn gelesen hätte? Mein Instinkt sagt mir, dass ich jetzt nicht etwas aus der üblichen Schullektüre nennen darf, sondern dass ich etwas Außergewöhnliches auftischen muss. Hemingways „Wem die Stunde schlägt", und Thomas Wolfes „Schau heimwärts, Engel!" sowie die anderen Bände der Tetralogie. Der Bücherwagen des Hamburger Amerikahauses, der jeden Donnerstag in Lüchow auf dem Marktplatz stand, war meine „Schatztruhe". Riskant war es schon, diese amerikanischen Autoren zu nennen. Anglisten – Dr. Schaar war vermutlich einer – neigten damals mehr zur englischen Literatur und verachteten die amerikanischen Schriftsteller. Ich hatte Glück, denn wir unterhielten uns vorzüglich – wie ich fand – über den spanischen Bürgerkrieg und Hemingway als Kriegsberichterstatter und über das Münchener Oktoberfest, das Thomas Wolfe so eindrücklich schildert.

Das andere Gespräch verlief – wie ich gleich merkte – nicht so günstig. Ich habe bezeichnenderweise den Namen dieses Prüfers vergessen. Ministerialrat im Kultusministerium, also vermutlich Jurist und nicht Pädagoge. Er stand nicht auf, als ich reinkam und wies mir einen Stuhl gegenüber an seinem

Schreibtisch zu. Er hatte kurze Lederhosen mit Trägern an. Es war im Juli. Aber das ist sicherlich eine falsche Erinnerung, denn es kann eigentlich nicht sein. Jedenfalls kam er aus der Jugendbewegung, fragte mich nach meinen eigenen Erfahrungen bei den Christlichen Pfadfindern, die ich in meinem Lebenslauf angegeben hatte, und erwähnte seine eigene jugendbewegte Vergangenheit. Nun hatte ich mit meinen drei Jahren bei den Pfadfindern immerhin doch etwas vorzuweisen, war ich doch bereits in jungen Jahren zum „Knappen" aufgestiegen und „Wölflingsführer" gewesen. Jedoch, es lief schlecht. Sollte ich etwa den Mumm gehabt haben, ihm zu erzählen, dass ich nach der Konfirmation mit vierzehn Jahren aus der CP ausgetreten war, weil mir das ganze Pfadfindermilieu zunehmend missfallen hatte, weil ich den Glauben an Gott verloren hatte?

Das kann ich mir eigentlich nicht vorstellen, denn ich war erstens vorsichtig und zweitens ein geschickter Prüfling. Kann es sein, dass ich gegen meine Überzeugung die Pfadfinder gelobt und er die Unaufrichtigkeit gemerkt hatte? Vielleicht, ich weiß es nicht.

Zwanzig Mark hatten mir meine Eltern nach Hannover mitgegeben, damit ich mir etwas Schönes kaufen konnte. Ich kaufte mir für zwölf Mark eine grüne lange Hose; das war gewagt! Ich wollte mir außerdem unbedingt Jeans kaufen. In den fünfziger Jahren waren Jeans das Non Plus Ultra! In der Schule waren Jeans nicht erlaubt, weil sie der deutschen Kultur nicht entsprachen, aber am Nachmittag! – und mehrere Jungen meiner Klasse trugen bereits nachmittags Jeans. Mein Vater war – als deutscher Sozialdemokrat – auch gegen Jeans, wie gegen alles Amerikanische! Aber ich meinte, Studienstiftung usw.; er würde es schon tolerieren, was dann auch der Fall war. Nur, mit den mir verbliebenen acht Mark! Ich fand wahrhaftig eine Jeans für sieben Mark, aber sie saß nicht richtig, war zu weit, beulte sich aus. Na, immerhin, ich hatte Jeans, und ich machte mich – trotz dieses kleinen Wehrmutstropfens – glücklich auf die Heimfahrt. Die Enttäuschung folgte nach einigen Wochen. Ich war nicht aufgenommen, sondern für ein Jahr zurückgestellt worden. Nicht gut, aber auch nicht hoffnungslos!

Lob und Tadel

O, Buddenbrook, si tacuisses! Sie entschuldigen wohl ausnahmsweise das klassische Du!

Hanno hatte die Virgil'schen Verse über das Goldene Zeitalter zu Hause nicht auswendig gelernt, aber aus einem ihm hingehaltenen Buch vorgelesen, absichtlich stockend, um nicht unglaubwürdig zu wirken, und Dr. Mantelsack fuhr fort:

Wissen Sie, was Sie getan haben? Sie haben die Schönheit in den Staub gezogen, Sie haben sich benommen wie ein Vandale, wie ein Barbar, Sie sind ein amusisches Geschöpf, Buddenbrook, man sieht es Ihnen an der Nase an! Wenn ich mich frage, ob Sie die ganze Zeit gehustet oder erhabene Verse gesprochen haben, so neige ich mehr der ersteren Ansicht zu. ----- Setzen Sie sich, Unseliger! Sie haben gelernt, gewiss, Sie haben gelernt. Ich kann Ihnen kein schlechtes Zeugnis geben. Sie haben sich wohl nach Kräften bemüht … Nun, es ist gut, setzen Sie sich, Sie mögen fleißig gewesen sein, es ist gut.

└ Thomas Mann, Die Buddenbrooks, 79.–88. Auflage, 1917, Zweiter Band, S. 441

Da ich ein sehr guter Schüler war, müsste ich eigentlich häufig gelobt worden sein; ich erinnere mich aber gar nicht an allzu viel Lob. Vergisst man das Lob und behält nur den Tadel? Oder, verdrängt man nicht eher den Tadel und erinnert das Lob? Meine Mutter und mein Vater haben mich in der Zeit, in der sie mich in Gülden unterrichtet haben, vor der Klasse sicherlich nicht gelobt. Meine Mutter lobte vermutlich die schwachen Schüler, wenn sie einmal etwas Lobenswertes vollbracht hatten. Mein Vater lobte vermutlich überhaupt nicht, weil ihm das Loben einfach nicht lag. Habe ich das Lob, das ich erhielt, nicht in Erinnerung behalten, weil ich es für selbstverständlich hielt, weil es für mich normal war? Ich freue mich doch über jedes Lob! Warum verlässt mich mein Gedächtnis? Nun, dass Lehrer eher loben und sich beim Tadel zurückhalten sollen, ist eine neuere pädagogische Einsicht. Seinerzeit hieß es eher: Das Gute versteht sich doch von selbst; Kritik aber muss sein! „Streng, aber gerecht, wie ein Vater" lautete die Devise des guten Gymnasiallehrers.

In der Mittelstufe des Gymnasiums spielte der Wettbewerb eine große Rolle, und zwar nicht nur im Sport, wo er selbstverständlich war, sondern auch im Kopfrechnen und in Geographie. Wir standen natürlich alle auf, wenn die Lehrerin oder der Lehrer ins Klassenzimmer kam. Dr. Konau, der Mathelehrer, ein hagerer Herr, der etwas Besonderes an sich hatte, beginnt nach einem verhaltenen „Guten Morgen" mit der ersten Aufgabe im Kopfrechnen, und wer als erster die richtige Lösung hat, darf sich setzen. Da ich gut bin im Kopfrechnen, gehöre ich meistens zu den ersten, die sich setzen dürfen; und die anderen, die da immer noch stehen! In Geographie nicht anders: Hauptstädte, Berge, Flüsse usw. ein „Stadt-Land-Fluss-Spiel" im Stehen, nur noch viel grausamer! Da Erdkunde mein Lieblingsfach ist, vor allem das Lernen der Länder und Städte usw., bin ich immer der erste. Lob und Tadel non verbal!

Dasselbe grausame Ritual bei der Rückgabe der Klassenarbeiten. Man sieht es sofort. Heute Rückgabe. Der Lehrer trägt den Stapel der Klassenarbeiten unter dem Arm oder wir erkennen es an der ausgebeulten Tasche. Da liegt er nun, der Stapel mit den Heften auf dem Lehrertisch. Liegt mein Heft oben oder eher unten? Oben liegen die schlechten Arbeiten und unten die guten. „Meier, leider nur mangelhaft!" usw. wobei im „leider" etwas leicht Sadistisches mitklingt. Da sitzt man und hofft, nicht so schnell genannt zu werden. Bei den letzten Arbeiten mischt sich dann manchmal etwas Anerkennung darunter, wie „Richter, eine ganz anständige Arbeit!" Das ist aber auch schon das höchste Lob. Im Sport motiviert der Wettbewerb zweifellos – aber beim Abfragen von Wissen? Die Prangerwirkung scheint mir eher im Vordergrund zu stehen!

Von meinen Eltern erhielt ich für jede „eins" in einer Klassenarbeit eine Mark und für jede „zwei" fünfzig Pfennig. Da ich immer gute Arbeiten schrieb, summierten sich die Beträge. Ich erhielt bis zum Abitur keinerlei Taschengeld, war also auf diese Einnahmen angewiesen. Ich weiß nicht mehr, ob es für die Zeugnisse auch Prämien gab. Vermutlich lobten meine Eltern meine Zeugnisse, aber erinnern kann ich mich nicht. Mein Freund Jürgen und ich wurden durch die Befreiung von der mündlichen Abiturprüfung ausgezeichnet. Der Sinn dieser Maßnahme ist mir bis heute verborgen geblieben. Warum haben die guten Schülerinnen und Schüler nicht die Chance, zu zeigen was sie gelernt haben? Für mein Abitur erhielt ich bei der Abifeier eine Urkunde und einen Schulpreis: Bismarcks „Gedanken und Erinnerungen".

Wenn Lehrerinnen und Lehrer schon nicht loben können, so können sie doch wenigstens tadeln. Die schöne Literatur ist voll von Schilderungen, wie Lehrer ihre Schülerinnen und Schüler bloßstellen, demütigen, beleidigen, runter machen, schlagen usw., so wie Dr. Mantelsack im einleitenden Zitat. Warum ist das so? Warum beschreiben die deutschen Schriftsteller vornehmlich, was ihnen die Schule Schlimmes angetan hat? Auch ich kann ein Lied davon singen, obwohl ich ein guter Schüler war und gerne in die Schule ging. In der dritten Klasse z. B. konnte ich das schriftliche Dividieren nicht kapieren, das mit dem Runterschreiben und Runterholen. Meine Mutter, meine Lehrerin, hätte sich das für den Nachmittag aufheben können, für eine kleine Nachhilfestunde. Aber nein, da sie die sog. innere Differenzierung praktizierte, setzte sie ausgerechnet den doofsten Bauernjungen neben mich, der das längst konnte, damit der mir das beibringt. Und alle guckten zu! Pädagogisch ist das sehr sinnvoll, und zwar nicht nur dass die Schülerinnen und Schüler sich gegenseitig helfen, sich gegenseitig unterrichten, sondern auch, dass ein schlechter Schüler die Gelegenheit erhält, dem Lehrersohn etwas beizubringen. Doch ich habe mich furchtbar geschämt. Ich fühlte mich bloßgestellt. Ich konnte etwas nicht.

Bei meinem Vater in der Oberstufe der Volksschule lernte ich, Gedichte zu rezitieren, und wir übten das auch zu Hause. Bei meiner Aufnahme ins Gymnasium 1949, mit elf Jahren also, konnte ich 150 Gedichte auswendig, und dazu noch eine Menge Kirchenlieder. Kann das sein? Ja, die meisten kann ich heute noch in Teilen auswendig. Mein Vater hatte vor dem Krieg in Berlin an einer besonderen Ausbildung teilgenommen, ich glaube, dass es etwas Anthroposophisches war. Dabei ging es einerseits um die Heilung von Sprechstörungen und andererseits um das Deklamieren von Gedichten in einer „eurhythmetischen" Art und Weise. So stelle ich mir das jedenfalls vor. Es ging darum, den Text durch Mimik, Gestik und Körpersprache zu unterstreichen. Kaum war ich im Gymnasium in Lüchow, meldete ich mich freiwillig zum Gedichte Aufsagen. Ich meldete mich immer freiwillig, wenn gefragt wurde. Ich wusste gar nicht, was ich tat! Ich weiß nur: Ich stand da, Frau Flohr, die Deutschlehrerin – eine wunderbare Frau, wie ich später merken sollte – schüttelte sich vor Lachen, und die ganze Klasse auch. Dabei hatte ich nur das reproduziert, was mir antrainiert worden war.

Dr. Konau, bereits erwähnt, der zurückhaltende verkrampfte gymnasiale Mathematiklehrer, ruft mich an die Tafel, damit ich eine Aufgabe vorrechne, was ich glänzend hinter mich bringe. Kein Wunder, denn ich stand in Mathe immer zwischen „eins" und „zwei". „Was wollen Sie einmal werden?" Na, ich stottere so rum. Wenn ich frech wäre, würde ich „Mathematikprofessor" oder dergleichen sagen. Aber das traue ich mich nicht. „Na, zum Handwerker wirds vielleicht noch gerade reichen. Alles richtig gerechnet, aber nichts verstanden! Setzen Sie sich!" – und das in der Oberstufe! Dabei hatte der Mann recht. Meine mathematischen Erfolge beruhten ausschließlich auf meinem guten Gedächtnis, einem Gedächtnis nicht für Zahlen oder Merksätze, sondern für Problemlösungen, und das war eigentlich schon etwas, auch wenn ich nicht mathematisch denken, nicht kreative Lösungen finden konnte.

Dr. Arlt, genannt Charly, ein verheirateter kinderloser Studienrat, der Deutsch in der Oberstufe unterrichtete, dem ich die Liebe zur schönen Literatur verdanke, der die „Literarische Gesellschaft" in Lüchow gegründet hatte und leitete, wo ich zu Schülerzeiten mehrfach als Vorleser und Referent auftreten durfte, der ständig über seine Krankheiten redete, von einer atemberaubenden Egozentrik, muss ein noch schrecklicherer Sadist gewesen sein als Dr. Konau. Das klang dann so: „Eine Schulklasse, das ist der Urwald in Indien. Da gibt es einige schlanke starke Stämme, so wie Ingo und einige wenige andere. Das andere ist alles das Unterholz. Die Inder machen das so. Sie gehen mit dem Gurgha-Messer durch den Urwald und schlagen das Unterholz mit dem Gurkha-Messer weg, damit die starken Stämme Luft und Licht zum Wachsen haben". Dazu machte Charly dann die entsprechende Bewegung mit dem Gurkha-Messer, indem er wie mit einer Sense durch die Reihen ging. Diesmal traf es nicht mich, im Gegenteil, sondern die anderen, fast alle anderen, die Charly dafür hassten. Dabei versinnbildlichte er nichts weiter als die damals herrschende Begabungstheorie.

Lob und Tadel finden aber vor allem in den Zensuren Ausdruck, der Quantifizierung der pädagogischen Leistungsbewertung. Was für eine geniale Erfindung! Auf einer einfachen Skala von 1–6 bilden die Lehrer einzelne Leistungen, aber auch den ganzen Menschen ab: sehr gut, gut, befriedigend, ausreichend, mangelhaft und ungenügend. Ich habe in der Schule nur die ersten drei Kategorien kennengelernt und lange nicht verstanden, was der Unterschied zwischen „mangelhaft" und „ungenügend" ist, weil die untere Hälfte in meinen Vorstellungen gar nicht vorkam. Auf der Universität lernte ich dann durchaus auch die unteren Etagen kennen.

Faszination Zensuren: Mein Vater, Lehrer an der Volksschule in Lüchow, bereitete sich zwar nicht auf den Unterricht vor, sodass seine einzige Aufgabe außerhalb des Unterrichts in der Teilnahme an Konferenzen bestand, über die er fluchte, und in der Korrektur der Klassenarbeiten der Schülerinnen und Schüler. Ich durfte als Gymnasiast die Arbeiten mit Bleistift vorkorrigieren und dann kam der Rotstift meines Vaters! Grässlich, dieser Rotstift, d. h. es war natürlich rote Tinte aus einem besonderen Tintenfass, in das er seine Feder tauchte, denn mein Vater schrieb natürlich nicht mit einem „Füller", sondern mit einem Federhalter. Ich liebte das, ich meine die Beteiligung an der Korrektur, denn ich erhielt Macht über andere!

Ich habe die durchaus problematische Angewohnheit, in katholischen Kirchen die Fürbitten und Danksagungen zu lesen, die heute in die ausliegenden Bücher geschrieben werden – anstelle der früheren Votivbildchen „Maria hat geholfen!" usw. Alle Lehrerinnen und Lehrer sollten wissen, was sich aus meiner langjährigen, empirisch durchaus nicht abgesicherten Analyse der Einschreibungen ergibt: Zwei Dinge stehen weit weit im Vordergrund, die Gesundheit und die Schulleistungen, vor allem die Zensuren! „Maria, bitte hilf, dass ich morgen eine „drei" schreibe!" „Danke, ein Zweier! Maria hat geholfen!" Die ganze Not der Kinder, die Angst vor den Eltern und Lehrern und die Angst vor dem eigenen Versagen kommen dort zum Ausdruck und die Hoffnung, dass Maria die Bitte erhören und einen „Dreier" bescheren wird. Dennoch! Für die Abschaffung der Zensuren bin ich nicht. Ganz im Gegenteil, sie sind so scheußlich, dass man sie vermehren muss, weil sie nur dadurch ihren Schrecken verlieren. Nein, im Ernst! Differenzierte quantifizierte Aussagen über schulische und universitäre Leistungen sind nötig und möglich und das ist es doch, was Lehrer und Professoren vor allem können und ständig praktizieren, und zwar mit beachtlichem Erfolg: Leistungen bewerten!

Bei der schriftlichen Abiturprüfung in Latein (dritte Fremdsprache) saß ich neben Fritz Bohl, Pfarrerssohn – eine Übersetzung aus dem Lateinischen ins Deutsche. Ich konnte ihm 22 Vokabeln sagen bzw. auf einem Lineal rüberschieben, er mir nur drei. Er bekam eine „zwei" und ich eine „drei", eine

Gemeinheit! Die Lateinzensur war extrem wichtig, denn die Schule wandte eine großartige Regelung an: Wer im letzten Zeugnis „ausreichend" oder besser als Lateinnote hatte, bekam das Große Latinum ohne Prüfung und wer „mangelhaft" oder „ungenügend" hatte, musste ein Prüfung machen und bekam dann das Kleine Latinum. Genial! Latein konnten wir alle nicht. Wir hatten gerade mal mit Mühe „den Caesar" geschafft und zwei Gedichte von Sallust.

Ich bekam ein gutes Abiturzeugnis, glänzend war es allerdings nicht: Geschichte, Erdkunde und Musik „eins", Sport, Latein, Physik „drei", alles übrige „zwei".

„Spiel' nicht mit den Schmuddelkindern, ..." – *zur Klassensozialstruktur und zum Klassensozialklima*

> In der Klassengemeinschaft gab es Rivalitäten, Bündnisse und Freundschaften, vor allem aber eine Hackordnung, die sich durch die Jahre kaum veränderte und die charakteristisch war für die soziale Struktur der Schule. Es gab da drei deutlich unterscheidbare Kategorien von Jungen: diejenigen, die in einer „Villa" zu Hause waren – das waren die eigentlichen Grunewalder, die sich auch untereinander besuchten; die Jungen, die aus dem Halensee-Viertel kamen, das mit zum Einzugsgebiet des Grunewaldgymnasiums gehörte, und dort in Mietwohnungen wohnten. Sie kamen wohl zu uns ins Haus, aber ich würde nie auf den Gedanken verfallen sein, sie bei sich zu besuchen. Dann gab es, drittens, die sogenannten „Eichkamper, deren Eltern in den kleinen Reihenhäusern hinter der Stadtbahn in unmittelbarer Nachbarschaft des Grunewalder Forstes lebten. Das war eine stark zusammenhaltende Clique, die für uns den Reiz hatte, irgendwie ungebunden aufzuwachsen, in legereren Familienverhältnissen zu leben und überhaupt in einem näheren Kontakt zur Natur zu stehen.
>
> ∟ Nicolaus Sombart, Jugend in Berlin, 1984, S.13 f.

So einfach stellten sich Schulsozialstruktur und Schulsozialklima nun nicht überall dar. Eine Dorfschule war etwas ganz Anderes. Eine koedukative Schule war anders als ein Jungengymnasium. Krieg und Vertreibung hatten die Sozialstruktur sowieso durcheinandergewirbelt. Im Elend der unmittelbaren Nachkriegszeit und aufgrund der politischen und moralischen Zerrüttung wurde die neue/alte Gesellschaftsstruktur noch nicht sichtbar, jedenfalls in der Schule nicht abgebildet. Ja, es gab „Rivalitäten, Bündnisse und Freundschaften, vor allem aber eine Hackordnung", aber die Bündnisse waren nicht von außen vorgegeben, sondern bildeten sich in und durch die Schule erst heraus und jeder einzelne musste seinen Platz darin finden, sich seinen Platz erkämpfen. Für mich stellte sich die Aufgabe, mir einen Platz zu sichern, der meinen „Auf-

stieg durch Bildung" sozial absicherte, denn ich wollte zu den „besseren Kreisen" und nicht zu den „Schmuddelkindern" gehören. Dabei hatte ich mehrere
Handicaps. Ich war ein Lehrersohn, und zwar ein Volksschullehrersohn, kam
also nicht aus einem Akademikerhaushalt. Ich war ein „Streber", weil ich in
der Tat nach dem „Aufstieg durch Bildung" strebte. Ich war ein eher schlechter Sportler und schon gar kein Fußballer, kein „fighter". Ich liebte klassische
Musik und keine Schlager. Ich war kein „Mädchenschwarm" und auch kein
„Draufgänger" – denkbar schlechte Voraussetzungen also, um in der Schule
zu überleben und nicht unterzugehen, um „etwas aus mir zu machen" – und
dennoch ist es mir gelungen.

In der Dorfschule meiner Eltern in Gülden am Rande der Lüneburger Heide:
Achtzig Kinder aus vier Jahrgängen jeweils in einem Klassenraum! Bei
meiner Mutter in den unteren vier Klassen ging es wohl eher lustig und etwas
chaotisch zu, während bei meinem Vater in den oberen vier Klassen strenge
Disziplin herrschte. Bei meiner Mutter wurde viel gesungen, bei meinem Vater
gelernt. Vor dem Krieg hatte er, der linke Sozialdemokrat, die Schüler noch
mit einem Rohrstock geschlagen, und zwar auf die Hände oder auf den Hin-
tern, allerdings nicht mit blankem Gesäß. Jetzt gab es nur noch Ohrfeigen. Ich
musste natürlich immer vorbildlich sein. Dabei hatte mein Vater ein merkwürdiges pädagogisches Prinzip. Wenn irgendwo in der Klasse Unruhe entstand,
musste ich vortreten und bekam eine Ohrfeige, und zwar auch wenn ich eindeutig nichts damit zu tun hatte. Ich konnte in diesem Haufen älterer Schülerinnen und Schüler als Zehnjähriger doch keine Verantwortung übernehmen. Aber
nein, nur keine Bevorzugung des eigenen Sohnes, sondern eine exemplarische
Strafe. Eigentlich eher komisch als pervers!

Wie aber war es denn nun in Lüchow, der niedersächsischen Kleinstadt?
Wie gestaltete sich z. B. die Sitzordnung, diese grundlegende Herrschaftsordnung des Klassenzimmers? Eine Sitzordnung nach Zensuren gab es bei uns
nicht, d. h. die „Guten" saßen nicht vorne und die „Schlechten" nicht hinten
oder umgekehrt. Die Sitzordnung richtete sich nicht nach den Zensuren, sondern nach Freundschaften. Es muss also eine Art Wahlprinzip gegeben haben.
Mädchen und Jungen saßen natürlich getrennt. Wir saßen in der Mittelstufe in
Reihen, in der Oberstufe im Hufeisen. Der Klassenlehrer muss es wohl geregelt
haben. Aber, ich erinnere mich nicht an die Kämpfe, die es darum gegeben
haben muss. Oder duldeten wir die Anordnungen des Klassenlehrers einfach?
Ich wollte jedenfalls immer zwischen meinem Freund Jürgen und meinem
andern Freund Jürgen sitzen, was mir eigentlich auch im Laufe der sieben Jahre
immer gelungen ist. Ich wollte immer neben den Besten sitzen.

Die Sitzordnung war entscheidend! Mit den Nachbarn tuschelte man. Mit
den Nachbarn tauschte man kleine Zettelchen aus, half sich bei den Hausauf-

gaben, sagte vor, ließ abschreiben oder schrieb selber ab, usw. An erotische oder gar sexuelle Nähe – unter der Bank – kann ich mich nicht erinnern, wohl aber an das Flirten nach gegenüber, zur Mädchenseite. Da kam es sehr darauf an, wo man saß, z. B. bei dem Kassiberschieben zwischen den Bänken. Wer schickte was und wer las was? So eine Klasse ist wie ein Ameisenhaufen, in dem es wimmelt, in dem ständig vieles passiert, und der Lehrer bzw. die Lehrerin hat überhaupt keine Ahnung, was da alles passiert. Wenn ich denke: Rund 10.000 Stunden habe ich im Klassenzimmer des siebenjährigen Gymnasiums verbracht. Was für eine Zeitverschwendung! Zeit spielt keine Rolle! Den Lehrerinnen und Lehrern ist überhaupt nicht bewusst, dass sie die Lebenszeit von Menschen für eine doch recht zweifelhafte Aufgabe in Anspruch nehmen.

Da sitzt man nun Stunde um Stunde! Das sog. Bildungsmoratorium hat die Schulzeit fast ins Unendliche verlängert. Früher begann die Schulpflicht mit sechs Jahren. Das durchschnittliche Einschulungsalter stieg jedoch bis auf fast sieben Jahre an, bevor es im Zuge der PISA-Diskussionen in einigen Ländern auf fünf Jahre herabgesetzt wurde, um seither wieder anzusteigen, weil viele Eltern ihre Kleinen nicht dem „rauen Wind" der Schule allzu früh aussetzen wollen. Die Volksschule dauerte ursprünglich acht Jahre und die Schulpflicht wurde im Sommer auf dem Lande nicht eigentlich durchgesetzt. Das Gymnasium dauerte acht, später neun Jahre. Im heutigen Streit um G8 oder G9 geht es um die Muße der Schülerinnen und Schüler. Die Eltern meinen, ihren Kindern etwas Gutes zu tun, wenn sie sie nicht zu früh ins Studium schicken. Amüsanterweise haben vergleichende Untersuchungen über die Leistungsfähigkeit der Abiturienten mit 8 Jahren Gymnasium und mit 9 Jahren Gymnasium keine Unterschiede feststellen können. Nur im Englischen waren die Neunjährigen besser als die Achtjährigen, was bei einem Jahr länger Sprachunterricht nicht weiter verwundert. Wenn ich zurückdenke: Wie habe ich den Zeitpunkt herbeigesehnt, an dem ich endlich das Kaff Lüchow verlassen konnte. Im Sommer 1956 fuhr ich häufig mit dem Fahrrad auf die „Plater Höhe", von wo man einen Blick auf die blauen fernen Berge der Göhrde hatte, hinter denen das „gelobte Land" der Freiheit lag.

Ist es eigentlich ein Wunder, dass uns so gut wie nichts einfällt, wenn wir an die Schulzeit zurückdenken? Walter Kempowski hat in dem von ihm 1976 herausgegebenen kleinen Bändchen „Immer so durchgemogelt", aus dem ich einleitend zitiert habe, diese Leere auf 253 Seiten gesammelt. Die meisten Schülerinnen und Schüler dösen die meiste Zeit, schalten ab, schlafen und träumen, albern herum, quatschen ein bisschen, erzählen Witze, kritzeln auf Zettel, denken an die Freizeit der Nachmittage und des Wochenendes, und kümmern sich vor allem um ihre „Beziehungskisten", d. h. sie planen und sehnen sich nach Freundschaft und Liebe. Hartmut von Hentig beantwortet im vierzehnten seiner „Briefe an Tobias" (2001) dessen Frage: „Warum muss ich zur Schule gehen?" u. a. so: „*Man hat gute Aussichten, einen guten Freund, eine gute Freundin zu finden.*" (S. 52).

„*Der Lehrer ist wie ein Wiesenzaun, an dem sich die Kälber schubbern.*"

Die Lehrer haben die entsagungsreiche Aufgabe, Grundtypen der Menschheit zu verkörpern, mit denen es der junge Mensch später im Leben zu tun haben wird. Er bekommt Gelegenheit, vier bis sechs Stunden am Tag Rohheit, Bosheit und Ungerechtigkeit zu studieren. Für solch einen Unterricht wäre kein Schulgeld zu hoch, er wird sogar unentgeltlich auf Staatskosten geliefert.

└ Bertold Brecht, Flüchtlingsgespräche (1940/41), zit. nach „Gesammelte Werke" Band 14, 1967 S.1402

John Hattie hat im Jahre 2009 in seinem Buch „Visible Learning" rd. 800 Metastudien zusammenfasst, in denen mehr als 50.000 Einzeluntersuchungen mit 250.000 beteiligten Schülerinnen und Schülern analysiert werden und dessen „verblüffendes" Ergebnis fasste Martin Spiewak in der ZEIT folgendermaßen zusammen:

Alle seine Daten belegen, dass sich die größten Unterschiede im Lernzuwachs nicht zwischen Schulen zeigen, sondern zwischen einzelnen Klassen, und das bedeutet: zwischen einzelnen Lehrern. Was die einzelnen Schüler lernen, bestimmt der einzelne Pädagoge. Alle anderen Einflussfaktoren – die materiellen Rahmenbedingungen, die Schulform oder spezielle Lehrmethoden – sind dagegen zweitrangig.

Einige der Grundtypen der Lehrerinnen und Lehrer, von denen Berthold Brecht spricht, haben wir bereits kennengelernt, Dr. Konau und Dr. Arlt. Der Direktor meines Gymnasiums, Dr. Heinrich, war der „geborene Direx", ein kühler Manager, der eine neue Schule baute und Bürgermeister von Lüchow für die „Freie Wählergemeinschaft" wurde. Er hatte aus der privaten Flüchtlingsschule ein anerkanntes Institut gemacht. Sehr verdienstvoll insofern! Als Lehrer ist er dagegen weniger in Erscheinung getreten. Dr. Rudolph, der Geschichtslehrer, hatte sich eine alte Mühle auf dem Kolborner Berg gekauft, die nicht mehr in Betrieb war. Ohne Flügel stand sie still. Etagen waren eingebaut worden und ein Glasdach in die oberste Etage, so dass man den Himmel sehen konnte. Nachts lagen ausgewählte und eingeladene Schülerinnen und Schüler auf Fellen auf dem Boden und schauten durch ein großes Teleskop in die Unendlichkeit der Nacht. Gedichte wurden rezitiert. Es hieß, dass das eine oder andere Mädchen aus der Oberstufe über Nacht blieb, aber das waren Gerüchte.

Jedenfalls war Dr. Rudolph ein Mädchenschwarm, auch seiner rauen Männlichkeit (Glatze) wegen, ein Nazi ohne Frage. Gab es Alkohol? Oder gar Drogen? Vermutlich nicht, von Drogen wusste ich damals überhaupt nichts. Mit den Schülern der oberen Klassen machte Dr. Rudolph Kabarett, streng rechts, versteht sich, gegen den Adenauerstaat und die Besatzungsmächte. Wie gerne hätte ich mitgemacht, aber ich war erst in der Mittelstufe. Dr. Flohr kam mit den „Adenauer-Kriegsgefangenen" 1955 aus Sibirien zurück. Wir haben nie gefragt und nie erfahren, weshalb er mehr als 10 Jahre in sowjetischen Kriegsgefangenenlagern Schwerstarbeit leisten musste. Dr. Flohr unterrichtete Sport in der Oberstufe und er machte alles mit, was wir jungen Männer im Sport konnten. Drahtig war er! So mussten wir zu Beginn jeder Sportstunde zunächst einmal 10 Minuten auf den Zehenspitzen hüpfen, zum Aufwärmen vermutlich. Der Älteste und Größte der Abi-Klasse fragte hüpfend etwas aufmüpfig: „Herr Flohr, warum müssen wir eigentlich immer hüpfen?" „Für Sie bin ich immer noch Herr Dr. Flohr!" – weiter hüpfend!

Der unglückselige Herr Törrel, zwei Jahre lang unser Klassenlehrer und lange unser Musiklehrer, ein verhinderter Sänger! Ein ganzes Jahr lang nahm er mit uns – nach Lehrplan – eine Oper durch, den schrecklichen „Freischütz" von Weber, die ganze Oper. Er am Klavier oben auf der Bühne, wo er die männlichen und vermutlich auch die weiblichen Rollen am Klavier sang:

Nein, länger trag' ich nicht die Qualen,
die Angst, die jede Hoffnung raubt.
Für welche Schuld muss ich bezahlen?
Was weiht dem falschen Glück mein Haupt?

Ja, das fragten wir uns auch! Schaum stand ihm vorm Mund, wenn er so erregt sang. Unten spielten wir „Schiffe versenken" und lösten Kreuzworträtsel, schickten den Mädchen heimlich Briefe und erzählten uns Witze. Neunte Klasse! Ich war vermutlich der einzige, der die klassische Musik liebte und sowieso aus Anpassung mitmachte. Die Klasse aber war nun endgültig für die klassische Musik verloren. Wir nahmen an einer Schlagerparade des NDR teil und entschieden uns per Abstimmung für „Ich schenk Dir weiße Orchideen, Donna Theresa" für den ersten Platz und für „Mecki war ein Seemann, und kein Hafen war ihm fremd; doch ein Herz voll Liebe pochte unter seinem Hemd" für den zweiten Platz. Neunte Klasse eines Gymnasiums! Herr Ostermeier, Geschichte und Kunst, war ein Maler und veranstaltete Kunstausstellungen mit seinen eigenen Bildern, abstrakt versteht sich. In Lüchow in den Fünfzigern! Er war sehr verklemmt und die Mädchen machten sich ein Vergnügen daraus, ihn zum Erröten zu bringen, was unvermeidlich zu Versprechern führte, wie z. B.

im Geschichtsunterricht: „Und jetzt kommen wir zu den äußerst bemerkenswerten Begattungsriten der Germanen."

Venner Dirks war eine moderne Englischlehrerin, und sie war allem Modernen gegenüber aufgeschlossen, eine richtige selbständige emanzipierte Frau. Ihren Unterricht hielt sie selbstverständlich ausschließlich in der englischen Sprache, die sie gut beherrschte. Wir verdanken den Besatzungsmächten, dass die modernen Lehrerinnen und Lehrer die Fremdsprachen damals schon auch als Alltagssprache beherrschten und sie im Unterricht sprachen. Aber Venner Dirks war uns jungen Machos natürlich ein Dorn im Auge. Es sollte sie einfach nicht geben, diese modernen Lehrerinnen, denn wir wollten unser „Feindbild Blaustrumpf" behalten. Peter, der ältere Bruder meines Freundes Jürgen, brachte den Namen Sigmund Freud in eine Diskussion über irgendein Theaterstück oder einen Roman ein, und zwar indem er auf das Unterbewusstsein verwies, über das wir damals viel diskutierten. Fassungslos sagte Venner nach langem Schweigen völlig hilflos: „Einen Menschen mit einem Unterbewusstsein könnte ich nicht achten." Da war sie wieder, die alte verzopfte Jungfer! – und wir hatten unseren arroganten Spaß! Schließlich Frau Flohr, unsere Klassenlehrerin in der Mittelstufe, die ihre beiden Mädchen alleine durchbrachte, während ihr Mann noch in sowjetischer Gefangenschaft war. Warum mochte ich sie? Ja, warum eigentlich? Weil sie uns alle durchschaute, weil sie uns verstand und uns den Eindruck vermittelte, dass sie jeden, dass sie jede in seiner/ihrer Eigenart akzeptierte. War sie doch selber aus Fleisch und Blut, ein bisschen faul, ein bisschen träge, immer schlecht vorbereitet, aber auch immer präsent, immer nur ein bisschen boshaft, aber nie roh und ungerecht. Wenn es um Brechts's „Grundtypen" der Menschheit geht, so verkörperte sie die Normalität, denn warum sollten Lehrerinnen und Lehrer nicht ganz normale Menschen sein, mit allen Stärken und Schwächen, mit „Lieblingen" und „Sündenböcken"? Ich glaube, sie mochte mich, auch wenn sie meine Erfolge mit einer gehörigen Portion Skepsis betrachtete – zu Recht!

Das Bild des „Wiesenzauns" aus der Überschrift dieses Abschnitts[6] stimmt schon: Überall Grenzen, Stacheldraht, und „Kälber" waren wir allemal, damals im fernen Lüchow der fünfziger Jahre. An wem soll man sich reiben, um erwachsen zu werden? Die Eltern sind zu gefährlich, weil sie letztendlich die Macht über die Zukunft haben. Die Mitschüler sind ebenfalls zu gefährlich, weil der tägliche Kampf ums Überleben in der Klasse mit ihnen ausgetragen werden muss, auch der Kampf um Anerkennung und Liebe, nicht zuletzt ange-

---

6 Horst Geyer, Über die Dummheit – Ursachen und Wirkungen der intellektuellen Minderleistungen des Menschen, 1954.

sichts des Wettbewerbs um die Mädchen. Die institutionelle Autorität der Lehrerschaft dagegen ist hohl, aufgebaut auf Schulpflicht und Zensuren, manchmal auf didaktische Fähigkeiten, aber selten auf fachliche Kompetenz. Die Schülerinnen und Schüler merken sofort, ob Lehrerinnen und Lehrer pädagogisch und fachlich kompetent sind. Das ist die Grausamkeit der ersten Stunde, die über die Akzeptanz entscheidet. Also kann man sich gefahrlos „schubbern" und man muss sich schubbern! Aber, 10.000 Stunden lang kann man sich gar nicht „schubbern", denn man muss auch durchhalten!

1.2.2 „Was bildet den Menschen?" – „Alles!" – Über Bildung

> Was bildet den Menschen? – Stellte mir jemand diese Frage, ich antwortete ohne zu zögern und mit dem – seltenen – Gefühl, etwas unanfechtbar Richtiges zu sagen:„Alles!
> ⌐ Hartmut von Hentig, Bildung, 1996, S.15 f.

Wenn aber alles bildet, vielmehr bilden kann, dann kommt es auf die „geeigneten Anlässe" für „Bildung" an und Hentig nennt zehn solcher „Anlässe", mögen diese nun in der Schule liegen oder außerhalb der Schule: 1. Geschichten, 2. Gespräche, 3. Sprache und Sprachen, 4. Theater, 5. Naturerfahrung, 6. Politik, 7. Arbeit, 8. Feste, 9. Musik und 10. Aufbruch, und für die Beurteilung der Ergebnisse setzt er sechs Maßstäbe, nämlich 1. Abwehr und Abscheu von Unmenschlichkeit, 2. die Wahrnehmung von Glück, 3. die Fähigkeit und der Wille, sich zu verständigen, 4. ein Bewusstsein von der Geschichtlichkeit der eigenen Existenz, 5. die Wachheit für letzte Fragen und 6. die Bereitschaft zur Selbstverantwortung und Verantwortung in der res publica. Bildung in diesem Sinne ist etwas durchaus Anderes als „Schulbildung" im herkömmlichen Sinne. Ich will versuchen, einige solcher Anlässe und ihre Ergebnisse zu benennen, wie ich sie „auf der Lüneburger Heide" erlebt habe und ich habe den Hentigschen Anlässen noch zwei weitere hinzugefügt, den Glauben und das Reisen.

Geschichten

In meinen Schulen gab es keine Geschichten, und zwar weder in der Volksschule in Gülden noch im Gymnasium in Lüchow. Die Lehrerinnen und Lehrer erzählten keine Geschichten; sie nahmen den „Stoff" durch. Nur am letzten Tag vor den Ferien wurde in der letzten Stunde eine Geschichte vorgelesen. Wir schrieben an die Tafel: „*Es ist schon immer so gewesen, am letzten Tag wird vorgelesen. Wer den alten Brauch verletzt, wird an die frische Luft gesetzt"*. Geschichten, das waren vor allem die Geschichten, die mir meine Mutter erzählte und die häufig von ihrer Familiengeschichte handelten oder aus der Bibel, und zwar meist aus dem Alten Testament stammten. Aber am liebsten erzählte sie Märchen, und zwar nicht nur die bekannten Grimm'schen Volksmärchen, sondern auch die „Kunstmärchen" von Andersen oder Bechstein, die sie lustvoll schauerlich auszugestalten wusste. In meiner frühen Kindheit haben sie mich – wie alle Kinder – in ihrer ganzen Grausamkeit gepackt, aber auch durch ihre Glücks- und Heilsversprechen erfüllt und es mir auch heute nicht klar, ob ich sie mit Plato eher verdammen oder mit Bettelheim für wichtig halten soll. Mein Vater erzählte – wenn überhaupt – Geschichten über das Leben auf dem Lande vor dem Ersten Weltkrieg und Geschichten aus dem Ersten Weltkrieg. Erzählen! Ein wenig habe ich noch den Mythos des mündlichen Geschichtenerzählens erlebt: Die Großmutter sitzt an den langen Winterabenden bei Kerzenschein im Kreise der Enkel und erzählt Geschichten! – aus einer Zeit ohne elektrisches Licht, ohne Bücher, Radio und Fernsehen, ganz zu schweigen von den social media!

Bald aber waren es dann doch die Bücher, die die Geschichten vermittelten. Auch hier versagt die Schule, weil sie die großartigen Geschichten der Literatur in „Pflichtlektüre" verwandelt, Michael Kohlhaas oder Das Amulett, Tonio Kröger oder Die Waage der Baleks, ganz zu schweigen von Goethe und Schiller, alles „Lesestoff". Meine Eltern betonten zwar die Bedeutung der Literatur als „Bildungsgut", aber vermittelt haben sie sie mir nicht. Mein Vater las die Lüneburger Landeszeitung, Bücher mit Geschichten las er nicht. Meine Mutter las die weinerliche deutsche Romanliteratur, Hans Carossa, Ina Seidel, Ernst Wiechert usw. und „Gesellschaftsromane", von denen bereits die Rede war. Ich habe mir die Geschichten also selber „erobert". In der Schule lasen wir zunächst unter der Bank Tom Brox, halt so Heftchen, die wir austauschten und die mich nur mäßig interessierten. Bei Karl May habe ich es nur zu zwölf Bänden gebracht; es war damals die knabenhafte „Pflichtlektüre". Die Fortsetzung waren die Abenteuer- und Reisebücher von Sven Hedin und Roald Amundsen, Walter Scott und James Cooper. In der Pubertät folgten schamhaft Hamsuns „Victoria", Hesses „Narziss und Goldmund" und Hemingways „Wem die Stunden schlägt", dann die großen „Schinken" wie Hamsuns „Segen der Erde" oder Pearl S. Buck, „Die gute Erde" oder „Das Erbe von Björndal" von Gulbranssen oder „Gösta Berling" von Lagerlöf. Das waren schon Geschichten! Aus „Bildungsbeflissenheit" las ich auch einige der großen Romane des 19. und 20. Jahrhunderts, den „Stechlin" und die „Buddenbrooks", den „Idiot", die „Pest" u. a., aber ihre „Geschichten" haben mich nicht bewegt und ihre Gesellschaftsanalysen habe ich damals nicht erkannt.

Drei eher knappe Geschichten, die ich vermutlich mit 16 oder 17 Jahren las, haben sich mir dagegen tief eingeprägt und ihre Symbole begleiten mich seither: Holden Caulfields rote Mütze aus Salingers „Der Fänger im Roggen", die für „Freiheit" steht, die Dachkammer aus Musils „Der junge Törleß" als der geheime Ort des Verbrechens und der Käfer, in den sich Gregor Samsa in Kafkas „Die Verwandlung" verwandelt als eine Geschichte der Entfremdung. In meiner Erinnerung ist es die „Wahrnehmung von Glück", die „Abscheu von Unmenschlichkeit" und die „Geschichtlichkeit der eigenen Existenz". Im Lichte einer heutigen Interpretation muss ich wohl davon ausgehen, dass es bei Salinger eher die Faszination der mir in meiner Jugend unzugänglichen und untersagten Lebenswelten in New York war, bei Musil eher eine Mischung aus Abscheu vor dem Sadismus und latenter homoerotischer Verführung als die Bewunderung für Törleß' Wahrnehmung sozialer Verantwortung, bei Gregor Samsa wohl doch eher der eigene Vater-Sohn-Konflikt, der mir angesichts des schaurig-schönen Spaßes an der Verwandlung überhaupt nicht bewusst geworden war.

Gespräche

Nein, nicht die sog. Unterrichtsgespräche in der Schule sind gemeint, denn die gab es nicht. Auch nachdem wir in der Klasse im Hufeisen und nicht mehr in Reihen saßen, am „Frontalunterricht" änderte das nichts: Frage – Melden oder Aufrufen – Antworten. „Tausch und Tausch" und seither viele andere haben zur sog. Asymmetrie des „Unterrichtsgesprächs" in der damaligen Zeit das Notwendige gesagt und an den letztlich erfolgreichen grundsätzlichen Veränderungen des schulischen Unterrichts mitgewirkt (s. u. Teil II 1.1).[7] Unterrichtsgespräche der hier thematisierten Art gab es jedenfalls damals nicht. Gab es überhaupt Gespräche zwischen Schülern und Lehrern? Nein, eigentlich nicht. Vielleicht mal ein paar Sätze nach dem Unterricht. In den Pausen dagegen grundsätzlich nicht, denn die Lehrer führten die Pausenaufsicht. Außerhalb der Schule, in der Freizeit, bei Sport oder Musik? Wir lebten schließlich in einer Kleinstadt. Nein, es wäre verpönt gewesen, mit einem Lehrer oder einer Lehrerin außerhalb der Schule das individuelle Gespräch zu suchen.

Was die Gespräche innerhalb der Familie angeht: Wir befinden uns in den fünfziger Jahren, in denen völlig schichtunabhängig der autoritäre Erziehungsstil vorherrschte. Auch ich musste bei Tisch schweigen, durfte nichts aus der

---

7 Anne-Marie Tausch und Reinhard Tausch, Erziehungspsychologie – Begegnung von Person zu Person, 11. Auflage, 1998.

Schule oder von meinen Freunden erzählen, und das bei meinen sozialdemokratischen pädagogisch aufgeklärten Lehrereltern! Ich konnte das individuelle Gespräch zu meinem Vater oder meiner Mutter suchen, wenn ich ein Anliegen hatte, aber ich tat es nicht.

Gespräche, das waren deshalb die Gespräche unter den Schülern und Schülerinnen, in der Schule oder in der Freizeit, auch wenn es damals eine der heutigen Zeit vergleichbare kommunikationsintensive Jugendszene nicht gab. Worüber sprachen wir unter Gleichaltrigen? Sprachen wir über Politik? Nein, eigentlich nicht, denn wir wussten wenig von Politik. Sprachen wir über Wirtschaftsfragen? Nein, denn wir hatten keine Ahnung. Sprachen wir über Religion? Manchmal schon, aber mehr im Grundsätzlichen, aber bloß nicht im Persönlichen. Im Unterschied zu heutigen Kindern und Jugendlichen sprachen wir auch nicht über Sport, d. h. Fußball, und Musik, ich meine Pop. Wir hatten keine Fußballstars und tauschten keine Bildchen. Wir hatten keine Lieblingsgruppen und sammelten nicht ihre Platten. Auch von den Ferien erzählten wir wenig, denn die Ferienreisen beschränkten sich auf Fahrradtouren. Na, worüber werden wir gesprochen haben? Nicht über die Eltern und die Familien, denn das war ziemlich tabu. Wir sprachen natürlich über die Lehrerinnen und Lehrer, wie alle Schüler in der Welt. Und wir sprachen über die anderen, die Klassenkameraden und über die Mädchen natürlich. Niemand soll sich heute darüber beklagen, dass im Internet nicht das öffentliche Wort herrscht, die politische Willensbildung, die Demokratie, sondern Klatsch, Klatsch, Klatsch – jedenfalls zu 90 %, der „chat" eben. Das war auch damals so. Deshalb kann ich mich an einzelne Gespräche überhaupt nicht mehr erinnern. Aber es muss endlos gewesen sein, wer mit wem, und wer zu wem was über wen gesagt hat usw. Sehr vorsichtig wurde auch das Thema Sex berührt oder sagen wir besser Erotik, d. h. man versuchte herauszufinden, wer welche sexuellen oder erotischen Erfahrungen bereits gemacht hatte. Es herrschte in dieser Beziehung aber einerseits die Prahlerei und andererseits das Verschweigen.

Nur, um solche Gespräche geht es gar nicht in diesem Zusammenhang. Ich hatte ein Ideal und das war weder der „sokratische Dialog" noch die Habermas'sche „ideale Sprechsituation"[8], sondern das Gespräch zwischen Settembrini und Naphta im „Zauberberg" von Thomas Mann (1924), der mir mehr zusagte als die „Buddenbrooks"(1901), ein Gespräch auf Augenhöhe und mit großer Schärfe. Schließlich ging es um die ganz großen Fragen: Kapitalismus oder Kommunismus, Katholizismus oder Liberalismus. Die Gespräche von Settembrini und Naphta schienen mir vorbildlich; so wollte ich auch parlieren

---

8 Jürgen Habermas, Theorie des kommunikativen Handelns, 1981, Bd. 1, S. 367 ff.

und brillieren und ich versuchte es. Ich stand ganz auf Settembrinis Seite, auf der Seite des Liberalismus, der Demokratie und des Fortschritts, der „bürgerlichen Revolution", und Naphta verkörperte den Teufel, den Jesuiten und den Kommunisten. Aber, so ganz konnte ich mich der Koketterie mit Naphta doch nicht entziehen, mit dem Aggressiven, mit der Arroganz, mit der „Allwissenheit", mit der Verachtung der Dummheit, aber auch mit der Kritik der westlichen Demokratie und des westlichen Kapitalismus, die miteinander verbunden waren. Thomas Mann wiederholt dort in eleganter Verkleidung seine Thesen aus den „Betrachtungen eines Unpolitischen" (1920), die ich damals gar nicht kannte und erst jetzt gelesen habe. Was für ein schreckliches Buch! Das Kokettieren mit dem Totalitarismus, ja, das fand ich damals chic!

Sprache und Sprachen.

Ich weiß nicht, welches das erste Wort war, das ich gesprochen habe. Niemand hat es mir gesagt und ich habe auch nicht gefragt. Häufig wird dem ersten Wort große symbolische Bedeutung zugeschrieben: „Mama" oder „Papa", „Auto" oder „Licht". Ich weiß auch nicht, ob ich früh oder spät sprechen lernte, ob ich sprachlich begabt war. Ich habe aber nie Zweifel an meiner Sprachkompetenz gehabt; sie wurde einfach unterstellt. Von Sprachkompetenz im Sinne der Berstein'schen Sprachcodes der sechziger Jahre oder gar im Sinne von PISA heute, davon war damals noch nicht die Rede. In meiner Kindheit und Jugend ging es nicht um Sprache und Sprachkompetenz, sondern um Sprachen und Sprachvarianz, und zwar 1. um das Plattdeutsche, 2. um die Fremdsprachen und 3. um die Jugendsprache, denn die Sprachvarianz war für die Ausdrucksfähigkeit, die soziale Differenzierung und die Verständigung und damit für Bildung wichtig.

Die Unterrichtssprache in der Volksschule in Gülden war Hochdeutsch. Meine Lehrer, d. h. meine Eltern konnten gar nicht Plattdeutsch, oder Platt, wie man sagte, und sie hätten es weit von sich gewiesen, Plattdeutsch im Unterricht zuzulassen, wie es beim bayrischen oder schwäbischen Dialekt weitgehend üblich war und ist. Aber außerhalb des Unterrichts, auf dem Schulhof und am Nachmittag, sprachen wir Platt, auch ich, da ich das offensichtlich schnell gelernt hatte. Ich habe das Platt nach wenigen Jahren wieder verlernt, denn in Lüchow sprach man Hochdeutsch, und zwar nicht nur in der Schule, sondern auch in der Freizeit. Ich verstehe heute noch Platt, aber höre es nur selten. Worin bestand der Reiz des Plattdeutschen? Eine gewisse Lust! Klanglich, auch lautmalerisch, die größere Gestaltungsfreiheit, weil wir das Plattdeutsche als Schriftsprache nicht kannten, auch der Wechsel zwischen beiden „Sprachen", wie wir ihn heute z. B. bei türkischen Jugendlichen zwischen Deutsch und Türkisch beobachten.

Ausländer kamen in meiner Kindheit und Jugend nicht vor, damit auch nicht ihre Sprachen, nur die englische und die französische Sprache, die als „Fremdsprachen" in der Schule gelehrt wurden. In meinem Gymnasium in Lüchow gab es keine ausländischen Kinder, jedenfalls nicht in meiner Klasse. Alle „reinrassisch" deutsch! Erst heute wird mir bewusst, wie verarmt ich in dieser Beziehung groß geworden bin und welch einen Reichtum die Omnipräsenz der Mehrsprachigkeit im deutschen Alltag heute darstellt. Rund 2.800 Stunden hatte ich Fremdsprachenunterricht, 9 Jahre Englisch, 7 Jahre Französisch und 4 Jahre Latein. Die beiden modernen Fremdsprachen beherrschte ich beim Abschluss des Schulbesuchs leidlich. Einfache Texte konnte ich gut lesen und verstehen, klassische literarische Texte weniger oder gar nicht, obwohl sie Gegenstand des langjährigen Unterrichts gewesen waren. Ich konnte mich aber in beiden Sprachen so ausdrücken, dass ich bei meinen beiden Reisen während der Schulzeit nach Frankreich und England einigermaßen zurechtkam.

Wie aber sprachen wir Jungen untereinander, wie die Mädchen mit uns oder untereinander? Ich behaupte, dass sich eine Jugendsprache, wie sie heute gang und gäbe ist, noch nicht entwickelt hatte. Wir hatten keine besondere Jugendsprache, um uns von der Erwachsenenwelt abzugrenzen; es fehlte uns die Kreativität, um der eigenen Weltsicht Ausdruck zu verleihen, und es fehlten vor allem die Medien, die eine sprachlich vermittelte Jugendsphäre zu einem Massenphänomen hätten werden lassen können. Wir fluchten nicht, oder jedenfalls nur ganz leise. „Scheiße" sagten wir nicht. Kraftausdrücke aus der Sphäre des Unterleibs kamen uns nicht in den Sinn. „Ficken" wurde allenfalls als „Vögeln" mild umschrieben. Natürlich kreisten die Gedanken und Gespräche ständig um das Sexuelle, aber es musste möglichst zurückhaltend umschrieben werden und kam deshalb umso häufiger und drastischer in Witzen zum Ausdruck.

Theater und Kino

Meine eigene „Theaterkarriere" begann jämmerlich und endete kläglich. Im Sommer 1944 spielten wir Theater in unserer Straße in Pollnow in Hinterpommern – Eintritt für Erwachsene 10 Pfennig und für Kinder 5 Pfennig. Ich hatte einen kurzen Auftritt unter einer Wolldecke als Schildkröte, die zum großen Gelächter des Publikums mit einem Eimer Wasser begossen wurde. Später freilich durfte ich im Kleid meiner Schwester und auf ihren hochhackigen Schuhen Zarah Leander verkörpern, „Ich tanze mit Dir in den Himmel hinein" singen und dazu allein einen langsamen Walzer tanzen, schon etwas besser als die Schildkröte! Auf dem Dorf in Gülden verfasste meine Mutter zu Weihnachten 1947 aus der Erinnerung ein Krippenspiel, das sie im Saal der dörflichen

Gaststätte mit allen Schülerinnen und Schülern inszenierte, und das ein großer Erfolg wurde. Mir allerdings war nur die undankbare Rolle eines der Hirten zugefallen.

Der Direktor des Lüchower Gymnasiums hatte den Ehrgeiz, an seiner Schule eine Theater-AG zu gründen und Theater zu spielen. „Das Große Welttheater" von Hugo von Hofmannsthal sollte es sein, ein „Moralitätentheater", völlig unspielbar, nur Text, kein Leben. Und ich sollte die „Weisheit" spielen, an sich ja eine Ehre! Wie Sokrates nur mit einer Toga bekleidet und mit einem Lorbeerkranz im damals noch vollen Haar. Auf einem Festwagen sollten wir sitzen und gezogen werden, ich als „die Weisheit" und Brigitte, die in der Tat schöne Ziegeleibesitzerstocher aus einem Nachbardorf, als „die Schönheit". Mit 17 Jahren, undenkbar, einfach schrecklich! Zum Glück kam es nicht zu diesem Spektakel und damit endete auch schon meine „Theaterkarriere".

In Lüchow gab es jedoch den „Theaterring", mit unserem „Direx" natürlich im Vorsitz. Einmal im Monat kam das Niedersächsische Landestheater aus Hannover und gab deutsche Klassiker. Doch diese Lüchower Theateraufführungen blieben Randerscheinungen angesichts der großen Theatererlebnisse auf Klassenreisen: Boris Barlogs Inszenierungen am Berliner Schillertheater von Ibsens „Peer Gynt" und Barlachs „Armer Vetter" sowie Gustav Gründgens legendärer „Faust" am Hamburger Schauspielhaus und – sogar in Lüchow – Eugene O'Neills „Eines langen Tages Reise in die Nacht" mit Elisabeth Bergner. In Berlin waren es die extremen Gefühlswelten der „Helden", die Wunder der Bühnenbilder und die großen Schauspieler, die mich aufwühlten und beeindruckten. Fast widerwillig fuhren wir nach Hamburg zum „Faust". Die Pflichtlektüre in der Schule hatte mich kalt gelassen, denn sowohl das „Faustische" wie das „Mephistophelische" waren und sind mir fremd. Dann auf einmal war es „Leben", mit Will Quadflieg, und sogar mit Gustav Gründgens konnte ich mich identifizieren, mitsteigen und mitfallen und die berühmten Zitate, die als „Bildung" ausgegeben worden waren, wurden nun zu „Wirklichkeit" und damit wirklich zu Bildung.

Ich muss zugeben, dass auch die Faszination „des Bösen" dabei eine Rolle spielte. Dabei wusste ich gar nichts von Klaus Manns „Mephisto", vom Leben und Sterben dieses großen Schauspielers, von seiner mehr als zweifelhaften Vergangenheit. Auch von Elisabeth Bergner, ihrer Vergangenheit als Diva und Geliebte vieler großer Männer, als Filmschauspielerin und Regisseurin in Hollywood, von ihrer Vertreibung als Jüdin wusste ich nichts, als sie mit dem „Grünen Wagen" nach Lüchow kam, einem Tourneetheater, das sich nach Lüchow „verirrt" hatte. Die morphiumsüchtige Mutter, der kranke und der alkoholabhängige Sohn, in Hassliebe aneinander gekettet und doch verzweifelt isoliert. Wie „die Bergner" beide Daumen in die Achselhöhlen steckte, als Ausdruck ihrer herumirrenden Verzweiflung! Wie sie schrie und wie sie flehte! So etwas vergisst man nicht. Ich kann nicht umhin zu mutmaßen, dass ich auf der Bühne auch Teile meiner eigenen familiären Situation sah und sie nacherlebte. Auch wenn ich hunderte von Theaterstücken und Opern seither gesehen habe, diese ersten Eindrücke bleiben die stärksten.

In Lüchow gab es während meiner Schulzeit zwei Kinos, die täglich mindestens zwei Vorführungen hatten, bei zweimaligem Programmwechsel in der Woche. Es gab auch den Filmclub, geleitet natürlich von unserem „Direx", einmal im Monat ein „guter Film"! Dahin durfte ich gehen. Ich weiß gar nicht mehr, was ich in diesen Jahren im Filmclub und im normalen Programm gesehen habe; jedenfalls bin ich kein Cineast geworden. Die „Schinken" wie „Der Tiger von Eschnapur" und „Das indische Grabmal". Dass sie von Fritz Lang stammten, habe ich erst später erfahren. „Vom Winde verweht". Ich durfte Karins Hand halten und sie hat so fürchterlich geweint. „Prag, die goldene Stadt", ein rassistischer „Blut-und-Boden-Schmachtfetzen" mit Kristina Söderbaum von Veit Harlan, von dem ich nicht wusste, dass er „Jud Süß" gedreht hatte. Ich war jedoch hingerissen und tief erschüttert! Im Filmclub „Goldrush" mit Charly Chaplin immerhin und „Kinder des Olymp". Schon wie Barrault „Garance" hauchte! Dabei muss es der deutsche Sprecher gewesen sein. Überhaupt diese hoffnungslose Liebe! – ach, alles so gefühlvoll und schön. Dabei ahnte ich überhaupt nicht, dass der Film unter der deutschen Besatzung in Paris gedreht worden war und dass die „Arletty" während der Dreharbeiten ein Verhältnis mit einem deutschen Offizier hatte. „Wilde Erdbeeren" und „Das Schweigen" von Ingmar Bergmann, die starken Konflikte, die Jugend- und Generations- und Partnerschaftsprobleme, ganz zu schweigen von den mehr oder weniger angedeuteten sexuellen Vorgängen! Immer wieder muss ich gestehen, dass ich so vieles nicht wusste, und dennoch haben mich auch diese frühen Filmerlebnisse beeindruckt. Nach dem Abitur jedoch ging die ganze Klasse geschlossen in die Nachmittagsvorstellung von „Liane, das Mädchen aus dem Urwald", wohl als Protest gegen die Schule, die nun endlich überwunden war. Aber vielleicht hats auch einigen gefallen.

Musik

Den Himmel bessrer Zeiten mir erschlossen. Du holde Kunst, ich danke Dir dafür!
   └ Text von Franz von Schober, vertont von Franz Schubert, 1817

Für mich war die Musik Wunschwelt und Erfüllung zugleich und bedeutete mir mehr als alle anderen Künste, mehr als Lyrik und Romane, Gemälde und Statuen, Kirchen und Klöster, und das ist noch heute so. Doch davor hatten „die

Götter" die „Arbeit", das Üben gesetzt! Ich habe zur Einführung ein Jahr lang Blockflöte gelernt – schaurig, wenn man es noch nicht kann. Seit 1950 lernte ich Geige und übte jeden Tag eine Stunde lang, grausam in den ersten Jahren, weil es quietscht und schrammt. Natürlich musste ich im Schulorchester mitspielen und im Schulchor mitsingen, die beide von den Musiklehrern des Gymnasiums geleitet wurden, schrecklich! – genauso schrecklich wie der Musikunterricht selber (s. o. 1.2.1). Doch nach einigen Jahren wurde ich Mitglied des Lüchower Streichquartetts, und zwar als zweiter Geiger. Die erste Geige spielte ein Finanzbeamter, und zwar gar nicht schlecht, die Bratsche ein Polizist, der die Noten besorgte, und das Cello ein Buchhändler, o, je! Heimeran hat im „Stillvergnügten Streichquartett" dazu das Nötige gesagt.[9] Anspruch und Wirklichkeit klafften weit auseinander, z. B. Schubert G-Dur; es ging einfach nicht. Mein Glück war eher der „Jugendsingkreis" in Lüchow, den ein Musiklehrer der Realschule leitete. Die aus der Jugendbewegung hervor gegangene Jugendmusikbewegung bildete den Hintergrund und Gottfried Wolters stand Pate. Die beiden Musikwochen in der Göhrde mit den Musikprofessoren von der PH Lüneburg, Spitta und Stahmer, sowie die Musikwoche auf der Saldenburg im Bayrischen Wald gehörten auch dazu. Wir sangen Bach und Brahms, aber auch diese neumodische Chormusik, die Adorno als „musikpädagogische Musik" ironisiert hat. Wir machten Musikreisen, sangen in anderen Städten, sangen im Rundfunk.

Einmal im Monat spielte das Niedersächsische Symphonieorchester aus Hannover in Lüchow, immerhin ein bisschen klassische Symphonik, auch wenn sie nur mäßig gespielt wurde. Doch die Konzerte vermittelten eine Ahnung von den vielen großen Konzerten, die ich in vielen Konzertsälen der Welt noch hören sollte! Kammermusik gab es in Lüchow damals nicht, auch keine Jazz- oder Popkonzerte. Wir schreiben die fünfziger Jahre, lange vor den Beatles! Zwischen U-Musik und E-Musik wurde streng unterschieden. In der Schule gab es ausschließlich E-Musik, mit der Folge, dass sich fast niemand dafür interessierte. Im Radio wurde viel klassische Musik gespielt, im Übrigen Volkslieder und Schlager. Ohne Fernseher und Plattenspieler war das Radio für mich in der Tat das einzige Medium der Musik. Ab und zu zog ich mit der „Goldenen Fünf", einer Lüchower Tanzkapelle über die Dörfer, wenn nämlich die Dorfchöre ihr Jahresmusikfest feierten und zur Begleitung ein „kleines Orchester" brauchten. „Die schöne blaue Donau" z. B. ist gar nicht so einfach zu spielen. Diese Erfahrungen vermittelten mir vor allem die ersten Begegnungen mit massivem Alkoholgenuss.

---

9   Ernst Heimeran, Das stillvergnügte Streichquartett, 1949

Arbeiten und Feiern

Tages Arbeit, abends Gäste!
Saure Wochen, frohe Feste!
Sei dein künftig Zauberwort!
└ Goethe, Der Schatzgräber, 1897

Weder noch, denn ich habe als Schüler nicht gearbeitet und die frohen Feste hielten sich sehr in Grenzen. Im Lüchow der fünfziger Jahre arbeiteten Schüler der höheren Schulen nicht. Es gab keine Fabrik, in der man hätte jobben können und Zeitungsaustragen oder dergleichen schickte sich nicht. Meine Eltern wären auch strikt dagegen gewesen: „Du sollst lernen!" So beschränkten sich meine Arbeitserfahrungen auf Hilfe bei der Ernte in den Ferien bei Verwandten, Kartoffeln nachlesen, Heu machen, Steine sammeln, im Stall helfen und dergleichen. Kaum der Rede wert.

Das Feiern beschränkte sich in meiner Kindheit und Jugend auf die herkömmlichen Feste und die spärlichen Familienfeiern. Weihnachten die üblichen Rituale mit Weihnachtsbaum, Weihnachtsgeschichte und Singen und es gab recht gutes Essen. Die Geschenke blieben begrenzt, nützlich und praktisch, nicht einmal Bücher. Ostern suchten mein Bruder und ich Ostereier, die meine Mutter versteckte, und zwar auch noch als Studenten, auch dies ein Ritual! Pfingsten wurde nicht gefeiert. Verwandtenbesuche gab es kaum, denn die Flucht nach dem Kriege hatte die Familien zerstreut. Das Reisen mit der Bahn war teuer und ein Auto hatten wir nicht. Meine Eltern hatten nie Gäste, auch keine Freunde, ein paar Einladungen im Kollegenkreis. Einladungen zum Essen gab es nicht, und schon gar nicht ins Restaurant. Es gab bei uns weder Alkohol noch Zigaretten – Reformhaus! Meine Geburtstage verbrachte ich mit einigen wenigen Freunden; Mädchen wurden nicht eingeladen. Nach dem Kaffeetrinken machten wir einen Spaziergang. Die Tanzstunde, ach ja, die Tanzstunde und der „Abtanzball", das war ein soziales Muss! Ich gewann den ersten Preis im langsamen Walzer! Der „Ball" war konventionell mit Eltern und ziemlich krampfig. Ich hatte bei der Wahl der Partnerin leider Pech gehabt und einen „Klassentrampel" bekommen. Alles ziemlich keusch! Von „wilden Parties", von Discos, von Clubs und Bars keine Rede im Lüchow der fünfziger Jahre. Es gab das Schützenfest einmal im Jahr, von dem bereits die Rede war (s. o. 1.1.1), und – wie es hieß – stieg jeweils neun Monate später die Geburtenzahl stark an, aber Gymnasiasten waren daran sicherlich nicht beteiligt. Arbeiten und Feiern als „Bildungserlebnisse" im Hentig'schen Sinne, in meinem Falle wohl kaum.

Reisen

Reisen ist die Sehnsucht nach dem Leben.
ᴸ Werbespruch der Tourismusindustrie, Kurt Tucholsky zugeschrieben

1948 allein als Zehnjähriger mit der Bahn im „Abteil für Reisende mit Traglasten" zu meiner Schwester nach Föhrste bei Alfeld mit zwei lebenden Hühnern im Korb und einem toten Hahn und Wurst und Schinken im Rucksack.
1950 mit einer Pfandfindergruppe mit Fahrrad und Zelt an die Lübecker Bucht.
1951 mit einem Freund mit dem Fahrrad von Jugendherberge zu Jugendherberge in der Lüneburger Heide.
1952 mit meinem Bruder mit Fahrrad und Zelt durch Niedersachsen, Hessen, Rheinland-Pfalz, Nordrhein-Westfalen.
1953 mit drei Freunden mit Fahrrad und Zelt nach Sylt.
1954 mit einem Freund mit Fahrrad und Zelt durch Niedersachsen und Hessen bis nach Baden-Württemberg.
1955 allein mit der Bahn nach München und dann per Anhalter in den Bayrischen Wald auf die Saldenburg zu einer Jugendmusikwoche.
1956 mit einem Freund für fünf Wochen in eine englische Familie nach Harold Wood, einem Vorort von London.
1956 mit meinem Bruder mit dem Motorroller nach Paris.
Von den Klassenreisen nach Berlin und Hamburg war schon die Rede.

* *Freiheit.* Ja, Freiheit, fort von meinem Zuhause mit seinen Problemen, raus aus der Enge der Provinz, Alleinsein, Selbständigkeit, auch Selbstverantwortung.
* *Abenteuer.* Na ja, so richtige Abenteuer habe ich damals gar nicht erlebt, jedenfalls verglichen mit den Abenteuern, die Jugendliche heute erleben.
* *Leistung.* Anstrengend waren sie auch, die Reisen, und zwar insbesondere die Fahrradtouren. Ich war aber ganz gut gewachsen, wenn auch nicht sehr kräftig; doch die Reisen konnte ich schaffen.
* *Freundschaft.* Wir waren Jungen und wir waren Freunde. Mädchen gingen nicht „auf Tour". Freundschaft, was war das? Die Freundschaft beruhte auf dem bekundeten Bewusstsein der Zusammengehörigkeit.
* *Gastfreundschaft.* Bei der Fahrradtour durch die Lüneburger Heide im Jahre 1951 lud ein älteres Ehepaar meinen Freund und mich am Sonntagmittag auf der Straße spontan zum Mittagessen ins Gasthaus ein; es gab Schnitzel und Salat. Ich hatte noch nie in einem Restaurant gegessen. Nach der Musikwoche auf der Saldenburg im Jahre 1955 nahmen mich zwei ältere Schülerinnen für ein paar Tage mit nach München in ihr Elternhaus, eine Professorenvilla in Nymphenburg mit tausenden von Büchern. Ich hatte so etwas noch

nie gesehen. Bei der englischen Familie, die uns 1956 für fünf Wochen zu sich nach Hause nach London eingeladen hatte, handelte es sich um eine proletarische Familie, denn er war sein Leben lang „Liftboy" in einem Hotel gewesen und sie Wäscherin, aber gleichzeitig die lokale Vorsitzende der Labour-Party. Ich lernte die Basisdemokratie kennen. Eine Familie mit einer kleinen Fremdenpension im Baskenland, wo ich 1957 eigentlich als Hauslehrer für den Sohn engagiert war, behielt mich monatelang als Gast bei sich und begründete meine lebenslange Liebe zu Frankreich.

- *Heile und zerstörte Welt.* Die Natur zeigte sich mir – anders als heute – als die heile Welt, die stille Ostsee und die wilde Nordsee und die (west) deutschen Mittelgebirge vom düsteren Oberharz über die lieblichen Weserberge und die riesigen Wälder Hessens und Westfalens bis hin zum „Deutschen Rhein" und seinen vielbesungenen Nebenflüssen Neckar und Mosel. Die zerstörte Welt, das waren die deutschen Großstädte. Ich sah Hannover 1948, Köln 1952, Hamburg 1955. Was für ein Gegensatz zu den schnuckeligen deutschen Kleinstädten, die der Krieg verschont hatte und die erst durch den Wiederaufbau „zerstört" wurden! Und was für ein Gegensatz zu den unzerstörten europäischen Metropolen Paris und London!
- *Kultur und Geschichte.* In Lüchow und auf dem „platten Lande" gab es nichts zu sehen außer ein paar netten Dorfkirchen aus Feldsteinen. Aber die „Deutschen Dome", z. B. Speyer, Worms und Mainz, die „Deutschen Burgen", z. B. Ehrenfels, Stolzenburg und Ehrenbreitstein – schon die Namen! und dann die „Deutschen Barockschlösser", z. B. Schwetzingen, Bruchsal und Mannheim, allein die drei am Oberrhein! – und wie deutsch sie alle waren!
- *Kunst.* Ein kleines Gemälde von Max Ernst: „Vogel über dem Meer", vielleicht gerade 40x20 cm groß, 1952 in einer Kunstausstellung in den Deutzer Messehallen. Das war ein Urerlebnis! Wie ein rotes Papierflugzeug sah er aus, dieser Vogel über einer grau-blauen Weite. Sonst nichts! Was war es? Sicherlich das Geheimnis dieses Vogels und die Sehnsucht nach der Ferne. Wie ein Donnerschlag traf es mich und dieses Gefühl von Fremdheit und Fernweh hat mich seither nicht wieder verlassen. Kürzlich habe ich das Bild zufällig wiedergesehen, in der „Tate Modern" in London. Und ich konnte mich verstehen, mich von damals.
- *Internationalität.* Ich wollte kein Deutscher sein. Die Verbrechen der Deutschen während der Zeit des Nationalsozialismus, insbesondere während des Krieges, insbesondere die Vertreibung und Ermordung der Juden wollte ich los werden. Ich wollte einfach nur weg, möglichst Franzose werden, obwohl ich ganz und gar wie ein Deutscher aussah und durch und durch auch einer war. Ja, in Paris studieren und dann für immer dortbleiben, das war mein Ziel! – und ich habe es ja auch ein bisschen erreicht!

64

Natur

Wir sind von ihr umgeben und umschlungen. --- Alles ist neu und doch immer das
Alte. --- Wir wirken ständig auf sie ein und haben doch keine Gewalt über sie.
   └ Vermutlich Georg Christian Tobler, Die Natur, um 1782,
      Goethe zugeschrieben

In Gülden lebte ich in der Natur. Jeden Nachmittag spielten wir in den Feldern
und Wiesen und im Wald. In Lüchow ging ich jeden Nachmittag allein oder mit
Freunden in den Wiesen am Jeetzeldeich spazieren, von wo man in der Ferne
den Kirchturm von Salzwedel sehen konnte, in der „Zone", wie das damals
hieß. Am Wochenende fuhr ich mit Freunden mit dem Fahrrad in die Umgebung, im Sommer manchmal zum Baden nach Gorleben, damals noch ein idyl-
lischer Ort an der Elbe und keine „Atomfabrik". Im Winter fuhren wir auf den
Eisflächen der überfluteten Wiesen kilometerweit Schlittschuh, indem wir mit
Kneifzangen die Stacheldrahtzäune zwischen den Wiesen durchschnitten. Die
Winter waren zwar härter und eis- und schneereicher als heutzutage, aber bei
uns in der feuchten und nebeligen Elbniederung hielt sich das in Grenzen. Dreimal fuhr ich mit der Klasse zum Skilaufen in den Harz, und zwar meist zum
Langlauf in den tief verschneiten Tannenwäldern, denn es gab im ganzen Harz
nur ganz wenige Liftanlagen für den Abfahrtslauf. Mein Naturerlebnis war also
die unmittelbare sinnliche Anschauung, das sinnliche Erleben der gegenständ-
lichen Natur, von der wir umgeben und umfangen sind. Dazu der Mond und
die Sterne und das Weltall, die Sonne und die Wolken, Licht und Schatten, die
Nacht, die Einsamkeit des Individuums angesichts der Unendlichkeit. Meine
Mutter hatte mir als ganz kleinem Jungen einen ganz kleinen Stern zugedacht,
den „Reiter" auf dem mittleren Stern der Deichsel des Großen Wagens, den
man kaum mit bloßem Auge erkennen kann: „Das ist Dein Stern, zu dem
Du aufgucken sollst, wenn Du Kummer hast!" Noch heute suche ich ihn am
Himmel, wenn sich dazu Gelegenheit ergibt, und zwar auch, wenn ich keinen
Kummer habe. Literarische Naturdarstellungen liebte ich sehr, z. B. in Adalbert
Stifters Werken, ebenso die Naturgemälde, die Darstellungen der Schönheiten
und Schrecken der Natur, z. B. in der Malerei von Casper David Friedrich. Ja,
ich kann sagen, dass die Natur mir Glücksgefühle vermittelte.
   Auch die Tiere und die Menschen sind an sich Teil der Natur, für mich
aber eigentlich nicht in demselben Sinne wie die „natürliche Natur". Zu Tieren
habe ich nie ein Verhältnis entwickeln können, obwohl ich zunächst auf dem
Land aufgewachsen bin, wo wir auf den Höfen und in den Ställen ständig von
Tieren umgeben waren. Dennoch sind mir die Tiere immer fremd geblieben,
waren mir zu „kreatürlich". Haustiere hielt ich nicht für „natürliche Wesen",

sondern für Artefakte, bestenfalls für Projektionen menschlicher Wünsche. Ich wollte auch nie ein Haustier haben und mochte Tiere auch nicht anfassen, sie streicheln.

Und ich selber? Mein Körper und vielleicht sogar mein Geist sind schließlich auch Teil dieser Natur, auch wenn ich das eigentlich nicht wahrhaben will, denn ich gehe davon aus, dass jedenfalls mein Geist durch Bildung geformt worden ist. Wenn heute aber nicht nur der Geist, sondern auch der Körper Gegenstand der „Bildung", d. h. der Gestaltung durch Training, Kosmetik, plastische Chirurgie etc. ist, dann war dies in meiner Kindheit und Jugend nicht im gleichen Maße der Fall. Ich nahm meinen Körper so hin, wie ich ihn wahrnahm, und haderte wenig mit meinem „Schicksal". Ich war immer gesund und hatte keine Krankheiten, die meine Entwicklung hätten behindern können. Ich war normal leistungsfähig, aber nicht besonders leistungsstark, war als Schüler kein guter Sportler, was im Sozialprestige der Schülerschaft bekanntlich große Probleme schafft. Ich hielt mich körperlich nicht für attraktiv, was in der Schülergemeinschaft im Hinblick auf die Konkurrenz um die Mädchen ebenfalls ein Handicap war. Doch letztlich meinte ich, dass bei Männern weder Kraft noch Schönheit entscheidend sind, sondern Wille und Witz und von beidem meinte ich genug zu besitzen. Mochte mich also die Natur nicht vorzüglich ausgestattet haben, ich akzeptierte „meine Natur".

Politik

Ich hätte in meiner Schulzeit auf die in der Jugendforschung heute üblichen Fragen nach der politischen Beteiligung genauso wie die heutigen Jugendlichen geantwortet: Interesse an Politik hoch, Beteiligung an Politik gering. Ich übte keinerlei politische Tätigkeiten aus, war in keiner politischen Partei Mitglied, auch nicht in einer ihrer Jugendorganisationen, die es vermutlich in Lüchow gar nicht gab. Ich besuchte in diesen Jahren zwei Wahlkampfversammlungen, und zwar eine der SPD, in der ein Gewerkschafter drohte: „Die schwarzen Brüder ziehen wieder über das Land", womit er die Katholische Kirche meinte, die in Niedersachsen in den Bistümern Hildesheim und Osnabrück die dort bestehenden, aber bedrohten Konfessionsschulen erhalten wollte, und eine Wahlveranstaltung des BHE, des „Bundes der Heimatvertriebenen und Entrechteten", in der ein heimatvertriebener Rechtsanwalt – nach Vorbildern aus dem amerikanischen Wahlkampf – schrie: „Liebt Ihr mich? Ja, ich weiß, Ihr liebt mich!", was im Saal keine Begeisterungsstürme auslöste. Das war meine ganze politische Aktivität.

Das politische Milieu in Lüchow sah Mitte der fünfziger Jahre ganz anders aus als heute. Die beiden beherrschenden Parteien waren die Deutsche

Partei (DP), die aus der hannoverschen Welfenpartei hervorgegangen war und nationalkonservative Positionen vertrat, und der bereits genannte BHE, den die Flüchtlinge wählten, und der mehr oder weniger neo-nationalsozialistische Meinungen verbreitete, jedenfalls revanchistisch eingestellt war. Die SPD und die KPD spielten keine Rolle. Meine Eltern, die Mitglieder der „SPD" waren, besuchten keine Parteiversammlungen und verachteten den „Kümmerling", der kassieren kam. Die CDU, die anfangs ähnlich unbedeutend gewesen war, „schluckte" nach und nach die DP und den BHE und auch die „Freie Wählergemeinschaft", die zunächst die Lokalpolitik dominiert hatte. Und wenn einmal irgendwo eine Stimme für die FDP abgegeben wurde, dann konnte es eigentlich nur der Pfarrer gewesen sein.

Unter der Oberfläche aber herrschten die in dieser Gegend traditionellen deutschnationalen Einstellungen und neo-nationalsozialistische Frustrationen. „Hitler und die Autobahnen", „... ja und die Juden, die waren doch selber schuld, und im übrigen waren es auch gar nicht sechs Millionen, sondern nur drei" und „die britischen KZs im Burenkrieg? " usw., das ganze Arsenal der aus der Niederlage der „ehrenhaften" Wehrmacht und der schachvollen Besetzung und Teilung Deutschlands geborenen Ressentiments. Die junge Bundesrepublik galt als ein Produkt der Westalliierten. Man las den „Spiegel", ein damals – ebenso wie die „ZEIT" – durchaus nationales Blatt, das die antiwestliche Stimmung vorzüglich bediente. Man erzählte Schauergeschichten über die von Lüchow nur 7 km entfernte von den Sowjets und der Ulbricht-Clique beherrschte DDR, die sich durch die Verwandteninformationen und die Spionagenachrichten der „Organisation Gehlen" auch noch immer wieder bestätigten. Angesichts der verbreiteten antiwestlichen/antikapitalistischen sowie antikommunistischen Stimmungen in der Bevölkerung war der politische Spielraum der jungen Bundesrepublik in der Tat sehr gering. Doch der sozio-ökonomische Erfolg – Lastenausgleich, Wiederaufbau, „Wirtschaftswunder" – erwies sich als stärker als alles andere. Es waren politisch bewegte Zeiten mit grundsätzlichen Konflikten vor dem zeitgeschichtlichen Hintergrund von Nationalsozialismus und Kommunismus: Westbindung, Wiederbewaffnung einschließlich einer eventuellen Atombewaffnung, NATO-Beitritt, Europäische Integration, Soziale Marktwirtschaft.

In der Schule spielte das alles keine Rolle, denn die sog. Gemeinschaftskunde beschränkte sich auf eine Institutions- und Funktionskunde des demokratischen Staates. Ich kann mich an keine einzige Unterrichtsstunde erinnern, in der aktuelle politische Entscheidungen thematisiert worden wären. Die Eltern vermittelten die politischen Weltanschauungen (s. o. 1.1.2). Die spärlichen politischen Informationen stammten aus der Lüneburger Landeszeitung, der „ZEIT" und vor allem aus dem Radio, denn wir hatten kein Fernsehen. Dennoch entwickelte ich ein großes Interesse an den „großen Fragen der Politik" und Werner Höfers „Internationaler Frühschoppen" im Radio Sonntagmittag um 12.00 war der Höhepunkt der Woche. Mit einer politischen Partei konnte und wollte ich mich nicht identifizieren, weil ich ein politischer „Besserwisser" wurde. Ich übernahm keinerlei Verantwortung für die res publica, sondern es verblieb bei der bloßen Bereitschaft dazu.

Glauben

> „Spricht Jesus zu ihm: Dieweil du mich gesehen hast, Thomas, so glaubest Du. Selig sind, die nicht sehen und doch glauben."
> └ Johannes Evangelium Kapitel 20, Vers 20

Ich gestehe, dass ich es immer mehr mit dem ungläubigen Thomas gehalten habe, der an die Auferstehung erst glauben wollte, als er seinen Finger in die Wunde Christi gelegt hatte, nachdem dieser den Jüngern nach seiner Auferstehung ein zweites Mal erschienen war.

Ich bin evangelisch getauft und konfirmiert worden. Ich habe zwei Jahre in Lüchow am Konfirmandenunterricht teilgenommen und war in dieser Zeit zwangsweise jeden zweiten Sonntag im Gottesdienst. Ich habe 13 Jahre lang jede Woche zwei Stunden Religionsunterricht gehabt. An diesen schulischen Religionsunterricht kann ich mich überhaupt nicht erinnern, überhaupt nicht! Im Konfirmandenunterricht interessierten sich mein Freund Jürgen und ich vor allem für die blonde Heide, die immer vorne in der ersten Reihe saß. Zur Vorbereitung auf die Konfirmandenprüfung mussten wir 420 Bibelsprüche auswendig lernen, die so abgefragt wurden, dass alle aufstehen mussten und sich nur setzen durften, wenn sie die ersten drei Worte des Spruches richtig um den Rest des Satzes ergänzt hatten, wenn nicht 200 Mal abschreiben. „Der Herr ist …" – „Groß und gütig!" – „Nein, falsch, Sonne und Schild, 200 Mal abschreiben!" Und ich musste nachsitzen und 200 Mal schreiben: „Der Herr ist Sonne und Schild." In der Konfirmandenprüfung musste jeder Konfirmand im Gottesdienst aufstehen und vor der Gemeinde eine Frage beantworten. Meine Frage lautete: „Ist Martin Luther am 10. November 1483 geboren?", eine Frage, die ich schlicht mit „ja" beantworten konnte. Die Oblate beim Abendmahl, so hieß es unter uns Konfirmanden, solle man nicht runterschlucken, dann passiere etwas Fürchterliches, sondern wieder ausspucken und beim Umgang um den Altar hinten an die Wand kleben, die dann auch voll von Oblaten war – eklig – und der Schluck Wein an der anderen Seite schmeckte mir auch nicht.

Soweit ich überhaupt mit dem Christentum in nähere Berührung gekommen bin, so war es bei den Christlichen Pfadfindern, denen ich zwei Jahre lang von 1950 bis 1952 angehörte, und wo ich es in der Hierarchie bis zum Knappen und Wölflingsführer gebracht habe. Sehr christlich ging es dort allerdings nicht zu. Es war mehr das Bündische, das Abenteuerliche, das Freundschaftliche: Lagerfeuer und Nachtmärsche, Mutproben, Treueschwüre und das Regime von Befehl und Gehorsam, und vor allem die Lieder, die wir sangen, wie z. B. „Jenseits des Tales standen ihre Zelte …" von Freiherr von Münchhausen mit seinen deutlich homoerotischen Konnotationen oder „Wildgänse rauschen durch die Nacht" von Walter Flex mit seiner todessehnsüchtigen Verherrlichung des Krieges oder sogar „Es zittern die morschen Knochen" von Hans Baumann, „und morgen die ganze Welt!" Für kurze Zeit war ich ein begeisterter Pfadfinder, aber mit 14 war alles vorbei. Ich blieb in der Kirche und trat erst 1968 aus.

Es gab kein einzelnes Ereignis, das meinen Abfall vom Glauben bewirkt hat, keinen Menschen, der mich beeinflusst hätte oder ein Buch, sondern die Entwicklungen in der Familie meiner Schwester, insbesondere der Prädestinationsglaube, über den ich berichtet habe (s. o. 1.1.2) und ganz einfach die Einsicht, dass das alles nicht wahr sein könne, dass ich – insoweit der „ungläubige Thomas" – nicht etwas glauben könne, was nur auf dem Glauben anderer Menschen beruht, wofür es nicht die geringsten tatsächlichen Hinweise gibt, was so völlig unwahrscheinlich, wenn auch wunderschön ist, angefangen mit der Schöpfungsgeschichte, der jungfräulichen Geburt Jesu, den Wundern und der Auferstehung Jesu, dem Jüngsten Gericht und dem Ewigen Leben. Ich hatte und habe nichts dagegen, dass andere Menschen das glauben und ab und zu habe ich sie auch darum beneidet, aber ich selber: Nein, nichts weiter als eine geniale Erfindung! Natürlich gibt es Grenzen des Verstehens, der Erklärung und der Vermittlung, natürlich gibt es Gefühle, Bedürfnisse und Hoffnungen, aber aus der Begrenztheit des Menschen lässt sich nicht auf die Existenz Gottes schließen oder gar auf das kolossale von den Kirchen errichtete Gebäude der Religion. Es bedurfte für mich gar nicht der Hinweise auf die Verbrechensgeschichte der Kirchen, auf die weit verbreitete Heuchelei ihrer Vertreter und ihre ungerechtfertigte Privilegierung im öffentlichen Leben. „Gott ist tot", so einfach war das, auch wenn ich damals Nietzsche noch gar nicht gelesen hatte – was ja die Bewältigung des menschlichen und gesellschaftlichen Lebens nicht einfacher macht. Aber, auch eine solche „Wachheit für letzte Fragen" und das „Bewusstsein von der Geschichtlichkeit der eigenen Existenz" geben eine gewisse Sicherheit.

Fast alles, was ich zu den bisher genannten Bildungsanlässen und -mitteln gesagt habe, kann der großen Vereinnahmung der jungen Menschen durch die abendländische und bürgerliche Kultur dienen, einer ungewollten Domestifizierung. Es zivilisiert sie, und das heißt in den meisten Fällen auch: es pazifiziert sie. Das tut die gute Schule überhaupt. Sie befriedigt und beschäftigt die Kinder so sehr, dass sie an Rebellion gar nicht mehr denken. Sie gehen dankbar in der pädagogischen Ordnung auf. Darum ein letzter Anlass für die Bildung, die in der Tat Anpassung und Unterwerfung nicht beabsichtigt. Lasst die Kinder ausbrechen, gebt ihnen nicht nur Gelegenheit, sondern – wo nötig – einen guten Grund, die Familie, die Schule, die Stadt zu verlassen. Die Verhältnisse ermutigen sie nicht dazu. Dann tut Ihr es, Eltern und Lehrer!

∟ Hartmut von Hentig, Bildung, 1996 S.136

und das tat ich denn auch, ohne dass es dazu einer Ermutigung bedurfte. Ich hatte das Abitur hinter mir. Ich war der Auffassung, dass nunmehr meine Bildung abgeschlossen sei. Ich meinte, ich bedürfte nun nur noch einer Fachbildung, die ich in den Rechtswissenschaften erwerben wollte. In Lüchow gab es keine Anschauung des Spektrums akademischer Berufe, denn es gab nur die Ärzte, Rechtsanwälte, Richter und Studienräte. Eigentlich hätte ich gerne Deutsch und Geschichte studiert, aber Lehrer wollte ich aufgrund meines familiären Hintergrundes keinesfalls werden. Der Berufsberater des Arbeitsamtes empfahl den Beruf des Archivars. Horror! – denn ich wusste nichts von den aufregenden Arbeiten der Archivare. Aber zwei Klassen über mir hatte es zwei Knaben gegeben, die ich bewundert hatte, weil sie frech – wenn auch politisch rechts (s. o. 1.2.1.) – Kabarett gespielt hatten, und die studierten Jura. Also wollte ich auch Jura studieren, nicht wissend, was das eigentlich ist, und schließlich wählte auch mein Freund Jürgen dieses Fach. So zog ich am 1.5.1957 mit genügend Selbstbewusstsein versehen, mit musikalischer Bildung und politischem Sendungsbewusstsein an die Georgia Augusta nach Göttingen, die Landesuniversität.

2 Studieren

Ich war ein fleißiger Student der Rechtswissenschaften an vier verschiedenen juristischen Fakultäten (2.1.1), ich habe die „gute alte deutsche Universität" kennen gelernt (2.1.2) und ich habe das studentische Leben mit Kultur und Sport, Freundschaft, Liebe und Geselligkeit genossen (2.1.3); ein „Weg in die Politik" war mein Studium nicht (2.1.4). Ich bin jedoch ein junger kritischer Jurist geworden, mit einer „Lust am Gesetz" (2.2.1), einem wachen Auge für die juristische Wirklichkeit (2.2.2) und einer großen Aufmerksamkeit für die gesellschaftlichen Funktionen des Rechts (2.2.3).

2.1 Alma Mater Studiorum

2.1.1 „Ius est ars aequi et boni" – Über mein Jurastudium

Endlich war die Schule zu Ende! Ich brannte darauf, Lüchow zu verlassen und an der Georgia Augusta in Göttingen ein neues Leben zu beginnen, ein Leben als Student einer berühmten Universität. Ich kann mich an die Prozeduren nicht mehr genau erinnern. Ich war jedenfalls für das Studium der Rechtswissenschaft immatrikuliert und mein älterer Bruder, der bereits seit zwei Semestern in Göttingen Deutsch und Geschichte studierte, hatte mir ein Zimmer besorgt. Also – eifrig wie ich war – fuhr ich fünf Tage vor Semesterbeginn mit der Bahn mit einem Koffer nach Göttingen. Mein Zimmer war in Treuenhagen, einem Dorf rd. 5 km von Göttingen entfernt, im ersten Stock eines Einfamilienhauses, in dem auch noch ein anderer Student „auf Zimmer" wohnte, mit dem ich mich aber auf Anhieb nicht verstand. Es war kalt und es fiel Regen mit Schnee vermischt, Ende April. Ich fuhr mit meinem Fahrrad, das ich mit der Bahn hatte kommen lassen, in die Stadt, um rechtzeitig zum Studium da zu sein, um mich mit den Gegebenheiten schon einmal vertraut zu machen. Nichts da, es gab nur das Vorlesungsverzeichnis zu kaufen und ich sah die Aushänge der Juristischen Fakultät im Kollegiengebäude. Ich gehe in die Mensa schräg gegenüber der Aula, die glücklicherweise schon vor Semesterbeginn geöffnet hat. Ich fahre mit dem Fahrrad im Schneeregen zurück nach Treuenhagen. Ich kenne niemand. Mein Bruder wollte erst zu Semesterbeginn kommen und ich wollte sowie so mit ihm nicht allzu viel zu tun haben und ich lerne auch niemand kennen. Fünf Tage sitze ich allein in Treuenhagen und fahre täglich in die Mensa. Das sollte nun der lang ersehnte Beginn der Freiheit sein? – und ich war noch nie in meinem Leben so einsam und unglücklich gewesen.

Aber irgendwann begann das Studium dann doch. Ich habe von 1957 bis 1961 Jura studiert, und zwar zwei Semester in Göttingen, drei Semester in München und vier Semester in Hamburg. Am 21. September 1961 bestand ich in Hamburg des Erste Juristische Staatsexamen (vollbefriedigend). Im Herbst 1961 ging ich für ein Jahr an die Faculté de Droit der Pariser Universität, wo ich einen französischen Doktortitel erworben habe (Mention „Très bien"). Im Wintersemester 1962/63 habe ich eine deutsche Doktorarbeit in Hamburg geschrieben, mit der ich promoviert wurde (Magna cum laude).

Das rechtswissenschaftliche Studium war seinerzeit auf acht Semester angelegt. Es war als Einheitsstudium ohne Spezialisierungen konzipiert und durch Zwischenprüfungen nicht gegliedert. Man wusste also frühestens nach vier Jahren, d. h. nach einem bestandenen Ersten Staatsexamen, ob man „zum Juristen taugt" und die damals dreieinhalbjährige Referendarzeit beginnen konnte, um mit dem Zweiten Staatsexamen dann „Volljurist" zu werden und die Befähigung zum Richteramt zu erwerben, die allein den Zugang zu einem richtigen juristischen Beruf eröffnete. Das Studium bestand im Wesentlichen aus Vorlesungen und Übungen. Bei den Vorlesungen wurden die sog. An- und Abtestate im Studienbuch verlangt, jedoch nur in der ersten und der letzten Vorlesungsstunde, so dass man darüber hinaus die Vorlesungen nicht besuchen musste. Es wurden sechs Scheine als Voraussetzung für die Zulassung zur Ersten Juristischen Staatsprüfung verlangt, je zwei im Bürgerlichen Recht, im Strafrecht und im Öffentlichen Recht, stets der sog. kleine und der große Schein. Jeder Schein setzte eine bestandene Hausarbeit und eine bestandene Klausur voraus, d. h. insgesamt sechs bestanden Klausuren und sechs bestandene Hausarbeiten in vier Jahren. Dabei handelte es sich samt und sonders um Falllösungen. Sonstige Leistungsanforderungen gab es nicht. Insbesondere war die Teilnahme an Seminaren nicht obligatorisch, sondern freiwillig. Ich habe sämtliche Scheine in meinen ersten fünf Semestern in Göttingen und München erworben, sodass ich in meinen vier Semestern in Hamburg weder an Vorlesungen noch an Übungen teilnehmen musste, sondern mich ganz der Examensvorbereitung (Repetitor) und Sonstigem, d. h. dem Studium und Leben im Europa-Kolleg (s. u. 2.1.3) hingeben konnte. In München habe ich an zwei Seminaren teilgenommen, und zwar im Staatsrecht und in mittelalterlicher Rechtsgeschichte, in Hamburg ebenfalls an zwei Seminaren, und zwar im Verwaltungsrecht und im Europarecht.

Das war der äußere Rahmen des Studiums. Was aber habe ich studiert? Zunächst einmal Strafrecht. Ich weiß nicht aus welchem Grunde, aber das juristische Studium war seinerzeit so aufgebaut, dass es mit dem Strafrecht begann. Vielleicht, weil der „Mann auf der Straße", wenn er „Jura" hört, an das Strafrecht denkt, an Diebstahl und Gefängnis, an Mord und Totschlag und die entsprechenden Folgen, obwohl er im Alltag eher mit Mietrecht und Wahlrecht, Kaufvertrag und Baugenehmigung zu tun hat. Doch die „Macher" des Studienplans werden sich vermutlich nicht am „Mann auf der Straße" orientiert haben. Sie gingen vermutlich davon aus, dass das Strafrecht eine vergleichsweise einfache dogmatische Struktur hat und deshalb aus didaktischen Gründen den Einstieg in das juristische Studium erleichtert. Und so war es dann auch bei mir. Das Auslegen und Subsumieren habe ich zunächst an den strafrechtlichen Normen gelernt und ich gebe im folgenden Abschnitt dazu ein Beispiel („Das verirrte Huhn" s. u. 2.2.1). Auch die dogmatische Struktur des Rechts lässt sich im Strafrecht mit seinem „Dreiklang" von Tatbestand/Rechtswidrigkeit/Schuld gut erkennen und erlernen. Stundenlang konnten wir als junge Studenten z. B. über die Lehre vom Verbotsirrtum diskutieren. Ich erwähne für die Einführung in die Dogmatik hier ein Beispiel für die Unterscheidung von Täterschaft und Teilnahme (s. u. der „Badewannenfall" 2.2.3). Meine Strafrechtsprofessoren, Schaffstein in Göttingen und Maurach in München, beschränkten sich in den Vorlesungen und Übungen streng auf die Darstellung des juristischen Stoffs. Ich ahnte nicht, dass sie beide eine „Vergangenheit" hatten und außeruniversitäre Aufgaben im Jugendstrafvollzug bzw. im Ostrecht wahrnahmen (s. u. 2.1.2). Allerdings beschäftigte mich schon damals die Frage nach der Relevanz der Dogmatik für „das Leben", für Kriminalität und Resozialisierung, wurde aber stets nur mit dem Hinweis auf den rechtsstaatlichen Grundsatz: „Nulla poena sine lege" abgespeist. Anschauungen der strafrechtlichen Praxis oder gar des Strafvollzuges erhielten wir als Studenten nicht. Die entsprechenden Erfahrungen mussten wir selber machen, wie ich im Falle des Mords in der U-Haft (s. u. 2.2.2).

Die geniale Konstruktion der persönlichen, sozialen und wirtschaftlichen Beziehungen durch das römische Zivilrecht, das Corpus Iuris Civilis, habe ich in den fünfziger Jahren gerade noch mitbekommen. Ich habe bei Wieacker in München Römisches Recht und Römische Rechtsgeschichte gehört, bei Kaser in Hamburg Übungen zur Digestenexegese gemacht und auch eine Klausur geschrieben. Für die Promotion in Hamburg war eine erfolgreiche Dreiwochenhausarbeit im Römischen Recht Voraussetzung, die ich mutterseelenallein zur Zeit meiner ersten Berufstätigkeit in Bonn (s. u. Teil II 1.1.1) schreiben musste. In dem Fall ging es um die Frage, wem eine Insel gehört, die mitten in einem Fluss durch Strömungsveränderungen entstanden ist, eine dogmatisch wichtige Frage, aber ein im Leben eher seltenes Ereignis. Ein Hauch der Entstehung des Bürgerlichen Gesetzbuches im Jahre 1900 aus dem Römischen Recht schwebte auch noch über der Siebertschen Vorlesung zum Allgemeinen Teil des BGB in Göttingen, obwohl gerade Siebert – als ehemaliger Repetitor – die nun wirklich höchst abstrakten systematischen Konstruktionen des Allgemeinen Teils an praktischen Fällen großartig zu demonstrieren wusste, wie ich auch in dieser Beziehung weiter unten an einem Beispiel klar zu machen versuche („Schokolade für den Freund" 2.2.1). Ich hatte große Schwierigkeiten, das Recht der Leistungsstörungen im Allgemeinen Schuldrecht und die Konstruktion des Eigentümer-Besitzer-Verhältnisses im Sachenrecht zu verstehen, so große Schwierigkeiten, dass mir die hinter der Abstraktion liegende Gestaltung der Wirtschaftsbeziehungen nicht klar wurde. Ich realisierte einfach nicht, dass durch die Anwendung dieser Konstruktionen nicht nur über Millionen entschieden werden kann, sondern über die Gestaltung der Wirtschaftsordnung überhaupt. Mein Beispiel hier spielt im Erbrecht, weil es auf persönlichen Erfahrungen beruht und lässt die volle gesellschaftspolitische Relevanz des Bürgerlichen Rechts gar nicht erkennen, auch wenn es in dem Fall um Millionen ging („Eine Schein-Erbschaft" s. u. 2.2.2). Im Besonderen Schuldrecht, wo „die Musik spielt", kam der Dozent über das Kaufrecht nicht hinaus und das Handels- und Gesellschaftsrecht, das nun wirklich über die Wirtschafts- und Gesellschaftsordnung entscheidet, habe ich geschwänzt, weil mir das „Wirtschaftsleben" damals völlig fremd war. Das Familienrecht galt als soft-law, weil es eine geringe Abstraktionshöhe aufwies. Da ging man gar nicht hin. Als ich Jahrzehnte später von einer Konferenz über familienrechtliche Fragen im Zusammenhang der Kinder- und Jugendpolitik in die Universität kam, stellte ein sehr bekannter Kollege des Zivilrechts die Frage: „Familienrecht – Ist das überhaupt Recht?".

Im Öffentlichen Recht lagen die Verhältnisse nun ganz anders, denn das Öffentliche Recht war seinerzeit dogmatisch nur schwach ausgeprägt und gesetzlich weitgehend noch ungeregelt. „Die Würde des Menschen ist unantastbar" lautet bekanntlich der erste Satz des Grundgesetzes. Ist das ein Rechtssatz? Nein, daraus müssen durch Konkretisierung erst Rechtsätze gewonnen werden, z. B. „Die Folter ist verboten". Das Bundesverfassungsgericht hatte in meiner Studienzeit durch bahnbrechende Entscheidungen gerade erst mit dieser Konkretisierungsaufgabe begonnen, „Elfes" 1957, „Lüth" 1958, Apothekenurteil 1958 u. a.m. und damit die Grundlage für eine Rechtsprechung gelegt, die erst in späteren Jahren zur Prägung des deutschen Staatsrechts durch die Grundrechte führen sollte. Theodor Maunz, bei dem ich in München sowohl die Staatsrechtsvorlesungen hörte wie die Übung im Staatsrecht machte, verlegte sich stärker auf das Staatsorganisationsrecht, das sich aus der Geschichte des deutschen Konstitutionalismus unverdächtig herleiten ließ. Über die Grundrechte dagegen konnte Maunz als ehemaliger Nationalsozialist und versteckter Neo-Nazi (s. u. 2.1.2) vielleicht doch nicht so leicht mit gutem Gewissen dozieren.

Das Allgemeine Verwaltungsrecht beruhte noch ganz auf den von Otto Mayer u. a. zum Ende des 19. Jahrhunderts aus Frankreich importierten Begrifflichkeiten und kannte noch keine Kodifizierung in einem Verwaltungsverfahrensgesetz. Das Polizeirecht, die „Mutter" des Besonderen Verwaltungsrechts, lernten wir anhand des Preußischen Polizeiverwaltungsgesetzes von 1931 und das Baurecht nach dem Preußischen Baupolizeirecht von 1907, denn es gab noch keine Polizeigesetze der Länder und kein Bundesbaugesetz. Die Praxis der Verwaltung war gesetzlich noch nicht durchreguliert, obwohl der Gesetzesvorbehalt doch bereits seit 1949 galt. Im Bildungswesen wurde der Gesetzesvorbehalt sogar erst Mitte der siebziger Jahre durchgesetzt, wovon ich ein Lied zu singen weiß (s. u. Teil II 1.2.1). Die Fälle, über die ich berichte, entbehren nicht einer gewissen Lächerlichkeit („Ziege auf dem Felsen" s. u. 2.2.1) oder Tragik („Fachärzte" s. u. 2.2.2), weil es damals noch an einer rechtsstaatlichen Ausprägung des Besonderen Verwaltungsrechts fehlte.

Die Eigentumsordnung der Bundesrepublik sähe heute anders aus, wenn der Bundesgerichtshof in seiner Rechtsprechung zur Enteignungsentschädigung seit den fünfziger Jahren nicht eisern an der Bestimmung der Enteignungsentschädigung nach dem Verkehrswert festgehalten und dem Bundesverfassungsgericht Paroli geboten hätte (s. u. 2.2.3) Wir folgten als Studenten damals selbstverständlich der Lehre des Bundesgerichtshofs, dass „die Gerechtigkeit" verlange, dass der enteignete Eigentümer eine Sache gleicher Art und Güte erhalten müsse, während Studenten heute – wie z. B. der Vorsitzende der Jungsozialisten Kevin Kühnert – das im Rahmen der neuen Sozialisierungsdebatte ganz anders sehen. Dass die westdeutsche Bundesrepublik sich als Rechtsnachfolger des Deutschen Reiches betrachtete, schien mir damals als Student aus zweierlei Gründen richtig, nämlich erstens weil sie die Schuld und die Schulden des „Dritten Reiches" übernahm und sich zweitens dadurch vorteilhaft von der DDR abgrenzte. Wenn die sog. „Reichsbürger" heute behaupten, dass das Deutsche Reich 1945 gar nicht untergegangen sei, sondern fortbestehe und die Bundesrepublik folglich nicht Rechtsnachfolger des Deutschen Reiches sein kann, dann gilt das Marxsche Diktum aus dem „Achtzehnten Brumaire", dass sich die Geschichte immer zweimal wiederholt, nämlich einmal als Tragödie und das andere Mal als Farce.[10]

Das so von mir erlebte juristische Studium bereitet nun bekanntlich gar nicht auf das Erste Juristische Staatsexamen vor, sondern das dafür erforderliche Wissen erwirbt man beim Repetitor, der – anders als sein Name vermuten lässt – nicht für die Wiederholung, sondern für den Ersterwerb des Examenswissens zuständig ist. In München hatte ich mir schon einmal probeweise die Kurse des berühmten Repetitors Alpmann-Schmidt angehört; aber ich blieb ja

10 Karl Marx, Der achtzehnte Brumaire des Louis Bonaparte, 1852, zit. nach Marx-Engels-Werke Bd.8, S.115

nicht in München. In Hamburg war es das Repetitorium des Dr. Lützow. Über die Vergangenheit von Dr. Lützow gab es Gerüchte, aber bekannt war nichts, nur dass er Offizier gewesen war und er war immer noch forsch und schneidig. Ich bildete mit zwei Freunden eine „Paukgruppe" für das Examen. Da Dr. Lützow nur Jahresverträge für die Dauer des gesamten Kurses abschloss, unterschrieben wir drei für ein ganzes Jahr – für sehr viel Geld und wir lernten in einem finsteren Hinterzimmer das Eigentümer-Besitzer-Verhältnis und seine geheimen Beziehungen zur Ungerechtfertigten Bereicherung kennen und vieles andere mehr, was uns in seiner Schlichtheit und Grandiosität im Studium nicht klar geworden war. Da aber natürlich Dr. Lützow „sein Pulver" bereits im ersten Drittel des Kurses verschossen hatte, „kündigten" zwei von uns nach vier Monaten, obwohl wir keinen Kündigungsgrund hatten und baten den Dritten, die Kurse weiter zu besuchen und uns dann zu berichten. Und Dr. Lützow ließ uns wirklich ziehen, so dass wir nun täglich alleine, d. h. zu dritt auf der Grundlage der Skripten von Herrn Lützow weiter „paukten", und zwar täglich ein paar Stunden ein ganzes Jahr lang.

Im Sommer 1961, in dem mein Vater starb, hatte ich in meiner sechswöchigen Examenshausarbeit in dem von mir gewählten Fach „Öffentliches Recht" den folgenden Fall zu bearbeiten:

In einem kleinen württembergischen Dorf war es immer wieder zu Felddiebstählen gekommen. Wenn die Felddiebe gefasst und bestraft worden waren, so beschloss der Gemeinderat, sollten die Namen der gefassten und bestraften Felddiebe jeweils sonntags eine Woche lang an der Kirchentür angeschlagen werden.

Das war nun vermutlich ein echter, kein ausgedachter Fall. Sechs Wochen lang, in denen ich jeweils am Wochenende nach Lüchow zu meinem sterbenden Vater fuhr, musste ich mich mit diesem lächerlichen Fall befassen. Da habe ich dann das Prozessrecht und das Kommunalrecht abgegrast, auch das Agrarrecht und das Kirchenrecht, aber im Grunde blieb es doch an Art. 1 Abs.1 GG hängen: Die Würde des Menschen. Das war ein klarer Fall von „Prangerwirkung". Ich habe mich redlich gequält und doch nur ein „befriedigend" bekommen, keine glänzende Voraussetzung für das „vollbefriedigend", was es mindestens werden musste.

Ich habe mich dann im Sommer auf die drei Klausuren vorbereitet, an die ich mich nicht erinnern kann, die ich aber leidlich bestanden haben muss, denn meine sog. „Vorstellungsnote", mit der ich am 21.9.1961, also nur sechs Wochen nach dem Mauerbau, in die mündliche Prüfung ging, war „vollbefriedigend", die ich im Mündlichen dann auch gehalten habe. Zivilrecht und Strafrecht am Vormittag. Die vier Prüfer saßen im großen Sitzungssaal des

Oberlandesgerichts Hamburg oben am Richtertisch hinter der Balustrade und dem Richtertisch. Wir, die Prüflinge saßen weit unten, nicht gerade auf den Plätzen der Angeklagten, aber doch so ähnlich. Ich erinnere mich nur noch daran, dass im Zivilrecht ausgerechnet Erbrecht geprüft wurde, von dem es in den Prüfungsskripten, die wir heimlich kauften, hieß, es würde nie drankommen. Mein Nachbar, der vor mir drankam, musste Erbquoten berechnen, Zweiunddreißigstel und Vierundsechzigstel. Ich wäre schon beim Kopfrechnen gescheitert. Aber, mein Nachbar konnte das. Ich kam dann mit dem sog. „Berliner Testament" dran; das konnte ich. Aber nicht nur das, sondern der Zufall hatte gewollt, dass ich die sog. Jastrowsche Klausel anbringen konnte, von der ich gelesen hatte, einer Modifikation des Berliner Testamentes, die ein Berliner Notar dieses Namens erfunden hatte. „Sehr gut" bemerkte der Prüfer und machte eine Notiz!

In der Mittagspause standen wir hoch oben auf der Prachttreppe des Oberlandesgerichts und der Hausmeister kam herbei und sagte, dass die durchgefallenen Kandidaten immer da runterspringen. Das hatte zur Folge, dass die Kandidatin in unserer Vierergruppe von nun an durchgehend weinte und auch durch die Bemerkung des Vorsitzenden, dass sie doch angesichts ihrer Vorstellungsnote gar nicht durchfallen könne, nicht beruhigt werden konnte. Sie weinte! und bestand trotzdem. Für mich war die zweite Hälfte mit dem „Öffentlichen Recht" und meinem Wahlfach einfach und meine Erste Staatsprüfung endete mit dem angestrebten sog. Prädikatsexamen, nämlich „vollbefriedigend", nicht mehr, aber auch nicht weniger! So konnte ich ohne Sondergenehmigung promovieren. Mein Vater starb fünf Tage nach dem Examen. Es hieß, dass er noch so lange hatte aushalten wollen, bis ich das Examen gemacht hätte. Ich weiß aber gar nicht, ob er noch realisiert hat, dass ich das Examen bestanden hatte.

Nach dem Staatsexamen konnte ich meinen „Traum" verwirklichen. Mit einem Promotionsthema, das ich Hans Peter Ipsen vorgeschlagen hatte und einem Promotionsstipendium zog ich 1961 für ein Jahr nach Paris, studierte im Doktorprogramm der „Faculté de Droit" am Panthéon und wohnte in der „Maison de L'Allemagne" in der „Cité Universitaire". Ich sammelte Material für meine deutsche Doktorarbeit und nahm an den „Cours de Doctorat" in vier Fächern teil, nämlich Droit Constitutionnel Francais, Droit Constitutionnel Comparé, Histoire du Droit Constitutionnel und Science Politique. Ich hatte mir einen „genialen" Plan zurechtgelegt. Ich wollte in Deutschland über französisches Recht promovieren und in Frankreich über deutsches Recht. In meiner deutschen Doktorarbeit verglich ich das deutsche und das französische Staatshaftungsrecht miteinander und hatte die Idee, dass sich die Reform des deutschen Rechts am weitergehenden französischen Recht orientieren sollte. Ich glaubte an die Kraft der Dogmatik. Meine Arbeit „Die Grundlagen der

Haftung für faute de service im französischen Staatshaftungsrecht" erschien bei Metzner 1965, wird noch heute gelegentlich zitiert und ist bei Amazon zu haben. In meiner französischen Doktorarbeit „La Jurisprucence de la Cour Constitutionnelle de Karlsruhe" fasste ich in französischer Sprache – ein französische Militärrichter in Berlin korrigierte freundlicherweise mein Französisch – die noch junge Rechtsprechung des Bundesverfassungsgerichts zusammen und präsentierte sie dem erstaunten französischen Publikum, das damals so etwas überhaupt nicht kannte. Meine Gutachter Jean Rivero und Maurice Duverger lobten den Text, aber veröffentlicht wurde die Arbeit nicht.

Doch in beiden Fällen genügte die Vorlage einer Doktorarbeit zur Erlangung des Doktortitels nicht, sondern es gehörten weitere Leistungen dazu. Die Hamburger Promotionsordnung sah seinerzeit nicht die sonst weithin übliche „Verteidigung" der Arbeit vor einem Gremium, dem insbesondere die beiden Gutachter angehörten, vor, sondern eine regelrechte Prüfung in allen drei juristischen Grundfächern. Das nannte man scherzhaft die „Dritte Staatsprüfung". Ich hatte das Pech, mit zwei Gesellschaftsrechtlern zusammen geprüft zu werden. Das Ganze begann mit einer Zumutung. Der Strafrechtsprofessor prüfte eine Stunde lang den folgenden Fall: Jemand träufelt seinem „Feind" durch eine kleine Öffnung flüssigen Klebstoff in die Taschenuhr. Sachbeschädigung nach § 303 StGB? Kommt es auf die Substanz- oder die Funktionsstörung an? Da hat man nun vier Jahre Rechtswissenschaft studiert und das erste Staatsexamen mit Prädikat (Promotionsvoraussetzung) bestanden, danach monate- wenn nicht jahrelang eine rechtswissenschaftliche Doktorarbeit verfasst, und dann das! Eigentlich hätte man aufstehen und rausgehen sollen, aber es war eine Prüfung! Der Zivilrechtler prüfte danach gesellschaftsrechtliche Fälle, zu denen ich zu Anfang gnädigerweise etwas sagen durfte, während ich mangels Kompetenz danach schweigen musste. Die „Rache" folgte aber auf dem Fuße. Ipsen unterhielt sich mit mir über das Prinzip der Parität im Kirchenrecht und im kollektiven Arbeitsrecht, obwohl das beides weder seine noch meine Kompetenz im engeren Sinne war und meine beiden Gesellschaftsrechtler mussten nun schweigen. Im Rausgehen fragte mich Ipsen, ob ich Assistent bei ihm werden wolle. Schön, aber ich hatte bereits einen anderen Job (s. u. Teil II 1.1.1) und ganz andere Aspirationen. Sonst wäre mein Leben ganz anders verlaufen!

Im französischen Promotionsverfahren folgte nach den „Cours de Doctorat" zunächst eine Klausur, für die ich das „Droit Constitutionnel Comparé" bei Maurice Duverger gewählt hatte. Die Klausuraufgabe für rd. 80 Doktoranden aus aller Welt lautete „La Schweizer Landsgemeinde". Bis auf zwei verließen sämtliche Kandidaten den Prüfungssaal, weil sie vermutlich davon noch nie gehört und nicht einmal das Wort verstanden hatten. Da ich damals noch an die direkte Demokratie glaubte, fiel mir dazu etwas ein. Es folgten vier mündliche Prüfungen in den vier genannten Fächern. Duverger fragte mich über die Urteile des Bundesverfassungsgerichts aus, über die ich in meiner Arbeit berichtet hatte, denn er war neugierig und überhaupt ein glänzender Mann, u. a. Kolumnist von „Le Monde". Doch der Verfassungshistoriker war fies. Er hatte drei Jahre lang über „La Laicité sous la Troisième République" Vorlesungen gehalten, vor denen ich bereits während der ersten Stunde geflohen war und nun prüfte er mich über die Einstellungen des Präsidenten Thiers zur Laizität. Ich konnte keinen einzigen Satz dazu sagen. Dann machte er etwas ganz besonders Unangenehmes, denn er prüfte mich über die Weimarer Verfassung und auch da war ich nicht besonders gut, was er aber „gnädig" mit einem oberen „mangelhaft" bewerte. Das vermasselte mir zwar nicht den französischen Doktortitel, blieb aber doch ein „Schönheitsfehler" und diente mir als Warnung vor der Arroganz der Prüfer, zu denen ich später selber gehören sollte.

Habe ich Rechts -„Wissenschaft" studiert? Oder gar Rechts - „Wissenschaften"? – und wenn welche? Wohl kaum! Vielleicht eher „Jurisprudenz", wenn's hoch kommt. Ich gelangte zu der Auffassung, dass die „Rechtswissenschaft" nach meinem Verständnis gar keine Wissenschaft ist, sondern eine „Kunst", besser noch eine „Kunstfertigkeit" im Sinne eines „Kunsthandwerks" und das soll man nicht verachten, und zwar insbesondere wenn es sich um die „Ars aequi et boni" handelt, wie der römische Enzyklopädist Celsus die Rechtslehre genannt hat. Aber, von dem „Aequi et boni" habe ich nicht allzu viel gehört, so dass ich es am Schluss meines Studiums eher mit dem berühmten Schülerdialog aus dem „Faust" hielt:

Schüler:	Zur Rechtsgelehrsamkeit kann ich mich nicht bequemen
Mephist:	Ich kann es Euch so sehr nicht übelnehmen,
	Ich weiss, wie es um diese Lehre steht.
	Es erben sich Gesetz und Rechte
	Wie eine ew'ge Krankheit fort,
	Sie schleppen von Geschlecht sich zum Geschlechte
	Und rücken sacht von Ort zu Ort.
	Vernunft wird Unsinn, Wohltat Plage;
	Weh dir, dass du ein Enkel bist!
	Vom Rechte, das mit uns geboren ist,
	Von dem ist leider! Nie die Frage.
Schüler:	Mein Abscheu wird durch Euch vermehrt!"[11]

11 Johann Wolfgang von Goethe, Faust – Erster Teil, (1808), zit. nach der Gesamtausgabe der Büchergilde Gutenberg „Theaterstücke", S. 64

Ja, so war das zum Ende meines Studiums und deshalb strebte ich weg von der Juristerei hin zu „neuen Ufern" (s. u. Teil II). Zu Beginn des Studiums war es dagegen gänzlich anders gewesen. Da wollte ich unbedingt dieses juristische Handwerk erlernen; da hatte ich „Lust zum Gesetz" (s. u. 2.2)

2.1.2 Die gute alte deutsche Universität – Über die Universität als solche

> Die deutsche Universität ist im Kern gesund
> └ Sog. „Blaues Gutachten" einer deutsch-britischen
>   Expertenkommission, 1948.

Mein juristisches Studium an den vier juristischen Fakultäten war eingebettet in die Universität der damaligen Zeit, in den ersten vier Jahren in die deutsche Universität und danach in den französischen Universitätsbetrieb.

Was fand ich vor, als ich mein Studium im Sommersemester 1957 in Göttingen begann? – „die gute alte deutsche Universität"! Das Kriegende lag erst gut 10 Jahre zurück und die Phase der Hochschulreformen begann erst gut 10 Jahre später. Die Kirchen und die Universitäten hatten es in der unmittelbaren Nachkriegszeit verstanden, den Eindruck zu erwecken, als ob sie als einzige den Nationalsozialismus heil und unbeschädigt überstanden hatten, während alle anderen Institutionen tief in den Nationalsozialismus verstrickt gewesen waren, obwohl doch das Gegenteil richtig, wenn auch damals noch nicht offensichtlich war. „Die deutsche Universität ist im Kern gesund" (s. o.); selbst die Briten hatten es ihr 1948 bescheinigt, „die gute alte deutsche Universität"! Ich habe sie in den Jahren meines Studiums von 1957 bis 1963 anders erlebt, und ich will meine Eindrücke in sieben Erfahrungen schildern, die zeigen, dass es sich bei der Idee der „guten alten deutschen Universität" um eine Ideologie handelte, die allerdings vielleicht nach 1945 lebens-, wenn nicht überlebenswichtig war.

„Vivant professores" wie es in dem alten Studentenlied hieß, was nun wieder viel gesungen wurde. Nein, ich habe meine Professoren nicht hochleben lassen – ganz im Gegenteil! Ich habe fast ausschließlich bei ehemaligen Nationalsozialisten Rechtswissenschaft studiert, Wolfgang Siebert und Friedrich Schaffstein in Göttingen, Reinhard Maurach und Theodor Maunz in München, Herbert Krüger und Hans Peter Ipsen, mein späterer Doktorvater, in Hamburg und noch einige andere mehr. Ich will gar nicht über sie richten. Sie waren jung, als sie vor 1933 oder – weit überwiegend – gleich nach 1933 in die Partei, in die SA und z. T. sogar in die SS eintraten und dann als junge Professoren der

Rechtswissenschaft in der „Akademie für deutsches Recht", der Ideenschmiede der nationalsozialistischen Rechtswissenschaft, eine große Rolle spielten. Sie hatten den Krieg erlebt und überlebt und das Entnazifizierungsverfahren über sich ergehen lassen müssen, um dann nach und nach wieder einen Lehrstuhl zu erhalten.

Sie hatten sich alle an den neuen Staat angepasst und lehrten nun das neue Recht. Vielleicht waren sie auch vom neuen Recht überzeugt, jetzt in der demokratischen Bundesrepublik. So, wie ich sie „auf dem Katheder" kennen lernte, merkte man ihnen ihre nationalsozialistische Vergangenheit jedenfalls gar nicht an. Jeder war halt seinen Weg gegangen – nach 1945! Einige wurden sogar vorbildliche Vertreter eines neuen Rechts in der neuen Demokratie, wie z. B. Rudolf Sieverts, unser „Studienstiftungs-Chef" in Hamburg, der einen vorbildlichen Jugendstrafvollzug für das Land entwickelte und 1964 Amnesty International in Hamburg mit begründete. Theodor Maunz dagegen war und blieb insgeheim – u. a. als Leitartikler der Deutschen National- und Soldatenzeitung – ein Nationalsozialist, obwohl er als Vertreter Bayerns im Herrenchiemseer Verfassungskonvent gesessen hatte und als Autor der seinerzeit führenden staatrechtlichen Werke[12] zu den „Verfassungsvätern" der Bundesrepublik gehörte.

Aber es gab auch die anderen, die den Nationalsozialismus und den Weltkrieg in Deutschland oder in der Emigration überlebt hatten, wie z. B. Rudolf Smend oder Gerhard Leibholz und die das Verfassungsrecht der frühen Bundesrepublik ebenfalls geprägt hatten. Beide hielten in meinem Göttinger Jahr Samstagvormittag ihre Vorlesungen. Ich ging nicht hin, weil ich gar nicht wusste, wer das war. Die rhetorischen Kompetenzen der Dozenten, auf die es für uns Studenten vor allem ankam, hingen jedoch nicht so sehr von der politischen Vergangenheit ab. Siebert und Ipsen waren vorzüglich auf dem Katheder, Schaffstein und Krüger eher schwach. Ich habe mich eigentlich mit keinem meiner Professoren identifizieren können und keiner war mir Vorbild.

Eine deutsche, eine sehr deutsche Universität. Im Jahre 1957, als ich in Göttingen mein Studium begann, gab es an deutschen Universitäten rd. 100.000 Studenten, heute an den Hochschulen insgesamt fast 3 Mill. Die Universität Göttingen hatte 1957 rd. 4.000 Studenten, heute über 30.000. Von den rd. 100.000 Studenten in Deutschland waren im Jahre 1957 rd. 6.000 Ausländer, während es heute von fast 3 Mill. rd. 500.000 sind. Von den Göttin-

---

12 Theodor Maunz, Deutsches Staatsrecht, 1. Auflage 1951, 6. Auflage 1957, seit 1981 als Maunz-Zippelius von Reinhold Zippelius weitergeführt, jetzt Zippelius-Würtenberger, Deutsches Staatsrecht, 33. Auflage 2018; Theodor Maunz und Günter Dürig, Grundgesetz, 1. Auflage 1958, jetzt als Großkommentar mit 15.266 Seiten immer noch Maunz-Dürig, 89. Auflage 2020.

ger 4.000 Studenten waren damals 280 Ausländer. 280 Ausländer – das muss man sich einmal vorstellen! Ich habe im rechtswissenschaftlichen Studium in Göttingen keine ausländischen Studenten getroffen. Auch in München und in Hamburg habe ich im Jurastudium keine Ausländer kennengelernt, obwohl es einige – vor allem als Doktoranden im internationalen Recht – vermutlich gegeben hat. Soweit ich während meines Studiums Ausländer kennen gelernt habe, war dies außerhalb des Studiums. In Göttingen war ich Mitglied des Internationalen Studentenbundes (s. u. 2.1.3), der sich die Betreuung ausländischer Studenten zur Aufgabe gemacht hatte. So muss ich also einige von den 280 ausländischen Studenten kennen gelernt haben. In meinem Münchner Studentenheim gab es dagegen ausländische Studenten. Ich habe mich sogar mit einem französischen Juristen angefreundet, mit dem ich heute noch befreundet bin. Das Europa-Kolleg in Hamburg, wo ich 2 ½ Jahre lebte und von dem noch die Rede sein wird (s. u. 2.1.3), hatte sich die Internationalität zum Prinzip gemacht – die Hälfte der Bewohner waren Ausländer. In Frankreich, wo ich in jeden Semesterferien Sprachkurse besuchte und erst recht während meines einjährigen Pariser Studienaufenthaltes war alles ganz anders, denn Frankreich war eine Kolonialmacht und überhaupt international gesinnt. Ich war also in Deutschland als deutscher Jurastudent nur unter deutschen Jurastudenten und erlernte das deutsche Recht – was denn sonst? Dabei muss man freilich berücksichtigen, dass die wenigen ausländischen Studenten wirkliche Ausländer mit ausländischer Staatsangehörigkeit waren. „Menschen mit Migrationshintergrund" gab es noch nicht. Die ersten „Gastarbeiter" der fünfziger Jahre waren junge Männer, die in Deutschland keine Kinder hatten.

Auch meine Professoren waren Deutsche, wie gesagt, überwiegend ehemalige deutsche Nationalsozialisten. Es gab auch unter den Juraprofessoren zwar einige wenige emigrierte und zurückgekehrte, überwiegend jüdische Juristen, aber die meisten waren nicht zurückgekehrt – allenfalls zu Vorträgen oder für ein Gastsemester. Von Erich Fraenkel, Otto Kirchheimer und Franz Leopold Neumann – um nur drei Namen aus dem Öffentlichen Recht zu nennen – habe ich während meines Studiums nichts gehört. Dabei waren das Deutsche, deutsche Emigranten, manchmal deutscher als diejenigen, die nicht vertrieben worden waren. Ausländische Juraprofessoren gab meines Wissens damals nicht, vielleicht mal den einen oder anderen Gastprofessor im Völkerrecht. Natürlich gab es das internationale Recht und ein gebildeter deutsche Professor der Rechtswissenschaft betrieb selbstverständlich Rechtsvergleichung und sprach auch gelegentlich in den Vorlesungen und Seminaren über ausländische Rechtsysteme. Es wehte auch schon ein Hauch des kommenden Europarechts über unsere Köpfe, aber das war doch eher etwas für die Studenten „mit den höheren Weihen". In meinem Studium spielte das keine Rolle, auch wenn ich bei Konrad Zweigert an einem Europarechtseminar teilgenommen habe und mein Doktorvater Ipsen sich zu einem der führenden Europarechtler entwickelte. Das mag in anderen Fakultäten anders gewesen sein; für mich ermangelte die deutsche Universität der Universalität.

Eine Klassenuniversität. Die „gute alte deutsche Universität" gab sich den Anschein, in der Nachkriegszeit sozial nicht selektiv gewesen zu sein. Da es keinen Numerus Clausus gab, nahm sie in der Tat alle Schüler als Studenten auf, die an einer deutschen Schule die Hochschulreife erworben hatten. Wenn die Universität damals also eine „Klassenuniversität" gewesen sein sollte, dann lag das am Schulwesen und nicht an der Universität. Wenn damals weniger als 5 % der Abiturienten Arbeiterkinder waren und noch weniger die Universität besuchten, dann war das anscheinend nicht die Schuld der Universität. Außerdem kann man davon ausgehen, dass Arbeiterkinder in der Regel nicht gerade die Rechtswissenschaft als Studienfach wählten, sondern sich eher für praxisbezogene Fächer, z. B. in den Ingenieurswissenschaften entschieden, allenfalls für Pädagogik oder Theologie. Es gab auch vermutlich eine „Schwellenangst" vor der Universität, die Arbeiter davon abhielt, ihre Kinder auf die Universität zu schicken. Es gab zwar bereits den sog. Zweiten Bildungsweg, aber der war schmal und anstrengend. Das Hochschulstudium war lang und die Kinder würden erst spät eigenes Geld verdienen. Schließlich gab es auch noch Studiengebühren und Kolleggelder. Das studentische Leben in den Universitätsstädten war teuer und Plätze in Studentenheimen gab es nicht in ausreichender Zahl.

Für Frankreich hat Pierre Bourdieu die soziale Selektionsfunktion der damaligen Hochschulen darüber hinaus aufgrund des sog. Habitus hinreichend und anschaulich beschrieben.[13] Mir jedenfalls sind im juristischen Studium Kommilitonen – so hießen die damals –, die ihre Herkunft aus dem Arbeitermilieu erkennen ließen, nicht begegnet. Ich muss sogar sagen, dass ich mir als Sohn eines Volksschullehrers und einer Volksschullehrerin (Nicht-Akademiker!) manchmal ein wenig deplatziert vorkam, auch wenn ich mich nie diskriminiert gefühlt habe. Ich hatte zwar vermutlich weniger Geld zur Verfügung als die meisten Studenten; doch ich konnte mir „studentische Vergnügungen" (Reisen, Trinken, Tennis, Skifahren, Segeln etc.) durchaus leisten, weil mir meine Eltern diese Extras angesichts meines Stipendiums zusätzlich ermöglichten. Auch war die conspicuous consumption unter Studenten damals noch nicht so verbreitet oder jedenfalls noch nicht so sichtbar wie heute – ein Auto besaßen nur wenige.

---

13   Pierre Bourdieu, Les Heritiers: Les Etudiants et la Culture, 1964

Eine sehr männliche Universität. Zur Zeit meines Studienbeginns waren bereits rd. ein Drittel der Studierenden weiblich; heute sind es rd. die Hälfte. Das lag aber seinerzeit vermutlich daran, dass die Frauen in den Geistes- und Sozialwissenschaften die Mehrheit stellten. Im Jurastudium war das damals aber ganz anders. Ich schätze, dass es vielleicht 5-10 % Jurastudentinnen gab; heute sind es mehr als die Hälfte. Überliefert ist die Äußerung des Herausgebers des Standardkommentars zum BGB, Otto Palandt, – auch der ein ehemaliger überzeugter Nationalsozialist und einer der einflussreichsten Juristen im „Dritten Reich" – dass sich Frauen grundsätzlich nicht für das Jurastudium eignen, weil es „Sache des Mannes sei, das Recht zu wahren". Meine Professoren waren alle männlich. Ich habe in der Tat keine einzige Juraprofessorin während meines Studiums erlebt und es ist mir nicht einmal aufgefallen.

Selbstverständlich gab es keine offene Diskriminierung von Frauen. Professoren und Studenten kannten natürlich Art. 3 Abs. 2 GG („…sind gleichberechtigt"). Die indirekte Diskriminierung wirkte jedoch wie immer: „Eine großartige Leistung, obwohl von einer Studentin!" oder „Na ja, kein Wunder, ist eben von einer Studentin!" Diese Form der indirekten Diskriminierung war seinerzeit durchaus gängig und wurde nicht sanktioniert. Wir – auch wir liberalen und vermeintlich aufgeklärten jungen Studenten – meinten mit Palandt, dass die Juristerei eine abstrakte logische Denkungsart (s. u. 2.2) verlangt, die den Mädchen einfach nicht liegt. Viel schlimmer aber war die Prägung des Lernstoffes durch Diskriminierung und Sexismus. Im Strafrecht war es z. B. weit verbreitet, in Fällen eine „Rechtsfigur" namens „Erna Willig" auftreten zu lassen. Noch viel schlimmer waren die sexistischen Witze, die bei einigen unserer Professoren ausgesprochen üblich waren und es gab Professoren, die für diese Witze berühmt und berüchtigt waren. Wir – jungen liberalen männlichen Studenten – fanden das natürlich grässlich, konnten aber doch – insofern jung-machohaft – eine gewisse teilnehmende Freude an diesen Witzen nicht unterdrücken. Es gab Studenten, die gerade wegen der sexistischen Witze bestimmte Vorlesungen besuchten, um nachher dieselben in männlicher Runde zu verbreiten. Doch dies alles waren im Grunde nur die Oberflächenphänomene der Tatsache, dass die Rechtswissenschaft, die wir erlernen sollten, Art. 3 Abs. 2 GG als formale Gleichberechtigung, nicht aber auf Auftrag zu einer tatsächlichen Gleichstellung interpretierte, eine Rechtswissenschaft, die eine Gesellschaft der geschlechtlichen Ungleichheit widerspiegelte.

Humboldt. In zahlreichen Denkschriften der Nachkriegszeit hieß es, dass die eigentliche „Idee der deutschen Universität" die Universität wieder prägen sollte. Was blieb der Universität auch anderes übrig nach der Korrumpierung durch den Nationalsozialismus, den Zusammenbruch von Sicherheit und

Ordnung und wirtschaftlicher Not?[14] Kurz gefasst, die Universität sollte zwar auch für die akademischen Berufe ausbilden, also auch Juristen und Mediziner, Lehrer und Pfarrer hervorbringen, aber diese sollten „gebildet" sein, und zwar gebildet durch Wissenschaft, durch die „klassischen Wissenschaften" natürlich, also eigentlich die Philosophie und ihre „Schwestern" wie die Geschichtswissenschaft und die Philologien, also „Humboldt" pur! So gab es in den fünfziger Jahren zur Zeit meines Studienbeginns den „Dies Academicus", ein „Studium Generale" oder „Vorlesungen für Hörer aller Fakultäten". Aber da ging man eigentlich nicht hin, denn das wirkte wie „Zwangsbeglückung", wie „Indoktrinierung", wie „Marxismus-Leninismus West".

Ich besuchte vielmehr viele Vorlesungen anderer Fakultäten, ohne dort eingeschrieben zu sein, „schwarz" sozusagen: Die Historiker Heimpel, Schramm und Wittrock und der „Stargermanist" Wolfgang Kayser füllten in Göttingen die Säle, ebenso der Psychologe Philipp Lersch in München oder Carl Friedrich von Weizsäcker in Hamburg und ich saß begeistert zu ihren Füßen. Das kann aber nicht „Bildung durch Wissenschaft" gewesen sein, denn das waren „Extras", die neben dem eigentlichen Studium angeboten wurden bzw. möglich waren und die ich aus Lust an der Sache und in Liebe zu den Professoren konsumierte. „Bildung durch Wissenschaft" im Jurastudium hätte nur durch das Jurastudium selber verwirklicht werden können. Hierfür waren die „juristischen Bildungsfächer" vorgesehen, die jedoch nur Nebenfächer waren, die historischen und theoretischen Fächer, wie insbesondere Rechtsgeschichte und Rechtsvergleichung, Rechtsphilosophie und sogar Rechtssoziologie und -psychologie, die es auch schon gab. Aber auch dieses waren obligatorische oder freiwillige „Extras", die mit dem eigentlichen Studium wenig gemein hatten. Egal ob man Wissenschaft als das „Streben nach Wahrheit bzw. Gerechtigkeit" oder als „Systematisches Denken" definiert, davon habe ich wenig erlebt, sondern die „Rechtswissenschaft" eher als Technik und Handwerk verstanden.

Einsamkeit und Freiheit. Die „Bildung durch Wissenschaft" sollte sich in der „guten alten deutschen Universität" in „Einsamkeit und Freiheit" vollziehen, also nicht durch die gesellschaftlichen Anforderungen an die wissenschaftliche Forschung oder den Bedarf des Beschäftigungssystems nach verwertbaren Qualifikationen definiert werden. Helmut Schelsky hat 1963 versucht, die

---

14 So z. B. auch Ernst Anrich in seinem Vorwort zu „Die Idee der deutschen Universität – die fünf Grundschriften aus der Zeit ihrer Neubegründung durch klassischen Idealismus und romantischen Realismus", 1959, S. VII. Anrich war seit 1930 Mitglied der NSDAP und später auch Mitglied der SS und von 1941–1943 Dekan der Philosophischen Fakultät der Reichsuniversität Straßburg, nach 1945 Gründer und Direktor der Wissenschaftlichen Buchgesellschaft und Vorstandsmitglied der NPD.

Begriffe „Einsamkeit und Freiheit" einerseits als Begriffe des deutschen Idealismus Humboldt'scher Prägung zu rekonstruieren und sie andererseits für die sechziger Jahre neu zu fassen, woraus u. a. die Idee der Reformuniversität Bielefeld entstand, die auf ein Schelsky'sches Konzept zurückgeht. Die Wahrheitssuche der Gelehrten und Studenten kann nur in Einsamkeit erfolgreich sein und sie macht einsam, sagt Schelsky, und die Freiheit soll die Eingriffe des Staates und seiner Verwaltung in diesen Prozess der Wahrheitssuche abwehren.[15]

Ich habe in meinem juristischen Studium in den fünfziger und frühen sechziger Jahren diese „Einsamkeit und Freiheit" nicht erlebt. Das juristische Studium war vielmehr durch Berufsinteressen geprägt. Wer durch seine Familie oder durch „Verbindungen" keinen vorgezeichneten Berufsweg hatte, suchte durch Spezialisierung und/oder gute Noten einen Zugang in das juristische Beschäftigungssystem. Das war die oberste Priorität; die Suche nach Wahrheit und Gerechtigkeit war demgegenüber nachrangig. Da ich über solche Verbindungen nicht verfügte, bot sich vor allem der Weg in die Justiz und die Verwaltung an, der jedoch gute Noten voraussetzte. An einen Weg in die juristische Wissenschaft habe ich dagegen nicht gedacht, außer vielleicht einmal in „kühnen Träumen". Und die „Freiheit"? Im Kern des Studiums jedenfalls gab es sie nicht, denn man hielt sich streng an den vorgegebenen Studienplan und die darin vorgesehenen Leistungsprüfungen. Die Freiheit existierte also bestenfalls bei den bereits erwähnten „Extras" und vor allem in den studentischen Milieus, von denen noch die Rede sein wird (s. u. 2.1.3)

„Einsamkeit und Freiheit" meiner Professoren? Im Lehrplan gab es sie nicht, denn die Grundfächer mussten in jedem Semester durch die Fakultät abgedeckt werden. In der Lehre bestand die „Einsamkeit und Freiheit" also allenfalls in der Veranstaltung der Seminare. Und in der Forschung? Was war das überhaupt? Forschten meine Professoren? Einige schrieben Lehrbücher, Kommentare und gelehrte Abhandlungen, manche sogar sehr erfolgreiche Lehrbücher, mit denen sie viel Geld verdienten. Andere wiederum hatten seit ihrer Habilitation keine einzige Zeile mehr veröffentlicht. Einige waren Richter im Nebenamt, andere hielten Vorträge oder machten Gutachten. Überhaupt

---

15 Helmut Schelsky, Einsamkeit und Freiheit – Idee und Gestalt der deutschen Universität, 1963, S.112 ff, zur Modernisierung der Idee S. 291 ff. Schelsky war ein Schüler von Arnold Gehlen und Hans Freyer. Er trat 1932 in die SA ein und 1937 in die NSDAP und war im „Dritten Reich" als überzeugter Nationalsozialist Lektor im Amt Rosenberg, der Dienststelle für die ideologische Überwachung des deutschen Volkes. In der Nachkriegszeit entwickelte er die Schlagworte der „nivellierten Mittelstandsgesellschaft" und der „skeptischen Generation" für die Analyse der Gesellschaft der Bundesrepublik; später wandte er sich vor allem gegen die Studentenbewegung und die sie unterstützenden Intellektuellen.

die Gutachten; – es waberten schon damals Gerüchte über das „große Geld", das einzelne Professoren mit Gutachten verdienten. Es gab zwar den „einsamen Gelehrten", aber unter den Juraprofessoren eine eher seltene Erscheinung. Waren sie gut und engagiert, so waren sie weder einsam noch frei, denn jedes Engagement bringt Bindungen und den Verlust von „Einsamkeit und Freiheit" mit sich und ich fand das auch gut so.

Die Gemeinschaft der Lehrenden und Lernenden. Die „gute alte deutsche Universität" war durch die Rektorats- und Kuratorialverfassung organisiert. Die akademischen Angelegenheiten regelte der aus dem Kreise der Ordinarien, also der sog. ordentlichen Professoren, der Lehrstuhlinhaber, von ihnen für kurze Zeit (2 oder 4 Jahre) gewählte Rektor zusammen mit dem Senat, dem selbstverständlich ebenfalls nur die ordentlichen Professoren, nicht etwa Assistenten oder gar Studenten angehörten. Zugänge und Abschlüsse galten aber nicht als „akademische Angelegenheiten". Deshalb bestimmte der Staat die Voraussetzungen der Hochschulreife und des Prüfungswesens, und zwar nicht nur bei den Staatsprüfungen. Einmal Professor, immer Professor. Deshalb waren die Berufungen auf Lebenszeit der Professoren zwischen Universität und Staat immer umstritten. Die Selbstrekrutierung der Professorenschaft konnte sich aber grundsätzlich durchsetzen.

Nach 1945 gab es Bestrebungen, diese altväterliche ständisch-bürokratische Verfassungsstruktur aufzubrechen, gesellschaftlich zu öffnen und zu demokratisieren.[16] Doch daraus wurde nichts und die Ansätze versandeten schnell. Stattdessen wurde in zahlreichen Manifesten und Dokumenten die Idee wiederbelebt, dass die Verfassung der Universität als „Gemeinschaft der Lehrenden und Lernenden" verstanden werden sollte. Diese der Humboldt'schen Bildungskonzeption entlehnte Idee wurde nun der weiterbestehenden Rektoratsverfassung übergestülpt, wobei sie sich als reine Ideologie erwies. Es gab zwar gewählte Studentenvertretungen – z. T. Studentenparlament genannt –, und diese wählten einen Allgemeinen Studentenausschuss (ASTA), aber die Aufgaben dieser Studentenvertretungen beschränkten sich auf die sozialen Angelegenheiten, wie z. B. Studentenheime, Mensen, Feiern und Feste. In akademischen Angelegenheiten hatten sie kein Mitspracherecht und schon gar kein Politisches Mandat (s. u. 2.1.4). Nur in Berlin war dieses aufgrund der Beteiligung der Studenten an der Gründung der Freien Universität anders.

Ich jedenfalls habe die Universität nicht als „Gemeinschaft der Lehrenden und Lernenden" erlebt. Die Vorlesungen bei den Juristen waren Großveran-

---

16 Christoph Oehler, Die Hochschulentwicklung nach 1945, in Christoph Führ und Carl-Ludwig Furck, Handbuch der deutschen Bildungsgeschichte, Bd. VI Erster Teilband, S. 412 ff, 420.

staltungen und die Teilnehmerzahlen schwankten zwischen 100 und 500 Zuhörern – Zuhörern im wahrsten Sinne des Wortes! Ich will nicht ausschließen, dass ganz Fürwitzige gelegentlich mal eine Frage zu stellen wagten. Die Professoren hatten auch ein verständliches Interesse an der „großen Vorlesung", denn das Kolleggeld der Studenten betrug 2 DM für jede Vorlesung, was bei mehreren Vorlesungen im Semester das Monatsgehalt schon mal um 1000 DM erhöhen konnte. Auch die Übungen, in denen die für die Prüfung erforderlichen Scheine erworben werden mussten, waren Veranstaltungen mit mehreren Hundert Studenten. In den Übungen trug der Professor – manchmal auch nur ein Assistent – die richtige Falllösung vor. Alternativen gab es nicht, konnte es gar nicht geben.

Die Seminare – ach ja, die Seminare! Sie galten als die Orte, an denen sich die „Gemeinschaft der Lehrenden und Lernenden" entfalten konnte. Doch die Seminare waren bei den Juristen nicht verpflichtend und für die Prüfung nicht erforderlich, sodass nur eine kleine Minderheit an ihnen überhaupt teilnahm. Ich habe an mehreren Seminaren teilgenommen und werde über die spezifische „Seminarkultur" berichten (s. u. 2.1.3), die nämlich alles andere als „gemeinschaftlich" war. Doch die Studenten brauchten die „Gemeinschaft der Lehrenden und Lernenden" sowieso nicht, denn sie hatten ihre Freiheit außerhalb der Universität in den „studentischen Milieus" (s. u. 2.1.3). Aber die „armen Assistenten"! Sie trugen die Aktentaschen der Professoren in die Vorlesung. Jahrelang arbeiteten sie an ihren Dissertationen und machen gleichzeitig die Arbeit der Professoren, indem sie sie in Vorlesungen und Übungen vertraten, eine große Ehre! und als die wahren Autoren ihre Bücher schrieben, wofür ihnen dann im Vorwort huldvoll gedankt wurde. Das ist eine Karikatur, aber einen Kern von Wahrheit hat sie doch. In der Verfassung der alten Universität kamen die Assistenten jedenfalls nicht vor. Deshalb wollte ich eigentlich nicht Professor werden, weil ich viele „geschickte Speichellecker" und „geschundene Kreaturen" als Assistenten erlebt habe.

Und die „studentische Mitbestimmung"? Ich habe sie an zwei ganz markanten Stellen erlebt, über die ich noch berichten werde, nämlich als Mitglied des Göttinger Studentenparlamentes im zweiten Semester und zweieinhalb Jahre lang als Mitglied des Europa-Kollegs in Hamburg, eines selbstverwalteten Studentenheims (s. u. 2.1.3). Im Übrigen aber? Ich habe von der studentischen „Selbstverwaltung" an der Universität keine Kenntnis genommen; sie existierte für mich gar nicht. Ich hielt das für einen „Tummelplatz" der studentischen Unterorganisationen der Politischen Parteien, des SDS und des RCDS insbesondere, für einen Weg in die politische Karriere von Funktionären und das war es ja auch wohl. Ich aber gehörte keiner Partei und folglich auch keiner ihrer Unterorganisation an. Also interessiere mich das ganz und gar nicht, obwohl ich mich doch für einen politischen Menschen hielt.

2.1.3 „Gaudeamus igitur – iuvenes dum sumus" – Über studentische Milieus

Studentische Verbindungen. Die alliierten Besatzungsmächte verboten 1945 alle Verbände, die vor 1945 existiert hatten, darunter auch die studentischen Verbindungen, ein Verbot, das unter dem Grundgesetz keinen Bestand haben konnte. Die Westdeutsche Rektorenkonferenz fasste 1949 einen Beschluss, nach dem Korporationen der deutschen Tradition, d. h. Männerbünde mit Pflichtmensuren, d. h. Zweikämpfen mit Waffen, wenn auch mit Schutzvorrichtungen, und öffentlich getragener besonderer Kleidung (sog. Farben) und einem besonderen traditionellen Ehrenkodex an der deutschen Universität keinen Platz mehr hätten und die Universitäten änderten daraufhin ihre Satzungen dahingehend, dass Korporationen als studentische Verbindungen nicht zugelassen würden. Auch dieses Verbot hatte keinen Bestand. Der Bundesgerichtshof entschied 1953, dass die Mensur aufgrund der Einwilligung keine strafbare Körperverletzung und auch nicht sittenwidrig sei;[17] die universitätsinternen juristischen Auseinandersetzungen gingen jedoch weiter. So gab es sie also in Göttingen im Jahre 1957, die Corps und die Burschenschaften sowie einige nicht-schlagende Verbindungen, mit ihren Häusern, „alten Herren", ihren privaten Ritualen und öffentlichen Auftritten, geheimnisumwittert und umstritten! Tradition und Protektion!

Ich wollte wissen, was das ist und ließ mich einladen. Ich nahm an mehreren Gästeabenden und Ausflügen sowohl einer Burschenschaft wie einer nicht-schlagenden Verbindung teil, deren Namen mir entfallen sind. Was war das? Es wurde Bier getrunken und gesungen. Was wurde gesungen? Deutsche Volkslieder und Soldatenlieder: „Oh, Du schöner Westerwald" – „In einem Polenstädtchen" usw. Und je später der Abend wurde, desto mehr wurde gesoffen und desto mehr Witze wurden erzählt, und zwar je später desto obszöner. Das sog. Stiefeltrinken ist mir in Erinnerung geblieben. Ein Glasstiefel mit etwa 5 Liter Bier macht die Runde und der vorletzte Trinker, nicht etwas der letzte muss zahlen – mit der erwünschten Wirkung. Auch die sog. „lütjen Lagen", die ich schon aus Lüchow bzw. aus den Dörfern kannte, bei denen man sehr geschickt ein Glas Bier und darüber ein Glas Schnaps in einer Hand hält, um beides gleichzeitig in den weit offenen Mund fließen zu lassen, bei Gelingen vielfach beklatscht! Von „Studium Generale", das die Korporationen für sich in Anspruch nahmen, habe ich nichts gemerkt, wohl aber von Politik. Bei den Wahlen zum Studentenparlament gab es eine „korporierte Liste", und da ich

---

17 BGHSt 4, 24

wohl als bereits rekrutiert galt, stand ich am Ende des ersten Semesters auf der „korporierten Liste" und wurde – wohl mit meiner Zustimmung – ins Studentenparlament gewählt, um mich sofort der anderen Seite anzuschließen.

Internationaler Studentenbund – Studentische Föderation. Die „andere Seite" war für mich der ISSF, ein lockerer politischer Diskussionsclub, der vor allem ausländische Studentinnen und Studenten aufnahm. Man traf sich einmal in der Woche, um mit Gästen zu diskutieren, Politik, Kultur, Wissenschaft usw. Es gab Alkohol zu trinken, der regelmäßig mit dem zuständigen Referat der Universität als „Säfte und Kekse" abgerechnet wurde. Auch hier wurde ich im zweiten Semester gleich in den Vorstand gewählt. Ich verhielt mich halt aktiv und redete viel. Ich zog in eine Wohngemeinschaft der ISSF-Leute – so etwas gab es eigentlich damals noch nicht –, d. h. sechs kleine Zimmer unterm Dach in der „Roten Straße" unweit vom Rathaus für 35 DM im Monat mit gemeinsamer Küche und Bad, und „sturmfrei", d. h. die Freundinnen konnten bei uns über Nacht bleiben. Dr. Simon, ein „ewiger Student", der sein Studium der Geschichte durch den Briefmarkenhandel finanzierte, drehte den Bolero von Ravel immer so laut auf, dass selbst durch die dünnen Wände nichts zu hören war. Zu unseren Ritualen gehörte das „Alternativ-Programm" im Rathauskeller einmal in der Woche. Die Korporierten hatten einen großen Tisch, tranken und standen auf und sangen etwas. Dann standen wir auf uns sangen ein „Gegenlied", ich weiß aber nicht mehr was. Zu Schlägereien ist es meiner Erinnerung aber nicht gekommen. Das Ganze endete meist vor dem Rathaus am „Gänselieselbrunnen", der geschmückt und bestiegen wurde, und häufig auch in der studentischen Bar „WUZ" in der „Roten Straße", wo man sich ganz gut vertrug.

Einmal nach Mitternacht habe ich 16 Genever getrunken und nach jedem Glas eine Kaffeebohne gekaut, was die Wirkung des Alkohols noch verstärkte. Nun wohnte ich in der „Roten Straße", aber im vierten Stock. Und ich musste die Jüdenstraße überqueren. Ich schlich also an der Wand entlang, es war vielleicht zwei Uhr morgens, und stieß mich an der Ecke Jüdenstraße so ab, dass ich die gegenüberliegende Ecke erreichte. Vor unserem Haus in der „Roten Straße" war ein Eisenrost in den Boden einzementiert, und die Abstände zwischen den Eisenstangen betrugen vielleicht drei Zentimeter. Ich schaffe es, meinen Schlüssel aus der Tasche zu holen, vielleicht sechs Zentimeter lang, ein richtiger „Knochen". Der Schlüssel entgleitet mir aus den Händen, fällt zu Boden und bleibt quer auf dem Rost liegen. Ich schaffe es, ihn aufzuheben, die Tür aufzuschließen und mich die Treppe vier Stockwerke hinauf zu quälen.

München – Am Viktualienmarkt. Ich weiss nicht mehr, warum mein Freund Jürgen und ich am Ende des Wintersemesters 1957/58 beschlossen, nun in München gemeinsam weiter zu studieren. Wir zogen zusammen in ein Zimmer zur Untermiete bei Frau Lastin in die Westenrieder Str. 14 am Viktualien-

90

markt, Wasser und Toilette auf halber Treppe. Frau Lastin wohnte bereits seit 50 Jahren in dieser Wohnung und freue sich über uns als Untermieter, denn die beiden Finninnen, die vor uns in dem Zimmer gewohnt hatten, seien vielleicht gar keine Studentinnen gewesen, sondern Bardamen, wie Frau Lastin meinte, denn sie seien immer erst gegen morgen nach Hause gekommen. Und unten die Marktschänke im Nachbarhaus, morgens um elf Uhr singen und lärmen die Gäste, und die Frauen versuchen, ihre Männer nach Hause zu zerren. Um zwölf sind die italienischen Pfirsiche auf dem Markt billig, denn sie kommen frisch über die Alpen und werden gegen Mittag weich.

Wir fahren in kurzen Hosen mit dem Rad in die Vorlesung, über den Marienplatz und über den Opernplatz – das Nationaltheater ist noch eine Ruine, in der die Birken wachsen – und über den Odeonsplatz, wo es zwar schon das „Anast" gibt, aber auch das Leuchtenbergpalais ist noch eine Ruine, und dann die ganze Ludwigsstraße entlang, an der auch noch die Staatsbibliothek in Trümmern liegt. München im Sommer 1958, – was für ein Gegensatz zu Lüchow und auch zu Göttingen! Ein Hauch des Südens, Italien, die bajuwarische Lebensart! Im Weißen Bräuhaus im „Tal" um die Ecke setzten wir uns an den langen blank gescheuerten Tischen zu den Leuten, viele alte einsame Frauen und Männer, die hier Anschluss finden, auch junge Burschen in Lederhosen, noch keine Ausländer, keine Touristen, alles Bayern und ein paar „Preußen" wie wir.

In Dießen am Ammersee nahmen wir an einem Segelkurs teil und machten den Segelschein. Der Segellehrer ließ und vor Beginn antreten und begründete das angesichts unseres Widerstandes: „Ordnung muss sein. Ohne Ordnung kann man nix gestalten!" In Mittenwald studierte ein Freund Geigenbau, ein geübter Bergsteiger. Er nahm uns mit ins „Karwendel", natürlich angeseilt. Während andere ohne Seil die Felsen einfach hochkletterten, hingen wir im Seil „zwischen Himmel und Erde" und waren stolz und erschöpft, als wir oben ankamen. Im Winter lernte ich richtig Skilaufen; die Schulkurse im Harz in den fünfziger Jahren folgten noch völlig veralteten Methoden. Jetzt aber hieß es „Parallelschwung"! Im Frühling war ich 21 Tage lang auf der „Kaltenberg-Hütte" zum Skilaufen, davon 17 Tage lang eingeschneit, ohne Lift und Seilbahn, versteht sich. Die langen Abende auf der Hütte: Schwatzen, Singen („Bergvagabunden sind wir!") Trinken („Kalterer See!"). Im Nebenzimmer die „Bibliothek" des Alpenvereins mit der ganzen „Bergliteratur"! Ich versuche, trotz des Lärmens in dem Nebenraum Prousts „Recherche" zu lesen; was für ein absurder Gegensatz! Das Nachtlager auf Strohsäcken alle zusammen unterm Dach und an Schlafen ist nicht zu denken, warum auch! Ich schneide mir mit der Stahlkante des Skis die Wade auf, werde geklammert und fahre trotzdem weiter, – in dem Tiefschnee!

Ich spiele im Universitäts-Sinfonie-Orchester unter einem Dirigenten namens Lamy, u. a. Beethoven, Zweite Sinfonie. Plötzlich: „Zweite Geige, letztes Pult, ab Takt 37!" Das bin ich mit meinem Kollegen, o je! Ich spiele auch im Universitäts-Kammer-Orchester, mehr Barock, Bach, Brandenburgische Konzerte und Händel, Concerti Grossi. Wir haben auch eine Jazz-Abteilung, aber mit meiner Geige habe ich da nichts zu suchen. Ich suche mir ein Streichquartett und wir spielen einmal in der Woche. Zur Aufnahme in die Studienstiftung schenken mir meine Eltern 800 DM, damit ich mir eine Geige kaufen kann. Sie sind nun alle finanziellen Sorgen los, was mein Studium betrifft. Ich gehe in die Residenzstraße und traue mich zu dem Geigenbauer Eder. Er fragt mich, wie viel Geld ich denn anlegen wolle. Ich probiere die Geigen aus, die er mir vorlegt, vielleicht fünf oder sechs. Ich wähle eine aus und sage: „Die will ich!" – „Du hast einen guten Geschmack. Das ist eine Guarneri, 16.000 DM." Ich hätte sie auf Kredit kaufen sollen, – denkt man an die heutigen Preise!

Das Kammerorchester macht eine Konzertreise nach Franken, wo sowohl wir wie auch die Jazzmusiker mehrere Konzerte geben. Wir werden privat in Kitzingen untergebracht. Ich wohne bei einer Arztfamilie, die offensichtlich zu den lokalen Honoratioren gehört, eine schöne Villa aus der Zeit der Jahrhundertwende, viele Bücher, viele Schallplatten – so viele Schallplatten habe ich überhaupt noch nie gesehen. Und sie wissen auch Bescheid, über Konzerte und Musiker, über die Schallplattenaufnahmen. Ich staune, ich bin sprachlos, kann überhaupt nicht mitreden. Kitzingen ist doch tiefste Provinz! Nach dem Konzert in Kitzingen gehen wir noch in ein Gasthaus bayerisch essen, und nach dem Essen wollen wir tanzen gehen. Aber in Kitzingen kann man zu der Uhrzeit nicht mehr tanzen gehen und vermutlich vorher auch nicht, nur in die Hilly-Billy-Bar der amerikanischen Soldaten, außerhalb der Stadt auf einem Hügel, aber da kann man nun wirklich nicht hingehen! Wir tun es trotzdem! Hell erleuchtet liegt sie da oben, jede Menge amerikanische „Schlitten" davor. Zwei Soldaten in Uniform mit Maschinenpistolen im Anschlag am Eingang. Wir sind vielleicht 10–12 Studentinnen und Studenten und besetzen eine leere Nische. Die Tanzfläche ist voll, viele Schwarze. Wir haben uns glänzend amüsiert in dieser Nacht, viel getanzt, keine Belästigungen irgendeiner Art, allerdings auch keine Kontakte zu den Soldaten und ihren Mädchen.

Münchener Seminarkulturen. Ein wenig habe ich noch die „alte deutsche Universität" kennengelernt, in der es ein persönliches Verhältnis zwischen Professoren und Studenten gab. *„Privatissime gratis – nur nach persönlicher Anmeldung"* stand dann in der Seminarankündigung. Beim Professor zu Hause, mit Tee und Keksen, mal auch einem Glas Wein. Das habe ich zwar nicht mehr erlebt, wohl aber doch die eine oder andere Einladung des Seminars in das Haus des Professors zum Ende des Seminars. Ganz besonders war z. B. das

Seminar eines Münchener Privatdozenten über mittelalterliche deutsche Verfassungsgeschichte. Der Dozent war Junggeselle und seine Studenten waren sein Leben. Es war ein Insider-Kreis, der offensichtlich jahrelang zusammenblieb. Ich war da nur ein „Reing'schmeckter". Wir machten im Sommer 1959 einen Ausflug an den Wolfgangsee im Salzburger Land. Man sprach eine Art deutschtümelnder Insider-Sprache. So sagten wir nicht „Essen", sondern „Jausen" oder „Atzung" usw. Das war ein Spaß, aber nicht ohne tiefere Bedeutung.

Auch das andere öffentlichrechtliche Seminar, das ich besuchte, wurde von einem Privatdozenten geleitet, von Dr. Peter Lerche, der später einmal den Lehrstuhl von Maunz übernehmen sollte. Hier ging es moderner zu! Lerche wirkte auf mich wie ein liberaler Demokrat, auch aufgrund seines Alters, geb.1928, war er „unbelastet". An mein Referat über ein Grundrechtsthema kann ich mich nicht mehr erinnern, wohl aber daran, dass der älteste Assistent von Maunz, der spätere Bundespräsident Roman Herzog, an dem Seminar teilnahm, und es fertig brachte, während des ganzen Seminars kein einziges Wort zu sagen, während er distanziert auf einem Fenstersturz saß, wohl um auch so seine Seniorität zu betonen! – so jedenfalls mein damaliger Eindruck. Normalerweise gab es im Seminar eine „Hackordnung", d. h. als erster sprach nach dem Referenten der älteste Assistent, dann der zweitälteste usw. und zum Schluss fasste der Professor das Ganze noch einmal kurz und knapp zusammen. Auch Studenten sollen gelegentlich in Seminaren zu Wort gekommen sein.

Konrad Zweigert, Direktor des Max-Planck-Institutes für Internationales Recht in Hamburg und Bundesverfassungsrichter der ersten Generation, lud sein Europarechtsseminar in der Tat am Ende des Semesters zu sich nach Hause ein. Er lebte mit seiner Frau und einer sehr großen Familie weit draußen auf einem Bauernhof mit „Umschwung" und Tieren, überall Bilder und Plastiken, denn Frau Zweigert war Malerin und Bildhauerin, wunderbare Teppiche, eine Wohnkultur, wie ich sie bis dahin noch nicht gesehen hatte, und eine fröhliche entspannte völlig unprofessorale Atmosphäre. Ich war mit einem Freund und Seminarteilnehmer mit dessen Motorroller raus zu dem Bauernhof gefahren. Sollte man zu einer solchen persönlichen Einladung etwas mitbringen? Wir entschieden uns für drei rosa Nelken, die wir im Dorf im Lebensmittelladen kauften. Bei Reingehen – natürlich auf Platt – „Und stellen Sie sich einmal vor, Würstchen von Papptellern, und das wollen feine Leute sein!" – Doch sie waren „feine Leute"!

Studienstiftung des Deutschen Volkes. Ich konnte sofort nach dem Abitur mit dem Studium beginnen, weil meine Eltern in den ersten beiden Semestern mein Studium in Göttingen bezahlten. Die Entscheidung über meine Aufnahme in die Studienstiftung war um ein Jahr verschoben worden. Die ersten zwei Semester Jura in Göttingen waren also die zwei Semester, die auch über meine

Aufnahme in die Studienstiftung entscheiden würden. Ich machte zwar die beiden kleinen Scheine im Strafrecht und im Bürgerlichen Recht, aber für die beiden Hausarbeiten erhielt ich die Note „befriedigend" und für die beiden Klausuren die Note „ausreichend". Aus der Traum mit der Studienstiftung! Ich erlebte viel in diesen ersten beiden Semestern der lang ersehnten „Befreiung" von Elternhaus und Schule, aber Karriere? Ich engagierte mich u. a. im „Internationalen Studentenbund – ISSF" (s. o.), und im Februar 1958 veranstalteten wir eine internationale Studententagung über die im Vorjahr verabschiedeten Europäischen Verträge zur Gründung der Europäischen Wirtschaftsgemeinschaft. Zum Abschluss der Konferenzwoche feierten wir ausgiebig, obwohl ich am nächsten Tage das Gespräch mit dem Professor für Alte Geschichte Alfred Heuß, dem Bruder der Bundespräsidenten, zur Aufnahme in die Studienstiftung hatte. Aber ich hatte sowieso schon aufgegeben. Noch mit schwerem Kopf muss ich ihm wohl etwas von der gerade beendeten Tagung erzählt haben. Am darauf folgenden Tage berichtete mir jedenfalls meine Freundin, dass eben dieser Alfred Heuß bei ihren Eltern zum Abendessen eingeladen gewesen sei und den ganzen Abend von dem Aufnahmegespräch mit einem jungen Jurastudenten geschwärmt habe, Ingo Richter, der dann auch prompt in die Studienstiftung aufgenommen wurde. Ein zweifellos bedeutender älterer Wissenschaftler hatte eine Entscheidung auf zweifelhafter Grundlage gefällt, denn er hatte sich für einen jungen Mann und dessen Engagement für Europa begeistert.

Die Aufnahme in die Studienstiftung bedeutete für meine Eltern und für mich nicht nur die Befreiung von allen finanziellen Sorgen, sondern vor allem empfand ich es als eine Auszeichnung. Dazu die Eröffnung vielfältiger Studien- und Berufschancen und die Begegnung mit vielen interessanten Menschen. Ich habe von der Studienstiftung – beginnend mit dem Sommersemester 1958 in München - insgesamt rd. 10.000 DM erhalten. Das Stipendium betrug 150 DM monatlich. Es entsprach dem allgemeinen Stipendienbetrag des späteren BAföG. Hinzu kamen 50 DM sog. Büchergeld, das alle Studienstiftler bekamen unabhängig vom Einkommen der Eltern, während die Höhe des Stipendiums einkommensabhängig war. Ich bekam angesichts des Einkommens meiner Eltern stets den vollen Satz. Nach Abschluss des Studiums erhielt ich ein einjähriges Doktorandenstipendium in Höhe von 250 DM monatlich für das von mir ausgewählte Studienjahr in Paris. Ich studierte also sorgenfrei. Ohne die Studienstiftung hätte ich mir das studentische Leben in München und danach überhaupt nicht leisten können.

Aber das Geld allein wars nicht. Man war ausgewählt, man wurde betreut, und zwar sowohl von einem Professor vor Ort als auch von einem Mitarbeiter der Studienstiftung. Jedes Semester musste ein Semesterbericht abgeliefert werden. Was schrieb man da hinein? Ich versuchte, den mutmaßlichen Erwartungen zu entsprechen und schrieb nicht nur über mein Studium und meine Ergebnisse, sondern auch über „Kulturelles", was immer mir wichtig erschien. Eine Rückmeldung habe ich nie erhalten. Ein Kommilitone, der später ein bekannter Juraprofessor wurde, schrieb in seinen Bericht: „Ich bin der richtige Studienstiftler, dumm, faul, frech und aufsässig." Passiert ist ihm nichts, soweit ich weiß, und Professor wurde er auch!

Die Studienstiftung hat im vergangenen Jahr aus ihrem Archiv die Materialien ihrer Stipendiaten Horst Mahler, Ulrike Meinhoff und Gudrun Ensslin veröffentlicht, ihre Bewerbungen, die Gutachten und Protokolle über die Aufnahmegespräche sowie auch die soeben erwähnten Semesterberichte. Meinhoff und Ensslin sind lange tot und Mahler ist ein „schräger Vogel", um es milde auszudrücken, der vielleicht keine Schonung verdient, aber er lebt. Ich halte die Veröffentlichung trotzdem für einen Vertrauensbruch und unverantwortlich, denn wir alle haben der Studienstiftung in dieser Beziehung vertraut. Glücklicherweise gibt es keinen Grund, meine Akten zu veröffentlichen.

Die Studienstiftung, eine Stiftung für sog. Hochbegabte, galt als elitär. In München scherten wir uns um die Elitediskussion nicht, freuten uns über das Geld und die entstehenden Freundschaften. Ich war drei Semester lang in der Studienstiftungsgruppe von Dr. Bronsch, einem Tiermediziner. Der Vertrauensdozent war in aller Regel nicht aus der eigenen akademischen Disziplin und das war gut so. Bei den Bronschs ging es zu Hause sehr leger zu, bayrisch fröhlich. Vor allem Frau Bronsch war von einer überwältigenden Herzlichkeit. Man fühlte sich „zu Hause", obwohl mein Zuhause ganz anders war, aber gerade darum! Jeden Donnerstagmittag traf sich die Gruppe mit Dr. Bronsch in einer bayrischen Gaststätte in der Schellingstraße zum Mittagessen. Wir machten am Wochenende Ausflüge in die Bayrischen Alpen oder an die Seen im Münchener Umland, im Winter zum Skilaufen. Mit einigen aus der Gruppe spielte ich regelmäßig Tennis. Natürlich haben wir auch diskutiert, dies und das, wissenschaftlich und politisch, aber es herrschte weder Bildungsdünkel noch Wettbewerbsdruck.

In Hamburg später hatte ich nicht das gleiche Glück. Bei meinem Vertrauensdozenten, Helmut Schelsky, fand überhaupt nichts statt, außer einer „Einladung zu *einem* Brötchen und *einem* Glas Wein" einmal im Semester. Als Schelsky dann nach Münster ging, kam ich zu einem Privatdozenten der Theologie, dessen Name mir entfallen ist. Er und seine Frau waren äußerst bemüht, aber auch schrecklich bemühend. Sie luden die Studienstiftlergruppe häufig zu sich nach Hause ein, aber es herrschte stets eine verkrampfte Atmosphäre der Bildungsbeflissenheit. Zwei Studienstiftler aus der Gruppe hatten geheiratet und eine Hochzeitsreise auf die Krim gemacht, von wo sie für die Gruppe eine (!) Flache Krimsekt mitgebracht hatten. Wir hielten alle etwa eine halbe Stunde lang die mit dem ganz besonders scheußlichen süßen Sekt gefüllten Gläser in der Hand, bevor wir auf das junge Paar anstoßen durften, während unser theologischer Vertrauensdozent über die Ehe im allgemeinen und diese im besonderen sprach. Dann gab es ein Tanzspiel, bei dem ein Student immer einen großen Plastikschwan im Arm halten musste, bevor er ihn gegen eine Dame austauschen konnte. Das sollte lustig sein und den Kontakt fördern und das zu Zeiten von Elvis! Es hat mich alles nicht so richtig interessiert, denn ich lebte im Europa-Kolleg in Othmarschen (s. u. sogleich)

Wirklich gut waren die Studienstiftungsseminare, die einmal im Semester stattfanden, in meiner Münchener Zeit in Tutzing in der Evangelischen Akademie oder in Alpbach in Tirol, in der Hamburger Zeit in der Evangelischen Akademie oder im Haus Rissen. Anspruchsvolle Vorträge aus unterschiedlichen Disziplinen, Wissenschaft und Politik, Deutschland und die Welt, offene Diskussionen. Man wanderte auch zusammen und blieb nächtens lange auf, wobei es auch zu trinken gab, und zwar nicht nur den in Evangelischen Akademien üblichen Malventee.

Das Europa-Kolleg in Hamburg-Othmarschen. Zum Wintersemester 1959 wechselte ich mit meinen Freunden Jürgen und Klaus auf Anregung von Uwe Wesel, mit dem ich in München im Studentenheim am Biederstein gewohnt hatte, nach Hamburg, wo wir ins Europa-Kolleg aufgenommen wurden. Die Universität habe ich in diesen Jahren wenig gesehen, denn ich lebte im Kolleg. Ich lebte dort vom Herbst 1959 bis zum Herbst 1961 und dann noch einmal im Wintersemester 1962/63, also insgesamt 2 ½ Jahre. Ich meine das alte Europakolleg in der Kalckreuthstraße, das Studentenheim, nicht das spätere Doktorandenkolleg am Windmühlenweg. Eigentlich war es ein ganz normales Studentenheim, rd. 120 Einzelzimmer, jedes etwa 11qm groß, ein schlichter heller zweistöckiger Backsteinbau im Karree um einen Innenhof herum, mit einem einstöckigen Verbindungstrakt zum nächsten äußerlich ähnlichen Studentenheim, der sog. Riviera, die für die älteren und arrivierteren Studenten reserviert war. Doch das Europa-Kolleg war etwas ganz Besonderes, ein Biotop, ein Planet, eine Sache ganz eigener Art. Was machte diese Eigenart aus?

Die Hälfte der Studentinnen und Studenten waren Ausländer, und zwar aus der ganzen Welt. Studenten und Studentinnen gab es in gleicher Zahl. Es gab eine studentische Selbstverwaltung mit einem „Präsidenten". Ein studentisches Komitee entschied über die Aufnahme der neuen Studenten. Es gab ein eigenes wissenschaftliches Programm. Es gab eine eigene wissenschaftliche Leitung im Hause und einen Professor als „Oberaufseher". Es gab eine „Hausdame" für die alltägliche Leitung. Das war kein normales studentisches Wohnheim, wie das „Studentenheim am Biederstein", in dem ich in München ein Jahr lang gewohnt hatte, denn der „Geist des Europa-Kollegs" wird durch die genannten Strukturprinzipien keinesfalls hinreichend beschrieben.

Das Kolleg war ein „Kloster" mit reichem Innenleben, abgeschottet von der Außenwelt. Wir waren uns selbst genug! Wir waren alle Individualisten, und was für welche! – unglaubliche Typen! Extrovertierte, die uns alle an ihrem Innenleben teilhaben ließen; Karrieristen, die sich auf Europa vorbereiteten; Spinner, die endlos studierten, die jedenfalls so taten als ob sie studierten; Politisierer, die die Welt verändern wollten; eitle und arrogante Typen, die uns alle blöd fanden; Literaten, die Romane schrieben; Jazz-Musiker, die auswärts spielten; Säufer, die schwadronierten. Drogen gab es noch nicht, jedenfalls sind sie mir dort nicht begegnet; Reiche, die Autos hatten, und Arme, die nichts hatten; Wissenschaftler, die am Beginn wissenschaftlicher Karrieren standen und Praktiker, die nur einen Job wollten. Wir verpflegten uns selber, denn die Mensa war weit. Wir kochten so gut es ging, mal dies, mal das, und manchmal reihum. Das Essen spielte eigentlich keine Rolle. Die „Kulinarik" der heutigen Studenten hatte sich noch nicht entwickelt. Es herrschte sexuelle Freiheit und es wurde von ihr ausgiebig Gebrauch gemacht, auch wenn es die Pille noch nicht gab. Der Friseur am Platz hatte die Kondome offen auf dem Frisiertisch stehen. Im Keller gab es eine Bar, und die Nächte gingen manchmal bis in den Morgen. Man spielte Jazz, Chansons, Big Band – es war noch die Zeit vor den Beatles. Nachts begegnete man im Hörsaal, der zwischen dem Jungens- und dem Mädchentrakt lag, gelegentlich spärlich bekleideten Typen, die ihre Kleider in der Hand trugen und von der „anderen Seite" kamen. Homosexualität gab es meines Wissens nicht, oder sie blieb, wenn es sie gab, im Verborgenen.

War das nun eine „wilde Zeit" und wenn, was für eine? Ja und nein! Es war auch eine sehr seriöse Zeit. Das wissenschaftliche Programm des Kollegs, das ein Pflichtprogramm für alle Kollegiaten war, führte interdisziplinär in die modernen Wissenschaften ein, die mir bisher gänzlich unbekannt geblieben waren, die Psychologie und die Soziologie, die Politologie und die Ökonomie. Ich habe in diesen beiden Jahren unendlich viel gelesen, denn das Kolleg hatte eine vorzügliche eigene Bibliothek, in der Sessel zum Lesen standen. Ich las aus diesen „neuen", für mich neuen, Wissenschaften, Freud und Weber, Simmel und Marx, Werke der Staatstheorie und der Verfassungsgeschichte, Carl Schmitt vor allem, aber auch Smend und Kelsen, und vor allem die großen Romane der Weltliteratur, weniger die neuen deutschen Romane von Grass und Böll, Andersch und Walser, weniger auch die deutsche klassische Philosophie, eher Sartre und Heidegger, und wir diskutierten darüber, manchmal nächtelang. Irgendwie fühlten wir uns als verspätete Existentialisten, Menschen, die vor allem versuchten, sich selbst zu finden und zu verwirklichen. Und dafür bot das Europa-Kolleg wunderbare Gelegenheiten.

Nach Paris – mein Traum. Ich zog nach meinem Ersten Staatsexamen mit meinem Promotionsstipendium der Studienstiftung für ein Jahr nach Paris, denn ich wollte Franzose werden. Ich wohnte in der „Maison de L'Allemagne" in der Cité Universitaire im XIVme, sammelte das Material für meine deutsche Dissertation und besuchte die „Cours de Doctorat" für meinen französischen Doktor. Die Materialsammlung für die deutsche Doktorarbeit war eine einsame Arbeit in der Bibliothek. In den „Cours de Doctorat" lernte ich fast nur Ausländer kennen, die ebenfalls den Docteur de l'Université machen wollten. Ich besuchte Französischkurse in der Alliance Francaise, die natürlich auch nur von Ausländern besucht wurden. In der Maison de l'Allemagne wohnten ausschließlich deutsche und ausländische Studenten. Mein französischer Freund, den ich in München im Studentenheim am Biederstein kennen gelernt hatte, war Soldat in Algerien. Ich war in Paris! – herrlich, mein Wunschtraum! Aber, ich kannte keine Franzosen oder Französinnen, sondern war fremd in einer Fremde, die ich doch so sehr verehrte und liebte! So durchstreifte ich die Stadt, besuchte die herrlichen Parks und Museen, mischte mich unter die Demonstranten. Es war der Höhepunkt des Algerienkrieges (s. u. 2.1.4), saß viel in den Straßencafes, las Zeitungen und Bücher auf Französisch, rauchte Gauloise und trank Rotwein, fühlte mich französisch, obwohl ich in den ersten zwei Monaten viel allein war.

Doch meine Einsamkeit änderte sich bald. Ich meldete mich für eine Skireise nach Val d'Isère an, die die juristische Studentenvertretung organisierte, und das waren nun auf einmal alles französische Jurastudenten und -studentinnen und ich geriet mitten in ein rein französisches Studentenmilieu. Ich wusste eigentlich gar nicht, wie mir geschah, denn nach kurzer Zeit realisierte ich, dass ich in ein ausgesprochen konservativ-rechtes Milieu geraten war, dass sie mich vielleicht gerade als Deutschen „adoptiert" hatten. Im Büro der Studentenvertretung hing ein deutscher Wehrmachtsadler, nicht etwas als Beutestück, sondern als Kultobjekt. Es war eine Clique, deren Eltern gegen De Gaulle eingestellt waren, aber von rechts! Einige Familien stammten aus dem Kohle- und Stahlsektor, den De Gaulle 1945 verstaatlicht hatte. Sie hatten Geld und Landgüter, prächtige Wohnungen im XVIme. Ich war also unfreiwillig in ein mir außerordentlich fremdes, aber faszinierendes Milieu hineingeraten, und ich war sehr neugierig. Nach der Skiwoche trafen wir uns regelmäßig in der Fakultät, im Café oder auch bei ihnen zu Hause. Es gab Partys und Ausflüge in die Umgebung von Paris. Auf den Partys spielte man u. a. das „Metrospiel". Jemand stieg auf einen Stuhl und rief die Namen von Metrostationen aus; dann wechselte man den Partner bzw. die Partnerin. Wenn es sich um eine Endstation handelte, ging das Licht aus. Ein wenig albern, aber ich kannte bald alle Metrostationen.

Es war eigentlich eine unpolitische „Truppe", aber doch fest verwurzelt im rechten politischen Spektrum, und zwar nicht ohne politisches Engagement, natürlich für Algérie Francaise. Man hätte sie für antisemitisch halten müssen, denn der Antisemitismus war und ist in dieser politischen französischen Rechten fest verankert. Dennoch engagierten sich meine Freunde in Israel und organisierten in jedem Sommer eine Reise nach Israel, um vier bis sechs Wochen in einem Kibbuz zu arbeiten. Ich machte mit. Die demonstrative deutsche „Wiedergutmachung" z. B. der „Aktion Sühnezeichen" lag mir zwar nicht, aber etwas Ähnliches bewegte mich schon. Ich meinte jedenfalls, dass dieses Land, das mit viel Geld, mit viel Mut und Kraft an historischer Stätte wiedererstanden war, nicht untergehen dürfe, dass der Kraftakt der Staatsgründung langfristig gesichert werden müsse und dazu wollte ich einen kleinen Beitrag leisten. Das Ganze wurde ein Abenteuer! Die Überfahrt nach drei Tagen in Venedig mit einem verrosteten griechischen „Kahn" sechs Tage und Nächte Deckklasse für 360 DM, in Liegestühlen, die es nur gegen Bestechung gab, ohne Zugang zur Kantine des Personals, geschweige denn zur Messe 1. oder 2. Klasse. Nachts knirschte es im schmalen Kanal von Korinth, aber um 4.00 morgens bei klarer Sonne und schneidendem Wind auf der Akropolis. Nachts fuhren wir und tags konnten wir Städte anschauen. Das war schon ganz schön.

In Haifa holte unsere französische Studentengruppe ein Mitarbeiter unseres Kibbuz ab. Als er meinen deutschen Reisepass sah, sagte er, dass sein Mappam-Kibbuz keine Deutschen nehme. Ein Mädchen gabelte mich auf, als ich so allein da am Hafen rumstand, nahm mich zu einem Kibbuz in der Nähe mit und war am Morgen mit meinem Geld und vor allem mit meinem Adressbuch verschwunden. Zehn Dollar hatte sie mir gelassen. So machte ich mich wie der „wandernde Jude" per Anhalter auf, um auf eigene Faust einen Kibbuz zu suchen. Drei Tage konnte man überall arbeiten und essen, dann musste man wieder gehen. Zu mir gesellte sich ein junger Kölner, der in Israel seine Identität suchte, denn er sah aus wie die Nazi-Karrikatur eines Juden, obwohl er keiner war. So „durchpflügten" wir das kleine Land von Norden nach Süden und zurück, aber keiner wollte uns haben, bis wir nach Kfar Hahoresh kamen, in den Hügeln oberhalb des überwiegend arabischen Nazareth, einem Kibbuz ungarischer Juden, wo ich vier Wochen blieb und für meine Arbeit mit einer Reise nach Ellath am Roten Meer belohnt wurde.

Ich arbeitete in den Baumwollfeldern im Yarkontal, wo wir die Bewässerungsrohre in glühender Hitze verlegen mussten, immer ein kräftiger Sabra und ein schwachbrüstiger Mitteleuropäer zusammen, bis über die Knöchel barfuß im Matsch. Nachdem die Kibbuzim sich an mich gewöhnt hatten, luden sie mich nach dem gemeinsamen Abendessen zu sich in ihre kleinen Wohnungen ein, nachdem die Kinder im Kinderhaus zu Bett gebracht worden waren und fragten mich über Ungarn aus, über ihre Straßen, ihre Synagogen, ihre geliebte „Heimat", die ich noch nie gesehen hatte. Eichmann stand in Jerusalem vor Gericht und ich fand das richtig so, aber darüber sprachen sie nicht, kein Wort über ihre KZ-Vergangenheiten. Besonders mit Chaim Neuman, der eine Bibliothek mit tausenden Büchern verwaltete, hatte ich lange Gespräche über Politik und Geschichte. Aber ich hatte mit den anderen Studenten aus aller Welt auch viel Spaß und dann eine Heimreise von Haifa nicht in der Deckklasse, sondern in richtigen Kabinen nach Marseille. Doch ich musste zurück nach Deutschland. Mein Stipendium war abgelaufen und ich wollte meine Dissertationen beenden. Aus der Traum „Paris"! Ein Freund fragte: „Warum bleibst Du nicht einfach?" Ja, warum bin ich eigentlich nicht geblieben?

2.1.4 „Politisches Interesse groß – politische Beteiligung klein" – Über politische Enthaltsamkeit

Ich bin als Student weder in eine politische Partei eingetreten noch habe ich einer politischen Studentenorganisation angehört. Meine unmittelbaren politischen Erfahrungen waren außerordentlich begrenzt. Nachdem wir im Herbst 1956 eine Klassenreise nach Berlin gemacht hatten, besuchte ich von nun an jedes Jahr einmal Berlin. Studentische Organisationen organisierten diese Reisen. Fahrt und Unterkunft waren umsonst. Die einzige Verpflichtung bestand im Besuch einer rund zweistündigen Veranstaltung im „Ministerium für gesamtdeutsche Angelegenheiten-Außenstelle Berlin", in der sehr sachlich über die Lage Deutschlands und Berlins informiert wurde, selbstverständlich aus westdeutscher Sicht. Im Übrigen hatten wir frei, fuhren mit der S-Bahn nach Ost-Berlin, gingen in Theater und Konzerte in Ost- wie in West-Berlin, „Badewanne", „Eierschale", „Big Apple", auch schon mal ins „Old Eden" – keine Sperrstunde! Sehr politisch war das nicht, aber „profitlich" und es wiederholte sich jedes Jahr.

Zu Beginn des Sommersemesters 1957, in meinem ersten Semester also, veröffentlichten die sog. Göttinger Achtzehn, die 18 deutschen Atomforscher, ihren Aufruf gegen die Atombewaffnung der Bundeswehr und sprachen sich für eine rein friedliche Nutzung der Atomkraft aus. Das war die Elite der deutschen Naturwissenschaft. Wir versammelten uns vor dem Institut für Physik und Carl Friedrich von Weizsäcker sprach. Wer wollte da widersprechen? Auch ich war gegen die Bewaffnung der Bundeswehr mit Atomwaffen, hatte aber dennoch das Gefühl, dass die Souveränität eines Staates den Besitz von Atomwaffen verlangt. Ohne Atomwaffen keine wirkliche Macht! Dass nun gerade die Deutschen keine Atomwaffen haben sollten, wirkte aufgrund der unmittelbaren Vergangenheit zwar plausibel, überzeugend war es politisch aber nicht. Ich wurde kein aktiver Atomgegner!

Am 1. Mai 1957 – zu Beginn meines ersten Semesters in Göttingen – fuhr ich mit meinem Bruder mit dem Fahrrad nach Hannoversch Münden, einer niedersächsischen Kleinstadt an der hessischen Grenze am Zusammenfluss von Werra und Fulda. Die „Mai-Demonstration", die wir rein zufällig sahen, bestand aus vielleicht fünfzig Personen in Sonntagskleidung, Familien mit „Kind und Kegel", die hinter einem schwächlichen Transparent „marschierten", und zwar ohne Musik. Ein jämmerlicher Anblick! – und das sollte die Macht der Arbeiterklasse sein? Na ja, in Hannoversch Münden konnte man vielleicht nichts Anderes erwarten.

Im Sommersemester 1957 sah ich „Nuit et Brouillard", den ersten KZ-Dokumentarfilm über Auschwitz und Bergen-Belsen von Alain Renais, der 1956 herausgekommen war. Obwohl ich meinte, alles über die KZs und die Judenvernichtung zu wissen, erwischte es mich mit aller Gewalt. Obwohl wir schon zur Schulzeit außerhalb des Unterrichts über die Entstehung des National-sozialismus, die Machtergreifung, die nationalsozialistische Herrschaft, die Entfesselung des Zweiten Weltkrieges, die Ermordung der Juden häufig diskutiert hatten, konnte ich mich der „Macht der Bilder" nicht entziehen: Wie war das möglich? In einem kultivierten Land, im Land von Schiller und Kant, Goethe und Hegel? Wie konnte die politische Klasse, die kulturelle Elite, die militärische Führung das zulassen, sich sogar aktiv daran beteiligen? Die Frage ließ sich damals nicht beantworten, und selbst heute bleibt sie letztlich unbeantwortet. Ich lief durch die Sommernacht in dieser friedlichen Studentenstadt, erschreckt und verstört, mit dem festen Vorsatz: Nie wieder!

Mein einziges politisches Erlebnis in Göttingen war eine Diskussion im Studentenparlament. Ich gehörte – als Mitglied des Internationalen Studentenbundes – einer „Fraktion" an, die für die Zwei-Staaten Theorie eintrat, die sich also für die Anerkennung der DDR und gegen die sog. Hallstein-Doktrin aussprach, die die Bundesrepublik verpflichtete, zu allen Staaten die diplomatischen Beziehungen abzubrechen, die die DDR anerkannten. Wir hatten eine Resolution vorbereitet, die das Studentenparlament verabschieden sollte, damit sie dann den Regierungen der „Ostblock-Staaten" zugeleitet werden sollte, insbesondere der polnischen Regierung. Der RCDS (Ring Christlich-Demokratischer Studenten) und die anderen „rechten" Fraktionen waren dagegen, und so diskutierte man bis tief in die Nacht. Wir schreiben das Jahr 1957/58, nicht 1968! Da trifft ein Telegramm des Bundesaußenministers Dr. Heinrich von Brentano ein, sicherlich vom RCDS veranlasst, das die Abstimmung untersagt, vor ihr warnt, um Unterlassung bittet? Ich weiß es nicht mehr genau. Jedenfalls unterbleibt die Verabschiedung „im deutschen Interesse". Über ein sog. Politisches Mandat der Studentenschaft, von dem ich selbstverständlich ausging, wurde noch nicht diskutiert. Ja, hier war ich also ganz nahe dran an der „großen Politik", meinte ich, an der Frage nach der Existenz des deutschen Staates.

Mit dem Wechsel von Göttingen nach München schwand zwar nicht mein Interesse an Politik; doch ich sah noch weniger Ansatzpunkte für ein politisches Engagement. Die beiden deutschen Staaten hatten sich etabliert, auch wenn sie als solche fragwürdig blieben. Das politische System der BRD erwies sich als stabil, auch wenn es noch keinen wirklichen Politikwechsel erlebt hatte. Die „soziale Marktwirtschaft" setzte sich durch. Man diskutierte, aber engagierte sich nicht.

Klaus Kinski rezitiert in der Uni Gedichte von Baudelaire und brüllt Francois Villon heraus, kotzt ihn aus, ein ungewöhnlicher Auftritt, alles auf Deutsch selbstverständlich. Im überfüllten AudiMax gibt es einen Vortrag von Ulrike Meinhof, Mitarbeiterin der neu gegründeten Studentenzeitschrift „Konkret" und aktive Atombewaffnungsgegnerin. Sie ist so engagiert! Ich weiß zwar nicht mehr, was sie gesagt hat, aber ich erinnere, dass sie gefühlvoll ausrief: „Ich werde Euch jederzeit zur Verfügung stehen!" Brausender Applaus und Hohngelächter der jungen Machos im Raum. Beide Schlaglichter geben so etwas von der Stimmung der endfünfziger Jahre wieder. Existenzialistische Gefühle und grundsätzliche Kritik an Staat und Gesellschaft der Bundesrepublik. Alles ist ruhig, aber unter der Oberfläche braut sich etwas zusammen.

Im Europa-Kolleg in Hamburg lebten wir von 1959 bis 1961 politisch wie in einem Kokon, abgehoben und „allwissend" oder sagen wir besserwisserisch. Neben dem bereits geschilderten allgemeinbildenden wissenschaftlichen Programm im Hause gab es regelmäßige politische Diskussionen mit hochrangigen Politikern und Journalisten, Pierre Mendes-France z. B., der allerdings schon nicht mehr Premier Minister war, oder Marion Gräfin Dönhoff, damals noch nicht Chefredakteurin bzw. Herausgeberin, aber doch leitende liberale Mitarbeiterin der „ZEIT" usw. Das Kolleg rief, und sie kamen alle. An politischen Diskussionen und politischen Positionen fehlte es also nicht im Europa-Kolleg, wohl aber an politischer Aktivität.

Einen Versuch des Ausbruchs aus dem „Kokon" des Europa-Kollegs unternahmen wir. Als Gerhard Casper, Horst Harnischfeger und ich, drei politische „Besserwisser", vor dem Ersten Juristischen Staatsexamen standen, meinten wir, auch angesichts der endenden Kanzlerschaft des greisen Kanzlers Adenauer und in Anbetracht des „herannahenden politischen Frühlings" politisch etwas tun zu sollen. Die angestaubte „alte Tante SPD" kam für mich während des Studiums eigentlich überhaupt nicht infrage, aber immerhin gab es da nun diesen forschen Hamburger Innensenator Helmut Schmidt. Und Gerhard kam auf die an sich abwegige Idee, wir drei sollten in die SPD eintreten. Und da er es unter der obersten Ebene sowieso nie machte, meldete er sich im Büro des Senators und bat um ein Gespräch. Drei junge Jurastudenten, die zwölf weitere Aspiraten hinter sich wussten – was gelogen war – wollten ein Gespräch mit dem Senator über den Eintritt in die SPD führen – ganz schön hoch gegriffen!

Der Termin wurde gewährt. Wir durften in den tiefen braunen Clubsesseln im Zimmer des Senators auf ihn warten, nicht etwas auf dem Flur. Vielleicht eine halbe Stunde. Die Tür öffnet sich mit Schwung, der Senator kommt herein, schmeißt sich in den vierten, den freien Sessel, setzt sich nicht etwa an seinen Senatorschreibtisch, greift nach der Zigarettenschachtel, fingert die letzte Zigarette heraus – Zigaretten sollten ihn später berühmt machen – und zielt mit der leeren Schachtel auf den etwa fünf Meter entfernt stehenden Papierkorb, trifft natürlich. Ganz der forsche junge Leutnant der Wehrmacht, als der er geschildert wurde! „So, Ihr wollt in die SPD eintreten. Davon kann ich nur abraten. Ich komme gerade von der Einweihung einer neuen Feuerwache. Diese jungen Feuerwehrmänner, alle ÖTV natürlich! – das ist die Basis meiner Partei. Aus gutem sozialdemokratischem Elternhaus, Falken, mit 17 Jahren in die Partei eingetreten, Kassierer, bei den alten Leuten den letzten Groschen für die Partei eintreiben, jeden Donnerstagabend Ortsverein, am Wochenende Schulung, wir sind eine alte Arbeiterpartei, öffnen uns zwar jetzt für die ganze breite Gesellschaft, aber der Kern steht zu den alten sozialdemokratischen Werten und Traditionen. Ihr seid junge Intellektuelle, die brauchen wir auch, aber nicht unbedingt als junge Mitglieder. Werdet Ihr erst einmal was, und wenn Ihr dann immer noch in die Partei wollt, dann seid Ihr herzlich willkommen!"

Jetzt erst zündete er sich die Zigarette an, nach zwei vergeblichen nervösen Versuchen. Er selber stand nun allerdings nicht für diese sozialdemokratischen Traditionen, hatte erst spät zur Partei gefunden. Hans Bohnenkamp, von dem später noch die Rede sein wird, und der selber alles andere als ein alter Sozialdemokrat war, hatte ihn im britischen Internierungslager für Offiziere 1945 mit dem Argument überzeugt, dass nach dieser nationalen Katastrophe nur noch die Sozialdemokraten „den Karren aus dem Dreck ziehen könnten" und Helmut Schmidt war in die Partei eingetreten, wie in allen Biographien nachzulesen ist. Nach dieser „kalten Dusche" saßen wir drei etwas perplex da, machten noch einige intelligente Bemerkungen, zogen enttäuscht wieder ab, hatten wir doch ein glorioses Willkommen in der Partei erwartet. Nur Horst – später Generalsekretär des Goethe-Instituts – trat in die Partei ein, Gerhard – später Präsident von Stanford University – trat nicht ein, und ich – zunächst einmal – auch nicht.

Im Frühjahr 1961 schrieb ich meine Hausarbeit für das Erste Juristische Staatsexamen (s. o.); im Juni 1961 schrieb ich die Klausuren und bis zum September 1961 bereitete ich mich in Lüchow auf das „Mündliche" vor, das am 21. September stattfinden sollte. So „erwischte" mich der Mauerbau am 13. August 1961 bei der Examensvorbereitung in Lüchow. Man hätte trotz der entgegenstehenden Beteuerungen der Staatsführung der DDR so etwas angesichts der permanenten Flüchtlingsströme ahnen können. Aber vorstellen konnte man sich das nicht, obwohl es sich im Nachhinein als Voraussetzung für die Konsolidierung der beiden deutschen Staaten erwies. Da wir keinen Fernseher hatten, verfolgten wir die Ereignisse atemlos am Radio, fürchteten die atomare Konfrontation, kritisierten die „schlappe" Haltung der West-Alliierten und litten mit der Ohnmacht der Adenauer-Regierung, deren Ende sich abzeichnete. Nur Willy Brandt, der West-Berliner Bürgermeister, machte Eindruck!

Doch ich war in Gedanken bereits in Paris, wohin ich nach bestandenem Examen dann auch aufbrach. Doch ich unternahm noch eine Reise in die DDR, zum 106. Geburtstag meines Großvaters, der in Wurzen in Sachsen lebte. Wir „Wessis" hatten vorher schon einen Bus bestellt, denn Walter Ulbricht hatte sich zum Geburtstag des drittältesten Bürgers der DDR angesagt. Den „Spitzbart" wollten wir doch alle einmal aus der Nähe sehen! Leider starb mein Großvater kurz davor und ich fuhr allein. Ich besuchte Tante und Onkel in Leipzig, was ich trostlos fand. Ich wohnte bei meiner Patentante in Wurzen und hatte eine Einreise- und Aufenthaltsgenehmigung für eine Woche. Kaum war ich da, sagte sich der Oberstaatsanwalt aus der Kreisstadt Oschatz an, um mich bei meiner Tante aufzusuchen. Die Aufregung war riesig. Der Oberstaatsanwalt aus der Kreisstadt besuchte einen Jurastudenten aus Hamburg. Er kam mit Fahrer im „Wartburg"; der Fahrer – vermutlich von der Stasi – kam mit rein und nahm an dem Gespräch teil, sagte aber kein Wort. Meine Tante verließ den Raum. Das Gespräch drehte sich um die BRD und die DDR – wenige Monate nach dem Mauerbau. Der Oberstaatsanwalt fragte mich aus. Ich hielt mit meiner Kritik an der Adenauer'schen Politik nicht zurück, kritisierte aber auch die Politik der DDR und den Mauerbau. Nach zwei Stunden endete das Gespräch in freundlicher Atmosphäre. Der Oberstaatsanwalt und sein Fahrer verabschiedeten sich. Ich hörte nie wieder von ihnen und wurde auch nicht für die „Stasi" rekrutiert.

Ähnlich „ergebnislos" verlief übrigens auch zwei Jahre später ein Versuch der CIA, mich zu rekrutieren. Ich war gerade Sekretär des Deutschen Ausschusses für das Erziehungs- und Bildungswesen in Bonn geworden (s. u. Teil II 1.1.1), als ich im Sommer 1963 einer Einladung der amerikanischen Botschaft zu Ihrem Jahresempfang am 4. Juli in den „Königshof" folgte. Ein harmloser Cocktailempfang mit Blick auf den Rhein. Zwei Herren im grauen Anzug, Karikaturen des Geheimdienstes, verwickelten mich in ein Gespräch, fragten mich nach meinem Job und meiner Karriere aus, luden mich dann zu einer sechswöchigen Vortragsreise durch amerikanische Universitäten ein, Flug und Hotels, alles bezahlt! Über Vortragsthemen und Reiserouten wurde nicht gesprochen. Ich hörte nie wieder von ihnen. Von ihren Visitenkarten habe ich keinen Gebrauch gemacht.

Mein Jahr in Paris war das Jahr des Höhepunktes und des Endes des Algerienkrieges. Algerien war für die Franzosen, insbesondere die sog. Pieds Noirs, die Algerienfranzosen, anders als Tunesien und Marokko keine Kolonie, kein Protektorat, sondern Teil des Mutterlandes. Für die Algerier, die Araber und Berber, war es besetztes Land. Der unlösbare Konflikt zwischen der autochthonen und der zugewanderten Bevölkerung hat in unzähligen Biographien und Romanen Ausdruck gefunden.[18] Nur ein starker Präsident von rechts, General De Gaulle, schien in der Lage zu sein, ihn zu lösen, und wäre doch fast daran gescheitert. Eine Lösung im Wege der Volksabstimmung wurde verhindert. Das französische Militär in Algerien putschte und stand bereit für eine Landung in Paris. Während der Verhandlungen zwischen der französischen Regierung und der Nationalen Befreiungsfront FLN, die in Evian les Bains von Mai 1961 bis März 1962 geführt wurden, versuchten die Gegner De Gaulles, die FLN und die OAS, den Algerienkrieg ins Mutterland zu tragen, indem sie fast täglich in Paris Attentate verübten und ihre Anhänger zu Demonstrationen aufriefen. Ein täglicher Schauplatz dieser Demonstrationen war die Rue St. Jaques, die von der Faculté de Droit runter bis zur Seine führt. Ich wurde also wochen- vielleicht monatelang fast täglich Augenzeuge dieser Demonstrationen.

Ich komme aus der Fakultät heraus, schaue nach rechts und sehe in der Rue St. Jacques hunderte sich gegenüberstehender Demonstranten, die entweder „Paix en Algérie" (2 mal lang – 3 mal kurz) oder „Algérie Francaise" (3 mal kurz – 2 mal lang) skandieren. Die Polizeisirenen zeigen die von unten hochkommenden Polizeilastwagen an; die Seitenstraßen sind abgeriegelt; die Schaufensterläden gehen mit großem Krach runter; die Polizei lädt einfach alle Leute von der Straße in ihre Lastwagen und fährt sie weg. Es handelt sich nicht um die Gendarmerie, sondern um die Corps Republicain de Securite (CRS), die für ihre Brutalität bekannt sind. Nun heißt es aber, schnell nach links wegrennen, Richtung Rue Soufflot, und dann möglichst rechts runter zur Metro Luxembourg. Es gelingt mir stets zu entkommen, zumal es aus der Fakultät heraus auch noch den oberen Ausgang zum Pantheon gibt. Ich bin ja unbeteiligt. Ich bin zwar für den Frieden in Algerien und die Unabhängigkeit des Landes, aber ich reihe mich als Ausländer lieber nicht in die Demonst-

---

18   Vor allem Albert Camus, L'Etranger, 1942, und jetzt die Darstellung der „Gegenseite" Karmel Daoud, Mersault – contre-enquete, 2013

rantengruppen ein, sondern suche lieber das Weite. In den Cours de Doctorat bin ich sowieso fast ausschließlich mit anderen Ausländern zusammen, für die es Extrakurse gibt, z. B. bei dem berühmten Politikwissenschaftler Maurice Duverger, der im weinroten Jackett unterrichtet und nicht in der schwarzen Robe mit Hermelinbesatz wie die Juristen, der auch für „Le Monde" schreibt und natürlich auch gegen den Algerienkrieg ist und für den Friedensvertrag. Als es einmal während seiner Vorlesung draußen einen riesigen Krach gibt, sagt er lässig: „Ce doit etre chez moi!", denn er lebt nicht weit von der Fakultät. So war es denn auch. Am nächsten Tag steht in der Zeitung, dass die OAS seine Wohnung bombardiert hatte, so wie sie kurz zuvor versucht hatte, den Kulturminister De Gaulles, Andre Malraux, zu ermorden.

Ich habe aber auch – wie bereits beschrieben – die andere Seite kennengelernt, die Gegner De Gaulles von rechts, meine französischen Studentenfreunde und -freundinnen, mit denen ich zum Skilaufen war und später nach Israel fuhr (s. o. 2.1.3) Meine beiden französischen Ur-Freunde waren Soldaten im Algerienkrieg. Jean aus dem Studentenheim am Biederstein in München habe ich im Sommer 1960 in der Touraine in der Kaserne besucht. Er war inzwischen Capitaine und bildete rund 30 Soldaten für den Einsatz in Algerien aus. Ich war verblüfft, dass aus dem ruhigen, klugen, etwas provinziellen Studienfreund ein schneidiger Hauptmann geworden war, der seine Truppe zu befehligen wusste. Ebenso verblüfft war ich, dass sich die Truppe den Spaß erlaubt hatte, mich im „Militärbordell" unterzubringen, ohne Folgen allerdings, weil wir viel zu viel gegessen und vor allem getrunken hatten, so dass ich die Vorkommnisse kaum richtig wahrnehmen konnte.

Jean kämpfte in meiner Pariszeit in Algerien selber, und zwar in Oran, der Hochburg der Putschisten, so dass ich ihn nicht zu Gesicht bekam. Als die französischen Truppen abgezogen wurden, war ich schon wieder fort. Später erzählte sein Freund Philippe, dass er im Militär keine Karriere gemacht hatte, weil er gegen den Krieg war. Er hatte vielmehr 1962 allein einen Posten in einem Dorf in der algerischen Sahara, wo er Kommandant, Mediziner, Lehrer und Landwirtschaftsexperte sein musste. Als er mit dem Truppenabzug ging, stand in „seiner" Schule mit Kreide an der Tafel: „Où est notre Maître?" In dieser bürgerkriegsähnlichen Situation habe ich meine deutsche Doktorarbeit über „Faute de Service" geschrieben, die „Cours de Doctorat" besucht und etwas über Frankreich und französische Politik und Geschichte gelernt, über die „Grande Nation."

Nach meiner Rückkehr aus Paris ins Europa-Kolleg habe ich mich ganz und gar meiner Doktorarbeit gewidmet, unterbrochen allerdings durch ein weltpolitisches Ereignis größter Tragweite, die Kuba-Krise. Vierzehn Tage lang stand die Welt am Abgrund eines atomaren Krieges. Vierzehn Tage lang

saßen wir jeden Tag vor dem Fernseher im Europa-Kolleg. Demonstrationen gab es meiner Erinnerung nach nicht. Am 28.10.1962 wurde jedoch im
Zuge der „Spiegel-Affaire" Rudolf Augstein verhaftet. Nachdem die Nachricht durch die Medien verbreitet worden war, zogen einige Studenten aus
dem Europa-Kolleg vor das Untersuchungsgefängnis an der Drehbahn, wo
wir auf eine größere Menge von Demonstranten stießen. Wir waren gegen
den „Adenauerstaat" und sahen in den Aktionen gegen den „Spiegel", die
einige Tage zuvor begonnen hatten, einen von Bundesverteidigungsminister
Franz Josef Strauß inszenierten „Staatsstreich", durch den die Presse und insbesondere der notorische Straußkritiker Augstein mundtot gemacht werden
sollte. Es war meine erste Demonstration und zugleich meine letzte. Ich war
kein „Demonstrant". Vor dem Untersuchungsgefängnis, in dem Augstein saß,
passierte übrigens gar nichts, weil es eine Spontandemonstration war, keine
Reden, keine Polizei, keine Gewalt, nichts als eine Art protestierender Präsenz
einer Gruppe von vielleicht 150 jungen Menschen. Die Gleichzeitigkeit der
Ereignisse wird mir erst heute klar. Während die Kuba-Krise den Weltfrie-
den bedrohte und durch politische und militärische Entschlossenheit beendet wurde, leistete sich die Bundesrepublik einen „Mini-Staatsstreich", der
aufgrund einer rechtsstaatlichen Gerichtsbarkeit zunächst mit einem Sieg der
Pressefreiheit endete.[19]

2.2 Die Lust zum Gesetz – Über das Erlernen des juristischen Handwerks

> Wohl dem der nicht wandelt im Rat der Gottlosen noch tritt auf den Weg der Sünder
> noch sitzt, da die Spötter sitzen,sondern hat Lust zum Gesetz des Herrn und redet
> von seinem Gesetz Tag und Nacht.
> ∟ Psalm 1 Vers 1 und 2 in der Lutherübersetzung

Ja, zu Beginn meines Studiums hatte ich große „Lust zum Gesetz" und ich
redete in der Tat vom Gesetz Tag und Nacht. Ich wollte Wissen, und zwar
rechtswissenschaftliches Wissen erwerben. Mir ging es um Herrschaftswissen, denn Herrschaftswissen vermittelte Macht, und Herrschaftswissen, das
war in den fünfziger Jahren die Kenntnis des Rechts. Die Politik- und die
Verwaltungswissenschaft waren noch weitgehend unbekannt, und die Sozio-

---

19 Fünf Jahre später entschied freilich das Bundesverfassungsgericht mit Stimmengleichheit, dass
ein verfassungswidriger Eingriff in die Pressefreiheit nicht vorgelegen habe, BVerfGE 20, 162.

logie und die Ökonomie hatten ihren Siegeszug noch nicht angetreten. Die von den westlichen Besatzungsmächten geschaffene junge westdeutsche Bundesrepublik konnte nach Nationalsozialismus und Kriegs- und Nachkriegselend nur ein Rechts- und Sozialstaat sein, und sie sollte eine Demokratie werden. Konstituiert werden konnte dieser Staat nur durch das Gesetz, sodass die Rechtswissenschaft zu Recht die Herrschaftswissenschaft dieses Staates werden würde und ich hatte Lust, in diesem Staat Herrschaftswissen zu erwerben, und deshalb beschäftigte mich das Gesetz Tag und Nacht. Aber was war das, „das Gesetz"?

„Das Gesetz", das war der „Schönfelder", d. h. eine Art „Backstein", „Deutsche Gesetze" aus dem C.H. Beck Verlag, leuchtend rot eingebunden und 1–2 Kilo schwer; später kam dann noch der „Sartorius" dazu „Verfassungs- und Verwaltungsgesetze". Daran konnte man jeden Jurastudenten erkennen! Da stand alles drin! Aber nicht wirklich, wie ich bald erfahren sollte.

„Vor dem Gesetz" heißt eine kleine Erzählung von Franz Kafka, die ich schon in der Schule gelesen hatte. Ein Mann vom Lande kommt jeden Tag zu einem Türhüter und verlangt „Eintritt in das Gesetz"; doch der Türhüter verweigert ihm den Eintritt und vertröstet ihn auf später, und er weist darauf hin, dass er nur der unterste Türhüter sei, dass von Saal zu Saal immer mächtigere und fürchterlichere Türhüter stünden. Doch der Mann vom Lande kommt jeden Tag wieder und verlangt „Eintritt in das Gesetz", immer wieder vergeblich, Tage und Jahre, bis er alt und schwach wird. Da fragt er den Türhüter:

Alle streben doch nach dem Gesetz. Wieso kommt es, dass in den vielen Jahren niemand außer mir Einlass verlangt hat?" – „Hier konnte sonst niemand Einlass erhalten, denn dieser Eingang war nur für Dich bestimmt. Ich gehe jetzt und schließe ihn.[20]

Ich habe das objektive Recht und die subjektiven Rechte der Bürger studiert (s. o. 2.1.1.); aber vom „Rechtsgefühl", von den Einstellungen und Erfahrungen der Bürgerinnen und Bürger zum Recht bzw. mit dem Recht habe ich im Studium nichts erfahren, sondern allenfalls aus der „schönen Literatur" etwas gelernt, z. B. bei Goethe und Schiller, bei Kleist und Kafka. Dennoch habe ich mich mit großer Begeisterung in das Erlernen des juristischen Handwerks gestürzt, denn ich hatte „Lust zum Gesetz".

20 Franz Kafka, Sämtliche Erzählungen, 1963, S. 148 f.

2.2.1 Das Leben als Klausurfall

Das verirrte Huhn. Schon im ersten Semester lernte ich den Unterschied zwischen Diebstahl und Unterschlagung kennen, zwischen § 242 und § 246 StGB. Da geht es um den Begriff „fremde bewegliche Sache" und um „Zueignung"; doch der entscheidende Unterschied ist mit dem der Begriff der „Wegnahme" verbunden. Darauf kommt es bei der Falllösung an. Ein Huhn befindet sich im Weichbild eines Bauernhofes, und ein vorbeikommender Wanderer schnappt sich das Huhn, steckt es in seinen Rucksack und geht davon. Ist das Huhn eine „fremde bewegliche Sache"? Zunächst einmal: Das Huhn als Sache! Nach § 90 BGB sind Sachen „körperliche Gegenstände". Aber, kommt es im Strafrecht überhaupt darauf an, was das BGB zum Begriff der Sache sagt? Ja, so lernt man dann, der Begriff „Sache" im Strafrecht richtet sich nach der Definition des BGB. Das hilft aber auch nicht so richtig weiter, denn: Ist ein Tier ein Gegenstand? Tierschützer reagieren empört: Wie kann man ein Lebewesen als Sache, als Gegenstand behandeln! Heute ist das einfach, denn der Gesetzgeber hat dem § 90 BGB einen § 90a hinzugefügt, der ausdrücklich sagt, dass Tiere keine Gegenstände sind, dass sie das Gesetz aber als solche behandelt. Wie rücksichtsvoll vom Gesetzgeber! Damals musste man in einen Kommentar zum BGB gucken, in dem dann stand, dass auch Tiere Sachen im Sinne von § 90 BGB sind oder man konnte auch die Lyrik zu Hilfe nehmen, denn Heinrich Crome hat im Jahre 1905 das ganze BGB in Verse gegossen, und da heißt es bei § 90:

Sachen im Gesetzessinn sind der Körperwelt Gestalten.
Auch die Tiere sind darin, nie der Mensch enthalten.
Mensch ist immer Rechtssubjekt,
Sklaverei hinweggefegt!

Die literarische Qualität des Bürgerlichen Gesetzbuches in Versen kann man vielleicht bezweifeln, aber nützlich ist es allemal. Zwei wichtige Dinge haben wir nun schon bei der Auslegung und Anwendung des ersten Begriffes gelernt, nämlich 1. dass sich die verschiedenen Gesetze ergänzen können und 2. dass es zwischen Recht und Leben einen Unterschied gibt, dass die Juristen gar nicht sagen wollen, dass Tiere Sachen sind, sondern dass sie nur die Gesetze, die für Sachen gelten, auch auf die Tiere anwenden. Befriedigen wird das die Tierschützer nicht, denn die Juristen wenden weiterhin die Vorschriften, die für Gegenstände gelten, auf Tiere an und machen sie damit zum bloßen Objekt der Menschen. Aber, das ist nun wirklich nicht unser Problem bei der Abgrenzung von § 242 und § 246 StGB.

Der folgende Begriff ist sehr einfach anzuwenden, denn Hühner sind beweglich, sogar sehr beweglich. Und dann „fremd"? Na klar, denn der Wanderer kannte das Huhn ja nicht. Aber das ist natürlich nicht gemeint, sondern es geht um die Frage, wem das Huhn gehört. Na ja, dem zufällig vorbeikommenden Wanderer doch sicherlich nicht, sondern vermutlich dem Bauern, dem der nahe Bauernhof gehört. Also handelt es sich bei dem Huhn um eine „fremde bewegliche Sache". Die erste Hürde ist geschafft!

Auch mit der Zueignungsabsicht haben wir keine großen Probleme. „Zueignung"? Nun ja, der Wanderer hat sich das Huhn einfach geschnappt, wozu eine gewisse Geschicklichkeit gehört, es in seinen Rucksack gesteckt und ist weitergegangen. Vermutlich wird das lebende Huhn im Rucksack ziemlich gezappelt haben, aber darauf kommt es gar nicht an. Es kommt auch nicht darauf an, was der Wanderer mit dem Huhn machen wollte, es kochen oder braten? Vielleicht verkaufen? Wir wissen es nicht und es ist auch egal, denn es ist ganz eindeutig, dass der Wanderer das Huhn für sich haben wollte, denn er ist nicht etwa zu dem Bauernhof gegangen, um zu fragen, ob dort vielleicht ein Huhn vermisst würde, sondern er ist weitergegangen. Daraus kann man schließen, dass der Mann schon in dem Moment, in dem er das Huhn schnappte, die Absicht hatte, es sich zuzueignen.

Aber hat er es „weggenommen"? Na klar, denkt man, „weggenommen", was denn sonst? Der Laie ahnt gar nicht, dass hier das eigentliche Problem liegt. Und um das Problem offenkundig zu machen, bildet der Jurist jetzt Alternativfälle: Wenn der Wanderer sich in den Hühnerstall geschlichen hätte und sich dort ein Huhn gegriffen hätte, ganz klar: Wegnahme, d. h. Diebstahl nach § 242 StGB. Wenn er aber irgendwo im tiefen Wald weit von dem Bauernhof ein Huhn getroffen hätte, das sich verirrt hat, und wenn er dieses Huhn in seinen Rucksack gesteckt hätte, hat er es nicht „weggenommen", sondern das arme Tier gerettet, also ganz klar: § 246 StGB Unterschlagung.

Aber nun handelt es sich in unserem Fall um ein Huhn, das sich im „Weichbild" eines Bauernhofes befindet, also weder im Stall noch im Wald, sondern irgendwie in der Nähe des Bauernhofes. Was heißt überhaupt „Weichbild"? Also wenn ein Mensch ein solches Tier, vielmehr eine solche „fremde bewegliche Sache", die sich im „Weichbild" eines Bauernhofes befindet, in seinen Rucksack steckt und nicht zum Bauernhof zurückbringt, sondern weitergeht, also dann beginnt die Rechtswissenschaft: „Wegnahme"? Befand sich das Huhn noch im Besitz des Bauern? Hatte er noch die Sachherrschaft über das Huhn? Dann Diebstahl! Oder war das Huhn bereits besitzlos, d. h. irgendwie verloren? Dann vielleicht Fundunterschlagung! Ja, wie soll man das entscheiden?

Nun ja, vielleicht kommt es darauf an, ob das Huhn sich wirklich verirrt hatte oder ob es noch von allein zum Bauernhof zurückgefunden hätte. Dabei spielt als objektives Kriterium natürlich die Entfernung vom Bauernhof eine Rolle. Aber, es sollte auch auf ein subjektives Element ankommen – falls man bei einem Huhn von Subjektivität überhaupt sprechen kann, was die Tierschützer sicherlich bejahen würden. Ja, darauf kommt es an, auf das subjektive Element: Hatte das Huhn noch den „animus revertendi"? d. h. wollte und konnte es noch „nach Hause" zurückfinden? Wenn ja, dann § 242 StGB, Diebstahl, wenn nein, dann § 246 StGB Unterschlagung. Das also war nun die Rechtswissenschaft! Wie aber können Juristen den „animus revertendi" feststellen? Eine Beweiserhebung ist nicht mehr möglich und überhaupt bei Hühnern schwierig. Es würde sich wohl ein Sachverständigengutachten eines Tierpsychologen empfehlen. Aber, Beweisfragen lassen sich in Falllösungen nicht unterbringen. So enden juristische Fälle häufig: Es kommt darauf an! Nun gut: Ich hatte etwas gelernt und erzählte den Fall und seine Lösung meinen Eltern und Freunden, die nur staunen konnten, ob soviel Wissenschaft! – und ich war irgendwie auch stolz.

Ich saß andererseits aber durchaus auch auf der „Bank der Spötter", denn ich dachte mir, dass der Typ, wenn er geschnappt würde, ja nun irgendwie sowieso in den Knast kommen oder mit Geldstrafe bestraft werden würde, ob nun nach § 242 oder nach § 246 StGB, denn auf die Strafe käme es doch eigentlich an, oder? Nein, nein wurde ich belehrt: Nulla poena sine lege! Die Strafe muss gesetzlich bestimmt sein, und deshalb ist es durchaus wichtig, ob man wegen Diebstahl oder Unterschlagung bestraft wird. Und dann ist da auch noch der unterschiedliche Strafrahmen: Bis zu fünf Jahren Gefängnis beim Diebstahl und bis zu drei Jahren Gefängnis bei der Unterschlagung. Ist ja klar: Wenn du eine Sache sowieso schon hast, ist es nicht so schlimm, wenn du sie dir aneignest, als wenn du sie einem anderen wegnimmst, denn das erfordert eine höhere kriminelle Energie – und die ist böse! Nur das arme Huhn bzw. der Bauer, weiss nichts davon. Das Huhn landet sowieso im Kochtopf oder in der Pfanne. Ich aber, ich hatte etwas gelernt, und zwar über die Juristerei und das Leben.

Schokolade für den Freund. Im ersten Semester nicht nur Strafrecht, sondern auch „BGB – Allgemeiner Teil", diese Abstraktion der Abstraktionen! Jura gilt als „trocken", und der „Allgemeine Teil" ist nun wirklich das Trockenste vom Trockenen, aber bei Wolfgang Siebert in Göttingen viermal in der Woche morgens um 8.00: Einfach ein Vergnügen, obwohl Siebert keine Witzchen machte, wie so mancher andere. Das hatte er überhaupt nicht nötig, seine „Sachlichkeit" war amüsant und spannend.

Ich liebte z. B. § 164 Abs. 2 BGB:

Tritt der Wille, im fremden Namen zu handeln, nicht erkennbar hervor, so kommt der Mangel des Willens, im eigenen Namen zu handeln, nicht in Betracht.

Schon im ersten Semester konnte ich diesen Paragraphen auswendig und ich liebte es, ihn – vor Nicht-Juristen versteht sich – zu zitieren, und ich kann ihn heute noch „im Schlaf" zitieren. Mit Siebert war das ganz einfach: Du gehst in einen Laden, um für deinen Freund etwas zu kaufen, sagen wir, eine Tafel Schokolade. Du sagst der Verkäuferin natürlich nicht: „Ich möchte für meinen Freund eine Tafel Schokolade kaufen", sondern du nimmst sie dir einfach aus dem Regal und bezahlst sie an der Kasse. Auch vor der „Erfindung" der Selbstbedienung sagte man der Verkäuferin nicht, für wen man eine Tafel Schokolade kaufen wollte. Und man bezahlt einfach, und zwar egal, ob der Freund dir Geld dafür gegeben hat oder nicht. So, nun will der Freund die Schokolade aber nicht haben, vielleicht, weil er sich etwas Anderes vorgestellt hatte, vielleicht eine andere Art von Schokolade oder eine andere Verpackung. Er zahlt nicht bzw. verlangt sein Geld zurück, wenn er schon bezahlt hatte. Du gehst also in den Laden zurück und sagst zu der Verkäuferin: „Mein Freund, für den ich die Schokolade kaufen sollte, will sie nicht haben. Hier ist sie. Ich hätte gerne das Geld zurück." Da sagt die Verkäuferin: „§ 164 Abs. 2 BGB: *„Tritt der Wille ..."* *Mir ist es doch egal, ob Du die Schokolade für Dich oder für Deinen Freund gekauft hast. Macht Ihr das untereinander aus. Ich mache die Kasse nicht wieder auf. Ich konnte das ja nicht ahnen, dass die Schokolade nicht für Dich, sondern für Deinen Freund war, und im Übrigen § 164 Abs.2 BGB".* Denn sie war eine juristisch gebildete Verkäuferin. Der Wille, im Namen des Freundes zu handeln, war in der Tat nicht erkennbar hervorgetreten. Deshalb kommt es nicht darauf an, ob ich im eigenen Namen handeln wollte oder nicht. Ich musste zahlen, und dabei blieb es auch. Da habe ich eben notgedrungen die Schokolade auf eigene Rechnung selber gegessen.

Einfach genial, diese doppelte Verneinung, aber nicht unkompliziert für schlichte Gemüter. Könnte man nicht einfach ins Gesetz schreiben: „Wer Schokolade kauft und bezahlt, muss sie selber essen"? Nein, nein wir befinden uns im Recht der Willenserklärungen und das Gesetz will durchaus eine Stellvertretung zulassen und das muss abstrakt ausgedrückt werden. Man kann nicht alle Verträge selber abschließen, sondern Verträge müssen auch im Wege der Stellvertretung gültig zustande kommen können, z. B. wenn die Eltern für ihre Kinder handeln usw. und so kam Siebert von einem Fall zum anderen, aber natürlich alles schön systematisch nach a), aa) und klein c! und nicht wild durcheinander, denn: Fasolt im „Rheingold" von Richard Wagner, Zweite Szene, zu Wotan, der Vertragbruch wittert: *„Lichtsohn, du, leicht gefügter! Hör' und hüte dich: Verträgen halte Treu'! Was du bist, bist du nur durch Verträge."* Ich konnte damals im ersten Semester noch nicht ahnen, dass in der Tat das Vertragsrecht der Inbegriff des Bürgerlichen Rechts, ja die Krone des Rechts überhaupt war und ist.

In der geschäftlichen Wirklichkeit hätte sich die Szene vermutlich ganz anders abgespielt: Als ich mit der Schokolade zurückkomme und mein Anliegen vortrage, sagt die nicht bockige Verkäuferin: *„Zeig mal her, ist sie noch in Ordnung? Ja, o.k., wenn Du willst.“* Sie nimmt die Schokolade, macht die Kasse auf, gibt mir das Geld zurück und macht eine Rückbuchung. Aber dann hätten wir § 164 Abs. 2 BGB gar nicht kennen gelernt, dafür aber § 346 BGB, das Rücktrittsrecht, der aber nicht annähernd so spannend ist wie § 164 Abs. 2. Wichtig ist nur: Es gibt immer eine Lösung. Der Richter – als Student ist man Richter – kann nicht sagen: „Ich weiß es nicht“, sondern er muss entscheiden. Auch das habe ich also in meinem ersten Semester schon gelernt: Du musst entscheiden! Es gibt immer eine Lösung!

Die Ziege auf dem Felsen. Nun fehlt nur noch das Öffentliche Recht, das später mein Fach werden sollte. „Die Ziege auf dem Felsen“ – Theodor Maunz (s. o. 2.1.2) war bekannt für diesen polizeirechtlichen Fall. Also, eine Ziege steht auf einem Felsvorsprung oberhalb einer viel befahrenen Autostraße. Die Ziege scharrt mit den Hufen, und es lösen sich Steine, die auf die Straße fallen und den Autoverkehr gefährden. Die Polizei wird herbeigerufen und sieht die Ziege dort oben auf dem Felsvorsprung. Nach § 14, der berühmten sog. Generalklausel des Preußischen Polizeiverwaltungsgesetzes von 1931, der „Mutter“ aller Polizeigesetze, das man selbst in Bayern kennen musste, liegt eine konkrete Gefahr für die Öffentliche Sicherheit und Ordnung vor, die die Polizei zum Eingreifen berechtigt. Ja, aber wie? Soll sie den Eigentümer der Ziege ausfindig machen und ihn dazu veranlassen, die Ziege von dem Felsvorsprung zu entfernen? Das kann eventuell Stunden dauern! Der „gesunde Menschenverstand“ würde meinen, dass die Polizisten da selber hochklettern müssen, um die Ziege zu verjagen. Auch wenn sie sich selber gefährden? Und durch weiteren Steinschlag vielleicht weitere Autofahrer gefährden? Dann müssten sie zunächst die Straße absperren. Vielleicht sollte man die Ziege einfach abschießen, aber auch das ist nicht ungefährlich! Oder einen Hubschrauber rufen, damit die Besatzung die Ziege einfängt?

Der Jurist geht da natürlich ganz anders ran: Wer ist der Störer? fragt der Jurist als erstes. Denn die polizeiliche Maßnahme muss sich gegen den sog. Störer richten, den Störer der „öffentlichen Sicherheit und Ordnung“. Störer ist eigentlich doch die Ziege. Aber an die Ziege kann die Polizei keine Polizeiverfügung richten. Also doch an den Eigentümer. Aber ist der Eigentümer der Ziege überhaupt „Störer“? Aktiv ist er an dem Geschehen gar nicht beteiligt. Muss er sich das Verhalten seiner Ziege zurechnen lassen, so wie Tierhalter nach § 833 BGB für das Verhalten ihrer Tiere haften müssen? Gar nicht so einfach. Vielleicht ist der Eigentümer nämlich „Nicht-Störer“, und an Nicht-

Störer darf die Polizei nur unter besonderen, erschwerten Voraussetzungen ihre Maßnahmen richten, z. B. bei „Gefahr im Verzug".

Was für eine herrliche Kurzformel! „Nicht-Störer"? Wir alle sind „Nicht-Störer", wenn irgend jemand Anders stört. Eine geniale juristische Erfindung! Wenn die Polizei die Gefahr selber beseitigen kann, darf sie aber nicht gegen Nicht-Störer vorgehen. Also kommt es gar nicht darauf an, ob der Eigentümer Störer oder Nicht-Störer ist. Ist der Eigentümer nämlich Störer, so müsste sich die Polizei an sich zunächst an ihn wenden. Wenn aber „Gefahr im Verzug" ist, kann und muss sie selber handeln. Ist er dagegen Nicht-Störer, so darf sie gar nicht gegen ihn vorgehen, wenn sie selber handeln kann. In bergigen Gegenden ist es der Polizei grundsätzlich auch zumutbar, auf Felsen zu klettern, auf die Ziegen klettern. Der Eigentümer der Ziege muss aber möglicherweise den Polizeieinsatz bezahlen, wenn er der Störer ist. Dann käme es doch wieder auf die Frage: Störer oder Nicht-Störer? an. Aber was sind die Kosten eines solchen Polizeieinsatzes? Drei Dinge kann man aus diesem Fall lernen: 1. Der Jurist beschäftigt sich nicht mit überflüssigen Fragen, hier mit der Frage, wer eigentlich der Störer ist. Das müssen gegebenenfalls die Gerichte später klären. 2. Common sense ist immer gut, denn das hätte man sich auch selber denken können. Doch, „das Leben ist ein Klausursachverhalt", d. h. der Jurist verwandelt Lebenssachverhalte in juristische Fragestellungen und das muss er auch. 3. Also gilt: „Not kennt kein Gebot"? Nein, nicht ganz, man muss die Gebote und Verbote nur kennen und mit ihnen umgehen können.

Diese und andere Fälle, die ich im Studium lösen musste, haben mir Spaß gemacht. „Lust zum Gesetz" eben, aber doch etwas unernsthaft! „Juristisches Herrschaftswissen" habe ich durch die Lösung der Fälle nicht gerade erworben. Dabei ist mir durchaus auch Ernsthaftes im Studium der Rechte begegnet.

2.2.2 Juristische Geschichten, die das Leben schrieb

Mord in der U-Haft. Mein sechswöchiges Gerichtspraktikum nach dem ersten Semester habe ich natürlich am Amtsgericht in Lüchow absolviert. Am ersten Tage trete ich meinen Dienst morgens um 8.00 an. Der Pförtner zeigt mir mein Zimmer. Ich habe als Praktikant ein eigenes Dienstzimmer, an dem schon mein Name angebracht war! Ich setze mich an meinen Schreibtisch, auf dem bereits rechts einige Akten liegen. Noch bevor ich den obersten Aktendeckel öffne, bzw. die sog. „Bauchbinde" abnehmen kann, klopft es und herein tritt der Wachtmeister Licht, der einen Gefangenen in Handschellen vor sich her schiebt. „Da ist der Mann!" sagt er, dreht sich um, geht und schließt die Tür wieder. Ich sage nichts, der Gefangene sagt nichts – „Schweigen im Walde!"

Ich bin 19 Jahre alt. Was soll ich tun? Ich deute auf den einzigen Stuhl: „Setzen Sie sich!" Dürfen Gefangene sich setzen oder müssen Sie „vor dem Richter" stehen? Ich öffne nun die „Bauchbinde" und schlage den obersten Deckel auf. „Sind Sie Werner Ossmann?" – „Jawohl, Herr Richter!" – Woher kannte der meinen Namen? Na ja, stand ja draußen dran! Aber, er meinte vermutlich sowieso nicht den Familiennamen, sondern die Funktion, als er „Herr Richter" sagte, denn man sprach einen Richter nicht mit seinem Familiennamen an.

Was aber nun? Ich hatte die Akte nicht studieren können und hätte auch dann nicht gewusst, was ich machen muss. Ich wähle die Nummer der Wache: „Sie müssen den Mann wieder abholen und dem Oberamtsrichter vorführen." Das ist zwar etwas gewagt, aber ich weiß mir nicht anders zu helfen. Dass der Chef die Strafsachen bearbeitet, das weiß ich immerhin. „Der Herr Oberamtsrichter kommt aber erst um neun." – „Dann bringen Sie den Mann wieder in seine Zelle zurück!" – Wachtmeister Licht erscheint wieder und tut, wie ihm geheißen. Werner Ossmann hatte in der „Columbus-Bar" in Hannover an einem Abend über 1000 DM Schulden gemacht, hatte im Suff mit dem Auto jemand angefahren und war getürmt. Das entnahm ich der Akte. Vermutlich wollte er bei Lüchow schwarz über die Grenze gehen und war gefasst worden. In Lüchow gab es damals nur 12 Zellen für die Untersuchungshäftlinge, keine Zellen für Strafgefangene. Man sagte, dass das Gefängnis in Lüchow ein fideles Gefängnis sei. Frau Licht buk jeden Samstag Streußelkuchen für die Gefangenen. An diesem Abend jedoch erschoss Werner Ossmann den Wachtmeister Licht und war auf und davon. Es kam sogar als Spitzenmeldung durch die Abendnachrichten des Rundfunks.

Eine Schein-Erbschaft. „Sie sind doch Jurist. Ich hab' da mal ein Problem." So beginnen viele Hilferufe, auch wenn man nur Jurastudent ist. Eine Segelfreundin meines Bruders betrieb in Bielefeld Mitte zusammen mit ihrem Mann ein großes Fernsehgeschäft, und zwar in einem mehrstöckigen Geschäftshaus, das ihr gehörte, wie sie meinte. Sie hatte es in der Nachkriegszeit zusammen mit ihrem Mann und in Nachbarschaftshilfe auf einem Ruinengrundstück aufgebaut. Dieses Grundstück hatte ihr wiederum ihr Großvater hinterlassen, denn sie war nach seinem Tode die einzige gesetzliche Erbin. Der Großvater wiederum hatte es testamentarisch von seinem Bruder geerbt, wie er gemeint hatte. Doch dieser Bruder hatte ein zweites Testament zugunsten von zwei Pflegerinnen gemacht, die ihn ich seinen letzten Lebenswochen in einem Heim betreut hatten. Dieses zweite Testament war bei einem Amtsgericht hinterlegt worden, während es sich bei dem ersten Testament um ein privatschriftliches Testament gehandelt hatte, das beim Tode des Großonkels gefunden worden war. Durch ein Versehen des Amtsgerichts war das zweite Testament zum Zeitpunkt des Todes des Großonkels nicht eröffnet worden, sodass die Erbschaft aufgrund des ersten Testamentes zunächst an den Großvater und dann an in gesetzlicher Erbfolge an die jetzige Besitzerin des Grundstückes übergegangen war.

Nun will es das Gesetz, dass alle Testamente, die bei einem Amtsgericht hinterlegt worden sind, nach einem bestimmten Zeitablauf eröffnet werden müssen. Das war nun auch bei dem zweiten Testament des Bruders der Fall, und siehe da, die beiden bedachten und betagten Pflegerinnen lebten noch. Ihr Anwalt forderte die Herausgabe des Hauses, das inzwischen mehrere Millionen wert war und bot 19.000 DM für die Investitionen beim Wiederaufbau in der Nachkriegszeit an. Der „begabte" Anwalt der Besitzerin hatte erfolglos auf Schadensersatz gegen das Land NRW geklagt, weil das zweite Testament nicht eröffnet worden war. Und nun hatte ich jeden zweiten Tag die Besitzerin am Telefon, die sich weniger über ihren erfolglosen Anwalt beschwerte als vielmehr über die „Ungerechtigkeit in der Welt", verkörpert durch die beiden unverschämten Pflegerinnen und deren Anwalt. Und sie weinte und weinte, denn es ging ihr gar nicht so sehr ums Geld, wie sie sagte, sondern nur um die Ungerechtigkeit.

Und was das denn bei mir kosten würde? *„Gar nichts, aber wenn wir Erfolg haben, schenken Sie mir einen schönen Fernsehapparat!"* Als es mir zu bunt wurde, schlug ich ihr vor, den Damen 120.000 DM für das Haus anzubieten, was die überraschenderweise auch annahmen. Vielleicht hatten sie selber ein schlechtes Gewissen. Danach hörte ich von meiner Telefonpartnerin nichts mehr, und den Fernsehapparat habe ich auch nicht bekommen. Vielleicht kann man aus dieser Geschichte auch drei Dinge lernen: 1. Der Sachverhalt wirkt so konstruiert, dass man denkt, das können sich nur Juraprofessoren ausdenken, obwohl die Geschichte – ebenso wie die vorangehende wie die folgende – wahr ist. 2. Die Ratsuchenden wollen sich häufig nur ausweinen und wollen gar keinen Rat, jedenfalls keinen juristischen, und das Ausweinen ist auch wichtig. 3. Vielleicht sollte man nicht „pro bono" arbeiten, denn: „Was nichts kostet, ist auch nichts wert."

Fachärzte. In dem Haus in München, in dem ich als Student zur Untermiete wohnte, lebte ein älterer Herr, den ich im Treppenhaus kennenlernte. „Ach, Sie studieren Jura? Kommen Sie doch mal rein! Da kann ich Ihnen etwas Interessantes zeigen." Ich fürchtete mich ein wenig, denn so beginnen immer die Geschichten von Sexualverbrechern. Doch dieser Herr wirkte so zerbrechlich! Er führte mich in einen ziemlich großen Raum. Ich traute meinen Augen nicht, denn so etwas hatte ich noch nicht gesehen. Das Zimmer war gänzlich von Aktenbergen unterschiedlicher Höhe ausgefüllt, zwischen denen sich schmale Gänge befanden. „Das sind meine Prozessakten. Ich habe elf Prozesse um meine Anerkennung als Facharzt für Radiologie geführt. Ich war einer der ersten damals 1934 in Breslau, die die Anerkennung als Facharzt für Radiologie erhielten, aber hier im Westen wurde sie nicht anerkannt, weil ich die Praxis eines jüdischen Arztes übernommen hatte – gegen gutes Geld, versteht sich." Ich wandere mühsam zwischen den Aktenbergen in den schmalen Schluchten und hebe den einen oder anderen Aktendeckel auf. Das war ein Fehler. Mein „Freund" hat ein „Opfer" gefunden und beginnt sofort, mir sein Leben zu erzählen und die Prozessgeschichten. „Also dann habe ich mit dem Röntgen angefangen und ich habe viele Entdeckungen gemacht, aber die wurden alle nicht anerkannt. Ich habe im Krieg bis zum Schluss für meine Patienten durchgehalten. Ich musste meine gesamte Ausstattung, alle meine Apparate zurücklassen. Dann habe ich hier in München natürlich sofort wieder angefangen und habe mir die nötigen Apparate auf dem „schwarzen Markt" besorgt, und zwar die neuesten. Aber an der Uni, da hatten sie natürlich ihre alten Apparate behalten und haben einfach so weiter gemacht wie vor dem Krieg, völlig veraltet! Ich habe dann die Anerkennung als Facharzt beantragt, was mit der Begründung abgelehnt wurde, dass ich ausländische Apparate verwende, die in Deutschland nicht anerkannt seien. Ich bin durch alle Instanzen gegangen. Hier das Urteil des Bundesverwaltungsgerichts, wollen Sie mal sehen?" Ich kann das gerade noch vermeiden.

„Dann haben die Herren Professoren mir ein Ehrengerichtsverfahren angehängt, und zwar mit der Behauptung, ich hätte einen jüdischen Kollegen in Breslau denunziert, um ihn zu ‚beerben' – völlig aus der Luft gegriffen! Gleichzeitig habe ich einen Staatshaftungsprozess gegen das Land Bayern geführt, denn ich bin um Millionen geschädigt worden. Nur das Bundesverfassungsgericht hätte mir in diesem bayerischen Sumpf helfen können. Ich habs immer wieder versucht und bin doch letztlich auch dort oben gescheitert. Schauen Sie mich an, junger Mann! Ich bin erledigt. Die deutsche Justiz hat mich erledigt. Was kann ich nun noch tun? Helfen Sie mir doch!" – „Ich bin Student im dritten Semester. Ich weiß es auch nicht." Ich versuche, so schnell wie möglich aus „Kafkas Höhle" heraus zu kommen. Von den Möglichkeiten zur Wiederaufnahme von Verfahren wusste ich damals noch nichts und ich hätte ohne ein „lebenslanges" Studium der Akten auch gar nicht die Voraussetzungen für die Wiederaufnahme dieser unzähligen Verfahren beurteilen können. War dieser alte Mann ein „Opfer der deutschen Justiz"? Trotz meiner „Lust zum Gesetz" wusste ich natürlich, dass es auch im Rechtstaat und vielleicht gerade im Rechtsstaat „Justizopfer" gibt. Ich dachte in diesem Fall aber: „Wohl eher nicht! Immer durch alle Instanzen! Und immer verloren!" 1. Es gibt Querulanten und es gibt Justizopfer und manchmal lassen sie sich gar nicht so leicht unterscheiden. 2. Es gibt im Rechtsstaat sehr viele Verfahrenswege, die die guten, aber manchmal auch die unguten Rechtsanwälte zu nutzen wissen.

3. Wenn man sich juristisch für einen Menschen engagieren will, muss man auch das Verhältnis von Aufwand und Ertrag im Auge behalten, wobei mit Ertrag nicht das Geld, sondern der Erfolg gemeint ist.

2.2.3 Von der gesellschaftlichen Relevanz der Dogmatik

Täterschaft. In allen drei Fällen ging es nicht um Berichte aus meinem Studium, sondern um Erlebnisse aus dem „wirklichen Leben". Das soll nun aber nicht heißen, dass im Studium lebensrelevante Probleme nicht behandelt wurden. Im berühmten „Badewannenfall" des Reichsgerichts von 1940[21] z. B. ging es um ein sehr lebensnahes Problem, und zwar im wahrsten Sinne des Wortes, um Leben und Tod nämlich. Zwei Schwestern wollten das neugeborene lebende Baby der einen Schwester töten. Die Schwester der Mutter hielt das Baby in einer Badewanne so lange unter Wasser bis es tot war, während die andere Schwester, die Mutter, dabeistand und zusah. Das Landgericht hatte die beiden Schwestern wegen gemeinschaftlichen Mordes schuldig gesprochen. Das Reichsgericht ging dagegen davon aus, dass es sich bei der Schwester, die das Kind getötet hatte, nur um Beihilfe gehandelt habe, weil diese die Tat nur für ihre Schwester, die Mutter des Kindes, ausgeführt und nicht „als eigene gewollt" habe. Man muss sich das einmal genau vorstellen: Da tötet eine Frau mit eigenen Händen einen Menschen und wird nicht als Täterin verurteilt, sondern nur als Gehilfin, was zur Folge hat, dass die Strafe geringer ausfällt als bei einer Täterin und dementsprechend auch früher verjährt. Das entsprach der nationalsozialistischen Lehre von sog. Täterstrafrecht, nach der es auf den Täter und nicht auf die Tat ankommen sollte, weil der eigentliche Täter, hier die Täterin, die Mutter ist und nicht die Schwester, die die Tat nur ausgeführt hat.

Die Strafrechtsrechtsprechung der Landgerichte und des Bundesgerichtshofes folgten in der Nachkriegszeit diesem Ansatz, was zur Folge hatte, dass die Landgerichte mit Billigung des Bundesgerichtshofes die KZ-Mannschaften in den Gaskammern überwiegend nur wegen Beihilfe verurteilen konnten und dass in vielen Fällen die Verjährung eintrat. Der Bundesgerichtshof übertrug diese Rechtsprechung zu Täterschaft und Teilnahme auch auf die strafrechtliche Beurteilung von Geheimdienstmorden während des „Kalten Krieges". Er verurteilte den sowjetischen Agenten Staschynski, der in München auf offener Straße einen Exil-Ukrainer erschossen hatte, wegen Beihilfe

---

21 RGSt. 74, 84

zum Mord, weil er den Mord nicht für sich, sondern für seine Auftraggeber in Moskau durchgeführt habe. Die Tat selber lastete der BGH in der Tat dem KGB an.[22] Der Bundesgerichtshof rückte später von dieser extrem täterbezogenen Rechtsprechung ab; doch sie spielte in den weiteren KZ-Prozessen sowie in den Mauerschützen-Prozessen selbst nach 1989 noch eine Rolle. Ich lernte damals, dass die eigentlichen Täter nicht die Mörder waren, sondern ihre Auftraggeber, – in Ost-Berlin, Moskau oder anderswo.

Enteignungsentschädigung. § 903 BGB lautete zur Zeit meines Studiums:

Der Eigentümer einer Sache kann mit der Sache nach Belieben verfahren und andere von jeder Einwirkung ausschließen.

obwohl das Grundgesetz von 1949 in Art. 14 Abs.1 Satz 2 bestimmt hatte, dass „Inhalt und Schranken" des Eigentums durch die Gesetze bestimmt werden. Und Abs. 3 Satz 3 sagt in aller wünschenswerten Deutlichkeit darüber hinaus, dass im Fall einer Enteignung die Entschädigung „unter gerechter Abwägung der Interessen der Allgemeinheit und der Beteiligten" zu bestimmen ist, was sich im Bremer Deichgrundstücksfall folgendermaßen darstellte:[23] Die Stadt Bremen enteignete 1961 für Zwecke der Hafenerweiterung ein rd. 4.000 qm großes Deichgrundstück und zahlte 17 DM pro qm, obwohl der Verkehrswert nur 15 DM pro qm betrug, denn man konnte vom Haus aus die Weser sehen, was wertsteigernd berücksichtigt wurde. Für die Gebäude und den Bewuchs erhielt der Eigentümer eine weitere Entschädigung. Die Tatsache, dass der Wert der Grundstücke in dieser Gegend wegen der drohenden Hafenerweiterung seit Jahren gefallen war, fand keine Berücksichtigung. Die Bremer Gerichte legten „um des lieben Friedens willen" noch 1 DM drauf, mehr aber nicht, obwohl der Kläger 30 DM pro qm verlangt hatte. Der Bundesgerichtshof bestätigte seine langjährige von Reichsgericht übernommene Rechtsprechung zur Enteignungsentschädigung:

Die in der Rechtsprechung gebrauchte Ausdrucksweise, der Enteignete solle durch die Entschädigung in die Lage versetzt werden, sich einen gleichartigen und gleichwertigen Gegenstand wieder zu beschaffen, bringt nur bildhaft zum Ausdruck, dass ihm durch die Entschädigung das volle Äquivalent (in Form einer Geldsumme) für das Genommene gegeben werden muss.

22 BGHSt. 18, 87
23 BGHZ in NJW 1966 S. 497

Das Bundesverfassungsgericht hielt dagegen:

Es trifft auch nicht zu, dass dem Enteigneten durch die Entschädigung stets das „volle Äquivalent für das Genommene" gegeben werden muss. Der Gesetzgeber kann je nach den Umständen vollen Ersatz, aber auch eine darunter liegende Entschädigung bestimmen.[24]

Doch der Bundesgerichtshof, als das für Enteignung zuständige höchste Gericht, hielt eisern an seiner Rechtsprechung fest.

Nach der Rechtsprechung des BGH hätte der Eigentümer Anspruch auf 15 DM pro qm, also auf 60.000DM gehabt. Dass dabei nicht die durch die Ankündigung der Hafenerweiterung fallenden Verkehrswerte berücksichtigt wurden, war konsequent, da die gesunkenen Preise nicht dem „wirklichen Wert" des Grundstückes entsprachen. Dass die Stadt noch 2 DM drauflegte und eine gerichtliche Erhöhung um 1 DM akzeptierte, also auf 12.000 DM verzichtete, war deren Angelegenheit. Nach der Rechtsprechung des Bundesverfassungsgerichts hätte sich die Stadt – das ist ein Denkmodell – auf die Zahlung der Hälfte oder von zwei Dritteln des Verkehrswertes beschränken können, also auf 30.000 bzw. 40.000 DM, denn das Eigentum soll nach Art. 14 Abs. 2 GG auch dem Wohl der Allgemeinheit dienen und nicht nur den Interessen des Eigentümers. Grundstücke, die für Zwecke des Gemeinwohls benötigt werden, sind deshalb gewissermaßen „gemeinwohl- oder risikobelastet" und auf dem Markt weniger wert. Im Bremer Fall kostete die Rechtsprechung des BGH und die Kulanz der Stadt den Steuerzahler 32.000 bzw. 42.000 DM.

Nirgends zeigte sich die Konservierung des gesellschaftspolitischen status quo durch die Rechtsprechung des BGH deutlicher als in der Städtebaupolitik. Die deutschen Städte wuchsen in den fünfziger und sechziger Jahren und um die mehr oder weniger enttrümmerten und wieder aufgebauten Altstadtkerne legten sich Ringe von Siedlungen mit Einfamilienhäusern und mehr und mehr auch Mehrfamilienhäusern und Hochhäusern. Die Städte erwarben das für diese Stadterweiterungen erforderliche Bauland oder enteigneten die Bauern des Umlandes gegen Entschädigungen in Höhe des Verkehrswertes. In der Regel erhöhte sich dieser Verkehrswert durch die Baulandspekulation und es entstanden gewaltige Planungsgewinne, die von den Gemeinden nicht „abgeschöpft" werden konnten.

Neben der Vertragsfreiheit erwies sich die verfassungsrechtliche Eigentumsgarantie trotz der Inhalts- und Schrankenbestimmung des Art. 14 Abs.1

---

24 BVerfGE 24, 367

Satz 2 und der Gemeinwohlbindung nach Abs. 2 als die zweite Säule der bundesrepublikanischen Gesellschaftsordnung. Ich hatte zwar schon damals das vage Gefühl, dass die Eigentumsgarantie eine andere Art von Grundrecht sei als die anderen Freiheitsrechte, aber ich war seinerzeit noch nicht in der Lage, dieses Unbehagen zu formulieren. Der Widerspruch zwischen der gemeinwohlgebundenen Eigentumsfreiheit des Grundgesetzes einerseits und der faktischen Eigentumsordnung und ihrer Zementierung durch die Rechtsprechung andererseits empörte mich umso mehr.

Der Untergang und die Entstehung von Staaten. Der deutsche Staat! Ja, was war das eigentlich in den fünfziger Jahren, als ich studierte? Das Deutsche Reich, das im Jahre 1871 entstanden war, bestand nicht mehr oder war es von den alliierten Streitkräften nur besetzt worden? Wer sollte die Schulden des Deutschen Reiches bezahlen? Und wer kam für die Besatzungskosten auf? Ganz zu schweigen von den Reparationen, der Wiedergutmachung, dem Lastenausgleich usw.? Die junge westdeutsche Bundesrepublik? Doch eigentlich nur, wenn sie Nachfolgerin des Deutschen Reiches geworden war und wollte sie das sein? Die DDR wies das weit von sich, da sie nach eigenem Anspruch der erste neu gegründete sozialistische Staat auf deutschem Boden war. Zahlreiche Theorien kämpften um die Deutungshoheit, Untergangstheorien und Fortbestandstheorien. Die sog. Dachtheorie[25] behauptete, dass das Deutsche Reich als „Dach" über zwei deutschen „Teilstaaten" weiter fortbestand. Aber warum „Teil-Staaten"? Nun ja, der sog. Deutschlandvertrag von 1952/55 hatte der Bundesrepublik zwar die Souveränität gebracht, aber doch mit alliierten Vorbehaltsrechten, was Berlin und einen Friedensvertrag mit ganz Deutschland betraf, und die DDR, die im Westen beharrlich „Zone" genannt wurde, sollte das etwa auch ein „Staat" sein, wenn auch nur ein „Teil-Staat" mit einer sowjetischen Marionetten-Regierung?

Das Bundesverfassungsgericht verbot auf der Grundlage von Art. 21 Abs. 2 GG im Jahre 1952 die Sozialistische Deutsche Reichspartei (SRP), weil es sich um eine Nachfolgepartei der NSDAP handelte. Das BVerfG musste sich in diesem Zusammenhang auch mit der These der SRP auseinandersetzen, dass das Deutsche Reich nicht untergegangen sei, sondern fortbestehe:

In wissenschaftlichen Erörterungen ist die Tatsache, dass nur die Wehrmacht und nicht die Regierung bedingungslos kapituliert hat, lediglich als Beweis für die Kontinuität eines einheitlichen Deutschland gewertet worden. Die Alliierten haben danach die Staatsgewalt in Deutschland kraft eigenen Okkupationsrechts, nicht

25 Michael Stolleis, Geschichte des Öffentlichen Rechts in Deutschland, Bd. 4, 2012, S. 34

kraft einer Übertragung durch eine deutsche Regierung ausgeübt; die Staatsgewalt der später neu gebildeten deutschen Staatsorgane beruht nicht auf einer Rückübertragung durch die Alliierten, sondern stellt ursprüngliche deutsche Staatsgewalt dar, die mit dem Zurücktreten der Okkupationsgewalt wieder frei geworden ist.[26]

Die Bundesrepublik konnte deshalb für sich in Anspruch nehmen, nicht nur Nachfolger des Deutschen Reiches, sondern mit dem Deutschen Reich identisch zu sein. Die westdeutsche Regierung war also Staatsgewalt des fortbestehenden Deutschen Reiches und kein „Dach" wölbte darüber. Die Regierung der DDR existierte dagegen überhaupt nicht. Diese Theorie hatte gravierende Konsequenzen, z. B. dass die vom Deutschen Reich abgeschlossenen völkerrechtlichen Verträge nach wie vor gültig sind und die Bundesrepublik binden, wie z. B. das Reichskonkordat von 1933. Ich fand das faszinierend! Die SRP konnte verboten werden, obwohl sie die These der Fortexistenz des Deutschen Reiches vertrat, weil sie für dieses fortbestehende Reich eine Herrschaftsordnung schaffen bzw. wiederherstellen wollte, die nun in der Bundesrepublik als verfassungswidrig galt.

Es gibt gewisse staatsrechtliche Themen, die nicht sterben können, so auch die These vom Fortbestand des Deutschen Reiches. Auch die sog. Reichsbürgerbewegung behauptet seit Jahren, dass das Deutsche Reich gar nicht untergegangen sei, sondern dass es fortbestehe und deshalb seien sie, die sog. Reichsbürger, nicht Bürger der Bundesrepublik Deutschland, sondern Bürger des fortbestehenden Deutschen Reiches, also „Reichsbürger" und folglich seien sie in der Bundesrepublik auch nicht steuerpflichtig, was sie allerdings nicht daran hindert, von der Bundesrepublik Sozialhilfeleistungen in Empfang zu nehmen.

In der Figur des Kaisers Barbarossa hatte es solche Legenden schon nach dem Untergang des ersten Kaiserreiches gegeben:

Er hat hinabgenommen
Des Reiches Herrlichkeit,
Und wird einst wiederkommen,
Mit ihr, zu seiner Zeit
   L Rückert, Barbarossa, 1817

Da musste man allerdings noch lange warten, aber manchen dauerte es eben zu lange – und sie gründeten das Zweite und das „Dritte Reich."

---

26 BVerfGE 2, 56

So war meine studentische „Lust zum Gesetz" eine dreifache: 1. Ich bewunderte die Macht der Dogmatik, weil ich glaubte, dass man durch Dogmatik die Welt verändern konnte, und zwar zum Guten wie zum Bösen, z. B. durch die Definition von Täterschaft und Teilnahme aus Mördern Gehilfen machen, durch eine verfassungswidrige Auslegung der Verfassung die bestehende Eigentumsordnung konservieren und durch staatstheoretische Konstruktionen wie die „Dachtheorie" das Deutsche Reich erhalten (s. o. 2.2.3) 2. Ich staunte über die Gestaltungskraft des Rechts im Alltag. Untersuchungshäftlinge konnten zu Mördern werden, Millionen konnten ihren Besitzer wechseln und Karrieren konnten vernichtet oder ermöglicht werden (s. o. 2.2.2). 3. Und gleichzeitig war das Recht auch ein Spiel, ein Jonglieren mit Begriffen und „Theorien" in scheinbarer Distanz zum Alltag der Menschen und zur Gestaltung der Gesellschaft (s. o. 2.2.1).

Dennoch verlor ich mitten im Studium die Lust zum Studium der Rechtswissenschaft, weil ich mir die gesellschaftspolitische Bedeutung, das Konfliktlösungspotential und das Spielerische des Rechts zwar immer wieder klar machen konnte, aber der Alltag des Lernens doch zunehmend durch Frust und Langeweile bestimmt war (s. o. 2.1.1 und 2.1.2). So hatte ich nach dem fünften Semester in München nun wirklich keine Lust mehr zum Jurastudium. Ich hatte eigentlich bereits alles hinter mir, hatte alle Scheine. Warum sollte ich noch weiter Jura studieren. Also meldete ich mich im sechsten Semester bei meinem Vertrauensdozenten der Studienstiftung, dem Historiker Dr. Dieter Sauberzweig an, dem späteren stellvertretenden Geschäftsführer der Studienstiftung und noch späteren stellvertretenden Hauptgeschäftsführer des Deutschen Städtetages und noch viel späteren Kultursenator von Berlin und trug ihm meine Gravamina vor. Der hörte mir geduldig zu und fragte: „Na, was wollen Sie denn eigentlich?" – eine peinliche Frage! Worauf ich murmelte: „Na, so irgend etwas mit Kultur." Worauf er sagte: „Nun machen Sie erst einmal das erste Staatsexamen. Dann erhalten Sie ein Promotionsstipendium der Studienstiftung und promovieren und danach können Sie immer noch etwas mit „Kultur" machen." Und so machte ich es denn auch und wurde am 1.4.1963 Sekretär des Deutschen Ausschusses für das Erziehungs- und Bildungswesen in Bonn.

Teil II. Zwei Schritte vor, einen Schritt zurück – Reformpolitiken 1963–1989

Einleitung: West-Berlin 1965

West-Berlin war 1965, als ich dorthin übersiedelte, ein sehr spezifisches Biotop. Seit 1961 eingeschlossen durch die Mauer, seit 1957 regiert von den Sozialdemokraten unter Willy Brandt, jedoch unter der Oberhoheit der drei West-Alliierten, hoch subventioniert von der Regierung der BRD, jedoch eine „besondere politische Einheit", ohne Wehrpflicht und ohne Sperrstunde, eingemauert, doch unendlich frei. Man konnte sich in West-Berlin nicht verirren, denn irgendwann kam man immer an die Mauer. Und auf der Mauer liegt eine Banane und auf der Seite, an der sie angebissen ist, ist der Osten. Und – auf der Fahrt durch einen der drei Korridore in den Westen: „Was sagt die Sonne, wenn sie abends untergeht? Wie schön, dass ich wieder im Westen bin!" Drei Kalauer von hunderten, die damals in West-Berlin beliebt waren.

„Frontstadt" und „Schaufenster des freien Westens"

Westberlin war kein Land der Bundesrepublik und durfte nicht von ihr regiert werden. Westberlin stand als eine besondere politische Einheit unter der Hoheit der Besatzungsmächte. Die Westmächte hatten es freilich hingenommen, dass Berlin durch den Mauerbau geteilt und dass Ostberlin zur Hauptstadt der DDR gemacht wurde. Die sowjetische Besatzungsmacht hatte es wiederum hingenommen, dass das Grundgesetz in Westberlin eingeführt wurde, dass das Westberliner Abgeordnetenhaus sämtliche Gesetze der BRD en bloc übernahm, dass Westberliner Abgeordnete ohne Stimmrecht im Bundestag saßen, dass der Bundespräsident mehrfach durch die Bundesversammlung im Reichstag gewählt wurde, dass die Bundesregierung Bundesbehörden und -gerichte in Westberlin ansiedelte, dass die DM in Westberlin eingeführt wurde, dass der Flugverkehr und der Straßenverkehr auf drei Transitstrecken und auf den Wasserwegen zwischen Westberlin und Westdeutschland gewährleistet wurde, und und und … Das war schon eine merkwürdige staatsrechtliche und politische Lage.

100.000 Bürgerinnen und Bürger der DDR flohen zwischen 1961 und 1970 aus der DDR, davon überwanden 30.000 die Mauer bzw. die Grenze zwischen DDR und BRD. Und während einige Flüchtlinge im Kugelhagel der DDR-Grenzsoldaten starben, durch selbstgegrabene Tunnel zwischen Ost- und Westberlin flohen oder sich in den Kofferräumen von Autos auf den Transitwegen versteckten, beteiligten sich sowjetische Soldaten und Verwaltungsbeamte an der Ausübung der alliierten Regierungsgewalt in Westberlin. Sowjetische Soldaten standen im Tiergarten vor dem sowjetischen Ehrenmal im britischen Sektor der Stadt Wache und wurden unter den Augen der Touristen täglich im Stechschritt abgelöst. Albert Speer, Baldur von Schirach und Rudolf Heß saßen in Westberlin im Spandauer Kriegsverbrechergefängnis, bewacht von Soldaten der vier Besatzungsmächte. Alle vier Besatzungsmächte regelten im ehemaligen Kammergericht im Westberliner Stadtteil Schöneberg einvernehmlich den Flugverkehr von und nach Berlin. Das gabs nur in Berlin.

Auf dem Teufelsberg, einem Schuttberg aus Kriegstrümmern im Westberliner Grunewald, errichteten die Westalliierten Abhöranlagen, mit denen sie in den Zeiten des „Kalten Krieges" bis weit in das Gebiet des „Warschauer Paktes" hinein den Funkverkehr abhören konnten. Auf der Glienicker Brücke zwischen Zehlendorf und Potsdam tauschten die Amerikaner und die Sowjets mehrfach gefangene und verurteilte Spione aus. Auf der Westseite des Brandenburger Tores errichteten die Westberliner Behörden ein „Schaugerüst", von dem aus die Westberliner und ihre Gäste sowie die Touristen die Grenzanlagen am Brandenburger Tor, den zerstörten Potsdamer Platz und die „Zwingburg" der Sowjets, die aus den Steinen der Reichskanzlei „Unter den Linden" gebaute sowjetische Botschaft, sehen konnten. Westberliner konnten bis 1972 weder nach Ostberlin noch in die DDR fahren, während Westdeutsche mit dem Pass der Bundesrepublik mit Tagesgenehmigungen in den Osten reisen konnten. Der Westberliner Senat hatte eine sog. Senatsreserve angelegt, Lebensmittel für die Bevölkerung für den Fall einer erneuten Blockade, die ein halbes Jahr reichen sollten, wozu angeblich auch Regenschirme und Stöckelschuhe gehörten. Frontstadt eben!

Aber Westberlin war 1965 nicht nur „Frontstadt" im „Kalten Krieg", sondern Westberlin sollte auch ein „Schaufenster des freien Westens" in den Osten hinein sein, selbst wenn die Ostberliner seit 1961 in dieses Schaufenster nicht mehr blicken konnten. 1965 wurde an der Gedächtniskirche am Breitscheidplatz das 86 m hohe „Europa-Center" errichtet, auf dessen Dach ein sich drehender Mercedesstern angebracht wurde, der weit in den Osten hineinleuchtete. Das „Kaufhaus des Westens" (KDW) in Schöneberg am Wittenbergplatz, das größte Kaufhaus Europas, war in den fünfziger Jahren wiederaufgebaut worden, denn es sollte den „Ostmenschen" die westliche Konsumwelt zeigen; nun

(1965) konnten die Ostberliner allerdings vom KDW nur träumen. Auch das 1958 am Westberliner Tiergarten errichtete Hilton-Hotel galt als Zeichen für westliche Treue und für westliche Investitionen in Westberlin, obwohl sich später herausstellte, dass es mit westdeutschen Steuermitteln errichtet worden war.

Der RIAS, der „Rundfunk im amerikanischen Sektor", der viel gehörte Radioprogramme für den Osten sendete, galt als Wahrzeichen westlicher Freiheit, auch wenn er vielleicht eher als Propagandasender einzustufen war. Als Symbole für die Freiheit des Westens galten auch die von der amerikanischen Regierung 1954 geschenkte und in Kreuzberg errichtete Amerika-Gedenk-Bibliothek, eine riesige Präsenzbibliothek, zu der jedermann freien Zugang hatte, sowie der ebenfalls von der amerikanischen Regierung gestiftete Henry-Ford-Bau der 1948 gegründeten Freien Universität in Dahlem, die sich als wirklich freie Universität zu einem echten Schaufenster des Westens entwickelte. Und schließlich müssen noch „Günter Neumann und seine Insulaner", das antikommunistische politische Kabarett des RIAS erwähnt werden, das zwar 1961 mit dem Mauerbau eingestellt wurde, aber dessen Eingangs- und Schlusslied auch 1965 noch nachwirkte: „Der Insulaner verliert die Ruhe nicht" und „Der Insulaner hofft unbeirrrt, dass seine Insel wieder n' schönes Festland wird". Ja, das war Berlin 1965.

Am Tropf des Bundes – Subventionsmentalitäten

1965 hatte Westberlin 2,2 Millionen Einwohner, eingeschlossen von einer Mauer, umgeben von der DDR, nur auf dem Luftweg und auf dem Landweg nur über drei Korridore und auf dem Wasserweg erreichbar. Die Sowjets und die DDR konnten davon ausgehen, dass sich „das Problem Westberlin" im Laufe der Zeit von allein erledigen würde. Nach 1961 konnten die Westberliner keine billigen Lebensmittel mehr im Osten kaufen. Die Ostberliner Arbeitskräfte fehlten im Westen plötzlich und wurden durch Türken ersetzt. Die traditionsreichen Berliner industriellen Produktionskapazitäten wurden nicht wiederaufgebaut oder nach 1961 in den Westen verlagert. Nur Verwaltungsstäbe und transportunabhängige Unternehmen blieben in Westberlin und alles wurde hoch subventioniert.

Junge Leute, die etwas werden wollten, verschwanden. Die Alten blieben übrig und die Stadt überalterte. Andererseits zog die Stadt andere junge Leute an. Es gab keine Wehrpflicht und keine Sperrstunde. Für ein buntes Völkchen aus dem Westen und aus aller Welt wurde die Stadt attraktiv, und zwar auch durch die Subventionen und eine gewisse Freizügigkeit. Die sog. Berlinzulage für alle Arbeitnehmer, die sog. „Zitterprämie" betrug 8 % des Bruttogehaltes, und zwar steuerfrei. Bei der Heirat – auch für junge Zuzügler – gabs das „Familiengründungsdarlehen" in Höhe von 10.000 DM, das „abgekindert" werden konnte, d. h. nach dem dritten Kind brauchte man gar nichts zurückzahlen. Während in Westdeutschland in den sechziger Jahren die Mietpreisbindung aufgehoben und die Mietpreise frei gegeben wurden, blieb Westberlin „schwarzer Kreis", d. h. die Mietpreise in den erhaltenen oder wiederhergestellten Altbauten blieben sehr sehr niedrig. Auch in dem massiv geförderten sozialen Wohnungsbau lagen die Mietpreise sehr niedrig, und die Geldgeber, die in den sozialen Wohnungsbau investierten, erhielten hohe Steuervergünstigungen. Überhaupt, Investieren in Westberlin lohnte sich, vor allem steuerlich.

Auch die Wissenschaften und die Künste waren hoch subventioniert. Die Freie Universität zahlte für Professoren aus dem Westen hohe Berufungszulagen und finanzierte üppige wissenschaftliche Ausstattungen. So erhielt z. B. jeder neu berufene Professor unabhängig von allen Berufungsverhandlungen 2.500 DM „Büchergeld" zur freien Verfügung. Für jedes sechste Semester konnte jeder Professor, und zwar auch der H5/C3-Professor und nicht nur der „Ordinarius" ein sog. „Forschungssemester" beantragen, das automatisch gewährt wurde und für das keinerlei Rechenschaft geschuldet war, so dass es allgemein als „Freisemester" bezeichnet wurde. In Baden-Württemberg konnte man zur gleichen Zeit für jedes elfte Semester einen „Forschungsfreiraum" beantragen. Es entwickelte sich eine Subventionsmentalität, die z. T. bis heute andauert. Viel später sangen „Pigor und Eichhorn" in ihrer Show im „Wintergarten": „Wir feiern, es zahlen die Bayern" und so war das damals schon.

„Sumpfblüten" und Avantgarde

In Berlin herrschte um 1965 eine gewisse „Freizügigkeit". So wie heute junge Leute aus der ganzen Welt nach Berlin reisen, weil sie vom „Berghain" gehört haben, so zog es damals die Jugendlichen aus Westdeutschland nach Berlin, weil in der „Badewanne", in der „Eierschale", im „Riverboat" und im „Big Apple" was los war. An diesen Orten gab es die neueste Musik – die Beatles waren gerade erst bekannt geworden – und man konnte die ganze Nacht tanzen, denn es gab keine Sperrstunde und es ging etwas freizügiger zu als in Kitzingen oder Bevensen und selbst als in Hamburg oder München. Erst später stellte sich heraus, dass es der Berliner Senat war, der diese „Schuppen" zum Teil unterhielt. Die etwas Mutigeren trauten sich ins „International" oder ins „Studio 45", wo es gemischtrassig zuging und die ganz Mutigen gingen ins „Old Eden", später ins „New Eden", in Nightclubs also, vielleicht sogar in eins der stadtbekannten Bordelle. Bei „Aschinger" am Zoo kostete die Erbsensuppe fünfzig Pfennig und bei Lucy Leidecke in Kreuzberg der Liter französischer Rotwein, der „Ordinaire", eine Mark. Das „Roma" und das „Bologna" in Schöneberg waren die ersten Pizzerien Deutschlands. Manche Schnapsläden waren vierundzwanzig Stunden am Tag geöffnet.

Studenten lebten 1965 in Westdeutschland wie in Westberlin in aller Regel im Studentenheim oder „auf Zimmer" bei einer Wirtin, die „Damenbesuch" nur bis 22.00 zulassen durfte, weil alles andere als Kuppelei bestraft werden konnte. In Berlin bildeten sich Mitte der sechziger Jahre die ersten Wohngemeinschaften (WGs), manchmal noch als „Institute" getarnt. Die Neugier auf Drogen, LSD und Haschisch zunächst, war stark und in Westberlin waren sie leichter zugänglich als in Westdeutschland, jedenfalls als "auf dem flachen Land" Es wurde üblich, auf Partys nicht nur Alkohol in großen Mengen anzubieten, sondern auch Drogen. Zur „Freizügigkeit" gehörte auch die sexuelle Freizügigkeit. Nicht dass diese nicht auch im Kölner Karneval, im Münchener Fasching oder auf der Hamburger Reeperbahn und darum herum, ja vielleicht sogar in Göttingen und Marburg in den Studentenheimen geherrscht hätte; nein, in Berlin entwickelte sich ein Klima, in dem Promiskuität chic wurde. Das alles zog junge Menschen an, die in großen Scharen nach Berlin übersiedelten. Hinzu kamen diejenigen, die die Wehrpflicht vermeiden wollten und sich deshalb frühzeitig nach Berlin aufmachten.

Die „Goldenen Zwanziger" in Berlin! Das Berlin der Weimarer Republik galt und gilt noch heute als Ort der kulturellen Avantgarde des zwanzigsten Jahrhunderts schlechthin. Das war es vielleicht auch, aber das Westberlin der sechziger Jahre war kulturell auch nicht zu verachten. Aufsehenerregende Bauten: die Kongresshalle von Hugh Stubbins 1957, die Deutsche Oper von Fritz Bornemann 1961, die Philharmonie von Hans Scharoun1964 und dann bald auch die Neue Nationalgalerie von Ludwig Mies van der Rohe 1967. Herbert von Karajan dirigierte die Berliner Philharmoniker, Lorin Maazel das RIAS-Sinfonieorchester. Boris Barlog inszenierte aufregend am Schillertheater und Gustav Rudolf Sellner leitete die Deutsche Oper und veranlasste großartige Aufführungen, aber den eigentlichen Durchbruch zur Avantgarde schaffte die 1962 gegründete Schaubühne am Hallischen Ufer, an die dann neben Peter Stein viele viele großartige Schauspielerinnen und Schauspieler, wie Jutta Lampe und Edith Clever, Bruno Ganz und Otto Sander, kamen, und die politisches Theater und damit dem Brechttheater im Osten Konkurrenz machte, indem sie u. a. auch Brecht spielte. Wer einen westdeutschen Pass hatte, ging über den Bahnhof Friedrichstraße in den Osten, genoss den Kitzel, fremd im eigenen Land zu sein und den Soldaten der Sowjetarmee und der Nationalen Volksarmee ins Auge zu sehen, durchaus gefahrvoll Freunde und Verwandte zu treffen oder eben einfach ins Berliner Ensemble zu gehen, um Helene Weigel als Mutter Courage zu sehen.

An der Freien Universität hatten die Studenten echte Mitbestimmungs-
rechte und sie konnten als studentische Tutoren an der Lehre mitwirken. Das
gab es in Westdeutschland nicht. Die erste deutsche Gesamtschule wurde zwar
erst 1968 in Britz-Buckow-Rudow als Walter-Gropius-Schule eröffnet, aber
der Geist der „Entschiedenen Schulreformer" aus der Weimarer Zeit lebte z. B.
in der Fritz-Karsen-Schule weiter. Der erste Kinderladen wurde zwar ebenfalls
erst 1968 in Westberlin in einem aufgegebenen Ladenlokal gegründet, aber die
antiautoritäre Bewegung, die die Kinderläden trug, bereitete sich bereits vor.
Man las Wilhelm Reich und Siegfried Bernfeld, und nicht nur das, sondern man
las vor allem Karl Marx und Siegmund Freud. Der Marxismus und die Psycho-
analyse, die durch den Antisemitismus und durch den ostdeutschen Sozialismus hinreichend diskreditiert erschienen und die im Westen nur an wenigen
Stellen sektiererisch überlebt hatten, wurden in der Mitte der sechziger Jahre
wiederentdeckt und erlebten eine Renaissance. Mit allen seinen Widersprüchen
und Abenteuern war Westberlin 1965 für junge Leute eine aufregende Stadt,
vielleicht die aufregendste Stadt Europas!

1 „Mit uns zieht die Neue Zeit!" – Bildungsreformen durch Wissenschaft

*Mit 24 Jahren wurde ich Sekretär eines bildungspolitischen Reformgremiums
(1.1.1) In den sechziger und siebziger Jahren des vergangenen Jahrhunderts
war ich Leiter der Abteilung „Recht und Verwaltung des Bildungswesens" am
Max-Planck-Institut für Bildungsforschung in Berlin und Mitglied der Institutsleitung (1.1.2). Wir wollten damals das deutsche Bildungswesen grundlegend reformieren, und zwar im Wege der Bildungspolitikberatung durch Wissenschaft (1.1.3–1.1.6). Ich besonders meinte, durch die rechtliche Gestaltung
des Bildungswesens solche Reformen zu ermöglichen und zu fördern (1.2) und
es waren die Jahre der Studentenbewegung (1.3).*

Der mächtige Einfluss, welche die Gesamtheit der Lehrer auf die nationale Erziehung nimmt, besteht darin, dass das deutsche Kind gleichsam wie ein unbeschrie-
benes Blatt dem Lehrer in die Hand gegeben wird, und was dieser im primären
Unterricht darauf schreibt, bleibt in unzerstörbarer Schrift fürs ganze Leben … In
dieser Bildsamkeit der Jugend, in dem Festwachsen der Kindheitseindrücke liegt
die Gewalt des deutschen Lehrerstandes über die deutsche Zukunft. Ich habe schon
bei früherer Gelegenheit gesagt: Wer die Schule hat, hat die Zukunft.

└ Aus einer Rede Bismarcks, zit. nach Eugen von Bremer, Die preußische
Volksschule – Gesetze und Verordnungen, 1905 S. 230 ff

1.1 „Ja, mach nur einen Plan, sei nur ein großes Licht!" – Wissenschaft und Politik

Ich begreife nicht ganz, wie in tausend Tagen so viel passieren konnte
└ Hans Magnus Enzensberger, Tumult, 2015 S.110

1.1.1 Der Deutsche Ausschuss für das Erziehungs- und Bildungswesen (1963–1965)

Der „Deutsche Ausschuss für das Erziehungs- und Bildungswesen" war 1953 als bildungspolitisches Beratungsgremium des Bundes vom Bundespräsidenten Theodor Heuß berufen worden. Er war unabhängig und beim Bundesinnenminister etatisiert. Die Kultusministerkonferenz der Länder und insbesondere ihr mächtiger und selbstbewusster Generalsekretär Kurt Frey hielten den Ausschuss für ein „Konkurrenzunternehmen", für einen heimlichen „Bundeskultusminister", was er nicht war. Der Ausschuss unterhielt ein kleines Büro in Bonn. In diesem Büro arbeiteten zwei wissenschaftliche Referentinnen, Frau Dr. Doris Knab und Frau Dr. Ingrid Lisop, vier Sekretärinnen für die Kommunikation und für die Organisation, eine Buchhalterin und eine persönliche Sekretärin des Büroleiters und der war ich. Ich „herrschte" also über acht Damen, die alle älter waren als ich, denn ich war gerade erst 24 Jahre alt geworden, als ich das Amt antrat. Es ging gut, weil ich jung war, unerfahren und nicht „vom Fach", vielleicht auch weil ich Jurist war. Mein Vorgänger, Dr. Volker Fritzsche, Diplom-Psychologe der geisteswissenschaftlichen Richtung und Sekretär seit Anbeginn, war im Streit gegangen, als die Auflösung des Ausschusses beschlossen worden war, ihm aber keine Stelle in Aussicht gestellt werden konnte, dem Vater von drei kleinen Kindern. Also suchte man für die „Abwicklung" des Ausschusses einen jungen Mann, und der war dank des Erinnerungsvermögens von Dr. Sauerzweig ich. Der umsichtige Vorsitzende des Ausschusses war nämlich der Oberbürgermeister von Ulm, Dr. Theodor Pfizer, der gleichzeitig Vorsitzender der Studienstiftung, der Hölderlin-Gesellschaft usw. war. So ging das eben damals! Aus dem in Aussicht genommenen einen Jahr sollten dann aber zweieinhalb Jahre werden, weil der Ausschuss mit den Arbeiten, die er sich vorgenommen hatte, längst nicht fertig war, als ich erschien.

In dem häufig zitierten Einsetzungsschreiben hieß es, dass „Persönlichkeiten des öffentlichen Lebens" in den Ausschuss berufen werden sollten. Wer waren nun diese Persönlichkeiten? Die „Hitzköpfe" waren bereits ausgeschieden, als ich kam. Erich Weniger war 1961 gestorben und Georg Picht war 1962 im Streit gegangen, nachdem er „seine Studienschule" im Rahmenplan durchgesetzt hatte, der Ausschuss ihm aber auf dem Weg in die Proklamation der „Bildungskatastrophe" nicht hatte folgen wollen.[27] Zu einer personellen Erneuerung war der Ausschuss jedoch nicht in der Lage, nachdem Hellmut Becker, der ungeduldig „mit den Füssen scharrte", ausgesperrt blieb. *„Der Windhund kommt mir nicht hinein!"* hatte Adolf Grimme, der frühere persönliche Referent von Beckers Vater, des seinerzeitigen Kultusministers in Preußen (bis 1933), schon früh zu den Akten gegeben, die ich amüsiert las. Die „Köpfe" im Ausschuss waren zweifellos Hans Bohnenkamp, Professor der Pädagogik in Osnabrück, Walter Dirks, Hauptabteilungsleiter beim Westdeutschen Rundfunk in Köln, Heinz Abel, Professor für Berufspädagogik in Darmstadt und Georg Messerschmidt, Direktor der Politischen Akademie in Tutzing.

Im Jahre 1959 veröffentlichte der Ausschuss nach vielen Kämpfen und Krämpfen seinen „großen Wurf", den „Rahmenplan für das Deutsche Schulwesen"[28], in dem er das humanistische Gymnasium retten wollte und deshalb für die besonders begabten Schülerinnen und Schüler die „grundständige" Studienschule vorsah, während die anderen die zweijährige sog. Förderstufe besuchen mussten, auf die die vom Ausschuss „erfundene" vierjährige Hauptschule, die vierjährige Realschule und das siebenjährige Gymnasium, also das traditionelle dreigliedrige Sekundarschulwesen folgen sollten. Das war ein im Wesentlichen konservatives Modell, das dennoch die erste große bildungspolitische Debatte in der Bundesrepublik auslöste.[29] Neu waren eigentlich nur die Studienschule, die nie das Licht der Welt erblickte, und die Förderstufe, die unter verschiedenen Namen eine zweifelhafte Karriere in der Bundesrepublik machen sollte. Nachdem sich die Mitglieder des Ausschusses in der „Schlacht um den Rahmenplan" aufgezehrt hatten, fassten sie den fatalen Entschluss, die gemachten Vorschläge im Einzelnen zu begründen[30] und die Lücken zu füllen – fatal deshalb, weil sich der Ausschuss durch diese Entscheidung völlig überforderte. So erarbeitete der Ausschuss nur unter großen Mühen die Empfehlung „Zur religiösen Erziehung und Bildung", die er für sein „Meisterwerk" hielt, und vor allem die „Empfehlung zum Beruflichen Ausbildungs- und Schulwesen", für die der nachberufene Heinrich Abel verantwortlich zeichnete. Insbesondere diese letzte im klaren Gegensatz zum Rahmenplan stehende

---

27 Georg Picht, Die deutsche Bildungskatastrophe, 1964
28 Deutscher Ausschuss für das Erziehungs- und Bildungswesen, Empfehlungen und Gutachten, Gesamtausgabe 1966, S. 59 ff.
29 Deutscher Ausschuss für das Erziehungs- und Bildungswesen, Für und wider den Rahmenplan, 1960
30 Empfehlungen zur Förderstufe, zur Hauptschule und zur Höheren Schule, s. Gesamtausgabe S. 267 ff., 366 ff., 527 ff.

Empfehlung ist lange verkannt worden, denn sie sah zwei „Sekundarschulen" vor, das Gymnasium und das Berufliche Ausbildungs- und Schulwesen, die beide zur Hochschulreife führen sollten. Jetzt, nach 50 Jahren, ist diese neue Zweigliedrigkeit – wenn auch in anderer Weise – nun verwirklicht worden. Es gab zwölf Plenarsitzungen im Jahr, die donnerstags um 9.00 begannen und bis Samstag um 11.00 dauerten, weil dann die letzten F-Züge fuhren. Was für eine gemütliche Zeit! Die Sitzungen fanden häufig nicht in Bonn, sondern in den Ländern statt, so dass ich auf diese Art und Weise die ganze Bundesrepublik kennen lernte. Der Ausschuss hatte zahllose Unterausschüsse für die diversen Empfehlungen. Dort wurde die eigentliche Arbeit von Experten geleistet und auch diese tagten irgendwo in der Republik und ich versuchte, an allen teilzunehmen. Es war also ein aufregendes Reise- und Hotelleben, das ich führte. Ich hatte vorher noch nie in einem Hotel geschlafen. Theodor Pfizer leitete die Plenarsitzungen mit Umsicht, und es gelang ihm häufig, die ständigen Grundsatzdebatten pragmatisch „einzukochen", aber nicht immer, z. B. in einer hitzigen Debatte über die Einführung einer allgemeinen Weiterbildungspflicht: *„Aber meine Müllkutscher in Ulm, die müssen sich doch nicht weiterbilden!"* – *„Doch, doch, gerade die müssen sich weiterbilden!"* – und das, obwohl der Begriff des Umweltschutzes noch unbekannt war. In den Auseinandersetzungen bildeten sich häufig Koalitionen, die man schon daran erkennen konnte, dass sich plötzlich Mitglieder duzten, die eigentlich nichts miteinander gemein hatten. Überhaupt die berühmte Diskussionskultur! Eigentlich war es nicht weit her damit, denn der Nobelpreisträger Butenandt und der Volksschullehrer Vaupel hatten sich eigentlich nichts zu sagen, obwohl immer das Gegenteil behauptet wurde. Und dasselbe galt auch für den Münchener Prälaten Alois Fischer und die Atheistin Grete Henry, deren schulpolitische Vorstellungen in der Empfehlung zur religiösen Erziehung unvermittelt nebeneinanderstanden.

Der Ausschuss legte ausgesprochen Wert auf eine gepflegte Sprache. Deshalb gingen die Texte nach der Verabschiedung in eine sprachliche Endredaktion durch Walter Dirks und Hans Bohnenkamp, unterstützt durch die jeweils zuständige wissenschaftliche Referentin und mich. Da die wissenschaftliche Manpower im Bereich der beruflichen Bildung schwach war – wer kannte sich da schon aus, denn alle Mitglieder waren durch die allgemeine Schule gegangen, nicht aber durch eine berufliche Lehre – fiel mir die wissenschaftliche Mitarbeit am Gutachten über das Berufliche Ausbildungs- und Schulwesen wie von selbst zu, nachdem ich mich ein wenig eingearbeitet hatte. Ingrid Lisop und ich schrieben deshalb – unter Anleitung durch Heinrich Abel – große Teile des Schlusstextes allein in einer Klausur im Siebengebirge und die Schlussredaktion machte ich in Frankfurt im 10. Stock eines Hochhauses bei 35 Grad im Schatten ganz alleine, mit den Füßen in zwei Eimern kalten Wassers. Aufgrund dieser Einarbeitung wurde nach der Arbeit für den Ausschuss das Recht der beruflichen Bildung mein erster rechtswissenschaftlicher Arbeitsbereich.[31]

Der Vorsitzende merkte schon bald, dass er sich auf mich verlassen konnte und überließ mir nach kurzer Zeit die Geschäftsführung ganz und gar. Da mein Vorgänger am Schluss seiner Tätigkeit im Alter von über 40 Jahren nach BAT Ia bezahlt worden war, der höchsten Gehaltsstufe im Bundesangestelltentarifvertrag, sah ich nicht ein, dass ich bei gleicher Arbeit nicht dasselbe verdienen sollte, was mir auch gewährt wurde. Da ich nach eineinhalb Jahren meinen Referendardienst in Bonn am Amtsgericht und bei der Staatsanwaltschaft zusätzlich zu meiner Tätigkeit als Sekretär begann, konnte ich die beiden Gehälter kumulieren, was damals möglich war. Ich konnte mir deshalb bereits 1964 mein erstes Auto kaufen, einen Citroen 2 CV natürlich, mit dem ich an den Wochenenden vergnüglich durch die Eifel und den Westerwald fuhr. *„Wie ist das bloß möglich, dass ein so junger Mensch eine so schwierige Aufgabe so glänzend bewältigt?"* fragte Herr Pfizer die Geschäftsführerin des Bayrischen Mütterdienstes und Mitglied des Ausschusses, Lieselotte Nold, die mit Elly Heuß-Knapp, der Frau des Bundespräsidenten, das Deutsche Müttergenesungswerk gegründet hatte und leitete. *„Ich kann Ihnen das sagen, der Herr Richter ist einfach ein glücklicher Mensch"* antwortete diese lebenserfahrene Frau. Aber wie wird man ein glücklicher Mensch?

Wohl auch durch andere, und deren Hilfe und Unterstützung, z. B. Doris Knab, der ich meine bildungspolitische Karriere verdanke. Nachdem ich mich ein bisschen umgeschaut hatte, - im Ausschuss war alles vertreten, was in der Bildungspolitik etwas zu sagen hatte, - wusste ich natürlich genau, „wo's langgeht"; doch Doris Knab erklärte mir mit großer Geduld alle sachlichen und personellen Zusammenhänge, und zwar ohne mich wissen zu lassen, was für ein „Grünschnabel" ich doch eigentlich noch war. Als sie dann 1965 als stellvertretende Abteilungsleiterin für Pädagogik an das neu gegründete Becker'sche Max-Planck-Institut für Bildungsforschung nach Berlin überwechselte, erzählte sie Hellmut Becker von dem jungen Juristen im Ausschuss, so dass ich ihr bald nachfolgte. Und dann noch einmal wesentlich später: Als die „katholische Seite" des Kuratoriums vor meiner Wahl zum Direktor des Deutschen Jugendinstituts bei ihr nachfragte, ob denn auf mich Verlass sei, bejahte sie die Frage.

---

31 Ingo Richter, Die Rechtsprechung zur Berufsausbildung, 1969; ders., Öffentliche Verantwortung für berufliche Bildung - Zur Bestandsgarantie und zur gesetzlichen Regelung der privaten beruflichen Bildung, 1970

Doch meine Bewunderung im Ausschuss galt Hans Bohnenkamp. Er hatte in den zwanziger Jahren im Auftrage des Preußischen Kultusministers Carl Heinrich Becker die „Pädagogischen Hochschulen" „erfunden" und war folglich Rektor einer solchen, nämlich in Cottbus geworden. Im Krieg erhielt er das Ritterkreuz, weil er als Mathematiker, wie Theodor Pfizer nicht müde wurde zu betonen, so gut schießen konnte. Als Mitglied der „Freideutschen Jugend" war er 1913 auf dem „Hohen Meißner" dabei gewesen und verkörperte für mich die „gute Seite" der deutschen Jugendbewegung, die in der berühmten Meißner-Formel Ausdruck gefunden hatte.

Obwohl mir gerade in jenen Jahren die Schattenseiten der Jugendbewegung durchaus bewusst waren, sah ich in Bohnenkamp vor allem die Authentizität, die ihn z. B. dazu veranlasst hatte, einen ehrenvollen Ruf als Nachfolger von Eduard Spranger in Tübingen abzulehnen, weil er „seiner" Pädagogischen Hochschule treu bleiben wollte. Die „Liebe" beruhte offensichtlich auf Gegenseitigkeit. Bohnenkamp lud mich häufig zum Essen in den „Stern" am Bonner Marktplatz ein, denn er liebte gutes Essen. Wir diskutierten viel und Bohnenkamp ließ meine Meinung stets gelten. Später erzählte mir seine Tochter, die Lehrerin an der Bielefelder Laborschule wurde, wie sehr ihr Vater zu Hause von mir geschwärmt habe, obwohl er mich das nie hatte merken lassen. Neben Albie Sachs – „Vater" der Verfassung von Südafrika und spiritus rector des dortigen Verfassungsgerichtes – den ich erst sehr viel später kennen lernte, war Hans Bohnenkamp der einzige Mensch, den ich wegen seiner Authentizität maßlos bewundert habe. Und dann stand später auch noch im „Spiegel", dass er im britischen Internierungslager den jungen Leutnant Helmut Schmid davon überzeugt habe, in die SPD einzutreten, weil es nach der Katastrophe von 1945 gar keine andere Wahl gebe. Mit Entsetzen erfuhr ich nach seinem Tod, dass Hans Bohnenkamp ein führendes Mitglied der SA gewesen war und dass sein Ritterkreuz wohl nicht nur auf seinen militärischen, sondern auch auf ideologischen Verdiensten beruhte.

Bonn war keine „Hauptstadt". In Bonn gab es vier voneinander streng getrennte gesellschaftliche Kreise, erstens das bürgerliche kleinstädtische Bonn, zweitens das universitäre Bonn, drittens das politische Bonn und außerdem gab es auch noch in Bad Godesberg das diplomatische Bonn. Man erzählte die Geschichte von einem frisch angekommenen Botschafter, der einen Taxifahrer fragte, wo es denn hier die Prostituierten gebe und der zur Antwort erhalten habe, die Dame sei nur dienstags in Bonn, im Übrigen aber in Köln. Wenn überhaupt, dann gehörte ich ins „politische Bonn", aber ich war viel zu jung und hatte nun plötzlich mit vierzig- bis fünfzigjährigen Familienvätern zu tun und so richtig gehörte ich als parteiloser „Funktionär" sowieso nicht dazu, und „meine Leute" vom Ausschuss lebten gar nicht in Bonn, sondern irgendwo in der Republik.

So war ich nach dreieinhalb Jahren Europa-Kolleg und Paris etwas vereinsamt, weil plötzlich zu hochgestiegen. Ich besuchte zwar die juristischen Seminare von Scheuner, Friesenhahn und vor allem von Hellmut Ridder, wo ich viel lernte, und ich ging auch in die Clubs, z. B. in den sog. Dom-Kreis der Generalsekretäre, in die Bonner „Lese" und in die sog. september-gesellschaft, aber ich blieb dort fremd und fand erst in Berlin wieder Anschluss an meine Generation.

Aber noch zur september-gesellschaft: Im Kölner Dom-Hotel, in dem Böll's „Billiard um halb zehn" (1959) spielt, trafen sich regelmäßig Mitglieder der Gewerkschaft Erziehung und Wissenschaft mit Vertretern der Arbeitgeberverbände sowie mit ausgewählten Gästen. Es gab zunächst einen wissenschaftlichen oder bildungspolitischen Vortrag mit Diskussion. Der Diskussionsleiter, der GEW-Vorsitzende Rodenstein, machte jedoch gleich nach den ersten Diskussionsbeiträgen darauf aufmerksam, dass noch ein vorzügliches Essen auf uns warte und dass man deshalb die Beiträge doch lieber kurzfassen solle. Dann ging die riesige Schiebetür auf und gab den Blick frei auf eine Vielzahl festlich gedeckter Tische, an denen bereits diejenigen Gäste Platz genommen hatten, die eine Teilnahme an der Vortragsveranstaltung gar nicht für nötig gehalten hatten. An der Tür saß ein Mitglied des GEW-Vorstandes, ein ehemaliger Offizier, der jedem Teilnehmer beim Rausgehen einen Briefumschlag überreichte, der eine namhafte Summe enthielt. Ich habe viel gelernt aus diesen Gesprächen, die sich bis in die Nacht hinzogen. Ich konnte z. B. einen ganzen Abend lang einem Gespräch zwischen einem Jesuiten, Professor in St. Georgen in Frankfurt, und einem ehemaligen hohen adligen Wehrmachtsoffizier, jetzt Vertreter eines landwirtschaftlichen Interessenverbandes, über die NS-Zeit, die ja noch nicht so weit zurück lag, lauschen. Das Ganze war meine erste Erfahrung mit der Informalität politischer Herrschaft.

Da ich offensichtlich gut gearbeitet hatte, erhielt ich Anfang 1965, also ein halbes Jahr vor der endgültigen Auflösung des Ausschusses, vier Jobangebote. Man stelle sich das heute nur einmal vor! Abel wollte mich als Assistent an der TU-Darmstadt haben, aber das war keine juristische Stelle, und Abel starb kurze Zeit darauf. Über meinen Freund Wolf aus dem Europa-Kolleg erhielt ich eine Anfrage von Adolf Schüle, einem renommierten Juraprofessor meines Fachs, Assistent am Leibnitz-Kolleg, einer Studium-Generale Einrichtung in Tübingen, zu werden, aber auch der starb. Warum starben sie nur alle, die mich haben wollten? Hans Heckel, der nicht starb und der die einzige Professur für Schulrecht in der Bundesrepublik an der Deutschen Hochschule für Internationale Pädagogische Forschung (HIPF, heute DIPF) hatte, wollte mich ebenfalls als Assistent nach Frankfurt holen, aber das Hessische Besoldungsrecht bot nicht die Möglichkeiten, die die Max-Planck-Gesellschaft hatte. Doch es war letztlich nicht das Geld, was mich nach Berlin lockte.

Helmut Becker, der Direktor des neu gegründeten Instituts für Bildungsforschung in Berlin, Jurist, wenn auch nicht Juraprofessor, suchte junge Leute für die noch nichtexistierende juristische Abteilung des Instituts. Er bestellte mich zu einem Bewerbungsgespräch in sein Hotel Eden am Hofgarten in Bonn morgens um 9.00 und ließ mich auf sein Zimmer kommen. Dort lag er im Bett und las die New York Times – im Schlafanzug mehr oder weniger unter der Bettdecke. Ich dachte, das ist mein Mann! und ich war völlig arglos. Er machte keine irgendwie gearteten Versuche einer erotischen oder gar sexuellen Annäherung, sondern lag nur da und wir unterhielten uns vorzüglich – bis ich mit einem Angebot, nach Berlin ans MPI zu kommen, ging. Erst viele Jahre später, vor allem nach vielen Gerüchten, wurde mir klar, was für eine unmögliche Situation das gewesen war. Aber ich war völlig naiv und habe nur gedacht: Aha, ein Weltbürger, ein Mann von Welt!

Ich hatte vor meinem Abschied in Bonn noch zwei wichtige Aufgaben zu erledigen, und zwar erstens die Ordensfrage. Das Bundespräsidialamt hatte mir bzw. dem Vorsitzenden angeboten, dass alle Mitglieder das Bundesverdienstkreuz erhalten sollten. Das war erstens billig und zweitens üblich. Nur, welche Stufe? Pfizer hatte es schon zweimal abgelehnt, Butenandt hatte es bereits mit Stern und Schulterband, Messerschmidt hätte es gerne gehabt und ob es neben Bohnenkamps Ritterkreuz bestehen könnte? Also keine Orden, sondern ein Mittagessen in der Villa Hammerschmidt mit dem Bundespräsidenten Lübke. Bei diesem Mittagessen, dessen Tischordnung ich gemacht hatte, eine äußerst delikate Aufgabe, traf ich auf den Bundesinnenminister Hermann Höcherl, vorher Amtsrichter in Regensburg, und echauffierte mich über die Spiegel-Affaire. „Mut vor Königsthronen": „Herr Minister, in Wahrheit hat doch Ihr Kollege, Minister Strauß ..." Er blinzelte aus seinen Schweinsäuglein, breitete die Arme aus und antwortete mit der Pilatusfrage: „Aber Herr Richter, was ist die Wahrheit?" und segelte davon. Zweitens die Verabschiedungsfrage: Sollte es eine Abschlussveranstaltung mit dem Bundespräsidenten geben? Ja, am 1. Juli 1965 im Sitzungssaal des Bundesrates. Soweit so gut, das wäre geregelt! Doch der VdS, der Verband deutscher Studentenschaften, hatte just für den 1. Juli zu einer Massenprotestdemonstration gegen die Bildungspolitik der Bundesregierung im Bonner Hofgarten aufgerufen. Das trifft sich gut, hätte man meinen können; doch niemand erkannte den Zusammenhang, nicht der VdS und nicht der Ausschuss, geschweige denn das Bundespräsidialamt. Also schrieb ich dem Vorsitzenden des VdS, Lothar Krappmann – bis heute ein Freund –, ob sich die Veranstaltung des VdS nicht verlegen ließe, denn das wäre doch grob unpassend. Keine Reaktion!

Mich dagegen rief der zuständige Referent des Bundespräsidenten an und flehte: „Ich muss die Rede des Herrn Bundespräsidenten machen. Ich bin

Oberst bei der Bundeswehr gewesen. Ich habe keine Ahnung. Können Sie mir nicht einen Entwurf machen?" Nun ja, das war ein gefundenes Fressen für mich. Es war Pfingstsonntag und herrliches Frühlingswetter. Ich schnappte mir meinen Grundig-Phonokoffer und das Band mit Schuberts c-moll-Quintett, fuhr in die Eifel mit meinem 2 CV und sagte mir: Ingo, nun bist du mal der Bundespräsident, nun schreibst du mal eine Rede nicht wie du sie halten würdest, sondern wie ein idealer Bundespräsident Lübke sie halten würde. Die Vögel sangen am Feldrain und es wurde ein wunderbarer Text! Der große Tag war da und ich hatte natürlich allen Leuten gesagt, dass die Rede des Herrn Bundespräsidenten in Wirklichkeit von mir sei. Ich saß in der ersten Reihe, das Bonner Sinfonieorchester spielt ein Concerto Grosso von Händel, der Bundespräsident stieg auf das Podium, öffnete seinen Aktendeckel und begann, meinen Text zu lesen, grandios! Ich bin immer so gut in Einleitungen. Er schob den Text beiseite und begann einen anderen Text zu lesen. Das war offensichtlich die Fassung des Herrn Oberst, aber die gefiel ihm scheint's auch nicht. Er griff in seine Brusttasche und zog einen kleinen Zettel heraus und hielt seine berühmteste Rede, das Lob der Zwergschule im westfälischen Oedekoven, auf die er gegangen war. Und alle Leute im Saal dachten, der Text sei von mir. Wir schrieben das Jahr 1965, der Beginn des Jahrzehnts der Bildungsreform! Ich wäre am liebsten unter meinen Sessel gekrochen, aber es half ja nichts. Ich musste es durchstehen. Hunderttausend Studenten demonstrierten derweil nur wenige hundert Meter weiter für ein neues Bildungssystem. Es war der Aufbruch in eine neue Zeit.

1.1.2 Das Max-Planck-Institut für Bildungsforschung (1965–1979)

Nachdem ich die Hinterlassenschaft des Deutschen Ausschusses für das Erziehungs- und Bildungswesen geordnet und dem Bundesarchiv sowie dem Archiv der Max-Planck-Gesellschaft übergeben und das Büro des Ausschusses in Bonn geräumt hatte, setze ich mich am 3. Oktober 1965 in meinen 2 CV und fuhr nach Berlin, wo ich eine kleine Einzimmerwohnung im 12. Stock des Hochhauses am Lietzensee bezog. Da ich nur eine Lederlampe und einen Puff sowie ein bisschen Küchenausstattung besaß, musste ich mich zunächst etwas einrichten – schlicht schwedisch modern, obwohl es IKEA noch nicht gab. Abends ging ich in die damals noch ganz neue Philharmonie, Block G, ganz ganz oben und da unten der ganz ganz kleine, wenn auch großartige Nathan Milstein.

Ich war vom 1.10.1965 bis zum 30.9.1967 wissenschaftlicher Mitarbeiter des MPI in Teilzeit, da ich gleichzeitig Referendar am Kammergericht in

Berlin war. Zur Examensvorbereitung wurde ich einige Monate beurlaubt. Nachdem ich am 21.9.1967 mein Zweites Juristisches Staatsexamen abgelegt hatte, wurde ich am 1.10.1967 Leiter der Abteilung „Recht und Verwaltung des Bildungswesens" und als solcher Mitglied der Institutsleitung. Im Jahre 1975 wurde ich außerdem C3-Professor für Öffentliches Recht an der Rechtswissenschaftlichen Fakultät der Freien Universität.

Die Gründung des Max-Planck-Instituts für Bildungsforschung im Jahr 1963 lässt sich nur politisch verstehen. Alles sprach gegen die Gründung eines solchen Instituts Anfang der sechziger Jahre. Die Max-Planck-Gesellschaft bestand damals fast ausschließlich aus naturwissenschaftlichen Instituten, sieht man von zwei Instituten des internationalen Rechts und ein paar „Exoten" ab. Der Gründungsdirektor Hellmut Becker war nicht Erziehungswissenschaftler, sondern Jurist, und nicht einmal promoviert, geschweige denn habilitiert und er kam nicht aus der Universität. Es gab keine fachlichen Veröffentlichungen von ihm, sondern nur eine Handvoll interessanter kulturpolitischer Aufsätze. Als Rechtsanwalt hatte er nämlich vor allem kulturelle Einrichtungen beraten und vertreten. Sämtliche Abteilungsleiter waren fachfremd oder jedenfalls wissenschaftlich nicht eindeutig ausgewiesen. Der Leiter der Abteilung Pädagogik, Saul B. Robinsohn, war Oberstudienrat in Haifa gewesen und wurde dann Direktor des UNESCO-Instituts für Pädagogik in Hamburg. Der Leiter der Abteilung Soziologie, Dietrich Goldschmidt, war Ingenieur und promovierter Soziologe und kam von der Pädagogischen Hochschule Berlin. Der Leiter der Abteilung Ökonomie, Friedrich Edding, war Historiker und hatte am Weltwirtschaftsarchiv in Kiel gearbeitet. Der Leiter der Abteilung Recht und Verwaltung, Ingo Richter, hatte gerade sein Zweites Juristisches Staatsexamen gemacht und zwei juristische Promotionen in Hamburg und Paris abgeschlossen. Als „führender Kopf" wirkte hinter den Kulissen Wolfgang Edelstein, ein promovierter Altphilologe, der als Lehrer an der Odenwaldschule gearbeitet hatte. Nie wäre mit einer solchen personellen Ausstattung ein Universitätsinstitut gegründet worden, geschweige denn ein Max-Planck-Institut – und dann dieser Name: Institut für Bildungsforschung, eine Neuerfindung, mit der niemand so recht etwas anfangen konnte. Die deutsche universitäre Erziehungswissenschaft und die Deutsche Hochschule für Internationale Pädagogische Forschung in Frankfurt (HIPF) waren an der Gründung nicht wesentlich beteiligt.

Wie kann man denn nun aber eine solche merkwürdige Gründung politisch erklären? Es waren die späten Adenauer-Jahre. Die FDP hatte nach den Wahlen 1961 dem Bundeskanzler den Rücktritt während der laufenden Wahlperiode abgerungen. Der Bau der Mauer hatte die BRD in die Defensive gedrängt. Wandel lag in der Luft. Prominente bürgerliche protestantische Intellektuelle meldeten sich zu Wort und forderten grundlegende Veränderungen in der Außen-, Verteidigungs-, Wirtschafts-, Innen- und eben auch in der Bildungspolitik, wofür die Namen v. Weizsäcker, v. Bismarck, Raiser, Picht und eben auch Hellmut Becker standen. Nach dem Godesberger Programm von 1959 war auch die SPD für solche „Persönlichkeiten des öffentlichen Lebens" und damit auch für „bürgerliche Kreise" wählbar geworden.

Die OECD-Konferenz in Washington 1961 hatte zum ersten Mal die Bildungsausgaben ihrer Mitgliedsländer miteinander verglichen und Deutschland einen hinteren Platz zugewiesen. Georg Picht veröffentlichte 1964 das Buch „Die Deutsche Bildungskatastrophe" und forderte die Verdoppelung der Bildungsausgaben und der Lehrerzahlen. Ralf Dahrendorf trat in seinem Buch „Bildung ist Bürgerrecht" 1965 vehement für die Chancengleichheit im Bildungswesen ein. In den westlichen demokratischen Industriestaaten brachten empirische Untersuchungen im Bildungswesen spektakuläre Ergebnisse, insbesondere der Coleman-Report „Equality of Educational Opportunity" 1964, Bourdieu und Passeron „Les Heritier", auf Deutsch „Die Illusion der Chancengleichheit"1964, Michael Rutter „Fifteenthousand Hours" 1967. Nur Deutschland hatte nichts Vergleichbares vorzuweisen.

Der Gründer des Instituts, Hellmut Becker, war – wie man heute sagen würde – bestens vernetzt. In den Machteliten der frühen Bundesrepublik war er „bekannt wie ein bunter Hund", auch wenn man der These des Buches von Ulrich Raulff, Kreis ohne Meister (2010) von der „Nachkriegs-Maffia" des George-Kreises nicht zustimmen mag. Der Standortfaktor schließlich: Im Jahre 1961 konnte der Gründung eines Max-Planck-Institutes in der „Frontstadt" Berlin eigentlich niemand widersprechen. Hellmut Becker wurde nicht müde, die drei Gegner der Gründung zu benennen: Die Kultusministerkonferenz, die die Ansiedlung von Institutionen des Bildungsbereichs auf Bundesebene für verfassungswidrig hielt, die Katholische Kirche, die die empirische Erforschung der Wahrheit fürchtete, und die deutsche universitäre geisteswissenschaftlich orientierte Pädagogik, die sich „abgehängt" fühlte, was den politischen Charakter der Gründung mehr als bestätigte.

Welches waren die bildungspolitischen Ziele, die die politische Gründung eines solchen Instituts bewirkten? Was wollten wir denn überhaupt? Gab es theoretische Ansätze, durch die sich die Gründungsideen begründen ließen? Gab es Initiativen, solche Ideen in die Praxis umzusetzen? Es ist außerordentlich schwer, diese Ideen nach fünfzig Jahren zu benennen oder gar zu rekonstruieren, und die große Mehrheit der Praxisprojekte ist nicht dokumentiert und inzwischen vergessen, zumal viele auch nicht über die ersten Anfänge hinweg kamen. Ich will einige derjenigen Fragen, die uns damals bewegten, benennen. Sie sind nach wie vor aktuell, haben inzwischen aber auch eine Geschichte.

1. Worauf beruht die Chancenungleichheit im Bildungswesen und in der Gesellschaft? James Coleman hatte in den sechziger Jahren im Auftrag der amerikanischen Regierung in einer groß angelegten empirischen Untersuchung die Ursachen in den ethnischen, religiösen, geschlechtsspezifischen und sozio-ökonomischen Unterschieden gefunden,[32] und Pierre Bourdieu hatte die Sicherung der traditionellen französischen Gesellschaftsstruktur durch die Vererbung und Reproduktion bestimmter Einstellungen und Milieus bei Studenten empirisch untersucht.[33] Über die unterschiedlichen Sozialisationsbedingungen bestand nach solchen Veröffentlichungen durchaus Konsens, auch wenn sie weiterer empirischer Untersuchungen und der Übertragung nach Deutschland bedurften.

2. Gab es Merkmale der unterschiedlichen Sozialisation, die sich identifizieren ließen und die sich für pädagogische Interventionen eigneten? Schichtspezifische Sprachgewohnheiten, sog. linguistische Codes, galten als ein Schlüssel für die Reform, und zwar insbesondere aufgrund der Arbeiten von Basil Bernstein, die seinerzeit außerordentlich bekannt wurden.[34]

3. Über das – an sich dem Liberalismus entstammende – Ziel der Chancengleichheit bestand im Grundsatz Konsens, nicht aber über die Verwirklichung. Ein Ansatz dazu war die Idee der kompensatorischen Erziehung, die z. B. in früher Erziehung und in Sprachförderungsprogrammen für die Kinder der Unterschicht umgesetzt werden sollte.[35]

4. Welche Organisationsstruktur vermag der Chancengleichheit besser zu dienen, das dreigliedrige Sekundarschulwesen oder die Gesamtschule? Und lassen sich darüber wissenschaftliche Aussagen treffen?[36]

5. Werden behinderte Kinder besser in Sonderschulen oder im allgemeinen Schulwesen gefördert? Seinerzeit war die Fragestellung neu und heftig umstritten.[37]

6. Werden Lehrlinge von den Ausbildungsbetrieben ausgebeutet oder ist die praktische Ausbildung im Betrieb der richtige Ansatz für den Erwerb praktischer Kompetenzen?[38]

7. Mit der Einführung des Begriffs „Curriculum" schien ein Zauberwort für die Lösung des Lehrplanproblems gefunden zu sein, insbesondere weil

32 James Coleman, Equality of Educational Opportunity, 1966
33 Pierre Bourdieu, Die Illusion der Chancengleichheit, 1971
34 Basil Bernstein, Soziale Struktur, Sozialisation und Sprachverhalten, 1970
35 Manuela Du Bois-Reymond, Strategien kompensatorischer Erziehung, 1971
36 Jürgen Raschert, Gesamtschule: ein gesellschaftliches Experiment, 1974
37 Jakob Muth, Integration von Behinderten – Über die Gemeinsamkeit im Bildungswesen, 1986.
38 Heinrich Abel, Das Berufsproblem, 1963

empirische Untersuchungen die Überwindung jahrzehntelanger ideologischer Auseinandersetzungen zu versprechen schienen.[39]

8. Wissen war zweifellos der dritte Produktionsfaktor neben Arbeit und Kapital. Diese Einsicht versprach riesige Investitionen in das Bildungswesen. Nur ließ sich die Rentabilität solcher Investitionen auch nachweisen, sogar messen?[40]

9. Die Ausweitung der Bildungschancen vermehrt die gesellschaftlichen Kompetenzen und schafft eine Vielzahl neuer Qualifikationen. Nur, braucht die Gesellschaft eigentlich diese Kompetenzen und vermag das Beschäftigungssystem die neuen Qualifikationen aufzunehmen?[41]

10. Hellmut Becker hatte bereits im Jahre 1954 im Anschluss an Adornos „Verwaltete Welt" seinen berühmt gewordenen Aufsatz „Die verwaltete Schule" geschrieben[42] und behauptet, dass diese Schule einen verwalteten unfreien Menschen hervorbringt. Nur war das überhaupt richtig? - angesichts der Tatsache, dass es dafür keinerlei empirische Beweise gab?

11. Die Universität sollte eine gesellschaftskritische Funktion haben und das Demokratieprinzip sollte nicht nur für die Politik, sondern für die gesamte Gesellschaft, also auch für Schule und Hochschule gelten.[43]

Dem angeblich von Günther Grass inspirierten Ruf Willy Brandts in seiner Regierungserklärung „Mehr Demokratie wagen! " konnten wir alle zustimmen. Doch die „Demokratisierung" sollte nicht Programm bleiben. Die gesellschaftliche Praxis sollte verändert werden, und zwar sofort. Wir wollten nicht die Ergebnisse von langjährigen Forschungsprojekten abwarten, denn eigentlich wussten wir ja, wo's langgeht. Deshalb schossen zahlreiche Praxisprojekte wie Pilze aus dem Boden, vom „Kinderladen" bis zur „Kritischen Universität". Die wissenschaftliche Grundlage für sofortige Reformversuche war die Idee des wissenschaftlich kontrollierten Experimentes, von den Naturwissenschaften abgeguckt und jetzt auch für die Sozialwissenschaften entdeckt. Ein Beispiel für diesen Ansatz sollte das Experimentalprogramm „Gesamtschule" des Bildungsrates werden. Als Zentren für die wissenschaftliche Begleitung solcher Experimentalprogramme standen neben dem Max-Planck-Institut eine ganze Reihe neu gegründeter Landesinstitute für Bildungsforschung bereit.

39 Saul B. Robinsohn, Bildungsreform als Revision des Curriculum, 1967
40 Klaus Hüfner, Bildungsinvestitionen und Wirtschaftswachstum, 1970
41 Volkmar Gottsleben, Die Manpower-Forschung der OECD – Organisation und Inhalt, 1968
42 Hellmut Becker, Quantität und Qualität – Grundfragen der Bildungspolitik, 1962, S.147 ff.
43 Wolfgang Nitsch, Uta Gerhardt, Claus Offe und Ulrich K. Preuß, Hochschule in der Demokratie – Kritische Beiträge zur Erbschaft und Reform der deutschen Universität, 1965

Das Max-Planck-Institut für Bildungsforschung der sechziger Jahre des vergangenen Jahrhunderts lässt sich als ein Soziotop eigener Art beschreiben. Es war eine gewagte politische Gründung außerhalb wissenschaftlicher Konventionen und es hatte mit Hellmut Becker und seinen Abteilungsleitern eine recht ungewöhnliche Leitung. Auch die Konzeption – der heute gängige Begriff der Bildungsforschung war äußerst gewöhnungsbedürftig – und die Mitarbeiterschaft erregten Aufsehen und Misstrauen. Das Institut hatte über einhundert Mitarbeiter und Mitarbeiterinnen, viele waren Sozialwissenschaftler, die meisten waren noch nicht promoviert und alle waren jung. Viele standen der „Studentenbewegung" nahe und einige ihrer „führenden Köpfe" waren im Institut beschäftigt. Hellmut Becker hatte die richtige und mutige Idee, den „Heißspornen" die Gelegenheit zu geben, in wissenschaftlicher Arbeit ihren Theorien ein Fundament zu geben und die Wirklichkeitsgestaltungsmacht ihrer Ideen zu beweisen. In der Politik herrschten die alten Männer und in der Verwaltung die „alten Nazis". Die universitäre Wissenschaft hatte gemeint, nach dem Zusammenbruch an die „gute alte deutsche Universität" anknüpfen zu können (s. o. Teil I 2.1.2). Jetzt aber sollte „die Philosophie", sprich: die Soziologie, an die Macht kommen. In der empirischen Sozialwissenschaft glaubten wir, den Hebel zur Veränderung der gesellschaftlichen Verhältnisse gefunden zu haben. Schließlich bot das Institut durch seine Praxiskontakte auch die Möglichkeit, in der wirklichen Praxis an Reformen zu arbeiten. Es herrschte der Geist der Zukunftsmächtigkeit, so wie es das oben zitierte Bismarck'sche Diktum „Wer die Schule hat, hat die Zukunft" nahelegte.

Wir hatten uns viel vorgenommen. Wie aber sollte angesichts der Fülle möglicher Projekte eine Auswahl getroffen werden? Eine Programmdiskussion gab es im Institut zunächst nicht, sondern die Abteilungsleiter brachten ihre Projekte in die Leitungskonferenz ein, wo sie in aller Regel „abgesegnet" wurden. In der Sylvesternacht 1968/69 schrieb ich meinen Jahresbericht als Abteilungsleiter, zu dem ich mich meiner Abteilung gegenüber verpflichtet fühlte und darin entwickelte ich die Idee einer sog. Grundsatzkonferenz, die Programmdiskussionen führen sollte, und die eingeführt wurde und lange Zeit bestand. Später entwickelte Ulrich Övermann aufgrund von Befragungen im Institut ein Programmkonzept für das Institut, das jedoch zu einer Theoriebestimmung des Instituts nicht führte. Wir waren so sehr von unseren politischen Zielen und wissenschaftlichen Ideen überzeugt, dass wir die Frage nach der Wissenschaftlichkeit der Arbeit, nach der wissenschaftlichen Beantwortbarkeit unserer Fragen überhaupt nicht stellten. Die „Kritische Theorie", der wir uns mehr oder weniger verpflichtet fühlten, war eben keine selbstkritische Theorie. Die Ideen wurden in der Tat auch umgesetzt, d. h. in Praxisprojekten realisiert, aber viele Projekte scheiterten, ohne dass diese Tatsache in den sechziger und siebziger Jahren im Institut je thematisiert worden wäre. Das galt auch für wichtige wissenschaftliche Projekte. Das sog. Garystraßenprojekt, ein Schulleistungsprojekt, das die Coleman-Studie für Deutschland reproduzieren sollte, wurde nicht zu Ende geführt und seine Daten wurden erst sehr viel später von Baumert re-analysiert.[44] Der Versuch, Integrations- und Differenzierungsprozesse in den europäischen Schulsystemen im Hinblick auf ihre Bedingungen zu analysieren, wurde nach einigen Publikationen aufgegeben; eine geplante zusammenfassende Publikation gab es nicht, wohl auch, weil der Abteilungsleiter und Koordinator des Projektes Robinsohn 1972 starb.[45] Die Curriculumtheorie und die Curriculumforschung machten zwar Furore[46]; der Versuch einer empirischen Umsetzung am Beispiel der Mathematik wurde jedoch aufgegeben.[47] Die sog. Manpowerforschung, die den Qualifikationsbedarf des Beschäftigungssystems erfassen und im Hinblick auf seine Anforderungen an das Bildungssystem untersuchen sollte, kam nicht sehr weit und wurde eingestellt.[48] Es wurden zwar sehr sinnvolle Studien über die Erfassung der Bildungsausgaben erstellt; die Auswirkungen der Investitionen in die Bildung und in das Bildungssystem auf die individuellen Einkommen und das Wachstum der Volkswirtschaft ließen sich jedoch nicht berechnen.[49] Der Versuch, die sozialisatorischen Auswirkungen von Verfassung und Verwaltung des Bildungswesens empirisch zu erfassen, wurde gar nicht erst unternommen.[50]

Es entstanden in den Jahren der „Becker-Zeit" sehr viele sehr sinnvolle Einzelstudien am MPI, und einzelne hatten beachtliche, vor allem bildungspolitische Wirkungen. Man wird nicht umhinkönnen, im Nachhinein zu sagen, dass von ihnen und ihrer Verbreitung ein enormer Aufschwung der bildungs-

---

44 Im Zusammenhang mit der Begründung neuer Schulleistungsuntersuchungen in den achtziger und neunziger Jahren, insbesondere von TIMSS und PISA haben Baumert u. a. auch die Daten der alten Schulleistungsstudie des MPI ausgewertet.

45 Saul B. Robinsohn u. a., Schulreform im gesellschaftlichen Prozess I – BRD, DDR, UDSSR, 1970 und ders., II – England und Wales, Frankreich, Österreich, Schweden, 1975

46 Saul B. Robinsohn, Bildungsreform als Reform des Curriculum, 1967

47 Helge Lenne, Analyse der Mathematikdidaktik in Deutschland, 1969; s. Dieter Hopf, Mathematikunterricht, - eine empirische Untersuchung zur Didaktik und Unterrichtsmethode in der 7. Klasse des Gymnasiums, 1980

48 Wolfgang Armbruster u. a., Arbeitswirtschaftliche Probleme der aktiven Bildungspolitik, 1969; Dirk Hartung, Reinhard Nuthmann und Wolfgang Dietrich Winterhager, Politologen im Beruf – Zur Aufnahme und Durchsetzung neuer Qualifikationen im Beschäftigungssystem, 1970

49 Klaus Hüfner (Hrsg.), Bildungsinvestitionen und Wirtschaftswachstum, 1970

50 S. etwa mein Programm aus dem Jahre 1975 „Bildungsverwaltungsforschung" in: Heinrich Roth und Dagmar Friedrich (Hrsg.), Bildungsforschung – Probleme, Perspektiven, Prioritäten, 1975, S.341 ff., insbes.386 ff.

politischen Diskussion ausgegangen ist. Manche Themen blieben auf der Forschungsagenda und fanden Forscher, die mit größerer Seriosität, Kompetenz und Geduld an die Sache gingen als die damalige Generation der „jungen Reformer". Andere Fragen galten als wissenschaftlich nicht bearbeitbar und manche Themen gerieten bald in Vergessenheit und wurden erst Jahre später wieder ausgegraben. Vielleicht lässt sich die Frage nach der bildungs- und gesellschaftspolitischen Bedeutung des jungen Instituts für Bildungsforschung durch eine Anekdote beantworten. Die Evangelische Kirche Deutschlands wollte Georg Picht zum Direktor der Forschungsstätte der Evangelischen Studiengemeinschaft (FEST) in Heidelberg machen. Nachdem der Kandidat alle Fragen des Rats der EKD beantwortet und das Gremium für sich beraten hatte, wurde Picht wieder hereingebeten und Bischof Lilje stellte die Frage: „Herr Dr. Picht, wie stehen Sie zur Reformation?" Picht soll nach einigem Zögern geantwortet haben: „Herr Bischof, die Reformation ist eine Hoffnung für die Zukunft!"

1.1.3 Der Deutsche Bildungsrat I (1965–1970)

Wir wollten uns also nicht darauf beschränken, Wissenschaft zu betreiben und Praxisprojekte auf wissenschaftlicher Grundlage zu initiieren und zu evaluieren, sondern wir wollten auch „Politik machen", zwar nicht als Politiker, sondern im Wege der Politikberatung. Das war ein durchaus schwieriges Unterfangen. Die „Welt der Politik" und die „Welt der Wissenschaft" galten an sich als getrennte Welten. In der Politik geht es um Macht und in der Wissenschaft um Wahrheit – so jedenfalls die traditionellen Zuschreibungen. Doch die Politik bedarf der Informationen über die Sachverhalte, die sie ihren Entscheidungen zugrunde legt und die Wissenschaft hat durchaus auch Erkenntnisinteressen. In den sechziger Jahren des vergangenen Jahrhunderts entstand über das Verhältnis von Wissenschaft und Politik eine lebhafte Debatte.[51] Im Institut für Bildungsforschung bekannten wir uns zum Habermas'schen Diskursmodell der Politikberatung.[52] Das war aber vielleicht nur ein Lippenbekenntnis, denn eigentlich glaubten wir, dass wir wussten, wo's langgeht bzw. langgehen sollte und wiegten uns in der Hoffnung, dass sich die Bildungspolitik durch die Bildungsforschung würde beeinflussen lassen, und das war vielleicht auch eine Zeit lang so, bis

---

51 Klaus Lompe, Traditionelle Modelle der Politikberatung, in: S. Falk u. a. (Hrsg.), Handbuch der Politikberatung, 2006, S. 25 ff.

52 Jürgen Habermas, Verwissenschaftlichte Politik in demokratischer Gesellschaft, 1963

die Politiker merkten, dass auch die Bildungsforscher durchaus „Partei" sein konnten und sahen, dass jede politische Fraktion „ihre Bildungsforscher" hatte. Aber, es dauerte eine gewisse Weile, bis der „heyday" der wissenschaftlichen Politikberatung vorüber war. Zunächst richtete sich unsere Hoffnung auf eine erfolgreiche Politikberatung durch den Deutschen Bildungsrat.

Als „Nachfolger" des Deutschen Ausschusses für das Erziehungs- und Bildungswesen wurde 1965 nämlich der Deutsche Bildungsrat berufen. Da man den angeblichen Konstruktionsfehler des Deutschen Ausschusses vermeiden und sich an die Konstruktion des so erfolgreichen Wissenschaftsrates anlehnen wollte, erhielt der Bildungsrat neben der Bildungskommission eine Verwaltungskommission aus Vertretern von Bund und Ländern. Im Unterschied zum Wissenschaftsrat wurde die Verwaltungskommission des Bildungsrates aber nicht in den Entscheidungsprozess eingebunden, sondern nur angehört. Der ersten Bildungskommission gehörten unter dem Vorsitz des Kieler Historikers Erdmann und des stellvertretenden Vorsitzenden Hellmut Becker neben zwei Politikern, Hans Maier aus Bayern und Willy Dehnkamp aus Bremen, ausgesprochen prominente Wissenschaftler an, wie z. B. der Philosoph Krings, die Soziologin Mayntz, der Pädagoge Roth und der Mathematiker Bauersfeld, dazu der DGB-Vorsitzende Rosenberg. Für den Bildungsrat arbeiteten in seinen beiden Legislaturperioden insgesamt 50 Experten in Unterausschüssen und 100 Gutachter, von denen viele aus dem Institut für Bildungsforschung kamen. Das Institut wurde so etwas wie die „Werkstatt" des Bildungsrates, zumal die persönlichen Referenten von Hellmut Becker, Jürgen Raschert und Knut Nevermann, die Arbeit koordinierten.

Der Bildungsrat versuchte, sich deutlich vom Deutschen Ausschuss abzusetzen, indem er eine wissenschaftliche Fundierung seiner Vorschläge für sich in Anspruch nahm und die „Wissenschaftsorientierung" der Bildungsprozesse auf seine Fahnen schrieb. Doch in seinem „Strukturplan", den er 10 Jahre nach dem Rahmenplan des Deutschen Ausschusses vorlegte[53], blieb auch dem Bildungsrat in der Strukturfrage nichts anderes als ein Kompromiss übrig, auch wenn dieser anders aussah als der des Deutschen Ausschusses. Der Bildungsrat „vertagte" die Entscheidung „Dreigliedrigkeit oder Gesamtschule", indem er für die Sekundarstufe nicht die organisatorische, sondern eine curriculare Integration vorschlug, sodass alle drei Zweige zu einem sog. Abitur I führen sollten, auf das dann nach der Oberstufe das Abitur II folgen sollte, und er verlagerte die Entscheidung „in die Wissenschaft", indem er ein „Experimentalprogramm Gesamtschule" vorschlug.

---

53 Deutscher Bildungsrat, Strukturplan für das Bildungswesen, 1970

Für meine bildungspolitische Entwicklung spielte der Strukturplan keine Rolle, da ich zur Zeit der Entscheidungen über den Strukturplan für das Zweite Staatsexamen beurlaubt war und deshalb an den wegweisenden Beratungen im Institut gar nicht teilnehmen konnte. Doch Hellmut Becker kam auf die Idee, in letzter Minute dem Strukturplan ein Kapitel V über „Organisation und Verwaltung" nachzuschieben. Dieses Kapitel schrieb ich im Sommer 1970 in drei Wochen in „Einsamkeit und Freiheit" auf einem Bauernhof im schwäbischen Allgäu. Ich konzipierte ein „Autonome Schule" mit einer eingeschränkten Schulaufsicht, die über curriculare, personelle und finanzielle Fragen selbst entscheiden können sollte, ein Modell, das seither die Schulpolitik anhaltend beschäftigt. Nach zwei Wochen stand der Text und ich schickte ihn an Hellmut Becker, der im benachbarten Kressbronn am Bodensee Urlaub machte, damit wir den Text besprechen konnten. Nachdem die Arbeit getan war, legte ich den frankierten Briefumschlag beim Tanken auf mein Auto, denn ich wollte ihn in einen nahen Briefkasten einstecken. Es war vor jeder PC-Zeit und ich hatte keine Kopie gemacht. Ich kurvte mit meinem Auto glücklich über die engen Landstraßen des Allgäu, als ich meinen Fehler bemerkte. Der Brief war weg, o Schreck! kam aber nach drei Tagen dennoch beim Empfänger, Hellmut Becker, an, der den Text „absegnete". Wäre der Brief verloren gegangen, wäre das berühmte Kapitel V vermutlich nie zustande gekommen, denn die Zeit drängte. Das Plenum des Bildungsrats ließ in seiner letzten Sitzung – trotz der eindringlichen Warnungen von Hans Maier – das Kapitel V passieren. Die Folgen blieben in der zweiten Legislaturperiode des Bildungsrats nicht aus. (s. u. 1.1.6)

1.1.4 Die Regierung Brandt-Scheel (1969)

Was nun zunächst folgte, war mein vermeintlicher Sprung in die „große Politik", was es jedoch nicht war, denn ich war „zu kurz gesprungen". Die Regierung der „Großen Koalition" hatte den Weg frei gemacht für eine neue Bildungspolitik. Durch eine Grundgesetzänderung hatte der Bund die konkurrierende Gesetzgebungskompetenz für den „Öffentlichen Dienst" sowie eine Rahmengesetzgebungkompetenz für die allgemeinen Grundsätze des Hochschulwesens" (Art 74 Nr.1a und 75 Nr.1 n.F.) erhalten, und der neue Art. 91b GG sah eine gemeinsame Bildungsplanung von Bund und Ländern vor. Gemeinschaftsaufgaben! Struktur- und Finanzplanung! Arbeitsförderung! Die neue Regierung versprach nicht nur eine neue Politik und einen neuen Politikstil, sondern auch neue Strukturen für das politische und administrative Handeln. Das aus dem Atomministerium von Franz Josef Strauß hervorgegangene und für Bildung und Wissenschaft zuständige Ministerium erhielt angesichts der neuen Aufgaben den Namen Bundesministerium für Bildung und Wissenschaft (BMBW). Minister wurde der parteilose Präsident des Wissenschaftsrates, Hans Leussing, Staatssekretäre der ebenfalls parteilose Hamburger Staatsrat Hans von Heppe und die FDP-Politikerin Hildegard Hamm-Brücher. Und Willy Brandt trug in seiner Regierungserklärung die Forderung: „Mehr Demokratie wagen!" vor. Nun war es wirklich so weit: „Mit uns zieht die neue Zeit!"

Ich sollte Grundsatzreferent von Frau Hamm-Brücher werden. Ich war zur Zeit der „Großen Koalition" in die SPD eingetreten (s. u. 1.3.7); aber ins Ministerium sollte ich als „Hellmut Beckers junger Mann" gehen. Doch so schnell ging das nicht, weil ich in Berlin noch angefangene Arbeiten abschließen wollte und weil die Verwaltung sich mit meiner Übernahme schwertat – nicht zuletzt weil ich als Abteilungsleiter in Berlin eine recht gut dotierte Stelle hatte. Ich wurde also für ein halbes Jahr von der Max-Planck-Gesellschaft an das BMBW „ausgeliehen". Im Juli 1970 habe ich dann freilich entschieden, dass ich die Aufgabe des Grundsatzreferenten „Bildung" im BMBW nicht übernehmen und nicht nach Bonn übersiedeln würde.

Ich pendelte also ein halbes Jahr lang von Berlin nach Bonn, und wir schrieben in Bonn in dieser Zeit den ersten „Bildungsbericht" der Bundesregierung, der noch im Herbst 1970 vorgelegt wurde.[54] Wir wollten den „Strukturplan" des Bildungsrates überholen, und zwar zeitlich, politisch und inhaltlich, insbesondere indem der Bericht sich für die Einführung der Gesamtschule „ohne wenn und aber" aussprach, und außerdem weil er überhaupt moderner war, insbesondere in seiner statistischen Beweisführung und in der optischen Gestaltung. Dass der Bund überhaupt keine Kompetenz für die Einführung der Gesamtschule hatte, weil das Schulwesen Ländersache war, störte uns dabei weniger. Wir konzipierten und installierten nämlich die „Bund-Länder-Kommission für Bildungsplanung (BLK)" nach Art. 91 Abs.2 n.F. GG und krempelten überhaupt die Ärmel auf.

Dennoch gefiel mir die Arbeit im Ministerium nicht. Das ging schon am ersten Tag los. Ich hatte an meinem ersten „Diensttag" das Frühflugzeug aus Berlin genommen, saß um 9.00 an meinem Schreibtisch in meinem neuen Dienstzimmer, sah hinüber über den Rhein auf das seit meiner Bonner Zeit von mir geliebte Siebengebirge und harrte der Dinge, die da kommen sollten. Die „große Politik" konnte nun beginnen. Kurz nach neun Uhr öffnet sich die Tür, ohne dass vorher angeklopft worden wäre, und herein kommt ein alter

---

54 Bundesminister für Bildung und Wissenschaft (Hrsg.), Bildungsbericht '70, 1970

Mann, der Bürobote, der schlürfend nach einem traurigen „Guten Morgen", ohne mich anzusehen, ohne zu bemerken, dass da nun „ein Neuer" sitzt, auf meinen Schreibtisch vorne rechts einen mäßig großen Aktenberg legt und von der anderen Seite den in der Tat von meinem Vorgänger dort noch liegenden kleinen Aktenberg mitnimmt, wieder zur Tür schlürft und mit einem ebenso traurigen „Guten Tag dann auch" den Raum verlässt und die Tür schließt, „kafkaesk"!

Das Sagen hatten die Abteilungsleiter, altgediente Beamte – zumeist ehemalige Lehrer – aus sozialdemokratisch geführten Kultusministerien, die ihre klar definierten politischen Ziele hatten und die sich von einem „Querkopf" wie mir nicht reinreden ließen. Und die nach außen so liberal auftretende Staatssekretärin, die geradezu als der Inbegriff des politischen Liberalismus in dieser Zeit galt, führte neben den parteilosen Fachleuten Leussing und von Heppe das Ministerium ausgesprochen autoritär. Ich fand es unerträglich, dass sie ohne Begründung meine Entwürfe „in den Papierkorb warf", d. h. mir als unbrauchbar zurückgab. Nein, ein „Ministerialer" wollte ich nicht werden.

Politisch war das Ministerium sehr erfolgreich. Der hochangesehene parteilose Minister Leussing aus dem Wissenschaftsbereich beschränkte sich auf die Wissenschaftspolitik und ließ die „Bildungscrew" gewähren. Es herrschte allenthalben Aufbruchstimmung, denn es konnten sich alle auf die Losung „Mehr Bildung" einigen. Wer wollte auch gegen „mehr Bildung" sein? Der SPD gelang es, als eine Partei zu erscheinen, die durch Bildung und Wissenschaft das Land voranbringen würde und die CDU in die Defensive zu drängen, ja sogar, sie zu einem hinhaltenden widerwilligen Mitmachen zu zwingen. Selbst der grundkonservative gebildete sympathische langjährige Kultusminister von Baden-Württemberg, der Nestor in der Riege der Minister, Wilhelm Hahn, der Antipode der jungen adligen sozialdemokratischen „Heißsporne" Peter von Oertzen in Niedersachsen und Ludwig von Friedeburg in Hessen, gestattete es der „Familie Freudenberg" in Weinheim eine Gesamtschule zu gründen.

Dennoch: Frau Hamm-Brücher trat zwar gerne im Kreise der Bildungsforscher auf, bedurfte aber eigentlich keiner Beratung. Sie hatte die Öffentlichkeit sowieso auf ihrer Seite. Ich taugte also allenfalls als interner persönlicher Gesprächspartner, aber selbst das wollte mir nicht gelingen. Also verließ ich das Ministerium nach einigen Monaten wieder mit der Erfahrung, dass Politikberatung von außen schön ist, von innen aber eher frustrierend.

1.1.5 Die Projektgruppe Curriculumentwicklung (1971–1972)

Im Ausschuss „Curriculumentwicklung" des Bildungsrates hatte es sich wohl herumgesprochen, dass die empirische Begründung von Lehrplänen problematisch sei und dass einiges dafürspräche, die Lehrerinnen und Lehrer an der Entwicklung von Lehrplänen nach dem Vorbild der englischen Teacher-Councils zu beteiligen, um auf diese Art und Weise auch deren Weiterbildung zu fördern. Diesen Gedanken griff die Freudenberg-Stiftung auf. Hermann Freudenberg hatte seit Jahren im sog. Ettlinger Kreis prominente Bildungsforscher und Bildungsreformer zu Diskussionen geladen und gründete und finanzierte eine Projektgruppe, die ein solches Modell der Curriculumentwicklung entwerfen und möglichst auch ausprobieren sollte – an den öffentlichen Schulen selbstverständlich. Neun junge Leute, von denen kaum einer seit seiner Schulzeit eine Schule von innen gesehen hatte, machten sich also auf, um in der Curriculumentwicklung einen neuen Weg zu finden und gangbar zu machen. Da gab es zwei Soziologen und zwei Juristen, eine Journalistin, einen Politologen und einen Wissenschaftsmanager, aber immerhin einen Hochschuldidaktiker und einen Lehrer von einer Privatschule.

Und wir machten uns auf den Weg im wahrsten Sinne des Wortes, in die USA nämlich, um Vorbilder von R+D (Research and Development) zu finden. Nach einigen Vorbereitungen starteten sechs der neun Mitglieder der Projektgruppe im Herbst 1971 zu seiner Studienfahrt in das „gelobte Land" der Bildungsforschung und -entwicklung. Ich war noch nie in den USA gewesen und meine Frankophilie hatte mich daran gehindert, das Englische so gut wie das Französische zu lernen. Aber ohne Englisch ging nun überhaupt nichts mehr. Schüchtern und bescheiden waren wir nicht. So sagten wir uns bei den größen und berühmten Institutionen an und wurden auch überall bereitwillig empfangen. Wir organisierten das Ganze als eine Art „Sternfahrt". Die Westgruppe bereiste zwei Wochen lang den Westen. Dann trafen wir uns mit der Ostgruppe in der Mitte, in Denver, zu einem Gedankenaustausch, um danach nochmals zwei Wochen lang den Westen zu bereisen, bevor wir zu einer Bilanzierungskonferenz in New York zusammentrafen. Großspuriger ging es eigentlich nicht, zumal ich dem noch einen zweiwöchigen Besuch in Toronto bei dem riesigen Ontario Institute for Studies in Education (OISE) und in Chicago voranstellte, u. a. in der von John Dewey um 1900 gegründeten und damals auch von ihm selber geleiteten Laborschule.

Ich landete also in dem englisch/französisch, also europäisch geprägten Kanada, so dass der Schock zunächst nicht allzu groß war. Doch in Chicago traf er mich dann umso mehr. Zum Glück konnte ich bei Caspers auf dem Gelände der University of Chicago wohnen. Ich hatte mit Gerhard Casper zusammen in Hamburg das Erste Staatsexamen gemacht, und während ich danach für ein Jahr nach Paris ging, war er für ein Jahr nach Berkeley gegangen, um letztlich für immer in den USA zu bleiben. Journalistische Freunde in Berlin hatten zu mir vor der Reise die Beziehung abgebrochen: „Wenn Du in dieses schreckliche Land der Vietnam-Verbrecher gehst, dann wollen wir Dich nicht mehr sehen". Nun, ich ging trotzdem! An einem Sonntagvormittag nahmen mich Gerhard und Regina zusammen mit Roland Wiegenstein, der auch gerade bei Ihnen zu Gast war, zu einem Gottesdienst einer Sekte in ein riesiges Kino mit. Wir waren die einzigen Weißen. Jessie Jackson, ein schwarzer Prediger und späterer erfolgloser Präsidentschaftskandidat, predigte. Für einen norddeutschen Protestanten und Agnostiker war dies ein unglaubliches Spektakel: „Do you love our Lord?" Man sprang in Gruppen auf und schrie: „Yee, we love our Lord!" – und so ging das weiter. Mit Gesang und Gebrüll, ohrenbetäubend, und viele Kinder. Und alle unglaublich bunt „aufgetakelt". Ich fürchtete mich aber nicht.

Andererseits hieß es, dass man die nördliche Begrenzungsstraße des Campus nur auf der Campusseite begehen dürfe, weil die andere Seite zu gefährlich sei. Von der im Süden der Stadt gelegenen University of Chicago fuhr man in die architektonisch so aufregende Innenstadt mit der Subway, die aber oberirdisch ohne Halt durch die Slums von South-Chicago fuhr, die einem Trümmerfeld glichen. Die Universität hatte sich damals dagegen entschieden, den Campus an die wohlhabende elegante „Goldküste", die im Norden von Downtown lag, zu verlegen. Obwohl es als gefährlich galt, gingen wir nachts durch eine gruselige Unterführung in den nahe der Universität gelegenen Michigan-See schwimmen. Was für ein Land der Gegensätze: Reichtum und Elend, ruhige Wissenschaft und lebendige Folklore, menschenleere Wüsten und brodelnde Zentren! In San Franzisko hatte unsere Gruppe ihre Zimmer im „Hilton". Wir gingen nachts auf die Dachterrasse. Vor uns ausgebreitet das glänzende Panorama der Bay mit der Golden Gate Bridge und einem riesigen Lichtermeer und unter uns – wie wir beim Autoleihen gesehen hatten – ein Parkplatz mit 800-1000 Obdachlosen mit ihren Habseligkeiten, häufig in Einkaufswagen der Supermärkte. Und ich sagte mir: Es kann doch nicht sein, dass dieses glänzende reiche Land nicht in der Lage ist, seine Obdachlosen unterzubringen und anständig zu ernähren.

Aber, was konnte man in diesem Land denn nun lernen? Vieles, was uns damals neu war, weil es Deutschland noch bevor stand: Den Umgang mit der Vielfalt der Religionen und Ethnien, die Sammlung von Informationen in großen Archiven, deren Bearbeitung und Dissemination, das Ausprobieren und Experimentieren, empirische sozialwissenschaftliche und pädagogisch-psychologische Forschung, die aus Deutschland ausgewandert bzw. vertrieben worden war und nun dort eine Heimat und Anerkennung gefunden hatte, die ständige

Revision einmal gewonnener Erkenntnisse, die Prüfung von Ideologien an der harten Wirklichkeit, mit einem Wort: „Die angewandte Aufklärung", wie Ralf Dahrendorf das in seiner Einführung in die amerikanische Soziologie genannt hatte.[55] Ich bin immer wieder in die USA zurückgekehrt, um dort zu forschen und zu unterrichten: 1972/73 nach Stanford, 1982/83 wieder nach Stanford, 1985 an das Smith-College nach Northhampton, 1991 an die Hastings-Law School nach San Franzisko und 1992 an die Law School der University of Chicago, aber mein bildungspolitischer Ausflug im Jahre 1971 war doch der eindrücklichste.

Zurückgekehrt, ging es nun darum, nicht nur das Gelernte zu formulieren und mit den Daheimgebliebenen zu diskutieren, sondern auch, daraus eine Schrift, ein Buch zu machen. „Alle Neune" versammelten sich deshalb zwischen Weihnachten und Neujahr 1971/72 auf der Raisensburg bei Ulm, um zu schreiben. Wir wollten nicht einfach das in den USA Gesehene kopieren, sondern es für sinnvolle deutsche Modelle verwenden. Nun ist es gar nicht so einfach, zu neunt ein Buch zu schreiben – bei unterschiedlichen Zielen, Kompetenzen und Erfahrungen. Aber schließlich gelang es doch und heraus gekommen ist ein kleines Buch: „Schulnahe Curriculumentwicklung", das noch heute verkauft wird und im Rahmen der Curriculumentwicklung viele Nachfolger gefunden hat[56]. Wir hatten vorgeschlagen, dass im ganzen Land Regionale Pädagogische Zentren für Curriculumentwicklung und Lehrerweiterbildung errichtet werden sollten, in jedem Land mindestens eins. Doch dazu kam es nicht. Ein einziges RPZ entstand in Niedersachsen, und zwar in Aurich, und wurde von einem unserer Mitstreiter, Christian Petry, lange geleitet, der die Idee danach nach Nordrhein-Westfalen mitnahm und dort ein RPZ für Ausländerpädagogik gründete und leitete, woraus sich schließlich die RAAs entwickelten, die Regionalen Arbeitsstellen für Ausländerfragen, Jugendarbeit und Schule, deren Nützlichkeit erst jetzt angesichts verstärkter Migration so richtig einleuchten.

Als dann das Buch fertig war, jedenfalls im Manuskript, wollten wir feiern, und zwar in der „Forelle" im nahen Ulm im „Fischerviertel". Aber, es gab ein Problem: Die Raisensburg hatte einen Turm mit einem Turmzimmer. In diesem Turmzimmer befand sich ein Eisschrank mit Wein, und nach getaner Arbeit mussten wir alles nochmals besprechen, Konflikte ausräumen, Planungen für den nächsten Tag machen, Enttäuschte trösten und „Sieger" runterkochen, kurz: uns ein wenig betrinken! Das gelang ganz gut, denn wir hatten mehrere

55 Ralf Dahrendorf, Die angewandte Aufklärung – Gesellschaft und Soziologie in Amerika, 1963
56 Sabine Gerbaulet u. a., Schulnahe Curriculumentwicklung, ein Vorschlag zur Errichtung regionaler pädagogischer Zentren mit Analysen über Innovationsprobleme in den USA, in England und in Schweden, eine Denkschrift, 1972

exzellente Kommunikatoren unter uns. Nur die Rechnung! Nichts war aufgeschrieben worden. Nach dem Hauptgang in der „Forelle" schlug ein „Berufener" vor, wir sollten drei Trinkklassen bilden, eine Trinkklasse 1 derjenigen, die viel getrunken hatten, eine Trinkklasse 2, die mäßig viel getrunken hatten und eine Trinkklasse 3, die wenig getrunken hatten. Er selbst, der „Berufene", wolle sich in eine Trinkklasse 1 a einordnen, da er sehr viel getrunken habe. Nachdem alle Anwesenden ihre Trinkklasse bestimmt hatten, sagte unser Vorsitzender, er selbst habe nur zum Essen Wein getrunken und wolle nichts bezahlen, denn der Wein bei Tisch sei ja inclusive!

1.1.6 Der Deutsche Bildungsrat II (1970–1975)

Der Deutsche Bildungsrat wurde 1970 für eine zweite Legislaturperiode wiederberufen, und zwar im Wesentlichen unverändert. Doch der Impetus der ersten Periode hatte sich etwas abgeschwächt, mit der Folge, dass zunächst überhaupt keine neuen Empfehlungen und Gutachten erschienen. Die Veröffentlichung des von Heinrich Roth herausgegebenen Sammelbandes „Begabung und Lernen" (1969) musste zunächst einmal verarbeitet werden. Roth hatte die deutschen und internationalen Experten der Begabungs- und Lernforschung versammelt, vor allem um den Stand der Wissenschaft zur Frage: Vererbung oder Umwelt? Nature or Nurture? zu klären. Natürlich ließ sich diese Frage damals nicht klären, genau so wenig wie heute. Sind nun 60 % der Begabung erblich oder nur 40 %? Roth hatte darauf eine verblüffende, aber plausible Antwort: Da wir nicht wissen, wie viel Prozent der Begabung erblich sind, sollten wir uns auf diejenigen Anteile konzentrieren, die wir durch Erziehung beeinflussen können und er erfand den Terminus „Begaben" statt „Begabung". Wir müssen die Menschen befähigen, Kompetenzen zu entwickeln, statt sie in das Ghetto der Minderbegabung einzusperren. Dies ist das Credo der Bildungspolitik bis heute geblieben.

Unter dem Vorsitzenden Hermann Krings steigerte sich der Einfluss des MPI nochmals, insbesondere da in dieser Wahlperiode die großen Gutachten über die Bildungsforschung vorgelegt wurden, die unter der Leitung von Heinrich Roth erarbeitet worden waren. In zwei Bänden versammelte sich der gesamte Sachverstand der Zeit, um Programme der Bildungsforschung für das nächste Jahrzehnt zu formulieren.[57] Auch ich hatte die Gelegenheit, die Ergeb-

---

57 Heinrich Roth und Dagmar Friedrich (Hrsg.), Bildungsforschung – Probleme, Perspektiven, Prioritäten, Zwei Bände, 1975

nisse meines einjährigen Forschungsaufenthaltes an der Stanford University zu präsentieren, und zwar unter dem Titel „Bildungsverwaltungsforschung".[58] Ich kritisierte heftig die traditionelle Bildungsverfassung (s. u. 1.2.1) und das in der Bildungsverwaltung vorherrschende bürokratische Modell, entwarf kühn eine neue Bildungsverfassung und formuliere meine Vorstellungen zur Umgestaltung der Bildungsverwaltung im Rahmen eines systemtheoretischen Ansatzes. Das Ganze endete in einem Forschungsprogramm mit Forschungsfragen, die vermutlich unbeantwortbar waren.

Bildungspolitische Impulse gingen von diesem zweiten Bildungsrat nicht mehr aus. So kam es, dass sich die Aufmerksamkeit der Öffentlichkeit auf ein Seitenthema verlagerte, die Organisation und Verwaltung der Schulen. Im Ausschuss „Organisation und Verwaltung" war eine Empfehlung über „Planung und Verwaltung", die mein Nachfolger im Amt des Grundsatzreferenten bei Frau Hamm-Brücher, Hans Herbert Wilhelmi, unter der Anleitung von Frau Mayntz-Trier erarbeitet hatte, problemlos verabschiedet worden, da sie die technokratische Seite des Problems glänzend abgehandelt hatte. Die Empfehlung „Verstärkte Selbständigkeit der Schulen und Partizipation der Schüler, Lehrer und Eltern", die Knut Nevermann unter Beratung von Becker und mir formuliert hatte, hakte dagegen. Die Schulverwaltung wollte und will nicht akzeptieren, dass auch Schulen selbständig handeln, obwohl es inzwischen – nach vierzig Jahren – selbstverständlich geworden ist, dass gute Schulen selbständig handeln können und müssen, wenn sie erfolgreich sein wollen. Ich war höchst befriedigt, dass mein Kapitel V des Strukturplans so in ein konkretes politisches Konzept übersetzt worden war, aber ich war maßlos enttäuscht, dass ich in dieser Beziehung politisch völlig erfolglos blieb.

Es gehört zur politischen Legendenbildung, dass der zweite Bildungsrat an dieser Empfehlung gescheitert ist. Die Länder waren nicht daran gehindert, dieser Empfehlung nicht zu folgen, zumal sie der Bildungsrat nach dem entstehenden Widerstand selbst in einen bloßen „Bericht" abgewandelt hatte. Ich glaube, dass die Regierungen irgendein revolutionäres Potential der Lehrerschaft fürchteten. Wir schrieben mittlerweile das Jahr 1973. Dabei wollten viele Lehrerinnen und Lehrer die Freiheit und Verantwortung, die wir ihnen zugedacht hatten, überhaupt nicht. Ihnen war unter der fachlichen Schulaufsicht durchaus wohl. Also, das Ganze war eigentlich ein Missverständnis. Dennoch, der Zweite Deutsche Bildungsrat durfte im Jahre 1975 noch seine Übergangsempfehlung veröffentlichen und das war's dann!

---

58 Daselbst Bd. 1 S. 343 ff.

In den zehn Jahren, im „Jahrzehnt der Bildungsreform", hatte sich die bildungspolitische Landschaft stark verändert. Als ich 1963 im Deutschen Ausschuss für das Erziehungs- und Bildungswesen anfing, gab es vielleicht 100 Menschen, die in Deutschland die Bildungspolitik bestimmten, die zumeist an den Hochschulen lehrten, in den Verwaltungen arbeiteten oder eben Politik machten. Nach kurzer Zeit kannte ich sie alle. Nur zehn Jahre später war die Zahl sicherlich auf 1000 angewachsen. Die Bildungspolitik war ein Teil der Politik geworden und alle interessierten sich irgendwie dafür. Im Zentrum standen das Bundesministerium für Bildung und Wissenschaft (BMBW) und die elf Kultusministerien der Länder, die in der Regel sowohl für die Hochschul- wie für die Schulpolitik zuständig waren, und die Kultusministerkonferenz der Länder, die einen eigenen Apparat besaß, wenn auch keine Kompetenzen. Im Zuge der Bildungsplanung hatten sich alle Länder wissenschaftliche Institute zugelegt, für Planung, Lehrplanentwicklung, Weiterbildung, usw.

Auf Bundesebene bestanden der Wissenschaftsrat und der Bildungsrat als Beratungsgremien von Bund und Ländern. Für die Gemeinschaftsaufgaben von Bund und Ländern war die Bund-Länderkommission für Bildungsplanung und Forschungsförderung (BLK) entstanden. Neben dem Max-Planck-Institut für Bildungsforschung gab es auf Bundesebene nicht nur das Deutsche Institut für Internationale Pädagogische Forschung in Frankfurt (DIPF), sondern es entstanden eine ganze Reihe neuer Forschungsinstitute, insbesondere das Institut für Arbeitsmarkt- und Berufsforschung der Bundesanstalt für Arbeit in Nürnberg (IAB), das Deutsche Jugendinstitut (DJI) in München, das Comenius-Institut der Evangelischen Kirche und das katholische Bildungsforschungsinstitut, beide in Münster, das Institut für Fernstudien in Tübingen, das Institut für Erwachsenenbildung. Auch die wissenschaftlichen Institute der Gewerkschaften und der Arbeitgeberverbände interessierten sich für Bildungspolitik. Auf internationaler Ebene agierten die OECD und die UNESCO, die in Hamburg das UNESCO-Institut für Pädagogik und in Paris das Internationale Institut für Bildungsplanung (IIEP) unterhielt. Die Bildungspolitik, Bildungsplanung und Bildungsforschung waren ein großer interessanter Arbeitsmarkt geworden. Wer sich hier tummeln wollte, musste sich in einem höchst komplexen Geflecht politischer und ökonomischer, sozialer und pädagogischer Interessen zurechtfinden. Trotz des großen bildungspolitischen Interesses gab es nur wenige Menschen, die sich darin wirklich auskannten.

So schön wie der diskursive Ansatz der Politikberatung auch gedacht war, so schwierig war er in der Umsetzung. Es begann schon mit der Unterschiedlichkeit der Sprachen, denn auf der einen Seite stand das „Verwaltungsdeutsch" und auf der anderen Seite das „Soziologenchinesisch". Die Loyalitäten waren ebenso unterschiedlich wie die Sozialisation, denn die Beamten waren weisungsgebunden, die Bildungsforscher frei, und das Verwaltungsmilieu war anders als das Wissenschaftsmilieu. Vorurteile spielten zunächst eine große Rolle. Die „Bürohengste" standen gegen die „Wolkenkuckucksheimer". Die Verfahrenslogiken waren ebenfalls äußerst unterschiedlich, denn die Politik steht unter Handlungsdruck, während die Wissenschaft sich Zeit lassen kann und muss. Die Erfindung der sog. Experimentalprogramme zur Auflösung unüberwindlicher Gegensätze war zwar von bestechender Logik; doch es handelte sich letztlich um „dilatorische Formelkompromisse", wie z. B. im Falle der Gesamtschule. Hessen führte sie schrittweise ein, während Bayern bei seiner grundsätzlichen Ablehnung blieb. Beide brauchten und wollten kein Experimentalprogramm, weil sich vielleicht nach Jahren herausstellten würde, „was alle sowieso schon immer gewusst hatten."

Die große Hoffnung war freilich die Bildungsplanung. Zunächst war Planung in der Bundesrepublik unter den Regierungen Adenauer und Ehrhard nach den Schrecken der Vierjahrespläne im „Dritten Reich" und der offensichtlichen Erfolglosigkeit der Wirtschaftsplanung in der DDR ein Tabu. Doch das änderte sich nach dem Konjunktureinbruch von 1966. Die von Karl Schiller in der Regierung Brandt propagierte Wirtschaftspolitik verschrieb sich einer Konjunkturplanung, die ein ständiges Wirtschaftswachstum anstrebte, durch das die erwünschten Investitionen in die wirtschaftliche und soziale Infrastruktur finanziert werden sollten. Das Grundgesetz wurde 1969 geändert und sah nun für die neu geschaffenen Gemeinschaftsaufgaben von Bund und Ländern eine Rahmenplanung und in Art. 91 b eine gemeinsame Bildungsplanung von Bund und Ländern vor, für die die Bund-Länder-Kommission für Bildungsplanung geschaffen wurde. Diese Kommission arbeitete einige wenige Jahre, scheiterte dann jedoch an den unterschiedlichen politischen Zielen von Bund und Ländern einerseits und den unterschiedlichen Bildungspolitiken der politisch unterschiedlich „gefärbten" Länder andererseits. Bei politisch unterschiedlichen Zielen kann es nämlich eine gemeinsame Planung nicht geben, auch wenn man die bindende Wirkung von Plänen leugnet und ihnen nur indikative Funktionen zuerkennt, nach dem Motto: Man plant doch nur um zu wissen, wovon man abweicht. Es bewahrheitete sich das Brecht'sche Diktum aus der „Dreigroschenoper" (s. o.) „Und mach' noch einen zweiten Plan, geh'n tun sie beide nicht".

1.2 „Alles, was Recht ist" – Bildungsrecht und Bildungsverwaltung

1.2.1 Bildungsverfassungsrecht

Ich habe mehrere Jahre lang die Abteilung „Recht und Verwaltung des Bildungswesens" am Institut für Bildungsforschung geleitet. In den ersten Jahren haben wir – es waren zeitweilig bis zu neun Juristen am Institut beschäftigt – vor allem juristisch gearbeitet, danach eher verwaltungswissenschaftlich. Ein „Recht des Bildungswesens" als zusammenhängendes strukturiertes Rechtsgebiet gab es eigentlich gar nicht, sondern nur sehr spezielle Rechtsbereiche wie z. B. das Privatschulrecht und das Berufsausbildungsrecht neben dem Schulrecht und dem Hochschulrecht. Das „Recht des Bildungswesens" war zwar ein Bereich des Besonderen Verwaltungsrechts, spielte dort aber keine Rolle, vergleicht man es mit dem Polizeirecht oder dem Wirtschaftsverwaltungsrecht. An den Universitäten wurde es nicht unterrichtet. Als Anwalt konnte man mit Fällen aus dem Bildungsrecht kein Geld verdienen – bis auf die kurze Periode der Numerus Clausus-Prozesse in den siebziger Jahren. Für die zukünftigen Lehrer gab es an den Pädagogischen Hochschulen ab und zu einmal Vorlesungen oder Seminare zum Schulrecht. Eine Art Ausbildung im Schulrecht erhielten allerdings die Referendare, die jedoch nicht durch Juristen, sondern durch Schulräte durchgeführt wurde. An der Hochschule für Internationale Pädagogische Forschung (HIPF) in Frankfurt existierte die einzige deutsche Professur für Schulrecht, die von Hans Heckel wahrgenommen wurde, einem ehemaligen Ministerialbeamten aus dem niedersächsischen Kultusministerium, dessen „Schulrechtskunde" seit 1957 bei Lehrern weit verbreitet war. Heckel gab auch seit 1964 die Zeitschrift „Recht und Wirtschaft der Schule" heraus, die mit der Zeitschrift „Recht der Jugend" vereinigt wurde und die ich 1977 als Herausgeber unter dem Namen „Recht der Jugend und des Bildungswesens" übernahm und bis Ende 2017 – seit 1994 als Mitherausgeber – verantwortet habe.

Das Recht des Bildungswesens und insbesondere das Schulrecht war 1965, als ich ans Institut für Bildungsforschung kam, ein „offenes Feld". Die drei grundlegenden demokratie- und rechtsstaatlichen Verfassungsgrundsätze galten nämlich bis in die sechziger Jahre hinein nicht für das Schulwesen, nämlich 1. die Grundrechtsbindung, jedenfalls nicht für Lehren und Lernen, 2. der Gesetzesvorbehalt, d. h. dass alle Eingriffe in die Grundrechte einer gesetzlichen/parlamentarischen Grundlage bedürfen und 3. dass auch pädagogische Entscheidungen der Kontrolle durch die Verwaltungsgerichte unterliegen. Die Schule galt als „Hausgut der Exekutive", so wie das Militär oder das Gefängniswesen. Wir Juristen im Institut begannen also, dieses „offene Feld" zu

„beackern". Ich will hier über die zahlreichen Arbeiten, die dort entstanden sind, und über die Kooperationen bildungspolitischer Art, insbesondere Gutachten, Expertisen und Beratungen, nicht im Einzelnen berichten. Die Zeit ist über sie hinweggegangen.

Ich will nur einige wenige kleinere Arbeiten bzw. Aktivitäten benennen, die für die damaligen Arbeiten in der juristischen Abteilung des Instituts charakteristisch waren, wobei ich mich auf je ein Beispiel für jede Aktivitätsform beschränke. 1969 veröffentlichte ich einen Aufsatz über die drei genannten demokratie- und rechtsstaatlichen Defizite des Schulwesens unter dem provokanten Titel „Die Schule auf dem Boden des Grundgesetzes",[59] wurde uns kritischen Juristen doch immer vorgeworfen, wir stünden nicht „auf dem Boden des Grundgesetzes". Obwohl – oder vielleicht gerade weil – ich den Aufsatz in der pädagogisch-literarischen Zeitschrift „Neue Sammlung" und nicht in einer „anständigen juristischen Zeitschrift" veröffentlichte, erregte er großes Aufsehen und machte mich – auch in juristischen Kreisen – bekannt. Nur ein Jahr später stellte ich in einem Gutachten die Legitimation der Wirtschaft für die betriebliche Berufsausbildung infrage und bereitete für eine entsprechende kritische Position des Bundesverfassungsgerichts den Boden,[60] nachdem ausgerechnet mein Doktorvater im Auftrage der Industrie- und Handelskammern deren Position in der Berufsausbildung verfassungsrechtlich gerechtfertigt hatte.[61]

Ich habe im Laufe der Jahre fast alle sozialdemokratischen Kultusminister bzw. Oppositionsfraktionen der Landtage in schulrechtlichen Fragen beraten und gehörte verschiedenen Kommissionen an, die Gesetzentwürfe vorbereiten sollten, so z. B. im Jahre 1972 einer Kommission des niedersächsischen Kultusministeriums zur Vorbereitung eines neuen niedersächsischen Schulgesetzes. Ich habe aber auch die Gründung einzelner Institutionen im Bereich von Bildung und Wissenschaft juristisch beraten, indem ich z. B. für sie Satzungen entwarf, wie z. B. für das Institut für Bildungsforschung der Katholischen Kirche oder für das Oberstufenkolleg und die Laborschule der Universität Bielefeld. Gelegentlich hatte ich auch die Chance, in bildungspolitisch relevanten Gerichtsprozessen als Vertreter der Kläger oder der beklagten Länder aufzutreten, wie z. B. vor dem Verwaltungsgerichtshof Kassel im Verfahren um die Gründung der Gesamtschule Wetzlar.

Von meinen größeren Veröffentlichungen aus dem „Jahrzehnt der Bildungsreform" nenne ich nur eine einzige Arbeit, mein „Bildungsverfassungsrecht",

---

59 Ingo Richter, Die Schule auf dem Boden des Grundgesetzes, Neue Sammlung, 1969, S. 387 ff.
60 BVerfGE 55, 274
61 Ingo Richter, Öffentliche Verantwortung für berufliche Bildung, 1970; Hans Peter Ipsen, Berufsausbildungsrecht für Handel, Gewerbe und Industrie, 1967

das 1970 erschien. Anders als der Name vermuten lässt, handelte es sich nicht um eine verfassungsrechtliche Darstellung der für das Bildungswesen relevanten Normen des Grundgesetzes bzw. der Landesverfassungen, also insbesondere der Grundrechte und der Organisationsnormen, des föderalen Systems und der kommunalen Selbstverwaltung, sondern es handelt sich um ein bildungspolitisches und politikwissenschaftliches Buch. Ich wollte die Frage beantworten, ob bestimmte verfassungsrechtliche Regelungen und ihre Anwendung die Reform des Bildungswesens behinderten oder ob sie sie förderten. Deshalb nannte ich den ersten Teil „Normen gegen Reformen" und den zweiten Teil „Reformen durch Normen". Im ersten Teil behauptete ich, dass das Elternrecht des Art. 6 Abs. 2 GG und seine Auslegung reformfeindlich seien, dass die Privatschulgarantie des Art.7 Abs.4 GG der Reform des Bildungswesens entgegenstünde und dass die Berufsfreiheit der Unternehmer nach Art. 12 Abs. 1 GG die Reform der Berufsausbildung verhindere. Deshalb trat ich für eine reformfreundliche Auslegung dieser Normen ein. Im zweiten Teil dagegen versuchte ich, ein „Recht auf Bildung" zu konzipieren, das wörtlich im Grundgesetz nicht zu finden war, die „Chancengleichheit" im Rahmen des Gleichheitssatzes nach Art. 3 Abs.1 GG zu begründen und die Curriculumentwicklung verfassungsrechtlich zu verankern. Ich wollte also durch verfassungsrechtliche Lösungen der Bildungsreform dienen.

Wenn ich heute – nach fünfzig Jahren – auf diese Arbeit zurückblicke, so fehlte der Arbeit der politikwissenschaftliche theoretische und methodische Ansatz, der eigentlich für die beabsichtigte Beweisführung erforderlich gewesen wäre. Im ersten Teil handelte es sich deshalb um bloße Behauptungen und im zweiten Teil um Spekulation. Das Buch wurde nicht akzeptiert, auch wenn es publizistisch Aufsehen erregte. Von der traditionellen Verfassungsrechtslehre wurde es ignoriert. Oppermann meinte bestreiten zu müssen, dass es eine besondere „bildungsverfassungsrechtliche Methode" gäbe, deren Existenz von mir gar nicht behauptet worden war. Nur Böckenförde, der spätere Bundesverfassungsrichter, fand eine freundliche Fußnote für mich. Auch meine juristischen Kollegen im Institut konnten mit dem Buch nichts anfangen. Hellmut Becker dagegen erkannte das bildungsreformerische Potential meines Ansatzes durchaus, konnte aber für seine Entfaltung nichts tun, weil er selber gar kein Wissenschaftler war.

Mein Versuch, mich in Konstanz mit dem bereits veröffentlichten Buch zu habilitieren, scheiterte. Auch der politikwissenschaftlich orientierte Jurist Fritz Scharpf erkannte als Gutachter den in dem Buch enthaltenen bildungspolitikwissenschaftlichen Ansatz nicht; er war ja auch nicht ausgearbeitet und durchgeführt. Das Buch war weder „Fisch noch Fleisch", d. h. weder rechts- noch politikwissenschaftlich, vielleicht gar nicht wissenschaftlich. Ich muss heute gestehen, dass ich mir selber damals über die wissenschaftlich-methodische Problematik meines damaligen Vorhabens gar nicht klar gewesen war. Der Ansatz selber war – auch aus heutiger Sicht – fruchtbar. Es gibt bis heute im Bildungswesen keine politikwissenschaftlichen Untersuchungen über die Auswirkungen bestimmter Normen und ihrer Auslegungen auf politische Entscheidungsprozesse, obwohl sie doch offensichtlich sind.

Nehmen wir z. B. in einem anderen Rechtsgebiet die Einbeziehung des nasciturus in den Schutzbereich des Art.1 Abs. 1 GG (Würde des Menschen) und ihre Folgen für die juristische Beurteilung des Schwangerschaftsabbruches. Es hätte zur Durchführung des Ansatzes eines Forschungsdesigns bedurft, nach dem bestimmte politische Entscheidungsprozesse in ihrem Entstehen untersucht werden, um auf diese Art und Weise den Einfluss von Normen zu identifizieren. Man hätte sich nicht mit der Analyse von Dokumenten begnügen dürfen, sondern die „Entscheider" hätten befragt werden müssen. Doch solche Befragungen sind stets eine zweifelhafte Sache. Kausalitäten festzustellen, wäre vermutlich ein Ding der Unmöglichkeit gewesen. Ich jedenfalls wäre nicht einmal in der Lage gewesen, ein solches Design für eine empirische Untersuchung zu entwerfen.

In den siebziger Jahren veränderte sich das Verhältnis von Reform und Recht dann grundlegend. In den sozialdemokratisch regierten Ländern, und zwar insbesondere in Hessen begannen Schulreformen, die große Aufmerksamkeit erregten („Hessen vorn!"), und zwar im Schulaufbau durch die Einführung der Förderstufe und die Gründung einzelner Gesamtschulen sowie im Curriculum durch die sog. Rahmenrichtlinien, insbesondere für Gesellschaftslehre. Die erregte öffentliche Debatte führte dazu, dass Juristen die gesetzliche Regelung solcher kontroverser Fragen forderten. Nun ging es nicht mehr nur um individualrechtliche Positionen, also um die Grundrechte, die noch mein „Bildungsverfassungsrecht" bestimmt hatten und die ich auch in den Mittelpunkt meines Referates auf dem Deutschen Juristentag 1976 stellte (s. u. 1.2.2), sondern um die Durchsetzung des sog. Gesetzesvorbehalts im Bildungswesen.

Dem Bildungsrecht wurde die Aufgabe zugedacht, den Bildungsreformen einiger Regierungen parlamentarisch Grenzen zu setzen, die Grundrechte als Hebel zu benutzen, um Bildungsreformen zu verhindern, so wie ich es leichtfertig in meinem Bildungsverfassungsrecht behauptet hatte. Obwohl die Konzentration der gesamten bildungsrechtlichen Diskussion auf den Gesetzesvorbehalt nicht meinen bildungspolitischen Absichten entsprach, war ich der Auffassung, dass wir, d. h. ich und meine politischen Freunde, sich an die Spitze dieser rechtsstaatlich begründeten Bewegung setzen müssten und deshalb habe ich mich nach dem Juristentag 1976 intensiv mit dem Gesetzesvorbehalt im Bildungswesen befasst. Diese Entwicklung überlagerte jedoch eine

andere Entwicklung meiner Arbeiten, die bereits früher eingesetzt hatte, nämlich meine Beschäftigung mit der Verwaltung des Bildungswesens (s. u. 1.2.3).

1.2.2 Der Deutsche Juristentag 1976

Der Deutsche Juristentag ist ein Verein von Juristen, die auf jährlichen Tagungen rechtliche und vor allem rechtspolitische Fragen diskutieren. Er genießt
eine sehr hohe Aufmerksamkeit. Seine Gutachten und Referate zu aktuellen
rechtspolitischen Themen weisen häufig die Wege in die politische Zukunft. Es
gilt deshalb unter Juristen als hohe Ehre, Gutachter oder Referent des Juristentages zu sein. Im Jahre 1976 war das Thema: „Nach welchen rechtlichen Grundsätzen sind das öffentliche Schulwesen und die Stellung der an ihm Beteiligten
zu regeln?". Zur Vorgeschichte gehört, dass das Bundesverfassungsgericht in
mehreren Aufsehen erregenden Urteilen verlangt hatte, dass die wesentlichen
Fragen der Bildung durch die Parlamente gesetzlich geregelt werden müssten
und nicht der Reglung durch die Verwaltung überlassen werden dürften.[62] Die
Begründung hierfür war einerseits, dass Entscheidungen über die Bildung in
die Grundrechte der Bürger eingreifen, z. B. durch Prüfungen, und andererseits
dass bildungspolitische Entscheidungen auch für die Zukunft des Gemeinwe-
sens von Bedeutung sind, z. B. Entscheidungen über den Numerus Clausus
an Hochschulen, weil der N.C. nicht nur den individuellen Hochschulzugang
regelt, also über die Berufsfreiheit der Bürger entscheidet, sondern auch über
die Art und die Größe des Qualifikationspotentials bestimmt, das einer Gesellschaft zur Verfügung steht. Das Bundesverfassungsgericht hatte entschieden,
dass alle wesentlichen Fragen der Bildungspolitik in die Parlamente gehören
und nur bei ausreichender gesetzlicher Ermächtigung der Regierung und Verwaltung überlassen werden dürften, und „wesentlich" war, was für die Grundrechte und das Gemeinwesen wesentlich war. Was aber, ist wesentlich?
  Referent des Juristentages war Professor Dr. Thomas Oppermann aus
Tübingen, der – in Anlehnung an das „Wirtschaftsverwaltungsrecht" von Ernst
Rudolf Huber ein „Kulturverwaltungsrecht" geschrieben hatte, in dem er auch
das Bildungsrecht behandelt hatte.[63] Referenten waren der Richter am Bundesverwaltungsgericht Dr. Norbert Niehues, der dem für das Schul- und Prüfungs-
recht zuständigen Senat angehörte und Dr. Ingo Richter vom Max-Planck-
Institut für Bildungsforschung, der 1970 sein „Bildungsverfassungsrecht"

---

62 Insbesondere BVerfGE 34, 165 – Förderstufe; 47, 46 - Sexualkunde
63 Thomas Oppermann, Kulturverwaltungsrecht: Bildung, Wissenschaft, Kunst, 1969

vorgelegt hatte (s. o.). Die Diskussionsleitung lag beim Oberstadtdirektor von Osnabrück, Dr. Raimund Wimmer. Ich hielt ein stark individualrechtlich geprägtes Referat – in Verkennung der Tatsache, dass sich das Publikum ausschließlich für die Fragen des sog. Gesetzesvorbehaltes interessierte, d. h. für die Frage: Was muss in die Parlamente? Was muss ins Gesetz? Ich habe die bildungspolitische Brisanz dieses Themas damals völlig falsch eingeschätzt. Die Öffentlichkeit bewegten die Fragen der Gesamtschule und der Sexualkunde, der Förderstufe und der Demokratieerziehung und die gehören in die Parlamente und müssen dort entschieden werden. Nun gut, es gab eine hitzige Debatte, die sich vor allem dadurch auszeichnete, dass die gesamte Schulverwaltung unter Einschluss der Lehrerschaft und ihrer Organisationen unter Berufung auf die Fachlichkeit des Unterrichtens den Gesetzesvorbehalt ablehnte, d. h. die Parlamentarisierung der Bildungspolitik nicht wollte. Sie fürchteten eine „Bürokratisierung" des Bildungswesens und wollten nicht einsehen, dass Parlamentarisierung und Gesetz vor allem Freiheit und Öffentlichkeit hiess, aber hinter der Berufung auf die Fachlichkeit versteckte sich gerade die Angst vor dieser Freiheit und vor der Öffentlichkeit.

In den Empfehlungen, die traditionellerweise von den Juristentagen abgegeben und die von den „Matadoren" vorbereitet und „durchgepowert" werden, stand auch die Empfehlung, dass eine Kommission des Juristentages ein Musterschulgesetz für die Länder entwerfen sollte, um Art und Ausmaß des bildungs- bzw. schulpolitischen Regelungsbedarfes abzuschätzen. Das war nun eine durchaus ungewöhnliche Aufgabe. Es hatte Mustergesetzentwürfe von Strafrechtsprofessoren im Strafrecht gegeben, im Polizeirecht und auch sonst, aber im Bildungsrecht noch nicht. Angesichts der Konfliktlagen und der völlig unterschiedlichen Interessen der Länder und ihrer Regierungen wollte sich der Gutachter, Professor Oppermann, auf ein solches Unternehmen nur einlassen, wenn die Länder die Übernahme des Entwurfs zusagen würden, eine völlig abwegige Erwartung angesichts der bildungspolitischen Konflikte. Ich hatte deshalb die Idee des Musterschulgesetzentwurfes schon aufgegeben, als ich im Sommer 1976 in Sylt am Strand Gottfried Mahrenholz, den ehemaligen niedersächsischen Kultusminister und späteren Vize-Präsidenten des Bundesverfassungsgerichts traf, der meinte: „Wenn der Oppermann nicht will, dann machen wir das eben ohne ihn." Und so geschah es. Ich beantragte bei der Bosch-Stiftung Geld und das Präsidium des Juristentages setzte die Schulrechtskommission ein, die nach einer dreijährigen Arbeit einen solchen Gesetzentwurf vorlegte, der 1980 veröffentlicht wurde.

Die Mitglieder der Kommission wurden in einer „Kungelsitzung" paritätisch bestimmt, zwei rechts – zwei links, was im Nachhinein insofern komisch war, als es später in der Kommission keine einzige Abstimmung nach dem

Rechts-Links-Schema gegeben hat. Dr. Wimmer wurde Vorsitzender, ich sein Stellvertreter. Auch die beiden wissenschaftlichen Referenten, Jürgen Staupe und Karl Heinz Hage, waren nach dem Rechts-Links-Prinzip ausgewählt worden, was sich als ebenso unsinnig herausstellte. Für die Mehrheitsbildung war es nicht ganz unwichtig, dass die der Kommission angehörenden Pädagogen in aller Regel eher „links" stimmten. Aber die meisten Fragen wurden sowieso im Konsens entschieden. Für mich war es durchaus überraschend, dass die Mehrheit der Kommission deutlich für die Autonomie der Schule eintrat, für mein altes Thema aus dem Bildungsrat also (s. o. 1.1.6), obwohl ich eher die Tendenz hatte, nach den Erfahrungen im Bildungsrat den Entwurf nicht mit diesem Thema zu belasten. Nun gut, nach langen Beratungen und Klärungen stand der Entwurf[64] und er ist inzwischen in die Geschichte der Schulgesetzgebung eingegangen, nicht weil er in irgendeinem Land Gesetz geworden ist, sondern weil er den Schulgesetzreferenten der Länder und den Fraktionen der Landtage als „Steinbruch" gedient hat, aus dem sie sich diejenigen Steinblöcke herausschneiden konnten, die in ihr Land, in ihre politische Mehrheit und in die Zeit passten. Insofern war dies eine außerordentlich sinnvolle bildungspolitische Arbeit.

Im bildungspolitischen Zusammenhang ging es vor allem um Bildungsplanung einerseits und um die Selbständigkeit der Schule andererseits. Beides entsprach nicht der deutschen Bildungstradition und deshalb haben wir uns im Deutschen Bildungsrat bildungspolitisch damit befasst (s. o. 1.1.6). Ich wollte diesen bildungspolitischen Aktivitäten eine wissenschaftliche Grundlage geben und deshalb den Schwerpunkt der Arbeiten der Abteilung „Recht und Verwaltung des Bildungswesens" vom Recht auf die Verwaltung verlagern und verwaltungswissenschaftliche Projekte im Institut für Bildungsforschung ansiedeln. Hierzu musste ich mich aber zunächst einmal selber kompetent machen und etwas lernen. Die Max-Planck-Gesellschaft ermöglichte mir zu diesem Zweck 1972/73 einen einjährigen Studienaufenthalt in den USA, und zwar in Stanford.

1.2.3 Schulaufsicht und Schule

Auf Grundlage meiner einjährigen Arbeit in Stanford wollte ich ein Forschungsprojekt über die Schulverwaltung in Deutschland am Institut für Bildungsforschung durchführen. Durch die Zusammenarbeit mit Knut Nevermann im Rahmen des Unterausschusses „Organisation und Verwaltung" des Deut-

---

64 Deutscher Juristentag, Bericht der Kommission Schulrecht, Schule im Rechtsstaat, Band I, Entwurf für ein Landesschulgesetz, 1981

schen Bildungsrates und der Verabschiedung und Verteidigung der Empfehlung zur Selbständigkeit der Schulen (s. o. 1.1.6) bot es sich an, dass wir das
Projekt gemeinsam machten, nachdem er seine Arbeit für den Bildungsrat
abgeschlossen hatte und im Institut bleiben wollte. Aber wir waren nun einmal beide Juristen, und zwar ohne irgendeine Ausbildung oder Erfahrung in
empirischer Forschung. Und die Zeit, in der Juristen „Verwaltungsforschung"
so einfach mitmachten, neigte sich angesichts der auch in Deutschland entstehenden empirischen verwaltungswissenschaftlichen Forschung dem Ende zu.
Wir brauchten also eine dritte Person, und zwar eine mit sozialwissenschaftlicher Qualifikation, und diese Person wurde Christel Hopf, die auf dem Höhepunkt der Studentenbewegung, als Knut Nevermann an der Freien Universität
ASTA-Vorsitzender war, seine Pressereferentin war. Christel Hopf hatte nicht
nur Soziologie studiert, sondern nach dem Diplom an einem empirischen verwaltungswissenschaftlichen Projekt von Renate Mayntz-Trier als Mitarbeiterin
teilgenommen und dadurch empirische Forschungskompetenz erworben. Die
Geschichte und Arbeit dieses Projektes ist übrigens herrlich in einem Krimi
persifliert worden: Ky (Horst Bosetzky), Stör die feinen Leute nicht (1973),
den wir mit Vergnügen lasen.

Christel war nicht nur wegen ihrer empirischen Kompetenz eine notwendige
Ergänzung in diesem Team, sondern es stellte sich heraus, dass sie dem Projekt
erst eine richtige theoretische Fragestellung gab. Knut und ich hatten als Juristen wohl eher an eine deskriptive Analyse der Schulverwaltung gedacht – mit
Fragestellungen zum Verwaltungsaufbau und zu den Verwaltungsabläufen, zu
Personal und Finanzen usw. Durch viele und schwierige Diskussionen zwischen
uns Dreien kristallisierte sich aber eine interessantere Fragestellung heraus: Wie
vermittelt die Schulaufsicht den Lehrerinnen und Lehrern politische und pädagogische Normen und wie wird deren Einhaltung durch sie kontrolliert?

Zum Hintergrund dieser Fragestellung ist es vielleicht wichtig, sich in Erinnerung zu rufen, dass es die Zeit des sog. Radikalenerlasses von 1972 war;
„linke Lehrer" kamen nicht in den Schuldienst. Christel und Knut hatten – bei
allen Unterschieden – beide deutlich einen „linken Hintergrund". Um es einmal
vergröbernd zu sagen: Wir dachten, dass die Schulaufsicht in einer hierarchisch
organisierten und bürokratisch handelnden Schulverwaltung ein Instrument zur
Durchsetzung politischen und pädagogischen „Wohlverhaltens" und zur Sanktionierung jeden abweichenden Verhaltens der Lehrer war. Wie aber geschieht
das? Mit „Befehl und Gehorsam" lässt sich fachliche und ideologische Konfor-
mität nicht erzwingen. Es musste also andere, vielleicht indirekte und geheime
Mechanismen geben.

Das Design wurde so angelegt, dass wir zwei sehr unterschiedliche Schul-
aufsichtsbezirke wählten, um dort mit sämtlichen Schulräten aus dem Bereich

der Schulaufsicht über die Grund- und Hauptschulen bzw. Volksschulen halb-offene leitfragengesteuerte Intensivinterviews zu machen, und zwar wollten wir sie selber führen, möglichst zu zweit, und alles sollte dann transkribiert werden. Die Wahl fiel auf West-Berlin und den Regierungsbezirk Tübingen in Baden-Württemberg. Nach endlosen Debatten hatten wir einen Fragebogen konstruiert, der mit der Biographie der Schulräte begann, dann Fragen zum Schulaufsichtsbezirk und zum Schulamt enthielt, sich dann den Fragen nach den Schulbesuchen näherte, um schließlich vorsichtig zu den pädagogischen und politischen Fragen zu gelangen. Knut und ich hatten noch nie einen sol-chen Fragebogen gesehen, geschweige denn konstruiert, und mussten erst ler-nen, dass es sich dabei um eine wissenschaftliche Aufgabe handelt.

Wir hatten viele schwere Auseinandersetzungen und das Projekt stand mehrfach vor dem Scheitern. Christel war verständlicherweise eher theoretisch und methodisch interessiert und ihre spätere Karriere als qualitative Sozial-forscherin deutete sich schon an und sie war sehr durchsetzungsstark. Knut war eher pragmatisch eingestellt und machte mehr als deutlich, dass er von manchen Grundsatzpositionen, die Christel wissenschaftlich begründete, nicht sehr viel hielt. So gerieten die beiden ständig aneinander, obwohl sie ande-rerseits eine „linke Solidarität" miteinander verband. Ich war der Ältere und deutlich Statushöhere. Das nutzte mir aber in dieser Gruppe wenig, denn „vor dem Projekt" waren wir alle gleich. Mit Christel war ich durch mein Interesse an den theoretischen Fragen verbunden und mit Knut durch den gemeinsamen juristischen Hintergrund.

In Berlin bildete die Projektarbeit nur einen Teil meiner Arbeit, zumal ich 1976 als Professor an die Juristische Fakultät der Freie Universität berufen worden war und sehr viel arbeiten musste. Auch die unterschiedlichen fami-liären Hintergründe spielten latent immer eine Rolle: Christel aus einem pro-testantischen Pfarrershaushalt, ich als Sohn sozialdemokratischer Lehrer und Knut als Sohn des Ersten Hamburger Bürgermeisters, der einmal Metallarbei-ter gewesen war. Wir wohnten sechs Wochen lang zusammen, kochten zusam-men und saßen abends bei Wein lange zusammen, was viel Vergnügen berei-tete, aber auch zu „Krächen" führte. Nur zum Beispiel: Beim „Klatsch" über eine sehr linke, wenn auch etwas naive soziologische Kollegin in Berlin, sagte Knut: „Die hat ja Blumentöpfe in ihrer Wohnung, wie spießig!" Christel „ging an die Decke", und es wurde eine lange Nacht, in der wir uns „nichts schuldig blieben". Oder: Wir sitzen vormittags schlecht ausgeschlafen zusammen und diskutieren völlig kontrovers theoretische Projektfragen. Es entsteht ein dead-lock und das Projekt steht wieder einmal vor dem Scheitern. In die entstehende peinliche Stille sagt Christel plötzlich, indem sie auf meine Beine guckt: „Sol-che schwarzen Strümpfe hatten die „Kandidaten" immer bei uns zu Hause am

Mittagstisch und solche weißen Beine." Ich bin nicht „in die Luft gegangen", sondern habe aus Wut den ganzen restlichen Vormittag geschwiegen.

Ich glaube, dass wir alle drei in dem Projekt viel gelernt haben, dass unsere Vorurteile gründlich destruiert wurden und dass ein respektables Buch dabei herausgekommen ist.[65] Als besonders geschickt erwies sich die Tatsache, dass wir den biographischen Teil an den Anfang der Interviews gestellt hatten, denn Schulräte müssen ständig Menschen beurteilen, können aber nie über sich selbst reden. Es waren zumeist ältere Herren, die vorher Schulleiter gewesen waren. Das war die übliche Laufbahn, denn es gab keine Quereinsteiger oder Außenseiter. Sie sprachen gerne über ihre Herkunft und Karriere. Zwei Frauen habe ich in Erinnerung, beide aus Berlin. Die eine im Wedding eine kugelrunde berlinernde Prachtperson, die nicht auf den Mund gefallen war, sagte auf die Frage nach den Kriterien der Beurteilung von Lehrern u. a. den wunderschönen Satz: „Eine Stunde, in der gelacht wird, ist immer eine gelungene Stunde". Bei einer Oberschulrätin in der zentralen Schulaufsicht, einer schönen, hochblonden, gepflegten Frau, missglückte der biographische Anfang und das gesamte Interview, weil sie auf die Frage: „Was war Ihr Vater von Beruf?" sagte: „Ich kannte meinen Vater nicht." Sie heulte auf, brach zusammen und erholte sich während des gesamten Interviews nicht wieder.

108 Interviews zwischen 2 und 3 Stunden lang. Da erfährt man viel über die Interviewpartner, ihren persönlichen Hintergrund, ihr gegenwärtiges Leben, ihre Ängste und Hoffnungen, lernt dass auch sie ganz normale Menschen mit einem ganz normalen Alltag sind, auch wenn sie durch ihre Position Macht über Menschen haben. Und das hierarchische bürokratische System? Vieles ist Theorie! Eine vollständige Kontrolle ist gar nicht möglich, d. h. es gibt eine große faktische Autonomie in diesem hierarchischen System. Die zentrale Behörde ist weit, sei es nun die Senatsverwaltung für Schulwesen in Berlin oder das Oberschulamt in Tübingen. Die Art und Weise, wie die Schulräte die Kontrolle über die Lehrer ausübten, lag weitgehend bei ihnen selber. Es gab Minimalanforderungen: Prüfungen, Beförderungen, die sog. Regelbesuche in ganz großen Abständen. Konfliktfälle, die das Eingreifen der Schulaufsicht erforderten, gab es aber nur ganz ganz selten. Das Ergebnis unserer Untersuchung war eigentlich, dass das System von alleine funktioniert, dass es der strikten Kontrolle von oben und der Intervention eigentlich gar nicht bedarf. Das war erschreckend und beruhigend zugleich und widerlegte unsere Ausgangsvermutungen.

---

65   Christel Hopf, Knut Nevermann und Ingo Richter, Schulaufsicht und Schule – Eine empirische Analyse der administrativen Bedingungen schulischer Erziehung, 1980

Das Projekt war beendet, das Buch veröffentlicht. Da erhielten wir eine Einladung zu einem Vortrag über die Projektergebnisse von einem Professor der Technischen Universität Berlin, an der es damals eine sozialwissenschaftliche Fakultät gab. Das Honorar sollte 700 DM betragen. Ich war an dem Tag verhindert, aber Knut und Christel nahmen den Termin wahr. Es erschienen: der Professor, der Assistent und ein Student. Vortrag und Diskussion fanden statt und die 700 DM gab es auch. Da beschlossen wir, dass wir dieses Geld ganz unsinnig ausgeben müssten. Wir gingen in ein Edelrestaurant in der Meineckestraße, in dem lauter extrem feine Menschen saßen, bestellten das teuerste Menü und mehrere Flaschen des besten Weins, wollten eigentlich Skat spielen, haben dann aber die ganze Zeit so gelacht und uns unmöglich verhalten, dass wir des Raumes verwiesen worden wären, wenn wir nicht das jeweils Teuerste bestellt hätten. Wir haben uns selten so amüsiert wie an diesem Abend, denn es war der Abschluss des Projektes „Schulaufsicht und Schule", und es war ein extrem bildungspolitisches Projekt.

1.3 „Unter den Talaren Muff von tausend Jahren" – Über den akademischen Aktivismus

Ich kann mir nicht mehr verhehlen, dass ich zwischen allen Stühlen sitze und dass es so bleiben wird.
  ∟ Christa Wolf, Briefe 1952 – 2011, S. 300

Das schreibt Christa Wolf Ostern 1977 in einem Brief an Maxie Wander, ein Jahr nach der Ausbürgerung von Wolf Biermann, gegen die sie protestiert hatte. In dem Brief schreibt sie, dass sie unter dieser Situation leidet und nicht, dass sie es sich bequem macht zwischen den Stühlen. Auch ich saß in den sechziger Jahren zwischen allen Stühlen, auch wenn es andere Stühle waren als die der Christa Wolf.

Bei mir hatten sich in meiner Schulzeit Mitte der fünfziger Jahre drei politische Grundanschauungen herausgebildet.
1. Außenpolitik: Wiedervereinigung als Ziel, selbst bei einer Neutralisierung Deutschlands
2. Gesellschaftspolitik: Gemeinwirtschaft und wirtschaftliche Selbstverwaltung als Alternative zu Kapitalismus und Sozialismus
3. Politische Form: Repräsentative Demokratie bei Kritik an Parteiendemokratie und unmittelbarer Demokratie.

Was ist davon nach zehn Jahren geblieben, nach dem Studium und den ersten Berufsjahren?

1. Außenpolitik: Nichts, denn ich trat nun für die Zweistaatenlösung ein. Die BRD und die DDR hatten sich fest in den beiden Blocksystemen etabliert, und zwar insbesondere nach dem Bau der Mauer 1961.
2. Gesellschaftspolitik: Staatliche Planung und Steuerung der Privatwirtschaft als Modell; Gemeinwirtschaft und Selbstverwaltung waren in Vergessenheit geraten.
3. Politische Form: Parteiendemokratie als unvermeidbare Form der repräsentativen Demokratie bei anhaltender Skepsis und Kritik der unmittelbaren Demokratie.

Als ich 1965 zur Zeit der Erhard-Regierung nach Berlin kam, entsprach die Politik diesen Vorstellungen in keiner Weise. Die Regierung hielt am Alleinvertretungsanspruch der Bundesrepublik fest. Die Soziale Marktwirtschaft war nun Dogma geworden. Eine sog. Formierte Gesellschaft[66] sollte die Parteiendemokratie ersetzen bzw. korrigieren. Doch es regte sich Kritik, Protest und Widerstand. Dieser Protest und Widerstand verschärften sich, als Erhard scheiterte und 1966 die Große Koalition gebildet wurde, die die Politik aber zunächst nicht grundlegend änderte, sondern sogar die Notstandsgesetze verabschiedete.

1.3.1 Referendar bei Horst Mahler

Ich habe meine ersten Begegnungen mit dem politischen Protest bereits beschrieben (s. o. Teil I 2.1.4), die Proteste gegen eine geplante Atombewaffnung der Bundeswehr 1957, die Demonstrationen im Zusammenhang mit der Spiegel-Krise 1961 und die bürgerkriegsähnlichen Verhältnisse in Paris auf dem Höhepunkt des Algerien-Krieges 1962/63. Meine nächsten Berührungen mit dem politischen Protest in Deutschland fanden nach 1965 im Institut für Bildungsforschung statt (s. u. 1.3.3). Daneben, wenn auch nicht ohne Beziehung dazu, gab es noch einen anderen Berührungspunkt mit dem politischen Protest. Nachdem ich in Berlin am 1.10.1965 meine Stelle am Institut für Bildungsforschung angetreten hatte, setzte ich gleichzeitig meinen Referendar-

---

66 Der Carl Schmitt-Schüler und stellvertretende Hauptgeschäftsführer des Deutschen Industrie- und Handelstages Rüdiger Altmann vertrat eine neo-korporativistische politische Struktur, die er dem Bundeskanzler Ludwig Erhard nahebrachte, s. sein Buch „Der Kompromiss", 1964

dienst in Berlin fort. Ich war auch schon in Bonn gleichzeitig Sekretär des Deutschen Ausschuss und Referendar in der Justiz gewesen. Jetzt ging ich für ein halbes Jahr zum Berliner Bildungssenator in die Rechtsabteilung, was außerordentlich praktisch war, weil ich sowohl im Institut wie beim Senator über Bildungsrecht arbeiten konnte.

Dann aber kam die ebenfalls halbjährige Rechtsanwaltsstation im Sommer 1966. Es gab damals für die Rechtsanwaltsstation ein praktisches Arrangement. Entweder arbeitete man in der Kanzlei mit und bekam zum Referendargehalt zusätzlich etwas Geld oder man tat dort nichts und bekam nur ein gutes Zeugnis. Ich wählte den zweiten Weg, weil ich sowieso am Institut für Bildungsforschung arbeitete und Geld verdiente. Ein Kollege aus unserer Gruppe am Institut sagte mir, er sei als Referendar bei einem prima Anwalt, sehr clever, politisch engagiert, aber auch mit Industriekundschaft, und der würde mich auch noch nehmen, und zwar nach der zweiten Alternative. Da ich keinen anderen Anwalt in Berlin kannte und da das gut klang, sagte ich zu. Dieser Anwalt war Horst Mahler, bei dem ich dann (formal) sechs Monate Referendar war.

Ich habe Horst Mahler in diesen sechs Monaten nur zweimal gesehen, einmal bei der Einstellung und einmal zu einer Besprechung eines bestimmten Prozesses. Mahler war ein angesehener junger Anwalt, der vor Gericht engagiert auftrat und sehr erfolgreich war. Er hatte die Kanzlei von einem älteren Kollegen übernommen, der in den Ruhestand gegangen war und dessen Klienten er mit übernommen hatte. Dazu gehörten u. a. Ford Motors und ein großer Hotel-Konzern, aber auch der Verein der Katzenfreunde e.V. und ein kleiner Verlag, der u. a. die Zeitschrift „Unsere Katze" herausgab. Allmählich kamen aber auch Mandanten aus dem links-alternativen Milieu hinzu, z. B. aus dem von Mahler mit gegründeten Republikanischen Club. Aufgrund unseres Arrangements hatte ich keine Präsenzpflicht und erschien im Büro überhaupt nur, wenn „etwas anlag", so z. B. als ich eine Klagschrift für den „Katzenverein" vorzubereiten hatte, an die ich mich aber nicht mehr erinnern kann. Erinnern kann ich mich nur an zwei Verfahren, bei denen es im Grunde um dasselbe ging, nämlich um Werbung für den Kabarettisten Wolfgang Neuss. In seiner One-Man-Show „Der Mann mit der Pauke" schlug er kräftig auf dieselbe und die städtische Werbegesellschaft BEREK, die die Berliner Litfaßsäulen beklebte, und der Springer-Konzern mit seinen mächtigen Berliner Blättern weigerten sich, bezahlte Werbung für das Neuss-Kabarett anzunehmen. Ich verfasste zwei 80eitige Klageschriften. Die Klagen wurden begreiflicherweise aus Gründen der Vertragsfreiheit abgewiesen, erregten jedoch ein gewisses öffentliches Aufsehen, auf das es mehr ankam als auf die Werbung selber.

Ich hatte kein einziges politisches Gespräch mit Horst Mahler, aber ich merkte durchaus, dass sich in seinem Büro etwas vorbereitete, die Organisation von politischem Protest. Mahler war geschickt und als Jurist überzeugend. Die Mittel des Rechtsstaats nutzen, um andere politische Ziele zu erreichen! Das war durchaus eine taktische Zielsetzung, der ich etwas abgewinnen konnte. Mein Gespür für die kommende Protestbewegung und Mahlers Rolle dabei ergab sich vor allem aus Gesprächen, die ich im Institut mit den Kollegen führen konnte, die auch bei Mahler arbeiteten und die man der „kritischen juristischen Bewegung" zurechnen konnte, die sich damals formierte. Nachdem ich aus dem Büro im Herbst 1966 ausgeschieden war, traf ich die Familie Mahler manchmal Sonntag morgens beim Spaziergang am Lietzensee, wo sowohl sie wie ich wohnten. Die weitere bekannte Entwicklung Mahlers habe ich nur aus der Ferne verfolgt, seine Rolle im Kaufhausbrand-Prozess 1968 und bei der Entstehung der RAF im Jahre 1970. Mich hat Mahler nach meinem Ausscheiden ein einziges Mal angerufen, vermutlich im Winter 67/68, und mich um eine Prozessvertretung gebeten, was ich aber wegen seiner politischen Rolle abgelehnt habe. Danach knackte es in meinem Telefon und ich wusste, dass ich abgehört wurde, denn die Abhörtechnik war damals noch nicht perfekt. Wie nahe ich aber zumindest virtuell den Ereignissen war, zeigte die Tatsache, dass Mahler und Co. vor und nach dem ersten Banküberfall ihre Kleider in einer Wohnung von einem Kanzleikollegen gewechselt haben, zu der sie den Schlüssel besaßen, und der ist nicht zur Polizei gegangen.

1.3.2 Der 2. Juni 1967

Ich war mitten in den Klausuren für das Zweite Staatsexamen. Die zweite Klausur stand am 2.6.1967 an, im Strafrecht, und zwar im Keller des Justizgebäudes in Schöneberg in der Salzburger Straße direkt neben dem Schöneberger Rathaus, dem Sitz des Regierenden Bürgermeisters. Mein 2 CV war kaputt. Ich fuhr also morgens um 8.00 mit dem Bus zum Schöneberger Rathaus, verfehlte aber beim Einsteigen den Tritt und verstauchte mir in der Gosse den rechten großen Zeh, wie der Arzt dann am späteren Nachmittag nach dem Ende der Klausur feststellte. Es war aber nicht nur mein zweiter Klausurtag, sondern es war auch der entscheidende Tag des Schahbesuches in Berlin, der Tag der großen Anti-Schahdemonstration, der Tag, an dem Benno Ohnesorg erschossen wurde. Der 2. Juni 1967 wurde für die Entstehung der Protestbewegung in Berlin ein mythisches Datum, und dass nicht nur weil sich später eine terroristische Bewegung so benannte, die „Bewegung 2. Juni".

Am Vorabend hatte es in der Technischen Universität ein „Teach-In" gegeben, bei dem für den 2. Juni vormittags zu einer Demonstration vor dem Schöneberger Rathaus aufgerufen worden war. Als ich morgens vor dem Schöneberger

Rathaus ankam, war der Platz zwar noch leer, aber es standen sehr viele rot-weiße Absperrgitter bereit. Vor meinem Aufbruch hatte ich im Radio aber nicht nur von der bevorstehenden Demonstration gehört, sondern auch von dem Aufmarsch der Truppen der Arabischen Liga gegen Israel und der gefährlichen Zuspitzung der Konfrontation, die in der Tat nur drei Tage später zum Sechs-Tage-Krieg führen sollte.

Da saß ich nun im Keller und brütete über dem Fall meiner Strafrechtsklausur. Eine Frau hatte in einem Supermarkt einen Lippenstift „mitgehen" lassen (Wenn zum sofortigen Verbrauch bestimmt, „Mundraub", sonst normaler Diebstahl, eventuell aber auch Unterschlagung). Als sie dann in ihre Wohnung kommt, sieht sie, dass ihre verhasste Schwiegermutter mit dem Strick um den Hals am Fensterkreuz hängt, aber noch röchelt. Wie gut, sagt sie sich, und verlässt schleunigst die Wohnung (Tötung durch Unterlassen? Oder unterlassene Hilfeleistung?) und eine dritte ähnlich absurde Geschichte. Das war meine Aufgabe in der Strafrechtsklausur im Zweiten Juristischen Staatsexamen. Kaum zu glauben!

Von draußen hört man durch die vergitterten, aber offenen Fenster Jubelgeschrei. Das sind die sog. „Jubelperser" aus der Berliner Persischen Kolonie, die angeblich zur Begrüßung des Schahs „angekarrt" worden waren. Dann wieder: „Mörder! Mörder!" Die Lautsprecher der Polizei fordern zum Verlassen des Platzes auf. Wasserwerfer fahren auf. Wie gut, dass es keine Polizeirechtsklausur ist – oder auch nicht. Hubschrauber kreisen mit lautem Geknatter über dem Platz. Ich denke, dass der arabisch-israelische Krieg begonnen hat und das schreckt mich viel mehr als die Auseinandersetzungen bei der Demonstration da draußen.

Mein Zeh! Hätte ich an den nun folgenden Demonstrationen teilgenommen, wenn nicht mein Zeh gewesen wäre? Vielleicht wäre alles für mich ganz anders gekommen, wenn nicht mein Zeh gewesen wäre. Sechs Wochen lang musste ich humpeln und galt deshalb als eins der vielen Demonstrationsopfer. Am Abend des 2. Juni gab es für den Schah in der Deutschen Oper an der Bismarckstraße eine Sonderaufführung der „Zauberflöte". Auch dort Demonstrationen. Die Demonstranten werden gegenüber in die Krumme Straße abgedrängt und dort fällt der Schuss aus der Dienstpistole des Polizisten Kurras, der den Studenten Benno Ohnesorg tötet, ein Tod, der die Protestbewegung grundlegend veränderte. Kurras war – wie man inzwischen weiß – inoffizieller Mitarbeiter der Stasi. Nun spielten Studenten und Polizei nicht mehr – wie so häufig – das Katz-und-Maus-Spiel. Nun war es plötzlich ernst, tödlicher Ernst. Aus einer Bewegung, die einzelne Erscheinungsformen des politischen Handelns kritisierte, insbesondere den Vietnamkrieg, die Notstandsgesetze, die Polizeigewalt, usw. entwickelte sich eine „Systemopposition", eine außerparlamentarische Opposition (APO), die die Legitimität des Politischen Systems grundsätzlich infrage stellte.

Die Entwicklung der Studentenbewegung vom 2. Juni 1967 bis zur Baader-Befreiung am 14. Mai 1970, d. h. bis zum Weg in die RAF ist vielfach beschrieben worden[67]. Deshalb will ich mich darauf beschränken, mein Verhalten in dieser Zeit zu deuten, als Beitrag zu meiner (bildungs)politischen Biographie.

1.3.3 Das Institut für Bildungsforschung und die Studentenbewegung

Das Institut (s. o. 1.1.2.) war keine Hochschule; es fanden dort keine Lehrveranstaltungen statt; d. h. es gab am Institut keine Studenten. Dennoch entwickelte sich in der zweiten Hälfte der sechziger Jahre eine deutliche Affinität des Instituts zur Studentenbewegung, und zwar aus einer Vielzahl von Gründen:

1. Die Leitung des Instituts galt als „links", zumindest wird man Dietrich Goldschmidt und Wolfgang Edelstein einer „undogmatischen Linken" zurechnen können, während Hellmut Becker nicht so richtig einzuordnen war.
2. Auch wenn am Institut keine Studenten arbeiteten, so waren die Mitarbeiterinnen und Mitarbeiter weit überwiegend doch jung und viele fühlten sich der Studentengeneration noch zugehörig und Hellmut Beckers Politik war es, dem „linken Protest" eine Chance zur Arbeit zu geben. Es wurden deshalb viele junge „linke" Mitarbeiterinnen und Mitarbeiter eingestellt.
3. Das Institut definierte sich gesellschaftspolitisch und spielte in der Bildungspolitik eine große Rolle. Es konnte nicht umhin, die von der „Studentenbewegung" aufgeworfenen Fragen – im Rahmen von Wissenschaft – zu diskutieren, z. B. die schichtspezifische Sozialisation, den Klassencharakter der Schule, die Ausbeutung der Lehrlinge, das Verhältnis von Wissenschaft und Politik usw.
4. Die Studentenbewegung konnte sich nicht im Protest erschöpfen, wenn sie ihren Anspruch auf gesellschaftliche Veränderungen einlösen wollte, sondern sie brauchte Theorien, die sie in der Geschichte fand und für die das Institut eine Diskussionsplattform bot, insbesondere weil es hieß, dass das Institut der „Kritischen Theorie" nahestand und Habermas dort ein und aus ging.

---

67 Stefan Aust, Der Bader-Meinhof-Komplex, 2008; Willi Winkler, Die Geschichte der RAF, 2005; Wolfgang Kraushaar (Hrsg.), Die RAF und der linke Terrorismus, 2 Bd., 2008; Michael Sontheimer, Natürlich kann geschossen werden. Eine kurze Geschichte der Roten Armee Fraktion, 2010

5. Sie brauchte aber auch „Folien" für Projekte der Verbindung von Wissenschaft und Praxis, und hierfür hielt das Institut für Bildungsforschung Angebote bereit, die in der Studentenbewegung bereitwillig aufgegriffen wurden. Nur einige Beispiele: Das Institut gründete einen Kindergarten, in dem die anti-autoritäre Erziehung geprobt werden konnte. Für die Chancengleichheitsbewegung eigneten sich das Projekt „Student auf Land" und ähnliche Projekte, die zwar nicht im Institut erfunden, aber doch von ihm wohlwollend begleitet wurden. Der „Marsch in die Produktion" fand zwar in Erwachsenenbildungsprojekten des Instituts keinen Widerhall, weil Hellmut Becker die Erwachsenenbildung für sich „gepachtet" hatte und einer „proletarischen Arbeit" von Studenten, die zugleich der politischen Indoktrination dienen sollte, eher skeptisch gegenüberstand. Eine gewisse empirische Basis fanden diese Aktionen jedoch in den Berufsausbildungsprojekten des Instituts, die mit den „Lehrlingsinitiativen" sympathisierten. Ein Kristallisationspunkt für die politisch-wissenschaftliche Identitätsfindung der Studentenbewegung wurden die Sozialisationsprojekte des Instituts, in denen die Arbeiten der „Größen" der schichtspezifischen Sozialisationstheorie verhandelt wurden, Bourdieu, Bernstein usw. (s. o. 1.1.2)

Doch das Institut war keine „sozialistische Kaderschmiede", wie in der Öffentlichkeit vor allem von der Springer-Presse häufig behauptet wurde. Der SDS hatte 1961 eine Denkschrift veröffentlicht „Hochschule in der Demokratie – Demokratie in der Hochschule" und mehrere Verfasser dieser Denkschrift hatten sie in einem Buch „Hochschule in der Demokratie" (1966) vertieft, insbesondere Wolfgang Nitsch und Ulrich K. Preuß, die im Institut arbeiteten. Es war dann auch kein Wunder, dass sie und einige andere Mitarbeiterinnen und Mitarbeiter des Instituts an der Gründung der „Kritischen Universität" beteiligt waren, einem alternativen universitären Studienprojekt, dessen Scheitern vorprogrammiert war, das jedoch publizistisch außerordentlich wirksam war. Hier ging es nicht um Protest, nein, hier verwirklichten die Studenten konstruktiv ihre Ideen! So urteilten professorale Sympathisanten und unterrichteten deshalb selber an der „Kritischen Universität", obwohl sie natürlich – wie ich auch – meinten, dass die Universität als solche eine „kritische" Institution sei, dass Wissenschaft immer „kritisch" sei. Doch diese Bewegung richtete sich auf die Universität, insbesondere auf die „Freie Universität Berlin", mag auch das Institut für Bildungsforschung für die studentischen Aktivitäten wie eine Art „Flugzeugträger" gewirkt haben.

Ich war an der „kritischen Universität" nicht beteiligt und ich nahm auch an studentischen Aktionen nicht teil, habe mich mit der Studentenbewegung nicht ostentativ solidarisiert, habe nie demonstriert, nie Slogans skandiert, nie

Steine geschmissen und Häuser besetzt, nicht ihre Protestbriefe unterzeichnet. Ich schreibe dies jetzt – fünfzig Jahre später – nicht mit Stolz, sondern eher mit leichtem Bedauern, denn ich teilte viele Anliegen der Bewegung, aber irgendwie gehörte ich doch nicht dazu. Mit dreißig Jahren fühlte ich mich zu alt, um da mitzumachen, obwohl einige der Aktivisten durchaus älter waren. Ich hatte auch bereits im Beruf gearbeitet und vielleicht war es auch meine Stellung im Institut. Ich fühlte mich jedenfalls etwas erhaben über diese Form des Aktivismus.

1.3.4 Die Juristische Fakultät und die Studentenbewegung

Die Juristische Fakultät der Freien Universität, an die ich 1975 berufen wurde, als „die Linke" dort vorübergehend die Mehrheit hatte (s. u. 2.2.1), stand nicht so sehr im Zentrum studentischer Aktionen. Sie war nach dem Rechts-Links-Schema gespalten. Die „Rechte" galt bei den studentischen Aktivisten sowieso als hoffnungslos und in „Linke" hatte mit Uwe Wesel als Vize-Präsident der FU inzwischen „die Macht" in der Zentralverwaltung. Ich war von der „Linken" berufen worden, gehörte also zum „linken Kreis", der sich einmal in der Woche im Wesel'schen Institut für Römisches Recht traf. Das waren nun keinesfalls „Revoluzzer", gehörte doch z. B. auch der künftige langjährige Präsident der FU Gerlach und die spätere Justizsenatorin und Präsidentin des Bundesverfassungsgerichts Jutta Limbach dazu. Es war halt mehr oder weniger das „links-liberale" Milieu, das sich über die Fachbereichspolitik informierte und abstimmte. Auch die „Rechte" war kein „reaktionärer Block", sondern es war mehr oder weniger spiegelbildlich das „rechts-liberale Milieu", das dasselbe wie die „Linke" tat. Ich machte brav meine Antrittsbesuche bei allen Kollegen des Öffentlichen Rechts, z. B. auch bei Ruppert Scholz, dem „Kohl-Vertrauten" und späteren kurzzeitigen Verteidigungsminister. „Herr Kollege Richter, Sie wissen vermutlich, dass ich nicht für Sie, sondern für Ihren Gegenkandidaten gestimmt habe. Aber jetzt sind Sie da. Ich habe in Ihren Arbeiten gelesen, und ich habe keinen Zweifel, dass wir gut zusammenarbeiten werden." Ich stand also, wie es scheint, eher zwischen den Fronten.

Ich unterrichtete „brav" das gesamte Programm des Öffentlichen Rechts, wofür ich sehr viel arbeiten musste, zumal ich es nach meinen eigenen Maßstäben „kritisch" gestalten wollte. Nur ein einziges Mal wurde ich Gegenstand studentischer Aktionen: „Die Studenten" besetzten „die Universität", d. h. sie „sprengten" die Vorlesungen missliebiger Professoren unter dem Vorwand, diskutieren zu wollen. Eines Morgens komme ich zu meinem Hörsaal, der versperrt war, und zwar von mir unbekannten Studenten. Selbst wenn 200–300 Studenten in der Vorlesung sind, die ich natürlich nicht alle kenne, merke ich doch sofort, dass dies nicht „meine" Studenten, dass sie keine Jurastudenten sind. Ich kämpfe mich durch und sage, wir sollten doch zunächst einmal alle reingehen, was auch geschieht. „Ich bin der Thomas", sagt jemand, der sich auf mein Pult setzt, während ich am Fenster stehe und der Dinge harre, die da kommen sollen. „Diese Vorlesung ist besetzt." „Ihr könnt wieder gehen; hier ist alles in Ordnung!" meint jemand, der aus den Studentenreihen kommt und sich neben den Thomas stellt. Ich wusste zwar nicht genau, was das bedeuten sollte, aber der Thomas zog mit etwa 15 Studenten wieder ab, und ich machte mein normales Programm weiter. Eigentlich weiß ich gar nicht, warum ich von Konrad Zweigert, dem Direktor des Max-Planck-Instituts für Internationales Recht in Hamburg, den Beinamen „Der rote Richter" erhalten hatte.

1.3.5 Die Bewegung der Studentenbewegung

Die Entwicklung der Studentenbewegung brachte außer politischen und wissenschaftlichen Impulsen noch etwas ganz Anderes in das Leben der Studenten, das sie in ihrem bisherigen familiären, schulischen und studentischen Leben nicht gekannt hatten, etwas Existenzielles: Solidarität, Befreiung und Gewalt. „Bürger lasst das Glotzen sein, kommt herunter, reiht Euch ein!" Ich habe das nicht getan, sondern vom Bürgersteig aus zugeguckt, aber ich konnte mir das Gefühl vorstellen, untergehakt in Reihen vorwärts zu stürmen, die Internationale zu singen und zu skandieren, z. B.:" Bürger, runter vom Balkon, unterstützt den Vietcong!" Ich habe dieses befreiende Gefühl der Solidarisierung nicht erlebt und wollte es auch nicht erleben. Warum? Aus Angst und aus Distanz, denn ich empfand mich nicht als Teil der Bewegung. Ich glaubte vor allem nicht an die sozialistischen Gesellschaftsmodelle und ich missbilligte die typischen studentischen Aktionsformen.

Mein Neffe und meine Nichte, Kinder meiner Schwester, waren zu Besuch in Berlin, wo sie später studieren und scheitern sollten. Noch aber waren sie Besucher und ich wollte ihnen eine Demo zeigen, also auf zum Ku-Damm! Am Kranzler-Eck fanden jeden Tag Diskussionen zwischen Studenten und „Bürgerinnen und Bürgern" in kleinen Gruppen statt. Meist brüllten sie sich an. Jetzt aber kommen Tausende, aus welchen Gründen auch immer, in fest geschlossenen Reihen, die Richtung Halensee ziehen, wohin auch immer. An der Ecke Fasanenstrasse kommt es zu einer Konfrontation, weil die Polizei mit Mannschaftswagen und Wasserwerfern aufgefahren ist und die Demonstration nicht weiterziehen lässt. Die Polizei rückt vor, die Demonstranten weichen nicht, der Einsatz der Wasserwerfer beginnt. Alle suchen das Weite, bis auf einige „Hardliner", die sich weiter der Polizei entgegenstellen. Wir rennen, was wir können, Richtung U-Bahn Eingang, aber der ist von der Polizei abgeriegelt. Sind wir eingekesselt? Erinnerungen an Paris werden wach (s. o. Teil I 2.1.4). Durch den U-Bahn Eingang auf der gegenüberliegenden Seite entkommen wir dennoch – mit Herzklopfen!

Einige Tage später kommt Ulrich Preuß völlig aufgelöst ins Institut: „Am Tegeler Weg sind Steine geflogen!" Faszination und Schrecken mischen sich in seinem Gesicht. „Zum ersten Mal in der Nachkriegsgeschichte, Pflastersteine gegen die Polizei." In der Tat waren bei der sog. „Schlacht am Tegeler Weg" am 4. November 1968 bei einer Demonstration gegen das Ehrengerichtsverfahren, durch das Horst Mahler vom Landgericht die Zulassung zur Anwaltschaft entzogen werden sollte, von den Demonstranten Steine gegen die Polizei geworfen worden, was zu einer wochenlangen Auseinandersetzung über Gewalt und zu einer Spaltung des SDS führte. Es war eine Grenze überschritten worden, die Grenze zur Gewalt! Wenn ich trotz aller Kritik und Distanz eine gewisse Sympathie für „die Studentenbewegung" empfunden hatte, nun war auch für mich die Grenze überschritten. Einer der Demonstranten, gegen den ein Strafverfahren wegen Landfriedensbruch eröffnet worden war, kam nach einigen Wochen zu mir und bat um juristischen Beistand. „Ich habe doch nur demonstriert! Das ist ein Grundrecht!" – „Was wird Ihnen denn konkret vorgeworfen?" „Dass ich Steine in der Manteltasche hatte." „Sie hatten bei der Demonstration Steine in der Manteltasche?" „Ja, aber das war rein zufällig." – ein eher tragi-komisches Nachspiel!

Die existenzielle Bedeutung, die die Studentenbewegung für viele Studenten erhielt und die sie als Befreiung erlebten, wirkte für mich zu Beginn eher befremdlich, und zwar vermutlich auch, weil zur existenziellen Bedeutung auch die „sexuelle Befreiung" gehörte. Bei aller Sympathie für die Überwindung der konventionell-konservativen Sexualmoral mochte ich mich nicht mit der öffentlich demonstrierten „sexuellen Befreiung" identifizieren. An einem Abend diskutierten wir im Juristenkreis bei Hellmut Becker zu Hause einen Entwurf für mein „Bildungsverfassungsrecht". Ulrich Preuß war nicht erschienen, kam aber eine Stunde später völlig aufgeregt und berichtete, dass er soeben bei der Gründung der Kommune I dabei gewesen sei, dass sie – die Kommunarden – alle nackt gewesen seien und sich von der spießigen bürgerlichen Sexualität losgesagt hätten. „Wie alles anfing" nannte Bommi Bauman 1975 seine Erinnerungen. Dies war auch ein Anfang der Geschichte der „sexuellen Befreiung", deren Ambivalenzen viel beschrieben worden sind.[68]

---

68 Klassisch z. B. Wilhelm Reich, Die sexuelle Revolution, 1945 ; damals Reimut Reiche, Sexualität und Klassenkampf, 1968; heute Volkmar Sigusch, Auf der Suche nach der sexuellen Freiheit, 2011

1.3.6 „Ja, was wollt Ihr denn nun eigentlich?"

Das fragte Helmut Schmidt, Fraktionsvorsitzender der SPD im Bundestag, den Asta-Vorsitzenden Knut Nevermann bei einem Besuch der FU in einem zögerlich beginnenden, sich aber dann bis in die tiefe Nacht hinein erstrecken- den Gespräch im Jahre 1968. Dieselbe Frage stellte mir zur selben Zeit ein amerikanischer Professor der Politikwissenschaft, der das Institut für Bildungsforschung besuchte und den mir Hellmut Becker zur „Aufklärung" über die Studentenbewegung überlassen hatte – nur mit dem Unterschied, dass er mich nicht mit der Bewegung identifizierte: „Ja, was wollen die denn eigentlich?" Dass Amerikaner – wie Helmut Schmidt – so naive Fragen stellen können! Ich stammelte etwas von: „Eine bessere Bildungsplanung" oder dergleichen. Heute weiß ich es besser und ich hätte es auch damals besser gewusst, wenn ich mit der Frage in ihrer Pauschalität nicht so überfallen worden wäre. Sechs gesellschaftliche und politische Themen schienen mir für die damalige Studentenbewegung kennzeichnend gewesen zu sein.

Weltpolitik

Die „Neue Ostpolitik" im Rahmen der Entspannungspolitik („Helsinki") gefiel den Studenten der Studentenbewegung nicht, denn sie ging den einen nicht weit genug und missfiel den anderen, die mit Stalinisten nicht paktieren wollten.
*   Die Gefahr eines Atomkrieges war nicht gebannt, auch wenn ein Atomwaffensperrvertrag 1968 und Gewaltverzichtverträge 1970 mit der Sowjet-Union und weiteren Ostblockstaaten unterzeichnet wurden.
*   Die politische und wirtschaftliche Abhängigkeit der Länder der „Dritten Welt" von den ehemaligen Kolonialmächten und den USA blieb erhalten, auch wenn die meisten Länder nach 1960 im Rahmen der Entkolonialisierungspolitik unabhängig wurden.
*   Im Mittelpunkt studentischer Proteste standen der Vietnamkrieg und das Eingreifen der USA auf Seiten des diktatorischen und korrupten Regimes in Süd-Vietnam sowie die autokratische Herrschaft des Schahs von Persien.

Demokratiekritik

Auch wenn die Bundesrepublik eine repräsentative Demokratie mit einem Mehrparteiensystem war, die sich anschickte, sich durch einen Regierungswechsel zu bewähren, galt sie doch als „undemokratisch":
*   Die Bildung einer Großen Koalition im Jahre 1966 galt als ein Verstoß gegen das parlamentarische Prinzip.

- Die Notstandgesetze von 1968 galten als Instrument zur Vorbereitung eines „Staatsstreichs" zur Beseitigung der Demokratie.
- Die Springer-Presse – allen voran die Bild-Zeitung – galt als manipulativ und undemokratisch; sie hetzte die Bevölkerung gegen die Studentenbewegung auf.
- Es fehlte an Vertrauen, denn die politischen Parteien und ihre Repräsentanten wirkten unglaubwürdig, machtgeil und geldgierig.

Spätkapitalismus

- Die offizielle Wirtschaftspolitik, die „Soziale Marktwirtschaft", hatte die Entstehung eines Systems sozialer Ungleichheit nicht verhindert, sondern ganz im Gegenteil eine neue soziale Ungleichheit geschaffen. Aus der Kritik an der Macht der Unternehmen und ihrer Eigentümer und Manager entwickelte sich schnell eine allgemeine Kapitalismuskritik, die entweder die alte sozialistische Kritik wieder aufgriff oder die Argumente der DDR übernahm.
- Die Einstellungen gegenüber den Gewerkschaften waren und blieben gespalten. Während die einen sie als Teil des „Systems" ablehnten und ihre Macht missbilligten, sahen die anderen in ihnen den einzigen möglichen Bündnispartner.
- Die Arbeits- und Lebensbedingungen der großen Mehrheit der Bevölkerung wurden scharf kritisiert. Von manchen wurde „der Arbeiter" bzw. „der Proletarier" zur Leitfigur erhoben, zum ersehnten revolutionären Subjekt.

Die autoritäre Gesellschaft

Das Adjektiv „anti-autoritär" verband man am häufigsten mit der Studentenbewegung, ja, es wurde in gewisser Weise synonym mit der Bewegung gebraucht: „Die anti-autoritäre Studentenbewegung".
- Die Familie galt als autoritär, weil die patriarchalischen Männer ihre Frauen und die Kinder, vor allem die aufmüpfigen Studenten unterdrückten, keine Kritik an den herrschenden Verhältnissen zulassen wollten und ihre NS- und Kriegsvergangenheit verdrängten oder verschwiegen, jedenfalls keine Fragen zuließen.
- Justiz und Polizei (Bullen!) galten als Instrumente der Unterdrückung, sei es weil sie im Dienste „der Herrschenden" deren politische Ziele mit Gewalt durchsetzten, weil sie als „Diener des Kapitals" galten und weil sie an überholten Moralvorstellungen festhielten.
- In der bürgerlichen Gesellschaft galten alternative Lebensstile als verrückt oder dekadent, wurden entweder belächelt oder scharf kritisiert.

- Homosexualität und Sexualität vor und außerhalb der Ehe waren offiziell unerwünscht oder verboten, wurden aber weithin praktiziert und geduldet. Die daraus resultierende Heuchelei wurde weithin kritisiert.

Bildung und Wissenschaft

- Zunächst ging es darum, mehr für Bildung und Wissenschaft zu tun, insbesondere mehr zu investieren und mehr Lehrer und Hochschullehrer einzustellen. Dann ging es um die Beseitigung sozialer Ungleichheit und um die Herstellung von Chancengleichheit, wenn nicht sogar Gleichheit im Bildungswesen. Viele sahen die Schule als „Klassenschule" sowie Bildung und Wissenschaft als Instrumente der Klassengesellschaft an, die bekämpft und letztlich beseitigt werden müsste.
- Der „Hauptfeind" war die sog. Ordinarienuniversität, die als veraltet und reaktionär galt: „Unter den Talaren, der Muff von tausend Jahren!" Sie sollte einerseits modernisiert und andererseits „demokratisiert" werden.
- Die beiden hochschulpolitischen Hauptforderungen der aktiven Studentenschaft waren die Mitbestimmung, und zwar nicht nur die der Studenten, sondern auch die Beteiligung der wissenschaftlichen und technischen Mitarbeiter, sowie das sog. Politische Mandat der Studentenschaft, d. h. das Recht der gewählten Studentenvertretungen, sich nicht nur zu hochschulpolitischen, sondern auch zu allgemeinen politischen Fragen zu äußern.
- Im Bereich der Forschung richtete sich die Kritik gegen die Entstehung eines „wissenschaftlich-industriellen Komplex", der im Dienste des Militärs und der Großunternehmen stand und an dem sich auch die Universitäten, aber vor allem die Bundesforschungsanstalten und die außeruniversitären Forschungseinrichtungen beteiligten.

Unkonventionalität

Aufsehen erregten aber nicht nur die kritischen und z. T. radikalen Analysen und Forderungen aus dem Kreis der Studentenbewegung, sondern auch die Vorgehensweisen, die neu und ungewohnt und z. T. außerordentlich originell waren, die sich deutlich vom Stil der universitären Seminare wie der genehmigten und gesitteten Demonstrationen absetzten.
- Reden! Es sollte über alles diskutiert werden können, und zwar grundsätzlich und ausführlich und überall, in der Schule, in der Universität und im Betrieb, und zwar wenn nötig bis in die Nacht oder bis in den Morgen. Traditionelle Versammlungsformen mit Versammlungsleitern, Tagesordnungen,

Protokollen usw. galten als „formaldemokratisch". Spontaneität war gefragt! und manchmal ging man vom Reden auch gleich zum Handeln über.

- Demonstrieren! Fast täglich gab es Demonstrationen, in der Universität und vor manchen Werkstoren, auf den zentralen Plätzen der Städte, vor dem Sitz der Parlamente und Regierungen, und zwar unter Verletzung der sog. Bannmeile. Kinder wurden häufig auf die Demonstrationen mitgenommen und auf den Schultern getragen. Man marschierte in Kolonnen, hakte sich ein. Originelle Plakate waren besonders beliebt, mit möglichst witzigen und provokativen Sprüchen, denn so kam man ins Fernsehen. Sprüche wurden lautstark skandiert. Demonstrationen sollten auch Spaß machen.
- Streik! Der Streik war in Deutschland ein legales geregeltes Verfahren, das der Einigung von Arbeitgebern und Arbeitnehmern über die Arbeitsbedingungen, insbesondere Arbeitszeiten und Löhne in Tarifverträgen dienen sollte. Politische Streiks waren unzulässig. Die Gewerkschaften ließen sich dieses machtvolle Instrument nicht aus der Hand nehmen und standen deshalb der Usurpation des Streikbegriffes durch die Studentenbewegung mehr als skeptisch gegenüber. Der sog. „Vorlesungsstreik", zu dem Studenten gerne aufriefen, war deshalb kein Streik, sondern ein Boykott.
- Blockade und Besetzung! Durch Blockaden, z. B. Sitzblockaden vor Instituten oder vor Betrieben sollte der Zugang der Mitarbeiter und Nutzer oder die Auslieferung von Produkten, z. B. Zeitungen verhindert, durch Besetzungen von Instituten oder Betrieben sollte ihre Funktionsfähigkeit beeinträchtigt werden. Der passive Widerstand, der vielfach propagiert wurde, warf die Frage nach der Gewalt auf.
- Gewalt! Die Studentenbewegung richtete sich auch gegen das Gewaltmonopol des Staates, den Inbegriff der staatlichen Souveränität nach innen. Eine griffige Formulierung war: Gewalt gegen Sachen, nicht aber Gewalt gegen Personen! Was für eine Illusion! Was für eine Rabulistik! Der Eigentümer einer Sache – und nur der Eigentümer – kann mit ihr nach § 903 BGB nach Belieben verfahren. Es ist die Aufgabe der Verwaltung, der Lehrer und Polizisten z. B., über die Nutzung von Straßen und Schulen zu entscheiden, und zwar im Rahmen der Gesetze. Gewalt gegen Sachen ist deshalb immer auch Gewalt gegen Personen.

Wenn ich diese sechs Punkte Revue passieren lasse und mich frage, ob ich mich mit der Studentenbewegung, so wie ich sie damals wahrgenommen habe, identifizierte, so zeigt sich ein gemischtes Ergebnis: Ja, im Großen und Ganzen war ich auf der Seite der Marx-und Freud-Lektüre, der Imperialismuskritik, und der Mitbestimmung, nicht aber auf der Seite der Kritik an der Wirtschaftspolitik der SPD, nicht auf der Seite der Bildungspolitik, letztlich nicht auf der

Seite der sexuellen Revolution und der Kleinkindererziehung. Ich stand also irgendwie zwischen den Fronten. Ulrich Preuß nannte mich einen konservativen Anarchisten, was vermutlich zutraf, traditionelle Werte, aber kritisch gegenüber allen Formen staatlicher Ordnung und das als Jurist.

„Das einzige, was die Studentenbewegung verändert hat, ist, dass sich die Studenten jetzt duzen" eine häufig zitierte Äußerung von Ingo Richter. Sie stimmt aber nicht. Die Studentenbewegung hat durchaus viel verändert. Sie war aber selber nur Ausdruck von sehr viel grundlegenderen Veränderungen in der Gesellschaft der Bundesrepublik, die letztlich zu einer Modernisierung dieses Landes geführt haben.

Ein eigener Abschnitt zur RAF, die sich aus Teilen der Studentenbewegung seit 1970 entwickelt hat, erübrigt sich. Ich habe diese Entwicklung in der Universität und im Institut für Bildungsforschung sowie auch im Freundeskreis sehr intensiv verfolgt. Im Institut gab es mehrere „Fälle" und ebenso im weiteren Bekanntenkreis. Ich hatte damit jedoch nichts zu tun. Eine Frage beunruhigte mich: In der Phase vor den Verhaftungen des „harten Kerns" suchten die Mitglieder Unterschlupf bei möglichst unverdächtigen Personen, deren Adresse sie sich besorgt hatten, und standen dann plötzlich vor deren Tür. Ich beschloss, sie in einem solchen Falle nicht aufzunehmen. Was aber, wenn sie – wie es in mindestens einem Fall geschehen ist – die Pistole ziehen? Dies ist mir glücklicherweise erspart geblieben.

1.3.7 Eintritt in die SPD

Ich bin Ende 1966 in die SPD eingetreten. Dieser Eintritt in die SPD hatte einen biographischen, einen lokalen, einen demokratiepolitischen und einen allgemeinpolitischen Hintergrund. Zum biographischen Hintergrund habe ich schon einiges geschrieben, vor allem über mein sozialdemokratisches Elternhaus (s. o. Teil I 1.1.1). Doch meine Eltern waren in der Nachkriegszeit keine aktiven Parteimitglieder, sondern beschränkten sich auf die Zahlung der Mitgliedsbeiträge und auf die Wahl der Partei. Mein Vater hat sogar bei der Bundestagswahl 1957 die CDU gewählt, weil er Adenauers West-Integrationspolitik – entgegen der Politik seiner eigenen Partei – richtig fand. Im Großen und Ganzen entsprachen die politischen Ansichten meiner Eltern dennoch auch nach 1945 denen der SPD. Sie haben jedoch nie einen Versuch unternommen, mir die Partei nahe zu bringen oder mich gar zu einem Eintritt in die Partei aufzufordern. Als Organisation spielte die SPD in meiner Schulzeit keine Rolle, und zwar weder in der Familie und in der Schule noch gar in der Stadt – auch wenn sie die Regierungspartei in Niedersachsen war (s. o. Teil I 1.2.2).

In Göttingen, wo ich aus Neugier alle studentischen Vereine – ob rechts oder links – besucht habe (s. o. Teil I 2.1.3), kam der SDS für mich überhaupt nicht infrage. Er galt als neo-marxistisch sektiererisch und das Auftreten seiner Vertreter im Studentenparlament wirkte auf mich abstoßend „parteitaktisch". Entsprechend war auch mein „Schnupperbesuch" beim SDS verlaufen, wo es ausschließlich um taktische Fragen des öffentlichen Auftretens gegangen war. Alle Vorurteile über „Politik als das schmutzige Geschäft" wurden bestätigt. In München kam mir überhaupt nicht der Gedanke an den Beitritt zu einer politischen Partei bzw. ihrer studentischen Unterorganisation. In der Studienstiftung herrschte bei politischen Diskussionen ein wissenschaftlicher Geist, der über das „Parteiengezänk" hoch erhaben war, also das typische undemokratische Verhalten traditioneller deutscher Eliten. Im Europa-Kolleg waren wir zwar demgegenüber internationalistisch demokratisch gesinnt, aber wussten sowieso alles besser als die politischen Parteien und ihre gewählten Vertreter (s. o. Teil I 2.1.3). Im Deutschen Ausschuss für das Erziehungs- und Bildungswesen (s. o.1.1.1) gab es nur drei Sozialdemokraten, nämlich die Bremer Physikprofessorin Grete Henry, die mit dem Parteivorstand der SPD 1933 ins Exil gegangen war und den Darmstädter Berufspädagogikprofessor Heinrich Abel, der den Gewerkschaften nahestand. Ich habe mit beiden nie über Politik gesprochen. Und mein verehrter Hans Bohnenkamp (s. o. 1.1.1), mit dem ich viel über Politik diskutiert habe, war zwar seit 1945 ebenfalls Mitglied der SPD, hat jedoch mit mir darüber genauso wenig gesprochen wie über seine SA- und NSDAP-Vergangenheit.

Es gab also für mich nach dieser „politischen Biographie" überhaupt keinen Grund, in die SPD einzutreten. Warum bin ich dennoch eingetreten? Der für mich zuständige Ortsverein der SPD war Wilmersdorf. Dort fand gerade eine „Revolution" statt, weil der rechte Vorstand „gekippt" werden sollte. Deshalb rekrutierte die „Linke" in Wilmersdorf zahlreiche neue Mitglieder, die z. T. sich extra in Wilmersdorf anmeldeten, um den SPD-Ortsverein zu unterwandern. Nun wäre ich natürlich aus diesem Grunde nie in die SPD eingetreten. Da ich aber sowieso eintreten wollte, machte ich es nun. Die „Rechte" in der SPD hatte jedoch eine Gegenstrategie entwickelt, denn sie lud alle Eintrittskandidaten zu einem Aufnahmegespräch. So etwas hatte man noch nie gehört! – eine Prüfung der richtigen Gesinnung vor dem Parteibeitritt. Also ging ich da hin, weil ich es auch komisch fand. Die „Aufnahmeprüfung" fand ich Sitzungssaal des Friedenauer Rathauses statt. Der gesamte fünfköpfige Vorstand des Ortsvereins sitzt vorne hinter einem langen Tisch. Der Kandidat tritt vor – durch die leeren Reihen des Saals: „Warum wollen Sie in die SPD eintreten?" Auf diese Frage bin ich nun wirklich vorbereitet. „Ich stamme aus einer alten sozialdemokratischen Familie. Mein Vater ist 1920 in die SPD eingetreten, meine

Mutter 1927 und sie ist immer noch Mitglied der Partei, während mein Vater gestorben ist". Darauf sind sie nun wiederum nicht vorbereitet. Der Vorsitzende sagt kurz: „Angenommen" und der Protokollführer notiert meinen Parteieintritt. Die „Revolution in Wilmersdorf" fand dann zwar statt, aber sie war erfolglos, weil der bisherige Vorstand trotz der „Unterwanderung" wiedergewählt wurde. Danach bin in meinen Berliner Jahren nie wieder zu einer Parteiversammlung gegangen. Ich wurde schnell eine sog. „Karteileiche".

Schließlich gab es auch noch die allgemeinpolitischen Gründe für einen Eintritt in die SPD:

1. Außenpolitik: Die SPD versprach noch am ehesten, meine reformulierten politischen Grundüberzeugungen zu verwirklichen, nämlich die Wiedervereinigung durch die Politik eines „Wandels durch Annäherung" zu erreichen. Mit den sog. Ostverträgen der frühen siebziger Jahre wurden dafür die Voraussetzungen geschaffen.

2. Gesellschaftspolitik: Die SPD versuchte bereits in der „Großen Koalition" eine Planung und Steuerung der Wirtschaft durch die staatliche Politik zu installieren, die sie dann in der „Kleinen Koalition" vollends durchsetzen konnte.

3. Politische Form: Durch die Regierungswechsel 1966/69 hatte sich die parlamentarische Demokratie in der Bundesrepublik bewährt; die SPD versuchte, sie durch die Mitbestimmungspolitik zu flankieren.

Ich war zwar aus grundsätzlichen Erwägungen gegen die Notstandgesetzgebung, weil ich – Carl Schmitt auch hier folgend – der Auffassung war, dass sich der souveräne Staat im Ausnahmezustand sowieso durchsetzen wird und dass es deshalb keiner gesetzlichen Regelung bedarf. Und was den Vietnamkrieg angeht, so war ich von Anfang an dagegen, weil Süd-Vietnam ein autoritäres korruptes Regime war und weil normale Armeen gegen Bürgerkriegsarmeen nur gewinnen können, wenn sie gegen das Völkerrecht verstoßen. Ich hielt deshalb das Ende des Vietnamkrieges für die richtige Lösung, ohne dass mir der Vietcong sympathisch war. Die Politiken der Regierungen Kiesinger, Brandt und Schmidt verletzten meine Grundüberzeugungen also nicht, sondern ließen mich hoffen.

Unser Credo war selbstverständlich, eine sozialdemokratische Bildungspolitik juristisch möglich zu machen und abzusichern und dagegen zu halten, wenn die „Gegenseite" den „Hammer der Verfassungswidrigkeit" schwang, was sie ständig tat. Ich nahm jedoch zunehmend im „Geschäft des Bildungsrechts" eine neutrale Rolle ein, denn mein persönliches Credo als Jurist im bildungspolitischen Feld verstand ich zunehmend so, dass ich für alle bildungspolitischen Positionen nach der juristischen Machbarkeit suchte, und zwar eben nicht nur für die sozialdemokratische Politik. Ich wollte die traditionell hemmende Rolle des Juristen in der Politik überwinden: „Das ist ja gut und schön, was Ihr da wollt, aber juristisch geht das leider nicht!", sondern ich wollte meine Rolle als „Ermöglicher" verstehen: „Was Ihr wollt, ist zwar juristisch umstritten, aber wir werden es juristisch möglich machen, sei es im Wege der Auslegung des bestehenden Rechts oder im Wege der Gesetzgebung." Obwohl ich so meine juristische Rolle zunehmend als parteipolitisch neutral empfand, wurde ich doch fast ausschließlich von sozialdemokratischen Regierungen oder Parlamentsfraktionen als Berater angefragt, und zwar im Laufe der Jahre eigentlich aus allen westlichen Bundesländern. Ich habe diese Aufgaben gerne übernommen, und zwar auch noch weit über meine Zeit im MPI und beim Bildungsrat hinaus als Professor für Öffentliches Recht an der Universität Hamburg.

Exkurs: Das Referendariat und das Zweite Staatsexamen

Es ist vielleicht komisch, die zweite Phase der juristischen Ausbildung und das Zweite Staatsexamen in einem Exkurs abzuhandeln, aber für mich war es wirklich ein Exkurs. Nach dem Ersten Staatsexamen habe ich zunächst einmal zweieinhalb Jahre „pausiert", denn ich war ein Jahr in Paris, habe ein halbes Jahr lang meine deutsche Doktorarbeit geschrieben und war danach Sekretär des Deutschen Ausschusses für das Erziehungs- und Bildungswesen (s. o. Teil II 1.1.1). Nach zwei Jahren in diesem Job fand ich aber, dass ich nun „nebenher" mit der Referendarausbildung beginnen könnte, denn das war damals möglich. Es wurde mir gestattet und ich tat es dann auch. Nachdem ich ein halbes Jahr später nach Berlin übergesiedelt war, konnte ich dort dieses Arrangement fortsetzen, indem ich gleichzeitig im Max-Planck-Institut für Bildungsforschung arbeitete und Berliner Kammergerichtsreferendar war, und zwar zwei Jahre lang bis zum Zweiten Staatsexamen im Herbst 1967. Vor dem Examen beurlaubte mich das Institut für ein dreiviertel Jahr zur Examensvorbereitung, sodass ich unmittelbar danach wieder ins Institut zurückkehren konnte, und zwar als Abteilungsleiter. Da die Referendarausbildung zur Zeit meines Ersten Staatsexamens dreieinhalb Jahre lang war, danach aber auf zweieinhalb Jahre verkürzt wurde, habe ich durch meine Unterbrechung effektiv nicht zweieinhalb Jahre „verloren", sondern nur eineinhalb.

Da ich in Hamburg das Erste Staatsexamen gemacht hatte, wurde ich Hamburger Referendar, trat aber als „Gastarbeiter" meinen Dienst im Frühling 1965 in Bonn an, und zwar am Amtsgericht. Der Amtsgerichtspräsident empfing mich im Sitzungssaal und saß in seiner Robe hinter seinem Richtertisch, über ihm das Kreuz, das in den katholischen Rheinlanden damals in den Sitzungssälen angebracht war. Ich stand vor dem Richtertisch. Der Amtsgerichtspräsident schlug meine Akte auf, die aus Hamburg übersandt worden war, runzelte die Stirn, sah mich an und sagte: „Ich muss mit Befremden feststellen, dass das Hamburgische Recht die religiöse Beteuerungsformel „So wahr mir Gott helfe" beim Eid als Regelform nicht vorsieht. Wünschen Sie, den Eid mit der religiösen Beteuerungsformel zu leisten?" „Nein". Der Amtsgerichtspräsident verlas die Eidesformel und ich wiederholte sie, ohne die religiöse Beteuerungsformel anzufügen. Damit war ich Referendar und Beamter auf Widerruf.

Ich war also zweieinhalb Jahre Hamburger Referendar, ohne auch nur einen Monat in Hamburg meinen Dienst zu tun, denn ich war immer „ausgeliehen", zunächst nach Bonn und danach nach Berlin. Ich habe die Referendarzeit nicht als hart und unangenehm in Erinnerung, war ich doch sowohl in Bonn wie später auch in Berlin im „Hauptberuf" in der Bildungspolitik bzw. in der Forschung, und zwar mit Leidenschaft. Seinerzeit gab es die folgenden Stationen: Zwei Monate Amtsgericht in Zivilsachen, zwei Monate Staatsanwaltschaft, zwei Monate Landgericht in Strafsachen, sechs Monate Verwaltung, sechs Monate Anwalt, sechs Monate Wahlstation und sechs Monate Oberlandesgericht bzw. in Berlin Kammergericht. Ich gestehe, dass ich – außer Anekdotischem – an die Arbeit nur wenige Erinnerungen habe und auch die sind ziemlich verblasst. Das lag daran, dass ich mit meinen Gedanken voll und ganz bei der Bildungspolitik war. An das Amtsgericht erinnere ich mich überhaupt nicht. Unvergesslich die Vorstellung bei der Bonner Staatsanwaltschaft, die im alten Landgerichtsgebäude saß. Ich bin beim Leitenden Oberstaatsanwalt zur Vorstellung angemeldet. Ich trete nach Klopfen und „Herein" ein. Ein riesiger Raum und ganz ganz hinten hinter einem riesigen Eichenholzschreibtisch und hinter der aufgeschlagenen Bildzeitung der Herr Oberstaatsanwalt. Kaum zu sehen war er hinter seiner Zeitung, die er natürlich aus beruflichen Gründen las. Ich schreite langsam und zögernd auf dem roten Läufer voran, in Richtung Staatsanwalt und bleibe in gehörigem Abstand stehen. Nichts rührt sich. Stille. Er legt die Zeitung nieder, ein Glatzkopf mittleren Alters und sagt ohne Begrüßungsformel: „Wie haben Sie gemacht?". Ich dachte, ich höre nicht richtig, denn ich wusste gar nicht, was er meinte. Nachdem es mir gedämmert hatte, sagte ich „vollbefriedigend". Nun schien er sich zu interessieren, denn der juristische Mensch fängt eigentlich erst beim „vollbefriedigend" an. Es wurde eine nette harmlose, aber nicht unfreundliche Unterhaltung.

Zur Ausbildung bei der Staatsanwaltschaft gehörte die selbständige Wahrnehmung einer Sitzungsvertretung bei einem ländlichen Amtsgericht. Bei mir war es Königswinter am Siebengebirge. Eine ellenlange Liste von Strafsachen, vielleicht 15 Stück für die Vormittagssitzung. Ich hatte die Akten gründlich studiert, holte mir die Robe früh um halb acht bei der Staatsanwaltschaft in Bonn ab, fuhr mit meinem 2 CV nach Königswinter, parkte am Rhein vor dem Amtsgericht, einem gelben Klinkerbau aus dem 19. Jahrhundert, zog vorsichtshalber die Robe schon draußen vor der Tür an, ging in den bereits brechend vollen Sitzungssaal und setzte mich. Man wartete auf die Ankunft des Richters, der den Sitzungssaal von hinten betritt. Ich schaue mich um und sehe direkt gegenüber von mir einen violetten Sessel, während ich auf einem kleinen Holzbänkchen saß. Ich hatte mich auf den Platz des Angeklagten gesetzt. Ich gehe raus, mache ein paar Schritte, komme zurück und setze mich auf „meinen Platz". Niemand schien etwas bemerkt zu haben. Ich habe diese Szene später häufig als symbolische Identifikation mit der „anderen Seite" interpretiert.

Das Gericht kommt herein, alle erheben sich. Im Publikum springt eine Frau auf, läuft auf mich zu, fällt mir zu Füßen, umklammert meine Beine und ruft: „Herr Rat helfen Sie mir, ich bin unschuldig!" Der Richter ruft in das „Volksgemurmel": „Gute Frau, beruhigen Sie sich, hier geschieht alles nach Recht und Gesetz". Die Sitzung beginnt. Ein Bauunternehmer hatte sieben Bauarbeiter aus Belgien kommen lassen und beschäftigte sie schwarz auf dem Bau. Sie hatten weder Aufenthalts- noch Arbeitserlaubnis. Ich hatte vom Staatsanwalt in der Vorbesprechung Weisung erhalten, Gefängnisstrafen zu beantragen, und zwar für die Bauarbeiter, nicht etwa für den Bauunternehmer, der in diesem Verfahren gar nicht angeklagt war. Ich weiss gar nicht mehr, um welche Strafvorschrift es ging. Ich beantragte – Mut vor „Königsthronen" – Freispruch und erhielt auch einen Freispruch. Ein Fleischer aus dem Bergischen Land hatte jahrelang gegen das Lebensmittelrecht verstoßen und viel zu wenig Fleisch in die Wurst gemacht, sondern sonst etwas hineingemengt. Er gab alles zu und erhielt eine Geldstrafe von 500 DM. Er ging – ein richtiger Fleischer von Figur und Angesicht – auf den Richtertisch zu, zog seine Brieftasche, entnahm ihr 500 DM und legte sie vor dem verdutzten Richter auf den Richtertisch: „Hohes Gericht, wenn es sonst nichts ist!" – und so ging es weiter, den ganzen Vormittag lang. Wer da nicht an Kleists „Zerbrochenen Krug" denkt!

Das Landgericht Köln, wo ich meine Station in Strafsachen ableisten musste, lag mitten in der Stadt, einmal die Woche Sitzungstag. Ich fahre mit meinem 2 CV nach Köln, umfahre das Gericht mehrere Male, kein Parkplatz zu finden. Ich stelle mich in meiner Not direkt vor den Eingang. In dem Eingang aber steht ein Polizist. „Ich muss in die Gerichtsitzung, Strafsachen." – ein verdutzter Polizist und ich habe nicht einmal einen Strafzettel bekommen. Wir sind in Kölle, im Rheinland. Ein riesiges Strafverfahren wegen Betruges, Untreue, Urkundenfälschung usw. Angeklagt ist die Inhaberin eines Autohauses, des ersten am Platze, eine wunderschöne blonde mittelalte Frau. In einem tadellosen blauen Kostüm steht sie vor der Großen Strafkammer, drei Berufsrichter, zwei Schöffen. Sie hatte von ihrem verstorbenen Mann die Firma übernommen, aber das Geschäft ging nicht so gut. Da waren sie und ihr Partner, der möglicherweise ihr Liebhaber war, auf folgenden Trick gekommen: Sie kauften für billiges Geld die Wracks von Unfallautos auf und gaben sie – mit Brief, versteht sich – der Hausbank zur Sicherheit für Kredite, wobei sie die Fahrtüchtigkeit der Autos vorgaben, und zwar ohne dass die Hausbank die Autos in Augenschein nahm, denn sie vertraute den Angaben der seriösen Firma. Als sie nicht zahlen konnten, zeichneten sie Wechsel usw. und so nahm das Unglück seinen Lauf, offensichtlich jahrelang, indem sie immer mehr Autowracks zur Sicherheit gaben und Wechsel zeichneten, bis es nicht mehr ging und der ganze Schwindel aufflog. Es war der letzte Verhandlungstag und „ganz Köln" war erschienen. An die Plädoyers kann ich mich nicht mehr erinnern, wohl aber an die Beratung des Gerichts, an der ich als Referendar teilnahm. Der Vorsitzende, ein älterer Kölner von guter Statur, eröffnete die Sitzung: „Nun, meine Herren, was meinen Sie?" Es waren natürlich nur Herren. Das Gerichtsverfassungsgesetz bestimmt in § 197 dass der Vorsitzende als letzter abstimmt. „Ich habe in einer halben Stunde einen Saunatermin. Ich meine: Sechs Monate mit Bewährung. Was meinen Sie?" Niemand sagte etwas, ich auch nicht. Die Sitzung war beendet. Das Urteil konnte verkündet werden.

In Berlin begann ich meine Referendarzeit mit der Anwaltsstation von sechs Monaten bei Horst Mahler (s. o. Teil II 1.3.1). Darauf folgte die Verwaltungsstation von ebenfalls sechs Monaten. Ich meldete mich beim Berliner Senator für Schulwesen, mit dem ich mich darauf verständigte, im Wesentlichen in der Abteilung „Recht und Verwaltung des Bildungswesens" des Max-Planck-Instituts für Bildungsforschung zu arbeiten und darüber gelegentlich in der Schulverwaltung zu berichten. Ich besuchte in der Tat ab und zu meine „Dienststelle" und erkundigte mich nach Neuigkeiten aus der Berliner Schulpolitik und besuchte in diesem Zusammenhang auch einmal die neu gegründete Gesamtschule Britz-Buckow-Rudow. Danach folgte die sechsmonatige Wahlstation, die ich ebenfalls am Institut für Bildungsforschung „ableistete", indem ich dort in der Abteilung „Recht und Verwaltung des Bildungswesens" weiter meine Vorhaben betrieb. Ich war also insgesamt während der Referendarzeit von zweieinhalb Jahren faktisch eineinhalb Jahre am Max-Planck-Institut beschäftigt, offiziell in einer genehmigten „Nebenbeschäftigung", aber faktisch in einem Hauptberuf. Wenn man es recht bedenkt: Eigentlich unmögliche Verhältnisse! – aber ein schlechtes Gewissen hatte ich dabei nicht, denn ich arbeitete viel und mit Lust im Institut.

Die letzte Phase der Referendarzeit, die Station am Kammergericht, ließ sich allerdings nun wirklich nicht mehr mit der Arbeit am Institut für Bildungsforschung kombinieren, denn hier musste die zweite sog. Relation geschrieben werden, die der Vorbereitung auf die Hausarbeit im zweiten Examen diente. Bei dieser „Relation" (Gutachten und Urteil über einen Aktenfall) ging es um eine Geschichte, die in einer Bar am Stuttgarter Platz in Charlottenburg spielte, dem damaligen „Rotlichtmilieu". Ein Hamburger Seemann, wirklich ein Hamburger Seemann, hatte die Bar besucht und sich mit einer der Damen eingelassen. Seine Getränkerechnung, allein die Getränkerechnung, betrug 1.680 DM, die er nicht bezahlen konnte, sondern vielmehr mit einem „Schuldschein" beglich, den er später dann nicht einlösen wollte. Es seien „Wucherpreise", er sei zum Trinken genötigt worden, habe die „Runden" für die weiteren Gäste gar nicht geordert und im Übrigen handele es sich eigentlich um „Dirnenlohn", der nach damaligem Recht nicht einklagbar war, usw. usw.

Ich erzähle die Geschichte eines Abends in „fröhlicher Runde" und die Runde beschließt – es ist bereits nach Mitternacht – dass wir alle die Bar am nahen Stuttgarter Platz doch einmal aufsuchen sollten, eine Ortsbegehung sozusagen. Gesagt, getan! Es sind nur ein paar hundert Meter. Der Türsteher guckt etwas verdutzt, Dämmerlicht, ein roter Tresen mit roten Plüsch-Bar-Hockern. Rund um den Tresen an den Wänden Kabinen hinter roten Samtvorhängen. Die meisten Vorhänge sind offen, sodass man jeweils einen Tisch und ein Sofa drinnen sehen kann. Nach dieser kurzen Ortbesichtigung gehen die meisten wieder. Nur mein Freund Herbert, ein Soziologe, und ich bleiben und setzen uns an die Bar. Es dauert gar nicht lange und zwei Damen erscheinen: „Na, Ihr Süßen, spendiert Ihr uns einen Schampus?" Das war nun wirklich vorhersehbar und unvermeidbar. Der Sekt kam und man kam ein wenig ins Gespräch. Die Situation war etwas gewöhnungsbedürftig. Herbert zahlte und ging nach dem ersten Glas, was von „seiner Dame" bedauert, aber akzeptiert wurde.

Ich blieb, ich blieb bis zum Morgen und hatte ein langes, ein sehr langes Gespräch mit „meiner Dame". Kaum hatte sie mitgekriegt, dass ich Jurist und nicht unbedingt auf „Weiteres" aus war, fing sie an, mir ihr Leben zu erzählen, und es war ein Leben, wie es elender und trauriger kaum sein konnte. Wedding, viele Geschwister, eine frühe Ehe mit Gewalt und Ausbruchsversuchen, weitere Männer, Zuhälter, dann endlich hier ein bisschen Geborgenheit und einigermaßen sichere Einnahmen, viele Stammkunden, nette Kolleginnen, aber immer wieder juristische Probleme, Schulden und Strafen. Zu vielen Rechtsfragen konnte ich gar nichts sagen, waren doch die Sachverhalte zwischen all' den Tränen viel zu bruchstückhaft und die Menschen denken immer, dass man als Jurist auf alle Fragen eine Antwort hat. Zuhören ist zunächst sowieso wichtiger als reden. Es ist schon hell, als ich gehe und eine runde, durchaus mäßige, eine ermäßigte Summe bezahlte. „Ausflüge in die Wirklichkeit" können manchmal teurer sein.

Die Examenshausarbeit war tatsächlich und juristisch ungleich vertrackter. Ein Tankstellengrundstück am Jakob Kaiser Platz im Wedding, frühere Schreber-Gärten, ungeklärte Eigentumsverhältnisse, unklare Grundstücksgrenzen, Bauen ohne Baugenehmigung auf fremdem Grund, eine ungute Verquickung zivilrechtlicher und öffentlichrechtlicher Probleme. Aus der Akte ließen sich nicht einmal die Interessenlagen der Beteiligten und die Absichten der Behörde erkennen. Auch hier machte ich eine Ortbegehung – allerdings ohne vergleichbare Erlebnisse. Eine schöne Tankstelle, alles glatt geteert, nur hinten in einer Ecke lagen zwischen Unkraut noch ein paar verrostete schmiedeeiserne Gitter, die auf die Vergangenheit des Grundstückes schließen ließen, und der jetzige Tankstellenpächter wusste von nichts, ging es doch um lange zurückliegende Vorgänge. Die Klausuren am 2. Juni 1967 (s. o. Teil II 1.3.2) und einige Tage vorher und einige Tage nachher. Im Zivilrecht ein Grundstücksfall, nicht gerade meine Stärke und Vorliebe: „gut", weil ich als Einziger erkannt hatte, dass es auf eine Frist ankam. Im Öffentlichen Recht, meine Vorliebe und Stärke! ein Zehlendorfer Fall aus dem Friedhofsrecht: „ausreichend". Ich treffe vor dem Mündlichen meinen Arbeitsgemeinschaftsleiter Dr. Oske, den wir immer Dr. Ochse nannten, im Schwimmbad. Er kommt auf mich zugeschwommen: „Herr Dr. Richter, wie ist das möglich? Sie sind doch „ein Ass" im Öffentlichen Recht. Die Klausur war glatt „verhauen". Ich habe sie gerade noch auf „ausreichend" bringen können, sonst wäre die Vorstellungsnote „vollbefriedigend" dahin gewesen." An die mündliche Prüfung im Zweiten Staatsexamen kann ich mich nicht erinnern, und zwar gar nicht. Ich war überglücklich, dass alles vorbei war.

2 „Stadt Hamburg an der Elbe Auen, wie bist du stattlich anzuschauen!" – Die Reform der Juristenausbildung

Am Ende der siebziger Jahre nahm ich einen Ruf an den Fachbereich Rechtswissenschaft II der Universität Hamburg an (2.2). Wir wollten im Reformmodell der Einstufigen Juristenausbildung Theorie und Praxis sowie Rechts- und Sozialwissenschaften integrieren (2.3). Ich habe viel im Verfassungs- und Verwaltungsrecht publiziert (2.4) und ich erhielt die Chance, in Frankreich und in den USA zu unterrichten (2.6).

2.1 „Vorspiel auf dem Theater" – Am Fachbereich Rechtswissenschaft der Freien Universität Berlin

Ich war von 1975 bis 1979 C3-Professor für Öffentliches Recht am Fachbereich Rechtswissenschaft der Freien Universität Berlin. Meine Arbeit an diesem Fachbereich hat bisher in meinem Bericht kaum eine Rolle gespielt, und zwar erstens weil ich bisher über Bildungsreformen berichtet habe und zweitens weil die Arbeit am Institut für Bildungsforschung so im Vordergrund meines Interesses stand, dass darüber die Lehre an der Freien Universität vernachlässigenswert war, obwohl man das eigentlich nicht sagen sollte, handelte es sich doch um einen Hauptberuf. Die Geschichte hatte eher komisch begonnen. Ich war im Studienjahr 1972/73 an der Universität Stanford, um meine weiteren Arbeiten am Institut für Bildungsforschung vorzubereiten (s. o. 1.1.2). Im Frühjahr 1973 ruft mich Stefan Leibfried – damals Student am Fachbereich Rechtswissenschaft der FU, später Professor an der Universität Bremen – in Stanford an und sagt, „die Linke" habe bei den Fachbereichswahlen die Mehrheit erhalten und es stünden Neuberufungen von Professoren an, sie hätten aber keine geeigneten und präsentablen Kandidaten. Ob ich mich nicht für eine C3-Professur für Öffentliches Recht bewerben wolle. Das kam für mich völlig überraschend.

Wer stand hinter dieser Anfrage? War es vielleicht eine Einzelaktion? Wieso hielten mich die Initiatoren für einen der „Ihren"? Wieso fand man mich geeignet und präsentabel? Ich hatte in den vergangenen zehn Jahren viel veröffentlicht (s. u. 2.4), und durch meinen kleinen Aufsatz „Die Schule auf dem Boden des Grundgesetzes" und durch mein „Bildungsverfassungsrecht" hatte ich ein gewisses Aufsehen erregt (s. o. 1.2.1). Aber „präsentabel"? Eingeweihte hätten doch wissen müssen, dass ich damals ein krasser Außenseiter im „juristischen Geschäft" und nach normalen universitären Kriterien überhaupt nicht berufungsfähig war. Die Habilitation war zwar seit einiger Zeit nicht mehr die unabdingbare Voraussetzung für eine Berufung, sondern konnte durch gleichwertige wissenschaftliche Arbeiten ersetzt werden, aber mir war völlig klar, dass meine Arbeiten in den Augen der Mehrheit meiner eventuellen zukünftigen professoralen Berliner Kollegen alles andere als gleichwertig waren. Ich erbat mir Überlegungszeit.

Eine Professur an einer juristischen Fakultät hatte ich in dem Augenblick überhaupt nicht „auf dem Schirm", wenn überhaupt dann eher im Bereich des Pädagogischen, wo die Einrichtung von Professuren für die Einführung der Lehrerinnen und Lehrer ins Recht eigentlich nahe lag und vom Institut für Bildungsforschung propagiert wurde. Da ich am Fachbereich Erziehungswissenschaft der Freien Universität seit Jahren Lehraufträge wahrgenommen hatte, lag ein Engagement für die Lehrerbildung wesentlich näher als die Juristenausbildung, zu der ich jeden Kontakt verloren hatte. Und im Übrigen hatte ich etwas Anderes vor, die Etablierung der Bildungsverwaltungsforschung am Institut für Bildungsforschung nämlich, die mir sehr am Herzen lag. Doch irgendwo schlummerte in mir der Wunsch, einmal Juraprofessor zu werden. Ich sagte also zu und bewarb mich. Nach meiner Rückkehr aus den USA nahm ich gleich noch für die zweite Hälfte des Semesters einen Lehrauftrag bei den Juristen an und dann folgte irgendwann das „Vorsingen", bei dem ich offensichtlich so erfolgreich abschnitt, dass auch die „Rechte" im Fachbereichsrat mich nicht ablehnen konnte, wie mir später gesagt wurde. Es gab einen „Kuhhandel" zwischen den beiden Fraktionen dergestalt, dass ihre jeweiligen ersten Kandidaten beide auf Platz 1 gesetzt, also als gleich qualifiziert beurteilt wurden, dass ich aber Platz 1a und mein Konkurrent Platz 1b erhalten sollte, sodass der Ruf an mich ging.

Der Lehrplan des Fachbereichs Rechtswissenschaft an der Freien Universität unterschied sich wenig von den Lehrplänen anderer juristischer Fakultäten, war er doch durch Prüfungsfächer weitgehend festgelegt. Die durch die Mauer bedingte üppige personelle Ausstattung des Fachbereichs erlaubte es, dass wir Professoren von den acht Stunden Lehrverpflichtung in der Woche vier Stunden im Pflichtprogramm anbieten sollten und dafür vier Stunden machen konnten, was wir wollten. Ich hatte mir vorgenommen, in allen Gebieten des Öffentlichen Rechts Lehrveranstaltungen anzubieten, von ausgesprochenen Spezialmaterien wie z. B. Steuerrecht und Völkerrecht einmal abgesehen und es ist mir in den wenigen Jahren in der FU auch fast gelungen. Insbesondere die großen Grundvorlesungen im Staats- und Verwaltungsrecht stellten für mich eine Herausforderung dar, hatte ich doch noch nie die ganze Breite dieser Gebiete bearbeitet, und dann die Grundvorlesungen vor jeweils 200–400 Studentinnen und Studenten! Ich brauchte zwei Jahre, bis ich sie alle „im Kasten" hatte und das war viel Arbeit neben meiner Tätigkeit im Institut für Bildungsforschung, insbesondere im Projekt „Schulaufsicht und Schule" (s. o. 1.2.3).

Im Staatsrecht versuchte ich, staatstheoretische, historische und sozialwissenschaftliche Aspekte mit einzubeziehen, z. B. die Veröffentlichungen von Jürgen Habermas. Ich folgte dabei nicht dem üblichen Modell: 1. staatstheoretische und historische Grundlegung, 2. das geltende Recht, sondern sprenkelte geschickt – wie ich meinte – solche Ansätze in mein Programm ein. Doch die Studenten merkten sehr schnell, „wohin der Hase läuft". Kaum erwähnte ich den Namen Habermas oder einen ähnlichen Namen, verließen sie – anders als in anderen Fakultäten, wo Habermas „in" war – in Scharen den Raum, denn sie wussten genau, dass das nicht examensrelevant war.

Im Verwaltungsrecht, einer bei Studenten als langweilig geltenden Materie, hatte ich mir etwas Besonderes ausgedacht, um auch hier die soziale Wirklichkeit und ihre Wissenschaften einzubeziehen. Ich behandelte den Lehrstoff in den ersten beiden Dritteln der Zeit und im letzten Drittel lud ich Praktiker aus der Verwaltung ein. Das verhinderte auch das übliche Abbröckeln der Studenten zum Ende des Semesters. Im Polizeirecht, das ich besonders gerne und häufig unterrichtete, da es sich um „die Mutter" des Verwaltungsrechts handelt, kam immerhin der Polizeipräsident von Berlin höchstpersönlich, aber es kamen auch Psychologen und Soziologen, die bei der Polizei arbeiteten, einmal sogar die ganze Mannschaft einer Polizeistation. Eine ganze Woche lang jeden Tag Streifenwagen fahren, gehörte auch zum Programm. Das war für die Studenten der absolute Höhepunkt.

In meinen „freien" Lehrveranstaltungen gab es „Projekte" und Seminare. Bei den „Projekten" handelte es sich aber nicht um Praxisprojekte, sondern um „Forschungsprojekte", d. h. eigentlich um die vertiefte Beschäftigung mit einem speziellen Thema anhand von Forschungsberichten. Bei mir ging es ausschließlich um Projekte der Verwaltungslehre, die ich sogar in einem Buch zusammenfasste, was ich allerdings nie veröffentlicht habe. Ich erinnere mich vor allem an ein Seminar „Familie und Verfassung", und zwar nicht nur weil es dort ab und zu strickende oder stillende Studentinnen gab, sondern weil vor Beginn der ersten Stunde Hans Prochaska, ein mir aus dem persönlichen Umfeld bekannter Student, ums Wort bat und erklärte, dass sich alle Teilnehmerinnen und Teilnehmer vor Beginn des Seminars schriftlich verpflichten müssten, dass sie niemals heiraten würden, denn „die Ehe sei die Hölle"! Er habe die Formulare dabei. Interessanterweise gab es zwar Gemurmel, aber keinen Protest und keine Diskussion. Es nahm wohl niemand so richtig ernst und keiner unterschrieb. Hans machte zwar nie ein juristisches Examen, wurde aber ein äußerst erfolgreicher „Kneipier", zunächst im alten Westen und später dann im Osten.

Es gab noch ein anderes geschäftlich begabtes Seminarmitglied. Dieser Student suchte alle Professoren des Fachbereichs auf und erkläre ihnen, dass sie überversichert seien und dass er sie bei gleichen Leistungen wesentlich billiger versichern würde. Eine Seminararbeit zu schreiben, war er allerdings nicht in der Lage. Jahre später traf ich ihn mit seiner wunderschönen Freundin im Mitropa-Speisewagen auf dem Wege nach Hamburg. Er hatte gerade eine eigene Versicherungsgesellschaft gegründet und wartete auf die Genehmigung durch das Bundesversicherungsamt. Wir aßen gut, aber er zahlte nur für sich allein.

Prüfen und bewerten! Damit hatte ich überhaupt keine Erfahrungen, obwohl es vermutlich die wichtigste Aufgabe des Professors ist, gehören wir doch zu den gatekeepern der juristischen Karrieren. In den großen Übungen mit 100–300 Teilnehmern mussten die Korrekturassistenten, die pro Stück bezahlt wurden, die Arbeit machen, während der Professor vor der Ausgabe an die Studenten nur einmal draufschaute. Ich hatte in einem Fall die Rückgabe der Klausuren für Montagnachmittag angekündigt. Die rd. 200 Arbeiten waren nach dem Alphabet auf vier Assistenten aufgeteilt. Ich komme Sonntagabend aus den Pfingstferien zurück und stelle am Montag früh fest, dass die Ergebnisse in keiner Weise der Gauß'schen Kurve entsprechen, was sie auch nicht unbedingt tun müssen. Aber in diesem Fall war es krass, denn in der einen Gruppe lagen zwei Drittel bei „vollbefriedigend" und besser, in einer anderen Gruppe bei „befriedigend" und drunter. Ein dritter Assistent hatte die knappe Mehrheit mit „mangelhaft" und „ungenügend" bewertet. Oh Schreck! Was tun? Schließlich hatte ich eine Lösungs- und Bewertungsskizze vorgegeben. Die Assistenten neu bewerten lassen? – Ausgeschlossen! Die Klausuren einfach mit diesen Ergebnissen zurückgeben? – Extrem ungerecht! Ich habe die Rückgabe um eine Woche verschoben und selber korrigiert. An das Ergebnis kann ich mich allerdings nicht erinnern. Anders als in anderen Fakultäten erhalten die Studenten vor den mündlichen oder gar schriftlichen Prüfungen keinerlei Hinweise auf die Prüfungsgegenstände. Dennoch kommen sie gerne in die Sprechstunden, um vielleicht doch etwas heraus zu kriegen. Ich war in dieser Beziehung „eisern". Im Laufe der Jahre erlebte ich bei dieser Gelegenheit drei Bestechungsversuche durch Studentinnen, und zwar nicht durch Geld und einer davon war ausgesprochen deutlich. Auch so etwas gab es!

Neben den wenigen Denkwürdigkeiten, über die ich schon an anderer Stelle berichtet habe (s. o. 1.3.4), bieten meine Erfahrungen am Fachbereich Rechtswissenschaft der FU wenig Unterhaltsames oder Aufregendes, obwohl es die Jahre der ausklingenden Studentenbewegung und des RAF-Terrorismus waren. Fachbereichssprecher (Dekan) war viele Jahre lang ein Zivilrechtler, der sich dadurch auszeichnete, dass es seit seiner Dissertation schlechterdings keinerlei Veröffentlichungen von ihm gab, dass er morgens um 7.30 „Grundbuchrecht" las, was leere Säle garantierte, und dass er eigenhändig Plakate der studentischen Organisationen abriss, wenn sie ihm missfielen. Zu seinem fünfzigsten Geburtstag widmeten ihm die Studenten eine „Festschrift", in deren Literaturverzeichnis seitenlang die Veröffentlichungen „des Jubilars" aufgelistet waren, die – wie sich nach kurzer Durchsicht ergab – jedoch von einem Namensvetter aus dem 19. Jahrhundert stammten, in der aber auch auf die allergemeinste Weise geschildert wurde, wie dieser „brave Mann" als Assistent von seinem Chef, dem prominentesten Fakultätsmitglied, geschunden worden war. Ich verstand mich gut mit ihm, denn wir waren beide Volvo-Fahrer. Die Fakultät war natürlich nach dem Rechts-Links-Schema gespalten, die Fraktionen „kungelten" vor den Sitzungen alles aus, und die Beratungen waren giftig. Wenn ein besonders verachteter „Linker" eine Grundvorlesung ankündigte, bot ein „Rechter" eine Parallelveranstaltung an. Akademische Freiheit!

2.2 „Es braust ein Ruf wie Donnerhall" – Der Ruf an die Universität Hamburg

So beginnt die „Wacht am Rhein", das Soldatenlied aus dem deutsch-französischen Krieg 1870/71, die inoffizielle Hymne des Deutschen Kaiserreiches, völlig unpassend für mich, den ausgesprochen frankophilen deutschen Juraprofessor aus Berlin. Es ist nur des „Rufes" wegen, des Rufes an die Hamburger Universität, den ich im Sommer 1979 erhielt, nach Hamburg, das in seiner Hymne von 1828 „stattlich" genannt wird. Hamburg hatte bis 1919 keine Universität. Was sollte eine Universität auch in einer „Krämerstadt", wo Im- und Export zählten, Weltoffenheit, nicht aber Bildung. Es gab zwar das Kolonialinstitut, dessen Neubau 1911 eingeweiht und dessen „Motto" (Der Forschung, der Lehre, der Bildung) über den Eingangssäulen kontrafaktisch angebracht wurde. So eine richtige Revolution hatte es 1918 auch nicht gegeben. Hamburg war eine Republik, ein Stadtstaat, so wie Lübeck, dessen Republik Thomas Mann bereits 1901 in den „Buddenbrooks" zur Freude des gebildeten deutschen Bürgertums verspottet hatte. Als sich die revolutionären Hamburger Arbeiter jedenfalls am 8. November 1918 auf dem Rathausmarkt versammelten, traten die Senatoren Sieveking und Petersen auf den Rathausbalkon, um sich das „Spektakel" anzusehen und es ist der folgende Wortwechsel überliefert: „Was wird das geben?" – „Na, was wird's wohl geben? Eine Universität wird es geben." Die ganze Verachtung einer nicht auf Bildung, sondern auf Geld gegründeten „Republik"!

Im Sommer 1979 bekam ich einen Ruf auf eine C4-Professur für „Öffentliches Recht" an den 1976 neu gegründeten Fachbereich Rechtswissenschaft II, an dem die Einphasige Juristenausbildung angeboten wurde. Drei Listen gab es, zwei für C4-Professuren für Öffentliches Recht und eine für eine C3-Professur für Verwaltungswissenschaft. Auf der einen C4-Liste stand ich auf Platz 1, auf der anderen C4-Liste auf Platz 2. Ich erhielt einen Ruf und nahm ihn an, weiss aber gar nicht, ob ich von Platz 1 oder von Platz 2 berufen worden bin. Dies hatte die folgende Vorgeschichte.

Berlin 1979! Ich war nun seit 14 Jahren am Max-Planck-Institut für Bildungsforschung und seit 1967 in der Leitungskonferenz als Leiter der Abteilung „Recht und Verwaltung des Bildungswesens" (s. o. 1.1.2), seit 4 Jahren C3-Professor für Öffentliches Recht am Fachbereich Rechtswissenschaft der Freien Universität (s. o. 2.1). Der Deutsche Bildungsrat war aufgelöst worden

(s. o. 1.1.6). Der Deutsche Juristentag mit dem Thema „Bildungsrecht" lag nun schon ein paar Jahre zurück und die Schulrechtskommission des Deutschen Juristentages war berufen worden und ich war ihr stellvertretender Vorsitzender (s. o.1.2.2). Ich hatte fleißig geforscht und publiziert, viele Vorträge gehalten (s. u. 2.4). Hellmut Becker, Gründer des Max-Planck-Instituts, näherte sich der Pensionsgrenze. Das Institut war zwar konsolidiert, aber aufgrund seiner bildungspolitischen Rolle, der „Verwicklung" in die Studentenbewegung (s. o. 1.3.3) und einer durch Außenseiter bestimmten Personalpolitik anhaltend gefährdet. Da die Max-Plack-Gesellschaft Wissenschaftspolitik über Personalpolitik machte und dazu neigte, ein Institut zu schließen, wenn sein Direktor starb, um es einem neuen „Nobelpreisträger" und seinen Forschungsthemen zu offerieren, näherte sich die Zeit des Wandels. So war auch für mich der Zeitpunkt für einen Wechsel gekommen.

Ich war ein Außenseiter im „Berufungsgeschäft", war nie Assistent an einer Juristischen Fakultät gewesen, war nicht habilitiert, war auf ein Nebengebiet der Rechtswissenschaft namens „Bildungsrecht", das es eigentlich gar nicht gab, festgelegt, und konnte mich davon wegen der Verankerung im Max-Planck-Institut für Bildungsforschung und wegen der vielen Chancen, die diese bot, nicht befreien. Mir ging nicht nur der Ruf des „roten Richter", den mir Konrad Zweigert, der Direktor des Max-Planck-Institut für Internationales Recht in Hamburg, aus unerfindlichen Gründen verpasst hatte, voraus, sondern auch noch die angebliche wissenschaftliche Herkunft aus Bremen, obwohl ich nur ein einziges Mal überhaupt an der Universität Bremen gewesen war, und zwar als einer von vielen Konferenzteilnehmern. Im „Berufungsgeschäft" war das alles „tödlich".

Hellmut Becker wollte, dass ich sein Nachfolger würde und er bereitete die Nachfolge in der ihm eigenen Art vor. Er hatte mich gefragt und ich hatte nicht „nein" gesagt. Man kann auch nicht nein sagen, wenn es um eine Aufgabe geht, mit der ich mich ganz und gar identifizierte, auch wenn ich mich der Aufgabe nicht gewachsen fühlte. Aber was heißt das schon in einer Zeit, in der „die neue Zeit mit uns zog", wie wir meinten im Max-Planck-Institut für Bildungsforschung in den siebziger Jahren. Aber, so weit war es noch nicht. „Das Institut" sprach sich für mich aus, insbesondere die Leitungskonferenz, deren Mitglieder allesamt in ihre Wissenschaften nicht integriert waren, nicht den „Stallgeruch" der Disziplinen hatten. Ich hatte den zwar auch nicht, aber ich war Jurist und „das Institut" meinte, dass Juristen alles können. Schließlich hatte Becker als Jurist das Institut gegründet. Die Mitarbeiter durchschauten vermutlich die Untiefen der Nachfolgeregelung nicht. Für sie schien ich der Garant dafür zu sein, dass alles so weiter gehen würde wie bisher. Das aber wollte die Generalverwaltung der Max-Planck-Gesellschaft gerade nicht, denn es sollte eben gerade nicht so weitergehen wie bisher. Der „Sündenfall", der Anfang der sechziger Jahre nach dem Mauerbau in Berlin und der Bildungsreformeuphorie, die Helmut Becker mit Geschicklichkeit und einer gewissen Unverschämtheit ausgenutzt hatte, passiert war, sollte nun beseitigt werden. Der Generalsekretär Ranfft, der vermutlich mit Hilfe von Hellmut Becker aus Hamburg geholt und zum Generalsekretär gemacht worden war, und der zuständige Referent Röske standen vermutlich auf Beckers Seite, aber der Senat ganz sicher nicht. Gab es doch damals außer den naturwissenschaftlichen Instituten nur die juristischen Institute und ein paar „Exoten", darunter das Weizsäcker/Habermas Institut in Starnberg, dessen Tage aber auch bereits gezählt waren.

Die Ausdifferenzierung der Institute in die Sozialwissenschaften hinein stand noch bevor. Die Vorbereitungen der Nachfolge Beckers durch die Berufung einer Nachfolgekommission und die Vorgänge im Senat und in den Wissenschaftlichen Sektionen entzogen sich meiner Kenntnis, denn ich durchschaute das alles überhaupt nicht. Becker zeigte mir ein Gutachten, das er von dem sehr kranken Konrad Zweigert, dem hoch angesehenen ehemaligen Bundesverfassungsrichter, Vizepräsidenten der MPG und Direktor des MPI für Internationales Recht in Hamburg „besorgt" hatte. Es war peinlich. Ich trat vor der Nachfolgekommission auf und legte meine Pläne dar, an die ich mich nicht mehr erinnern kann. Im juristischen Teil argumentierte ich bewusst dogmatisch. Der Direktor des MPI für Urheberrecht in München, Beyer, drückte sein Erstaunen aus, denn man wolle sich doch heute gerade von der Dogmatik lösen und sich gegenüber den Sozialwissenschaften öffnen. Becker teilte mir mit, dass es eine Stimme für mich gegeben habe, vermutlich die von Habermas, keine Gegenstimme und 9-10 Enthaltungen. Das war mehr als deutlich. Ich zog meine Kandidatur zurück, und zwar mit dem Hinweis, dass ich beabsichtigte, einen Ruf nach Hamburg, den ich bereits erhalten hatte, anzunehmen. Damit war meine Max-Planck-Karriere beendet, auch wenn ich noch ein paar Jahre lang ein Zimmer im Institut für Bildungsforschung behielt und dort noch arbeitete und Doktoranden betreute.

Die siebziger Jahre waren eine „Gründerzeit", und zwar auch für neue Universitäten und für neue juristische Ausbildungsstätten. An sieben neuen Universitäten wurden neue juristische Fachbereiche gegründet, und zwar als „einphasige Modelle": Augsburg, Bayreuth, Konstanz, Trier, Bielefeld, Bremen, Hannover und Hamburg, wo eine neue juristische Fakultät neben die alte weiterbestehende Fakultät gesetzt wurde. Für diese neuen Ausbildungsstätten mussten Professoren gefunden werden, die für die neue einphasige Ausbildung nicht nur aufgeschlossen, sondern auch geeignet waren. Die acht Modelle unterschieden sich gewaltig. Manche allerdings unterschieden sich kaum von den alten Fakultäten. Hamburg II zeichnete sich dadurch aus, dass nicht nur die beiden Ausbildungsphasen in eine einphasige Ausbildung integriert werden sollten (Theorie und Praxis), sondern dass die Sozialwissenschaften in die juristische Ausbildung einbezogen werden sollten.

Ich kam aus einem sozialwissenschaftlichen Institut und hatte an einer empirischen Untersuchung mitgewirkt (s. o. 1.1.2 und 1.2.3). In Berlin hatte ich allerdings an einer „stinknormalen" juristischen Fakultät gearbeitet und das „normale" juristische Programm einschließlich der Ersten Staatsprüfung abgewickelt, wenn ich mir angesichts der geringen Lehrbelastung auch so manche sozialwissenschaftlichen Extras hatte erlauben können (s. o. 2.1). Ich hielt die Berücksichtigung der Sozialwissenschaften in Theorie und Praxis der Jurisprudenz für geboten, zumal mir die sozialwissenschaftliche Wende der Rechtswissenschaft bereits in Fleisch und Blut übergegangen war.

Ich hielt in Hamburg einen Vortrag über die Frage, ob und inwieweit das Bundesverfassungsgericht Tatsachen berücksichtigen durfte und musste, also einen Vortrag, der durchaus dazu geeignet war, das Verhältnis von Jurisprudenz und Sozialwissenschaften zu beleuchten. Da konnte eigentlich kaum etwas schief gehen. Den Text – wenn es denn einen gab – habe ich nie veröffentlicht, auch nicht aufgehoben, so dass ich beim besten Willen nicht weiss, was ich eigentlich gesagt habe. Es gab kaum eine Diskussion. Ich bin sicher, dass ich mit den Stimmen „der Linken", die es auch in diesem neuen Fachbereich gab, gewählt worden bin. Norbert Paech, Mitglied oder Sympathisant der DKP, saß mit in der Kommission und er hat sicherlich für mich gestimmt.

Hans Joachim Koch, der Fachbereichsvorsitzende, schnürte ein Paket, über das viel geredet wurde, weil es einem „Kunststück" gleichkam. Detlef Göldner und ich wurden auf die beiden C4-Stellen berufen, während Folke Schuppert, der „Jungstar" der „Rechten" des Fachbereichs, den Badura auf einer Staatsrechtslehrertagung später als den „Lamborghini des Staatsrechts" bezeichnen sollte, mit der C3-Stelle Vorlieb nehmen musste. Detlef Göldner war ein älterer liebenswerter Landgerichtsrat aus Kiel, der sich in Tübingen bei Bachof habilitiert hatte und sehr stark philosophisch und historisch orientiert war. Er passte überhaupt nicht in diese „Jungschar" sozialdemokratischer reformbesessener „Rechtspolitiker". Schuppert dagegen, bei Klein in Göttingen habilitiert und ehemaliger Mitarbeiter bei Simon am Bundesverfassungsgericht, juristisch hoch qualifiziert und verwaltungswissenschaftlich sehr interessiert, wäre eine Idealbesetzung für den Fachbereich auf einer C4-Stelle gewesen.

Der Fachbereich – obwohl mehr oder weniger jung und sozialdemokratisch – war in eine „Rechte" und eine „Linke" gespalten, wobei ich nicht weiß, worin die Unterschiede eigentlich bestanden, aber das war halt so eine „Grüppchenbildung", wie sie damals üblich war. Es muss bei dem „Berufungspaket" einige Kompromisse gegeben haben. Als ich berufen und angekommen war, verabredete sich die junge „linke" Arbeitsrechtsprofessorin Heide Pfarr, die in der Berliner Fakultät Assistentin gewesen war und die später als Arbeitsministerin in Schleswig-Holstein und Hessen eine Karriere machte, die unrühmlich enden sollte, mit mir zum Essen. Gegenüber von unseren Baracken, in denen der Fachbereich untergebracht war, gab es auf dem Gelände, auf dem heute das Hotel Elysee steht, zwei „Kneipen", das „Café de la Paix", wo sich die „Linke" traf, und die „Kogge", das Lokal der „Rechten". Vor den Lokalen frage mich Heide Pfarr: „Wohin gehören Sie eigentlich?" Schon die Tatsache, dass sie mich siezte, sprach dafür, dass sie mich nicht zu den „Ihren" rechnete, denn „Links" duzte sich und „Rechts" siezte sich, es sei denn dass man befreundet war. Wir gingen dann zwar ins „Café de la Paix", aber die Verhältnisse blieben ungeklärt, denn ich war auch hier irgendwo dazwischen.

2.3 „Reformen am offenen Herzen"

An acht Universitäten wurde in den siebziger Jahren die Einstufige Juristenausbildung probeweise eingeführt. Im Jahre 1971 war das Deutsche Richtergesetz durch eine sog. Experimentierklausel ergänzt worden (§ 5 b)

> Das Landesrecht kann Studium und praktische Vorbereitung in einer gleichwertigen Ausbildung von mindestens fünfeinhalb Jahren zusammenfassen. Ein Teil der Ausbildung ist bei Gerichten, Verwaltungsbehörden und Rechtsanwälten abzuleisten. Die erste Prüfung kann durch eine Zwischenprüfung oder durch ausbildungsbegleitende Leistungskontrollen ersetzt werden. Die Abschlussprüfung soll in ihren Anforderungen der in § 5 vorgesehenen zweiten Prüfung gleichwertig sein.

§ 5b des Deutschen Richtergesetzes sollte ursprünglich nach 10 Jahren am 15.9.1981 wieder außer Kraft treten, d. h. das „Experiment Einstufige Juristenausbildung" sollte nach 10 Jahren wieder beendet werden. Es dauerte dann doch länger. Die letzten „Einstufler" konnten noch zum 15.9.1985 aufgenommen werden, so dass die „Einstufige Juristenausbildung" nicht wie ursprünglich vorgesehen nach zehn, sondern erst nach zwanzig Jahren beendet wurde. Allgemein eingeführt wurde die Einstufigkeit nicht; insofern ist das „Experiment" faktisch gescheitert.

Das Deutsche Richtergesetz musste geändert werden, weil dieses Gesetz die Zweistufigkeit der Ausbildung als Voraussetzung des Zweiten Staatsexamens vorschrieb und damit als Voraussetzung für den sog. „Volljuristen", der wiederum die Voraussetzung nicht nur für den Zugang zu den juristischen

Berufen im Öffentlichen Dienst, insbesondere den Richterberuf, sondern auch für den Zugang zur Rechtsanwaltschaft war. Die juristischen Berufe waren durch Zugangssperren gut geschützt, insbesondere durch das nationalsozialistische sog. Rechtsberatungsmissbrauchsgesetz von 1935, das Juden von juristischen Tätigkeiten fernhalten sollte. Wer nur das Erste Juristische Staatsexamen hatte, konnte die nur schwer zu erlangende Ausnahmegenehmigung nach dem Rechtsberatungsmissbrauchsgesetz beantragen oder musste in die Wirtschaft gehen, die jedoch für juristische Tätigkeiten den „Volljuristen" zu verlangen pflegte. Auch die juristischen Fakultäten der Universitäten achteten darauf, dass ihre Assistenten und Doktoranden das zweite Staatsexamen machen, um die Berufsrisiken zu verringern. Durch die Experimentierklausel des § 5b Richtergesetz sollte einerseits der „Volljurist" erhalten bleiben, andererseits die Ausbildung reformiert werden. Es handelte sich um eine „Reform am offenen Herzen", so wie eine „Operation am offenen Herzen", denn die zweistufige juristische Ausbildung ging weiter und die einstufige Ausbildung musste sich ständig den Vergleich mit der zweistufigen Ausbildung gefallen lassen, stand also permanent auf dem Prüfstand, musste Leistungsbeweise erbringen, die von der zweistufigen Ausbildung nicht verlangt wurden.

Ich hatte mich nicht der Einstufigkeit wegen in Hamburg beworben. Ich hielt, als ich kam, eigentlich nicht sehr viel von der Integration von Theorie und Praxis. Ich war der arroganten universitären Auffassung, dass die Studenten erst einmal „anständig" rechtswissenschaftlich (und sozialwissenschaftlich) ausgebildet werden sollten, ehe sie „auf die Menschheit losgelassen" werden dürften. Diese Auffassung war falsch, wie ich mehr und mehr lernte:

Viele Studenten sind berufspraktisch motiviert, nicht rechts- oder gar sozialwissenschaftlich.

Manche Studenten, vor allem Studentinnen kommen bereits aus einer juristischen Berufspraxis, vor allem als Rechtspflegerinnen oder als Justizsekretärinnen und wollen ihre praktische Erfahrung nutzen und in das Studium einbringen.

Das normale Studium ist lang (damals durchschnittlich 10,8 Semester) und kostet viel Geld, und dann folgt noch die Referendarzeit von 2–3 Jahren. Mit Wartezeiten vor dem Examen alles in allem manchmal 9 Jahre, und das bei Männern nach dem Militär- oder Ersatzdienst. Viele sind dreißig Jahre alt, ehe sie in den Beruf kommen. Ganz zu schweigen von einer eventuellen Promotion. Da ist die Aussicht, bereits nach 5–6 Jahren Geld zu verdienen, verlockend.

Viele wollen gleich praktisch arbeiten, sich sozial engagieren, wollen helfen, der Gerechtigkeit praktisch dienen, und nicht erst einmal fünf Jahre lang über „Gerechtigkeit" unterrichtet werden.

Der Allgemeine Teil des BGB und das Eigentümer-Besitzer-Verhältnis z. B. sind theoretisch schwer zu vermitteln. Die Bedeutsamkeit der Unterscheidung von Diebstahl und Unterschlagung z. B. leuchtet nicht ein, wenn man schon strafen muss. Und auch die polizeiliche Generalklausel z. B. überzeugt rechtsstaatlich nicht. Das kann man alles in der Praxis erfahren und es nutzt wenig, wenn man es an der Uni gesagt bekommt (s. o. Teil I 2.2)

Erst als ich unsere Studentinnen und Studenten nach den ersten Praktika sah, mir von ihren Erfahrungen in der Praxis erzählen ließ, als die Praktiker, die bei uns unterrichteten, wiederum von unseren Studenten in der Praxis erzählten, dämmerte es mir allmählich, dass ich wohl voller Vorurteile gewesen sein muss. Konflikte, für deren Lösung wir als Juristen da sind, kann man häufig auch ohne große Rechtskenntnisse lösen, wenn man sie versteht, nach Präjudizien sucht und eine erfahrene Beratung hat. Es braucht nicht immer die höchstrichterliche Rechtsprechung zu höchst komplizierten Fällen, um einfache Aufgaben zu lösen.

Ich war – außer in meiner Referendarzeit – nie in der Praxis gewesen, war nie Assistent eines Juraprofessors gewesen und sollte nun zum zweiten Mal – nach meinen Jahren an einer klassischen Juristischen Fakultät – das gesamte Öffentlich Recht in der Einstufigkeit unterrichten, d. h. mit „Praxisrelevanz", was immer das heißen mochte. Ich hatte keine Fälle aus der Praxis, konnte also nur auf die Lehrbücher und die höchstrichterliche veröffentlichte Rechtsprechung zurückgreifen. Wie machte ich das? Ich griff mir ein Lehrbuch, las es und versuchte es so vorzutragen, dass die Studentinnen und Studenten er verstehen konnten. Auch ich erlag der Versuchung, es zunächst möglichst kompliziert und dann wieder einfach zu machen. Wir Juristen lösen schwierigste Fälle mit einfachen Methoden, auch wenn unsere Klienten nicht verstehen können, wie wir das machen, denn die Gesetze sind schwer zu lesen und die Urteile schwer zu verstehen. Der Verdacht, dass die Juristen das so schwierig machen oder jedenfalls erscheinen lassen, damit ihre Herrschaft gesichert bleibt, ist nicht von der Hand zu weisen.

Aber es gab durchaus andere Quellen praktischen juristischen Alltagswissens. Im Berliner Max-Planck-Institut gab es nur sehr wenige Juristen unter den 150 Mitarbeitern und Mitarbeiterinnen. Dazu ihre Verwandten und Freunde und die hatten natürlich alle oder jedenfalls viele ihre kleinen alltäglichen rechtlichen Probleme, meist im Verkehrsrecht und im Mietrecht, aber gelegentlich auch im Polizeirecht, denn es war die Zeit der Studentenbewegung. Und nachdem die Menschen im Institut zu mir Vertrauen gefasst hatten, kamen sie: „Sie sind doch Jurist; ich habe da folgendes Problem". Normalerweise sagt man dann: „Wenn Sie ein juristisches Problem haben, gehen Sie zum Anwalt!" Ich habe mir die Sache in aller Regel doch angehört dazu auch etwas gesagt und damit gegen das Rechtsberatungsmissbrauchsgesetz verstoßen, auch wenn ich kein Geld nahm. So hatte ich aus dieser Quelle durchaus einige Fälle „im Köcher", als ich nach Hamburg ging. Es waren Alltagsfälle aus der Praxis und diese Alltäglichkeit war für die Studenten wichtig, da sie ihre eigenen Erlebnisse damit verbinden konnten. Noch wichtiger aber war die Frage nach der Relevanz (Kommt das häufig vor? Wie ist die Interessenlage der Beteiligten? Was ist da dran an dem Fall? Welche Rechtsfragen tauchen überhaupt auf? Lässt sich das nicht einvernehmlich entscheiden oder schlichten? usw.) d. h. mangels eigener juristischer Praxiserfahrungen versuchte ich, die Strukturen der Fälle, die mir begegnet waren und ihre rechtliche Relevanz zu erfassen und zu vermitteln.

Einige Kollegen Professoren erhielten Teil-Richterstellen und hatten dadurch einen eigenen Praxiszugang, ich nicht. Einige Kollegen waren Praktiker und arbeiteten bei uns im Rahmen von Lehraufträgen, aber sie ließen uns nur selten an ihren Veranstaltungen teilnehmen. Die Idee des Teamteaching von Professoren und Praktikern war schon wieder aufgegeben, als ich nach Hamburg kam. Meine schüchterne Frage: Kann ich mal bei Ihnen mitmachen, zuhören usw. wurden meist ausweichend beantwortet.

Als Professoren der Rechtswissenschaft konnten wir Prozesse führen, ohne zur Rechtsanwaltschaft zugelassen zu sein. Ich machte davon gerne Gebrauch, auch um die Studenten daran teilnehmen zu lassen. Aber es reichte kaum zu mehr als einem Verfahren pro Jahr. Es lag nahe, sich auf die Obergerichte zu beschränken, denn ein Richter am Verwaltungsgericht erster Instanz hätte nicht schlecht gestaunt, wenn ein Kläger mit einem Professor als Rechtsvertreter auftaucht oder wenn die Verwaltung sich durch einen Professor in der ersten Instanz vertreten lässt.

Ich erinnere mich vor allem an zwei Verfahren:
1. Im Zusammenhang mit der Durchsetzung des Gesetzesvorbehalts im Schulwesen tauchte die Frage auf, ob im Land Bremen die Abschaffung des Lateinunterrichts als erster Fremdsprache und damit die „Tötung" des Alten Gymnasiums, wohin die „besseren Kreise" Bremens ihre Kinder schickten, einer gesetzlichen Regelung bedurfte oder ob die Verwaltung dies ohne Gesetz erledigen konnte. Ich hatte auf dem Juristentag 1976 darüber geredet und die Schulrechtkommission gegründet, die sich mit dieser Frage generell und speziell beschäftigte (s. o. 1.2.2), war also „der richtige Mann" dafür. Peter Füssel, damals Schulrechtsreferent beim Bremer Senator, sorgte dafür, dass ich die Vertretung des Landes vor dem Bundesverwaltungsgericht bekam. Ich weiß nicht mehr, welche Position ich vertreten habe und wie die Sache ausgegangen ist. Ich weiß nur noch, dass der Senatspräsident Sendler, den ich gut kannte, nach meinem Plädoyer sagte: „Und nun wollen Sie sicherlich den Antrag nach S. 17 stellen, nicht wahr?" Peinlich, ich war eben Professor und kein Praktiker,

beherrschte die prozessualen Regeln nicht. Peinlich, aber letztlich nicht fallentscheidend.

2. An der Hochschule der Bundeswehr in Hamburg, an der alle späteren Offiziere des Heeres drei Jahre lang ein Fach studieren und in diesem Fach auch eine Abschlussprüfung machen mussten, waren eine Zwischenprüfung in Pädagogik und eine Abschlussprüfung in Politikwissenschaft vorgesehen. Man konnte also nicht Offizier werden, wenn man neben der Fachprüfung nicht auch eine pädagogische und eine politologische Prüfung abgelegt hatte. Man bekam aber danach das normale Diplom in dem studierten Fach. Nun gab es einen Studenten der Elektrotechnik, der für die Abschlussprüfung in Politikwissenschaft die amerikanische Außenpolitik gewählt hatte, denn die Studenten konnten sich ein Spezialgebiet vorher aussuchen. Die Prüfung beginnt, der Politikwissenschaftsprofessor kommt herein und sagt: „Nennen Sie mir bitte die Namen der amerikanischen Außenminister seit 1945!" Der Kandidat weiß sie nicht: Durchgefallen und er kann weder Elektroingenieur noch Offizier werden. Der Student klagt und behauptet, der Professor, ein bekannter CDU-Bundestagsabgeordneter, habe die Hälfte seiner Vorlesungen ausfallen lassen und nie Sprechstunden abgehalten, es habe während der Prüfung draußen Baulärm gegeben, ein Arzt bestätigt ihm Unwohlsein usw., was halt in Prüfungsprozessen so üblich ist.

Das Verwaltungsgericht Hamburg aber ging auf diese Rügen gar nicht ein, sondern hielt die Prüfungsordnung der Hochschule der Bundeswehr in Hamburg wegen eines Verstoßes gegen Art. 12 GG für verfassungswidrig und hob die Prüfungsentscheidung auf. Denn von einem Studenten der Elektrotechnik an einer Hochschule der Bundeswehr, der ein normales Diplom anstrebt, könne man keine Pädagogik- und Politikkenntnisse verlangen, die an Technischen Hochschulen auch nicht verlangt würden. Das ging nun ans Mark des Curriculums der Bundeswehrhochschule, denn niemand sollte Offizier werden, der nicht wenigstens ein bisschen Pädagogik und Politik studiert hatte. Deshalb fragte mich der Hamburger Wissenschaftssenator im Auftrage des Bundesverteidigungsministeriums, ob ich die Prozessvertretung vor dem Bundesverwaltungsgericht, das im Wege der sog. Sprungrevision angerufen worden war, übernehmen würde. Ich traf den Präsidenten der Hochschule und erklärte ihm, dass der Prozess nur gewonnen werden könne, wenn ich die Nebenfachstudien mit der Vorbereitung auf den Beruf des Offiziers rechtfertigen könne. Das aber wollte die Hochschule auf keinen Fall, denn sie seien eine normale wissenschaftliche Hochschule und keine Offiziersakademie. Ich erklärte, dass unter diesen Voraussetzungen der Prozess nicht gewonnen werden könne und sie die Abschlussvoraussetzungen in Pädagogik und Politik dann höchstwahrscheinlich streichen müssten. Ich bekam die Prozessvertretung trotzdem und gewann. Leider erhob der unterlegene Student nicht Verfassungsbeschwerde zum Bundesverfassungsgericht. Ich wäre so gerne vor dem Bundesverfassungsgericht aufgetreten.

Leider gab es zu wenige kleine normale Verfahren, an denen ich als Prozessvertreter beteiligt war, die sich für den Unterricht hätten verwenden lassen. So blieb ich doch auf die veröffentlichten gerichtlichen Entscheidungen angewiesen, und diese Entscheidungen waren zumeist höchstrichterliche Entscheidungen, die sich wenig für unseren Unterricht eigneten. Es waren die Vor-Internet-Zeiten und erstinstanzliche Urteile wurden kaum veröffentlicht. Ich musste auf Zeitungsberichte und die Übersendung von Umdrucken der Urteile zurückgreifen. Dennoch, ich gewann den Eindruck, dass für die Studenten die Theorie-Praxis-Integration ein Segen war und die Erfolge der Ausbildung bestätigten das später. Dabei muss man freilich berücksichtigen, dass bei Reformausbildungen die Motivation der Studentinnen und Studenten besonders hoch ist, sodass – gerade aufgrund der Praxisausrichtung – Ausbildungserfolge nicht überraschen. Denn wer sich für ein Experiment entscheidet, riskiert etwas und will und wird gewinnen.

Für die Integration von Rechts- und Sozialwissenschaften und die Interdisziplinarität des juristischen Studiums bedurfte es keiner gesetzlichen Voraussetzungen, denn das waren Fragen der Wissenschaftlichkeit des Studiums und des Curriculums, die aufgrund der Wissenschaftsfreiheit in den Kompetenzbereich der Universität fielen. Zwar bedurften die Studien- und Prüfungsordnungen einer ministeriellen Genehmigung durch die Senatsverwaltung; doch die durfte nur aus Rechtsgründen, nicht aus wissenschaftlichen Gründen verweigert werden. Was aber sollte „Integration von Rechts- und Sozialwissenschaft" heißen? Was war „Interdisziplinarität? Beim Aufbau des Fachbereichs Rechtswissenschaft II war diese Frage zunächst personalpolitisch gelöst worden. Der Fachbereich hatte Stellen für Sozialwissenschaftler erhalten, und zwar auch Professorenstellen. Und so wurden an den Fachbereich Sozialwissenschaftler als Professoren berufen, z. B. der Volkswirt Schäfer, der Soziologe Haag, der Kriminologe Villmow, u. a. Im Öffentlichen Recht – die Abteilung hieß „Staat und Verwaltung" – meinten die Juristen, die Politik- und Verwaltungswissenschaft mit vertreten zu können, sodass Juristen auf die sozialwissenschaftlichen Stellen berufen werden konnten. Das Curriculum war jedoch nicht so konstruiert, dass die Studenten Einführungsveranstaltungen in die Sozialwissenschaften belegen mussten, z. B. „Einführung in die Soziologie" oder „Soziologische Grundbegriffe", wie dies zu Zeiten des Studium Generale üblich gewesen war (s. o. Teil I 2.1.2), sondern das Curriculum sah integrierte rechts- und sozialwissenschaftliche Kurse vor.

Ich hatte mich in Berlin schon daran versucht, indem ich in meine Vorlesung „Staatsrecht I" Elemente der politikwissenschaftlichen Demokratietheorie einschmuggelte und das war im Rahmen einer „Bildung durch Wissenschaft" (s. o. Teil I 2.1.2) legitim und in meinen Berliner Vorlesungsskripten waren die politikwissenschaftlichen Teile auch dokumentiert. Das wollten wir nun in Hamburg aber besser machen. Die Kurse waren von vorn herein interdisziplinär angelegt und das Recht war als ein Element in sie eingebettet. Der Grundkurs im Verwaltungsrecht hieß deshalb „Verwaltung I" und behandelte zunächst Strukturen und Prozesse der Öffentlichen Verwaltung und zu den Prozessen gehörten auch die Grundbegriffe des Allgemeinen Verwaltungsrechts.

Die Studenten konnten dem gar nicht ausweichen, denn das so gelehrte Allgemeine Verwaltungsrecht ließ sich ohne die verwaltungswissenschaftlichen Analysen gar nicht verstehen und schon gar nicht lernen. So war die „Lehre vom Verwaltungsakt" eingebettet in eine Lehre vom Verwaltungshandeln im Allgemeinen und dabei spielte dann der Verwaltungsakt eine durchaus untergeordnete Rolle. Wir wollten den Studenten beibringen, dass der Verwaltungsbeamte kein Mensch ist, der an seinem Schreibtisch sitzt und ununterbrochen Verwaltungsakte produziert, sondern dass es sich um einen Träger öffentlicher Verantwortung handelt, der die öffentliche Wirklichkeit durch Verhandlungen und Entscheidungen aktiv gestaltet und dann abschließend manchmal auch durch Verwaltungsakte regelt. Das wurde nicht nur von den Studenten verstanden, sondern auch von den Praktikern willkommen geheißen.

In unseren Köpfen gab es ein gänzlich anderes Verständnis von „Recht" als es normalerweise dem Studium desselben zugrunde lag. Recht war nicht mehr die Gesamtheit der Normen, die nach dem Maßstab der Gerechtigkeit die Gesellschaft gestalteten und der Auslegung und Anwendung bedurften, wobei dann die sozialen Voraussetzungen und Folgen durchaus bedacht werden sollten, sondern „Recht" wurde zu einem aus der Gesellschaft gewonnenen, von einem demokratisch gewählten Parlament in Gesetze gefassten Instrument, das Juristen zur Steuerung und Regelung gesellschaftlicher Prozesse neben vielen anderen Instrumenten nutzten und das selber durch und durch gesellschaftlich geprägt war. Es ging uns nicht mehr um eine autonom dogmatischen Regeln folgende Auslegung und Anwendung des Rechts, sondern um eine Gestaltung der Gesellschaft, die zunächst eine Analyse derselben einschließlich der Funktion des Rechts darin voraussetzt. Dies war ein durch und durch sozialwissenschaftlicher Ansatz.

Aber, mit welchen Zielen sollte eine solche Analyse vorgenommen werden? Was waren ihre Regeln und Verfahrensweisen? Was sollte schließlich aus der in ihr enthaltenen rechtssoziologischen Analyse des Rechts folgen? Eine Theorie, eine Theorie musste her! Wir fühlten uns Luhmann und Habermas gleichermaßen verbunden, die avancierteren Kollegen auch noch Hegel und Marx, Kant und Weber. Was aber sollten die Studenten mit einem solchen sozialwissenschaftlichen Ansatz anfangen? Sie sollten lernen, die gesellschaftliche Wirklichkeit zu verstehen und durch Auslegung und Anwendung des Rechts zu gestalten. Dabei leistet die sozialwissenschaftliche Analyse des Rechts bestenfalls „Schützenhilfe", indem das Verständnis für die Funktionsweise des Rechts gefördert wird, aber handlungswissenschaftlich gab sie „Steine statt Brot", d. h. statt den Studenten Kompetenz und Sicherheit im Beruf zu verleihen, nährte diese Sichtweise eher Zweifel und führte zu Unsicherheit. Je mehr ich darüber nachdachte und je mehr ich nach diesem Ansatz unterrichtete, desto mehr nährten sich meine eigenen Zweifel, ob dies der richtige Weg zur Ausbildung praktischer Juristen war, zur Ausbildung von Wissenschaftlern vielleicht, aber von Praktikern?

Zum Glück waren die Studenten selber hilfreich. Während wir mit Hilfe von Luhmann und Habermas versuchten, den Studenten die gesellschaftliche Funktionsweise des Rechts zu erklären, brachten sie selber munter „ihre Sicht der Welt" ein, und die war häufig durchaus aufgeklärt und weder vorurteilsbelastet noch ideologisch verseucht. So drehte sich meine Einstellung zu den theoretischen Reformansätzen der Einstufigen Juristenausbildung in Hamburg nach einigen Jahren um. Ich vertrat nun die Integration von Theorie und Praxis und bezweifelte die Integration von Rechts- und Sozialwissenschaft – genau umgekehrt wie zu Beginn.

Möglicherweise aber waren die didaktischen Reformen an den Modellen der Einstufigen Juristenausbildung wichtiger als die wissenschaftlichen. Für Hamburg lässt sich das deutlich bejahen. Wir nahmen nur 100 Studenten pro Jahrgang auf, während normale Fakultäten ein Vielfaches an Studenten verkraften mussten. Die Studentinnen und Studenten mussten sich bewerben. Ich weiß allerdings nicht mehr, wer sie nach welchen Kriterien aussuchte. Ich jedenfalls war daran nicht beteiligt. Wir hatten ungewöhnlich viele junge Frauen am Fachbereich, sodass sich das soziale Klima deutlich vom sozialen Klima traditioneller Fachbereiche unterschied und wir hatten ungewöhnlich viele Studentinnen und Studenten aus dem Zweiten Bildungsweg und auch dies beeinflusste das Sozialklima. Wir teilten die Studentinnen und Studenten eines Jahrgangs in drei Gruppen von je 33 Studentinnen und Studenten ein und diese Gruppen blieben fünf Jahre lang zusammen. Auch dies war eine völlig andere Situation als an den normalen Fakultäten mit ihrem volatilen Massenbetrieb. Es war eigentlich wie in der Schule.

Es gab keine Vorlesungen, überhaupt keine, sondern nur jeweils drei Parallelkurse mit je 33 Studierenden, die von unterschiedlichen Professoren organisiert wurden. In diesen Kursen wurden keine Lehrbücher, sondern

Unterrichtsmaterialien verwendet, die der Professor herstellte. Diese Unterrichtsmaterialien sollten von den Studentinnen und Studenten vor dem Kurs gelesen werden, damit im Kurs dann nur noch darüber diskutiert werden konnte. Die Vorbereitung dieser Kurspapiere erforderte eine beträchtliche Arbeit. Es war ein völlig neuer Ansatz, der auch von den Professoren neues Denken und ein neues wissenschaftliches Arbeiten verlangte. Das war alles gut durchdacht und gut gemeint, aber in der Praxis des Unterrichts klappte es nicht immer. Die Papiere waren in der Erstfassung häufig dürftig und blieben hinter den Ansprüchen weit zurück und die Mehrheit der Studenten las die Papiere nicht. An der Diskussion konnten sich deshalb nicht alle beteiligen und der Inhalt der Papiere musste doch erst einmal vorgetragen werden. Man musste ständig Kompromisse schließen.

Auch das Prüfungswesen musste völlig neu durchdacht werden. Das Deutsche Richtergesetz sah eine Zwischenprüfung oder begleitende Leistungskontrollen vor. Hamburg II entschied sich für die begleitenden Leistungskontrollen, d. h. die Studenten mussten in den Kursen schriftliche Arbeiten schreiben, und zwar Hausarbeiten. Das war eine bewusste Abkehr von den kleinen und großen Scheinen der traditionellen Juristenausbildung und dem „Hackebeil" der Ersten Juristischen Staatsprüfung, die 30–40 % nicht bestanden. Hier sollte das Prinzip gelten, dass alle Studentinnen und Studenten so gefördert werden, dass alle nach fünf Jahren die Abschlussprüfung, die nach dem Richtergesetz der Zweiten Juristischen Staatsprüfung gleichwertig sein sollte, bestehen konnten. Ein hehres Ziel, das nicht verfehlt werden durfte!

Die Abschlussprüfung bestand aus einer Achtwochen-Hausarbeit und einer mündlichen Prüfung. Die Hausarbeit sollte der Hausarbeit im Zweiten Juristischen Staatsexamen entsprechen, erhielt aber zwei Wochen mehr Zeit, weil sozialwissenschaftliche Fragestellungen hinzukommen sollten. Bei der Hausarbeit handelte es sich jedoch nicht um ein „Aktenstück" wie im Zweiten Juristischen Staatsexamen, sondern um eine von den Professoren des Fachbereichs gestellte Aufgabe, die eher den Hausarbeiten des Ersten Juristischen Staatsexamens entsprach. Klausuren gab es nicht, d. h. das „Herzstück" der juristischen Fallbearbeitung fehlte. Über Sinn und Unsinn von juristischen Klausuren ist viel diskutiert worden. Waren sie sinnlose Kunststücke, die der „Abrichtung von Paragraphenhengsten" dienten oder waren sie Meisterstücke der schnellen juristischen Bearbeitung und Entscheidung sozialer Konflikte ohne Hilfsmittel allein auf der Grundlage des Gesetzes.

Der Hamburger Justizsenator versuchte, dem Fachbereich Klausuren „aufzudrücken", aber der Fachbereich verweigerte sich. Ich war stets der Auffassung gewesen, dass Juristen die Fähigkeit besitzen müssen, in kurzer Zeit das zentrale Problem eines Konfliktes zu erfassen und eine Lösung anzubieten und ich meine, dass Falllösungen in Klausuren diese Fähigkeit zeigen. Ich befand mich bei der Erörterung im Fachbereich im Ergebnis in seltener Einigkeit mit der Kollegin Heide Pfarr, die zynisch sagte, Klausuren seien etwas so Scheußliches, dass man nie genug davon haben könne. Die mündliche Prüfung wurde in paritätischer Besetzung von Professoren und Praktikern in vier Fächern vier Stunden lang abgenommen, wobei zu den drei klassischen Fächern das Wahlfach hinzukam. Vorsitzender des Prüfungsamtes für die Einstufige Juristenausbildung war der „Präsident aller Präsidenten", der Präsident des Hanseatischen Oberlandesgerichtes.

Die Hausarbeiten wurden durch drei Gutachter bewertet, die das Prüfungsamt einsetzte, zwei Professoren als Erst- und Drittgutachter und ein Praktiker als Zweitgutachter. Im Streitfalle entschied der Präsident des Prüfungsamtes. Und es gab komische wie konfliktreiche Ereignisse. So hatte ich z. B. als Drittgutachter eine Hausarbeit zu bewerten, unter die der Kandidat in einem ps geschrieben hatte: „Dies ist die beschissensde Aufgabe, die ich in meinem gesamten Studium zu bearbeiten hatte." Der Erstgutachter hatte das ps „übersehen". Der Zweitgutachter, ein Richter aus der Praxis, bewies ironische Größe, indem er in roter Tinte ein „f" an den Rand schrieb, ein Orthographiefehler! Ein anderer Kandidat hatte als ps unter die Arbeit geschrieben: „Diese Arbeit wurde im Interesse der Arbeiterklasse geschrieben". Die Kollegin, die die Aufgabe gestellt und als Erstgutachterin mit „sehr gut" bewertet hatte, hatte das ps ignoriert. Der Zweitgutachter legte die Arbeit dem Kollegen vor, der als Vizepräsident des Prüfungsamtes fungierte. Dieser entschied, dass die Arbeit nicht angenommen werden dürfe, weil das ps zeige, dass es sich nicht um eine wissenschaftliche, sondern um eine parteiliche Arbeit handele. Ich kann mich nicht erinnern, wie der Konflikt ausgegangen ist.

Ein letzter Fall aus der Praxis der Hausarbeiten: Ich sitze in meinem Zimmer, die Tür öffnet sich, ein Bewerber um eine Assistentenstelle kommt herein. Nach dem Gespräch nehme ich ihn als Mitarbeiter an. Beim Rausgehen sagt er: „Ich möchte mich bei Ihnen bedanken. Sie haben mich gut behandelt. Sie haben als Erstgutachter meine Hausarbeit über den Altonaer Seebestattungsfall bewertet: Die 86jährige Witwe des ehemaligen Hamburger Amtsgerichtspräsidenten fühlte ihr Ende nahen. Sie stellte beim Altonaer Bezirksamt den Antrag, dass im Falle ihres nahen Todes die sterblichen Überreste ihres vor 24½ Jahren gestorbenen Mann exhumiert werden sollten, damit diese zusammen mit ihrer eigenen Leiche zusammen verbrannt und die Asche dann in der Ostsee verstreut werden könnten. Ihr Gatte sei nämlich vor dem Zweiten Weltkrieg als Rechtsanwalt in Rostock ein begeisterter Hochseesegler gewesen. Das Bezirksamt – statt den Antrag zu verschleppen, weil ein halbes Jahr später die Liegezeit auf dem Altonaer Friedhof sowieso abgelaufen gewesen wäre –

lehnt den Antrag ab und ebenso den dagegen eingelegten Widerspruch. Die Witwe klagt und verliert vor dem Verwaltungsbericht und legt dagegen beim Oberverwaltungsgericht Berufung ein, verliert abermals. Der zuständige Richter des OVG war nun entweder ein Spaßvogel oder ein Sadist, denn er hatte den Vermerk „Zu Prüfungszwecken geeignet" auf der Akte angebracht. So war sie in die Einstufige Juristenausbildung geraten. Und der arme Kandidat hatte nicht nur das Friedhofs- und Bestattungsrecht geprüft, sondern auch noch die UNO-Konvention gegen die Verschmutzung der Meere und die Frage, ob die schleswig-holsteinische Regierung dem Transport von Hamburg zur Ostsee zustimmen müsse usw. Ich jedenfalls habe auf die Akte geschrieben: „Zu Prüfungszwecken ungeeignet. Bitte nicht wieder ausgeben."

Mündliche Prüfungen, ich habe sie immer gehasst, aber in Hamburg war das ganz anders. Prüfen galt hier als Ehrensache. Wir wollten doch den Erfolg unseres Reformmodells in der Prüfung bestätigt sehen! Trotzdem fand ich die mündlichen Prüfungen am Anfang scheußlich, aber je länger es ging, desto mehr fand ich Gefallen am Prüfen, prüfte am Schluss nach 13 Jahren eigentlich ganz gerne. Warum wohl? Prüfen verleiht Macht, und zwar nicht nur, weil die Note über den Lebensweg der Kandidaten entscheidet. Nein, auch die Prüfungssituation selber verleiht Macht und strahlt Macht aus. Am deutlichsten war mir das bei meinem Ersten Juristischen Staatsexamen in Hamburg im Jahre 1961geworden (Teil I 2.1.1) Es muss wohl ein kleiner Schuss Sadismus dabei gewesen sein, dass ich das Prüfen mehr und mehr liebgewann. Grandios war übrigens meine allerletzte Prüfung: Dreimal „gut" und einmal „vollbefriedigend", und das in Anwesenheit des „Präsidenten aller Präsidenten". Dieser übrigens pflegte stets denselben Fall zu prüfen, was sich bei den Studenten herumgesprochen hatte: Die Eltern wollen in die Ferien verreisen, obwohl ein Kind die Masern hat. Da legen sie das andere Kind zu dem kranken Kind ins Bett, damit die Sache damit wenigstens ausgestanden ist. Körperverletzung? Ja, so ist das mit dem Prüfen. Das Leben als juristischer Prüfungsfall!

Der Fachbereich 17, die Einstufige Juristenausbildung, war so etwas wie das „Schmuddelkind" der Universität, irgendwo genial, aber auch despektierlich. Wenn man in Hamburg oder sonst irgendwo in der Republik sagte, man sei Juraprofessor in Hamburg, kam bei Eingeweihten sofort die Frage mit einem skeptischen oder abschätzigen Blick: „Fachbereich I oder II?" Wir unterrichteten in zwei Baracken, rechts und links neben dem Hauptgebäude, „Pavillon I und II" euphemistisch genannt, sowie einer Etage gegenüber der Universität an der Moorweide im Amerikahaus, wo das „Öffentliche Recht" hauste. Im Übrigen aber war es schäbig, abgewetzte Tische und Stühle, im Sommer zu heiß, im Winter zu kalt. Alles irgendwie schmuddelig. Aber mit dem Charme der Verwahrlosung! In einem der beiden kleinen Innenhöfe hatten die Studenten ein Biotop geschaffen und in jedem Frühling flog ein Entenpaar ein, um dort zu nisten, zu brüten und Entlein schlüpfen zu lassen, und die Studenten versorgten sie. Und es hieß, solange die Enten kommen, solange bleibt der Fachbereich bestehen, und so war es dann auch. Nachdem die Auflösung des Fachbereichs beschlossen worden war, blieben die Enten weg. Heute stehen an der Stelle der Baracken zwei von einem Immobilienmakler für 75 Millionen gestiftete „Flügelbauten", sehr chic!

Assistenten gab es am Fachbereich nicht. Der Senator sagte kühl: „Ihr seid doch ein Reformfachbereich und wollt doch die „Sklaverei" abschaffen. Aber, wenn Ihr einige Professorenstellen in Assistentenstellen umwandeln wollt, ich habe nichts dagegen." Dass jeder Professor eine eigene Sekretärin gehabt hätte, vergangene Zeiten, gar nicht daran zu denken! Drei Professoren teilten sich eine, aus heutiger Sicht, immerhin. Die Computer hatten noch keinen Einzug gehalten. Als Fachbereichssprecher gründete ich eine Computerkommission, die über die Nutzung dieser Dinger zwei Jahre lang beriet und sehr skeptisch war, sowohl aus wissenschaftlichen wie aus arbeitsergonomischen Gründen. Mein Nachfolger im Amt griff bei einem entsprechenden Ausstattungsangebot einfach zu und jeder Professor und jedes Sekretariat kriegten einen und im Computerraum standen eine ganze Menge für die Studenten zur Verfügung. Basta!

An unserem Fachbereich galt die Regel, dass jeder Kollege einmal als Fachbereichssprecher dienen musste und dann war es auf absehbare Zeit vorbei, in aller Regel zwei Jahre, aber einige Kollegen entzogen sich dem, indem sie nach einem Jahr zurücktraten. Fachbereichssprecher, früher Dekane genannt, waren damals völlig machtlose Wesen, zumal in einem Reformfachbereich, wo alles lange diskutiert und demokratisch entschieden werden musste. Im Fachbereichsrat saßen drei Studenten, zu meiner Zeit als Fachbereichssprecher zwei von der DKP und einer von der SPD, was bei dem Fachbereich nicht weiter verwunderlich war. Der „Häuptling" der Kommunisten kam vor jeder Fachbereichssitzung zu mir, um die Sitzung vorher zu besprechen. Das ging höchst professionell zu, z. B. „Bei der Sache x können wir nicht zustimmen, das werden Sie verstehen, aber bei der Sache y machen wir mit, wenn Sie unser Anliegen z unterstützen." Ich traf ihn, den „Häuptling", später einmal im Zug von Hamburg nach Bremen, wo er eine Anwaltskanzlei, eine Wohnung im „Nobelviertel" Schwachhausen und eine Segeljacht hatte und er zahlte natürlich meine Speisewagenrechnung. Auch Olaf Scholz, Erster Bürgermeister in Hamburg, dann Bundesfinanzminister und vielleicht einmal Bundeskanzler, gehörte zu unseren Studenten und war sicherlich Fachbereichsratsmitglied, ist mir aber als Student in keiner Weise aufgefallen, ein eher unscheinbarer Student, wenn auch später nicht ohne Selbstbewusstsein. Als er einmal in einer politischen

Kommission einen ehemaligen Professor des Fachbereichs traf, der sich höflich vorstellen wollte: „Ich kenne Sie doch; ich habe Sie seinerzeit berufen!"

Viel wichtiger als die curricularen Konzeptionen war für die Einstufige Juristenbildung das soziale Klima, das am Fachbereich herrschte. Es ist schwer zu beschreiben. Alles war so anders als in der „normalen" Juristenausbildung. Zwei ganz einfache Tatsachen: 1. die Größe, denn auch nach dem Vollausbau gab es nur rd. 600 Studenten, während schon damals normale juristische Fakultäten 5–10.000 Studenten ausbildeten. Die Studentinnen und Studenten kannten sich, und zwar vor allem innerhalb des Jahrgangs. Sie trafen sich nicht nur an der Uni, sondern machten auch die Exkursionen und Praktika zusammen, feierten auch privat gemeinsam Feste. 2. Die Professoren waren allesamt jung, kaum einer über 40. Und wir gerierten uns nicht als Autoritäten und Koryphäen! Wir wollten eigentlich die Freunde der Studenten sein, aber das war natürlich eine Illusion. Vielleicht war es auch eine Art „Wagenburgmentalität", die uns zusammenschweißte, die Studenten und die Professoren. Wir wollten doch die Rechtswissenschaft und die Rechtspraxis verändern, und die Gesellschaft natürlich auch.

Die Zeiten der Studentenbewegung waren vorbei und es herrschte kein aufgeregter, sondern ein pragmatischer Ton, sieht man von ein paar Ideologen ab, die es auch gab. Das lag vor allem an den Studentinnen, die überwiegend pragmatisch eingestellt waren. Der Fachbereich vermittelte nicht nur den Eindruck, dass ihm die Studenten am Herzen lagen, sondern er tat auch etwas dafür. Wir suchten Praktika für die Studenten aus und boten Kurse zur Berufsorientierung an. Wir beseitigten die Berufs- und Praxisferne, die die traditionelle Juristenausbildung kennzeichnete und die so heftig kritisiert wurde. Wir waren „Kümmerer" und das merkten die Studenten und honorierten es auch. Es herrschte nicht das „Konkurrenz- und Karriereklima" der traditionellen Fakultäten, sondern ein Sozialklima, das durch einen freundlichen Umgang und eine gemeinsame große Aufgabe geprägt war. Schließlich hing am Erfolg unserer Studenten letztlich auch der Erfolg des ganzen Experimentes.

Die Professorenschaft war gespalten, und zwar in „rechts" und „links", wobei diese Spaltung diejenige zwischen der rechten und der linken Sozialdemokratie war, denn etwas Anderes gab es eigentlich nicht. Die „Rechte" traf sich regelmäßig im sog. Kaminkreis, weil Hans Peter Bull wohl eine Wohnung mit Kamin hatte, während sich die „Linke", von Fritz Haag, dem Soziologen, organisiert, reihum bei den verschiedenen Kollegen traf. Ich aber war „heimatlos". In meiner Zeit als Fachbereichssprecher organisierte ich regelmäßige wissenschaftliche Gespräche, die ich „Scientific Community" nannte, und an denen alle Kolleginnen und Kollegen teilnahmen. Hellmut Rittstieg meinte beim ersten Treffen, er wisse gar nicht was das ist, eine „scientific community".

Er hätte gedacht, dass sei so ein Kreis älterer Herren, der sich in einer holzgetä-
felten Bibliothek regelmäßig bei Portwein und Zigarre zu illustren Gesprächen
treffe. Die Öffentlichrechtler der drei „Nordmodelle" (Bremen, Hamburg II
und Hannover) trafen sich darüber hinaus zu wissenschaftlichen Gesprächen
einmal im Jahr in einem Autobahnhotel am Autobahndreieck Walsrode, weil es
in der Mitte zwischen den drei Städten lag.

Hochschulpolitik habe ich in meinen dreizehn Hamburger Jahren nicht
betrieben, denn ich hatte mit der Schulpolitik wirklich genug zu tun im Bildungsbereich. So gehörte ich – zur großen Überraschung vieler – auch nicht
der Reformgruppe der Hochschullehrer an, übrigens auch keiner Gewerkschaft,
weder der GEW noch der ÖTV. Als Fachbereichssprecher nahm ich allerdings
von Amts wegen an den einschlägigen Gremiensitzungen der Universität teil,
und zwar ohne großes Vergnügen und ohne großen Erfolg.

Gelungen? – Misslungen? Die einstufigen Modelle der Juristenausbildung
wurden nach und nach eingestellt. Als offizielle Begründung diente das Kos-
tenargument, denn sie waren zu teuer. Ja, sie waren sehr teuer, weil die Studenten der zweiten Studienhälfte eine Ausbildungsbeihilfe in Höhe von zwei
Dritteln der Assessorenvergütung erhielten und weil die Betreuungsrelation
Professoren/Studenten im Vergleich zu den anderen juristischen Fakultäten
extrem günstig war. Das wäre doch nur bei deutlich besseren Ergebnissen zu
rechtfertigen gewesen. Und gab es diese Ergebnisse? Nach Meinung der „juristischen Öffentlichkeit": Nein! But, who knows? Wir meinten natürlich, dass
wir die besseren Ergebnisse erzielten. Schließlich fanden unsere Absolventen
sämtlich Arbeitsplätze, und das zu Zeiten der Juristenarbeitslosigkeit. Aber, lag
das nicht auch an politischer Protektion? Who knows?

Wie im „Jahrzehnt der Bildungsreform" die Gesamtschulexperimente, halbherzig durchgeführt und nicht evaluierbar. Von den acht Experimenten mit der
Einstufigen Juristenausbildung lassen sich vielleicht gerade zwei als folgerich-
tig experimentell einstufen, nämlich Hamburg und Bremen. Die anderen hatten
mehr oder weniger doch Kompromisse mit der traditionellen Juristenausbildung gemacht. Und eine wirkliche Evaluation hat nicht stattgefunden. Wie
hätte sie auch aussehen sollen? Bei Juristen gab es nur ein Kriterium, die gleiche Output-Qualität. Und gleiche Output-Qualität lässt sich nur messen, wenn
für beide Fachbereiche die gleiche Prüfungsordnung gilt. Ich habe in meiner
Zeit als Fachbereichssprecher erfolglos versucht, eine gemeinsame Prüfungsordnung für beide Fachbereiche zu verhindern. Wir hatten doch einen anderen
Juristen als Ergebnis gewollt! Und schließlich schrieb das Deutsche Richtergesetz nur die Gleichwertigkeit der Prüfungen vor, nicht die Gleichartigkeit.
In den Vereinigten Staaten ist es völlig selbstverständlich, dass verschiedene
Law Schools verschiedene Prüfungen abhalten; aber schließlich kommt es nur

auf das „bar exam" an, das natürlich für alle gleich ist. Als die gemeinsame Prüfungsordnung für die beiden Fachbereiche verabschiedet wurde, war für mich im Grunde das Experiment bereits zum Scheitern verurteilt. Ich begann, mich wegzuorientieren, mich in meine wissenschaftliche Arbeit zu vertiefen, zu reisen und den Fachbereich „links" liegen zu lassen.

Wenn ich mich dennoch den weit verbreiteten Urteilen über den Misserfolg der einstufigen Juristenausbildungsmodelle nicht anschließen kann, dann weil ich meine, dass wir auf einem guten Wege waren, um wissenschaftliche Bildung durch Wissenschaft und berufliche Bildung in der Universität zu vermitteln, also die eigentliche Bildungsaufgabe der Universität zu verwirklichen, dass es uns aber nicht vergönnt war, die Früchte unserer Arbeit zu ernten. Die Zeit war einfach zu kurz!

2.4   „Publish or perish!"

Ich hatte in den Siebzigern, im „Jahrzehnt der Bildungsreform", sehr viele, vor allem bildungspolitische Artikel veröffentlicht. Nun aber war ich Juraprofessor, nun wollte, nun musste ich wirklich juristisch publizieren (s. o. 1.2.1). Seit dem 1.1.1977 war ich Herausgeber der Zeitschrift „Recht der Jugend und des Bildungswesens", die alle zwei Monate im Luchterhand-Verlag erschien. Hans Heckel hatte sie zusammen mit Paul Seipp auf der Grundlage der beiden Zeitschriften „Recht der Jugend" und „Recht und Wirtschaft der Schule" gegründet und ich führte sie zunächst mit Holger Knudsen aus dem Verlag und später alleine als Herausgeber, noch später als Mitherausgeber weiter, und zwar 41 Jahre lang bis zum 31.12.2017. Im „Jahrzehnt der Bildungsreform" sprudelten die Artikel nur so und Knudsen hatte die Zeitschrift so geführt, dass er aus der Fülle der eingehenden Artikel die nach seiner Meinung besten auswählte und veröffentlichte. Ich wollte der Zeitschrift ein Gesicht geben: Bildungsrecht im weitesten Sinne, d. h. nicht nur Schulrecht, sondern auch Jugendrecht sowie das Recht des Kindergartens und der Weiterbildung, der Berufsausbildung und sogar im Ansatz Familienrecht und Hochschulrecht, und zwar nicht rein rechtswissenschaftlich, sondern auch sozialwissenschaftlich und natürlich rechtspolitisch. Ich suchte mir einen Wissenschaftlichen Beirat aus, dessen Mitglieder ich hinzuzog, wenn ich mich selber nicht so gut auskannte, wie z. B. im Jugendrecht, wo ich den Direktor des Deutschen Jugendinstituts, Walter Hornstein, und den Direktor des Max-Planck-Instituts für Strafrecht, Guenther Kaiser, gewinnen konnte. Ich machte die Arbeit allein mit einer studentischen Hilfskraft.

Als ich die Zeitschrift 1977 übernahm, hatte sie 800 Abonnenten. Aufgrund der bildungsrechtlichen und bildungspolitischen Konjunktur der Zeit konnte ich die Zahl bald auf 1.600 steigern, also verdoppeln. Später sank die Auflage wieder auf 800 und sogar noch weit darunter. RdJB war jedoch zunächst in juristischen Kreisen nicht so richtig anerkannt, zu politisch! Das änderte sich erst im Laufe der Zeit. In Hamburg führte ich die Herausgeberschaft fort, beriet mich zunehmend mit Peter Füssel, den ich aus der Zeit seiner Beurlaubung an das Max-Planck-Institut für Bildungsforschung kannte und der bei mir in Hamburg über das Sonderschulrecht promoviert hatte. Wir verwandelten die Zeitschrift in eine Vierteljahresschrift und verliehen ihr zunehmend eine Alleinstellung für die juristischen Veröffentlichungen im Bildungsrecht, die sie bis heute behalten hat. Vor allem durch die Zeitschrift behielt ich den Kontakt zum Recht des Bildungswesens, seinen Problemen und seinen Autoren, und zwar in einer Zeit, in der ich „von Amts wegen" nichts mit dem Bildungsrecht zu tun hatte, denn dieses war nicht Gegenstand der juristischen Ausbildung. Mit besonderer Liebe schrieb ich in jedem Heft viele Jahre lang meine Kolumne „Ereignisse und Entwicklungen", in der ich mich mit aktuellen bildungspolitischen und bildungsrechtlichen Fragen auseinandersetzte.

Die Nachwirkungen des Deutschen Juristentages von 1976 und der Schulrechtskommission (s. o. 1.2.2) ragten noch bis in meine Hamburger Zeit hinein, denn der Bericht der Schulrechtskommission erschien erst 1981.[69] Die Veröffentlichung hatte für mich eine ganze Reihe von Vorträgen und Veröffentlichungen zur Folge, denn das öffentliche Aufsehen war groß und eine ganze Reihe von Landtagsfraktionen – zumeist natürlich der jeweiligen Opposition – ließen sich von mir beraten. Auch insofern blieb ich dem Bildungsrecht verbunden. Da der Deutsche Juristentag dem Unternehmen seinen Segen gegeben hatte und da die Publikationen[70] im renommierten Beck-Verlag erschienen, erhielt das ganze trotz der anhaltenden Kritik der Bildungsverwaltungen einen gewissen respektierlichen Anstrich. Da die Schulrechtskommission – zu meiner großen Überraschung – das Thema der Schulautonomie, an dem ich mir schon im Rahmen der Arbeit des Zweiten Bildungsrates die Finger verbrannt hatte (s. o. 1.1.6), nicht nur wieder aufgegriffen, sondern auch in ihren Gesetzesvorschlag übernommen hatte, blieb ich eine Weile auch noch diesem publizistischen Thema treu.[71]

Im übrigen traten schulrechtliche Veröffentlichungen und Vorträge in den Hintergrund und ich widmete mich im Bildungsrecht eher randständigen oder

69 Deutscher Juristentag, Schule im Rechtsstaat I, Entwurf für ein Landesschulgesetz, 1981
70 Es kam noch der zweite Band mit den Gutachten hinzu, Deutscher Juristentag, Schule im Rechtsstaat II, Gutachten für die Kommission Schulrecht des Deutschen Juristentages von Guenter Kisker, Rupert Scholz/Hans Bismarck und Hermann Avenarius, 1980
71 S. vor allem Ingo Richter, Theorien der Schulautonomie, RdJB 1994, S. 5 ff.

übergreifenden Themen, insbesondere im Recht der Arbeitsverwaltung[72], das ich auch im Schwerpunktprogramm des Fachbereichs „Sozialrecht" zusammen mit Hans Jürgen Bieback und später Gerhard Igl vertrat, im Recht der Weiterbildung[73] und im Rechtsvergleich und internationalen Recht[74]. Schwerpunkte meiner rechtswissenschaftlichen Publikationen in meiner Hamburger Zeit waren jedoch die Kommentierungen der Art. 6 und 7 sowie 91a und b des Grundgesetzes in dem zunächst von Wassermann herausgegebenen sog. Alternativkommentar zum Grundgesetz, der es bis zur dritten Auflage im Jahre 2001 brachte[75] und die beiden Casebooks zum Verfassungsrecht und zum Verwaltungsrecht, die ich zusammen mit Folke Schuppert schrieb und von denen das Verfassungsrecht fünf Auflagen und das Verwaltungsrecht drei Auflagen erlebte.[76]

Über die „Alternativität" der sog. Alternativkommentare des Luchterhand-Verlages ist viel geschrieben und gestritten worden. Kann es so etwas überhaupt geben, Alternativkommentare? Alternativ wozu? Zu den bisherigen Kommentaren natürlich! Gesetze wurden und werden unterschiedlich ausgelegt und kommentiert und es wird unterschiedlich entschieden; das ist doch selbstverständlich. Die Reihe der Alternativkommentare, ein Großprojekt des Verlages, nahm für sich jedoch in Anspruch, anders zu sein als alles bisher Dagewesene. Man nahm den Mund reichlich voll und darin lag sicherlich auch ein Werbegag. Doch das Vorhaben ist insgesamt gescheitert, denn entweder wurden die Kommentare nie gänzlich fertig oder sie waren gar nicht so alternativ. Der Grundgesetzkommentar, der sich noch am besten hielt und es bis zur 3. Auflage brachte, wollte in folgender Beziehung anders (alternativ) sein: Rechtswissenschaftlich und sozialwissenschaftlich, historisch und zukunftsweisend,

---

72 Hier insbesondere durch die Kommentierung der Ausbildungsartikel § § 25-46 des Arbeitsförderungsgesetzes im Großkommentar zum AFG, hrsg. im Beck-Verlag von Alexander Gagel, 1989, 1993

73 S. insbesondere Ingo Richter, Recht der Weiterbildung, 1993, eine Aufsatzsammlung

74 S. z. B. Peter Martin Roeder, Ingo Richter und Peter Füssel (Hrsg.), Pluralism and Education, 1995 oder Ingo Richter, Selection and Reform in Higher Education in Western Europe, Comparative Education, 1988, S. 53 ff. oder Ingo Richter, Separate, unequal and diverse? On pluralism and integration in the German Educational System, Prospects, 1995, S. 391 ff. oder Law and Administration in Education, und Law and Education in: Torsten Husen and Neville Postlethwaite, The International Encyclopedia of Education, 1985, S. 2916 ff. und 2921 ff.

75 Erhard Denninger, Wolfgang Hoffmann-Riem, Hans-Peter Schneider und Ekkehart Stein (Hrsg.), Kommentar zum Grundgesetz, 3. Auflage, 2001

76 Heute neu bearbeitet von Christian Bumke und Andreas Voßkuhle, Casebook Verfassungsrecht, 7. Auflage, 2015 und heute überholt und vergriffen Ingo Richter, Gunnar Folke Schuppert und Christian Bumke, Casebook Verwaltungsrecht, 3. Auflage, 2000

dogmatisch und praxisnah; Minderheiten sollten nicht durch die Kürzel a. A. und h. M. niedergewalzt, sondern berücksichtigt werden. Ich jedenfalls habe versucht, mich an dieses Programm zu halten. Bei aller Bescheidenheit meine ich, dass meine vor dreißig Jahren geschriebenen Kommentierungen sozial-wissenschaftlich aufgeklärt, dogmatisch innovativ und für die Praxis nützlich waren und sich auch heute noch ganz frisch lesen.

Die Idee der Casebooks hatte ich aus den USA mitgebracht, wo sie in allen Rechtsgebieten angesichts der Präjudizienorientierung im akademischen Unterricht eine zentrale Rolle spielen. Es sind Kompendien der kommentierten Rechtsprechung. Wo, wenn nicht im deutschen Verfassungsrecht, konnte man angesichts der überragenden Rolle des Bundesverfassungsgerichts ein solches Konzept ausprobieren. Das Ergebnis sah deutlich anders aus als in den USA, denn wir ließen das Gericht mehr zu Wort kommen und nahmen unsere Kom-mentierungen sehr zurück und verzichteten weitgehend auch auf Literaturnach-weise. Ein Buch zum Rezipieren, Repetieren und Zitieren der Rechtsprechung des Bundesverfassungsgerichts und als solches wurde es ein großer Erfolg, vor allem auch für den Gebrauch der Studenten und der Anwälte, die sich aller-dings die Originalseitennachweise im Text gewünscht hätten. Der Erfolg des Casebook Verfassungsrecht ließ sich leider im Verwaltungsrecht nicht wieder-holen. Nach der Verabschiedung des Bundesverwaltungsverfahrensgesetzes spielte die Prägung des Verwaltungsrechts durch die Rechtsprechung nicht mehr die gleiche Rolle wie zuvor und „die Musik" spielte sowieso im Besonde-ren Verwaltungsrecht. Und dann war da noch „der Maurer", den die Studenten kauften. Wir waren aber natürlich vermessen, denn wir meinten in der Tat, das gesamte Recht mit Casebooks überziehen zu können, die wir allerdings nicht selber schreiben würden. Vor allem im Arbeits- und im Europarecht, die sich besonders dafür eignen, sowie in einigen anderen Rechtsgebieten sind weitere Casebooks entstanden; doch diese Entwicklung habe ich nicht eigentlich wei-terverfolgt.

Ich habe viel geschrieben und herausgegeben in jenen Hamburger Jahren. Ich bin für die Multikulturalität und die Multireligiösität eingetreten[77] und habe das Spannungsverhältnis zur Gleichheit gesehen,[78] habe mich mit den

---

77 Z. B. Verfassungsfragen multikultureller Gesellschaften, in: Herta Däubler Gmelin u. a. (Hrsg.), Gegenrede. Aufklärung – Kritik – Öffentlichkeit, Festschrift für E.G. Mahrenholz, 1994, S. 637 ff.; Multireligiöser Religionsunterricht in einer multikulturellen Gesellschaft: in Lohmann und Weiße (Hrsg.), Dialog zwischen den Kulturen, 1994, S. 315 ff.
78 Die Wiederentdeckung der Ungleichheit, Neue Sammlung, 1986, S. 181 ff.

Folgen der Wiedervereinigung beschäftigt,[79] aber am meisten Erfolg hatte ich mit einem kleinen Aufsatz über meine „musikalische Karriere", zu dem ich mehr Reaktionen bekam als zu allen anderen Veröffentlichungen zusammen genommen, weil ich es wagte „the personal, the real personal" zu beschreiben.[80]

2.5 Ein kleiner Ausflug in die Politik

Ein politisches Engagement brachte die Mitgliedschaft im Fachbereich Rechtswissenschaft II jedoch mit sich, wenn auch eher indirekt. Ein Professor des Fachbereichs II pflegte in Hamburg Mitglied der Justizdeputation zu sein. Die „Depu", diese einzigartige Hamburger Einrichtung, ist ein dem jeweiligen Senator zugeordneter Bürgerausschuss, der nach Fraktionsstärke von der Bürgerschaft, also dem Parlament, gewählt wird und der sehr mächtig ist, weil er weitgehende Mitberatungs- und Mitentscheidungsrechte hat. Zwar kann ein Senator bei einer Entscheidung, bei der er in der „Depu" unterlegen ist, den Senat anrufen und der Senat zieht dann die Entscheidung an sich. Aber ein Senator, der „seine" Deputation nicht „in der Hand" hat, und mehrfach davon Gebrauch machen muss, sieht schlecht aus. Als die Reihe an mir war, in die Deputation zu gehen, sagte ich, dass ich nicht in die Justiz-, sondern in die Schuldeputation gehen wolle. Der Erste Bürgermeister Voscherau hatte gerade gesagt, dass er die Wahlen zur Bürgerschaft nicht wegen, sondern trotz der Schulpolitik des Senators Grolle gewonnen habe. Und als die Deputation der Berufung eines führenden „linken" Mitgliedes der GEW (der von Voscherau und anderen so genannten „Gesellschaft für ewige Wahrheiten") zum Oberschulrat zugestimmt und die „Springerpresse" das aufgegabelt hatte, rief der Bürgermeister wütend beim „sozialdemokratischen Meinungsführer" der Deputation an, wie denn so etwas durch die Deputation hätte gehen können, beruhigte sich aber wieder, als er hörte, dass es 53 solcher Oberschulräte in Hamburg gebe.

Das war also ein richtig politischer Job, der einzige, den ich in meinem bisherigen Leben ausgeübt habe. Die Deputation tagte einmal im Monat und einmal im Monat gab es eine Vorbesprechung in der Fraktion mit dem Senator. Als ich etwas verspätet in die erste Fraktionsbesprechung kam, sagte Senator Grolle: „Ach Du bist das, Ingo, ich fragte mich schon, wen die uns da als Auf-

---

79 Die Probleme des Ostens liegen im Westen, in: Hager u. a. (Hrsg.), Bildung – Macht – Verantwortung. Welche Zukunft für die Bundesrepublik? 1994, S. 155 ff.

80 Hausmusik und Chorgesang, in: Ingrid Lisop (Hrsg.), Die andere Seite – Profile und Liebhabereien gelehrter Männer, 1993, S. 272 ff.

passer geschickt haben." Ich kannte Joist Grolle gut seit vielen Jahren und man war ja „Genosse". Ich habe viel gelernt in diesen Jahren in der Depu. Ich hatte immer gemeint, Politik zu machen heißt, seine Ziele durchzusetzen. Ich musste lernen, dass es heißt, für einige wenige dieser Ziele Mehrheiten zu finden. Und das wiederum heißt, vier Abende in der Woche und einen ganzen Tag am Wochenende „auf vielen Hochzeiten tanzen". Und dazu war ich nicht bereit. Die Mehrheiten waren immer knapp. Wir hatten nämlich nur eine Stimme Mehrheit und so kam es schon einmal vor, dass der Senator oder später die Senatorin nachts Viertel vor zwölf vor einer Depu-Sitzung anrief: „Ingo, wie wirst Du morgen abstimmen?", denn bei mir waren sie sich nie so ganz sicher. Ich stand nämlich auch hier ein wenig zwischen den Fronten

Dabei sorgte Kurt, der Sprecher der Fraktion, für Fraktionsdisziplin. Kurt war ein „Prachtexemplar", ein wundervoller Mensch. Ich habe ihm in meinen „Todsünden" ein Denkmal gesetzt.[81] Ein Waisenkind, weil seine kommunistischen Eltern im KZ umgebracht worden waren, ein Schiffsjunge und Schiffszimmermann, ein Sozialarbeiter bei der Evangelischen Landeskirche, deren (natürlich ungeliebter) gesamthamburgischer Personalratsvorsitzender er wurde, ein Gänsezüchter, ein Geschichtenerzähler, aber auch ein „Parteisoldat", dem politische Unzuverlässigkeit ein Gräuel und gänzlich unverständlich war. Dennoch wurden wir Freunde. Ein „Koloss" von einem Mann. Er war einmal Ringer gewesen, der 1956 zu den Olympischen Spielen hätte fahren sollen, dann aber aus Krankheitsgründen hatte zurücktreten müssen. Die Legende berichtet, dass er zwei wilde protestierende Studenten, die den kleinen Joist Grolle bedrängten, gleichzeitig in die Luft gehoben habe, wo sie zappelten.

Kurt sorgte zwar für Fraktionsdisziplin, aber die Fraktionsvorsitzende der CDU blieb auch nicht untätig, ging vielmehr jeden Tag in die Schulbehörde, um die Akten zu lesen. Vermutlich gibt es kein Parlament der Welt, bei dem die Opposition den vollen Zugang zu den Akten der Verwaltung hat. Man musste aufpassen. Ich bin also tief in den Alltag der Schulpolitik der Freien und Hansestadt Hamburg eingestiegen. Tief weil Hamburg ein Stadtstaat ist, ein Land der Bundesrepublik und Stadt in einem, so dass es um „radikale" Lehrer und politisch korrekte Schulbücher, um schmutzige Schultoiletten und Handys im Unterricht, um neue Gesamtschulstandorte und die Schließung von Gymnasien ging, aber auch und vor allem um die Qualität der schulischen Bildung. Schon in „vorpisanischen" Zeiten mussten wir eine sozialdemokratische Schulpolitik verteidigen, von der viele Kritiker sagten, sie sei ideologisch und leistungsfeindlich.

---

81 Die sieben Todsünden der Bildungspolitik, 1999, S. 101

Auch wenn ich diese beiden Vorwürfe stets zurückwies, so nährten sich doch zunehmend Zweifel, die in den neunziger Jahren dann zu meinem Austritt aus der SPD beitrugen. Auch wenn ich auf zahllosen Parteiversammlungen der SPD als Redner aufgetreten bin und viele sozialdemokratische Fraktionen und Regierungen beraten habe, blieb ich den Basiseinheiten fern. Ich war weder Mitglied der GEW noch der Arbeitsgemeinschaft für Bildungsfragen (AfB) und ich habe trotz meiner langjährigen Parteimitgliedschaft insgesamt nur an drei Ortsvereinsversammlungen teilgenommen. Zu einer war ich in Hamburg allerdings „zitiert" worden, weil ich für mein Verhalten in der Deputation Rechenschaft ablegen sollte, aber auch das ging ganz glimpflich ab. Als ich dann in München, wo ich keine einzige Parteiversammlung besucht hatte, ohne Begründung aus der Partei austrat, fragte mich keiner nach einer Begründung und keine Zeitung veröffentlichte einen „Nachruf".

2.6   Hamburg, das Tor zur Welt

Das meint eigentlich nur Im- und Export, nicht die Wissenschaft, die es in Hamburg kaum gab (s. o. 2.2). Das meint auch nicht die Schiffsjungen und die ausgerissenen Jugendlichen, die in Hamburg anheuerten oder als „blinde Passagiere" sich auf die Schiffe im Hafen schmuggelten. Und es meint auch nicht die vornehmen Passagiere, die mit Hapag-Loyd in See stachen. Der Slogan bezieht sich vielmehr auf die jungen Hamburger Bürgersöhne, die nach einer Stage in Vaters Kontor nicht die Universität besuchten, die es – wie gesagt – gar nicht gab, sondern die praktische Erfahrungen im Welthandel in ausländischen Handelshäusern suchten, in Shanghai, Kapstadt, Rio und San Francisco. Ich aber nutze als Professor der Rechtswissenschaft diese Weltaufgeschlossenheit, diese Selbstverständlichkeit der Weltkenntnis, so wie ich die Selbstverständlichkeit der Auslandsreisen zu Forschungszwecken bei der Max-Plack-Gesellschaft genutzt hatte. Dass dies aber so selbstverständlich nicht war, kam in einem Gutachten für die Deutsche Forschungsgemeinschaft zum Ausdruck, aus dem mir ein befreundeter Kollege – anonym versteht sich – folgenden Satz übermittelte: „Die DFG ist nicht dazu da, Herrn Richter schon wieder eine Auslandsreise zu finanzieren", die dann auch prompt abgelehnt wurde. Wie kurzsichtig, aber nicht untypisch für die damalige Zeit.

So war ich nach einem ersten Jahr in Stanford 1972/73 (s. o. 1.2.3)
*   1982/83 ein Semester nochmals in Stanford,
*   1986 ein Term im Smith-College
*   1990 ein Semester in Bordeaux
*   1991 ein Semester an der Hastings Law School in San Francisco

- 1992 ein Term an der Law School der University of Chicago
- 1994 einen Monat als Stipendiat der Rockefeller Foundation in Bellagio.

Stanford I war ein besonderer Fall. Ich habe nicht unterrichtet, sondern mich weitergebildet, denn ich wollte die Bildungsverwaltungsforschung am Institut für Bildungsforschung vorbereiten (s. o. 1.2.3). Ich wollte eigentlich an die Harvard School of Governance gehen, und zwar gleich für ein ganzes Jahr. Für die Max-Planck-Gesellschaft mit ihren naturwissenschaftlichen Instituten war es nichts Ungewöhnliches, für ein ganzes Jahr in die USA zu gehen. Doch trotz eines Gutachtens von Jürgen Habermas, der schon damals in den USA bekannt war, wurde Harvard nichts. Als ich das Hans Weiler erzählte, der in Stanford an der School of Education und am Department of Political Science lehrte und der uns häufig im MPI besucht hatte, meinte er: „Komm doch einfach zu uns! Wenn Du kein Geld, sondern nur einen Arbeitsplatz willst, ist das kein Problem." Und so bezog ich in einem kleinen Holzhaus im Colonial Style, das wegen des Baus der neuen Law School abgerissen werden sollte, ein kleines Zimmer, ein „Königreich" für mich für ein Jahr. Es war Anfang November und die zerzausten Palmen bogen sich draußen im Wind, und auf dem Bauzaun der Law School gegenüber stand in großer schwarzer Schrift: „What is the color of God? – „She is black!" – schon damals 1972!

Ein ganzes Studienjahr ohne irgendwelche Verpflichtungen – unglaublich! Ich las und las, zunächst über die amerikanische Bildungspolitik, über die ich in mehreren Aufsätzen berichtete.[82] Der Titel machte bereits deutlich, dass sich eine gewisse Skepsis bei mir eingeschlichen hatte, ob sich unsere deutschen Bildungsreformprobleme durch Organisations- und Verwaltungsreformen würden lösen lassen. Ich las aber auch viele Klassiker der politikwissenschaftlichen Literatur, die mir damals allenfalls vom Namen bekannt waren, weil ich weder Politologie noch Soziologie studiert hatte. Welch eine Muße, tagelang lesen zu können, denn ich musste noch gar nichts schreiben.

Meine eigentliche Aufgabe aber war die Vorbereitung der Bildungsverwaltungsforschungsprojekte am Institut für Bildungsforschung in Berlin. Und so las ich EdAdmin-Literatur, wie sie verächtlich genannt wurde. Educational Administration war ein Unterrichtsfach an der School of Education im Master Studiengang, und zwar diente das Studium der Vorbereitung der Schulverwaltungsbeamten auf ihre zukünftigen Verwaltungstätigkeiten. Angesichts der starken Stellung der Schuldistrikte im Schulwesen, die weit über die kommunale Selbstverwaltung im Schulwesen in Deutschland hinausging, angesichts

---

82 Zusammengefasst später in Ingo Richter, Die unorganisierbare Bildungsreform, 1975

der politischen Autonomie der School Boards, die für die Schuldistrikte verantwortlich waren, angesichts der dadurch wiederum bedingten Schulaufsicht (Supervision) und schließlich angesichts der Schulhoheit der fünfzig Staaten, die jedoch Bundesprogramme keinesfalls ausschloss, angesichts dieses höchst differenzierten Verwaltungssystems leuchtete mir die Notwendigkeit verwaltungswissenschaftlicher Forschung ein. Da EdAdmin unterrichtet wurde und da geforscht wurde, gab es auch Lehrbücher und eine Fülle forschungsbasierter Literatur. Es ging einerseits um den Aufbau der Schulverwaltung, um die vertikalen und horizontalen Strukturen sowie deren Durchbrechungen, über die Talcot Parsons bereits in den fünfziger Jahren geschrieben hatte.[83] Es ging andererseits um die Untersuchung insbesondere der lokalen Entscheidungsprozesse im School Board, die sich von den politikwissenschaftlichen Ansätzen von Ronald Dahl anregen ließen.[84]

Unter dem Einfluss des aus Deutschland emigrierten und in den USA außerordentlich populären und einflussreichen Psychologen Kurt Lewin entstanden sozialpsychologische empirische Forschungen, die zusammen mit den betriebswirtschaftlichen Ansätzen der Human Relations Bewegung auch die Schulverwaltung erreichten und zahllose Untersuchungen zum Organisationsklima anregten.[85] In den USA war es auch gar nicht verpönt, von leadership zu sprechen, während damals in Deutschland der Begriff der Führung tabuisiert war, sodass in den USA school leadership durchaus ein gängiges Forschungsthema war. Zusammen mit den Forschungen über die Professionalisierung der Lehrerschaft erreichte das Thema auch die deutsche Diskussion über den Beamtenstatus des Lehrers.[86]

Bildungsverwaltung nicht als eine besondere Form bürokratischer Organisation, sondern als sozialen Prozess zu begreifen und nach den Ansätzen der Systemtheorie zu analysieren, begründete an sich ein interessantes auch theoretisch fassbares Forschungsgebiet.[87] Die Wirklichkeit der amerikanischen empirischen Forschung über Educational Administration war davon – wie ich bald feststellen konnte – jedoch weit entfernt. Sie erschöpfte sich weitgehend in der Rezeption der in anderen Wissenschaften entwickelten Ansätze und in mehr oder weniger naiven deskriptiven empirischen Untersuchungen: Viel Material und wenig Geist! Deshalb wurde Ed-Admin in den Wissen-

83 Halpin, Administrative Theory of Education, 1958
84 Ronald Dahl, Who governs? 1961; Kirst (ed.), The Politics of Education on the Local, State and Federal Levels, 1970 oder ders. State, School and Politics, 1972
85 Havighurst and Neugarten, Society and Education, 2nd ed. 1962
86 Vor allem Amitai Etzioni, The Semi-Professions and their organisation, 1969
87 Getzels, Lipham and Campbell, Educational Administration as a Social Process, 1968

schaften auch nicht ernst genommen und genoss einen schlechten Ruf – eben Ed-Admin! Das hielt mich jedoch nicht davon ab, alles dies zu rezipieren und in den Sammelbänden des Bildungsrates zur Bildungsforschung zu reproduzieren.[88] Das Forschungsprojekt, das sich daraus im Institut für Bildungsforschung entwickelte, sah freilich ganz anders aus (s. o. 1.2.3).

Zehn Jahre später (1982) nochmals Stanford, auch wieder ein Forschungsaufenthalt, diesmal jedoch im Hamburger Forschungssemester und nur ein halbes Jahr und diesmal in der School of Education. Ich flog am 1. Oktober in die USA und als ich ankam, war es passiert: Die FDP hatte die Seiten gewechselt und Helmut Kohl zum Bundeskanzler gemacht. Da Stanford II ein Forschungssemester war, konnte ich mir mein Thema frei wählen. Ich studierte nun das amerikanische Verfassungsrecht, und zwar insbesondere die Rechtsprechung des Supreme Court. Hieraus entstand nach der Rückkehr die Idee, die literarische Gattung des Casebook nach Deutschland zu übertragen, die ich später dann zusammen mit Folke Schuppert verwirklichte (s. o. 2.4). Ich studierte aber vor allem Education Law, und zwar vor allem in seinen verfassungsrechtlichen Aspekten. Hieraus entstand später der Sammelband „Comparative School Law", den ich 1991 zusammen mit Jan Birch herausgab.

Was trieb mich um? Warum studierte ich das amerikanische Verfassungsrecht im Hinblick auf die deutsche Bildungspolitik? Es war doch alles so anders und nicht auf Deutschland übertragbar. Nach amerikanischem Verfassungsrecht kann die Bundesregierung „durchregieren", d. h. an den Staaten vorbei direkt vor Ort Projekte finanzieren, nach deutschem Recht nicht. Die amerikanischen Schulen finanzieren sich durch die Grundsteuer, was zu verfassungsrechtlich problematischen Ungleichheiten führt, weil die armen Schuldistrikte hohe Steuern erheben müssen und trotzdem wenig Geld haben, während die reichen Schuldistrikte niedrige Steuern erheben können und trotzdem mehr Geld haben als die armen Schuldistrikte, eine in Deutschland undenkbare Ungerechtigkeit. Die amerikanische Lehrergewerkschaft verhandelt mit den Schuldistrikten nicht nur über die Arbeitsbedingungen, sondern auch über pädagogische Fragen, die hinter den Arbeitsbedingungen stehen, während die deutschen Lehrerverbände und -gewerkschaften, soweit sie überhaupt Tarifverträge abschließen können, auf tariffähige Fragen beschränkt sind, also auf die Arbeitsbedingungen und d. h. auf Löhne und Arbeitszeiten. In den USA finden die staatlichen Schulgesetze auf die Privatschulen keine Anwendung, in Deutschland schon, wenn die Privatschulen

---

88 Bildungsverwaltungsforschung, in: Heinrich Roth und Dagmar Friedrich (Hrsg.), Bildungsforschung, Probleme, – Perspektiven – Prioritäten, 1975, S. 341 ff.

staatliche Berechtigungen verleihen wollen und ohne die wären sie hierzulande chancenlos. Eine staatliche Privatschulfinanzierung – hier gang und gäbe – wäre in den USA undenkbar. Vor allem die Trennung von Kirche und Staat verbietet jede Querfinanzierung und nicht nur das. Privatschulen haben ihr eigenes Curriculum und können z. B. die Schöpfungslehre als Biologie „verkaufen".

Freedom of speech und Due Process of the Law, die Auslegung und Anwendung dieser beiden Verfassungsgrundsätze bestimmen über die Rechte der Schüler und Lehrer und eröffnen ein in Deutschland undenkbares weites Feld für die gerichtlichen Auseinandersetzungen. Über allem aber steht die aus dem Gleichheitssatz abgeleitete Formel von der Equality of Educational Opportunity, die die Rechtsprechung der Gerichte zur Rassentrennung in den Schulen und Universitäten und unzählige damit zusammen hängende Fragen beherrscht und die dennoch keinesfalls zu einer Chancengleichheit der Rassen im Bildungswesen geführt hat. Bereits im Jahre 1954 formulierte der „Warren-Court" wegweisend:

> We conclude that, in the field of public education, the doctrine „separate but equal" has no place. Separate educational facilities are inherently unequal. Therefore, we hold, that the plaintiffs and other similarly situated for whom the actions have been brought are, by reason of the segregation complained of, deprived of the equal protection of the laws guaranteed by the Forteenth Amendement.[89]

Könnte man bei den anderen angeführten Fragestellungen auf die Unterschiedlichkeit der Bildungssysteme und der Verfassungen in den USA und in Deutschland hinweisen? Der Gleichheitssatz gilt universell, von der Virginia Bill of Rights von 1776 und der Declaration des Droits de l'Homme et du Citoyen von 1879 über die Allgemeine Erklärung der Menschenrechte von 1948 bis zum Gleichheitssatz des Art. 3 Grundgesetz von 1949. Inhärent, also „innewohnend" oder „angelegt" oder „unvermeidlich" ungleich! Musste das denn nicht auch für die Trennung von Sonderschulen und allgemeinen Schulen gelten? Für die Differenzierung der Sekundarstufe I, für die Unterscheidung von allgemeiner und beruflicher Bildung, für die Differenzierung des Tertiären Bereichs, für die Zulassung von Privatschulen, die nach dem Grundgesetz die Sonderung der Schulen nach den Besitzverhältnissen der Eltern nicht fördern dürfen und es dennoch tun?

---

89 Brown v. Board of Education of Topeka, 347 U.S. 483

Hatte ich 1973 in meinem „Bildungsverfassungsrecht" noch geschrieben:

Chancengleichheit ist ein Schritt auf dem Wege von der formalen staatsbürgerlichen
Gleichheit zur tatsächlichen Gleichheit.[90]

so hatte ich dementsprechend 1975 nach meinem ersten längeren Amerikaauf-
enthalt gemeint, vor einer Übernahme der seinerzeitigen amerikanischen Alternativen zur „Politik der Chancengleichheit" warnen zu müssen[91]. Zehn Jahre
später entdeckte ich im Pluralismus und in der „Politik der Differenz" staunend
jedoch selber Alternativen und schrieb den Aufsatz: „Die Wiederentdeckung
der Ungleichheit im Bildungswesen"[92], der jedoch keinerlei Beachtung fand.
Meine „Götterdämmerung" in der Bildungspolitik begann.

Vor allem habe ich während meiner Auslandsreisen Ende der achtziger und
Anfang der neunziger Jahre viel unterrichtet. Das Smith-College unterhält ein
Austauschprogramm für Studenten und Professoren mit der Universität Hamburg. Da dieses Programm in Hamburg damals normalerweise nur von Anglisten und Germanisten wahrgenommen wurde, freute sich das Auswahlkomitee,
mal eine andere und sogar eine juristische Bewerbung zu erhalten. Das Smith-
College gehörte damals zu den sog. Seven Sisters, d. h. zu den Colleges, die
dem Trend zur Koedukation nicht zum Opfer gefallen waren, sondern sich
als Women's Colleges erfolgreich dem Trend widersetzt hatten. Es hieß, dass
das College die schönsten, reichsten, intelligentesten und fleißigsten Studentinnen der Vereinigten Staaten habe, dass junge Frauen, die in Yale scheitern,
sich für Smith entscheiden. Mary McCarthy hat das College in ihrem Roman
„Die Clique" weltberühmt gemacht. Ich hielt mich mehr an Julia Child, die
berühmte Fernsehköchin, The French Chef, ebenfalls eine Smithie, die zur Ins-
tallierung der neuen Präsidentin ein fulminantes „Massen-Lunch" zubereitete.
Smith wirkte auf mich nur gemäßigt feministisch und lesbisch, obwohl darüber
viel geredet wurde, anders als das Nachbarcollege Mt. Holyoke, das militant
feministisch war. Immerhin fiel mir in der Bibliothek des College auf, dass in
den Sammelbänden die frauenpolitikbezognen Beiträge am Rande vom vielen
Lesen schwarz waren, so wie in anderen Bibliotheken die Seiten mit den porno-
praphischen „Stellen", wobei mir jeder weitergehende Vergleich fern liegt.

Am Smith-College (1986) habe ich einen Kurs über International Education unterrichtet. Es sollte sich um einen internationalen Vergleich von Erzie-

---

90 Bildungsverfassungsrecht 1973, S. 184 ff.
91 Alternativen zur „Politik der Chancengleichheit"? Amerikanische Erfahrungen, Neue Samm-
    lung 1975 S. 262 ff.
92 Neue Sammlung, 1986 S. 181 ff.

hungssystemen handeln. Da ich jedoch feststellen musste, dass die Studentinnen von ihrem eigenen Bildungssystem keine Ahnung hatten, habe ich einen Kurs über „American Education" gehalten – mit gelegentlichen Ausflügen in die Europäische Bildungspolitik, was mir selber gutgetan hat, weil ich so systematisch etwas über das amerikanische Bildungssystem lernte. Und fleißig waren sie wirklich, meine Studentinnen! Während eines einzigen Terms mussten sie vier Leistungen erbringen, eine Hausarbeit und eine Klausur schreiben, ein Referat halten und ein Protokoll anfertigen. Es war eine kleine Gruppe von nur 16 Studentinnen, die auch nur 15 Semesterwochenstunden zu absolvieren hatten. Wenn ich da an unsere deutschen übervollen Stundenpläne dachte oder gar die französischen mit ihren täglichen Vorlesungen von morgens bis abends! Jetzt studierte ich nicht mehr Educational Administration oder Educational Law, sondern Labor Law and Public Labor Administration, denn ich hatte mich entschlossen, in Hamburg nach meiner Rückkehr im Schwerpunkt „Soziale Sicherheit" das Arbeitsverwaltungsrecht zu unterrichten. Da aber in der Smith-Bibliothek wenig wissenschaftliche Literatur zu diesem Thema vorhanden war, fuhr ich mehrfach in der Woche in die nahegelegene University of Massachusetts, um dort in die Bibliothek zu gehen. Es ließ sich zwar nicht sagen, dass die amerikanische Arbeitsverwaltung für Europa hätte vorbildlich sein können, eher im Gegenteil, aber auch hier gab es Berge empirischer Literatur, während es in Deutschland seinerzeit nur recht wenig davon gab.

Hastings (1991) war ganz anders, ganz anders als Stanford, wo ich nicht an der Law School gewesen war, auch wenn ich dort ein wenig hinein geschnuppert hatte, und auch ganz anders als Smith natürlich! Hastings Law School – so hieß es – war die älteste Law School Kaliforniens mit den ältesten Professoren. Hastings hatte nämlich ein – wie ich fand – geniales Programm, was inzwischen abgeschafft sein soll. Hastings bot den berühmtesten Juraprofessoren der USA, die das „Hackebeil" der Pensionierung erwischt hatte, Honorarprofessuren an und zu diesen berühmten Professoren gehörten auch noch einige deutsche Emigranten, die ich nur dem Namen nach gekannt und für längst tot gehalten hatte, wie z. B. Stefan Riesenfeld, der renommierte Völkerrechtler, der die USA in zahllosen internationalen Rechtsstreitigkeiten vertreten hatte und der dennoch nach rd. vierzig Jahren der Emigration immer noch nicht richtig Englisch konnte. Und da die Emeriti viel Zeit hatten und neugierig waren, saß ich mit einigen oft lange in der Lounge und redete mit ihnen über die „Weltläufe" und über das alte Deutschland, das einige von ihnen vor sehr langer Zeit verlassen hatten, in dem einige aber auch wieder als Gast- oder Honorarprofessoren arbeiteten. Die Studenten fanden diese berühmten alten Herren wunderbar, konnten sie sie doch richtig „anfassen" und befragen.

Auch mit der Hastings Law School hatte die Universität Hamburg ein Austauschprogramm und da ich mich in der Lage sah, auch Juristisches auf Englisch zu unterrichten, habe ich zugegriffen. Ich habe an Hastings (1991) einen neuen Kurs angeboten „European Social Security Law", in dem ich im Wesentlichen das deutsche, französische und britische Sozialrecht mit dem amerikanischen Recht verglich – so gut ich eben konnte. Denn das Ganze war nicht unkompliziert, und dann auch noch auf Englisch. Aber ich wollte etwas für unseren Schwerpunkt „Soziale Sicherheit" in Hamburg tun, indem ich die anglo-amerikanische Welt mit einbezog. Für die amerikanischen Universitäten wiederum schien es nicht uninteressant zu sein, Studenten, die einmal in eine amerikanische Wirtschaftsrechtskanzlei gehen würden, neben dem europäischen Wirtschaftsrecht auch europäisches Sozialrecht anzubieten, denn – anders als in den USA – gehört das in Europa eng zusammen. In San Francisco ist nun allerdings für die Studentinnen und Studenten die Welt des europäischen Sozialrechts sehr weit entfernt und nur schwer zu vermitteln. Lernen sie doch kaum etwas über ihr eigenes System der Social Security – jedenfalls nicht in rechtlicher Hinsicht. „Social Law", die wörtliche Übersetzung von „Sozialrecht", ist sowieso unverständlich. „Do you mean „social policy?" war eine häufig gehörte Frage. Die Studentinnen und Studenten waren dort im fernen San Francisco an der amerikanischen Westkünste an Europa eher uninteressiert, beteiligten sich nicht und verstanden kaum etwas.

Im Market-District in S.F. zu leben, bedeutete, im kulturellen und politischen Zentrum der Stadt zu leben, auf den Hügeln zu spazieren, die vielen kleinen, vor allem asiatischen billigen Restaurants zu besuchen und sich Off-Market zu tummeln, dem damals neu entwickelten „angesagten" Club- und Gay Bezirk. Off-Market hatte damals den Ruf des Verruchten und Gefährlichen; das machte es in gewisser Weise auch anziehend. Es war in jenen Jahren in S.F. aus gegebenem Anlass viel von AIDS die Rede. Ich hatte fast zehn Jahre zuvor im Sommer 1982 in Stanford zum ersten Mal im San Francisco Chronicle davon gelesen, aber jetzt waren die medizinischen, sexuellen, sozialen, kulturellen und ethischen Probleme, die damit verbunden waren, ständiger Gesprächsstoff und vor allem in S.F. Ich hatte mir ein rotes Cabrio ausgeliehen, an dessen Marke ich mich nicht mehr erinnern kann und ich fuhr nun recht viel in der Gegend herum, zumal ich nur dienstags und donnerstags zu unterrichten hatte. Die Küste hoch über Sausalito, Mt. Tamalpais, Stinson Beach, Point Reyes, Sea Ranch bis ins Mendocino, und nach Süden über Santa Cruz, Monterey, San Juan Bautista und Carmel die geliebte No.1 bis nach Big Sur und Pfeiffer Beach, Nepenthes natürlich, sogar bis Santa Barbara und nach Osten bis in die Sierra Nevada. In Washington regierte George Bush, der Vater, und Deutschland und seine Wiedervereinigungsprobleme waren weit weg.

Nur ein Jahr später, 1992, erhielt ich die Max-Rheinstein-Gastprofessur an der Law School der University of Chicago. Mein Studienfreund, Gerhard Casper, der Dekan der Law School war, hatte mich zur Bewerbung aufgefordert, allerdings nicht ohne zu bemerken, dass ich die Chance, sie zu erhalten, nur hätte, weil ich bereits in Bordeaux und Hastings unterrichtet und in Stanford zweimal Forschungsaufenthalte absolviert hatte (s. o.). Er selbst wurde Präsident in Stanford, bevor ich die Professur in Chicago antrat. Meine Hamburger Stelle wurde derweil von Lehrbeauftragten vertreten. Meine Hamburger Kollegen sahen meine häufigen Abwesenheiten mit Verwunderung. In dem von Eero Saarinen erbauten grünen Glaspalast der Law School an der Mall erhielt ich das Zimmer des gerade verstorbenen deutschen Rechtssoziologen Hans Zeisel, der – durch die Beteiligung an der Marienthal-Studie berühmt – 1938 emigriert war und von 1953 bis 1992 in Chicago gelehrt hatte, ein Eckzimmer mit dem Blick auf die Mall! Das Gebäude war so konzipiert, dass die Zimmer der Professoren an der Außenfront lagen, während sich in der Mitte die für die Professoren frei zugängliche Bibliothek befand. Wir lebten noch im prädigitalen Zeitalter. Sekretärinnen hatten die Professoren allerdings nicht, sondern mussten alles selber machen, ein für mich völlig neuer Zustand. Auf meiner Etage hatte auch Cass Sunstein, der spätere Obamaberater sein Zimmer und vermutlich gab es dort auch bereits den Rechtsanwalt Obama selber, der als Lehrbeauftragter Kurse im Verfassungsrecht abhielt, den ich jedoch nicht kennen gelernt habe.

In Chicago habe ich meinen Hastingskurs nach Verbesserungen wiederholt, „European Social Security Law". Es war jedoch völlig anders als in Hastings. Nur wenige Studentinnen und Studenten, vielleicht knapp zwanzig. Ich hatte, wie schon in Hastings, umfangreiche schriftliche Materialien vorbereitet, so wie das in den USA üblich ist und wie wir es auch in Hamburg praktizierten. Mit einer Ausnahme hatten alle Studenten die Materialien vor dem Kurs studiert, wie man an den Unterstreichungen unschwer erkennen konnte. Ich brauchte also – wie im Idealfall – zu Beginn nur kurz in den Stoff einzuführen und schon ging die Diskussion los. Fast alle Studentinnen und Studenten beteiligten sich an der Diskussion. Die Ausnahme bildete ein „wilder Typ", groß mit wirren langen Haaren, schlunzig gekleidet, der alle Vorurteile, die man haben konnte, bestätigte. Auch wenn er nichts gelesen zu haben schien, sagte er doch zu allem etwas, und zwar in der Regel überhaupt nicht blöd! Hier wehte der Wind der Ivy-League und das Unterrichten machte richtig Spaß.

Chicago stand für mich unter einem günstigen und einem ungünstigen Stern. Auch in Chicago beschränkten sich meine Lehrverpflichtungen auf diesen einzigen Kurs, so dass ich viel Zeit für den See und die Stadt hatte – mit ihren architektonischen Wundern, dem Art Institute und den anderen Museen, der Chicago Symphony und der Oper, für Besuche bei Kollegen, Freunden und Bekannten und Fahrten in die nähere Umgebung. „Überschattet" wurde die Zeit in Chicago jedoch durch meine Bewerbung als Direktor des Deutschen Jugend Instituts in München. Ich hatte mich im Juli 1992 beworben, und das Auswahlverfahren lief (s. u. Teil III 3.1). In Gedanken war ich also ständig in München und ich bereitete mich gründlich darauf vor, da ich den Job sehr gerne haben wollte. Ich musste auch zweimal nach München fahren, nämlich einmal zum „Vorsingen" vor der Berufungskommission im November und ein zweites Mal im Dezember zum Auswahlgespräch mit der zuständigen Ministerin, Frau Merkel, die dann die Entscheidung der Berufungskommission und des Kuratoriums für mich „absegnete" (s. u. Teil III 3.1). Insofern habe ich wenig von Chicago gehabt.

Zwischen die Amerika-Jahre fiel mein Bordeauxaufenthalt 1990. Die Universität Hamburg hatte auch ein Austauschprogramm mit der Universität Bordeaux, so dass ich im Wintersemester 1990 zusammen mit meinem Kollegen Igl an der Faculté de Droit von Bordeaux III eine Vorlesung über deutsches Sozialrecht halten konnte, die in die Ausbildung der französischen Jurastudenten im europäischen Sozialrecht eingebettet war. Es war in gewisser Weise ein Vorlauf für Hastings und Chicago (s. o.), wenn auch in französischer und nicht in englischer Sprache. Dem war eine orientierende Entscheidung vorausgegangen. Die deutsche Wiedervereinigung stand 1989/90 auf der Tagesordnung. Den ganzen Sommer lang hatten uns die Demonstrationen in Atem gehalten. Nach den makabren Vierzig-Jahr-Feiern der DDR im Oktober war am 9. November 1989 die Mauer gefallen. Die Welt hatte sich verändert und würde sich weiter verändern. Sollte ich mich in der DDR, in den neuen Ländern engagieren? Wollte ich zehn Jahre lang Aufbauarbeit leisten? Oder sollte ich meine bisherige westliche Karriere fortsetzen und weiter ins westliche Ausland gehen? Ich entschied mich für den zweiten Weg. Irgendwie verlor ich das Interesse an der Wiedervereinigung. Vielleicht traute ich mich nicht, ein neues Leben im Osten zu beginnen. Vielleicht sah ich für mich keine Karrierechancen im Osten. Ich ging nach Bordeaux, wofür ich mich schon vorher beworben hatte und unterrichtete – fern ab von der Wiedervereinigung – deutsches Sozialrecht.

Die französischen Studenten waren gleichgeblieben. Das Studium unterschied sich kaum von der Zeit meines Studiums in Paris fast dreißig Jahre zuvor. Man hörte Vorlesungen, für die es die Texte als Cours Polycopiés vor den Türen der Fakultät zu kaufen gab. Die Vorlesungen der französischen Kollegen waren am positiven Recht orientiert, das anhand der Gesetzestexte gelernt wurde. Gerichtsentscheidungen spielten nur eine untergeordnete Rolle. Geschichte und Philosophie allenfalls, Sozialwissenschaften in keiner Weise.

226

Und für die schriftlichen Arbeiten galten die Regeln für die Composition, die die Studenten in der Schule gelernt hatten: Einleitung, Hauptteil, Schluss! Diskutiert wurde in den Vorlesungen nicht; allenfalls die afrikanischen Studenten „riskierten mal eine Lippe". Die Studenten aus dem „Mutterland" beschränkten sich auf schüchterne Fragen. Sie schrieben aber alle mit. Als mein Kollege Igl fragte, warum sie denn mitschrieben, wo doch alles in den Cours Polycopiés stehe, antworteten sie, dass die Professoren manchmal vom Text abwichen und das sei das, was geprüft würde. Absurde universitäre Welt, die dennoch gute Juristen hervorbringt.

Einen gewissen Nachtrag zu den Reisen der achtziger und neunziger Jahre muss ich noch anfügen, das Stipendium der Rockefeller-Foundation in Bellagio, das ich im Jahre 1993 erhielt und für das Jahr 1994 annahm. Die Stiftung besitzt ein Grundstück, nein, so kann man das nicht nennen, nicht ein Grundstück, sondern eine ganze Halbinsel im Zwickel zwischen den beiden Armen des Comer Sees in Italien, eingezäunt, ein Schloss hoch oben mit einem herrlichen Blick auf den See und mit zahlreichen kleineren Gebäuden, die auf dem riesigen Areal verteilt sind, und einem Badehaus unten am See natürlich. Hier können Wissenschaftler oder Wissenschaftlerinnen auf Einladung mit ihren Partnern oder Partnerinnen sich einen Monat lang einer wissenschaftlichen Arbeit widmen. Es wird nur erwartet, dass sie ein Thema nennen, dass sie einmal abends in einem Colloquium darüber vortragen und dass sie ständig anwesend sind, an den zwei täglichen Mahlzeiten teilnehmen. Die Ablieferung eines „Produktes" wird nicht erwartet.

Man konnte sich damals nicht selber bewerben, sondern musste vorgeschlagen werden, und zwar war das nur einmal alle zehn Jahre möglich. Heute scheint es anders zu sein. Ich weiss nicht mehr, wer mich vorschlug, möglicherweise Hans Weiler. Ich erhielt jedenfalls das einmonatige Stipendium für den Herbst 1993, konnte es aber nicht annehmen, weil ich am 1.4.1993 mein Amt in München als Direktor des Deutschen Jugendinstitutes angetreten hatte und meinte, mich nicht nach einem halben Jahr für einen solchen Aufenthalt wieder entfernen zu können. Also bat ich um eine Verschiebung in den Herbst 1994, die auch genehmigt wurde, also Oktober/November 1994, nicht die schönste, aber eine noch schöne Jahreszeit. Ich hatte ein europapolitisches Thema vorgeschlagen und daraufhin das Stipendium erhalten. Also packte ich mir einen Koffer voller Bücher, las und schrieb mit der Hand, denn noch immer war das Arbeiten am PC nicht wirklich üblich. Morgens und mittags ging ich in mein „Schreibhäuschen", eine ehemalige Jagdhütte namens San Francesco. Jeder Stipendiat hatte irgendwo im Gelände ein solches Häuschen.

Ich hatte eine einfache These: Der Zusammenhalt Europas setzt voraus, dass die europäische Integration den nationalen Interessen aller Mitgliedsländer entspricht. Und diese These begründete ich politisch und ökonomisch, juristisch und historisch. Daraus entstand ein rd. 70 seitiges Manuskript, aus dem ich am Schluss vortrug. Aus heutiger Sicht eine realistische und begründbare, weit vorausschauende, geradezu prophetische These, die aber damals niemand hören wollte. Damals schwadronierten die meisten über den „Geist Europas" und das „Abendland", das es wiederherzustellen gelte. Leider ist ein 70 seitiges Manuskript für ein Buch zu kurz und für einen Zeitschriftenartikel zu lang. Ich fertigte eine Kurzfassung von rd. 25 Seiten an und schickte sie an den „Merkur". Karl Heinz Bohrer schrieb mir im Sinne der Zeit zurück, wörtlich: „Das ist genau das, was die Merkurleser nicht lesen wollen!" Basta!

Auch die Partnerinnen bzw. Partner der Stipendiaten hatten ein Programm, machten Arbeitsvorschläge und einige rannten demonstrativ mit Büchern unter dem Arm auf dem Gelände herum, aber von ihnen wurden keine Abendvorträge erwartet. Zwischen all der Arbeit in den Klausen blieb aber noch genügend Zeit für alle möglichen Unternehmungen, denn zunächst war es ein schöner Herbst, der dann jedoch in einen hässlichen regnerischen Winter überging. Ich spielte mit Antonin Liehm, dem Erfinder und Begründer von „Lettre International" Tennis und machte eine Bergwanderung mit einem Professor des Verwaltungsrechts aus New York, der es liebte nach dem Abendessen Schubertlieder mehr schlecht als recht vorzutragen. Mit einem Arbeiterdichter aus Detroit, Philip Levine, und seiner Frau unternahm ich eine Wanderung zum „Fiume Latte", dem „Milchfluss", einem schäumenden Wasserfall und erzählte ihm dabei offensichtlich ein Kindheitserlebnis von einem Brand in Gülden in der Lüneburger Heide im Jahre 1948 (s. o. Teil I 1.1.1), worüber er ein mir gewidmetes Gedicht schrieb, das er später in seinen Gedichtband „The Mercy" (1999) aufnahm, für den er den Pulitzer Preis gewann.

Politische Reisen habe ich in den achtziger und neunziger Jahren nicht unternommen. Ich habe keine Politiker begleitet, Delegationen angeführt oder politische oder gewerkschaftliche Kongresse besucht. Das änderte sich erst mit der Wiedervereinigung und meiner Tätigkeit im Deutschen Jugendinstitut (s. u. Teil III 3.6.1). Dennoch gab es eine Ausnahme: Israel. Als Student hatte ich in Israel im Kibbuz gearbeitet (s. o. Teil I 2.1.3), mir dann aber geschworen, erst wieder in dieses Land zu reisen, wenn es Frieden gibt. Doch ich wollte nicht bis zum Sankt Nimmerleinstag warten. Im Jahre 1986 kam eine hochrangige Juristendelegation nach Berlin, um auf einer Konferenz die Frage zu diskutieren, ob Israel eine geschriebene Verfassung brauche, denn Israel hatte damals – ähnlich wie Großbritannien – keine geschriebene Verfassung und es hat auch heute nur ein paar Grundrechtsartikel. Der Justizminister und der Präsident des Obersten Gerichtes sowie Abgeordnete und Professoren waren dabei. Ich weiß nicht mehr, wieso ich und ein paar andere Professoren als Gesprächspartner für das

Gespräch ausgesucht worden waren. Der Konferenzort konnte nicht makabrer sein, die ehemalige Goebbelsvilla, wenn man auf die Insel Schwanenwerder fährt gleich rechts, die von einer Stiftung des Texanischen Millionärs Anderson genutzt wurde. Nun gut, es wurden Argumente ausgetauscht und es passierte nichts weiter. Doch es gab eine Gegeneinladung, die Ulrich K. Preuß und ich annahmen, nicht ahnend, worauf wir uns eingelassen hatten.

An vielen Universitäten der Welt gibt es zionistische Gesellschaften, insbesondere in den USA, nicht aber in Deutschland aus begreiflichen Gründen, deren erklärtes Ziel die politische Unterstützung des Staates Israel ist. Diese Gesellschaften veranstalten in regelmäßigen Abständen riesige Weltkongresse mit vielen hundert Teilnehmern. Zu einem solchen Weltkongress waren Preuß und ich nach Herzliya nördlich von Tel Aviv eingeladen, was wir aber erst durchschauten, als wir auf dem Kongress ankamen – vermutlich die einzigen Nicht-Juden, und dann auch noch aus Deutschland. Hier ging es nun nicht etwa über die Frage, ob Israel eine Verfassung braucht, was wir vermutet hatten. Das war vielmehr eine völlig untergeordnete Frage, sondern es ging um die Existenz des Staates Israel und seine Stellung in der Welt und insbesondere im Verhältnis zu den arabischen Staaten, zu Europa und den USA.

Es war nach dem Sechs-Tage-Krieg und nach dem Libanon-Krieg und dem Jom-Kippur-Krieg und kurz vor der ersten Intifada im Jahre 1987. Der Ministerpräsident Jitzchak Schamir erschien auf der Konferenz zu einer Ansprache, ebenso sein Vorgänger Schimon Peres sowie der Verteidigungsminister Jitzchak Rabin, der später als Premierminister ermordet wurde. Am eindrucksvollsten war Ariel Sharon, der mit einer Landkarte Israels erschien. Er verwies auf die 21 km, die zwischen dem westlichsten Zipfel des West-Jordanlandes und dem Mittelmeer liegen und begründete damit die Nicht-Herausgabe des West-Jordanlandes. Sie waren alle da, um jeder auf seine Weise für die harte israelische Politik gegenüber den arabischen Ländern zu werben, am klarsten und härtesten natürlich Scharon, der damals als Bauminister für die Siedlungspolitik zuständig war. Es gab „Arbeitsgruppen", in denen wiederum hochrangige israelische Politiker und Experten die israelische Position erklärten und verteidigten. Ich ging in die Gruppen „Verteidigungspolitik" und „Internationale Politik". In der zweiten Gruppe trat die israelische Vertreterin bei den Vereinten Nationen auf, um ihren Kampf gegen die Verabschiedung von Resolutionen zu erklären, in denen der Zionismus als eine Form des Rassismus nach internationalem Recht bezeichnet und verurteilt wurde. Die „große Politik" wurde auf einmal hautnah und existenzmächtig, jedenfalls für den Staat Israel. Was aber hatte ich da zu suchen? Ich schwieg, lauschte und lernte. Was sollte ich sonst machen?

Teil III. Jugend- und Bildungspolitik in Zeiten der Wiedervereinigung und der Globalisierung (1989–2019)

Einleitung: Deutschland 1989

Der Fall der Mauer

Es ist Donnerstag, der 9. November 1989 nachmittags. Ich bin an diesem Tag nicht in der Uni, sondern arbeite zu Hause. Das Fernsehen bringt Bilder aus Berlin, auf denen zu sehen ist, dass die Ost-Berliner durch die Grenzsperren zu Tausenden in den Westen strömen, – ungehindert durch die Grenzsoldaten der DDR. Viele Male haben wir seither diese Bilder gesehen, in unzähligen Dokumentationen. Cees Nooteboom, der damals in Berlin lebte, beschreibt in seinen Erinnerungen, wie er versuchte, im Gegenstrom an diesem Tag vom Westen in den Osten zu gelangen.[93] Warum fahre ich nicht sofort nach Berlin, wie einige Freunde? Schließlich hatte ich viele Jahre im alten West-Berlin gelebt? Auf der Mauer tanzen die Jugendlichen, und die „Mauerspechte" sind schon am Werk.

Viele Male habe ich auch die berühmte Pressekonferenz mit Günter Schabowski, dem Ersten Sekretär der Bezirksleitung der SED für Ost-Berlin und Mitglied des Politbüros der SED vom 9. November von 19.00 im Fernsehen gesehen:

> Privatreisen nach dem Ausland können ohne Vorliegen von Voraussetzungen (Reiseanlässe und Verwandtschaftsverhältnisse) beantragt werden. Die Genehmigungen werden kurzfristig erteilt. Die zuständigen Abteilungen Pass- und Meldewesen der Volkspolizeikreisämter in der DDR sind angewiesen, Visa zur ständigen Ausreise unverzüglich zu erteilen, ohne dass dafür noch geltende Voraussetzungen für eine ständige Ausreise vorliegen müssen … Ständige Ausreisen können über alle Grenzübergangsstellen der DDR zur BRD bzw. West-Berlin erfolgen.

---

93 Rückkehr nach Berlin, 1998

230

Auf die Nachfrage des Hamburger Bild-Zeitungsreporters Peter Brinkmann: „Wann tritt das in Kraft?" antwortete Schabowski etwas verwirrt, indem er auf seinen Zettel guckte:

Das tritt nach meiner Kenntnis ... ist das sofort, unverzüglich.

Das war um 19.04; um 19.05 sprach Associated Press (AP) von Grenzöffnung, und um 19.31 meldete die italienische Nachrichtenagentur ANSA den „Fall der Mauer."

Die Maueröffnung beruhte auf einem Irrtum. Der Ministerrat der DDR hatte lediglich beschlossen, dass ständige Ausreisen aus der DDR in den Westen ermöglicht werden sollten, selbstverständlich verbunden mit dem Verlust der Staatsbürgerschaft der DDR. Auf diese Art und Weise sollte „Dampf aus dem Kessel" abgelassen werden, um das kritische Potential im Inneren der DDR zu verringern. Der Ministerrat hatte keinesfalls Besuchsreisen in den Westen mit einer Möglichkeit der Rückkehr zulassen wollen, geschweige denn eine Öffnung der Mauer ohne Grenzkontrollen gewollt. Die mit dem Entwurf einer Regelung beauftrage Arbeitsgruppe hatte jedoch die Regelung auf sog. „Privatreisen nach dem Ausland" ausgedehnt und für sie kurzfristige Genehmigungen angekündigt, ohne dass für die Reisen ein Anlass vorliegen musste. Diese erweiterte Regelung hatte der Staatsratsvorsitzende Egon Krenz gebilligt und um 16.00 im Zentralkomitee vorgetragen, ohne dass sich dagegen Widerspruch erhoben hatte. Krenz übergab Schabowski den im ZK vorgetragenen Text, der jedoch vom Ministerrat noch nicht gebilligt war und der mit einer Sperrfrist bis zum 10. November versehen war. Die Führung der DDR hatte also nur beschlossen, dass – neben der ständigen Ausreise ohne Rückkehr – schriftliche Anträge für kurzzeitige Besuchsreisen in den Westen kurzfristig genehmigt werden sollten. Antragslose ungenehmigte Reisen in den Westen hatte sie dagegen nicht beschlossen, geschweige denn die Öffnung der Mauer. Als aber Tausende auf die Grenzübergänge zuströmten, weil sie die Falschmeldungen im Radio und Fernsehen gehört und gesehen hatten und als die Grenzsoldaten auf telefonische Rückfragen keine Antwort bekamen, wussten sie nicht, was sie tun sollten und öffneten die Schlagbäume. Was hätten sie anders tun sollen? Schießen? – Die meisten Ost-Berliner kehrten nach einem Spaziergang auf dem Ku-Damm noch am selben Abend wieder nach Ost-Berlin zurück.

So, was nun? Die Bundesregierung und der Berliner Senat waren auf eine solche Situation überhaupt nicht vorbereitet. Helmut Kohl war am 9. November 1989 zu seinem ersten Staatsbesuch nach Warschau aufgebrochen und die Nachrichten aus Berlin erreichten ihn während des abendlichen Staatsbanketts. Am nächsten Tag brach er seinen Staatsbesuch ab, um vor dem Schöneberger Rathaus zu sprechen. Als er am Ende seiner Rede das Deutschlandlied anstimmte, wurde er ausgepfiffen. Er setze seinen Staatsbesuch in Polen fort, denn es war eine schwierige Mission, und zwar gerade in dieser Situation. Nach nur vierzehn Tagen, am 28. November 1989, legt Helmut Kohl ohne Absprache mit dem Koalitionspartner FDP, ohne Beratung im Bundeskabinett und ohne Rücksprache mit den westlichen Bündnispartnern sein „Zehn-Punkte-Programm zur Überwindung der Teilung Deutschlands und Europas" vor, in dem er einen Weg zur Einheit skizziert, der über eine Vertragsgemeinschaft und eine Konföderation der beiden deutschen Staaten zur Einheit führen soll. Helmut Kohl wurde so zum „Kanzler der Einheit", während die SPD von zwei deutschen Staaten träumte, einem sozialistischen und einem kapitalistischen Deutschland, deren Ko-Existenz innerhalb der KSZE gesichert werden sollte. Helmut Kohl erkannte die Gunst der Stunde und ergriff eine einmalige politische Chance. Er rettete so seine wackelig gewordene Kanzlerschaft und bahnte den Weg zur deutschen Einheit.

Der Zusammenbruch der DDR

Was hat den Zusammenbruch der DDR bewirkt. Die „Politik der Stärke", die die CDU/CSU seit den fünfziger Jahren nach der Strategie von John Foster Dulles unbeirrt vertreten hat, oder die Politik des „Wandels durch Annäherung", die Egon Bahr erdacht und die die sozial-liberale Koalition im Rahmen der KSZE konsequent umgesetzt hat? Die Untersuchungen des Zentralinstituts für Jugendforschung der DDR (ZIJ) in Leipzig, und zwar insbesondere die sog. Leipziger Längsschnitte zur Entwicklung des politischen Bewusstsein zeigen, dass „die Wende" nicht 1989 stattgefunden hat, sondern bereits zehn Jahre vorher, d. h. schon Ende der siebziger Jahre hat die DDR die Solidarität der Bevölkerung, insbesondere der Jugend verloren, wenn sie sie überhaupt je gehabt hat, und zwar durch eine „Wende in den Köpfen und Herzen". Steffen Mau hat kürzlich in seinem Bericht über seine eigene Jugendzeit in der DDR die ambivalenten Einstellungen der jungen Generation vor der Wende zu Staat und Gesellschaft eindringlich beschrieben.[94] Die Älteren, die in der „Kaiserzeit" , der Weimarer Republik und in der „Nazizeit" das Deutsche Reich noch gekannt hatten, unterstützten die Herrschaft der SED sowieso nur sehr begrenzt, auch wenn sie – unvermeidlich – bei den Wahlen die SED oder eine der Parteien der sog. „Nationalen Front" wählten. Die Jugend aber, der doch die Zukunft gehören sollte, und die die Partei doch gewinnen wollte und musste, entzog

---

94 Steffen Mau, Lütten Klein – Leben in der ostdeutschen Transformationsgesellschaft, 2019

sich dem Zugriff der Partei und ihrer Organisationen, soweit dies im Rahmen der Politik überhaupt möglich war.

Die SED hatte es nicht geschafft, die Voraussetzungen für eine Identifikation insbesondere der Jugend mit der DDR zu gewährleisten. Dabei hatte diese Gesellschaft nun wirklich eine politische Idee zur Gestaltung der Zukunft: den Sozialismus! Und es gab Führer, die diese Idee persönlich glaubhaft verkörperten, weil sie für diese Idee ins Exil oder in den Untergrund gegangen waren, weil sie für diese Idee gekämpft hatten; das kann man weder Wilhelm Pieck noch Walter Ulbricht absprechen und auch nicht Erich Honecker. Das Problem war nur, dass die von ihnen gegründete und von ihrer Partei getragene Republik der Souveränität ermangelte, d. h. sie war nach außen nicht souverän, weil sie ohne die militärische Unterstützung der Sowjet-Union politisch nicht handlungsfähig war und weil sie ihre Entscheidungen im Inneren nur mit Hilfe des Parteiapparates und des mächtigen Geheimdienstes, also nur durch Repression, nicht aufgrund von Legitimität durchsetzen konnte.

Entscheidend war aber, dass die DDR die Grundvoraussetzungen der Daseinsvorsorge nicht gewährleisten konnte, d. h. die Versorgung der Bevölkerung mit Lebensmitteln, wie sie seit den sechziger Jahren in Mitteleuropa zum Standard gehörten und wie sie im West-Fernsehen täglich präsentiert wurden. Bananen! Autos! Wohnungen! Reisen! Die Menschen, vor allem die jungen Menschen gewannen nicht den Eindruck, dass dieser Staat ihnen das Maß an persönlicher Freiheit und Selbstbestimmung gewährte, das zur Würde des Menschen gehört. Die politische Freiheit vermissten vielleicht nur Teile der gesellschaftlichen Eliten, die über Alternativen nachdachten; aber die Freiheit der Gestaltung des eigenen Lebens und der eignen Zukunft vermissten alle, und deshalb konnten und wollten sie sich mit dieser Form der politischen Herrschaft nicht identifizieren.

Nun können politische Systeme eine Zeitlang überleben, vor allem wenn es ihnen gelingt, die materiellen Lebensvoraussetzungen zu gewährleisten. Der DDR gelang dieses eben nur sehr unvollkommen, und sie war zunächst ständig der Konkurrenz mit der Bundesrepublik ausgesetzt und später dann der Kritik von innen, die durch die Dissidentengruppen genährt wurde. Solange sich die DDR der Unterstützung der Sowjet-Union sicher sein konnte, gelang es ihr jedoch, mit der internen Kritik fertig zu werden.

Wolfgang Harich, ein Schüler von Ernst Bloch, hatte bereits nach dem Arbeiteraufstand in der DDR die Partei kritisiert und nach dem Ungarnaufstand 1956 mit Gleichgesinnten eine Alternative zum „Ulbricht-Regime" konzipiert; er wurde daraufhin zu zehn Jahren Zuchthaus verurteilt, jedoch 1964 amnestiert. Nach Jahren im Westen, wo er nicht Fuß fassen konnte, kehrte er 1981 in die DDR zurück. Stefan Heym, Nationalpreisträger von 1959, war vielleicht der prominenteste Schriftsteller der DDR, der in seinem Roman „Fünf Tage im Juni" sogar die Niederschlagung des Arbeiteraufstandes von 1953 gerechtfertigt hatte; 1979 wurde er jedoch wegen unerlaubter Veröffentlichungen im Westen, z. B. des DDR-kritischen Romans „Collin", aus dem Schriftstellerverband der DDR ausgeschlossen und bestraft. Robert Havemann, prominentes Mitglied der Akademie der Wissenschaften der DDR, wurde 1964 aus der Partei ausgeschlossen, nachdem er ein regimekritisches Buch unter dem Titel „Dialektik ohne Dogma" im Westen veröffentlicht hatte. Der Liedermacher Rolf Biermann wurde 1976 nach einer Konzertreise in den Westen die Rückkehr in die DDR verweigert; trotz vehementer Proteste aus dem In- und Ausland wurde er ausgebürgert. Wolfgang Bahro veröffentlichte 1978 seine Dissertation im Westen unter dem Titel „Die Alternative", in der er basisdemokratische Konzepte der Arbeiterselbstverwaltung darstellte. Er wurde verhaftet, verurteilt und nach einiger Zeit im Staatsgefängnis der DDR in Bautzen amnestiert und in den Westen abgeschoben. Erich Loest veröffentlichte eine Vielzahl von Romanen und Erzählungen in der DDR und trat erst 1979 aus der SED aus, als diese seine Werke der Zensur unterwarf; auch er ging in den Westen. Sie alle – Harich, Heym und Havemann, Biermann, Loest und Bahro – waren nicht nur Sozialisten, sondern auch loyale Bürger der DDR; es gelang der SED nicht, ihre Kritik an der DDR durch Reformen aufzugreifen und für die Erhaltung und Stabilisierung des Politischen Systems zu nutzen, - ganz im Gegenteil!

Intellektuelle stürzen in aller Regel nicht Politische Systeme, die sich auf eine herrschende Partei, auf die Polizei, das Militär und auf den Geheimdienst verlassen können und die Unterstützung einer Schutzmacht, in diesem Falle der Sowjet-Union, genießen, die die DDR aus wirtschafts-, außen- und verteidigungspolitischen Gründen brauchte. Doch als diese Unterstützung 1985 mit der neuen Politik Gorbatschows, des Glasnost (Offenheit) und Perstroika (Umbau) zu bröckeln begann und die Sowjet-Union auch von der DDR Reformen verlangte („Wer zu spät kommt, den bestraft das Leben"), brach ein Politisches System, mit dem sich „das Volk" nicht identifizieren wollte und konnte, zusammen. Was hätte die Führung der DDR angesichts der dissidenten Demokratiebewegung, angesichts der Leipziger Montagsdemonstrationen, die am 4. September begonnen hatten („Wir sind das Volk! – „Wir sind ein Volk"!), angesichts der vierzehn Sonderzüge, die die DDR mit den Flüchtlingen aus der Prager Botschaft ausreisen ließ, denn tun sollen. Tian-anmen? – mit 300 bis 3000 Toten? Egon Krenz, nach der Entmachtung Erich Honeckers seit dem 17. Oktober Generalsekretär der SED und Staatsratsvorsitzender, hatte für eine solche „Lösung", die für den „Fall des Falles" durch die Nationale Volksarmee vorbereitet worden war, offensichtlich nicht die Unterstützung der Sowjet-Union. – Rücktritt des Ministerrates am 7. November 1989 und

Rücktritt des Politbüros der SED einschließlich ihres Generalsekretärs am 3. Dezember 1989. Das war der Zusammenbruch der DDR.

Wiedervereinigung bzw. Vereinigung der beiden deutschen Staaten

Am 18. März 1990 wurde die Volkskammer der DDR neu gewählt, die Lothar de Maiziere (CDU) zum Ministerpräsidenten wählte. Die Volkskammer beschloss die Abschaffung der fünfzehn Bezirke und die Wiedererrichtung von fünf Ländern auf historischer Grundlage, in denen eigene Parlamente gewählt wurden. Die beiden deutschen Staaten hatten nun zwei Aufgaben, nämlich

* die Vereinigung der beiden deutschen Staaten zu regeln und
* einen Friedensvertrag mit den Siegermächten des Zweiten Weltkrieges abzuschließen.

Die Vereinigung stellte wirtschaftliche wie rechtliche Probleme. Beide Probleme wurden im Laufe des Jahres 1990 auf eine radikale Weise gelöst. Nur der Versuch zur Herstellung einer Wirtschafts- und Währungsunion schien die Ausreisewelle aus der DDR in den Westen stoppen zu können; deshalb beschlossen die beiden deutschen Staaten am 1. Juli1990 eine Währungs-, Wirtschafts- und Sozialunion, durch die die DM im Osten eingeführt wurde („Kommt die DM nicht zu uns, gehen wir zu ihr!"). Eine begrenzte Summe von rd. 4.000 Ostmark konnte 1:1 umgetauscht werden; Guthaben und Schulden wurden halbiert; die Eigentümer von Sachgütern wurden also privilegiert. Die am 1. März 1990 gegründete „Treuhand" übernahm die volkseigenen Betriebe der DDR, um sie zu privatisieren. Für Industrievermögen wie für Grund und Boden galt der Grundsatz „Rückgabe vor Entschädigung"; Grundbesitz über 100 ha, der nach 1945 entschädigungslos enteignet worden war, verblieb dagegen im Staatsbesitz und wurde nur geringfügig entschädigt, weil dies auf sowjetisches Drängen angeblich eine der Voraussetzungen der Wiedervereinigung gewesen war. Das Bundesverfassungsgericht hat diese wirtschaftliche Regelung der Vereinigung im Großen und Ganzen gebilligt.[95]

Die verfassungsrechtliche Grundsatzfrage war aber noch ungelöst: Sollten die neu gegründeten ostdeutschen Länder nach Art. 23 GG gemeinsam aufgrund eines zwischen der Bundesrepublik und der Deutschen Demokratischen Republik ausgehandelten „Einigungsvertrages" der Bundesrepublik beitreten, wodurch die DDR aufgelöst wäre oder sollte das deutsche Volk nach Art. 146 GG eine neue gesamtdeutsche Verfassung beschließen? Die „Linke" wollte eine neue

95 BVerfGE 83, 162

Verfassung, weil sie die Chance einer neuen gesellschaftspolitischen Ordnung witterte; die „Rechte" wollte genau das verhindern und die Einbeziehung der ostdeutschen Länder in die Gesellschaftsordnung der Bundesrepublik, d. h. den „Anschluss" der DDR durchsetzen. Das hinter dieser verfassungsrechtlichen Frage stehende Machtkalkül sah folgendermaßen aus: Die „Beitrittslösung" nach Art. 23 GG würde der CDU/CSU bei den folgenden Bundestagswahlen die Mehrheit bringen, und zwar wegen der Ausdehnung der westdeutschen Staats- und Gesellschaftsordnung auf die neuen Bundesländer, die mit dem Beitritt verbunden war. Die Lösung nach Art. 146 GG, die die Auflösung der beiden deutschen Staaten und die Neukonstituierung Deutschlands als neuer Staat voraussetzte, ließ zumindest die Spekulation einer linken Mehrheit in der verfassungsgebenden Versammlung zu, und zwar unter der Voraussetzung, dass sich in der DDR eine solche Mehrheit bilden würde, was sich jedoch aufgrund der Volkskammerwahlen vom 18. März 1990 bereits als Illusion herausgestellt hatte, weil die CDU diese haushoch (41 %) gewonnen hatte.

Der Zusammenbruch der DDR hatte zunächst zu einer Neuformierung des Parteiensystems geführt. Die CDU hatte sich in einem „handstreichartigen" Verfahren die Ost-CDU einschließlich ihrer Mitglieder, ihrer Organisationsstruktur und ihres Vermögens einverleibt. Die SED benannte sich noch 1989 in Partei des demokratischen Sozialismus (PDS) um, sodass eine Vereinigung von SPD und SED ausgeschlossen war und die SPD im Osten neu gegründet werden musste. Angesichts dieser neuen Mehrheitsverhältnisse hatte die „Linke" keine Chance, in der ehemaligen DDR einen neuen sozialistischen demokratischen Staat aufzubauen und diesen dann unter gleichberechtigten Bedingungen mit der BRD zu vereinigen, sondern die Volkskammer beschloss am 31. August 1990 einen Einigungsvertrag, durch den das Grundgesetz in den Ländern der DDR eingeführt und die Rechtsordnung der BRD auf die neuen Länder im Wesentlichen übertragen wurde. Der Einigungsvertrag, ein Meisterwerk der deutschen Bürokratie![96]

Wesentlich schwieriger als der deutsch-deutsche Einigungsvertrag war der Friedensvertrag der beiden deutschen Staaten mit den Siegermächten des Zweiten Weltkrieges, der sog. Zwei-Plus-Vier- Vertrag, zumal sowohl das Frankreich des Präsidenten Francois Mitterand wie das Großbritannien der Premierministerin Margret Thatcher die Wiedervereinigung der beiden deutschen Staaten und die Entstehung eines neuen großen deutschen Staates in der Mitte Europas durchaus skeptisch sahen. Ohne die feste europäische Orientierung von Helmut Kohl und den Konsens Bush-Gorbatschow wäre der Ver-

---

96 Vertrag vom 31.8.1990 BGBl. II 1990 S. 885, 889

trag nicht zustande gekommen. Sah der Vertrag doch nicht nur den Abzug der sowjetischen Streitkräfte aus der DDR, sondern die Einbeziehung des Gebietes der DDR in die NATO und die Ausdehnung der EU auf die neuen deutschen Bundesländer vor sowie die endgültige Abtrennung der ehemaligen deutschen Ostgebiete und ihre Einbeziehung in den polnischen bzw. russischen Staat.[97] Da auch die baltischen Staaten sowie Polen, Tschechien, die Slowakei, Ungarn sowie mehrere Balkanstaates der NATO beitraten und nach und nach EU-Mitglieder wurden, ging es nach dem Zerfall des Sowjet-Union insgesamt um eine ökonomische und militärische „Verschiebung" des Westens nach Osten! Russland verlor den nach dem Zweiten Weltkrieg gewonnenen Einflussbereich, und zwar ohne Krieg und mit seiner Zustimmung. Das wiedervereinigte Deutschland beschloss am 26. April 1994 Berlin zu seiner Hauptstadt zu machen.[98]

Deutsche Stimmungen 1989

Die Vereinigung der Bundesrepublik und der Deutschen Demokratischen Republik zu einer neuen Bundesrepublik mit der Hauptstadt Berlin, die nicht nur Mitglied der NATO blieb, sondern als vereinigtes Deutschland in der Europäischen Union eine führende Rolle erhielt, schuf die Voraussetzungen für die Identifikation des Deutschen Volkes mit seinem Politischen System. Der Grund hierfür war zunächst primär die Wiedergewinnung der äußeren wie inneren Souveränität. Deutschland war wieder *ein* Staat, der außenpolitisch wieder voll handlungsfähig war, auch wenn er durch NATO und EU in „den Westen" einbezogen blieb. Die „Nachkriegszeit" und die Zeit der deutschen Teilung waren endgültig vorbei, und Deutschland war als selbständiges Völkerrechtssubjekt neu konstituiert. Der neue Staat erwies sich auch innenpolitisch sehr schnell als voll handlungsfähig. Der gesamte Staatsapparat der DDR wurde fast geräuschlos in die Bundesrepublik eingegliedert, insbesondere die Polizei und die innere Verwaltung sowie das Militär. Nur Wissenschaft und Bildung machten Schwierigkeiten. Die wissenschaftlichen Institute der Akademie der Wissenschaften der DDR mit rd. 25.000 Mitarbeitern wurden einer internationalen Evaluation unterworfen, und viele wurden „abgewickelt". Die Professoren und Lehrer mussten sich einer Prüfung ihrer „Verfassungstreue" und insbesondere ihrer Beziehungen zur Staatssicherheit unterwerfen; viele scheiterten. Das machte „böses Blut", aber insgesamt war es erstaunlich, dass vier-

97 Vertrag über die abschließende Regelung in Bezug auf Deutschland vom 17.9.1990 BGBl. II 1990 S. 1317, 1991 S. 587
98 Hauptstadtbeschluss vom 20.6.1991, Berlin/Bonn Gesetz vom 26.4.1994, BGBl. I 1994 S. 918

zig Jahre Herrschaft der SED „wie weggeblasen" waren. Niemand war in der Partei gewesen, niemand hatte der Stasi gedient, – die „Rosenholz-Kartei", die alle Namen enthielt, war in die USA „verkauft" und erst 2003 an die Bundesrepublik zurückgegeben worden. Als schwieriger erwies sich die sozio-ökonomische Integration, denn die Abwicklung vieler nicht mehr wettbewerbsfähiger Betriebe und Verwaltungsstellen schuf einen Schub von Arbeitslosigkeit, der nur notdürftig überbrückt werden konnte. Die Idee einer sozio-ökonomischen Gleichheit von Ost und West, die sich die DDR-Bürger vorgestellt hatten und für die sie auf die Straße gegangen waren, verwirklichte sich nicht, jedenfalls nicht so schnell. „Wir haben Gerechtigkeit erwartet und den Rechtsstaat bekommen." (Bärbel Bohley) Immerhin! Meinungs- und Reisefreiheit, ja, auch Rechtssicherheit, aber die Rechtssicherheit eines kapitalistischen westlichen Staates. Es sollte noch viele Jahre dauern, bis die sozio-ökonomischen Unterschiede zwischen „Ossis" und „Wessis" einigermaßen eingeebnet wurden. Und trotz liberaler Freiheiten und sozialer Angleichung blieb die von den Bürgerinnen und Bürgern der DDR erhoffte Selbstbestimmung und Selbstverwirklichung angesichts der gesellschaftlichen Voraussetzungen begrenzt.

Das kurze Jahr der Anarchie

Die Mauer fiel am 9. November 1989 – Die Wiedervereinigung wurde am 3. Oktober 1990 vollzogen. In Westdeutschland änderte sich in diesem Jahr nicht allzu viel: Auf der Elbchaussee in Hamburg fuhren die Trabbis, und die Damen auf der Reeperbahn erhielten neue Kunden. Auf der Zugspitze sprach man Sächsisch und Sylvester 1989/90 wurde das erste gesamtdeutsche Fest. In der Zeit zwischen dem 9. und dem 20. November 1989 besuchten elf Millionen Bürgerinnen und Bürger der DDR den Westen, also rd. zwei Drittel der Gesamtbevölkerung. Das sog. Begrüßungsgeld von 100 DM für jeden Besucher aus dem Osten summierte sich auf rd. 2 Mrd. DM; seine Zahlung wurde zum Ende des Jahres 1989 eingestellt. Der westliche Markt für Unterhaltungselektronik und für Gebrauchtwagen war in kürzester Zeit leergefegt. In Ost-Berlin entstanden legendäre Clubs, die keine Sperrstunde kannten und Besucher aus der ganzen Welt anlockten. Überall wurden Häuser von Jugendlichen besetzt, die eine neue, ihre eigene Kultur lebten, wie sie z. B. Ingo Schulze in seinem Roman „Als wir träumten" im Jahre 2006 oder Lutz Seiler in seinem Roman „Stern 111" im Jahre 2019 beschrieben haben, eine Welt mit Kleinkriminalität, Alkohol, Drogen, Gewalt, Gefängnis, Tätowierungen und Technopartys. Christoph Hein beschreibt in „Willenbrock" dagegen einen Gewinner der Wende, der als Gebrauchtwagenhändler in Berlin mit einer Ehefrau als Boutiqueinhaberin und zwei Geliebten die neue Freiheit in vollen Zügen genießt, bis ihn durch einen brutalen Überfall zweier russischer Brüder die neue Wirklichkeit einholt. Wesentlich später beschreiben zwei Bücher die Wendezeit, nämlich im Jahre 2008 Uwe Tellkamp im „Turm" aus der Perspektive eines Unteroffiziers, der aus einer bildungsbürgerlichen Familie der DDR stammt, und 2011 Eugen Ruge in seinem Roman „In Zeiten des abnehmenden Lichts", in dem der Sozialismus im Laufe von vier Generationen seine Strahlkraft verliert und zu einer bloßen Kindheitserinnerung wird. Erst 2019 gelingt es Steffen Mau in seinem Bericht „Lütten Klein" ein realistisches Bild der Transformation der ostdeutschen Gesellschaft zu entwerfen.

1 „Nach Ostland wollen wir reiten" – Bildungspolitische Spaziergänge im Osten nach 1989

Ich bin nach der Wiedervereinigung nicht in den Osten gegangen, habe mich aber in allen neuen Bundesländern engagiert (1.1–1.6).

Nach Ostland wollen wir reiten,
Nach Ostland wollen wir mit.
Wohl über die grüne Heiden,
Da ist uns ein bessre Stätt.
Wenn wir ins Ostland kommen,
Ins hohe Haus gar fein,
Da werden wir eingelassen
Frisch über die Heiden,
Man heißt uns willkommen sein.
  L Flämisches Volkslied aus dem 15. Jahrhubndert

Die Vereinigung der beiden deutschen Schulsysteme war in Wirklichkeit eine Übertragung des westdeutschen Schulsystems auf die ostdeutschen Länder. Gab es im Osten rein gar nichts, was zu erhalten, was im Westen einzuführen sich lohnte? Sollte denn alles „rott" gewesen sein? Mehr oder weniger, wie sich nach der Vereinigung herausstellte. Der Einigungsvertrag selber enthielt nur wenige Aussagen über das Bildungswesen,[99] weil es sich um Länderangelegenheiten handelte, und die ostdeutschen Länder waren bereits vor der Vereinigung gegründet worden. Die neuen Bundesländer führten – wenn auch in

---

99 Vertrag zwischen der Bundesrepublik Deutschland und der Deutschen Demokratischen Republik über die Herstellung der Einheit Deutschlands vom 31.8.1990 (BGBl. II 1990 S. 889) Art. 37

unterschiedlicher Weise – das westdeutsche gegliederte Schulwesen ein.[100] Sie übernahmen auch das „Duale System" der Berufsausbildung. Für das Wissenschaftssystem sah der Einigungsvertrag im Wesentlichen die Evaluation durch den Wissenschaftsrat, die Überführung der Hochschulen in die Zuständigkeit der neu gegründeten Länder und die „Abwicklung" der Forschungsinstitute vor. Wissenschaft und Lehre sollten sich in Zukunft nach den „bewährten" Programmen und Methoden richten. Der Wissenschaftsrat unterwarf das Wissenschaftssystem einschließlich der Hochschulen einer rigorosen Evaluation durch westdeutsche und ausländische Wissenschaftler. Es blieb kein Stein auf dem anderen, und die Mitarbeiter und Professoren mussten sich einer Überprüfung durch besondere Kommissionen im Hinblick auf ihre eventuelle Parteimitgliedschaft und Mitarbeit bei der Stasi unterziehen. Von den angeblichen Errungenschaften der DDR blieb nichts übrig, und schon gar nichts, was man in den Westen hätte übernehmen können – außer den „Ampelmännchen", wie Spötter bald sagten.

Soll ich in den Osten gehen? Diese Frage haben sich viele Freunde im Jahre 1989 gestellt und einige sind gegangen. Soll ich mich an einer ostdeutschen Universität bewerben, wo es nun viele offene Stellen geben würde? Ich habe mich nur an der Humboldt-Universität beworben und bin nicht einmal auf die Liste gekommen. Die Kultusministerien der neuen Länder brauchten dringend neues Leitungspersonal und neue Mitarbeiter, denn nicht alle Stellen konnten mit „Leiharbeitern" besetzt werden. Aber unter'm Staatssekretär hätte ich es wohl nicht gemacht und ich bin nicht gefragt worden. Ich hielt den einen oder anderen Vortrag im Osten. Unvergesslich ein Vortrag vor der SPD-Fraktion des Bundestages in der ehemaligen Parteizentrale der SED am Werder'schen Markt, dem ehemaligen Sitz der Schacht'schen Reichsbank und dem zukünftigen Außenministerium. Jahrelang waren wir bei Besuchen in Ost-Berlin an dem Gebäude vorbeigeschlichen, hatten furchtsame Seitenblicke auf es geworfen, auf die „Zwingburg der Partei" und nun marschiere ich frei und froh durch die Gänge und Saalfluchten, die die Spießigkeit der DDR-Führung und den Muff der fünfziger Jahre atmen und ich kann meinen Vorschlag für eine neue Bildungspolitik in den neuen Ländern vortragen. Leider weiß ich gar nicht mehr, worin dieser „großartige" Vorschlag eigentlich bestand. Oder ein Vortrag in der Parteihochschule der SED in Potsdam in der Heinrich-Mann-Str.; ich bin zu spät und werde vom Gastgeber zum Podium geleitet: „Wissen Sie eigentlich, wer an Ihrer Stelle hier früher immer geredet hat? Sie alle, Ulbricht, Honecker usw." Aber, gefragt hat mich trotzdem niemand, ob ich nicht „rüber-

---

100 Hans Döbert u. a. (Hrsg.), Transformationen in der ostdeutschen Bildungslandschaft, 2002

machen" wollte. So beschränkte ich mich auf die Beratung von Politik und Verwaltung in den neuen Ländern. Ich nenne es „Spazierengehen", weil es einerseits leichtfiel und weil es andererseits auch nicht so ernst genommen wurde. Ich habe viele solche „Spaziergänge" in allen neuen Bundesländern unternommen. Ich will hier sechs exemplarische Beratungen in den neuen Bundesländern skizzieren.

1.1 Berlin-(Ost) – Baurecht

Auch an den westlichen Universitäten ging die Wiedervereinigung nicht ganz spurlos vorüber. Im Sommersemester 1990 führte ich in Hamburg an der Universität ein Seminar „Städtebauplanung und Baurecht in der DDR" durch. Zu diesem Seminar gehörte auch eine Projektwoche in Berlin, in Ost-Berlin versteht sich. Ich war der Auffassung, dass unsere Studenten, die wir auf die politische und administrative Praxis vorbereiten wollten, unbedingt das Städteplanungs- und Baurecht der DDR kennenlernen mussten, denn nach der „programmierten" Wiedervereinigung würden sich für sie ungeahnte Berufs- und Politikchancen in den „neuen Bundesländern" ergeben, wenn es um die Entwicklungsplanung, um die Entschädigungen für die Vergangenheit einerseits und um den Neuaufbau andererseits gehen würde, und zwar insbesondere im Grundstücksrecht. Im Frühjahr 1990 recherchierte ich zur Vorbereitung dieses Seminars; doch ich fand nichts oder so gut wie nichts. Im Land der „Vierjahrespläne" gab es zwar quantitative Zielprojektionen, aber kein Städteplanungsrecht und eigentlich auch kein Baurecht. Die relevanten Dokumente erwiesen sich als pure Propaganda. Also musste ich hinfahren, um vor Ort die Planungs- und Regelungsprozesse zu erkunden. Es dauerte eine Weile, bis ich herausfand, dass – angesichts der Tatsache, dass es überhaupt nur vier juristische Fakultäten in der DDR gab – das Baurecht in der Humboldt-Universität angesiedelt war. Das war ja in Berlin, also schon einmal günstig!

Es gab nur einen einzigen Professor in der ganzen DDR, der für Baurecht zuständig war. Die DDR hatte angesichts ihrer politischen Verfassung vermutlich gar nicht so viel Bedarf an Verwaltungsrecht, denn die DDR-Bürger pflegten den Staat der DDR in Verwaltungsangelegenheiten nicht zu verklagen, weil im Zweifel die Partei sowieso das Sagen hatte. Es kam hinzu, dass der Professor für Baurecht auch noch für das Landwirtschaftsrecht zuständig war und – wie gesagt wurde – dieser Professor hatte bei der Kollektivierung der Landwirtschaft in den sechziger Jahren eine herausragende Rolle gespielt. Doch das alles hinderte mich nicht an der Recherche, zumal ich das Projekt an der Uni bereits angekündigt hatte.

Da ich den Kollegen telefonisch nicht erreichen konnte, fuhr ich einfach nach Berlin, wohnte bei Freunden und versuchte, einen Termin mit dem Kollegen zu machen. Endlich erreichte ich seine Frau am Telefon. „Nein, mein Mann ist auf einer Vortragsreise im Westen. Rufen Sie morgen um sieben wieder an!" – „Um sieben? Sie meinen morgen Abend um sieben, da habe ich einen anderen Termin, geht es nicht etwas früher?"– „Nein, morgen früh um sieben. Wissen Sie, wir sind Mitglieder der werktätigen Klasse des Volkes!" Das Ganze im typischen näselnden sächsischen Jargon! Die Dame war – wie ich später feststellte – Richterin am Obersten Gerichtshof der DDR, und zwar für Familienrecht, was in der DDR eine höchst politische Materie war. Ihr Ehemann, mein Kollege, hielt in der Tat Vorträge in Westen, und zwar in allen großen westdeutschen Städten auf Einladung der Notarkammern über das Grundstücksrecht der DDR, Eintritt 260 DM, wie ich erfuhr. Wie wichtig die Tätigkeit der westdeutschen Notare in der Zeit kurz nach der Wiedervereinigung war, wurde mir erst viel später klar, als „mein Trainer" im West-Berliner Fitness-Club Elixia mir erzählte, er sei nach der Wiedervereinigung mehrere Jahre für westdeutsche Notariate in den neuen Bundesländern mit Vermessungsrecherchen beschäftigt gewesen, weil er entsprechende Erfahrungen von der Stasi mitgebracht hatte, wie es mir scheinen wollte, denn die Grundbücher der DDR seien so unzuverlässig gewesen. Am nächsten Morgen war mein professoraler Kollege zu Hause; er hatte mir Zeit bis 7.45 gegeben! Und wir vereinbarten einen Termin in der Humboldt-Universität für denselben Tag am späten Nachmittag. „Dann wünsche ich Ihnen noch einen schönen Tag in unserer gemeinsamen schönen deutschen Hauptstadt!" sagte er am Schluss, was immer er damit gemeint haben mag.

Ich fuhr in die Humboldt-Universität und erläuterte ihm mein Anliegen, was er natürlich interessant fand. Dann zeigte er mir die Humboldt-Universität. Wir kamen zur Bibliothek der Juristischen Fakultät. Leere Regale! Wie in dem später entstandenen großartigen unterirdischen Denkmal über die Bücherverbrennung von 1933 gegenüber auf dem „Bebelplatz". In einem einzigen Regal standen die Gesetzblätter der DDR und auf einem Tisch lagen Spenden von juristischen Lehrbüchern westdeutscher Verlage. „Ja, wo sind denn die Bücher der juristischen Fakultät?" fragte ich. „Ich weiß auch nicht. Gestern Morgen sind Lastwagen gekommen und haben alle Bücher abgeholt. Ich weiß auch nicht, wo sie hingekommen sind. Die brauchen wir doch nun auch nicht mehr."

Zum Abendessen lud mich der Kollege in die „Professoren-Mensa" ein, in das heutige „Cum Laude". In der Tat gab es zur Zeit der DDR eine Professoren-, eine Assistenten- und eine Studentenmensa, die klassenlose Gesellschaft! – ein „Scheißstaat!" Nach dem Essen fielen die Assistenten, die natürlich draußen gewartet hatten, über mich her, ob ich ihnen nicht Jobs an westdeutschen Universitäten besorgen könnte. Ich konnte nicht! Vor meinem Termin mit dem ostdeutschen Kollegen, der übrigens noch lange der Fakultät weiter angehören sollte, war ich mehr oder weniger zufällig in die Vorlesung „Baurecht" geraten, die der Herausgeber des „führenden" Kommentars zum Bundesbaugesetz, ein Bonner Ministerialbeamter, hielt. Es war eine Baurechtsvorlesung, die sich durch nichts von unseren westdeutschen Baurechtsvorlesungen unterschied. Der Mann hatte recht. Durch den Einigungsvertrag wurde das westdeutsche Baurecht 1:1 in den neuen Bundesländern eingeführt. Meine Veranstaltung über das Baurecht der DDR war völlig überflüssig. Ich hatte den Charakter der Wiedervereinigung völlig verkannt.

1.2 Mecklenburg-Vorpommern – West-Recht

Es ging jedoch nicht nur um solche Einzelinitiativen, sondern die westlichen Universitäten waren auch als ganze gefordert, und deshalb traf es auch unseren Fachbereich und damit wiederum auch mich persönlich. Drei reformorientierte norddeutsche juristische Fakultäten wollten mithelfen, an der Universität Rostock eine juristische Fakultät wieder zu begründen. Die Universität Rostock ist die zweitälteste deutsche Universität – im Jahre 1419 gegründet – aber sie hatte ihre juristische Fakultät in Zeiten der DDR verloren, weil es – mangels Juristenbedarf – in der DDR überhaupt nur vier juristische Fakultäten gab. Nun aber, im Jahre 1990, sollte die wiederentstehen. Doch bevor der ordentliche Lehrbetrieb losgehen konnte, erklärten sich die drei norddeutschen juristischen Fakultäten bereit, ein einjähriges „Vorlaufprogramm" anzubieten. Juristen, die in der DDR nach fünf Jahren Jurastudium das juristische Diplom erworben und in der Wirtschafts- oder der Kommunalverwaltung gearbeitet hatten, sollten die Gelegenheit erhalten, in einem einjährigen Zusatzstudium das „Westrecht" zu lernen, das „gesamte" Westrecht, und nach diesem Zusatzstudium sollte ihnen eine Qualifikation zuerkannt werden, die dem Zweiten Staatsexamen im Westen entspricht, ein verlockendes Angebot, denn die Absolventen würden sog. „Volljuristen" sein und jeden juristischen Beruf ausüben können. Es herrschte wohl die Vorstellung, dass Juristen in der Kommunal- und der Wirtschaftsverwaltung politisch weniger „auf Linie" gewesen sind als Juristen in der Staatsverwaltung oder in der Justiz, was aber vermutlich ein Irrtum war.

Ein Jahr lang, alle 14 Tage von Freitagmittag, also nach ihrem Dienst, bis Sonntagmittag sollten sie „Westrecht" pauken, und dann, und dann wäre es soweit! Und sie wären die ersten „Ostler" mit einem juristischen Westexamen.

Es begann im Winter 1990/91. Das bedeutete schneeglatte Straßen und zugige Züge. Freitag früh fuhr ich in Hamburg mit dem Auto oder mit der Bahn los und kam Sonntagabend zurück. Es zeigte sich bald, dass das nicht durchzuhalten war und ich hörte Samstagabend auf und fuhr nach Hamburg zurück. Auch für mich bedeutete das, ein Jahr lang praktisch keine Wochenenden, denn wir bekamen in Hamburg keine Stundenermäßigung und es gab lächerliche 400 DM pro Monat. Ich unterrichtete im großen Hörsaal der Fakultät für Schiffsbau, und zwar Staatsrecht und Verwaltungsrecht, 200–300 Plätze, die immer besetzt waren. Die „Studenten" ließen das meist schweigend über sich ergehen, stellten mal eine Verständnisfrage. Aber in den Pausen, dann ging es los. Da fragten sie, erzählten von ihrer Praxis, von ihrer unmöglichen Praxis, denn sie mussten aufgrund des Einigungsvertrages nun das aus dem Westen importierte Recht anwenden. Und abends beim Bier öffneten sie sich und erzählten von ihrem Leben und vom Leben in ihrer Gemeinde oder ihrem Betrieb. Was für eine Zeit! Und es waren „gestandene" Männer und Frauen, denn anders als damals noch im Westen gab es viele Frauen in den juristischen Berufen. Es war natürlich eine Auswahl, diejenigen, die etwas werden wollten und sie sind sicher etwas geworden, egal, ob ich ihnen etwas beigebracht habe oder nicht. Ich übernachtete in dem scheußlichen Kasten des Interhotels in Rostock, benutzte aber die Gelegenheit und durchquerte das westliche Mecklenburg, und zwar lange vor der Restaurierung der schönen Städte, Dörfer und Schlösser. Ich hatte das Gefühl, meinen kleinen Beitrag zur Wiedervereinigung zu leisten, und ich habe etwas über Transition-Management gelernt.

1.3 Brandenburg – Lebensgestaltung, Ethik, Religionskunde (LER)

Die Einführung des Grundgesetzes in der DDR und die Übernahme des westdeutschen Schulsystems in den neuen Bundesländern hatten zur Folge, dass auch der Religionsunterricht in vier der fünf neuen Länder als sog. ordentliches Lehrfach eingeführt und die West-Berliner Regelung auf Ost-Berlin ausgedehnt wurde, nicht aber so in Brandenburg, das nach jahrelangen Diskussionen und Verhandlungen mit den Religionsgemeinschaften ein Schulfach einführte, in dem Fragen der Lebensführung, einschließlich von Philosophie und Religion behandelt werden sollten, wobei die Religion allerdings ohne Bekenntnischarakter in einer sog. Religionskunde betrachtet werden und alle Weltreligionen gleichberechtigt einbeziehen sollte. LER ging auf alte sozialistische und „humanistische" Bestrebungen zurück, den schulischen obligatorischen Religionsunterricht gänzlich abzuschaffen und ihn den Kirchen zu überlassen, was in der DDR auch geschehen war.

An diese Bestrebungen knüpften vor allem dissidentische Bewegungen aus der DDR nach 1989 wieder an, zumal – ganz und gar gegen meine Erwartungen – die Kircheneintritte sich nach der Wiedervereinigung in Grenzen hielten, und zwar bis heute. Auch Mecklenburg-Vorpommern hatte zeitweilig mit der Einführung von LER geliebäugelt, den Plan aber nach Bedenken wieder fallen lassen. Ein Oberkirchenrat namens Schwerin, der aus der Dissidentenbewegung stammte, bat mich Anfang 1990 nach Schwerin, um sich mit mir in dieser Angelegenheit zu beraten. Ich legte ihm meine Auffassung dar, dass eine neutrale Unterrichtung über Philosophie und Religion in der Schule zulässig und sogar geboten sei und dass dieser Unterricht auch als eigenständiges Lehrfach organisiert werden könne, solange es sich nicht um Religionsausübung, um „Gottesdienst" sozusagen, handeln würde, der ein Bekenntnis zu der jeweiligen Religion voraussetzt. Dabei handele es sich aber nicht um einen Religionsunterricht im Sinne von Art. 7 Abs. 3 GG, der in Übereinstimmung mit den Grundsätzen der Religionsgemeinschaften erteilt werden müsse, sondern um ein normales Schulfach. Ob ein solcher Religionsunterricht in den neuen Bundesländern eingeführt werden müsse, sei – angesichts der Ausnahmeklausel des Art. 141 GG – unter Juristen umstritten. Der Oberkirchenrat Schwerin in Schwerin machte ein bedenkliches Gesicht und sagte, er frage sich, ob er seiner Kirche unter solchen Umständen die Einführung von LER empfehlen würde.

Brandenburg ließ sich von den Kirchen nach vielen Diskussionen dazu bewegen, LER nicht obligatorisch zu machen, sondern es den Eltern freizustellen, die Kinder von LER abzumelden und stattdessen oder zusätzlich für einen von den Kirchen außerhalb des ordentlichen Unterrichts einzurichtenden Religionsunterricht anzumelden. Das war m. E. ein „Sündenfall", ein verhängnisvoller Kompromiss, weil er eine Abkehr vom Neutralitätsprinzip enthielt. Die Wogen der öffentlichen Diskussion gingen hoch und die Kirchen drohten mit Volksabstimmungen und Verfassungsklagen, nachdem sich die Evangelische Kirche von dem Kompromiss wieder losgesagt hatte. Der Landtag veranstaltete Anhörungen und bat mich – neben zahllosen anderen Sachverständigen – um eine Stellungnahme. Ich musste aber kurz vor meinem geplanten „Auftritt" in Potsdam noch in Dresden an einer Beiratssitzung teilnehmen (s. u. 5.3.1). Die Ministerin lässt mich aus Dresden von ihrem Fahrer abholen – so wichtig war ihr die Sache und mein Erscheinen. Unvergesslich die Fahrt über die Autobahn nach Berlin. Der Fahrer der Ministerin war bis 1989 beim Staatszirkus der DDR gewesen, die – wie alle sozialistischen Länder – einen Staatszirkus hatte, und zwar war er Trapez-Künstler, zunächst

„Flieger" und später mit zunehmendem Alter „Fänger", und er schwärmte und schwärmte von diesem Zirkusleben, von der artistischen Leistung, der familiären Atmosphäre und dem Wanderleben. „Morgen würde ich wieder anfangen, wenn es wieder losginge," sagte er und unterhielt mich mit Zirkusgeschichten bis Berlin, aber diese Welt war für ihn mit der DDR untergegangen, für immer dahin, denn zu einem Privatzirkus wollte er nicht.

Parlamentsanhörungen sind außerordentlich frustrierende Veranstaltungen. Man hat sein seitenzahlmäßig vorgegebenes Papier abgeliefert und trägt es in 10–20 Minuten vor, danach Nachfragen, in der Regel allenfalls eine Schlussdiskussion, eine „zirzensische" Vorführung! Ich trage meine Meinung vor und zwar einschließlich der Kritik am Kompromiss, drücke mich aber um eine klare Stellungnahme zur Anwendbarkeit von Art. 141 GG und damit um die Frage, ob das Land Brandenburg mit dem früheren Land Brandenburg identisch sei, worauf es ankam und was ich später ausdrücklich verneint habe.[101] Nachfragen gab es nicht. Das Land wird sich über meine Undeutlichkeit in der entscheidenden Frage nicht gefreut haben. Das Bundesverfassungsgericht hat sich um eine Entscheidung ebenfalls gedrückt und – völlig ungewöhnlich – nach mehreren Jahren den Parteien im Jahre 2001 einen Einigungsvorschlag gemacht, der auf der Grundlage des Gesetzes die Ausgestaltung von LER im Sinne der Kirchen präzisierte und den die Parteien annahmen.[102] Damit war der Streit erst einmal vom Tisch. Doch die Bürgerinnen und Bürger der ehemaligen DDR machten von ihrem neuen Recht, LER abzuwählen, kaum Gebrauch und blieben fast zur Hälfte bei der ihnen vertrauten „Jugendweihe", wenn auch mit abnehmender Tendenz.

1.4 Sachsen – Im Zisterzienserinnen-Kloster

Im Kloster St. Marienthal an der Neisse in der sächsischen Oberlausitz leben seit 1234 Zisterzienserinnen, und zwar zur Zeit 15. Das Kloster ist seit fast 800 Jahren ununterbrochen besetzt und es amtiert die 56. Äbtissin. Es handelt sich um eine riesige Klosteranlage mit großen Ländereien und landwirtschaftlichen Nebenbetrieben, wie Brauerei, Weinberg, Bäckerei, Mühle und Sägewerk – heute verpachtet – aber auch mit einem Heim und einer Werkstatt für Behinderte, die früher auf den zum Kloster gehörenden 59 Bauernhöfen gelebt und gearbeitet hatten. Ich hatte mich immer gefragt, warum eigentlich die DDR

---

101 Erhard Denninger u. a. (Hrsg.), Kommentar zum Grundgesetz, 3. Auflage, 2001, Art. 141 Rdnr. 6
102 BVerfGE 104, 305

mit den Kirchen ein erträgliches Nebeneinander gesucht und gefunden hatte. Ein Grund lag wohl darin, dass die Kirchen die behinderten Menschen versorgten und dem Staat abnahmen, denn der sozialistische Staat konnte nicht davon ausgehen, dass er behinderte Menschen zu sozialistischen Kämpfern würde erziehen können, und deshalb schob er sie ab – ebenso wie die sog. schwererziehbaren Kinder und Jugendlichen, die in die Werkhöfe gesteckt wurden.

Ich war – obwohl Heide – zehn Jahre lang Mitglied des Klosterbeirats und habe jedes Jahr eine zweitägige Sitzung besucht, genau gesagt, des Beirats des Internationalen Jugendzentrums, das auch vom Kloster betrieben wurde. Und das kam so: Ein befreundeter Kollege erzählte mir Mitte der neunziger Jahre bei einer langen Bahnfahrt im Speisewagen, dass seine Tochter nach dem Abitur mit einer Freundin im Auto von Dresden nach Berlin gefahren und verunglückt sei. Die Freundin sei gestorben und seine Tochter habe überlebt und danach gemeint, dass Gott mit ihr etwas Besonderes vorhaben müsse, indem er sie habe überleben lassen. Sie sei in das nächstgelegene Kloster als Nonne gegangen, nach St. Marienthal. Er, mein Kollege, habe sich dann für den Wiederaufbau des ziemlich herunter gekommenen Klosters gekümmert und u. a. auch ein Internationales Jugendzentrum gegründet. Ob ich – als Direktor des Deutschen Jugendinstituts (s. u. 3) – in dessen Beirat kommen wolle. Ich habe sofort zugesagt und habe es nicht bereut.

In dieser verlassenen – offensichtlich nicht „gottverlassenen" – Gegend direkt an der polnischen Grenze zwischen Görlitz und Zittau, in der die einst blühende Textilindustrie komplett zusammen gebrochen war, hatte der Kollege mit viel Geld aus Dresden, Bonn und Rom, aber vor allem mit einer außerordentlichen Tatkraft eine kulturelle Stätte von historischer Bedeutung wieder zum Leben erweckt und ökonomisch überlebensfähig gemacht. Das Jugendzentrum empfing Jugendliche aus der ganzen Welt, vor allem natürlich aus dem nahen Polen, und das Zentrum engagierte sich für Entwicklungsprojekte in der Region, für Kindergärten, Schulen, Werkstätten und Jugendheime. Das wollte ich unterstützen, und ich habe gelernt, wie man – mit Geld und Mut – vergessene und verlorene Landstriche wiederbeleben kann.

Für die 750-Jahr-Feier waren die sakralen Gebäude von der DDR schlecht und recht restauriert worden, aber es blieb noch enorm viel zu tun. Zur 750-Jahr-Feier waren der Kardinal, der Bischof und zahlreiche kirchliche Würdenträger erschienen, und die seinerzeit elf Nonnen hatten mit einer besonderen Erlaubnis des Papstes das Klosterinnere, das sog. Claustrum, verlassen und am Gottesdienst auf einer großen Wiese vor dem Kloster teilnehmen dürfen. Da sie aber nur Stein- und Holzfußboden gewohnt waren, fielen einige – so heisst es – um und brachen sich das Bein. Mein Kollege aber und ich durften – ohne besondere Erlaubnis des Papstes – einmal das Claustrum betreten und der Äbtissin einen Besuch zum Frühstück abstatten. Die Bibliothek ist angeblich eine der bedeutensten Europas, aber im Claustrum gelegen und folglich Männern unzugänglich. Nein, sie steht heute natürlich auf Microfiche der gesamten Welt zur Verfügung. Die Äbtissin, eine Frau in einer wunderschönen Biedermeierwohnung mit erlesenen Möbeln und einem reichlich, aber nicht üppig gedeckten Frühstückstisch. Sie ist für das Geistliche zuständig, während draußen die Priorin herrscht, eine ältere resolute Frau mit Stock, die mit meinem Kollegen alles gemanagt hat. Nachdem ich im dritten Jahr meiner Mitgliedschaft – entschuldigt, versteht sich – nicht zu der Jahressitzung erschienen war, kommt sie zur Begrüßung im vierten Jahr mit erhobenem Stock auf mich zu: „Wo waren Sie im vergangenen Jahr? So geht das nicht!"

1.5 Thüringen – Eine Wiederbelebung des „Mythos Wickersdorf"?

Ist es eine Legende, dass Gustav Wyneken im Jahre 1906 mit einer Handvoll Steglitzer „Wandervögel" die Großstadt Berlin verließ, um im Thüringer Wald in den Gebäuden einer verlassenen Domäne die „Freie Schulgemeinde Wickersdorf" zu gründen? Eine freie demokratische Gemeinschaft von Gleichen, im Protest gegründet und gelebt gegen die autoritäre und hierarchische Gesellschaft der Kaiserzeit einerseits und gegen den „Heroen" Hermann Lietz andererseits? Ein Landerziehungsheim wie Haubinda in Thüringen, woher Wynecken, Geheeb, Luserke und die anderen Lehrer kamen? Eine „Reformschule", die erst nach dem Ersten Weltkrieg als Schule anerkannt wurde? Eine Kameradschaft junger Männer unter einem absoluten und durchaus autoritären Führer und Verführer, nämlich Wynecken selber, mit ausgeprägten erotisch-homosexuellen Lebensformen, die zu einer strafrechtlichen Verurteilung des Führers führten? Eine jugendliche und jugendbewegte lustvolle Lebensgemeinschaft von Lehrern und Schülern mit Theater, Tanz, Musik, Kunst und Sport, eine Ursprungsstätte der Lebensreformbewegung in der Natur, ohne Alkohol und Tabak mit nackten Leibesübungen im Freien? Man weiß es nicht und wird es nie wissen trotz der vielen Zeugnisse ehemaliger Schüler, weil Wickerdorf vermutlich alles und nichts von alledem gewesen ist und vor allem in den Erinnerungen verherrlicht wurde.

Immerhin, die „Freie Schulgemeinde Wickersdorf" hatte es im Thüringer Wald gegeben, und sie überlebte unter vielfachen Wandlungen ihre Gründer, brachte zahlreiche prominente Schüler hervor, führte zu zahlreichen dissidenten Ausgründungen, überstand den Ersten Weltkrieg, die Nazi-Zeit und den Zweiten Weltkrieg und existierte nach der Umwandlung in eine sog. Spezialschule der DDR für Russisch im Jahre 1989 immer noch. Einmal jährlich hatten sich bis 1989 ehemalige westdeutsche Schüler und Schülerinnen – die es auch einmal gegeben hatte – auf einer Burg in der Nähe von Coburg in Bayern getroffen, und sie hatten sehnsuchtsvoll nach Wickersdorf hinübergeblickt und sich an ihre Schülervergangenheit erinnert. Ja, Wickersdorf sollte wiedererstehen, wenn es einmal soweit sein würde, und zwar so, wie sie es erlebt hatten. Das Geld hatten die inzwischen „alten Herren" offensichtlich, um ihre Sehnsucht nach der Vergangenheit zu finanzieren. Denn die Schule sollte so wiedererstehen, wie sie früher einmal bestanden hatte, früher d. h. jedenfalls vor DDR-Zeiten. Aber wie sollte diese Schule aussehen?

Eine Schar von Lehrerinnen und Lehrern mehrerer Landerziehungsheime, u. a. aus Salem, wollte zusammen mit einem Professor der Pädagogik aus Jena, der Verbindungen zum thüringischen Kultusministerium hatte, verhindern, dass aus Wickersdorf ein Nostalgieprojekt ehemaliger Schüler wird und sie entwickelten ein Projekt für eine moderne internationale, demokratische, ökologische und selbstverständlich ko-edukative Schule, die auf dem Gelände von Wickersdorf entstehen sollte. Das Kultusministerium schien nicht abgeneigt zu sein. Und da es auch Genehmigungen, Satzungen und Verträge brauchte, fragte der Kollege aus Jena mich, ob ich nicht dem Gründungsbeirat beitreten wollte. Schließlich war ich nicht ganz privatschulunerfahren. Ich sagte zu und fuhr irgendwann im Sommer 1991 in den Thüringer Wald.

In Erfurt wartete eine Kleinbahn weit hinten auf einem Nebengleis. „Wegen Gleisarbeiten erleidet die Bahn nach Arnsberg einen Unterbruch", hieß es auf einem Schild auf dem Bahnsteig. Na und? Zugverspätungen wegen Bauarbeiten waren in den neuen Bundesländern an der Tagesordnung, denn viele Strecken waren noch eingleisig. Mit einer riesigen Verspätung startete der Zug am späten Nachmittag. Nun, was soll sein? Es ist Sommer. Der Zug ist fast leer. Der Schaffner kommt und sagt, ich solle mal in den ersten Wagen gehen. Das Ehepaar dort wisse Bescheid, denn die führen diese Strecke jede Woche. Arnsberg und die ersten Höhen des Thüringer Waldes. Die Bergstrecke beginnt und irgendwo im Nirgendwo hält der Zug an einem kleinen Holzhaus, das einen Bahnhof darzustellen scheint. Gleise, auf denen der Zug hätte weiterfahren können, gibt es nicht auf dem bereits aufgeschütteten Bahndamm. Der Schaffner verschwindet und das Ehepaar auch, nachdem sie mir gesagt hatten, dass ein Bus nach Saalfeld kommen würde. Es wird sieben, es wird acht. Die ehemalige Bahnstation geschlossen, kein Haus sonst weit und breit und es war noch die handylose Zeit. Die Sonne geht blutrot über den Thüringer Bergen unter und der Bus kommt und bringt mich als einzigen Passagier in einer weiteren Stunde nach Saalfeld, wo es inzwischen fast 22.00 ist. Kein Hotel zu sehen, aber ein einsames Taxi, das mich auf schier endlosen kurvenreichen schmalen

Straßen nach Wickersdorf bringt, wo ich meine „Genossen" noch in fröhlicher Runde antreffe.

Das Ministerium hat entschieden, dass die „Freie Schulgemeinde Wickersdorf" nicht wieder entstehen soll, und zwar weder nach dem alten noch nach einem neuen Konzept. Es solle vielmehr ein von einer anthroposophischen Gemeinschaft getragenes Behindertenheim mit Werkstätten an Stelle der Schule eingerichtet werden, was noch heute existiert. Der Ehemaligenverein hatte das Verfahren bei der Neugründung gerügt und wollte von Unregelmäßigkeiten bei der Buchführung gehört haben. Da ich meine vorbereiteten Entwürfe für Satzungen, Verträge und Anträge nun wieder einpacken konnte, wurde ich gebeten, doch die Buchführung zu prüfen und dem Ministerium einen Bericht vorzulegen. Als Jurist unter all den Pädagogen traute man mir das wohl zu, auch wenn ich nicht gerade zum Buchhalter ausgebildet war. Nun ja, was sollte ich machen? Nach einigen Wochen kam ein Paket mit einem Schuhkarton voller Belege, wirklich ein Schuhkarton und eine handgeschriebene Ausgabenliste. Ich habe drei Tage lang sortiert und gemutmaßt, dann einen Bericht geschrieben und versucht, nach sinnlosen Telefonaten plausible Erklärungen für die zahlreichen Lücken zu finden, das Ganze dann mit der Versicherung unterschrieben, dass alles nach bestem Wissen und Gewissen geprüft zu haben. Ich habe drei Kreuze gemacht und nie wieder etwas gehört. Es hatte sich um einige zigtausend Mark gehandelt, mehr nicht.

1.6 Sachsen-Anhalt – Die Francke'schen Stiftungen in Halle

Ich greife vor, des Zusammenhangs mit der Wiedervereinigung wegen. Das Deutsche Jugendinstitut, dessen Direktor ich 1993 wurde, hatte 1990 – also vor meinem Amtsantritt – das Zentralinstitut für Jugendforschung (ZIJ) der DDR in Leipzig übernommen und nach einer weitgehenden „Abwicklung" die Reste als Regionale Arbeitsstelle des Münchener Instituts weitergeführt. Das ZIJ war die Zentrale Forschungseinrichtung der DDR für Jugendfragen und angesichts der Bedeutung von Jugendfragen für Partei und Staat so wichtig, dass es zwar eine Einrichtung des Bildungsministeriums war, aber der intensiven Beobachtung durch die Partei und insbesondere durch das Ministerium für Staatssicherheit unterlag. Die Partei ließ durch das Institut insbesondere die politischen und gesellschaftlichen Einstellungen der Jugendlichen und ihre Veränderungen untersuchen, und zwar durch sog. Panelstudien, die die Einstellungsveränderungen in regelmäßigen Abständen anhand unveränderter großer Stichproben über Jahre hinweg festzustellen suchten. Es gab zwar darüber hinaus auch andere Forschungsfelder, wie z. B. Kognitions- und Entwicklungsforschung,

Zwillingsforschung mit Daten über sämtliche in der DDR geborenen Zwillinge, sogar Untersuchungen über das Sexualverhalten von Jugendlichen, aber die sog. Leipziger Längsschnitte waren doch das Wichtigste. Aus diesem Grunde gab es im Institut eine „Arbeitsteilung" dergestalt, dass – anders als üblich – die für die Auswertung der Daten zuständigen Mitarbeiter nicht dieselben waren, die die Daten erhoben hatten, und den „Schlüssel" für den Datenzugang verwahrte angeblich der Direktor persönlich. Aufgrund dieser Nähe des Instituts zu Partei und Staat war es verständlich, dass der Einigungsvertrag die „Abwicklung" dieses Instituts vorgesehen hatte.

Obwohl mir das alles im Einzelnen unbekannt war, wollte ich eine symbolische Geste machen und trat mein Amt in Leipzig an, d. h. ich fuhr mit dem Auto – abgeholt in Berlin durch Leipziger Mitarbeiter – über Leipzig nach München. Das erste, was ich in Leipzig erfuhr, war, dass im Haushaltsplan des DJI für das kommende Jahr Haushaltsmittel für Leipzig wegen der beschlossenen „Abwicklung" überhaupt nicht mehr vorgesehen waren. In Leipzig war die Empörung natürlich riesig, in München die Kritik groß. Man habe in Leipzig doch gerade Forschungsprojekte über die Entwicklung der Jugendpolitik in den neuen Ländern durchführen wollen, und zwar gerade mit kompetenten und erfahrenen Forschern aus der DDR, und die Bundesregierung habe doch allen Ernstes erklärt, dass sie gerade das nicht wolle. Nun, der neue Direktor solle es richten! Und in der Tat, ich erhielt – als „Morgengabe" sozusagen – bei meinen ersten Haushaltsverhandlungen „die Hälfte von Leipzig" geschenkt, wobei die Hälfte nur noch ein Sechstel des ursprünglichen Bestandes war. Aber immerhin, die Leipziger Längsschnitte durfte ich behalten und weiterführen Es wäre auch zu dumm gewesen, die einzigen Längsschnitte in Deutschland mit einer so langen Laufdauer aufzugeben, zumal sie auch noch über die „Wende" hinweg liefen. Diese Dummheit blieb einer späteren sozialdemokratischen Ministerin vorbehalten, die – auf meine Erklärung der Einmaligkeit hin – spitz bemerkte, sie sei selber Sozialwissenschaftlerin und bedürfe keine Belehrung über den Charakter von Längsschnitten.

Ich musste also die Hälfte der sechzig Mitarbeiterinnen und Mitarbeiter entlassen. Nach einer großzügigen Umplanungsphase waren die Entscheidungen zum 1.1.1994 gefallen, und ich fuhr selbst nach Leipzig, um den Mitarbeiterinnen und Mitarbeitern zu verkünden, wer gehen muss, ausgerechnet nach der Weihnachtsfeier des Instituts. Während der Weihnachtsfeier saß ich bei Glühwein ausgerechnet neben der Abteilungsleiterin, die in Bonn „in Ungnade" gefallen war (s. u. 3.4.1), und sie erzählte mir, dass sie in der letzten Nacht von mir geträumt habe. Ich sei vom Himmel herab ihr als Engel mit einem brennenden Schwert erschienen. Nun gut, es war zwar schlimm, aber so schlimm auch wieder nicht, denn die Mitarbeiterinnen und Mitarbeiter hatten vorher unter sich

„ausgeklüngelt", wer bleibt und mir das als Sachentscheidung „verkauft" und die genannte Abteilungsleiterin war nicht unter denjenigen, die gehen mussten.

Die Bundesregierung hatte jedoch die vollständige „Abwicklung" dieses ungeliebten Erbes der DDR beschlossen und drohte ständig damit, sie zu vollziehen. Die Zweigstelle war in zwei komfortablen Villen in Gohlis, einem gut bürgerlichen Stadtteil von Leipzig, untergebracht. Da bot sich nach einiger Zeit unverhofft die Gelegenheit, die Existenz der Zweigstelle und damit auch die ihrer Forschung dauerhaft zu sichern, und zwar durch einen Umzug in die Francke'schen Stiftungen nach Halle. Doch Halle lag in Sachsen-Anhalt; es handelte sich um einen Umzug in ein anderes Bundesland.

Die Francke'schen Stiftungen wurden 1698 von August Hermann Francke, einem pietistischen Pfarrer als Waisenhaus gegründet und entwickelten sich im 18. und19. Jahrhundert zu einem bedeutenden theologischen und pädagogischen Zentrum, das vor allem durch den Druck und die Verbreitung von Bibeln in der ganzen Welt Bedeutung erlangte, durch die Ausbildung von Pfarrern und Missionaren, durch Kindergärten, Schulen, Berufsausbildungsstätten, Institute der Universität Halle und andere pädagogisch-soziale Einrichtungen. Es handelte sich um mehr als 50 Institutionen, die sich im Laufe der Jahrhunderte auf dem Gelände der Stiftungen angesiedelt hatten, ein riesiger „Kulturkomplex". Im Zentrum das alte Waisenhaus, das durch einen wunderschönen Rokoko-Bau ersetzt wurde, und dann eine Lindenallee mit mehrstöckigen Fachwerkbauten ebenfalls aus dem 18. Jahrhundert. Einfach unwiderstehlich! Auch in der Zeit des Nationalsozialismus und zur Zeit der DDR war der christlich-aufklärerische Anspruch der Anstalt nicht gänzlich verloren gegangen. Im Zuge der städtebaulichen Modernisierung hatte die DDR jedoch eine Stadtautobahn auf Stelzen direkt an die Grenze der Francke'schen Stiftungen gebaut, ein Zeichen des sozialistischen Fortschritts gegen die protestantische Tradition. Auch im Inneren hatte der Sozialismus Einzug gehalten, denn die zahlreichen Gebäude wurden nun für die pädagogischen und wissenschaftlichen Einrichtungen der DDR genutzt, auch wenn ihre historische Bausubstanz mehr und mehr verfiel und von der DDR wenig gepflegt wurde.

Auch hier bedurfte es – ebenso wie in St. Marienthal – einer Initiative, der Tatkraft eines Einzelnen, einer Idee und des Willens, ein solches Kulturerbe nicht aufzugeben, sondern wiederzubeleben, hier in Gestalt des Direktors der Wolfenbütteler Herzog-August-Bibliothek, Paul Raabe, der die Sache nach seiner Pensionierung in Wolfenbüttel in die Hand nahm. Im Zentrum der historischen Bedeutung der Francke'schen Stiftungen hatte schließlich ein Buch, die Bibel und ihre Verbreitung gestanden. Die Stiftungen wurden in das Weltkulturerbe aufgenommen, die Bundesregierung unterstützte die Wiederaufbaupläne des Landes und nach und nach entstanden die alten Gebäude wieder, Schulen und Universitätsinstitute, Kindergärten und Werkstätten öffneten wieder, aber Paul Raabe war ständig auf der Suche nach neuen Nutzern, die in das pädagogisch-wissenschaftliche Konzept passten und einen Beitrag zur Wiederbelebung dieser einzigartigen Einrichtung leisten könnten. So flatterte mir eines Tages das Angebot auf den Tisch, mit der gesamten Leipziger Zweigstelle des Deutschen Jugendinstituts nach Halle umzuziehen – über zwanzig Jahre mietfrei. Die Bundesregierung hatte ihre Millioneninvestitionen davon abhängig gemacht, dass sie Teile der Gebäude für eigene Zwecke nutzen oder sie ihren Einrichtungen zur Nutzung anbieten könnte und zu diesen Nutzern würde auch das DJI gehören können.

Das war ein Angebot, dem man kaum widerstehen konnte. Ich besuchte Paul Raabe, der mir die ganze Anlage zeigte und von der Restaurierung der alten Fachwerkgebäude, dem Blick auf den Lindenhof, der Kooperation mit der Erziehungswissenschaftlichen Fakultät der Universität im selben Gebäude schwärmte – einfach unwiderstehlich! Nun wollen Institutionen überhaupt nicht gerne umziehen und ich hatte schon genug mit der Abwehr bayrischer Dezentralisierungsbestrebungen in München zu tun. Leipzig und Halle liegen zwar nur eine halbe Stunde auseinander, aber die Monatskarte der Bahn von Leipzig nach Halle war um ein Vielfaches teurer als die Monatskarte der Leipziger Straßenbahn, und überhaupt das Pendeln oder der Umzug, die Wohnungssituation. Die Mitarbeiter und der Betriebsrat waren natürlich dagegen. Ich konnte sie ja verstehen. Und die Stadt Leipzig mit dem Oberbürgermeister Tiefensee, das sächsische Jugendministerium alle dagegen. Die Stadtautobahn vor der Nase, auch wenn davon die Rede war, sie abzureißen, sie steht heute noch. Ein Architekt entwickelte einen Ausbauplan, der die Arbeitsräume zum Lindenhof und nur die Funktionsräume zur Autobahn legte. Wie immer in solchen Fällen, in denen die Interessen auseinander gehen, es muss diskutiert und abgewogen werden, aber letztlich habe ich mich für Halle entschieden.

2 „Join the Navy and See the World!" – The European Educational Law and Policy Association (ELA)

Die Europäischen Gemeinschaften boten mir eine Chance, in vielen west- und osteuropäischen Ländern an der Entwicklung von Bildungsrecht und Bildungspolitik mitzuwirken (2).

Die internationalen Gemeinschaften und ihre Verträge kannten zunächst keine ausgeprägten Regelungen des Bildungswesens. Die Erklärungen der Menschenrechte umfassten zwar auch ein Bekenntnis zu einem Recht auf Bildung, wie z. B. in Art. 26 der Allgemeinen Erklärung der Menschenrechte von 1948 und Art. 13 des Internationalen Pakts über wirtschaftliche, soziale und kulturelle Rechte von 1966; doch politische, geschweige denn juristische Konsequenzen wurden daraus nicht gezogen. Die Europäische Menschenrechtskonvention von 1950 wurde im Jahre 1952 durch ein Zusatzprotokoll ergänzt, das in seinem Art. 2 ebenfalls ein Recht auf Bildung postulierte und dieser Artikel entfaltete eine gewisse juristische Wirkung, weil der Europäische Gerichtshof für Menschenrechte auf seiner Grundlage Entscheidungen fällte, die die Mitgliedstaaten des Europarats banden. Die ursprüngliche Europäische Wirtschaftsgemeinschaft von 1957 schließlich konnte nach Art. 128 EWG-Vertrag „allgemeine Grundsätze in Bezug auf die Berufsausbildung" aufstellen, auf deren Grundlage der Europäische Gerichtshof in Verbindung mit dem Gemeinschaftsrecht im allgemeinen nach und nach so etwas wie ein europäische Bildungsrecht entwickelte, das wiederum im Vertrag von Lissabon im Jahre 2009 dann in den Art. 165 und 166 des Vertrages über die Arbeitsweise der Europäischen Union eine gewisse Kodifizierung fand. Ein Recht auf Bildung war bereits 2007 in die Europäische Grundrechtecharta in Art. 14 aufgenommen worden.

An diesem langsamen Prozess der Herausbildung eines europäischen Bildungsrechts war eine Organisation nicht unbeteiligt, die sich „European Educational Law and Policy Association"(ELA) nannte. 1989 gegründet sollte sie ein lockerer Zusammenschluss von Wissenschaftlern sein, die sich mit Recht, Politik und Verwaltung des Bildungswesens in Europa befassten. Es ergab sich, dass sich ELA nach und nach auch über Europa hinaus ausdehnte, und zwar insbesondere in die USA, wo es bereits eine Organisation von Bildungspolitikern, Verwaltungsbeamten und Rechtsanwälten, die sich auf das Bildungswesen spezialisiert hatten, gab. In Europa stand dagegen eine dementsprechende „Professionalisierung" des Bildungsrechts noch bevor und lag in der Absicht der Europäischen Kommission, die dafür die Finanzmittel bereitstellte. ELA veranstaltete internationale Konferenzen und beriet Parlamente und Regierungen in bildungsrechtlichen Angelegenheiten und beteiligte sich an Gesetzgebungsvorhaben. Die anfangs halbjährlichen Tagungen sind in Büchern und in einer eigenen Zeitschrift (International Journal for Education Law and Policy) breit dokumentiert. ELA veranlasste auch die internationale Rechtsvergleichung im Bildungswesen und gab umfangreiche Sammelbände auf dieser Grundlage heraus.[103] Hinzu kamen eine Summer-University und ein Master Programm.

---

103 Charles Glenn and Jan de Groof (eds.), Finding the Right Balance - Freedom, Autonomy and Accountability, 2002; Jan de Groof and Gracienne Lauwers(eds.), No Person Shall be Denied the Right to Education, 2004.

In einigen Ländern gibt es mehr oder weniger ständige Mitglieder und in anderen Ländern im Laufe der Jahre wechselnde Teilnehmer, alles nach dem Kooptationsprinzip. Die Seele des Ganzen und der herausragende Repräsentant ist Jan de Groof, Professor in Brügge und in Tilburg. Ich habe im Laufe von 25 Jahren an unzähligen dieser internationalen Konferenzen teilgenommen und stets dort auch gesprochen und Sitzungen geleitet: Paris, Manchester, Stockholm, Tallin, Moskau, Yalta, Jaroslavl, Salzburg, Budapest, Trient, Orvieto, Vatikan, Granada, Lissabon sowie viele Treffen in den Niederlanden und in Belgien, auch in Djakarta, Rio de Janeiro, Tuscon und Fort Lauderdale, ganz zu schweigen von Bremen und Potsdam. Die Tagungen deckten die ganze Breite bildungsrechtlicher Themen ab, aber es versteht sich, dass es einige grundsätzliche Probleme gibt, die immer wieder behandelt wurden, wie z. B. die EU-Kompetenzen im Bildungsbereich, das Recht auf Bildung auf nationaler und internationaler Ebene, Gleichheit und Chancengleichheit, Freiheit und Markt im Bildungsbereich, private und vor allem religiöse Schulen, Medien, Civic Education usw. Es zeigte sich, dass es einerseits verblüffende Parallelen zwischen den Ländern, aber auch markante Unterschiede gibt, wie z. B. in den religiösen Fragen. Aus diesem Grunde legte ELA ein besonderes Gewicht auf die Analyse der Entscheidungen, und zwar der internationalen, aber auch der nationalen Gerichte.

In einer meiner zahlreichen Tischreden habe ich einmal gesagt, dass auf ELA der Werbeslogan der Britischen Marine passt: „Join the Navy, and see the world." Ja, ich habe wirklich durch ELA einen großen Teil der Welt kennen gelernt, und zwar nicht nur die Hotels, sondern auch die Städte und ihr Umland, vor allem aber Menschen aus den Gastländern. In aller Bescheidenheit möchte ich behaupten, dass ich die Bildungssysteme vieler Länder kenne, und das verdanke ich fast ausschließlich ELA. Und großartige Persönlichkeiten, Menschen, mit denen man nächtelang diskutieren (und manchmal auch trinken!) konnte; dazu gehört ganz sicherlich Charles Glenn aus Boston, der das Bildungswesen aller Länder und dessen Geschichte wie kein anderer kennt, und Gracienne Lawers, die viele Jahre lang die organisatorischen, wissenschaftlichen und persönlichen Zusammenhänge zwischen den Teilnehmern und den Ländern schuf und aufrecht erhielt. Ich habe in Paris studiert und in den USA unterrichtet und ich bin viel gereist, aber zum Kosmopoliten bin ich erst durch ELA geworden. Nach zwei Weltkongressen über Educational Law soll sich aus ELA nun GELF entwickeln, die „Global Educational Law Federation". Aufgrund der Arbeit von ELA gibt es nämlich inzwischen einen Pool sowohl von Daten über das Bildungsrecht der Welt als auch von Expertinnen und Experten, die über (fast) alle Fragen Auskunft geben können. Die Aufbereitung dieser Daten und ihre ständige Pflege und Erneuerung ist eine lohnende internationale Aufgabe.

3 Die angewandte Aufklärung – Zehn Jahre Deutsches Jugendinstitut (1993–2003)

Im Alter von 55 Jahren erhielt ich die ungewöhnliche Gelegenheit, ein großes sozialwissenschaftliches Forschungsinstitut zu leiten, das Deutsche Jugendinstitut in München (3.1–3.2), seine Arbeit zu gestalten (3.3.1–3.3.5), dadurch die Kinder- und Jugendpolitik zu beeinflussen (3.4.1–3.4.4), ohne das öffentliche Reden (3.5–3.6.1) und das Schreiben (3.6.2) aufgeben zu müssen.

> München leuchtete. Über den festlichen Plätzen und weißen Säulentempeln, den antikisierenden Monumenten und Barockkirchen, den springenden Brunnen, Palästen und Gartenanlagen der Residenz spannte sich strahlend ein Himmel von blauer Seide und ihre breiten und lichten, umgrünten und wohlberechneten Perspektiven lagen in dem Sonnendunst eines ersten schönen Junitages.
> └ Thomas Mann, Gladius Dei, 1902

3.1 „Wir sind doch alle drei Juristen; wir werden uns schon verstehen"

Am 1. April 1993 begann ich meinen Dienst als Direktor des Deutschen Jugendinstituts und München leuchtete tatsächlich – für mich! Ich war nicht Hieronymos, der „Held" von Gladius Dei, der die gottlose Kunst in dieser schönen Stadt vernichten wollte, und zwar „cito et velociter", wie es am Schluss der Novelle heißt. Auch ich wollte etwas „cito et velociter" – nur was eigentlich?

Nachdem es mir als Fachbereichssprecher in Hamburg nicht gelungen war, die gemeinsame Prüfungsordnung für beide Fachbereiche zu verhindern (s. o. Teil II 2.3) und nachdem aus diesem Grunde das Experiment Hamburg II für mich gescheitert war, nachdem ich mich in Reisen geflüchtet hatte (s. o. Teil II 2.6), wollte ich weg. Noch 15 Jahre lang „Allgemeines Verwaltungsrecht"? Den Niedergang von Hamburg II mitansehen? Die Vereinigung der beiden Fachbereiche? Nein, das wollte ich nicht, und ich studierte im Jahre 1992 die Stellenanzeigen in der „ZEIT". Nur wohin? Ich hatte mich gegen die „Neuen Bundesländer" entschieden. Ost-Berlin ja, darüber hinaus aber nein. Ich hatte mich erfolglos an der Humboldt-Universität beworben, war nicht einmal auf die Liste gekommen. Humboldt sollte eine Eliteuniversität werden und da waren die Besten gerade gut genug, auch wenn diese „Blütenträume" nicht reiften.

Es war im Sommer 1992, nach dem Ende des Sommersemesters, kurz vor meiner Abreise nach Chicago (s. o. Teil II 2.6). In der ZEIT war die Leitung des Deutschen Jugendinstituts in München ausgeschrieben. Ich hätte nie eine Chance gehabt, an die Juristische Fakultät nach München zu gelangen; der „rote Richter", der Preuße aus Hamburg, und auch noch Hamburg II, gänzlich ausgeschlossen. Vielleicht die oberen 10 % wären in die engere Wahl gekommen und dazu gehörte ich nun wirklich nicht, jedenfalls nicht in den Augen des juristischen Mainstream. Aber das DJI war nicht die Universität. Ich wusste zwar gar nicht ganz genau, was das DJI ist; aber verführerisch war das schon. In Berlin waren mal Leute aus dem DJI aufgetaucht, mit einem obskuren Projekt, und ein Jurist aus dem DJI hatte in RdJB geschrieben, ein „Vaterrechtler" – nicht gerade empfehlenswert. Aber, warum nicht? Es ging immerhin um die Leitung eines großen Instituts mit vielleicht 250 Leuten insgesamt.

Den Direktor, Hans Bertram, ein Familiensoziologe, kannte ich nicht; ich kannte überhaupt nur drei Leute in diesem riesigen Institut. Aber ich kannte noch den langjährigen Direktor, Walter Hornstein, den Jugendpädagogen, der in der Roth-Kommission des Bildungsrates gewesen war (s. o. Teil II 1.1.6) und den ich als Berater der Zeitschrift „Recht der Jugend und des Bildungswesens" häufig zurate zog, wenn es um jugendsoziologische, pädagogische oder jugendpolitische Texte ging. Ich rief ihn gleich an. Er zögerte etwas und meinte, das könne er sich gar nicht vorstellen; schließlich sei es ein sozialwissenschaftliches Institut, das bisher immer sozialwissenschaftliche Direktoren gehabt habe und die auch brauche. Aber er kenne noch Leute im Institut. Die wolle er mal fragen, was die davon hielten, wenn ich mich bewerben würde. Nach wenigen Tagen rief er an und sagte, seine Gewährsleute fänden es interessant, wenn ich mich bewerben würde. Ich fuhr stracks nach München und besuchte Walter Hornstein in Gauting, und er erklärte mir das Institut, seine Arbeit und Organisation, seine Politik und seine Probleme. Hornstein war äußerst fair, verschwieg nichts und verstärkte bei mir den Wunsch, Direktor des DJI werden zu wollen.

Er regte an, dass ich Hans Thiersch in Tübingen besuchen sollte, der Mitglied des Kuratoriums des DJI war und den ich ebenfalls aus der Roth-Kommission kannte. Ich fuhr gleich darauf nach Tübingen und traf Thiersch. „Das ist ganz ausgeschlossen!" war seine eindeutige Reaktion. „Das Institut ist 1982 aus politischen Gründen fast geschlossen worden. Es stand auf Messers Schneide. Es ist jetzt fest in den Händen der CDU, die es von Bonn aus steuert. Das Ministerium wird es nie zulassen, dass ein Sozi Direktor wird und dann noch einer wie Du. Ich konnte nicht einmal Kuratoriumsvorsitzender werden, weil ich Mitglied der SPD bin". Nun gut, wenn das so ist, habe ich mir gesagt, dann bewerbe ich mich. Wenn ich dann aus parteipolitischen Gründen abgelehnt werde, soll es mir recht sein, auch wenn man die Gründe für die Ablehnung nie erfahren wird. Also bewarb ich mich und fuhr wie geplant nach Chicago. Wen ich als Referenz angeben hatte, weiß ich gar nicht mehr. Aber darauf kam es vermutlich sowieso nicht an – bei einem so politischen Job!

Nach der Reise durch New-England, kaum in Chicago angekommen, rief eine Freundin aus Karlsruhe an: „Du gehst also nach München!" Surprise, surprise! Ich hatte überhaupt nicht gewusst, dass ihr Bruder, Hans-Herbert Wilhelmi, der „meinen Job" bei Frau Hamm-Brücher 1970 übernommen hatte, im Bundesministerium für Bildung und Wissenschaft war und als solcher im Kuratorium des DJI saß. Er hatte sich im Kuratorium für mich eingesetzt, natürlich ohne mich auf irgend eine Art und Weise ins Bild zu setzen, während der Vertreter des „Hauptministeriums", des Jugendministeriums, das noch vom Familienministerium getrennt war, den Leiter der Jugendabteilung des Instituts haben wollte, aber das wäre ein „Hausberufung" gewesen, wenn auch eine „sichere Sache".

Es gab neunundzwanzig Bewerbungen und sieben Bewerber kamen in die nähere Auswahl, wurden zum „Vorsingen" eingeladen, darunter ich, der immerhin aus Chicago angeflogen kommen musste. Wie ich erfuhr – der Draht nach Karlsruhe funktionierte gut – hatte „man" über mich Erkundigungen eingezogen. Hellmut Becker, der pensioniert noch in Berlin lebte, hatte gesagt: „Das macht der nie!" Die „katholische Seite" – Bayern hatte als Sitzland im Kuratorium ein Vetorecht – hatte Doris Knab angerufen, meine ehemalige Mitarbeiterin beim „Deutschen Ausschuss" und jetzt als ehemalige Direktorin des katholischen Instituts für Bildungsforschung in Münster und Professorin der Pädagogik in Tübingen, „eine große Nummer" in katholischen Kreisen: „Den könnt Ihr getrost nehmen; der ist gut!" hat sie gesagt, wie sie mir viel später einmal erzählte. Ich weiß nicht, wer noch alles angerufen wurde, und welche Informationen bei den durchaus verschiedenen Mitgliedern des Kuratoriums angekommen waren.

Der „große Tag" kam und ich kam aus Chicago nach München angereist. Da ich weit weg war, hatte ich mit niemand, mit wirklich niemand – außer „Karlsruhe" – gesprochen und ich kannte kaum jemand, und schon gar nicht aus dem Milieu der Familien- und Jugendforschung. Ich war Jurist und hatte eine Vergangenheit in der Bildungsforschung, aber dies war nun wirklich etwas durchaus Anderes. Frau Roth, die Chefsekretärin des Direktors, holte mich am Eingang ab und „beherbergte" mich in ihrem Vorzimmer, bis ich an der Reihe war. Dabei konnte ich einen schüchternen Blick in das Zimmer des Direktors werfen. Mein Gott! Riesig! und da sollte ich „residieren?" Vielleicht! Ich hatte sieben Minuten, genau sieben Minuten für meinen „Vortrag". Und ich hatte keine Uhr dabei. Ich brauchte natürlich auch keine Uhr, aber ich bat Frau Roth um ihre Armbanduhr, die ich in meine Jackentasche steckte, als Talisman sozusagen! Was wird sie gedacht haben? Da will einer Direktor werden, der nicht einmal eine Uhr dabei hat, typisch diese Wissenschaftler. Aber nein, es war der Beginn einer sehr schönen und vertrauensvollen zehnjährigen Zusammenarbeit zwischen uns. Sie war ein „Goldstück", meine Frau Roth.

Ich hatte mir alles genau überlegt. Ich wollte als Kritiker der Forschung des DJI auftreten. Ich wollte keinesfalls als jemand erscheinen, der die „Chose" einfach übernimmt, denn das wollte die „Politik" sicherlich nicht und ich wollte es auch nicht. Diesen Fehler wollte ich nicht noch einmal machen – nach dem Max-Planck-Institut für Bildungsforschung. Der Vortrag und die Diskussion waren „institutsöffentlich", d. h. außer dem Kuratorium war das ganze Institut anwesend. Es war schwierig gewesen, von Chicago das alles vorzubereiten, denn ich kannte die Forschung des Instituts kaum und in Chicago war sie auch nicht zugänglich. Das Internet gab es noch nicht.

PIRGA, das hatte ich mir zur „Karikatur" der Forschung, die ich kritisieren wollte, überlegt.

P – Pluralisierung
I – Individualisierung
R – Regionalisierung
G – Geschlechtergerechtigkeit
A – Autonomisierung

Es waren die Modeschlagwörter der Zeit und ich „riskierte eine Lippe", indem ich zu jedem Schlagwort ein paar kritische Bemerkungen machte. Das war gewagt, von einem Außenseiter und einem „greenhorn". Eine juristische Abteilung forderte ich nicht, ausdrücklich. Ich wollte ein sozialwissenschaftliches Institut leiten, nicht eigene Forschung dort betreiben, nicht eigene Interessen dort verfolgen. Das gefiel offensichtlich.

Ich hatte kein Manuskript, sondern redete frei (natürlich genau einstudiert!) und ging vor dem Publikum auf und ab, hielt die Zeit peinlich genau ein, während – wie ich später hörte – die anderen ein Forschungsprogramm vorgelesen und die Zeit maßlos überzogen hätten. Es gab nur wenige Fragen! – genau gesagt nur zwei. Die beiden Mitarbeiter, die mich kannten, stellten Fragen, wobei sie unterstellten, dass ich die Arbeiten des Instituts im Sinne der Mitarbeiter und Mitarbeiterinnen fortsetzen und nicht der harten Linie des bisherigen Direktors folgen würde. Lothar Lappe duzte mich dabei, wobei ich mich nicht erinnern konnte, ihn je geduzt zu haben, aber in der Zeit lag der Beginn der „großen Kumpanei" des Duzens. Der Vertreter des Familienministeriums im Kuratorium erzählte mir später, dass ich beim „Duzen" zusammengezuckt wäre, weil es mir offensichtlich unangenehm gewesen wäre und das sei für ihn ein Zeichen gewesen, dass ich nicht zu dieser „Kumpanei" gehörte. Dann gab es noch eine „Nachbesprechung" mit dem Kuratorium. Der Vertreter des Bundesjugendringes im Kuratorium Holzapfel frage mich, ob ich einmal Jugendarbeit geleistet hätte. „Ich war zwei Jahre lang Mitglied der Christlichen Pfadfinder". – „Na, immerhin!" Im Großen und Ganzen hatte ich auf Fragen eher ausweichend geantwortet – was Wunder, ich hätte mich nur ins „Fettnäpfchen setzen" können. Es war vermutlich in dieser Situation das einzig Richtige.

Irgendwie muss ich geahnt haben, dass „da noch etwas nachkommt". Ich hatte nicht gleich einen Flug nach Chicago zurück gebucht, sondern noch einen Tag in München drangehängt. So kam es dann auch. Ich sitze am nächsten Morgen beim Frühstück im „Adria" im Lehel, wo ich damals immer abstieg. Der Vertreter Bayerns im Kuratorium, ein Ministerialdirigent, ruft an und fragt, ob ich zu einem privaten Gespräch ins Ministerium kommen könne. Natürlich konnte ich, obwohl das wirklich ziemlich ungewöhnlich war. Ich fuhr also ins Ministerium und siehe da, der Vertreter des Bonner Familienministeriums war auch da. „Auf dem Wege zum Flughafen", wie der Bayer log! Also die ganze konservative Seite! Der bayrische Ministerialdirigent eröffnete das Gespräch: „Mein Kollege ist eher für die indirekte Methode; ich bin für die direkte Methode. Herr Professor Richter, gestern bei Ihrer Vorstellung und bei der anschließenden Diskussion mit dem Kuratorium ist Ihre Einstellung zur Familie nicht ganz klar geworden. Wie stehen Sie zur Familie?"

Na, da dachte ich mir: Wenn das so ist, macht es gar keinen Sinn, um die Sache herum zu reden. Jetzt ist Klartext gefordert. Ich glaube, dass ich begann: „Ich bin in der SPD", was die natürlich sowieso wussten und ich weiß auch gar nicht mehr, was ich damit sagen wollte. Jedenfalls redete ich 20–30 Minuten frei von der Leber weg über Familienpolitik und nahm dabei kein Blatt vor den Mund, d. h. ich heuchelte keine konservative Familienideologie, der meine Gesprächspartner mit Sicherheit anhingen, sondern vertrat auf der Grundlage wirklichkeitsnaher Analysen eine abwägende psychologische und soziologische Position – meine ich mich jedenfalls zu erinnern. Und als ich fertig war, guckten sich die beiden an und der kluge bayrische Ministerialdirigent sagte: „Herr Professor Richter, wir sind alle drei Juristen, wir werden uns schon verstehen". Damit war „die Sache gelaufen" und ich hatte die konservativ katholische Seite einschließlich des Vetolandes Bayern für mich gewonnen. Und so war es dann auch. Ich verstand mich mit dem bayrischen Vertreter im Kuratorium, dem Juristen, in den folgenden Jahren vorzüglich. Ich fuhr nach Chicago zurück und das Kuratorium entschied sich für mich – mit welchem Stimmenverhältnis wusste ich freilich nicht. Die wichtigste Hürde war geschafft.

Na ja, so ganz war die Sache aber noch nicht gelaufen. Die Ministerin musste noch zustimmen und die Ministerin war niemand anderes als Angela Merkel. Ich flog also nochmals nach Deutschland, jetzt nach Bonn, um Frau Merkel zu treffen. Ich übernachte am Rhein im Königshof und spaziere gegen Abend am Ufer. Ich denke an meine alten Zeiten im Deutschen Ausschuss in den sechziger Jahren und schaue auf mein geliebtes Siebengebirge. Ich treffe Hennig Scherf, den Jugendsenator von Bremen: „Ingo, bei diesem Chaotenverein in München hast Du Dich beworben?" Am nächsten Morgen um 7.30 im Ministerium in der Kennedyallee. In den drei Wochen vor dem Gespräch hatte ich mich bestens vorbereitet. Auf dieses Gespräch kam es an. Ich war auf alles vorbereitet, – nur darauf nicht! Die Ministerin kam in Begleitung von Herrn Ministerialdirektor Dr. Reinhard Wabnitz, der einen schmalen gelben Aktendeckel mit Strapsen in der Hand trug, sonst nichts. Er legte den Aktendeckel vor Frau Merkel auf den Tisch. Sie öffnete ihn nicht. Da legte der Ministerialdirektor einen winzigen Zettel mit Notizen vor seine Ministerin, den vorbereiteten Sprechzettel. Sie beachtete ihn nicht, sondern schaute mich an und sagte: „Herr Professor, erzählen Sie mir etwas aus Ihrem Leben!"

Ich war auf alles vorbereitet, aber darauf nicht. Ich sagte: „Ich bin Jurist." Sie darauf: „Was soll das denn? Das ist doch ein sozialwissenschaftliches Institut." Ich verstummte und es entstand ein peinliches Schweigen. Daraufhin sagte diese kluge Frau: „Ich glaube, ich habe einen Fehler gemacht. Wir fangen noch einmal von vorne an. In der vergangenen Woche habe ich einen Kindergarten in der Nähe von Köln besucht. Da habe ich folgendes erlebt…." Und nun erzählte mir Frau Merkel etwas von ihren Erlebnissen im Kindergarten. Ich machte dazu einige Bemerkungen. Wir haben uns eine halbe Stunde lang glänzend unterhalten. Ich war engagiert! Ich sollte in den folgenden Jahren noch mehrfach mit „meiner Ministerin" Gespräche führen, und zwar durchaus schwierige. Das Interview war beendet. Ich durfte den Ministerialdirektor noch in sein Zimmer begleiten. Auf dem Gang sagte er zu mir: „Herr Professor Richter, Sie haben einen guten Eindruck auf mich gemacht!" – „Sie auf mich auch." Was sollte ich sonst sagen, zumal er kein einziges Wort gesagt hatte.

Weihnachten 1992 kam ich aus Chicago zurück und unterrichtete noch einen letzten Kurs am Fachbereich II, nachdem ich vorher von Kollegen vertreten worden war. Es gab eine jämmerliche Abschiedsparty im Fachbereich, aber alles das konnte mich nicht mehr beeinträchtigen. „München leuchtete". Ich hatte die notwendigen Verhandlungen geführt und meine Vorbereitungen getroffen. Mein Vorgänger, Hans Bertram, hatte mich – nicht ohne an seinen eigenen Vorteil zu denken – vorzüglich beim Übergang beraten. Ich hatte für den Übergang in der Reichenbachstrasse, dicht beim Viktualienmarkt, unfern der Westenriederstrasse Nr. 14, wo ich als Student im Jahre 1958 gewohnt hatte, eine möblierte Wohnung gefunden. Ich war angekommen und überglücklich. Ich hatte mir vorgenommen, das Institut als solches, so wie es war, zu leiten und seine Leistungen zu optimieren. Ich hatte mir nicht vorgenommen, ihm meinen „Stempel" aufzudrücken. Hans Herbert Wilhelmi aus dem BMBW hatte das irrtümlicherweise eine „präsidiale Lösung" genannt. Nun war ich Leiter des größten sozialwissenschaftlichen Instituts in der Bundesrepublik, mit rd. 250 Mitarbeiterinnen und Mitarbeitern. Ich habe es dennoch geformt und es hat mich geformt, „gebildet" sozusagen.

3.2 Das Deutsche Jugendinstitut – Die Einsamkeit der Macht

3.2.1 Leitung

Ich hatte, als ich mein Amt in München antrat, keinerlei Leitungserfahrung. Ich hatte ein kleines Büro in Bonn geleitet (s. o. Teil II 1.1.1). Ich war Mitglied der Leitungskonferenz des Max-Planck-Instituts für Bildungsforschung in Berlin (s. o. Teil II 1.1.2), trug aber nicht eigentlich Verantwortung für das Institut. Ich war Dekan einer rechtswissenschaftlichen Fakultät (s. o. Teil II 2.3), aber Dekane hatten damals nicht viel zu sagen. Ich musste also alles erst „on the job" lernen. Ich habe weder Kurse für „Führungskräfte" besucht noch mich von einem Trainer coachen lassen. Ich habe alles ganz allein gemacht.

Ich habe mich stets für die kollektive Leitung von Organisationen ausgesprochen. Nun stand ich plötzlich allein an der Spitze eines großen Institutes. Da es nun einmal so war, akzeptierte ich es. Ich wollte es einfach einmal probieren. Der Träger des deutschen Jugendinstituts e. V. ist ein gemeinnütziger Verein, in dem neben dem Bund und den Ländern, die kommunalen Spitzenverbände, die Jugend- und Wohlfahrtsverbände sowie Wissenschaftler als Mitglieder vertreten sind. Klare Mehrheitsverhältnisse gibt es nicht. Neben der Mitgliederversammlung gibt es mehrere Leitungsgremien, nämlich ein Kuratorium, einen Wissenschaftlichen Beirat, eine Abteilungsleiterkonferenz und natürlich den Betriebsrat. Als ich am 1.4.1993 die Leitung als Vorstand des Vereins und Direktor des Instituts übernahm, hatte das DJI rd. 250 Mitarbeiterinnen und Mitarbeiter, davon rd. 150 Wissenschaftler, die in 6 Abteilungen an rd. 60 Projekten arbeiteten. Dazu kam die „Außenstelle Leipzig", d. h. das ehemalige Zentralinstitut für Jugendforschung der DDR, die Bibliothek, ein eigener Verlag, sowie eine Leitungsabteilung. Der Etat des Instituts betrug rd. 25 Mill. DM, von denen rd. 8 Mill. jährlich eingeworben werden mussten. Es handelte sich fast ausschließlich um öffentliche Mittel, die zu rd. 95 % aus dem

Bundeshaushalt, und zwar weit überwiegend aus dem Bundesministerium für Familie, Senioren, Frauen und Jugend (BMFSFJ) stammten. Das DJI ist ein Unikat, weil es weder ein universitäres Forschungsinstitut ist, noch zu den wissenschaftlichen Instituten der Großforschung (MPG, WGL usw.) gehört noch als Regierungsforschungsinstitut gelten kann. Das DJI ist unabhängig, doch politiknah, was für die Mitarbeiterinnen und Mitarbeiter von Reiz ist, aber auch ein Fluch sein kann. Aufgrund der wissenschaftlichen und politischen Sonderstellung des Instituts gibt es keine Karrieren, die in das Institut hinein oder aus dem Institut herausführen, sondern die Mitarbeiter befinden sich in existenzieller Abhängigkeit vom Institut, zumal München ein Standort ist, den keiner gerne aufgibt. Für die Leitung des Instituts bedeutet die Stellung des Instituts zwischen Politik und Wissenschaft Herausforderung und Chance zugleich. Die Leitung einer so großen Einrichtung heißt Institutspolitik und -planung, Finanzierung, Organisation und Personal, heißt wissenschaftliche Orientierung und Konfliktlösung, hieß in meinem Fall: keine eigene Forschung.

3.2.2 Insignien der Macht

In das riesige Dienstzimmer meines Vorgängers hatte ich schon bei meiner Vorstellung hineinblicken dürfen (s. o.), ein riesiger Schreibtisch, eine schwarze schwere Ledersitzgarnitur. Ich dachte gar nicht daran, das zu ändern. Nach einem späteren Umzug des Instituts habe ich leichtere Lindenholzmöbel mit weniger schwarzem Leder gewählt. Selbstverständlich ein Vorzimmer, in dem Frau Roth den Zugang zum Zimmer des Direktors bewachte. Ich „herrschte" über zwei Vollzeit- und zwei Teilzeitsekretärinnen, eine persönliche und eine wissenschaftliche Referentin, eine Mitarbeiterin für die jeweilige Jugendberichtskommission und eine für die Zeitschrift „Recht der Jugend und des Bildungswesens" (s. o. Teil II 1.2.1). Da ich bei meinen Berufungsverhandlungen auf eine Juristische Abteilung und eine Bildungsabteilung, die ich beide hätte haben können, verzichtet hatte, gehörte „nur" noch das sog. Wissenschaftliche Referat beim Vorstand zur Leitung, in dem zentrale Funktionen wie Planung, Öffentlichkeitsarbeit, Zeitschriften, Buchverlag usw. versammelt waren.

Ich verfügte über einen Dienstwagen mit Fahrer, den ich aber weder für auswärtige Termine noch für den täglichen Weg zur Arbeit noch gar für private Zwecke nutze, sondern nur für die Fahrten zum Flughafen und zu wenigen Terminen in der Münchener Region, so dass er für allgemeine Institutsangelegenheiten zur Verfügung stand. Ich fuhr mit der U-Bahn ins Büro und manchmal mit dem eigenen Auto, für das ich einen Parkplatz beim Institut hatte. Ich trug im Büro in der Regel „Anzug mit Krawatte", d. h. einen Zweiteiler und im Winter einen schwarzen Borsalino. Ich flog Business-Class, weil nur so das ständige Umbuchen möglich war und ich fuhr Bundesbahn 1. Klasse, weil Frau Roth sich weigerte, den von mir vorher je nach Fülle praktizierten Wechsel zwischen der 2. und der 1. Klasse abzurechnen.

Ich duzte niemand im Institut, obwohl das Duzen unter Gleichen inzwischen allgemein üblich geworden war, - außer Lothar Lappe, der mich als ehemaligen Kollegen aus dem MPI in Berlin bei meiner Vorstellung geduzt hatte (s. o. 3.1). Mein Freund Knut Nevermann, der über umfangreiche Leitungserfahrungen verfügte, hatte mir bei meinem Amtsantritt geraten, mich nie mit Mitarbeiterinnen oder Mitarbeitern, sondern allenfalls mit Abteilungsleitern zum Essen zu verabreden, weil dies die Quelle von Gerüchten wäre. Ich hätte mich gerne mit Mitarbeitern angefreundet, aber auch dies ging nicht. Ich habe die Feststellung von Hans Heckel, dem langjährigen Direktor des Deutschen Instituts für Internationale Pädagogische Forschung in seiner „Kleinen Bürokunde" beherzigt: „ Liebe im Büro ist lästig, wenn sie unernst ist; ist sie ernst, ist sie Schicksal."

3.2.3 Zeichen der Kollegialität

Ich fahre mit dem Fahrstuhl nach der Mittagspause mit mehreren Mitarbeiterinnen und Mitarbeitern nach oben. Ein Mitarbeiter drückt für mich den sechsten Stock, in dem sich mein Dienstzimmer befindet. „Danke, aber ich will in den dritten Stock." – „Ihr Vorgänger ist immer in den sechsten Stock gefahren." Ich habe häufig die Mitarbeiter und Mitarbeiterinnen zu Gesprächen in ihren Zimmern aufgesucht, nie unangemeldet, versteht sich, aber ich war neugierig, wie sie sich einrichten und wie sie arbeiten. Ich habe Besprechungen in meinem Zimmer nie von meinem Schreibtisch aus geführt, sondern habe mich mit meinen Besuchern stets an den Konferenztisch gesetzt. Ich habe regelmäßig an Projektbesprechungen teilgenommen, die in aller Regel nicht in meinem Arbeitszimmer, sondern in den Projekträumen stattfanden. Frau Roth war das alles gar nicht recht, denn sie wollte einen „richtigen Chef" und ein richtiger Chef lässt die Leute zu sich kommen. Ich hatte mit ihr einen richtigen Krach, weil sie darauf bestehen wollte, dass alle Termine mit „dem Chef" von ihr gemacht werden müssten. Ich aber vereinbarte Termine mit Mitarbeitern und sogar mit Gästen direkt telefonisch. Dann aber wollte sie zumindest von mir darüber informiert werden, was ein legitimes Interesse war.

Die Tür zu meinem Zimmer blieb stets geschlossen. Als sie einmal offengeblieben war, hörte ich Frau Roth zu einem Mitarbeiter mit scharfer Stimme sagen: „Und Sie, Sie bekommen überhaupt erst in drei Wochen einen Termin beim Chef!" Ich habe in keinem einzigen Falle meinen Namen als Herausgeber oder Autor auf einen Buchtitel gesetzt, in dem ich nicht selber wesentliche Teile selber geschrieben oder verantwortet hatte, obwohl dies in academia bekanntlich weitgehend anders gehandhabt wird. Dies fiel mir leicht, weil ich als Jurist in der Tat bei Institutspublikationen nicht Herausgeber oder Autor war, auch wenn ich als Direktor die Verantwortung für die Publikationen trug. Vieles habe ich wohl instinktiv gemacht, denn ich hatte es mir nicht vorgenommen; vieles gehörte für mich zum „Anstand"; manches mag einfach persönlicher Stil sein. Trotzdem sagte mir meine persönliche Referentin einmal: „Sie müssen nicht denken, dass Mitarbeiterinnen manchmal nicht weinend aus Ihrem Zimmer kommen." Das hatte ich mir nicht vorstellen können und es gab mir zu denken.

3.2.4 Vertrauen

Ich meine, dass sich die Mitarbeiterinnen und Mitarbeiter auf mich verlassen konnten, dass sie mir vertrauten. Sie durften selbstverständlich ihre wissenschaftlichen Ansichten öffentlich vertreten, ohne meine Genehmigung dafür einholen zu müssen. Ich habe mir nie Mitarbeitervorträge vorher zur Genehmigung vorlegen lassen. Die schriftliche Veröffentlichung bedurfte selbstverständlich der Genehmigung des Abteilungsleiters oder des Direktors, wenn es sich um Veröffentlichungen des Instituts handelte. Bei politischen Äußerungen, die angesichts der Politiknähe des Instituts häufig erwartet wurden und auch fielen, erwartete ich eine gewisse Zurückhaltung, die Berücksichtigung der Institutsinteressen und die Feststellung, dass es sich nicht um Institutsmeinungen, sondern um persönliche Ansichten handelt, was allerdings in der Regel nichts nutzt, weil Mitarbeitermeinungen trotzdem dem Institut zugerechnet werden. Wenn diese Voraussetzungen eingehalten wurden, habe ich mich stets vor die Mitarbeiter gestellt und sie geschützt.

Empörte Anrufe aus dem Ministerium kamen ab und zu vor: „Da hat doch einer Ihrer Mitarbeiter wieder einmal …", aber ich habe sie doch in aller Regel abwehren können. Nur mit Anita Heiliger, einer bekannten Feministin, gab es immer wieder Probleme, weil sie es nicht lassen konnte, ihre deutlichen Meinungen öffentlich sehr pointiert zum Ausdruck zu bringen, die trotz der gegenteiligen Erklärung dann dem Institut zugerechnet wurden. „Frau Heiliger, ich kann Sie nur schützen, wenn Sie mir helfen und Provokationen des Ministeriums vermeiden. Verstehen Sie doch bitte, dass Ihre Äußerungen nicht nur dem Institut und mir, sondern von der Opposition auch dem Ministerium zugerechnet werden, denn wir sind nun einmal ein politiknahes Institut." Sie verstand, aber dann passierte es doch wieder. Aber auch damit konnte ich leben. Vertrauen ist ein wechselseitiges „Geschäft". Vertrauen kann nur jemand erwarten, der selber seinen Mitarbeitern vertraut. Ich habe es grundsätzlich abgelehnt, Misstrauen zur Grundlage meines Handelns zu machen. Es entspricht auch meiner Erfahrung, dass die meisten Menschen ehrlich und offen ihre Arbeit machen wollen und keinen „Unterschleif" begehen. Voraussetzung ist jedoch, dass es sich um eine Arbeit handelt, die von den Mitarbeitern gewünscht bzw. akzeptiert und von der Leitung anerkannt wird. Natürlich wollen manche auf ihren „Erbhöfen" sitzen bleiben und ernten, was sie gesät haben, aber manchmal sind sie auch glücklich, wenn sie etwas Neues machen dürfen. Natürlich möchte niemand Zeitdruck, denn „gut Ding will Weile haben" und extra time ist angenehm, aber das geht nicht immer. Natürlich sind für viele Menschen Dienstreisen schön, aber es gibt Grenzen. Da muss man manchmal „ein Auge zudrücken", aber wirklichen Missbrauch habe ich nicht erlebt.

Es gab in dieser Beziehung nur einen einzigen harten Konflikt mit dem Ministerium: die Stechuhr! Sie passt nicht für wissenschaftliches Arbeiten, denn in der Wissenschaft besteht zwischen Zeitaufwand und Ergebnis nur eine relative Beziehung. „Homeoffice" war noch ein völlig unbekannter Begriff. Das ist aber Beamten nicht klar zu machen, denn es besteht ein unausrottbares Vorurteil gegenüber Wissenschaftlern, dass sie es sich bequem machen wollen und prinzipiell zur Faulheit neigen. Ich setzte auf Vertrauen und bot interne Kontrollen an. Vergebens! Das Ministerium drohte schriftlich mit der Nicht-Bewilligung des nächsten Haushalts. Ich musste „klein beigeben". Aber, wirkliche Missbrauchsabsichten kann auch eine Stechuhr nicht verhindern und im Übrigen kann man mit einer vernünftigen Handhabung der Stechuhr auch leben. Und nun in „Coronazeiten" wird das Homeoffice die Regel, auch wenn man nicht einmal weiß, was das für wissenschaftliches Arbeiten bedeutet.

3.2.5 Gremien

Ich hatte zwar Gremienerfahrungen, aber nicht als Leiter, sondern immer nur als Mitglied. Ich habe in dieser Beziehung sehr viel erlebt und sehr viel gelernt. Aber statt über die unzähligen Erfahrungen heitere und ernste stories zu erzählen, will ich auf der Basis dieser Erfahrungen für jedes meiner Gremien ein zentrales Charakteristikum hervorheben. Der Verein Deutsches Jugendinstitut hatte damals rd. 50 Mitglieder, die einmal jährlich zur satzungsrechtlich vorgeschriebenen Mitgliederversammlung zusammentraten. Das war eine völlig heterogene Gesellschaft, denn sowohl der Bund, die Caritas und der berühmte

Pädagogikprofessor x aus y waren mit je einer Stimme vertreten. Gremien dieser Art sind nicht entscheidungsfähig, sondern dienen der Legitimation von Entscheidungen, die an anderer Stelle getroffen werden. Faktisch ging es um eine Selbstdarstellung des Instituts und die Profilierungswünsche einzelner Mitglieder. Mächtig war dagegen das Kuratorium mit seinen 12–15 Mitgliedern, mächtig trotz seiner austarierten Machtpluralität, denn das Kuratorium wählt den Direktor, entscheidet über den Haushalt und kann praktisch alle Fragen von Relevanz an sich ziehen, Fragen von Relevanz für einzelne Mitglieder, freilich nicht eigentlich Forschungsfragen. Da das Kuratorium nicht vom Direktor geleitet wird, sondern einen eigenen Vorsitzenden hat, kann dieser durchaus eine eigene Linie fahren. Deshalb liegt der Vorsitz auch stets bei den „neutralen" Wohlfahrtsverbänden oder bei den Kommunen. Ich habe die Erfahrung gemacht, dass das Institut im Kuratorium gut gefahren ist, wenn es einerseits die legitimen Interessen des Bundes als dem mit Abstand größten Geldgeber und andererseits die Interessen der grossen Wohlfahrtsverbände als den „Meinungsträgern" in der Kinder-, Jugend- und Familienpolitik angemessen berücksichtigt hat.

Für mich war die Konferenz der Abteilungsleiter das wichtigste Steuerungsgremium des Instituts, obwohl sie formal keinerlei Entscheidungsbefugnis hatte. Ich habe keine Entscheidung gegen den geäußerten Willen der Mehrheit der Abteilungsleiter gefällt, und die Abteilungsleiter haben auch nie versucht, mir ihren Willen aufzuzwingen. Die Leitung erfordert eine gleichzeitig konfliktbegrenzende und entscheidungsproduktive Verhandlungsführung zwischen Dominanz und Moderation, ein höchst gefährlicher Drahtseilakt, der Balance und Mut erfordert. Was den Betriebsrat angeht, so hatte mir mein organisationserfahrener Freund Knut Nevermann einen zweiten Rat gegeben: Verhandle nie mit dem Betriebsratsvorsitzenden alleine und gehe nie ohne den Verwaltungschef in die Betriebsratssitzungen. Das war ein guter Rat, denn der Verwaltungsleiter des Instituts, Wolfgang Müller, übernahm freiwillig die Rolle des bad guy, so dass ich wunderbar die Rolle des good guy spielen konnte.

Wirklich schwierig war für mich der Wissenschaftliche Beirat, zumal ich ihn von meinem Vorgänger übernommen hatte. Das DJI hatte in der universitären Wissenschaft nicht den allerbesten Ruf: Das viele Geld des Bundes; keine DFG-Mittel; keine auf dem „Markt" eingeworbenen Mittel; Auftragsforschung für den Geldgeber; nur wenige Promotionen und kaum Habilitationen; Auftritte überwiegend auf Verbandsveranstaltungen, nicht aber auf wissenschaftlichen Kongressen, und schon gar nicht international; nur wenige englischsprachige Publikationen usw. Bei den jährlichen Sitzungen des Beirats war es für die Kolleginnen und Kollegen ein Leichtes, diese überwiegend strukturell bedingten Defizite an konkreten Projekten genüsslich zu demonstrieren. Und nun ein

Jurist als Direktor des damals größten sozialwissenschaftlichen Instituts der Bundesrepublik. Die Erklärung und Verteidigung der Arbeiten des Instituts vor ausgewiesenen Wissenschaftlern war für mich als fachfremden allrounder schier unmöglich. Es gab aber durchaus auch verständnisvolle Mitglieder des Beirats, die mir freundschaftlich beisprangen, und es gab interessengeleitete Mitglieder, die es mit mir nicht verderben wollten. Der absolute Höhepunkt jeder wissenschaftlichen Leitungskarriere ist natürlich die Evaluation des Instituts durch den Wissenschaftsrat. Gewitzt durch die Erfahrungen anderer nicht-universitärer Institute, bei denen der universitär dominierte Wissenschaftsrat häufig geurteilt hatte: „Politikberatung gut – Wissenschaft schlecht!", hatten wir uns gut vorbereitet und erhielten ein Urteil, wie es besser nicht hätte ausfallen können. Bei zahlreichen kleineren Mängeln und Defiziten im Einzelnen im Großen und Ganzen: Gut!

Das klingt nun vielleicht alles nach zu viel Eigenlob. Deshalb am Schluss dieses Abschnittes über die Leitung des Instituts ein Wort über meine deutlichen Leitungsschwächen. Erstens habe ich mich gescheut, Mitarbeiter und Mitarbeiterinnen deutlich zu kritisieren, wenn es dazu Anlass gab, und ich habe ebenso versäumt, sie deutlich zu loben, wozu es immer Anlass gibt. Denn jeder Mensch braucht Lob für gute Arbeit und verträgt auch Kritik, wenn sie sachlich geäußert wird. Da die Mitarbeiter aufgrund der singulären Situation des Instituts eigentlich immer in einer prekären Lage waren, hatten sie Anspruch darauf zu erfahren, „was Sache ist". Nur allzu häufig wusste ich es selber nicht genau und ich wollte auch niemand ohne Not verletzen. Das schnelle oberflächliche Lob habe ich immer peinlich gefunden, stets mit einem Hauch von Unehrlichkeit. Zweitens meinte ich zwar im Unterschied zu Früher durchaus in der Lage zu sein, das biblische „Ja, ja – Nein, nein" zu sagen, aber allzu häufig wurde es dann doch wieder ein „Einerseits-Andererseits" mit dem Ergebnis eines „Vielleicht". Und nichts ist verheerender als die Unsicherheit bei der Beurteilung der Arbeit der Mitarbeiter und ihrer persönlichen Zukunft.

3.3 Forschung am Deutschen Jugendinstitut – Big is not necessarily beautiful

Unter dem Titel „Die angewandte Aufklärung" veröffentlichte Ralf Dahrendorf im Jahre 1963 eine kleine Schrift über „Gesellschaft und Soziologie in Amerika". Dahrendorf beschreibt darin einerseits die Emigration der deutschen empirischen Sozialforschung nach 1933 in die Vereinigten Staaten und ihre Entwicklung dort als Interaktion von Gesellschaft und Soziologie, d. h. die Art und Weise, in der die Forschung praktische Probleme des Lebens aufgriff, empirisch untersuchte und zu Veränderungen beitrug. Galt dies vielleicht auch für die Forschung des DJI in den neunziger Jahren?

Das DJI war 1961 durch die Vereinigung einer Jugendbibliothek und eines Dokumentationszentrums für Jugendfragen entstanden und von Walter Hornstein zu einem Forschungsinstitut über Jugendsoziologie und -pädagogik weiterentwickelt worden. Hans Bertram baute das Institut dann in den achtziger Jahren zu einem großen sozialwissenschaftlichen Forschungsinstitut für Familien- und Jugendforschung um, indem er den Familien- und den Jugendsurvey begründete und dem Institut Abteilungen für Forschung über Politik, Medien, Arbeit, Frauen und Kinder hinzufügte. Die Geschichte des DJI ist gut dokumentiert, und zwar in den zahllosen Publikationen, die im DJI-Verlag oder sonstigen Verlagen vorliegen, in den beiden Zeitschriften DJI-Bulletin/ DJI Impulse und Diskurs und vor allem in den Jahresberichten, die der Direktor dem Kuratorium vorzulegen hat und die veröffentlicht sind.[104] Ich kam zwar aus dem Institut für Bildungsforschung, aber die Jugend- und Familienforschung kannte ich nicht. Alles war mir neu und ich war neugierig. Da ich kein Sozialwissenschaftler war, konnte ich die Forschung ganz unbefangen betrachten.

3.3.1 Relevanz

Es bestand kein Mangel an Themen. Sie lagen sozusagen „auf der Straße" und die Mitarbeiterinnen und Mitarbeiter brauchten sie nur aufzugreifen. „Jugend und Schule" – War es nicht besser, den „Schulschwänzern" – Schulabstinenz nannte man das „wissenschaftlich" – alternative Angebote der Schulsozialarbeit zu machen, anstatt sie durch die Polizei in die Schule zu zwingen oder die Eltern mit Bußgeldern zu belegen?[105] „Jugend und Medien" – Ist es nicht schön, dass die Jugendlichen nicht isoliert stundenlang vor der „Glotze" sitzen, sondern mit ihren Eltern gemeinsam Fernsehen gucken und sich über die Stars von einst und jetzt austauschen?[106] „Jugend und Arbeit" – Was tun gegen die grassierende Jugendarbeitslosigkeit? Übungsfirmen gründen und den Übergang

---

104 Aus der Frühzeit des Instituts vor allem durch Ina Fuchs, Wagnis Jugend. Zu Geschichte und Wirkung eines Forschungsinstituts 1949 – 1969, 1990; zur Information später dann Deutsches Jugendinstitut, Jahresberichte, zuletzt 2019.

105 Erich Raab, Hermann Rademacker und Gerda Winzen, Handbuch Schulsozialarbeit – Konzeption und Praxis sozialpädagogischer Förderung von Schülern, 1987

106 Ekkehard Sander, Common Culture und neues Generationenverständnis – Die Medienerfahrungen jüngerer Jugendlicher und ihrer Eltern im empirischen Vergleich, 2001

in den Beruf erleichtern.[107] Hunderte von Themen, deren soziale und politische Relevanz nicht von der Hand zu weisen war. Hatte man sie einmal gefunden, sich mit ihnen profiliert, sich als Experte etabliert und seine „Klienten" gefunden, dann bildeten sich „Erbhöfe".

Aber warum gerade diese Themen, wo es doch hundert andere gab? „Theorie" sollte die Auswahl begründen, aber diese Theorie gab es nicht, jedenfalls nicht am DJI, nicht die „ganz große Theorie", wie z. B. „Spätkapitalismustheorien", „Systemtheorien" oder „Diskurstheorien", auch nicht eigentlich „Theorien mittlerer Reichweite" wie z. B. die „Theorien" zur Individualisierung und Pluralisierung, über die ich mich schon bei meinem „Vorsingen" lustig gemacht hatte (s. o. 3.1), sondern in den Abteilungen herrschten „lockere Theorieansätze", die die Projekte zusammenbanden, wie z. B. der sog. Situationsansatz in der Kinderabteilung oder der sog. Generationsverhältnisansatz in der Familienabteilung. Glücklicherweise versagte es sich das Institut, seine Datensammlungen mit Etiketten zu versehen, wie es z. B. die Shell-Studien taten und weiter tun, z. B. z. Z. „Die pragmatische Generation". Am DJI gab es damals keine Forschung über Kinder unter drei Jahren, nichts über Kriminalität, Sexualität, Gesundheit, Drogen u. a.m.

„Macht die Fenster auf, lasst frische Luft herein!" hatte der neue Direktor des Instituts für Bildungsforschung in Berlin, Paul Baltes, den Mitarbeiterinnen und Mitarbeiter zugerufen, als er ans Institut kam. Das wollte ich eigentlich auch tun, aber das ist leichter gesagt als umgesetzt. Es gibt „Forschungskoalitionen", die sich zwischen den Forschungsprojekten einerseits und den Auftraggebern bzw. Abnehmern von Forschungsergebnissen andererseits bilden, seien es nun Ministerien, Verbände oder Unternehmen, wobei letztere im DJI keine Rolle spielten. Die einen regen an, finanzieren und eröffnen den Zugang zum Feld, während die anderen forschen und Ergebnisse liefern. Solche Koalitionen können über Jahre bestehen und Forschungsplanung wird zur Illusion. Forschungsinstitute sind wie Ozeandampfer, deren Richtung nur minimal und nur sehr langsam geändert werden kann, und zwar insbesondere wenn sie über eine institutionelle Finanzierung verfügen, aber selbst bei befristeten Projektfinanzierungen funktionieren solche Koalitionen.

107 Frank Braun, Lokale Politik gegen Jugendarbeitslosigkeit – Arbeitsweltbezogene Jugendsozialarbeit, Band 1, 1996

3.3.2 Wissenschaftliche Begleitung

Das Bundesministerium förderte unzählige Projekte in der Praxis der Jugend- und Familienarbeit und in jedem Projektantrag wurde eine wissenschaftliche Begleitung gefordert, die meistens ohne Ausschreibung bewilligt und häufig an das DJI vergeben wurde, was unter wissenschaftspolitischen Gesichtspunkten mehr als fragwürdig war. Die Mitarbeiterinnen und Mitarbeiter griffen diese Möglichkeit, „in der Praxis" zu forschen nur allzu gerne auf. „Handlungsforschung" war das Gebot der Stunde, endlich nicht immer nur reden, sondern etwas verändern. Doch die Evaluation von Praxis, z. B. von Modellprojekten hatte es in sich. Theoretisch und methodisch stellten sich tausend Fragen.[108] Ich war instinktiv skeptisch. Der Wissenschaftliche Beirat war extrem kritisch.

Meine Skepsis legte sich, als ein bekannter kritischer Empiriker sich im Rahmen der Evaluation des Instituts durch den Wissenschaftsrat ausgerechnet das Projekt „Bereitschaftspflege" für seinen „Besuch" und eine intensive Prüfung ausgesucht hatte. Bei diesem Projekt ging es um Pflegeeltern, die bereit waren unbegleitete Flüchtlingskinder (die gab es damals auch schon!) vorübergehend bei sich aufzunehmen und zu versorgen, bis deren Identität, Herkunft und weiteres Schicksal geklärt werden konnten, damit sie nicht derweil „ins Heim gesteckt" werden mussten, und darüber konnten Wochen, manchmal Monate vergehen. In dem Projekt wurden nun solche Pflegeverhältnisse untersucht: Wer macht so etwas? Was brauchen solche Pflegeeltern? Was kann man von ihnen erwarten? Was kommt dabei heraus? Ich hielt dieses Projekt für sehr sinnvoll, ja für dringend nötig, denn niemand konnte solche Fragen beantworten. Die Forschungsberichte freilich fand ich schwach, sowohl von den Ergebnissen, aber vor allem von den Begründungen her. Ich ahnte Schreckliches. Ich fürchtete wieder einmal das Diktum: Politisch wichtig – wissenschaftlich schlecht!

Ich staunte nicht schlecht als eben dieser Kollege in der abschließenden Besprechung eine Lanze für das DJI brach und über dieses Projekt sagte: „Ich bin vom Saulus zum Paulus geworden. Ich kam voller Vorurteile gegen diese Art von wissenschaftlicher Begleitung hierher und nun habe ich gesehen, dass dies genau die Arbeit ist, die wir dringend brauchen." Ich war zwar erleichtert, aber handelte es sich nicht eigentlich um „Erkenntnisse", die eine gute Verwaltung ebenso finden und umsetzen kann? Braucht es dazu wirklich „Forschung"?

---

108 Zu Evaluationsforschung in der damaligen Diskussion s. z. B. Christoph Wulf (Hrsg.), Evaluation. Beschreibung und Bewertung von Unterricht, Curricula und Schulversuchen, 1972 oder Andreas Gruschka (Hrsg.), Ein Schulversuch wird überprüft, 1976

Das Problem in der Zusammenarbeit von Wissenschaft und Politik bzw. Verwaltung schien zu sein, dass es eine solche „gute Verwaltung" nicht gab und die Mode des „outsourcing" um sich griff. Die Verwaltung sollte „schlanker" werden und sich der „Forschung" durch Dritte bedienen, z. B. durch das DJI.

3.3.3 Reformen

Das „Jahrzehnt der Bildungsreform" (1965–1975) war für mich eigentlich vorbei. Ich hatte daran meinen Anteil gehabt (s. o. Teil II 1.1) und ich hatte versucht, auch in meinem Kompetenzbereich „Recht und Verwaltung des Bildungswesens" dazu einen Beitrag zu leisten (s. o. Teil II 1.2). Auch die Reform der Juristenausbildung in der sog. Einstufigen Ausbildung am Fachbereich Rechtswissenschaft II der Universität Hamburg habe ich als Professor des Öffentlichen Rechts mehr als 10 Jahre lang mitgetragen, und zwar fast bis zum Ende (s. o. Teil II 2.3). Im Rückblick will es mir scheinen, dass in beiden Fällen Ideen einer gesellschaftlichen Umgestaltung das Denken und Handeln der „wissenschaftlichen Reformer" bestimmten, im Falle der Bildungsreform die Vorstellung, durch Reformen des Bildungswesens einen „neuen Menschen" zu schaffen, wenn es schon keine Revolution gab, die eine „neue Gesellschaft" schafft, und im Falle der Reform der Juristenausbildung die Idee, dass der „neue Jurist" am Aufbau einer „neuen Gesellschaft" durch konstruktive Arbeit mitwirkt, und zwar im Rahmen einer Verfassung, die Freiheit und Gleichheit verspricht.

Nun aber, in den neunziger Jahren, nach dem Scheitern des „Realsozialismus" in „seinen Staaten" ging es zwar nicht um ein „Ende der Geschichte" (Francis Fukuyma) im Sinne eines „Sieges" von liberaler Marktwirtschaft und pluralistischer Demokratie, sondern um die Beobachtung und Analyse grundlegender Veränderungen, die sich in allen Bereichen des gesellschaftlichen Lebens abzeichneten, und zwar auch und gerade in den Lebensverhältnissen der Kinder und Jugendlichen sowie ihrer Familien. Der Achte Jugendbericht hatte 1990 sog. Strukturmaximen für die Gestaltung der Jugendhilfe formuliert: Prävention, Dezentralisierung/Regionalisierung, Alltagsorientierung, Integration, Partizipation und Lebensweltorientierung[109] und der Gesetzgeber hatte versucht, sie im Kinder- und Jugendhilfegesetz (SGB VIII) umzusetzen.[110] Der Fünfte Familienbericht forderte 1995 unter dem Motto „Die Zukunft des Human-

---

109 Der Bundesminister für Jugend, Familie, Frauen und Gesundheit (Hrsg.), Achter Jugendbericht, 1990, S.85 ff.
110 Sozialgesetzbuch Achtes Buch – Kinder- und Jugendhilfe vom 26.6.1990, BGBl. I S. 1163

vermögens" Gerechtigkeit für Familien und verlangte einen Familienlasten- und -leistungsausgleich,[111] den das Bundesverfassungsgericht durch grundlegende Entscheidungen erzwang.[112] Überall, wohin man schaut, in der Arbeitswelt und in der Medienwelt, in der Politik und in der Wirtschaft, Gesetzgeber und Verwaltung versuchen, auf grundlegende Veränderungen zu reagieren und bedienen sich dabei einer empirischen Sozialforschung, die die gesellschaftlichen Veränderungen nicht mehr „vorausdenkt", sondern „nachvollzieht".

So z. B. in der vorschulischen Erziehung, die einst primär familial verantwortet wurde, und die nun zunehmend öffentlich institutionalisiert wird.

Die Reform der vorschulischen institutionellen Erziehung stand im „Zeitalter der Bildungsreform" auf der Tagesordnung. Aus der bloßen Betreuung der Kinder im Kindergarten sollte eine KITA für Betreuung, Erziehung und vor allem für Bildung werden: Frühes Lernen! Doch lange Zeit noch herrschte das Tabu: Mütter, die ihre Kinder in den Kindergarten schicken, sind „Rabenmütter". Auch in diesem Bereich eilten die grundlegenden Veränderungen den „Reformen" voran. Das „Recht auf einen Kindergartenplatz", von den Reformern jahrzehntelang gefordert, wurde nicht etwa durch einen bildungspolitischen Reformakt eingeführt, sondern vom Bundesverfassungsgericht in seiner zweiten Abtreibungsentscheidung verlangt, weil das Gericht meinte, so die Frauen dazu „verführen" zu können, Kinder nicht abzutreiben, sondern zur Welt zu bringen.[113]

Das setzte einen Ausbau der Kindertageseinrichtungen voraus, eine gewaltige organisatorische und finanzielle Anstrengung. Das DJI war damals die einzige Forschungseinrichtung in der Bundesrepublik, die in der Lage war, den „Neuen Kindergarten" zu konzipieren, in Modellversuchen auszuprobieren, diese zu evaluieren und schließlich die allgemeine Einführung zu beraten. Und dies geschah auch, und zwar in dem großen Projekt „Orte für Kinder". Was wurde nicht alles „erfunden" und diskutiert: Mütterzentren, Tagesmütter, flexible Öffnungszeiten und vieles andere mehr! Und es gab sogar eine „Theorie" dafür, den sog. Situationsansatz, der wie eine Monstranz vorangetragen wurde. Dabei handelte es sich um nicht mehr und nicht weniger als eine Spezifizierung der „Milieutheorie" für die frühkindliche Erziehung, auf die man gut und gerne auch verzichten konnte. Die Motivation und Begeisterung, der Erfindungsreichtum und der Erfolg dieses Projektes sprachen für sich.[114]

---

111 Bundesministerium für Familie und Senioren (Hrsg.), Familien und Familienpolitik im geeinten Deutschland, 1994, S. 287 ff.
112 Grundlegend BVerfGE 82, 60
113 BVerfGE 88, 203
114 Deutsches Jugendinstitut (Hrsg.), Orte für Kinder, 1994

3.3.4 Dauerbeobachtung

In der Kinder- und Jugendpolitik und -verwaltung gab es einen riesigen „Daten-hunger". In der Schulpolitik besorgte sich die Verwaltung die notwendigen Informationen per Erlass. In der Kinder- und Jugendpolitik ging das nicht so ohne Weiteres, denn für die Kinder- und Jugendhilfe trugen die Kommunen die Verantwortung und die Durchführung lag weitgehend in den Händen der „freien Träger" und die ließen sich nicht kommandieren. Das KJHG mit sei-nen Vorschriften über die Datenerhebung (§ § 98 ff.) war noch ganz neu. Das DJI übernahm einen Teil dieser Aufgabe in seinem Projekt „Jugendhilfe und sozialer Wandel", in dem die institutionellen, organisatorischen, funktionellen, personellen und finanziellen Bedingungen der Kinder- und Jugendhilfe syste-matisch erhoben und analysiert werden, und zwar nunmehr seit mehr als zwan-zig Jahren.[115] Hierdurch entstand in diesem Beriech eine Art Dauerbeobachtung der Jugendhilfe durch das DJI. Das war absolut notwendig, nur fragte es sich auch hier, ob es sich eigentlich um eine Forschungsaufgabe handelt.

Mit dem Begriff des „sozialen Wandels" wurde zwar ein theoretischer Rah-men angedeutet, aber für das Projekt gab es weder eine dementsprechende Theorie noch gar die aus ihr folgenden empirischen Analysen. Handelt es sich bei dem Begriff doch immerhin um den Ausdruck eines Theoriegebäudes, durch das grundlegende gesellschaftliche Veränderungen beschrieben, analy-siert und möglicherweise sogar gemessen werden sollen. Doch darum ging es in diesem nützlichen praktischen Projekt gar nicht. Es war vielmehr der Ein-stieg in eine Sozialberichterstattung als Daueraufgabe der Forschung, die nach bestimmten immer gleichbleibenden Kategorien, wenn auch mit wechselnden Schwerpunkten, grundlegende Daten für politisches Handeln bereitstellt.[116] Im Bildungswesen wurde diese Aufgabe – nach PISA (s. u. 5) – durch die zwei-jährige Bildungsberichterstattung institutionalisiert.[117] In der Kinder- und Jugendpolitik sowie in der Familienpolitik hatte sie Tradition, und zwar durch die vierjährigen Kinder- und Jugendberichte nach § 84 SGB VIII sowie durch die achtjährigen Familienberichte im Auftrage des Familienministeriums, die organisatorisch vom DJI betreut wurden.[118] Eine wesentliche Grundlage für die

---

115 Eric van Santen u. a. (Hrsg.), Kinder- und Jugendhilfe in Bewegung – Aktion oder Reaktion? 2003
116 Bundesministerium für Familie, Senioren, Frauen und Jugend (Hrsg.), Elfter Kinder- und Jugendbericht, 2002, S. 94 ff.
117 Autorengruppe Bildungsberichterstattung, Bildung in Deutschland, 2006, zuletzt 2020.
118 Zuletzt Bundesministerium für Familie, Senioren, Frauen und Jugend (Hrsg.), 15. Kinder-und Jugendbericht, 2017 sowie 8. Familienbericht, Zeit für Familie – Familienzeitpolitik als Chance einer nachhaltigen Familienpolitik, 2011

Sozialberichterstattung im Bereich der Kinder-, Jugend- und Familienpolitik bildeten die Jugend- und Familiensurveys des DJI.

3.3.5 Surveys

Hans Bertram hat im Jahre 1988 mit der ersten Welle des Familiensurveys die Surveyforschung am DJI mit einer Stichprobe von rd. 10.000 Personen begründet, die ein „Markenzeichen" des DJI wurde und ein „Alleinstellungsmerkmal" für das DJI begründete. Dem Familiensurvey lag eine klare Hypothese zugrunde: Die Familie ist nicht „tot", sondern die Familie hat sich gewandelt. In mehreren weiteren Wellen und den auf sie gestützten Publikationen wurde diese Hypothese erfolgreich bestätigt.[119] Dem Familiensurvey folgte der Jugendsurvey mit einer ähnlich großen Stichprobe, der drei Wellen erlebte, sich allerdings im Schatten der Shell-Studien bewegte, mit denen er oft verwechselt wurde. Auch der Jugendsurvey hatte ein klares Erkenntnisinteresse: Anders als bei den sog. Leipziger Längsschnitten des Zentralinstituts der DDR für Jugendforschung, die gezeigt hatten, dass die SED schon Ende der siebziger Jahre die Unterstützung „der Jugend" verloren hatte, was Erich Mielke dem Politbüro allerdings verschwieg, steht „die westdeutsche Jugend" in kritischer Loyalität zu ihrem Staat.[120]

Nach meiner Zeit als Direktor des DJI wurden beide Surveys mit anderen quantitativen Untersuchungen wie dem Ausländersurvey und dem Kinderpanel zum integrierten Survey „Aufwachsen in Deutschland – Alltagswelten (AID:A)" verschmolzen.[121] An sich waren seinerzeit Längsschnitte angesagt, wenn es darum ging, sozialen Wandel zu untersuchen und das DJI konnte mit seinem „Erbe", den beiden Längsschnitten des Zentralinstituts, den einzigen, die es damals in Westdeutschland im Bereich der Jugendforschung gab, „wuchern", aber die Ministerien zeigten kein Interesse an einer Fortsetzung, nachdem mir eine Verlängerung bis 1999 gelungen war. Bei der Deutschen Forschungsgemeinschaft scheiterte ein Antrag auf Begründung eines Bildungspanels, den ich zusammen mit der Universität Jena gestellt hatte, kläglich, weil man mir und dem DJI ein solches sozialwissenschaftliches Riesenprojekt nicht

119 Beginnend mit Hans Bertram (Hrsg.), Die Familie in Westdeutschland – Stabilität und Wandel familialer Lebensformen, Familien-Survey 1, 1991

120 Ursula Hoffmann-Lange (Hrsg.), Jugend und Demokratie in Deutschland, DJI Jugendsurvey 1, 1995

121 Deutsches Jugendinstitut, Aufwachsen in Deutschland: Alltagswelten, AID:A, Laufende Publikationen.

zutraute. Immerhin gibt es inzwischen das „Nationale Bildungspanel".[122] Wenn man sich Konstruktion und Kooperation beim jetzigen „Nationalen Bildungspanel" anschaut, wird auch einsichtig, dass das DJI wissenschaftlich nicht in der Lage gewesen wäre, eine solche Aufgabe zu schultern. Ging die Aufgabe doch weit über die Arbeiten der Surveys hinaus.

Ich hatte Zweifel an den Surveys, auch wenn ich sie sehr unterstützt habe. Hatten die Forschungen angesichts des ministeriellen Forschungsinteresses nicht einen „Geburtsmakel"? Ermöglichten die Daten nicht die unterschiedlichsten Interpretationen, die in der Tat in der Vielzahl unterschiedlicher populärer Thesen Ausdruck fanden? Handelte es sich im Grunde nicht doch um so etwas wie „Meinungsforschung", wie sie die kommerziellen Institute betrieben? Erlaubten die aggregierten Daten wirklich differenzierte Aussagen? Waren die Abstände zwischen den Erhebungswellen nicht viel zu kurz, um nennenswerte Veränderungen festzustellen? Ich hatte den Besuch des chinesischen Erziehungsministers und erzählte ihm von unseren Surveys: „Wir haben Stichproben von 10.000!" – „Und wir haben Stichproben von 50.000!" – „Unser Bulletin hat eine Auflage von 5.000!" – „Wir haben 5 Mill. Auflage!" – Big is not necessarily beautiful.

3.4 Wissenschaft und Politik – Ein Geschäft auf Gegenseitigkeit

Herr Professor Richter, wir haben den Eindruck gewonnen, dass Sie etwas für uns tun; dann werden wir auch etwas für Sie tun!

∟ Der Haushaltsreferent des Bundesministeriums für Familie, Senioren, Frauen und Jugend vor der Eröffnung der Beratungen über den Haushalt des DJI im Jahre 1994.

3.4.1 Transparenz und Vertrauen – Nur keinen Ärger in der Öffentlichkeit

Als ich 1993 mein Amt antrat, war Angela Merkel „meine Ministerin" (s. o. 3.1). Wenige Monate nach meinem Amtsantritt rief mich der persönliche Referent der Ministerin eines Tages an: „Frau Ministerin möchte Sie gerne unter vier Augen sprechen". Frau Merkel begann das Gespräch folgendermaßen: „Wir

---

122 Blossfeld u. a., Grundidee, Konzeption und Design des Nationalen Bildungspanels für Deutschland, 2011 und die zahlreichen Publikationen, die seither aus dem Projekt hervorgegangen sind.

haben in der Vergangenheit viel Ärger mit Ihrem Institut gehabt. Ich habe den Eindruck gewonnen, dass sich das jetzt ändern kann. Ich habe zwei konkrete Anliegen. Erstens: Ich verfüge über Informationen, dass eine Abteilungsleiterin Ihrer Außenstelle in Leipzig Mitarbeiterin der Stasi gewesen ist. Nachdem wir Ihnen entgegengekommen sind und „Leipzig" entgegen unserer Absicht nicht gänzlich geschlossen haben, müssen Sie uns entgegenkommen und die Stasi-Überprüfung durchführen. Zweitens: Obwohl das ZIJ nach dem Einigungsvertrag zum 1.1.1990 „abgewickelt" werden sollte, blieb ein Rest des ZIJ unter den Fittichen des DJI als „Regionale Arbeitsstelle" des DJI weiter bestehen. Diese Außenstelle des DJI hat die Landtagswahlen in den „Neuen Bundesländern" im Februar 1990 zugunsten der PDS beeinflusst, indem sie gefälschte Umfrageergebnisse vor den Wahlen veröffentlicht hat. Meine Partei hat zwar die Wahlen gewonnen, aber es ist unerträglich, dass ein von uns finanziertes Institut unter der Leitung Ihres Vorgängers zu unseren Ungunsten in die Wahlen eingreift." – „Frau Ministerin, ich weiß von einer Stasimitarbeit der von Ihnen genannten Abteilungsleiterin nichts. Ich werde Informationen einholen, sie überprüfen und Ihnen dann berichten. Was die Wahlen angeht, so liegen die Daten sämtlicher Umfragen aus der Zeit nach dem 1.1.1990 noch im Institut. Ich werde den von Ihnen mitgeteilten Fälschungsvorwurf überprüfen lassen, Ihnen das Ergebnis mitteilen und Ihnen, wenn Sie es wünschen, die Daten vorlegen." Frau Merkel war es zufrieden und ließ mich ziehen.

Ich hatte zwar nicht die Absicht, der Forderung der Ministerin nach einer allgemeinen Überprüfung ohne konkrete weitere Vorwürfe nachzukommen, aber ich war selbstverständlich zur Prüfung des Einzelfalles verpflichtet. Ich staunte nicht schlecht, als die Abteilungsleiterin am nächsten Morgen um 9.00 in meinem Vorzimmer auf mich wartete und sich als bereits informiert zeigte. Sie war immerhin aus Leipzig angefahren. Da ich mit niemand telefoniert hatte, ist das „Vier-Augen-Gespräch" wohl kein „Vier-Ohren-Gespräch" gewesen, sondern es muss jemand „mitgehört" haben. „Nun gut, Sie wissen also bereits, dass es im Ministerium den Vorwurf der Stasimitarbeit gegen Sie gibt. Ich mache Ihnen zwei Vorschläge, unter denen Sie wählen können. Entweder ich lasse mir eine eventuelle Stasiakte von Ihnen kommen, studiere sie, und dann wird man sehen, was passiert, oder ich lese persönlich Ihre Veröffentlichungen, prüfe, ob sie wissenschaftlich verantwortlich gearbeitet haben und entscheide dann über Ihre weitere Beschäftigung." Nun, sie wählte natürlich den zweiten Weg. Sie muss aber bereits vorher eine Ahnung gehabt haben, dass da etwas auf sie zukommt.

Ich machte mich dann in der Tat an die Lektüre der Veröffentlichungen, bei denen es sich überwiegend um empirische Arbeiten handelte. Einen Abgleich mit den Originaldaten, die vermutlich im Keller in den beiden „Giftschränken" lagerten, ließ ich nicht vornehmen. Ich stellte fest, dass in den Vorworten zu verschiedenen Veröffentlichungen die üblichen „Huldigungen" an die Partei und ihre glorreiche Führung standen. Das hatte die Autorin von vornherein eingeräumt. Aber die Arbeiten selber waren nicht parteilich, sondern wissenschaftlich vertretbar. Allerdings konnte ich feststellen, dass überall dort, wo es Interpretationsspielräume gab, die Autorin diese leicht zugunsten der SED bzw. der FDJ genutzt hatte. Ich drückte beide Augen zu – die Mitarbeiterin hatte sowieso nur noch ein halbes Jahr bis zu Rente – und ich teilte der Ministerin mit, dass ich die veröffentlichten Arbeiten nicht zu beanstanden hätte und dass deshalb nach meiner Meinung gegen die weitere Beschäftigung nichts einzuwenden wäre, selbst wenn die Abteilungsleiterin Mitarbeiterin der Stasi gewesen sein sollte. Es war nun allenthalben bekannt, dass das ZIJ direkt der Ministerin der DDR für Volksbildung Margret Honecker unterstand, dass die Leitung an Erich Mielke zu berichten hatte, dass man deshalb von einer Durchsetzung mit Stasimitarbeitern ausgehen konnte und dass das Institut deshalb 1990 wegen zu großer „Staatsnähe" hatte geschlossen werden sollen. Ich erhielt eine knappe Mitteilung des persönlichen Referenten der Ministerin, dass die Sache damit erledigt sei.

Die zweite „Affäre" nahm ich weniger ernst. So, what! Selbst wenn das ZIJ vor vier Jahren Erhebungsdaten zugunsten der PDS „geschönt" haben sollte, konnte ich mir nicht vorstellen, dass das Restinstitut in seiner damaligen prekären Situation Datenfälschung betrieben haben könnte. Ich beauftragte also den jetzt zuständigen Abteilungsleiter, den Vorwurf zu überprüfen, denn ich selbst war dazu nicht in der Lage. Ich ließ mir von ihm nach einer angemessenen Prüfungszeit eine schriftliche Versicherung geben, dass an den Vorwürfen nichts dran sei und reichte diese Erklärung an das Ministerium weiter, das sich auch in diesem Falle damit zufriedengab. Ob und auf welche Art und Weise der Abteilungsleiter den Vorwurf geprüft hat, habe ich selbst nicht überprüft. Ich habe ihm vertraut und Vertrauen – das zeigen diese beiden Vorgänge – ist das Allerwichtigste im Verhältnis von Wissenschaft und Politik. Mein Verhalten war aber vielleicht in beiden Fällen etwas „grenzwertig".

Die „Infrastrukturministerien" wie z. B. für Bauen und Wohnen, Gesundheit, Bildung und Wissenschaft, aber eben auch für Familie, Senioren, Frauen und Jugend sind in den siebziger und achtziger Jahren massiv ausgebaut worden und sie haben zunehmend Wissenschaftler eingestellt, so dass man von einem großen Kompetenzzuwachs der Verwaltung in diesen Jahren ausgehen kann. Dennoch liebt die Verwaltung nichts mehr als leere Schreibtische und vor allem Ärger möchte sie sich verständlicherweise vom Hals schaffen. Ein Weg dazu ist Outsourcing, und zwar vor allem durch die Gründung von Anstalten oder Körperschaften des Öffentlichen Rechts, von privaten Agenturen wie

GmbHs und Vereinen oder eben von Forschungsinstituten, die zwar in gewisser Weise selbständig sind, aber doch staatlichem Einfluss, wenn auch nicht der Zensur unterliegen.

Mit dem Ausbau der Verwaltung ging aber auch eine Politisierung der Öffentlichkeit einher. Innenpolitik war nicht länger reine „Sachpolitik". Die kleinen und großen parlamentarischen Anfragen der Opposition häuften sich. Normenkontrollklagen zum Bundesverfassungsgericht in den großen innenpolitischen Streitfragen wurden fast zur „Regel". In den Zeitungen wanderten die „weichen Themen" aus dem Feuilleton nach vorne in den ersten Bund, sodass Daten aus dem Familiensurvey es zur Hauptschlagzeile von BILD schaffen konnten, wie z. B. „Papa ist doch wieder der beste!" Da war es doch recht angenehm, wenn die Ministerin bzw. ihr Sprecher verkünden konnte: „Wir lassen das untersuchen." oder „Die Frage wird gerade vom DJI wissenschaftlich geprüft" oder „Wir waren es nicht, weil wir das outgesourct haben" oder „Fragen Sie die Verantwortlichen!" usw. Das was als Modernisierung der Verwaltung bezeichnet wird, führt häufig zu Kontroll- und Verantwortungsverlust.

3.4.2 Wissen als Voraussetzung der politischen Steuerung

In der Demokratie – so meint das Bundesverfassungsgericht[123] – vollzieht sich die politische Willensbildung von unten nach oben und die Bürgerinnen und Bürger genießen politische Handlungsfreiheit. Das schließt aber nicht aus, dass auch die Regierungen versuchen, politische Meinungen zu beeinflussen und politisches Verhalten zu steuern. So kann z. B. eine Regierung der Meinung sein, dass „die Deutschen aussterben", diese Meinung zu verbreiten sucht und eine natalistische Politik als Gegensteuerung vertritt. Sie wird dann das Kindergeld erhöhen, sog. „Karnickelscheine" für die Bundesbahn ausgeben, „Bildungspakete" für kinderreiche Familien schnüren, Familienbaudarlehen finanzieren, die Diskriminierung nicht-ehelicher Kinder beenden, das Land als kinderfreundlich darstellen, Kindergartenplätze und Spielplätze schaffen und was da an familienpolitischen Maßnahmen mehr ist.

Nur, ob das alles die Geburtenrate wirklich beeinflusst, weiß kein Mensch, aber vielleicht können es die Forscher des DJI herausfinden. Und dazu braucht es zunächst einmal Daten, Daten und nochmals Daten. Der Familiensurvey des DJI kam deshalb im Jahre 1991 zum richtigen Moment. Die Wirkungsfrage konnte er trotzdem nicht eindeutig beantworten. Bei meinem ersten Besuch

---

123 Z. B. im Urteil über die Öffentlichkeitsarbeit der Regierung aus dem Jahre 1977, BVerfGE 44, 125

im Ministerium schlug ich deshalb dem Leiter der Familienabteilung vor, ein Forschungsprojekt über die Frage zu machen, wofür die Leute das Kindergeld in Wirklichkeit ausgeben. „Herr Professor, um Gottes Willen, tun Sie das bloß nicht. Wir wollen das doch gar nicht wissen!"

Dass Menschen in ihrer Jugend angesichts der jeweils herrschenden Zustände eher kritische Einstellungen haben, ist seit Jahrhunderten bekannt und wurde schon vom Heiligen Augustinus berichtet. Dennoch beunruhigte die Breite und Tiefe der Fundamentalopposition der „Studentenbewegung" die herrschenden Eliten der Bundesrepublik außerordentlich, und dass sie auch noch auf Schüler und Lehrlinge übergriff! Man konnte das alles nicht mit der Polizei, dem Radikalenerlass und Art. 18 GG, der Verwirkung der Grundrechte, bekämpfen. Da lag es doch nahe, das DJI damit zu beauftragen, festzustellen, wie es denn „wirklich" mit den Jugendlichen bestellt war. Wenn dann das DJI feststellte, dass von den befragten Jugendlichen 1997 dem Bundesverfassungsgericht zu 63 % im Westen und zu 58 % im Osten Vertrauen schenkten, der Bunderegierung aber nur zu 31 % im Westen und zu 29 % im Osten,[124] dann kann man sich schon fragen, ob der Titel der Veröffentlichung „Unzufriedene Demokraten" gerechtfertigt ist, weil immerhin 79 % im Westen und 55 % im Osten mit der Demokratie zufrieden waren.

Der zuständige Forschungsreferent des Ministeriums hatte vor der Veröffentlichung – alle geplanten Veröffentlichungen des DJI mussten laut Satzung dem Ministerium vor der Veröffentlichung vorgelegt werden – vierundvierzig schriftliche Einwendungen erhoben, die die Mitarbeiter und ich mit ihm besprachen. Das ging alles äußerst harmonisch vor sich. Ein Teil der Einwendungen war berechtigt und führte zu Änderungen. Bei einem Teil der Einwendungen bestanden wir auf der Veröffentlichung der betroffenen Passagen. Bei einem Teil der Einwendungen wurde das Problem durch Weglassen erledigt.

Der Bundesrechnungshof hatte in diesen Jahren verlangt, dass die Untersuchungsergebnisse des DJI nicht veröffentlicht werden sollten, weil sie für den Regierungsgebrauch und nicht für die Öffentlichkeit bestimmt seien. Es war für das Ministerium ein Leichtes, dem erfolgreich zu widersprechen, denn zur Unabhängigkeit eines wissenschaftlichen Instituts gehört selbstverständlich das Veröffentlichungsrecht. Ich habe auch in jedem Falle erfolgreich widersprochen, wenn aus dem Ministerium einmal der Wunsch kam, eine bestimmte Studie nicht oder jedenfalls nicht jetzt oder nicht vollständig zu veröffentlichen. War der Haushaltsreferent (s. o. einleitend) etwa so zu verstehen, dass wir etwas für das Ministerium taten, indem wir uns auf Gespräche über die

---

124 Martina Gille und Winfried Krüger (Hrsg.), Unzufriedene Demokraten, 2000 S. 236

Veröffentlichung überhaupt einließen? Ich hoffe nicht, denn Reden und Vertrauen waren für mich die Voraussetzung der Kooperation.

3.4.3 Politikberatung – eine Alibifunktion?

Woher nehmen Wissenschaftler eigentlich die Legitimation und die Kompetenz, Politik beraten zu wollen und zu können, ein altes Thema im Verhältnis von Wissenschaft und Politik, ausgetragen im sog. Positivismusstreit der sechziger Jahre zwischen Hans Albert und Jürgen Habermas.[125] Und, man kann doch nur jemand beraten, der auch beraten werden will. Eine symptomatische Szene aus späterer Zeit ist mir in Erinnerung geblieben: Eine Gruppe aus Wissenschaftlern und Praktikern hatte auf Anregung der Freudenberg-Stiftung ein Memorandum über die Jugendarbeitslosigkeit verfasst[126] und es war uns gelungen, den Bundespräsidenten zur Entgegennahme des Memorandums zu veranlassen. Da standen wir nun im Empfangssaal des Schlosses Bellevue. Die Fernsehkameras surrten. Der Bundespräsident hatte uns begrüßt. Ich hatte als Vorsitzender eine kleine Ansprache gehalten. Es entstand eine kleine peinliche Pause. „Und nun wollen Sie mir doch sicherlich das Memorandum überreichen", sagte Herr Herzog.

Wollte das BMFSFJ denn überhaupt durch das DJI beraten werden? Und in welchen Fragen? Bei der wissenschaftlichen Begleitung von Ministeriumsprojekten war die Sache verhältnismäßig einfach, denn das Ministerium vergab die Begleitung freihändig an das DJI ohne Ausschreibung (s. o. 3.3.2). Das Ministerium war bei diesen Projekten auch grundsätzlich für Veränderungsvorschläge aufgeschlossen. Aber ganz so einfach war selbst dies nicht, denn die Projektberichte wurden mit den Ergebnissen der wissenschaftlichen Begleitung zusammen veröffentlicht und jeder konnte fragen, was denn aus den kritischen Anregungen der Wissenschaftler geworden ist.

Noch kritischer war es bei den Strukturreformen, bei denen sich das Ministerium durch das DJI beraten ließ, z. B. bei der Einführung des „Neuen Kindergartens". Was war denn aus den zahlreichen Anregungen des DJI zur Strukturreform geworden? Sah der angeblich neue Kindergarten nicht ganz anders aus als der reformierte Kindergarten, den das DJI konzipiert hatte? Ich traf neulich einmal die jetzt lange pensionierte Referatsleiterin der damaligen

---

125 S. z. B. Hans-Joachim Dahms, Positivismusstreit. Die Auseinandersetzung der Frankfurter Schule mit dem logischen Positivismus, dem amerikanischen Pragmatismus und dem Kritischen Rationalismus, 1994
126 Andreas Flitner u. a. (Hrsg.), Wege aus der Ausbildungskrise, 1999

Zeit wieder: „Herr Richter, Sie konnten es nicht ahnen. Die Fachebene stand völlig auf Ihrer Seite, aber wir durften nichts sagen, weil die politische Ebene es nicht wollte." Wieso sollte sie auch wollen? Nur weil Wissenschaftler, die über keinerlei politische Legitimation verfügen, es meinten fordern zu können?

Um es einmal drastisch zu übertreiben: Als Günther Grass einmal wieder der Bundesregierung politische Ratschläge erteilen wollte, sagte Bundeskanzler Erhard: „Das sind doch ganz kleine Zwergpinscher!" oder in Bezug auf das Bundesverfassungsgericht und seine erste Abtreibungsentscheidung meinte der Kanzleramtschef Horst Ehmcke: „Wir lassen uns doch durch diese acht Arschlöcher in Karlsruhe nicht unsere Politik kaputtmachen!" Nicht nur gute Ratschläge von Dichtern, selbst Entscheidungen des Bundesverfassungsgerichts, die in der Regel in der Nähe des Allerheiligsten angesiedelt sind, werden manchmal nicht akzeptiert.

Noch schwieriger wird das „Geschäft der Politikberatung", wenn die Berater nicht politiknah arbeiten, wie die Mitarbeiter des DJI, sondern gänzlich unabhängig sind, wie die Mitglieder mancher, wenn auch nicht aller wissenschaftlichen Beiräte der Bundesregierung. Ich war Mitglied des Beirats der Bundesregierung für Familienfragen, und zwar zunächst von Amts wegen und dann aufgrund von Kooptation, denn der Beirat schlug der Bundesregierung die neuen Mitglieder vor und die Bundesregierung hätte sich gehütet, die Vorgeschlagenen nicht zu bestätigen (s. u. 4.1). Dieser Beirat hat im Laufe vieler Jahre viele vorzügliche Gutachten vorgelegt und eine weit vorausschauende Familienpolitik vorgezeichnet, es sich jedoch nicht nehmen lassen, auch grundsätzliche Alternativen zur Regierungspolitik vorzuschlagen.[127] Doch seine Empfehlungen wurden nicht gehört, geschweige denn befolgt. Das Ministerium bat den Beirat nicht um Rat, wenn es Beratungsbedarf hatte, sondern suchte sich lieber „passendere" Ratgeber. Da offizielle Stellungnahmen zu den Gutachten – anders als bei den Berichtskommissionen (s. o. 3.3.3) – beim Beirat nicht vorgesehen waren, äußerte sich das Ministerium wohlwollend in einer Presseerklärung nach dem Motto „Wertvoller Diskussionsbeitrag", sonst aber allenfalls intern. Da war es doch ehrlicher, als Bund und Länder in das Berufungsschreiben des PISA-Konsortiums gleich hineinschrieben, dass die Abgabe von Empfehlungen nicht Aufgabe der PISA-Studien sei.

---

127 So z. B. in seinem Gutachten „Gerechtigkeit für Familien – Zur Begründung und Weiterentwicklung des Familienlasten- und Familienleistungsausgleichs, 2001

3.4.4 Politische Konsensbildung

Politik wird weder „von unten" noch „von oben" gemacht. Politik ist ein Konfliktaustragungs- und Konsensbildungsprozess von oben und unten und von allen Seiten. Für die Familien- und Jugendpolitik gilt jedenfalls, dass diese pluralistisch strukturiert ist. Die Bundesrepublik folgt, vom Bundesverfassungsgericht dazu legitimiert[128], dem sog. Subsidiaritätsprinzip, d. h. den organisierten gesellschaftlichen Gruppen gebührt der Vorrang in der Politik und Verwaltung und die öffentliche Verantwortung wird zwar von Bund und Ländern, aber vor allem von den Kommunen getragen. Das ist eine „bunte Gesellschaft"! Nur, wie organisiert sich diese politische Konsensbildung? Im Wesentlichen durch paritätische Organisationsbildung.

Das Kinder- und Jugendhilfegesetz sagt in § 84:

> Die Bundesregierung legt dem Deutschen Bundestag und dem Bundesrat in jeder Legislaturperiode einen Bericht über die Lage junger Menschen und die Bestrebungen und Leistungen der Jugendhilfe vor. Neben der Bestandsaufnahme und Analyse sollen (anders als im Falle der PISA-Studien!, d. Verf.) die Berichte Vorschläge zur Weiterentwicklung der Jugendhilfe enthalten; jeder dritte Bericht soll einen Überblick über die Gesamtsituation der Jugendhilfe enthalten.

Mindestens sieben Sachverständige sollen den Bericht verfassen. Es hat sich eine Tradition herausgebildet, nach der von den sieben Sachverständigen vier Wissenschaftler und drei Verbands- oder Kommunalvertreter sind und dass der Direktor des DJI bei der Kommission für den Gesamtbericht den Vorsitz übernimmt. Das Ministerium, das die Kommission einsetzt, schickt einen Beobachter. Das DJI stellt für die ganze Zeit, also mindestens drei Jahre drei Mitarbeiterinnen oder Mitarbeiter ab, die „die eigentliche Arbeit" machen. Wir haben bei der 11. Kommission noch den Leiter der Jugendabteilung des DJI und den Gesetzgebungsreferenten des Ministeriums als ständige Gäste hinzu gebeten. Natürlich macht die Kommission auch Expertenanhörungen und vergibt umfangreiche Gutachtenaufträge – alles durch Veröffentlichungen des DJI dokumentiert.[129] Was kommt denn da heraus?

Es wäre völlig verfehlt anzunehmen, dass eine solche paritätisch zusammengesetzte Kommission Vorschläge erarbeitet, die nach der Veröffent-

---

128 BVerfGE 18, 122 - Offenbach
129 Im Falle der 11. Kommission s. Bundesministerium für Familie, Senioren, Frauen und Jugend (Hrsg.), Elfter Kinder- und Jugendbericht, 2002

lichung – zusammen mit einer Stellungnahme der Bundesregierung! – nun in Politik umgesetzt würden. Weit gefehlt! Solche Kommissionen drücken zunächst einmal die Ideen und Wünsche der sog. Fachszene aus, d. h. der Verbände und Institute, aber auch der Fachwissenschaftler und Fachpolitiker. In der pluralistischen Demokratie besteht ein ausgesprochenes Interesse der Politik daran, dass im „Vorfeld der Politik" Konflikte ausgetragen und entschärft, mögliche Konsense vorformuliert und für die Umsetzung programmiert werden. Nicht zuletzt müssen auch die Medien für eine solche Politik gewonnen werden.

Die 11. Kommission hatte ihren Bericht unter das Schlagwort „Öffentliche Verantwortung für Erziehung und Bildung" gestellt, also eigentlich eine Banalität. Die Öffentlichkeit nahm den Bericht überwiegend wohlwollend auf, auch wenn sich erst jetzt, d. h. 10 Jahre später zeigt, wie vorausschauend dieses Schlagwort gewählt wurde! Nur die FAZ meinte, unverbesserliche „Altachtundsechziger" verlangten, dass der Staat den Eltern die Kinder wegnehmen solle. Die Kommission hatte im Einzelnen recht weitgehende Vorschläge gemacht, z. B. dass die Leistungen der Kinder- und Jugendhilfe in einem fachlich regulierten Qualitätswettbewerb erbracht werden sollten.[130] Was wurde daraus? Zunächst einmal: Nichts! Doch es galt ein Diktum von Hellmut Becker über die Arbeit des Deutschen Bildungsrates, nach dem solche Vorschläge nur langsam in die Praxis von Politik und Verwaltung einsickern. Und dieser „Sickereffekt" trat auch bei einigen unserer Vorschläge ein, z. B. dass die Ganztagsangebote der Bildung und Betreuung für alle Kinder Vorrang vor der Einführung einer generellen Beitragsfreiheit haben sollten.[131] Man könnte auch an die Aussage von Max Weber denken, nach der Politik das „starke langsame Bohren von harten Brettern mit Leidenschaft und Augenmaß" ist. Und ich kann im Falle der Familien- und Jugendpolitik sagen: Ich habe ein wenig mitgebohrt!

3.5 Wissenschaftliche Kooperation mit Universitäten – Privilegierte Partnerschaften?

Das DJI ist ein Unikat, weil es weder einer Universität angegliedert ist noch zu einer der großen Forschungsgesellschaften wie z. B. Max-Planck-, Leibnitz- oder Frauenhofergesellschaft gehört, auch nicht als Bundesforschungsanstalt bezeich-

---

130 A.a.O. S. 256 ff
131 A.a.O. S. 261

net werden kann, weil es von einem Verein getragen wird. Umso wichtiger sind wissenschaftliche Kooperationen mit Universitäten, weil nur Universitäten das Recht der Promotion und der Habilitation haben, weil nur Universitäten Möglichkeiten der akademischen Lehre bieten und weil in den Universitäten die volle Breite der wissenschaftlichen Disziplinen vertreten ist. Dies alles ist für Institute, die wissenschaftlich arbeiten wollen und ihren Mitarbeiterinnen und Mitarbeitern Zugänge zu wissenschaftlichen Karrieren bieten müssen, unerlässlich. Andererseits besitzt ein Institut wie das DJI „Datenberge" aus eigener empirischer Forschung, die es selber vollständig gar nicht auswerten kann und es eröffnet Zugänge zu Forschungsfeldern, die für die Forschung von Universitäten und für die Ableistung von universitären Praktika wichtig sind und die sich aus Praxiskontakten ergeben, die die Universitäten gar nicht haben können. Kooperationsverträge drängen sich deshalb geradezu auf.

Mit der Universität Tübingen hatte das DJI langjährige Kontakte, die sich vor allem aus der Tatsache ergaben, dass eine ganze Reihe von Mitarbeiterinnen und Mitarbeitern des DJI aus Tübingen gekommen waren. Mit der Universität Leipzig und später mit der Universität Halle folgten die Kooperationen aus der Übernahme des Zentralinstituts für Jugendforschung der DDR durch das DJI (s. o. 1.6). In meiner Zeit als Direktor suchte ich die Kooperation vor allem dort, wo die „Forschungspalette" des DJI trotz ihrer Breite Lücken aufwies, wie z. B. im Bereich der Kleinstkindforschung (bis drei Jahre), der Kinder- und Jugendkriminalität, der Kinder- und Jugendhilfestatistik, der Gesundheit, der Forschung über sexuellen Missbrauch, über politischen Radikalismus und Fremdenfeindlichkeit u. a.m. Die Integration von universitären oder selbständigen Forschungseinrichtungen in das DJI, die in solchen Bereichen stark waren, erwies sich als schwierig, wenn nicht unmöglich, weil der Bund die dafür erforderliche Erweiterung der Grundfinanzierung des DJI ablehnte und weil die Öffentlichkeit solche Bestrebungen für „feindliche Übernahmen" hielt. Also blieb nur der Weg einer mehr oder weniger lockeren Kooperation. Ich verhandelte im Laufe der Jahre mit einer ganzen Reihe von Universitäten, wie z. B. Münster, Potsdam, Bamberg, Humboldt Berlin, aber es wollte zu meiner Zeit so recht nichts gelingen. Vielleicht lag dies auch daran, dass es im Grunde doch um so etwas wie privilegierte Partnerschaften ging. Die Universitäten konnten dem DJI selbstverständlich Promotionen und Habilitationen nicht zu „Sonderkonditionen" anbieten und das DJI konnte seinerseits seine Daten nicht für bestimmte Universitäten reservieren. Alles lief deshalb eher auf informelle Kontakte und nicht auf regelrechte Kooperationsverträge hinaus. Nur die Lehre im Rahmen von universitären Lehraufträgen und Honorarprofessuren stand den Mitarbeiterinnen und Mitarbeitern des DJI offen – wie allen anderen Wissenschaftlern natürlich auch.

Der Kooperationsvertrag, den ich für das DJI mit der Universität Tübingen abschloss, sah neben den anderen genannten Elementen auch eine Honorarprofessur für den Direktor des DJI und Lehraufträge für weitere Mitarbeiter des DJI vor. Diese Honorarprofessur habe ich wahrgenommen und zwar noch über die Zeit meiner Tätigkeit am DJI hinaus, insgesamt 25 Jahre lang. Da ich nun einmal Jurist war, legte ich Wert darauf, dass ich nicht nur bei den Sozialpädagogen, wo die Professur angesiedelt war, sondern auch bei den Juristen unterrichtete. Honorarprofessuren bieten viele Rechte und legen nur wenige Pflichten auf, nämlich eigentlich nur eine Lehrverpflichtung von zwei Semesterwochenstunden. Ich habe von den Korporationsrechten keinen Gebrauch gemacht und blieb von Prüfungsverpflichtungen weitgehend frei. Ich nahm mir die Freiheit, in Tübingen nur im Sommersemester zu unterrichten – dann aber 4 SWS – weil es nämlich im Sommer in Tübingen besonders schön ist. Veranstaltungen im Bildungsrecht in Tübingen für Juristen anzubieten, ist allerdings ebenso sinnlos wie an anderen Universitäten, weil das Bildungsrecht im Lehrkanon der Juristen nicht existiert. Bei den Juristen habe ich im Wesentlichen zusammen mit Graf Vitzthum viele Jahre lang ein Seminar im Völkerrecht und im Verfassungsrecht durchgeführt, wobei mir das Verfassungsrecht oblag, während Graf Vitzthum das Völkerrecht übernahm. Ein besonderer Reiz für die Studenten lag darin, dass einige Jahre lang eine leibhaftige Bundesverfassungsrichterin mitwirkte, denn das hieß „Verfassungsrecht aus erster Hand". Für mich war das Seminar besonders reizvoll, weil ich kein Völkerrechtler bin und deshalb in dem entsprechenden Teil der Veranstaltung viel lernen konnte und gelernt habe.

Von den anderen juristischen Seminaren ist mir insbesondere eins in Erinnerung geblieben, weil es ein Wochenendseminar in einer universitären Villa im Schwarzwald über „Islam, Recht und Pädagogik" war. Vier Professoren nahmen daran teil, außer mir ein Strafrechtler, ein Pädagoge und ein Islamwissenschaftler, welch' ein „Luxus"! – zumal wir nur etwa 15 Studentinnen und Studenten hatten. In Erinnerung geblieben sind mir vor allem die heftigen Kontroversen, die dadurch bedingt waren, dass unter den 15 Teilnehmern drei Muslime bzw. Muslima waren, und zwar eine strenggläubige Türkin mit Kopftuch, eine assimilierte in Deutschland geborene Libanesin und ein konvertierter deutscher junger Mann in arabischer Kleidung. Die Kontroversen lieferten sich vor allem die drei, wobei der Deutsche – wie so häufig – die radikalsten islamischen Positionen mit großer Vehemenz vertrat. Selbstverständlich wandte er sich auch deutlich gegen die Rechte der Frauen in der Öffentlichkeit, ohne sich von den beiden anwesenden Frauen beeinflussen zu lassen.

Für Studenten der Sozialpädagogik sehen die Lehrpläne u. a. auch Familien- und Jugendrecht als Pflichtfach vor, denn Sozialarbeiterinnen und Sozialarbeiter haben es sehr häufig mit Familien, Kindern und Jugendlichen zu tun, die rechtliche Probleme haben, und da ist es gut, wenn sie zumindest die rechtliche Relevanz dieser Probleme beurteilen können, wenn sie die Probleme in aller Regel juristisch nicht werden lösen können. Auch wenn es bei solchen Problemen häufig um das Strafrecht geht, um arbeits- und sozialrechtliche oder mietrechtliche Fragen, wichtig ist, dass sie die rechtlichen Grundlagen ihres eigenen Handelns kennen und die liegen nun mal im Kinder- und Jugendhilferecht. So habe ich zunächst einige Jahre lang Jugend- und Familienrecht als Pflichtfach für die Studenten der Sozialpädagogik unterrichtet. Dabei lag mir das Familienrecht besonders am Herzen, denn im Familienrecht standen besonders viele Reformen bevor, weil sich die Lebensverhältnisse der Familien stark veränderten und weil ich gerne studieren und analysieren wollte, wie sich gesellschaftliche Veränderungen in Recht umsetzen. Es kam hinzu, dass ich in einer juristischen Fakultät als Öffentlichrechtler nie hätte Familienrecht unterrichten dürfen. Im Bereich der Sozialpädagogik konnte man solche Veränderungen besonders gut beobachten, weil die Studenten aus ihrer Praxis viele interessante Erfahrungen in die Seminare einbrachten. Ich wollte Familienrecht nicht juristisch-systematisch, sondern fallbezogen-lebensnah unterrichten und bei diesem Ansatz konnten die Studenten wiederum aus ihrer Praxis sehr häufig berichten, dass manche Dinge im Recht zwar so geregelt sein mögen, dass in der Praxis aber ganz andere Regelungen „gelten".

Im weiteren Verlauf der juristischen Ausbildung der Sozialpädagogen habe ich dann – zunächst mit Hans Thiersch und später mit Rainer Treptow – Seminare über allgemeinere juristische Themen angeboten, über Grundrechte und über Menschenrechte, und zwar vor allem über Kinderrechte. Im Rahmen der universitären Sozialisation von Sozialpädagogen sind solche juristischen Veranstaltungen durchaus ein Problem. Viele Studentinnen und Studenten der Sozialpädagogik – und es sind weit überwiegend Studentinnen – kommen an die Universität mit dem sog. „Hilfesyndrom", was nicht negativ aufgefasst werden darf, weil es eine ausgesprochen positive Studienmotivation ist und unbedingt für die Berufsausübung erhalten bleiben muss. Das Studium der Sozialpädagogik ist zurecht so angelegt, dass es – auf dieser Voraussetzung aufbauend – den fachlichen Zugang zum Beruf vermittelt und auf Fachlichkeit den allergrößten Wert legt. Menschenrechte besitzen – ebenso wie die Grundrechte – aufgrund ihrer Geschichte ein zweifaches Gesicht, denn sie sind erstens philosophisch-politische Forderungen und sie sind zweitens im Völkerrecht verankerte subjektive Rechte, die die Bürgerinnen und Bürger unter bestimmten Voraussetzungen vor nationalen und/oder internationalen Gerichten einklagen können. Viele Studentinnen und Studenten neigen aufgrund ihrer Motivation und Sozialisation dazu, die Menschenrechte ausschließlich im ersten Sinne wahrzunehmen. Sie sind glücklich, dass politische Forderungen, die sie schon lange vertreten haben, auf einmal in einem „juristischen Gewand" und damit realistisch und durchsetzbar erscheinen.

Nehmen wir ein Beispiel: Es gibt ein Menschenrecht auf die eigene Sprache, das den Angehörigen indigener Völker u. a. ein Recht auf schulischen Unterricht in ihrer Muttersprache gibt (z. B. Art. 30 UN-Kinderrechtskonvention). In der Linguistik wird die Auffassung vertreten, dass Migranten die Sprache des Gastlandes besser lernen, wenn sie zunächst in der Schule in ihrer Muttersprache unterrichtet werden.[132] Da liegt es doch ausgesprochen nahe, anzunehmen, dass Kinder mit Migrationshintergrund in Deutschland das Recht darauf haben, in der deutschen Schule in ihrer Muttersprache und nicht in Deutsch unterrichtet zu werden. Es ist ausgesprochen schwierig, den Studentinnen und Studenten zu erklären, dass die Sprachenrechte von Minderheiten bestimmte Voraussetzungen haben und in einem Spannungsverhältnis zu anderen Rechten stehen, das gelöst werden muss[133] und dass es auch andere linguistische Meinungen gibt, die dem entgegenstehen.[134] Wie kann man voraussetzungsvolles Denken und Entscheiden lehren? Wie das Einerseits/Andererseits? Wie Distanz bei aller Leidenschaft für die Gerechtigkeit? Ich habe mich immer wieder gefragt, ob es überhaupt sinnvoll ist, Rechtswissenschaft im Nebenfach zu unterrichten, u. a. auch im Rahmen unserer juristischen Seminare, wo wir stets viele Studentinnen und Studenten aus anderen Fächern hatten. Aber, lösen lässt sich dieses didaktische Problem vermutlich nicht.

Glücklicherweise erlaubt es die akademische Freiheit, ab und zu auch einmal „Allotria" zu treiben, d. h. Themen zu verhandeln, deren Zusammenhang mit dem Lehrplan nicht so ohne Weiteres einzusehen ist. So haben wir z. B. einmal ein Seminar angeboten zu dem Thema: Das Bild des Anderen im Roman und im Film. Wir lasen „Onkel Toms Hütte" von Harriet Beecher Stowe, „White Teeth" von Zadie Smith und Bushidos „Memoiren" und wir sahen Rainer Werner Fassbinders „Angst essen Seele auf", Fatih Akins „Gegen die Wand" und Larry Clarks „Kids". Und wir hatten alle bei großem Ernst auch viel Spaß. Im Nachhinein scheint es mir fast wie eine Vorübung für zwei spätere Seminare gewesen zu sein, die wir über eine menschenrechtliche Theorie gemacht haben, die davon ausgeht, dass die Menschenrechte in allererster Linie Rechte der Schwachen und Verletzlichen sind.[135] Für die

132 Ingrid Gogolin and Stefan Oeter, Language Rights and Linguistic Minorities, in: Dagmar Richter et alt.(eds), Language Rights Revisited, 2012, p. 171
133 Stefanie Schmahl, Kinderrechtskonvention, 2. Auflage 2017 Art. 28/29 Rdnr.22 und 30 Rdnr.3
134 Hartmut Esser, A Reaction to Gogolin and Oeter, p.191
135 S. z. B. Bryan S. Turner, Vulnerability and Human Rights, 2006

Verbindung sozial- und rechtswissenschaftlichen Denkens eignet sich dieser Ansatz besonders gut, kann doch die Verletzlichkeit empirisch festgestellt und juristisch dementsprechend definiert werden. Auch wenn nicht alle „Blütenträume" reifen, die Professoren mit ihren Vorhaben verbinden, stellten sich diese beiden Seminare doch als besonders fruchtbar und befriedigend heraus. Es waren meine letzten!

3.6 Reden und Schreiben

3.6.1 Die Repräsentation des Deutschen Jugendinstituts in der Öffentlichkeit

Das Deutsche Jugendinstitut stand und steht nach wie vor im Lichte der Öffentlichkeit, und zwar aus drei Gründen:

1. Träger des Instituts ist ein Verein, in dem die Wohlfahrtsverbände eine starke Stellung haben. Sie repräsentieren in der Öffentlichkeit den Verein und auch sein Kuratorium. Sie erwarten deshalb zurecht, dass der vom Kuratorium gewählte Direktor des Instituts wiederum sie repräsentiert. Zwischen den Wohlfahrtsverbänden besteht verständlicherweise ein gewisses Spannungsverhältnis, und je nach der „politischen Großwetterlage" sind die Gewichte unterschiedlich verteilt, denn wir leben in einer pluralistischen Gesellschaft, in der es unterschiedliche Interessenlagen unterschiedlicher Stärke gibt, die sich aber auch in der Konkurrenz der politischen Parteien wiederspiegeln. Das DJI in der Öffentlichkeit zu repräsentieren, heißt deshalb auch, eine Selbstdarstellung der Parteien und Verbände zu ermöglichen, ihr Verhältnis zueinander aber auch fein auszutarieren. Das fiel mir nicht immer leicht, da ich eine solche „pluralistische Gemengelage" aus der Bildungspolitik nicht gewohnt war. Und schließlich waren da auch noch die „Anderen", die ebenfalls pluralistisch strukturieren Familien- und Jugendverbände z. B. und nicht zuletzt die Kommunen, die Länder und der Bund mit ihren jeweiligen politischen Mehrheiten.

2. Der Bund, d. h. das zuständige Bundesministerium neigte manchmal dazu, das Institut als sein „Eigentum" zu betrachten und deshalb zu erwarten, dass das Institut sich in der Öffentlichkeit entsprechend verhält. Schließlich stammt die institutionelle Finanzierung aus dem Etat dieses Ministeriums. Minister, Staatssekretär und Abteilungsleiter dachten zwar in keiner Weise daran, dass der Direktor des Instituts als ihr Sprachrohr auftritt. Das wäre außerordentlich kurzsichtig gewesen. Sie erwarteten aber, dass das Institut der Politik der Regierung eine gewisse wissenschaftliche Legitimation ver-

leiht und dass der Direktor dies in der Öffentlichkeit zum Ausdruck bringt. Eine solche Legitimation ist nämlich – vor allem der Opposition im Bundestag und den Ländern gegenüber – viel wertvoller als eine „parteiliche" Unterstützung von Regierungspositionen. Nun gab es glücklicherweise außer der institutionellen Finanzierung die Projektfinanzierung, die z. T. aus anderen Bundesministerien, wie z. B. dem Bildungsministerium oder von den Ländern oder Kommunen bzw. Kommunalverbänden stammte. Deshalb fiel es mir unter CDU-Regierungen, die eher pluralistisch eingebettet sind, leichter, ein politiknahes Institut zu leiten, als unter SPD-Regierungen, die eher zum „Durchregieren" neigen.

3. Die eigentliche Arbeit in wissenschaftlichen Instituten wird von den Mitarbeiterinnen und Mitarbeitern geleistet und diese erwarten zu Recht, dass „ihr Direktor" ihre Arbeit in der Öffentlichkeit nicht nur richtig darstellt, sondern auch angemessen würdigt und im Zweifelsfalle auch gegen Kritik und Angriffe verteidigt. Angesichts der schieren Größe des Instituts und der Unterschiedlichkeit der in ihm vertretenen Disziplinen ist dies nun wirklich ein Ding der Unmöglichkeit. Ich hatte zwar rd. 15 Jahre lang in einem sozialwissenschaftlichen Institut gearbeitet, aber als Jurist, auch wenn ich mich einmal an einer kleineren empirischen Studie versucht hatte (s.o Teil II 1.2.3.). Ich besaß vor wissenschaftlichen Einrichtungen wie der Deutschen Forschungsgemeinschaft einfach nicht das standing, das man für die entsprechenden Auftritte braucht. Das Institut gegenüber Politik und Verwaltung einerseits und der Verbandsszene andererseits zu vertreten, viel mir dagegen leichter, zumal die Mitarbeiterinnen und Mitarbeiter in aller Regel meinen Auftritt „vorbereiteten".

Höhepunkt der jährlichen öffentlichen Repräsentation war der sog. Parlamentarische Abend des DJI, zunächst im Bonn, nach dem Parlaments- und Regierungsumzug in Berlin. Gedacht für die politische Öffentlichkeit richtete sich die Veranstaltung an die Abgeordneten von Bund und Ländern sowie an die Medien. In aller Regel sagten 15-20 Parlamentarier ihr Kommen zu und 3–5 Journalisten; es kamen dann 1-2 Abgeordnete und keine Journalisten. Es handelte sich also nicht um einen „Parlamentarischen Abend", sondern um ein „Familientreffen", zu dem die zuständigen Verwaltungsbeamten und die Vorstände der interessierten Verbände kamen, dazu natürlich die referierenden Wissenschaftlerinnen und Wissenschaftler sowie ihre „critical friends". Unvermeidlich begann der Abend jeweils mit einem einführenden Vortrag des Direktors über das Thema des Abends, also bei mir im ersten Jahr unter dem Titel „Ostwind-Westwind" über die Schwierigkeiten, in den neuen Bundesländern zu forschen, und im letzten Jahr über die Migrationsforschung unter dem Titel

„In Deutschland zu Hause" mit den Ergebnissen des DJI-Ausländersurveys.[136] Wichtiger aber als solche repräsentativen Einführungen waren die Vorstellung der jeweiligen Forschungsergebnisse in Arbeitsgruppen und vielleicht auch die obligatorische abschließende Podiumsdiskussion, an der in aller Regel auch Vertreter der Politik und der Verbandsszene teilnahmen. Am allerwichtigsten aber war das jeweilige darauf folgende „Get together", bei Essen und Trinken, wobei an die Qualität des Buffets und der Bar durchaus gewisse Ansprüche von Menschen gestellt wurden, die an sich genug zu essen und zu trinken hatten. „Müssen wir den Bundeszuschuss für das DJI erhöhen, damit wir anständig zu essen und zu trinken bekommen?" frozzelte einmal ein höherer Bundesbeamter. Ich jedenfalls lernte nicht nur, die Qualität und das Preis-Leistungs-Verhältnis beim Buffet zu beurteilen, sondern auch das Buffet zu eröffnen, weil vor dem Direktor niemand wagte, mit dem Essen anzufangen.

Das Ministerium erwartete, dass der Direktor des DJI die öffentliche Präsentation der von ihm finanzierten Projekte einleitete und die Verbände pflegten zu ihren Jahrestagungen die Bundes- bzw. die jeweilige Landesministerin – es waren zu meiner Zeit immer Frauen – einzuladen und freuten sich, wenn auch der Direktor des DJI ein paar Worte sagte. Festvorträge zu Jubiläen oder feierlichen Verabschiedungen und die „After-Dinner-Speech" bei Festessen gehörten auch zu den direktorialen Aufgaben. Das konnte auch mal schief gehen: Zum 50. Jubiläum des Bundesjugendringes hielt ich einen Vortrag unter dem Titel „Jugendverbände – Werkstätten der Demokratie zwischen Lagerfeuer, world wide web und Agenda 21", und ich sprach über die Verstrickung der Jugendverbände in den Nationalsozialismus, über das „social digital gap" und die Jugendarbeitslosigkeit – nicht gerade ein Festvortrag! Noch ein „Fettnäpfchen": Hans Weiler, der Gründungsrektor der Universität Frankfurt/Oder, wurde verabschiedet und die bundesdeutsche Hochschulprominenz war zur Feier erschienen, nicht aber die Kollegen und Studenten, die in ihrem aus den USA gekommenen, aber in Deutschland fest verwurzelten Rektor Weiler einen Feind der deutschen universitären Traditionen sahen. Ich schlug in meinem Vortrag aus Anlass der Verabschiedung des Reformers Weiler vor, die Juristen- und die Lehrerausbildung von den Universitäten an die Fachhochschulen zu verlegen, weil es sich um Formen gehobener Berufsausbildung handelt und beging ebenso wie Hans Weiler ein Sakrileg. Na, das gab vielleicht einen Aufstand! Inzwischen gibt es mehrere „Schools of Education", wenn auch nur eine „Law School".

136 Alois Weidacher (Hrsg.), In Deutschland zu Hause – Politische Orientierungen griechischer, italienischer, türkischer und deutscher junger Erwachsener im Vergleich, 2000

Heike Kahl, die Geschäftsführerin der Deutschen Kinder- und Jugendstiftung wollte mich „groß rausbringen" und verschaffte mir zwei Vorträge im Rahmen von Veranstaltungen der Nixdorf-Stiftung. Ein Abendessen in dem sehr vornehmen Brandenburger Hof in Berlin mit erlesenem kleinem Publikum. Ich durfte die After-Dinner-Speech halten und hatte eine glänzende Rede vorbereitet, in der ich mit der bundesdeutschen Bildungspolitik abrechnete und Folgerungen für die Kinder- und Jugendpolitik zog. Zu Beginn der vorgesehenen Diskussion wandte sich Frau Kahl an den Ehrengast, den Vorstandsvorsitzenden der Stiftung: „Herr Schmidt, Sie wollen nun doch sicherlich dazu etwas sagen!" – „Ach, nein," sagte der „ich möchte eigentlich lieber etwas essen!" Eine Diskussion gab es danach nicht mehr. Es folgte der Hauptvortrag auf einer großen Fachtagung der Stiftung, die sich in der Kinder- und Jugendpolitik engagieren wollte. Gewitzt durch die Erfahrungen im Brandenburger Hof bereitete ich einen nüchternen kritischen, mit Daten gut belegten, aber eher langweiligen jugendsoziologischen Vortrag vor – wieder nichts. Von Frau Kahl erfuhr ich später, dass der Geschäftsführer gemeint habe, der Vortrag habe den Erwartungen der Stiftung nicht entsprochen. Warum auch immer! Dabei hatte mich der Geschäftsführer lange vor dem Vortrag extra in München aufgesucht, um alles zu besprechen und ich hatte ihm einen Kurzvortrag zur Vorbereitung gehalten. Alles umsonst!

Die Themen meiner Vorträge konnte ich mir in aller Regel nicht selber aussuchen, sondern die Gastgeber schlugen ein Thema vor, zu dem sie den Direktor des Deutschen Jugendinstituts sprechen hören wollten. So habe ich über alles geredet, was in den Arbeitsbereich des DJI fiel: Kinder, Jugendliche, Familien, Frauen und Männer, Arbeit und Medien, Gesundheit, Sexualität und Gewalt, über Politik und Verwaltung, also eigentlich über alles und zusätzlich noch über meine alten Themen Bildungsrecht und Bildungspolitik. Ich habe in den zehn Jahren am DJI vielleicht 200 Vorträge, Ansprachen, Begrüßungen, Einleitungen, Diskussionsbeiträge gehalten, zieht man die Ferien und Feiertage ab, also rd. zwei in jedem Monat. Ich hatte eine Mitarbeiterin, die die Materialien, d. h. Dokumente und Daten vorher für mich vorbereitete, aber die Texte habe ich alle selber geschrieben. Und Texte brauchte es, denn alles wurde gedruckt und verbreitet. Da ich frei zu reden pflegte, auch wenn ich ein Manuskript hatte, galt für mich – anders als für die Politiker: Es gilt das geschriebene Wort! Ich wollte niemand zumuten, meine mündlichen Ausführungen in veröffentlichungsfähige Texte zu verwandeln. Deshalb schrieb ich lieber alles selber vorher.

Schaue ich mir die Themen heute an, so finde ich alte Bekannte wieder, nämlich Schule und Schulorganisation, jetzt häufig mit dem Schwerpunkt Schulsozialarbeit, Berufsausbildung, erweitert um das DJI-Thema der Übergangsforschung, aber auch neue Themen wie Multikulturalität, Multilingualität und Multireligiösität,[137] Kindheit und Kinderrechte als ein Thema, das mich lange begleiten sollte,[138] politische und gesellschaftliche Einstellungen von Jugendlichen und das Problem der politischen Bildung.[139] Ich habe sehr gerne Reden gehalten!

3.6.2 Rekonstruktionsversuche von Bildungsrecht und Bildungspolitik

In meiner Zeitschrift „Recht der Jugend und des Bildungswesens" (s. o. Teil II 1.2.1.) habe ich in jedem Heft 15 Jahre lang eine bildungspolitische Kolumne geschrieben, die ich „Ereignisse und Entwicklungen" nannte und die mich zwang, bildungspolitisch „auf dem Laufenden zu bleiben" und die Entwicklungen des Bildungsrechts in Deutschland und der Welt weiter zu verfolgen, denn – abgesehen von der Zeitschrift – waren die bildungspolitischen Ereignisse in meiner Hamburger Zeit für mich in den Hintergrund getreten. Ich habe die Kolumne dann beendet, weil alles irgendwann einmal zu Ende gehen muss. Ich wollte diese Kolumnen zu einem kleinen bildungspolitischen Bändchen zusammenfassen, weil ich meinte, dass es eine kleine „Geschichte der Bildungspolitik" ergeben würde, aber siehe da, es ging nicht, weil es alles „Versatzstücke" ohne Zusammenhang waren.

Aber irgendwie „wurmte" es mich doch, dass ich das Feld der Bildungspolitik so „sang- und klanglos" verlassen hatte. So bat ich den Vorsitzenden des Kuratoriums des DJI, mich zwei Monate lang ans das Wissenschaftskolleg in Berlin zu beurlauben, dessen Rektor, Wolf Lepenies, mich freundlich als Gast aufnahm. In diesen zwei Monaten schrieb ich eine „Abrechnung" mit der Bildungspolitik unter dem Titel „Die sieben Todsünden der Bildungspolitik", die 1999 bei Hanser und später dann bei Beltz als Taschenbuch und in der Bücher-

---

137 Zur Multilingualität z. B. in Dagmar Richter, Ingo Richter, Reetta Toivanen und Iryna Ulasiuk (eds.), Language Rights Revisited – the Challenge of Global Migration and Communication, 2012, Introduction p. 9

138 Später zusammengefasst im Kapitel „Die Rechtsstellung der Kinder in ihrer Kindheit" in: Bundesministerium für Familie, Senioren, Frauen und Jugend (Hrsg.), Kinder und ihre Kindheit in Deutschland – Eine Politik für Kinder im Kontext der Familienpolitik, Gutachten des Wissenschaftlichen Beirats für Familienfragen, 1998, S. 67; s. jetzt Ingo Richter, Lothar Krappmann, Friederike Wapler (Hrsg.), Kinderrechte – Ein Handbuch des deutschen und internationalen Kinder- und Jugendrechts, 2020, Einleitung 1, S. 15

139 S. jetzt Ingo Richter, Der Staat als Erzieher – Ist eine staatliche Erziehung zur Demokratie möglich? RdJB 2015, 483

gilde Gutenberg erschien. Es waren natürlich nicht die historischen mittelalterlichen Todsünden wie Superbia, Avaritia usw., sondern moderne „Sünden". Ich verfolgte sieben Ziele:

1. Ich forderte den Bund zum bildungspolitischen Handeln auf, nachdem die lähmenden ideologischen Konflikte der Nachkriegszeit überwunden waren und ich geißelte den „Kult der Trägheit".
2. In einer offenen Gesellschaft kann nur politisches Handeln die Glaubwürdigkeitslücke schließen, die durch Heuchelei entstanden ist.
3. Die Schule darf die Lebensverhältnisse der Kinder und Jugendlichen nicht länger negieren und sich auf „Unterricht" beschränken.
4. Nur dann „lernen wir für das Leben und nicht für die Schule".
5. Leistungsbewertungen dürfen nicht verschleiert, sondern Leistungen müssen offen und ehrlich bewertet werden.
6. Die „Null Bock"-Verwahrlosung an den öffentlichen Schulen muss ein Ende finden.
7. Das mit der Verstaatlichung der Schule gegebene aber unerfüllte Versprechen, die Volksschule aus den Händen der Kirche zu befreien, die Ausbeutung in der Berufslehre zu beenden und das Gymnasium für alle Klassen zu öffnen, muss endlich eingelöst werden.

Das Buch war verlegerisch ein großer Erfolg, denn ich verkaufte rd. 30.000 Exemplare; bildungspolitisch blieb es dagegen wirkungslos. Der Chef des Hanser-Verlages forderte mich deshalb nach dem großen Erfolg des Buches auf, doch nun „Die sieben Kardinaltugenden der Bildungspolitik" zu schreiben, um wirklich Veränderungen zu bewirken. Aber es ist wesentlich angenehmer und erfolgreicher, über Sünden als über Tugenden zu schreiben. Ich setzte mich zwar nach einiger Zeit hin und begann über eine solche Fortsetzung nachzudenken, aber ich kam über Gliederungsentwürfe nicht hinaus. Stattdessen habe ich den „sieben Todsünden" in einem Vortrag noch eine achte folgen lassen, die Vernachlässigung der sozialen Brennpunkte in der Bildungspolitik nämlich[140], was politisch vielleicht etwas erfolgreicher war.

Auf Anregung von Christian Lüders, Abteilungsleiter im DJI, schrieb ich eine Einführung in das Bildungsrecht für Pädagogikstudenten, die in einer Reihe des Kohlhammer-Verlages veröffentlicht wurde,[141] was harmlos klingt, aber durchaus ambitiös war, und zwar in dreierlei Hinsicht: 1. „Bildungswesen"

---

140 In: Kirsten Bruhns und Wolfgang Mack (Hrsg.), Leben und Lernen in der sozialen Stadt – Kinder und Jugendliche in schwierigen Lebensräumen, 2001, S. 53
141 Ingo Richter, Recht im Bildungswesen – Eine Einführung, 2006

meinte ursprünglich nicht nur das institutionalisierte Bildungswesen, sondern „Bildung" schlechthin, also auch in der Familie, im Verein, in der Kirche, in der Politik usw. Diesen Plan habe ich zwar ausgeführt, verdoppelte aber deswegen leider den vorgegebenen Umfang, sodass ich mich letztlich doch auf die „Bildung in den Bildungsinstitutionen" beschränken musste, schaffte es aber gerade noch, die Kapitel über Identitätsbildung und Leistungsbewertung im Buch zu lassen. 2. Ich skizzierte für die Bildung in den Bildungsinstitutionen nicht nur ihre Geschichte, sondern auch die vorherrschenden Theorien, bevor ich die Rechtslage darstellte. 3. Ich hatte den didaktischen Anspruch, praxisnah zu schreiben, indem ich für jedes Kapitel einen Praxisfall mit Lösung und einen Übungsfall mit einem Hinweis auf eine gerichtliche Entscheidung entwarf und das Ganze durch jeweils drei „Merksätze" und ganz wenige Literaturhinweise ergänzte. So ist es ein wirklich nützliches Buch geworden, jedoch leider viel zu wenig verbreitet!

3.6.3 „Nachrufe" zu Lebzeiten

Nach meiner Zeit am DJI in München habe ich versucht, das Wesentliche aus meinen Reden und Aufsätzen in zwei Sammelbänden zusammenzufassen. Soweit es sich um juristische Arbeiten handelte, ist mir das gelungen.[142] Die bildungspolitischen Reden und Aufsätze wollte ich ebenso gesammelt herausgeben und meine wissenschaftliche Mitarbeiterin am DJI, Kirsten Bruhns, hat sie vorzüglich für diesen Zweck ausgewählt und vorbereitet. Ich musste jedoch feststellen, dass die Zeit über diese sehr zeitgebundenen Überlegungen hinweg gegangen war und so musste die Veröffentlichung unterbleiben. Schade!

Wenn man selber so viel geredet und veröffentlicht hat, bleibt es nicht aus, dass man – in vorgerücktem Alter – selber Gegenstand von Ansprachen und Veröffentlichungen wird, wenn schon nicht von Biographien, dann doch von Festreden, Festschriften oder Festgaben. Eine solche „Festrede" hat zu meinem 60. Geburtstag mein Freund Wolfgang Edelstein in München im Deutschen Jugendinstitut gehalten. Auf eine äußerst brilliante und witzige Art und Weise hat er die Gesamtheit meiner Bücher, Aufsätze und Reden kommentiert, indem er die Anlässe und Zusammenhänge, den Umfang der Texte und die Vielzahl der Fußnoten, die Leichtigkeit der Rede und die Flüssigkeit der Texte rühmte, ohne jedoch auch nur ein einziges Wort über die Inhalte und Aussagen zu verlieren. Das war schlechterdings genial! Oder wie der Vorsitzende des Kuratori-

---

142 Ingo Richter, Das Grundgesetz – Eine gute Verfassung für Familie, Kultur und Bildung, 2009

ums des DJI, Helmut Sauerbier, nachher bemerkte: „Wäre da am Schluss nicht dieses sehr persönliche freundschaftliche Wort über den Menschen Ingo Richter gewesen, ein einziger Verriss, wenn auch ohne jede inhaltliche Aussage!"

Im Jahre 2007 hat mir die Erwin-Stein-Stiftung den Erwin-Stein-Preis verliehen und aus diesem Anlass eine Feierstunde im Magnus-Haus in Berlin-Mitte veranstaltet und die dort gehaltenen Reden in einer Festschrift veröffentlicht. Die Vorträge hielten Wolfgang Hoffmann-Riem („Kultur im Sog von Innovationen – Web 2.0") und Helmut Fend („Recht und Pädagogik – ein Widerspruch?"). Katja Tchemberdji spielte auf meinen Wunsch Modest Mussorgskys „Bilder einer Ausstellung", der Vorsitzende der Stiftung, Hermann Avenarius, sprach zur Eröffnung und der Preisträger zum Dank. Erwin Stein war von 1947 bis 1951 als Mitglied der CDU hessischer Kultusminister und legte im Jahre 1948 seinen Plan für eine neue Schulstruktur vor, nach dem auf eine sechsjährige Grundschule eine dreigliedrige dreijährige Mittelstufe und darauf eine ebenfalls dreijährige Oberstufe folgen sollte, die aus Berufsschule, Berufsfachschule und Studienschule bestehen sollte. Stein nannte dies eine „einheitliche Schule", weil sie einheitliche Lehrpläne und einheitliche Schulbücher haben sollte. Das war für einen CDU-Kultusminister ein erstaunlicher Vorschlag, der die damalige gesellschaftspolitische Ausrichtung der CDU zeigte, ein Plan, der allerdings nicht umgesetzt wurde.

Erwin Stein war von 1951 bis 1971 Richter des Bundesverfassungsgerichts und Berichterstatter von drei Urteilen, die die Bundesrepublik geprägt haben, nämlich des KPD-Urteils, des Rumpelkammer-Urteils und des Mephisto-Urteils. Ich war ein Gegner dieser Urteile. Ich habe das KPD-Verbotsurteil von 1956 zwar so gelesen, dass es die Verbotsvoraussetzungen des Art. 21 Abs. 2 GG einschränkt, indem es als Voraussetzung für ein Parteiverbot verlangt, dass die Partei damit beginnt, die Grundordnung des Staates zu beseitigen; diese Voraussetzungen lagen m. E. im Falle des KPD aber in den fünfziger Jahren eindeutig nicht vor. Das sog. Rumpelkammerurteil von 1966 weitete die grundrechtlich geschützte Religionsausübung der Kirchen auf Tätigkeiten aus, die m. E. nicht Religionsausübung waren, wie z. B. im konkreten Fall das Lumpensammeln für einen „guten Zweck". Bei dem Mephisto-Urteil von 1966 wurden die individuellen Grundrechte weit interpretiert, indem auch noch das „Nachleben" eines Künstlers, sein „guter Ruf", unter den Schutz des Art. 2 Abs. 1 GG gestellt wurde; andererseits wurde durch diese Entscheidung das Problem der Einschränkung vorbehaltsloser Grundrechte grundlegend gelöst, und zwar im Sinne einer Einschränkung durch die Verfassung selber. Aus heutiger Sicht muss ich aber sagen, dass durch diese drei Entscheidungen Grundlagen für die bundesrepublikanische Verfassung gelegt wurden, durch die Abgrenzung vom Totalitarismus, die Koordinierung von Staat und Kirche und durch die gleichzeitige Ausweitung und Einschränkung des Grundrechtsschutzes, was die segensreiche Tätigkeit des Bundesverfassungsgerichtes stärkte. Ich habe meine Danksagung für die Verleihung des Preises folgendermaßen beendet:

> Wenn Sie mir einen Rückblick und eine Wertung gestatten. Als Schüler und Student, der ich zu dieser Zeit war, fühlte ich mich zum Kritiker dessen berufen, was wir damals den „Adenauer-Staat" nannten, und wir hatten damals durchaus gute Gründe für diese Kritik. Wenn ich aber sehe, dass dieser Staat nach einigen Wirren und Wendungen und einer glücklichen Vereinigung mit der DDR – u. a. dank des Wirkens von Männern wie Erwin Stein – doch ein anständiges und respektables Gebilde geworden ist, dann bin ich einerseits beschämt, aber auch überaus glücklich, dass ich mich nun Träger des Erwin-Stein-Preises nennen darf.

Festschriften bestehen in academia häufig aus Texten, die die Autoren aus der Schulblade holen, weil sie sonst nicht veröffentlicht worden sind und die nun dem Jubilar in einer Einleitung oder Fußnote gewidmet werden. Es handelt sich also zumeist um eher langweilige Texte. Ich hatte jedoch ausgesprochen Glück, denn Peter Füssel und Folke Schuppert gaben zu meinem 70. Geburtstag ein Buch heraus,[143] das nach einem Photo des Jubilars mit einem Aufsatz meiner damals neunjährigen ältesten Enkelin Antonia beginnt:

> Was ich von Ingo lerne.
> Du erzählst mir etwas über Figuren aus Stein. Gest Schwimmen mit uns aber auch nur mit mir in Museen. Färst in Länder und bringst uns was mit. Und erzählst mir Geschichten über ein Buch was du mir aus Tunes mitgebracht hast. Ingo hat mir erzählt das es in Tunesien Paläste gibt wo Wände aus Gitter bestehen. Manchmal nenne wir dich Flamingo wegen deinem Namen.

Es versteht sich, dass die Festschrift aber darüber hinaus eine Vielzahl weiterer hochinteressanter und liebevoller Beträge enthält.

Zu meinem 75. Geburtstag habe ich mir eine Idee von Ingrid Lisop „ausgeliehen", mir nämlich selber eine Festschrift mit angeforderten Beiträgen zu schenken, weil auch ich – nach den Feierlichkeiten zum 60. und 70. Geburtstag – keine Festschrift oder Festgabe mehr zu erwarten hatte, und deshalb Freundinnen und Freunden Fragen mit der Bitte gestellt habe, sie auf drei Seiten zu beantworten, und zwar habe ich je zwei Personen eine bestimmte „maß-

---

143 Bildung im Diskurs, 2008

geschneiderte" Frage zugeordnet. Darunter waren z. B. Fragen wie: Was wird aus den „Normwissenschaften" Jurisprudenz und Pädagogik, wenn sie sich von der Frage nach dem richtigen Verhalten abwenden? Oder „Blessed are they that have not seen, but yet have believed (St. John). What is the relationship between faith and knowledge?" oder „Was sollen junge Juristen von Kant und Hegel, von Karl Marx und Max Weber lesen?". Es versteht sich, dass nicht alle, die ich gefragt habe, mitmachen wollten. Die Antworten wurden in RdJB unter dem Titel „Antworten auf fünfunddreißig bisher unbeantwortete Fragen" in einem Sonderheft 2013 veröffentlicht. Obwohl fast alle Fragen „beantwortet" wurden, blieben einige Fragen „offen".

4 Zivilgesellschaftliche Institutionen

Das DJI öffnete mir den Weg in den „Dritten Sektor", die zivilgesellschaftlichen Institutionen (4.1–4.4) und führte mich in Versuchung, Schulen und Hochschulen zivilgesellschaftlich zu denken (4.5).

„Der Staat" auf der einen Seite und die „Bürgerliche Gesellschaft" auf der anderen Seite – so einfach war das zunächst. Aber dann sollte es plötzlich „Government" und „Civil Society" heißen, dann aber auf Deutsch nicht „bürgerliche Gesellschaft", weil der Begriff „bürgerlich" verpönt war, sondern „Zivilgesellschaft". Der Verwirrungen war kein Ende, weil man „Staat" und „Gesellschaft" nicht mehr als Gegensatzpaar, sondern als Kontinuum denken sollte und deshalb die „zivilgesellschaftlichen Institutionen" irgendwo dazwischen ansiedelte. Auch das durch Bundesgesetz gegründete, aber zivilrechtlich als Verein konstruierte Deutsche Jugendinstitut gehört zu diesen zivilgesellschaftlichen Institutionen und erst recht die zahlreichen anderen „zwischen Staat und Gesellschaft" angesiedelten Einrichtungen, denen ich in meiner Zeit als Direktor des DIJ angehörte, in der Regel zwar nicht „von Amts wegen", aber irgendwie doch auch deswegen.

4.1 Der Wissenschaftliche Beirat für Familienfragen

Der Beirat war eigentlich keine zivilgesellschaftliche Institution, sondern er sollte ein Beratungsgremium der Bundesregierung sein, so wie viele andere wissenschaftliche Beiräte auch, aber irgendwie war er doch etwas anderes, was daran lag, dass einige der individuell als Wissenschaftler berufenen Mitglieder den familienpolitischen Organisationen nahe standen. Ich gehörte dem Beirat als Direktor des DIJ zunächst als Gast von Amts wegen an, was zur Folge hatte, dass ich – ebenso wie die Vertreterin des Ministeriums – bei den internen Beratungen des Beirats den Raum verlassen musste, was ich komisch fand, da ich in juristischen Fragen mitredete. Da ich mich also auf die Gastrolle nicht beschränkte, sondern als einziger Jurist in dem Gremium an einigen Gutachten auch schreibend mitwirkte, schlug mich der Beirat dem Ministerium nach einiger Zeit als ordentliches Mitglied vor.

Dieser Beirat war ein merkwürdiges Gebilde. Seine Mitglieder waren hochkompetente Professoren der Familiensoziologie i. w. S. Der Beirat ergänzte sich durch Kooptation. Ich habe mein ganzes Wissen in der Familienpolitik und in den Familienwissenschaften durch die Mitarbeit in diesem Beirat erworben und ich kam mir bis zum Schluss wie ein Lehrling vor, angesichts des dort versammelten Sachverstandes. In meiner Zeit der Mitgliedschaft entstanden vor allem das Gutachten „Kinder und ihre Kindheit in Deutschland" von 1998, zu dem ich ein Kapitel über die Rechtsstellung von Kindern und Jugendlichen beisteuern konnte, sowie das große Grundsatzgutachten „Gerechtigkeit für Familien" von 2001, aber auch die kurze Stellungnahme „Die bildungspolitische Bedeutung der Familie – Folgerungen aus der PISA-Studie" von 2002. Da führende Mitglieder des Beirats bereits am Fünften Familienbericht „Familien und Familienpolitik im geeinten Deutschland – Zukunft des Humanvermögens", der 1995 veröffentlichten „Bibel der Familienpolitik", mitgearbeitet hatten, genossen die Gutachten des Beirats in der Öffentlichkeit ein hohes Ansehen.

Trotzdem konnte man sich des Eindrucks nicht erwehren, dass der Beirat vom Ministerium zwar geachtet, aber nicht geliebt wurde. Es ist in der gesamten Zeit meiner Mitgliedschaft nicht ein einziges Mal vorgekommen, dass das Ministerium den Beirat um Rat gefragt hat, obwohl der Name „Beirat" das doch eigentlich nahelegt. Es hat auch nie eine ernsthafte Diskussion über die Gutachten mit den politisch Verantwortlichen gegeben, sondern immer nur die feierliche Übergabe an die Ministerin. Es kam sogar vor, dass sich das Ministerium in Familienfragen an anderer Stelle Rat holte, was einem Affront gleichkam. Das mag zu Zeiten der Familienministerin Rita Süssmuth, die selber Mitglied des Beirates gewesen war, anders gewesen sein, aber diese Zeiten habe ich nicht miterlebt.

Ich blieb – als ordentliches Mitglied – noch über meine Zeit als Direktor des DJI hinaus Beiratsmitglied. Für mein Ausscheiden gab es rein sachliche Gründe. Der Beirat entschloss sich, ein Gutachten über „Generationenpolitik" zu erarbeiten, was ich juristisch für unergiebig hielt und an dem ich nicht mitwirken wollte. Ich hätte gerne an einem ebenfalls diskutierten Gutachten über die rechtliche Gestaltung nichtehelicher Lebensgemeinschaften mitgearbeitet, wobei mich nicht so sehr die homosexuellen Partnerschaften, an deren gesetzlicher Ausgestaltung[144] der Beirat übrigens nicht beteiligt war, sondern vielmehr die gesetzliche Regelung nichtehelicher Lebensgemeinschaften im Alter interessierte, zu der es bisher nicht gekommen ist. Aber dazu konnte sich der Beirat nicht entschließen. So bin ich eben ausgeschieden.

4.2 Die Deutsche Kinder- und Jugendstiftung

Auch hierbei handelt es sich nicht eigentlich um eine zivilgesellschaftliche Institution, denn diese „Stiftung" ist eine gemeinnützige Gesellschaft mit beschränkter Haftung (GmbH), deren jährliche Ausgaben von rd. 25 Millionen weit überwiegend von Bund und Ländern getragen werden, die im Jahre 1994 auch zu den Gründungsmitgliedern der GmbH gehörten. Die „Zivilgesellschaft" ist jedoch insofern beteiligt, als große Stiftungen sowie auch Unternehmer und Einzelpersonen in einem „Stiftungsrat" vertreten sind, der die Geschäftsführung berät. Zudem hat sich um die Stiftung herum ein riesiges Netzwerk aus Partnern und Förderern gebildet, die z. T. zivilgesellschaftliche Institutionen vertreten.

Mein Vorgänger im Amt des Direktors des DJI gehörte mit zu den Initiatoren der „Deutschen Kinder- und Jugendstiftung", die zunächst als deutscher Zweig der International Youth Foundation, einem Unternehmen der Kellogs Cornflakes Foundation, gegründet wurde. Ich war von Anfang an als Berater und Mitglied eines „Wissenschaftlichen Beirates" mit dabei, habe sogar einmal das „Mutterhaus" der Stiftung in Batton Creek, Michigan besuchen dürfen. Der Name legte es nahe: Ein Gemeinschaftswerk des deutschen Volkes in einem internationalen Zusammenhang für die Förderung aller Kinder und Jugendlichen sollte die Stiftung werden und sie sollte sich vor allem ihrem Leben und Lernen außerhalb des schulischen Unterrichts widmen. Im Hintergrund stand eine durchaus überlegenswerte, wenn auch nicht unproblematische Idee. Bund und Länder sollten der Stiftung öffentliche Gelder für Kinder- und Jugendprojekte zur Verfügung stellen, weil die Stiftung sie besser verwalten und verwenden könne als die staatliche Verwaltung, eigentlich also eine Outsourcing-Idee, denn es handelt sich um Jugendarbeit, die in den Aufgabenbereich der Kinder- und Jugendhilfe gehört. Zwar sollten auch private Spenden eingeworben werden; doch diese erreichten nie die Höhe der öffentlichen Zuwendungen. Es ist mir unvergesslich, wie mir eine Kommunalvertreterin im Beirat ihren Austritt damit erklärte, dass die Stiftung sehr viel Geld erhalte,

---

144 Gesetz über die eingetragene Lebenspartnerschaft vom 16.2.2001 BGBl. I S. 266

das die Kommunen dringend benötigten und das in der Stiftung jeder demo-kratisch-parlamentarischen Kontrolle entzogen sei. Ich war damals der Mei-nung, dass Stiftungen – wenn es sich denn wirklich um solche handelt – als zivilgesellschaftliche Institutionen gesellschaftliche Aufgaben häufig besser erfüllen können als parteipolitisch gesteuerte bürokratische Verwaltungen. Ich vermochte sie aber nicht zu überzeugen.

Die Stiftung hat im Laufe von mehr als 25 Jahren eine Vielzahl innovativer Projekte gefördert. Sie kann als ein großer Erfolg der Kinder- und Jugend-politik der Zeit nach der Wiedervereinigung gelten. Aus der DDR hatte die Stiftung die Idee der sog. Schülerclubs übernommen und ihre Einrichtung gefördert. Schulpartnerschaften als Partnerschaften der Schülerinnen und Schüler gewannen im Rahmen der internationalen Zusammenarbeit vor allem in der Entwicklungshilfe Bedeutung. Schülerfirmen als Erprobungsfelder für verantwortliches Unternehmertum – zunächst eine Horrorvorstellung für die deutsche Schule – wurden ein Erfolgsmodell. Die Partizipation in der Schule konnte von einer Stiftung von außen glaubwürdiger als von innen heraus an die Schülerinnen und Schüler vermittelt werden. Häufig handelte es sich um Ideen, die es irgendwo schon gab, die aber durch die Stiftung vervielfältigt und durch bundesweite oder länderspezifische Ausschreibungen verbreitet werden konnten. Als in „nachpisanischer Zeit" der massive Ausbau von Ganztagsschu-len als Allheilmittel erschien, die Länder und Kommunen als Schulträger sich aber bei Durchführung überfordert sahen, gelang es der Stiftung, vom Bund die Gesamtkoordination der Bundesinvestitionen anvertraut zu bekommen, denn die Stiftung konnte mittlerweile auf ein breites Erfahrungsfeld in der außer-schulischen Bildungs- und Sozialarbeit zurückblicken. Die Stiftung gründete eine ganze Reihe von „Ablegern" und präsentiert sich im Internet heute eher wie ein großer „Sozialkonzern", über dessen Arbeit ich jedoch nichts sagen kann, denn der Beraterkreis wurde bald nach dem Ende meiner Tätigkeit im Deutschen Jugendinstitut aufgelöst.

4.3   Die Stiftung Brandenburger Tor

Im Jahre 1997 gründete die Berliner Bankgesellschaft, die 1994 aus der Fusion von drei teils öffentlichen, teils privaten Banken entstanden war, die „Stiftung Brandenburger Tor". Sie nahm ihren Sitz direkt neben demselben in einem Gebäude, das einst das Wohnhaus von Max Liebermann gewesen war. Die Stif-tung sollte Kunst und Kultur fördern. War dies nun eine zivilgesellschaftliche Institution? Unter der Präsidentschaft des früheren Bundespräsidenten Roman Herzog und unter der Aufsicht eines professoralen Kuratoriums organisierten

Wolfgang Edelstein, Direktor am Max-Planck-Institut für Bildungsforschung und ich als Direktor des Deutschen Jugendinstituts als Beiräte der Stiftung für den Bereich „Bildung" von 1998–2005 den Wettbewerb „Jugend übernimmt Verantwortung". In den sieben Jahren haben sich 1.500 Projekte um den Preis und die Förderung beworben, und zwar aus den Bereichen Soziales, Wirtschaft, Jugendarbeit, Gesellschaftspolitik und Schule. Eine Jury wählte 135 Preisträger aus und vergab Fördermittel an 85 Projekte. Es ging um Streitschlichtung in Schulen, Seniorenbetreuung, Unternehmenswebsites, Denkmalspflege und vieles andere mehr, und zwar jeweils unter der Voraussetzung, dass Initiative und Verantwortung jeweils nicht bei den Lehrern oder Jugendarbeitern lagen, sondern bei den Jugendlichen selber. Ich habe mich sieben Jahre lang persönlich an der Auswahl in den Jurysitzungen beteiligt, an der sog. Lernstatt der Preisträger und an den Abschlussveranstaltungen teilgenommen.[145]

Von 2006 bis 2010 haben Sybille Volkholz als ehemalige Berliner Schulsenatorin und ich als Beiräte der Stiftung den Wettbewerb „Schulen übernehmen Verantwortung" organisiert, in dem 45 Berliner und Brandenburger Schulen in sog. Tandems je zu zweit gemeinsam Ziele für ihre Zusammenarbeit festgelegt und gemeinsame Projekte durchgeführt haben, und zwar um ihre Erfahrungen auszutauschen und an andere Schulen weiterzugeben. Dabei ging es z. B. um die Einführung eines neuen Lernfeldes wie Service Lernen oder um die Organisation des Übergangs von der Grundschule in die Sekundarschule, um die Differenzierung des Unterrichts oder um die Probleme der Abbrecher. Die Stiftung unterstützte die Kooperation durch Moderatoren und durch Veranstaltungen und durch die Evaluation der Kooperation.[146]

Mit Christiane Schiersmann von der Universität Heidelberg habe ich für die Stiftung dann noch ein Weiterbildungsprojekt entwickelt, in dem die Mitarbeiter und Mitarbeiterinnen von Unternehmen angesichts von Umstrukturierungen ihre eigene Weiterbildung mit Unterstützung der Stiftung selber in die Hand nehmen sollten, u. a. auch um ihre Arbeitsplätze zu erhalten. Wir haben mehrere Pilotprojekte in der verarbeitenden Industrie (Nanotechnik), im Sozialmanagement (Sozialraumorientierung) und in den Medien (Frühstücksfernsehen) durchgeführt, letztlich aber das Vorhaben nicht weiterführen können. Das waren gute Projekte, von denen auch durchaus eine gewisse Breitenwirkung ausging, aber eine Übertragung in die Fläche scheiterte auch hier – wie bei anderen sog. Modellprojekten in früherer Zeit.

---

145 Stiftung Brandenburger Tor, Der bundesweite Wettbewerb „Jugend übernimmt Verantwortung" (1998–2005), 2008
146 Stiftung Brandenburger Tor, Schulen übernehmen Verantwortung, 2010

Ich kann nicht umhin festzustellen, dass ich gerne ins Liebermann-Haus direkt neben dem Brandenburger Tor gegangen bin, in dem die Stiftung residierte und noch immer sitzt, und zwar auch wegen der Atmosphäre des Hauses, in dem auch Ausstellungen und Vortragsveranstaltungen stattfanden. Es hatte mich nicht gestört, dass es sich um eine Stiftung der Berliner Bankgesellschaft gehandelt hatte, an deren Geschäften ein gewisses „Gerüchle" hing, die sogar jahrelang in einen handfesten Bankenskandal verwickelt war. Damit hatte ich nichts zu tun. Die Stiftung verlagerte nach einigen Jahren ihren Schwerpunkt ganz und gar in den Bereich der Kunst und gab ihre Programme im Bereich der Bildung auf, sodass ich als Beirat für diesen Bereich ausschied.

4.4   Die Freudenbergstiftung

Der Fall der Freudenbergstiftung, in deren Kuratorium ich viele Jahre mitgearbeitet habe, lag etwas anders als die ersten drei Fälle. Im Falle „Freudenberg" geht es um ein großes Unternehmen, das einen Teil seiner Gewinne in die Stiftung einbringt, damit mit dem Geld gesellschaftliche Reformen, vor allem in der Schul-, Kinder- und Jugendpolitik gefördert werden. Das war nun wirklich eine zivilgesellschaftliche Institution, die privates Geld in öffentliche Projekte investierte. Hermann Freudenberg hatte schon seit den sechziger Jahren in Unternehmerkreisen für Bildungsreformen erfolgreich geworben (z. B. durch die Treffen des sog. Ettlinger Kreises) und durch die Gründung der Stiftung seine Initiativen verstetigt. Insbesondere die Integration von Ausländern und die Migrationspolitik und -forschung lagen der Stiftung am Herzen und sie hat sie jahrzehntelang unermüdlich gefördert. Zunächst ging es um eine Regionale Arbeitsstelle für Ausländerfragen in Essen, für die die englischen Teacher-Centers Modell gestanden hatten (s. o. Teil II 1.1.5). Solche Regionalen Arbeitsstellen (RAAs) wurden nach und nach auch in anderen Bundesländern gegründet, und zwar zu einer Zeit, als von Fremdenfeindlichkeit und Ausländerhass noch kaum die Rede sein konnte, in der aber die Segregation durch Integration überwunden werden sollte. Die Freudenbergstiftung beschränkte sich nach der Ausdehnung der RAAs auf das ganze Bundesgebiet auf die Finanzierung der bundesweiten Koordinierung und der wissenschaftlichen Begleitung.

Ich habe mich aufgrund meiner langjährigen Arbeiten im Bereich der beruflichen Ausbildung vor allem in den Übergangs- und Arbeitslosigkeitsprojekten sowie in der Schulsozialarbeit engagiert. Der Geschäftsführer der Stiftung, Christian Petry, mein Tübinger Kollege Andreas Flitner und ich riefen auf dem Höhepunkt der Jugendarbeitslosigkeit eine Arbeitsgruppe zusammen, die ein Manifest „Wege aus der Ausbildungskrise" vorlegte, um mehr Jugendliche in die betriebliche Ausbildung zu bringen oder ihnen zumindest eine Übergangs-perspektive durch Projekte der Schule, der Jugendsozialarbeit oder der Arbeits-verwaltung zu geben.[147] Wir haben in europäischen Nachbarländern nach aus-ländischen Beispielen für die Lösung der Ausbildungsprobleme gesucht[148] und in der sog. Weinheimer Initiative, die es noch heute gibt, regionale Umsetzungs-projekte gefördert.[149] Christin Petry war ein genialer Stiftungsmanager, weil er es verstanden hat, durch eine Beteiligung der Stiftung mit wenig Geld bei einer Vielzahl reformerischer Initiativen dabei zu sein. So gab es in den achtziger und neunziger Jahren kaum ein Projekt der Bildungsreform, an dem die Freuden-bergstiftung nicht in der einen oder anderen Art und Weise beteiligt war. Die jahrelange Mitarbeit im Kuratorium der Stiftung, das alle größeren Projekte prüfen und bewilligen musste, hat mir Zugang zur Entwicklung der Bildungs-politik in vielen Bereichen nach 1989 verschafft. Aber, fünfzehn Jahre schienen mir lang genug zu sein und ich verabschiedete mich mit guten Gefühlen.

4.5 Schulen und Universitäten als zivilgesellschaftliche Institutionen?

Im Unterschied zu diesen „bunten" Erscheinungsformen der Zivilgesellschaft sind die traditionellen rechtlichen Strukturen von Schulen und Universitäten ziemlich eindeutig. Schulen waren und sind entweder öffentliche oder private Schulen. Handelt es sich um öffentliche Schulen, so liegt die Schulaufsicht beim Staat, also bei den Ländern, und die Trägerschaft bei den Kommunen. Privatschulen sind dagegen „öffentliche Schulen", weil in ihnen in der Regel staatlich geprüfte Lehrerinnen und Lehrer als beurlaubte Beamte nach staat-lichen Lehrplänen unterrichten und staatliche Prüfungen abnehmen und staat-liche Berechtigungen verleihen, und zwar bei einer überwiegend staatlichen Finanzierung, auch wenn die Schülerinnen und Schüler bei grundsätzlich freiem Zugang Schulgeld in unterschiedlicher Höhe zahlen. Universitäten sind dagegen in Deutschland in aller Regel staatliche Einrichtungen, denen in akademischen Angelegenheiten das Recht der Selbstverwaltung zukommt, die mehrheitlich von den Professoren als staatlichen Beamten wahrgenommen wird.

147 Andreas Flitner, Christian Petry und Ingo Richter (Hrsg.), Wege aus der Ausbildungskrise – Memorandum des Forums „Jugend.Bildung.Arbeit", 1999
148 Ingo Richter und Sabine Sardei-Biermann (Hrsg.), Jugendarbeitslosigkeit – Ausbildungs- und Beschäftigungsprogramme in Europa, 2000
149 Weinheimer Initiative 2007, Lokale Verantwortung für Bildung und Ausbildung – Eine öffent-liche Erklärung.

Es gab nun in den vergangenen Jahrzehnten verschiedene Versuche, den Schulen eine gewisse Selbständigkeit zu geben und die Mitbestimmung der Eltern und Schüler einzuführen bzw. zu stärken (s. o. Teil II 1.1.3, 1.1.6, 1.2.1, 1.2.2). In einem Beitrag zur Schulautonomie habe ich 1994 sechs verschiedene Theorien der Schulautonomie identifiziert und analysiert, von denen ich drei für wenig aussichtsreich hielt, nämlich die demokratische, partizipatorische und pädagogische Begründung, während ich mir bei drei weiteren Ansätzen Umsetzungschancen vorstellen konnte, nämlich bei den Begründungen aus der gesellschaftlichen Selbstverwaltung, der pädagogischen Freiheit und der ökonomischen Rationalität.[150] Zwei Jahre später ging ich noch einen Schritt weiter, indem ich aufgrund der Krise des Sozialstaats erörterte, ob nicht die Schulen in einer Art „education mix", den ich dem damals viel diskutierten „welfare mix" nachbildete, in einem „Third Sector" in der Tat zu zivilgesellschaftlichen Institutionen werden könnten.[151] Doch diese Ideen sind in einem juristischen Sinne nicht Wirklichkeit geworden; die Rechtsgestalt der Schule ist vielmehr unverändert. Dennoch haben sich zivilgesellschaftliche Elemente in die Schulstruktur gleichsam eingeschlichen, indem sich viele Schulen zur Gesellschaft hin öffneten (s. o. 4.2–4.4). Schulen geben sich Schulprofile, treten in Wettbewerb miteinander, wollen wieder Mittelpunkt einer Schulgemeinde werden, nachdem sie nicht mehr Mittelpunkt der Kirchengemeinde sein konnten, tragen zur Integration in multikulturellen Gemeinschaften bei und übernehmen wieder häufiger Gemeinwesenaufgaben usw., Entwicklungen, die von den oben genannten zivilgesellschaftlichen Institutionen stark gefördert wurden.

Noch deutlicher ist die Entwicklung der Universitäten zu zivilgesellschaftlichen Institutionen. Die dualistische Verwaltungsstruktur – einerseits staatlich kuratoriale Verwaltung, andererseits akademische Selbstverwaltung – ist überall durch das Modell der Einheitsverwaltung abgelöst worden, und zwar mit einem starken Präsidenten an der Spitze. An seiner Seite steht in vielen Ländern jetzt ein Board mit unterschiedlich starken Kompetenzen, in dem gesellschaftliche und wirtschaftliche Kräfte vertreten sind. Der Staat schließt mit den Hochschulen Verträge ab, die insbesondere die Finanzierung, aber auch die Leistungen der Hochschulen regeln, die sich wiederum Verfahren der Akkreditierung und Evaluation unterwerfen. Auch die Hochschulen stehen im Wettbewerb miteinander, und zwar nicht nur um Gelder aus der Wirtschaft, sondern auch um staatliche Gelder, die nach Qualitätsgesichtspunkten vergeben

---

150 Ingo Richter, Theorien der Schulautonomie, RdJB 1994, S. 5
151 Ingo Richter, Die öffentliche Schule im Umbau des Sozialstaats, Zeitschrift für Pädagogik, 34. Beiheft, 1996, S. 107

werden, z. B. im Rahmen der Excellenzinitiativen. Viele Forschungsinstitute der Universitäten sind inzwischen sog. „An-Institute", die von universitären und privaten Geldgebern gemeinsam getragen werden. Wenn in einigen Ländern, z. B. in Niedersachsen die Universitäten Stiftungen des Landes geworden sind, so kommt darin die institutionelle Verwandlung besonders sinnfällig zum Ausdruck.

5 Der „PISA-Schock" – „Außer Spesen nichts gewesen"?

An PISA war ich zwar unmittelbar nicht beteiligt; ich beobachtete und kommentierte diese bildungspolitische Entwicklung jedoch ausführlich (5.1–5.2), um schließlich die Folgeprobleme in mehreren Ländern mit zu beraten (5.3.1–5.3.4).

5.1 „PISA" als bildungspolitisches Ereignis

5.1.1 Der „Schock" im Jahre 2001

Die Veröffentlichung der Ergebnisse der ersten „PISA-Studie"[152] löst in der deutschen Öffentlichkeit einen Schock aus. Die Tagespresse berichtet in Schlagzeilen. Die Fachpresse nimmt sich des Themas an. Die Bundesregierung und die Regierungen der Länder reagieren unmittelbar und die Kultusminister verkünden bildungspolitische Maßnahmen. Innerhalb weniger Monate erscheinen mehrere Bücher zu dem Thema.[153] Die bekannten Ergebnisse: 1. Die durchschnittlichen Leistungen der deutschen fünfzehnjährigen Schülerinnen und Schüler im Lesen, in Mathematik und den Naturwissenschaften liegen im Weltvergleich weit unter dem Durchschnitt, nämlich im unteren Drittel, während nicht nur einige asiatische Länder wie z. B. Korea, sondern auch europäische Länder, die mit Deutschland durchaus vergleichbar sind, wie z. B. Finnland an der Spitze liegen. Ist Deutschland ein Entwicklungsland? 2. In Deutschland besteht zwischen den Leistungen und der sozialen Herkunft der Schülerinnen

---

152 Deutsches PISA-Konsortium (Hrsg.), PISA 2000, 2001
153 Ich nenne nur allein aus dem Jahre 2002 sieben Bücher: Konrad Adam, Die deutsche Bildungsmisere – PISA und die Folgen; Allan Guggenbühl, Die PISA-Falle; Ewald Terhart, Nach PISA; Bernd Fahrholz u. a. (Hrsg.), Nach dem PISA-Schock – Plädoyers für eine Bildungsreform; Rolf Heiderich und Gerhart Rohr, Bildung heute – Wege aus der PISA-Katastrophe; Annette Schavan, Welche Schule wollen wir? – PISA und die Konsequenzen; Bruno J. Schor, PISA – Herausforderung und Chance schulischer Selbsterneuerung.

und Schüler eine engere Beziehung als in allen anderen europäischen Ländern. Ist Deutschland eine Klassengesellschaft? 3. Die Leistungen der Schülerinnen und Schüler des unteren Fünftels sind so schlecht, dass sie später im Leben, d. h. in Familie, Beruf und Alltagsleben den normalen Anforderungen nicht entsprechen können, also „lebensunfähig" sein werden. Wächst in Deutschland eine Generation von funktionellen Analphabeten heran? 4. Die Leistungen der Schülerinnen und Schüler des obersten Fünftels sind wiederum nicht so gut, dass man von ihnen internationale Spitzenleistungen in Wissenschaft und Kultur, Wirtschaft und Gesellschaft erwarten kann. Ist Deutschland nicht mehr das „Land der Dichter und Denker"? 5. Die Leistungen der Schülerinnen und Schüler unterscheiden sich außerordentlich stark zwischen den deutschen Ländern, wobei die durchschnittlichen Leistungen in den „schlechten Ländern" bis zu einem Jahr hinter den durchschnittlichen Leistungen in den „guten Ländern" zurück liegen. Verursacht der Föderalismus ein „Bildungschaos"? 6. Die „guten Länder" sind die sog. B-Länder, die Länder die überwiegend von CDU/CSU-Regierungen regiert wurden, insbes. Bayern und Baden-Württemberg sowie Sachsen, während die „schlechten Länder" die sog. A-Länder sind, die überwiegend von SPD-Regierungen regiert wurden, nämlich insbesondere die Stadtstaaten Bremen, Berlin und Hamburg. Sind die Bildungsreformen der „fortschrittlichen Regierungen" schuld an den schlechten Leistungen der Schülerinnen und Schüler in diesen Ländern? Diese Themen bestimmten die öffentliche Diskussion. Die PISA-Daten wurden in der Folgezeit im Hinblick auf eine Vielzahl anderer Gesichtspunkte ausgewertet, z. B. Region und Religion, Migration und Geschlecht, Schularten, Privatschulen usw. Die PISA-Daten sollten sich als ein fruchtbarer Daten-Pool für jahrelange vielfältige Forschungen erweisen.

Der „PISA-Schock" bestand 1. In der Verletzung des deutschen Nationalstolzes. Wir sind doch die „Musterschüler" der ganzen Welt. 2. In der „German Angst" vor dem wirtschaftlichen Abstieg und der Gefährdung des Wohlstands. Wir sind doch die „Exportmeister" und genießen einen hohen Lebensstandard. 3. In der Furcht vor dem Verlust der Innovationsfähigkeit der Gesellschaft durch „Spitzenkräfte". Keine Nobelpreisträger mehr! 4. In der Bedrohung durch eine „Unterschichtung" der Gesellschaft und die Entstehung einer neuen „Underclass". Droht ein neues Proletariat? 5. In der Gefährdung der pluralistischen Konsensdemokratie durch das Erstarken linker und rechter „Flügelparteien". „Weimar" ante portas? 6. In dem Wiederaufflammen der bildungspolitischen Konflikte zwischen den konservativen und den reformerischen politischen Kräften. Leistungs- und Wertorientierung versus Beliebigkeit und „Libertinage".

Über die Ursachen des schlechten Abschneidens der deutschen Schülerinnen und Schüler in der ersten PISA-Studie ist viel spekuliert worden. Haben die

Schüler und Lehrer die Tests nicht ernst genommen? Sind die deutschen Schüler im Gegensatz zu den Schülern anderer Länder das Testen nicht gewohnt? Trainieren die Lehrer in anderen Ländern ihre Schüler für die Tests (Teaching to the test)? Sind die Tests überhaupt valide oder messen sie nur die Fähigkeit Tests zu schreiben? – und dann die ganze Kritik an der deutschen Schule: Die Schulstruktur und die Lehrerbildung, die Lehrer und die Eltern überhaupt, die Migranten und die Behinderten usw. Keine Party, kein Stammtisch, keine parlamentarische Diskussion und keine Konferenz ohne Informationen und Spekulationen zu den Fragen nach dem deutschen „PISA-Versagen". Die typisch deutsche Neigung zur Selbstkritik und vor allem zum Selbstmitleid brach sich Bahn. Die Aufregung war groß, die Erkenntnisse waren gering. Inzwischen ist die Zeit über diese frühe PISA-Phase hinweggegangen. Die Aufregung hat sich gelegt, die Ergebnisse der deutschen Schüler in den Folgestudien sowie in anderen internationalen Leistungstests haben sich verändert, haben sich verbessert. Wir wissen inzwischen mehr und eine gewissen „Normalität" hat sich wiederhergestellt.

5.1.2 Die Folgen des „PISA-Schocks"

Hat sich das deutsche Schulwesen in den zwanzig Jahren seit der ersten PISA-Studie grundsätzlich verändert? Nein, das wird man nicht sagen können. Dennoch wäre es falsch, dem „PISA-Schock" jegliche Wirkungen abzusprechen. „PISA" hat große Auswirkungen auf die Bildungsforschung gehabt. Dazu gehört zunächst, dass die „PISA-Studien" fortgesetzt worden sind und dass alle drei Jahre Folgestudien mit unterschiedlichen, auch erweiterten Schwerpunkten durchgeführt werden,[154] dass es sich inzwischen um eine Art der Dauerbeobachtung des Bildungswesens handelt. Es kommt hinzu, dass PISA weitere Untersuchungen angeregt hat, denn es gibt inzwischen in Deutschland eine Fülle ähnlicher Untersuchungen, wie z. B. IGLU, DESI, LAU, PIRLS und TIMSS in der Fortsetzung, und wie sie alle heißen, die inzwischen vom 2010 gegründeten Zentrum für internationale Vergleichsstudien (ZIB) an der Technischen Universität München zusammen mit dem Deutschen Institut für Internationale Pädagogische Forschung (DIPF) in Frankfurt und dem Institut für die Pädagogik der Naturwissenschaften (IPN) Kiel durchgeführt werden.

---

154 Die letzte PISA-Studie stammt aus dem Jahre 2018, s. Kristina Reiss u. a. (Hrsg.), PISA 2018. Grundbildung im internationalen Vergleich, 2018

Die Kultusministerkonferenz hat seit dem Jahre 2003 bundesweit geltende Bildungsstandards beschlossen, und zwar für den Primarbereich für die Jahrgangsstufe 4 in Deutsch und Mathematik, für den Hauptschulabschluss für die Jahrgangsstufe 9 in Deutsch, Mathematik und in den Fremdsprachen, für den Mittleren Schulabschluss in der Jahrgangsstufe 10 in Deutsch, Mathematik, den Fremdsprachen und den Naturwissenschaften sowie für die Allgemeine Hochschulreife in Deutsch, Mathematik und den Fremdsprachen.[155] Diese Bildungsstandards werden vom Institut für die Qualitätsentwicklung im Bildungswesen (IQB) an der Humboldt-Universität Berlin konkretisiert und auf ihrer Grundlage entwickelt das IQB Aufgaben für die Überprüfung der Bildungsstandards, u. a. den Aufgabenpool für die Abiturprüfungen und untersucht in Ländervergleichen, ob die Bildungsstandards erreicht werden.

Das „Nationale Bildungspanel", das 2009 das Licht der Welt erblickte und seither arbeitet, wäre ohne PISA nicht denkbar.[156] Auch die Länder gründeten eigene Institute für empirische Bildungsforschung, z. B. das Hector Institut für empirische Bildungsforschung an der Universität Tübingen. Die in den sechziger Jahren durch das Max-Planck-Institut für Bildungsforschung in Deutschland heimisch gewordene empirische Bildungsforschung hat durch PISA einen entscheidenden Schub erhalten. Large Scale Assessments (LSA) sind heute als ein wesentlicher Teil der empirischen Bildungsforschung aus der Bildungspolitik und -praxis nicht mehr wegzudenken. Es kommt hinzu, dass sich auf der Grundlage der LSAs nach dem PISA-Schock ein Bildungsmonitoring entwickelt hat, das vor allem in den im zweijährigen Rhythmus veröffentlichten Bildungsberichten Ausdruck findet.[157] Die Bildungspolitik hat nach dem PISA-Schock rationale Instrumente als Entscheidungsgrundlage erhalten, die vorher nicht existierten und die sich als sehr nützlich erwiesen haben.

Der PISA-Schock hat der Bildungspolitik eine höhere Priorität in der öffentlichen Debatte verschafft. Die politischen Parteien versuchen sich in ihren Bekenntnissen zur Bedeutung der Bildungspolitik gegenseitig zu übertreffen. Dies hatte auch zur Folge, dass die Investitionen in das Bildungswesen zugenommen haben oder dass die sog. demographische Rendite, d. h. die durch den Rückgang der Schülerzahlen eingesparten Finanzmittel dem Bildungswesen nicht gänzlich entzogen worden sind. Die Gesamtausgaben für

155 Veröffentlichungen und Beschlüsse der Kultusministerkonferenz zum Thema Bildungsstandards, 24.4.2020

156 Hans Peter Blossfeld u. a. (Hrsg.), Education as a lifelong process – The German National Educational Panel Study, Zeitschrift für Erziehungswissenschaft, Vol. 14, Issue 2, Supplement, 2011

157 S. zuletzt Autorengruppe Bildungsberichterstattung, Bildung in Deutschland 2020, 2020

das Bildungswesen betrugen im Jahre 2000 rd. 80 Mrd. EURO, im Jahre 2016 rd. 130 Mrd. Auch das ist ein PISA-Effekt.

Es gibt auch eine ganze Reihe von strukturellen Veränderungen im Bildungswesen, die unmittelbar oder mittelbar mit dem PISA-Schock in eine Verbindung gebracht werden können:

Die Einsicht, dass frühes Lernen die schulische Leistungsfähigkeit steigern kann, hat zur Einführung des Rechts auf einen Krippenplatz und damit zum massiven Ausbau der Kinderkrippen in Westdeutschland beigetragen. Aus dem gleichen Grunde erhielt auch der Besuch des Kindergartens eine erhöhte Bedeutung, was wiederum zu höheren Investitionen und zu Reformen im Kindergartenbereich führte.

1. Die Einsicht in die Abhängigkeit der schulischen Leistungen von der sozialen Herkunft führte zu einer Vielzahl von Initiativen zur Förderung leistungsschwacher sozial benachteiligter Kinder, und zwar insbesondere aus Migrantenfamilien. Das reicht von der Schaffung des sog. „Bildungspaketes" im Rahmen der Reform der Einkommensteuer bis zu lokalen Initiativen zur Förderung einzelner Flüchtlingskinder.

2. Nicht nur die Verbesserung des Unterrichts kann zur Verbesserung der Schulleistungen führen, sondern auch die Verbesserung des Umfeldes, insbesondere durch die Einführung von Ganztagsschulen, die Förderung der Schulsozialarbeit, die Stärkung der Beziehung zwischen Schule und Elternhaus, die Aufmerksamkeit für die Bildung in der Familie u. a.m. Insbesondere der massive Ausbau der Ganztagsschulen ist ohne PISA nicht denkbar.

3. Die Autonomisierung von Schulen kann zu einer Leistungssteigerung beitragen. Nach PISA erhielten deshalb die aus den sechziger und siebziger Jahren Tendenzen zur Stärkung der Selbständigkeit von Schulen neuen Auftrieb.

4. Die Privatschulen schnitten im Großen und Ganzen bei den Schulleistungsuntersuchungen nicht besser ab als die öffentlichen Schulen. Dennoch führte u. a. auch die Kritik an der Leistungsfähigkeit des deutschen öffentlichen Schulwesens zu einer Stärkung des deutschen Privatschulwesens und zu einem Ausbau des Privatschulwesens in den neuen Bundesländern, der zunächst nur sehr zögerlich begonnen hatte.

5. Regelmäßige empirische Leistungsbeurteilungen dienen nicht nur der Bildungspolitik als rationale Entscheidungsgrundlage, sondern sie können auch die Unterrichtsqualität verbessern. Die Out-put-Orientierung hat sich seit PISA in der Schule durchgesetzt. Deshalb finden regelmäßige Vergleichsuntersuchungen in den Schulen statt und deshalb befinden wir uns auf dem Wege zu einem bundesweiten Zentralprüfungswesen.

6. Da die traditionelle Schulaufsicht neben der fachlichen auch die dienstliche und die rechtliche Aufsicht umfasst, führte die Kritik an den Schulleistungen zur Schaffung einer von der Schulaufsicht unabhängigen Schulinspektion, die allein der Qualitätsverbesserung der Schulen dienen soll.

Diese Aufzählung ist eindrucksvoll. Sie rechtfertigt die Annahme, dass es sich bei dem PISA-Schock um einen heilsamen Schock gehandelt hat. Und dennoch: Es gibt auch ein „Jenseits von PISA" (s. u. 6)

5.2 „PISA" als juristisches Problem

Ich war an der Planung und Durchführung der ersten PISA-Studie wie auch an allen weiteren Studien nicht beteiligt. Im Jahre 1999 war mein bildungspolitisches Buch „Die sieben Todsünden der Bildungspolitik" erschienen (s. o. 3.6.2). Das war sozusagen mein „bildungspolitisches Testament"; ich hatte mit der Bildungspolitik abgeschlossen. Ich war nun seit sechs Jahren Direktor des DJI und die Kinder- und Jugendforschung und -politik beschäftigte mich ganz und gar. Der Wissenschaftsrat hatte das DJI im Auftrage des Ministeriums evaluiert und seine kritische, aber insgesamt positive Stellungnahme abgegeben und ich war voll und ganz mit der Umsetzung der Empfehlungen des Wissenschaftsrats beschäftigt. Das Ministerium hatte 1999 die Elfte Kinder- und Jugendberichtskommission berufen und ich war ihr Vorsitzender (s. o. 3.6.1). Wir legten den Elften Kinder- und Jugendbericht im selben Jahr vor, in dem die erste PISA-Studie veröffentlicht wurde. Neben der Leitung des Instituts und der Repräsentation des Instituts in der Öffentlichkeit beschäftigten mich vor allem diese beiden Aufgaben. Angesichts dieser Fülle an Arbeit und Verantwortung habe ich überhaupt nicht bemerkt, welche Entwicklungen sich in der Bildungspolitik vorbereiteten, obwohl ich die wichtigsten Akteure gut kannte und auch häufig mit ihnen Kontakt hatte. Ich habe den „PISA-Schock" überhaupt nicht vorausgesehen und völlig unterschätzt.

Aber nun war er, der „PISA-Schock", da und ich musste dazu eine Einstellung finden, und zwar in dreierlei Hinsicht, 1. musste ich mir eine Meinung zu „PISA" bilden, 2. musste ich mich mit den durch „PISA" aufgeworfenen Rechtsfragen beschäftigen, und zwar vor allem in meiner Zeitschrift RdJB (s. u.) und 3. musste ich mir überlegen, ob ich mich mit den „nachpisanischen" Folgen in der Bildungspolitik beschäftigen wollte, und zwar vor allem, weil die Auswirkungen auf die Kinder- und Jugendpolitik offensichtlich waren (s. u. 5.3). Wenn ich heute versuche, meine damaligen Einstellungen zu rekonstruieren, so kann ich sie in vier Punkten zusammenfassen:

7. Ich habe mich ganz bewusst der „Sensationsmache", dem „PISA-Schock", entgegengestellt, denn ich war überhaupt nicht geschockt. Ganz im Gegenteil, es war ja (fast) alles bekannt, die Bedeutung der sozialen Herkunft, die Gefährdung der „Underachiever" und die Schwäche der „Overachiever", die Unterschiede zwischen den Ländern und die Unterschiede zwischen Bayern und Co. einerseits und Bremen, Berlin und Co. andererseits. Nun war aber das, was wir schon wussten, empirisch nachgewiesen, und das war außerordentlich nützlich, weil die entsprechenden bildungspolitischen Aussagen nun nicht mehr als Spekulation oder Meinung abgetan werden konnten, sondern sich auf empirische Daten berufen konnten. Einzig die Stellung Deutschlands im Weltvergleich war nicht „bekannt", also die eigentliche „Sensation", aber hier meldeten sich Zweifel und Kritik, die bereits benannt wurden.

8. Ich habe mich stets für „PISA" und die Folge- und Paralleluntersuchungen ausgesprochen, weil sie die oben benannten positiven Auswirkungen auf die Forschungsentwicklung und die Bildungspolitik einschließlich der Bildungsfinanzierung hatten, die wiederum die benannten Strukturveränderungen, die auch ohne „PISA" begründbar waren, erleichterten.

9. Die in der Erziehungswissenschaft weit verbreitete Kritik am Kompetenzbegriff, der „PISA" zugrunde liegt,[158] habe ich nicht geteilt. „Bildung", wie immer man sie verstehen mag, setzt Kompetenzen voraus. Die durch „PISA" gemessenen Kompetenzen sind nicht nur Alltagskompetenzen, die für die Lebensbewältigung unabdingbar sind, sondern auch Voraussetzungen jeder Bildung.

10. Es ist auch nicht richtig, dass „PISA" einen Paradigmenwechsel von der sog. Input-Orientierung zur Output-Orientierung bedeutete, wie vielfach behauptet wird,[159] denn es hat neben der Input-Steuerung durch Lehrpläne und Geld schon immer auch eine Output-Steuerung durch das Prüfungs- und Berechtigungswesen gegeben.

Ich war also der Auffassung, dass die internationalen Schulleistungsstudien sinnvolle Instrumente der Bildungspolitik sind, dass sie aber praktisch und theoretisch nicht überbewertet werden sollten. Ich habe mich deshalb in die „große PISA-Schlacht" gar nicht eingemischt, sondern mich zunächst auf die Frage konzentriert, ob „PISA" auch ein juristisches Problem ist.

---

158 Zu diesem und anderen Kritikpunkten jetzt Jürgen Baumert und Klaus Tillmann (Hrsg.),
 Empirische Bildungsforschung – Der kritische Blick und die Antwort auf die Kritiker, 2016
159 Z. B. von Felix Hanschmann in seiner Habilitationsschrift „Staatliche Erziehung und Bildung",
 2017, S. 3 ff.

Wir haben uns in der Zeitschrift „Recht der Jugend und des Bildungswesens" gleich nach dem Erscheinen der ersten Veröffentlichung diese Frage gestellt. Ich habe in RdJB 2002 Heft 4 dazu einen Leitartikel geschrieben,[160] in dem ich die folgenden Auffassungen vertreten habe:

- Der Bund hatte nach dem damaligen Art. 91 b GG keine Kompetenz, die Länder zur Durchführung von PISA zu zwingen. Art. 91 b Abs. 2 GG n. F. sieht jetzt nach der Föderalismusreform I von 2006 die Möglichkeit eines Zusammenwirkens von Bund und Ländern bei internationalen Leistungsvergleichen vor.
- Auch die Kultusministerkonferenz kann ihre Mitglieder nicht durch Mehrheitsbeschluss zur Beteiligung zwingen.
- Die Durchführung der Leistungsmessungen gehört zum Bildungsauftrag der Schule und bedarf weder der Zustimmung der Kommunen und Schulen noch der der Eltern und Schülerinnen bzw. Schüler.
- Da es sich um Eingriffe in die Persönlichkeitsrechte der Schüler handelt und in das Elternrecht braucht es eine gesetzliche Grundlage und das Verhältnismäßigkeitsprinzip muss gewahrt werden. Das schien gewährleistet zu sein.
- Die Anordnung der Untersuchungen ist ein Verwaltungsakt, der der gerichtlichen Kontrolle unterliegt. Diese Auffassung habe ich inzwischen aufgegeben.
- Das jeweilige Land beauftragt eine landeseigene Einrichtung mit der Durchführung oder schließt einen öffentlich-rechtlichen Vertrag mit einem Institut.
- Die Länder können sich die Nutzungsrechte an den Daten übertragen lassen und die Veröffentlichung von ihrer Genehmigung abhängig machen. Hier habe ich Probleme der Wissenschaftsfreiheit gesehen, auch bei der Freigabe der Daten nach Abschluss der Erhebung, die sich aber nicht realisiert haben.

Insgesamt hat sich herausgestellt, dass PISA und die Folgeuntersuchungen überraschenderweise in der Praxis Rechtsprobleme nicht aufgeworfen haben.[161] Wir haben dann im folgenden Jahr den Rechts- und Verwaltungsproblemen von PISA ein ganzes Schwerpunktheft von RdJB gewidmet und u. a. auch die

---

160 Ingo Richter, PISA als Rechtsproblem, RdJB 2002, S. 375
161 Felix Hanschmann hat sie im Übrigen inzwischen in seiner Habilitationsschrift umfassend untersucht, s. o. Anm. 160

Probleme der Gesetzgebungskompetenz[162] und des Gesetzesvorbehalts[163] sowie die Bedeutung für die Schulaufsicht, die Schulverwaltung und die Schulen erörtert[164]. Hinzu kamen Fragen des Datenschutzes[165], Probleme im Privatschulwesen[166] und die Perspektiven der „Testerei" für den „Bildungsmarkt".[167] Die bildungspolitische und die pädagogische Literatur zu PISA und den Folgen[168] ist inzwischen ins Unermessliche gewachsen, während sich die juristische Bearbeitung in Grenzen hält.[169]

5.3 „Nachpisanische" bildungspolitische Spaziergänge

Die Länder, die nach wie vor und nach der Föderalismusreform I von 2006 sogar in erhöhtem Maße für das Schulwesen zuständig sind, haben in der Kultusministerkonferenz und in der Kooperation mit dem Bund außerordentliche Anstrengungen zur Koordinierung der Schulpolitik unternommen (s. o. 5.1), aber letztlich blieb es doch den einzelnen Ländern und der Tatkraft ihrer Kultusminister überlassen, welche Konsequenzen sie für ihr Land und seine Schulen aus „PISA" und anderen Vergleichsstudien angesichts der anhaltenden öffentlichen Debatte über die Ländervergleiche ziehen wollten. An einigen dieser bildungspolitischen Übungen durfte ich teilnehmen, und zwar war ich
• von 1998–2002 Mitglied eines Beraterkreises des sächsischen Kultusministers Rößler,

162 Ben Behmenburg, Bleibt Schulwesen Ländersache? – Gesetzgebungskompetenzen bei der Definition nationaler Bildungsstandards und bei Schulleistungstests, RdJB 2003, S. 165

163 Hinnerk Wissmann, Rechtsgrundlage und Zustimmungsbedürftigkeit bei schulischen Kompetenztests – Zu den Fragen von Eingriff und Gesetzesvorbehalt im Sonderstatusverhältnis, RdJB 2003, S. 179

164 S. die Kontroverse zwischen Baumert und Füssel einerseits und Richter andererseits in RdJB 2003, S. 151, Hermann Lange, PISA und kein Ende: Was bedeuten die Untersuchungen für die Schulverwaltung? RdJB 2003, S. 193; Peter Daschner und Ulrich Vieluf, PISA im pädagogischen Verantwortungszusammenhang., RdJB 2003, S. 211.

165 Manfred Weitz, PISA unter datenschutzrechtlichen Aspekten, RdJB 2003, S. 226

166 Manfred Weiß und Corinna Preuschoff, Sind mehr Privatschulen eine Antwort auf PISA? – Ergebnisse einer explorativen Analyse von Daten aus PISA-E, RdJB 2003, S. 231.

167 Johannes Rux, PISA und das GATS als Katalysator für die weitere Privatisierung des Bildungswesens, RdJB 2003, S. 239, eine Perspektive, die inzwischen in dem Buch von Richard Münch, Der bildungsindustrielle Komplex – Schule und Unterricht im Wettbewerbsstaat, 2018, außerordentlich betont und herausgearbeitet wird.

168 Eine erste Rezension der ersten sieben Bücher bringt Ingo Richter, Nach dem Schock – über die Verarbeitung von PISA in jüngsten bildungspolitischen Publikationen, RdJB 2003, S. 256

169 S. aber Anm. 161

- von 2001–2004 Mitglied des Bildungsrates des Landes Baden-Württemberg,
- von 2003–2006 Mitglied des Boards des „Modellvorhabens eigenverantwortliche Schule (MeS)" des Landes Berlin und
- von 2006–2008 Mitglied der Enquete-Kommission „Chancen für Kinder"
  des Landes Nordrhein-Westfalen.

Das Verhältnis zu „PISA" war in allen vier Fällen unterschiedlich, denn die
Gremien hatten unterschiedliche Funktionen und es gab unterschiedliche inhaltliche Schwerpunkte. Gerade deshalb lässt sich die Bedeutung von „PISA" an
diesen vier Beispielen so schön demonstrieren und gerade deshalb zeigen diese
vier Beispiele, dass die Länder aufgrund ihrer „Schulhoheit" „PISA" legitimer-
weise für ihre je eigenen bildungspolitischen Zwecke genutzt haben.

5.3.1 „Der Mantel der Geschichte weht" – Der sächsische Beraterkreis

Kurt Biedenkopf berief in seine zweite Regierung 1994 als Kultusminister
einen Ingenieur, Matthias Rößler, der aus der Dissidentenbewegung stammte.
In den neuen Bundesländern können nur Pastoren und Ingenieure Minister werden, meinte dieser einmal, weil nur sie in aller Regel politisch unbelastet seien.
Staatssekretär war ein Beamter aus Baden-Württemberg, denn Baden-Württemberg war das „Tandem-Land" beim Aufbau der Verwaltung in Sachsen. Von
einer absoluten CDU-Mehrheit geführt und vom baden-württembergischen
Kultusministerium beraten übernahm Sachsen das baden-württembergische
Schulsystem, beschränkte sich aber auf die zweigliedrige Sekundarschule und
begrenzte das Gymnasium auf acht Jahre. Sachsen erreichte bei den PISA-
Untersuchungen im Ländervergleich Spitzenwerte. Das überraschte niemand,
denn die Sachsen galten schon immer als besonders „helle" und spielten in der
deutschen Kultur- und Geistesgeschichte eine bedeutende Rolle.

„König Karl" meinte aber wohl, dass das Land „oben drauf" noch ein
I-Tüpfelchen brauchen könnte, und so verschaffte er dem Kultusminister einen
Beraterkreis, in dem neben hohen Beamten seines eigenen Ministeriums vor
allem Wissenschaftler und Wirtschaftler aus dem Westen saßen. Der Ministerpräsident wollte einen Kreis von Beratern aus Wirtschaft und Wissenschaft
installieren, die für eine moderne wissenschaftlich aufgeklärte Bildungspolitik
standen und der Minister wollte das auch. Der Ministerpräsident diskutierte
die Idee mit Hermann Freudenberg, dem Vorsitzenden der Gesellschafterver-
sammlung der Firma Freudenberg und des Stiftungsrates der Freudenbergstiftung. Hermann Freudenberg, der schon in den sechziger und siebziger Jahren

den „Ettlinger Kreis" bildungspolitisch engagierter Unternehmer ins Leben gerufen hatte und der nun durch die Freudenberg-Stiftung pädagogische und sozialpädagogische Projekte – u. a. in Zusammenarbeit mit dem DJI – förderte (s. o. 4.4), brachte mich als Direktor des Deutschen Jugendinstituts und Mitglied des Kuratoriums der Freudenberg-Stiftung einfach in den Beraterkreis mit, denn irgend ein Wahl- oder Berufungsverfahren gab es nicht. Alles ganz informell!

Die eineinhalbtägigen Sitzungen, die in Dresden zwei- bis dreimal im Jahr stattfanden, begannen jeweils am Vorabend mit einem vorzüglichen Essen in der Staatskanzlei. Dunkler Anzug mit Krawatte! Es sprach stets nach dem Hauptgang der Ministerpräsident selber, und zwar nicht über Bildungspolitik, sondern über die Probleme des Landes. Vielleicht eine halbe Stunde, völlig frei, völlig offen und ungeschützt, geschliffen und prägnant. Ich habe in den neunziger Jahren niemand gehört, der die Probleme des „Aufbaus Ost" so klar und schonungslos analysierte, den Zustand der sächsischen Wirtschaft nach dem Zusammenbruch, die Investitionspolitik des Landes, den Finanzbedarf, die Bürokratie und die „Parteienlandschaft", den Aufbau der Städte, die regionale Entwicklung. Angesichts von soviel Kompetenz und Erfahrung gab es ein paar Fragen, keine Diskussion. Nur „Königin Ingrid" meldete sich ab und zu ungeschützt zu Wort, was „König Karl" eher peinlich war. Es war eine perfekte Selbstdarstellung und ein Ereignis.

Die Beratungen selber am nächsten Tage fielen in aller Regel weniger amüsant aus, aber das Vergnügen war auch nicht unsere Daseinsberechtigung. Es ging mehr oder weniger um die Niederungen der Nach-Wende-Schulpolitik im Lande, nachdem die Grundsatzentscheidungen – im Sinn der weitgehenden Übernahme des baden-württembergischen Schulsystems – gefallen waren: die Folgen des massiven Geburteneinbruchs für die Schulplanung und die Lehrerbeschäftigung, die Modernisierung der Lehrpläne und die Lehrerweiterbildung, die Neustrukturierung der gymnasialen Oberstufe und den Umbau der Dualen Berufsausbildung, die Schulsozialarbeit und die hohe Jugendarbeitslosigkeit. Es ging aber auch um die Zukunftsfähigkeit des Landes: Wie wird es möglich sein, die für Wirtschaft und Wissenschaft erforderlichen hohen Qualifikationen an das Land zu binden und gleichzeitig zu verhindern, dass aus dem nach der Wiedervereinigung „freigesetzten" Arbeitskräftepotential der unproduktiven DDR-Wirtschaft eine neue „Underclass" unqualifizierter Sozialhilfeempfänger wird. Aus diesem Grunde mussten vor allem für die nachwachsende Generation Bildungs- und Ausbildungsmöglichkeiten geschaffen werden, die die weitere Abwanderung in den Westen verhindern. Eine solche Politik galt auch schon damals als die beste Voraussetzung dafür, um eine politische Radikalisierung im Lande zu bekämpfen, und zwar lange vor „Pegida-Zeiten"! Im Vergleich zu den anderen neuen Bundesländern hatte Sachsen – ebenso wie Thüringen – dabei eine gute Ausgangsposition, die es zu erhalten und auszubauen galt.

Die Beamten des Ministeriums referierten. Die „Experten" hörten zu und versuchten, das Gehörte in ihren jeweiligen Erfahrungshorizont einzuordnen und diesen den Beamten verständlich zu machen. Ich glaube jedoch nicht, dass die „Experten" Wesentliches zur Lösung der drängenden Probleme des Landes haben beitragen können, aber sie selber lernten etwas, lernten, wie es zuging nach der Wiedervereinigung in den neuen Bundesländern und dann später nach den PISA-Erfolgen des Landes. Und die Beamten wussten es zu schätzen, dass sie sich mit Experten aussprechen konnten, die ihnen diesmal nicht als „Besser-Wessis" auf den Hals geschickt wurden, sondern die zuhören konnten. Dies war deshalb eigentlich kein Fall wissenschaftlicher Beratung der Politik, sondern vielleicht eher umgekehrt ein Fall politischer Beratung „der Wissenschaft". Ich glaube nicht, dass die sächsische Bildungspolitik in irgendeiner Weise durch uns beraten worden ist. Nun gut, der Minister war während der gesamten Beratung anwesend und die Spitzen seiner Verwaltung auch; auch der Ministerpräsident schaute vorbei.

Partei(en) und Fraktion(en) waren natürlich nicht dabei. Man hätte sich ja nicht auf die CDU beschränken können. Und die „bildungspolitische Öffentlichkeit" blieb ebenfalls draußen. Meiner Erinnerung nach gab es keine Protokolle, auch keine Pressekonferenzen. Es war eine „geschlossene Gesellschaft", geheim sozusagen, nur für die politisch-administrative Leitung der Bildungspolitik des Landes. Unter legitimatorischen Gesichtspunkten ist nichts dagegen zu sagen. Warum sollen Ministerpräsident und Minister nicht Menschen ihres Vertrauens „ihre Sicht der Welt und ihre Probleme" darstellen und ihre Verwaltung über die konkreten Vorhaben der Regierung referieren lassen, um sich mit westlichen Experten danach zu beraten? Ein „Reptilienfond"[170] der Staatskanzlei konnte für die Kosten allemal aufkommen. Gefragt, wie er sich die derzeitigen politischen Verhältnisse in Sachsen erkläre, sagte Kurt Biedenkopf kürzlich in einem ZEIT-Interview: „Solange die ordentlich regiert wurden, solange gab es keinen Rechtsradikalismus."

---

170 Bismarck überführte das beschlagnahmte Privatvermögen deutsche Fürsten in einen Geheimfond, aus dem PR-Ausgaben getätigt wurden, so genannt weil Bismarck seine Gegner als „bösartige Reptilien" bezeichnet hatte.

5.3.2 Spargel in Schwetzingen – Der baden-württembergische Bildungsrat

Eines Tages kurz nach der Veröffentlichung der Ergebnisse der ersten PISA-Studie stellte meine Sekretärin im DJI in München ein Telefongespräch aus dem Kultusministerium in Stuttgart zu mir durch. Die Ministerin wolle mich sprechen. Ja, sie sei selber am Apparat. Die Ministerin selber, ohne Vorzimmer oder Referent, ohne vorherige schriftliche Ankündigung. Frau Schavan fragte mich, ob ich Mitglied des von ihr gegründeten Bildungsrates Baden-Württemberg werden wolle, der für die Umsetzung der PISA-Ergebnisse in Baden-Württemberg sorgen solle. Ja, ich wollte. In den Bildungsrat hatte Frau Schavan „Persönlichkeiten des öffentlichen Lebens", wie man das nannte, die sog. „öffentlichen Lebemänner" eingeladen, z. B. Ralf Dahrendorf und Hartmut von Hentig, den Hirnforscher Manfred Spitzer, den Zukunftsforscher Ortwin Renn, den Schriftsteller Burkhard Spinnen, eine Ordensschwester, deren Name mir entfallen ist, die Rektoren der Pädagogischen Hochschulen Freiburg und Ludwigsburg, und eben Ingo Richter als Direktor des DJI.

Anders als in Sachsen gab es eine konkrete Aufgabe, die Umsetzung der PISA-Ergebnisse in den Bildungsplänen des Landes. Es gab also ein Programm, einen Terminplan und einen Bericht als Ergebnis. Parlament und Parteien waren nicht beteiligt, auch nicht die Verwaltung. Die Tagungen waren nicht öffentlich und fanden nicht nur im Ministerium, sondern mal hier, mal dort im Lande statt, an den schönsten Orten dieses herrlichen Landes, in Schlössern oder Klöstern, manchmal verbunden mit Besichtigungen und Gesprächen „vor Ort", z. B. einmal im Schwetzinger Schloss, wo es diesen herrlichen Spargel gibt. Im Lande wusste man von der Existenz des Bildungsrates. Es gab Gerüchte und Artikel in der Presse, auch mal eine parlamentarische Anfrage, aber keine Pressekonferenzen. In Ulm fand im April 2002 ein großer öffentlicher Bildungskongress unter wesentlicher Beteiligung des Bildungsrates statt, an dem vor allem die Lehrerschaft des Landes teilnahm, und im Mai 2003 gab es eine öffentliche Anhörung, in der die Ergebnisse der Bildungsplanarbeit zur Diskussion gestellt wurden.

Die Aufgabe des Bildungsrates war also die Neugestaltung der Bildungspläne des Landes nach Maßgabe von „PISA". Die Schulstruktur stand nicht zur Diskussion. Die Schulstruktur war nach Ansicht der Ministerin bewährt und sollte nicht verändert werden. Zwar gab es keine Gesamtschulen im Lande, aber mit den Werkrealschulen und den Berufsfachschulen hatte das Land eine Aufwärtsmobilität geschaffen, die sich sehen lassen konnte und die auch bei „PISA" sichtbar geworden war, wo Baden-Württemberg einen Spitzenplatz einnahm. „Es ist mir scheißegal", sagte die Ministerin in einer Sitzung einmal wörtlich, obwohl sie eigentlich nicht zu Kraftausdrücken neigte, „um was für eine Schulart es sich handelt; ich möchte, dass die Schule der kulturelle Mittelpunkt des Dorfes bleibt."

Traditionellerweise wurden die Lehrpläne der Schulen von sog. Lehrplankommissionen erstellt und von Zeit zu Zeit revidiert. Lehrplankommissionen setzten sich aus Fachdidaktikern und Fachwissenschaftlern, Fachreferenten des Ministeriums und Schulbuchautorinnen und -autoren zusammen, waren also Fachkommissionen, z. B. für das Schulfach „Geschichte", in die sich gelegentlich auch mal ein Pädagoge, Psychologe oder sogar ein Soziologe verirrte. Die Lehrpläne legten für die verschiedenen Schulfächer den Lernstoff für die einzelnen Klassen fest, z. B. in Geschichte Klasse 7 „Die alten Germanen", wobei es eine Frage war, ob sich die Schülerinnen und Schüler in allen Schularten gleichzeitig mit den „alten Germanen" beschäftigen sollten, ob die Lehrpläne also schulartspezifisch oder schulartübergreifend aufgebaut sein sollten. Die auf diese Art und Weise erstellten Lehrpläne wurden dann vom Ministerium durch einen Erlass in den Schulen des Landes verbindlich eingeführt. Die Fachlehrer wählten danach aus der Liste der vom Ministerium zugelassenen Schulbücher die für den Lehrplan geeigneten Schulbücher aus und führten sie ein.

Das waren die „guten alten Zeiten", die durch die Bemühungen um eine Curriculumrevision in den siebziger Jahren gehörig durcheinandergewirbelt worden waren, wenn letztlich auch ohne greifbare Wirkungen (s. o. Teil II 1.1.3 und 1.1.5). Jetzt sollte nach „PISA" ein Paradigmenwechsel eingeleitet werden. Nun sollte es nicht um „den Stoff", den „input", gehen, sondern um Kompetenzen, also den „output", das was bei dem Ganzen herauskommt, und das sollte auch noch messbar sein! – also z. B. das „Große Einmaleins" oder 700 oder 7.000 Wörter einer Fremdsprache zu einem bestimmten Zeitpunkt oder die Kenntnis der Siedlungsgebiete der „alten Germanen" oder die Strukturformel für Eisennitrat. Die Schülerinnen und Schüler sollten Kompetenzen erwerben, die in Bildungsstandards festgeschrieben und in einem Kerncurriculum zusammengefasst werden sollten, das zwei Drittel des Unterrichtszeit ausfüllen sollte. Das restliche Drittel sollte die Schulen für die Ergänzung und Vertiefung nutzen. Sie sollten Fächerverbindungen herstellen und Schulprofile ausbilden. In einem sog. Schulcurriculum sollten das Kerncurriculum und diese schulspezifischen Aufgaben zusammengeführt werden. Das war die curriculare Konzeption, die die Umsetzung von „PISA" gewährleisten sollte, eine durchaus schwierige Aufgabe für das Land. Frau Schavan war die erste, die diese Aufgabe entschlossen in die Hand nahm und die sich dadurch bundesweit profilierte.

Wer aber sollte die Zielsetzungen bestimmen, die im Schulwesen zu erwerbenden Kompetenzen, nachdem die „Wissenschaft" versagt und auch sonst nichts geholfen hatte (s. o. Teil II 1.1.3)? – na, gebildete Männer und Frauen, wir, die Mitglieder des Bildungsrates natürlich. Die Fachabteilungen des Ministeriums nahmen sich die alten Lehrpläne vor und formulierten sie so um, dass messbare Kompetenzen dabei am Schluss herauskamen. Hierfür gab es immerhin einen vorgegebenen Rahmen, in dem drei Ebenen vorgesehen waren, die Bildungsstandards auf der ersten Ebene, die nach dem Schulgesetz verbindlich sein sollten, die sog. Niveaukonkretisierungen auf einer zweiten Ebene, wobei das Niveau verbindlich sein sollte, nicht aber die Konkretisierung durch Beispiele, und schließlich drittens Umsetzungsbeispiele, die eben als Beispiele unverbindlich sein sollten. Das Ministerium erzeugte ein riesiges Konvolut, den neuen Bildungsplan 2004, eine beachtliche Leistung! Alle Referate wollten dabei sein und ihre Fächer in die neue Zeit retten, und zwar nicht nur die Hauptfächer, sondern auch die Nebenfächer wie z. B. Geschichte und Musik. Das nahm z. T. groteske Formen an, wenn die Vorlage für den evangelischen Religionsunterricht – wie geschehen – als Kompetenz vorgab: „Wissen, dass es einen gnädigen Gott gibt." Wie soll das messbar sein?

Der Bildungsrat war völlig überfordert, sämtliche Vorlagen des Ministeriums zu diskutieren, sodass ihm nichts anderes übrigblieb, als am Schluss das Ganze hinzunehmen. Am Schluss jedenfalls gab es den Bildungsplan 2004, der recht eindrucksvoll war. Hartmut von Hentig schrieb auf Bitten der Ministerin eine fulminante Einführung. Hentig gelang es, in seinem Text die neue Konzeption des „PISA-Zeitalters" zu übernehmen und nicht nur mit den alten pädagogischen Ideen des Lehrplans zu versöhnen, sondern sie auch noch in seine Idee der Bildung einzubinden. „Bildung" ist nach diesem Text 1. das, was „der sich bildende Mensch" aus sich zu machen sucht, die „persönliche Bildung", 2. das, was den Menschen befähigt, in seiner geschichtlichen Welt, im état civil zu überleben, die „praktische Bildung" und 3. das, was der Gemeinschaft erlaubt, gesittet und friedlich, in Freiheit und mit dem Anspruch auf Glück zu bestehen, die „politische Bildung".

Der Bildungsrat war eine großartige Diskussionsrunde, was angesichts der dort versammelten Persönlichkeiten nicht weiter verwunderlich war und die Ministerin erfrischte in ihrer praktischen und unverfrorenen Art den Kreis durch ihre politischen Ziele und ihre Beiträge immer wieder. Immerhin war sie eine Politikerin! Man kann aber nicht sagen, dass der Bildungsrat den Bildungsplan 2004 wirklich geprägt hat. Hartmut von Hentig hat die Arbeit des Bildungsrates mit seiner großartigen Einleitung gerettet und rehabilitiert! [171]

171 Das Ganze ist auch heute noch – einschließlich der Hentig'schen Einführung – im Internet nachzulesen, und zwar unter www.bildungspläne-bw.de/Lde/4560741

Ich habe das weitere Schicksal des Bildungsplans nicht verfolgt und kann deshalb nicht beurteilen, ob die Arbeit des Bildungsrates langfristige Wirkungen im Lande gehabt hat. Der Spargel aus Schwetzingen ist im Frühjahr der erste und – nach Schrobenhausen in Bayern – auch der beste in Deutschland, wie ich finde. Der Bildungsplan 2004 war auch der erste, der es wagte, „PISA" umzusetzen und er war insofern ein Vorreiter für alles, was noch kommen sollte (s. o. 5.1.2).

Annette Schavan war als „Quereinsteigerin" Kultusministerin geworden, und sie hatte erst nach einer Legislaturperiode ein Landtagsmandat erhalten. Sie hatte also zunächst keinen Fuß auf dem Boden in Fraktion und Partei und bekam den Fuß auch nie richtig in die Tür, was sich später zeigte, als sie Ministerpräsidentin werden wollte. So war es nur allzu verständlich, dass sie sich externen Sachverstand holte, um ihre Politik in Partei und Fraktion durchzusetzen. Und auch die Verwaltung hatte sie von ihrem Vorgänger übernommen und die war in Baden-Württemberg konservativ und kompetent. Bewegen ließ sich da nur etwas, wenn man es von außen anschob und das versuchte die Ministerin mit mehr oder weniger glanzvollen Namen. So war es nicht ohne Komik, dass sich die Abteilungsleiter des Ministeriums gelegentlich bei uns, den Mitgliedern des Bildungsrates, erkundigten, was denn die Absichten der Frau Ministerin seien. Freunde macht man sich als Ministerin auf diese Art und Weise nicht. Die Ministerin freilich erhielt die „höheren Weihen" und wurde im Jahre 2005 Bundeswissenschaftsministerin, schaffte sogleich die bildungspolitischen Kompetenzen des Bundes ab, stolperte über die Plagiatsvorwürfe, was ihre Dissertation über das „Gewissen bei Kant" anging und musste „ins Exil" als deutsche Botschafterin beim Vatikan gehen. Schön wars trotzdem mit ihr und der Spargel in Schwetzingen war auch gut!

5.3.3 „Das ist die Berliner Luft, Luft, Luft." – Das Board des Modellvorhabens eigenverantwortliche Schule

Der 2002 aus SPD und PDS unter dem Regierenden Bürgermeister Klaus Wowereit neu gebildete Berliner Senat wollte ein neues Schulgesetz machen. Schulsenator war der frühere Dozent für Politik und Sozialkunde am Berufsbildungszentrum Lette-Verein in Berlin und ehemalige Fraktionsvorsitzende Klaus Böger. Dieses Schulgesetz sollte u. a. den Schulen eine gewisse Selbständigkeit einräumen. Um aber eine entsprechende gesetzliche Regelung vorzubereiten, sollte eine solche Selbständigkeit in einem Modellversuch vorbereitet werden. Deshalb schrieb die Schulverwaltung ein „Modellvorhaben eigenverantwortliche Schule (MeS)" aus, an dem sich 31 Berliner Schulen beteiligten und das im Schuljahr 2003/2004 begann. An dem Vorhaben war auch noch die Brandenburgische Landesregierung beteiligt.

Berlin hatte in der ersten „PISA-Studie" sehr schlechte Ergebnisse erzielt, gehörte zu den Schlusslichtern im Länder-Ranking und Brandenburg stand auch nicht so sehr viel besser da. Eine Idee zur Steigerung der Qualität der Berliner Schulen war, den Berliner Schulen eine gewisse Selbständigkeit zu gewähren, eine Idee, die mir aufgrund meiner bildungspolitischen Vergangenheit nicht ganz fremd war (s. o. Teil II 1.1.6). Durch das Modellvorhaben sollte festgestellt werden, ob die dieser Idee zugrunde liegende Annahme richtig ist, ob also durch die Verselbständigung der Schulen eine Qualitätssteigerung eintreten würde, eine etwas waghalsige Erwartung angesichts der dreijährigen Laufzeit des Modellvorhabens! – aber eben „Berliner Luft, Luft, Luft"! In der Ausschreibung hieß es, dass die teilnehmenden Schulen weitgehende Gestaltungsfreiheit in vier Arbeitsbereichen erhalten sollten, nämlich 1. in der Unterrichtsorganisation und Unterrichtsgestaltung, 2. bei der Qualitätssicherung und Rechenschaftslegung, 3. bei der Personalbewirtschaftung und schließlich 4. für den Ressourceneinsatz von Personal- und Sachmitteln.

Das Modellvorhaben erhielt eine üppige Leitungsstruktur. In der Senatsverwaltung selber nahmen sich die beiden Landesschulräte der Sache an und auch die Abteilungsleiter der betroffenen Schularten waren zuständig, also alle. Sie stimmten sich mit dem Brandenburgischen Kultusministerium ab. Es wurde in der Senatsverwaltung ein besonderes Leitungsteam für das Modellvorhaben gebildet, dem wiederum mehrere Projektgruppen zugeordnet wurden, denen auch Vertreter der Berliner Bezirke und ein abgesandter Verwaltungsbeamter aus Brandenburg angehörten. Das Ganze sollte eine wissenschaftliche Begleitung erhalten, die dem Deutschen Institut für Internationale Pädagogische Forschung (DIPF) in Frankfurt und dem Institut für Erziehungswissenschaft der Humboldt Universität Berlin anvertraut wurde. Der besondere Clou der Sache aber war, dass das Modellvorhaben ein politisch unabhängiges „Board" erhielt. Dieses Board sollte für die Gestaltung des Vorhabens zuständig sein, die Arbeit konstruktiv begleiten und die Beteiligten beraten.[172] Neben der Berliner Senatsverwaltung und dem Brandenburgischen Kultusministerium also 5–7 Institutionen für die Leitung und Begleitung eines Schulversuches mit 31 Schulen! – Berliner Luft, Luft, Luft!

Die Idee mit dem Board hatte Sybille Volkholz dem Senator „verkauft". Sybille Volkholz war im „Wendesenat" 1989/90 1½ Jahre lang Schulsenatorin und dann sechs Jahre lang Abgeordnete der „Grünen" im Berliner Abgeordne-

---

172 Senatsverwaltung von Berlin (Hrsg.), MeS Modellvorhaben eigenverantwortliche Schule, Qualität macht Schule, Bildung für Berlin, 2005

tenhaus gewesen, kannte die Berliner Schulen bestens und tummelte sich in der bundesrepublikanischen Bildungsreformszene, war überhaupt eine „Allzweckwaffe" für Aufgaben zwischen Politik, Verwaltung und Wissenschaft. Es gelang ihr, Jobst Fiedler für das Board zu gewinnen, auch er ein umtriebiger Reformer, jedoch nicht im Bereich des Bildungswesens, sondern in der öffentlichen Verwaltung, zunächst Bezirksbürgermeister in Harburg, dann Oberstadtdirektor in Hannover und nun bei Roland Berger, also geradezu geschaffen für ein Vorhaben der Verwaltungsreform, denn darum handelte es sich letztendlich bei MeS. Sybille Volkholz kannte mich aus der besagten „Bildungsreformszene" seit langem, hatte im Jahre 2000 vergeblich versucht, mich für ihre „Bildungskommission der Grünen" zu gewinnen, sah aber nun eine Chance, weil ich nach dem Ende meiner Tätigkeit im DJI gerade von München wieder nach Berlin zurückgezogen war. Offen für neue Aufgaben, sagte ich zu. Da waren nun „drei bunte Vögel" zusammengekommen, um der Berliner Schulverwaltung zu sagen, wo's langgeht.

Wir fanden die folgende Grundkonstellation vor: In Berlin waren die Bezirke für die äußeren Schulangelegenheiten der allgemeinbildenden Schulen zuständig und die Senatsverwaltung für die inneren Schulangelegenheiten. Bei den berufsbildenden Schulen lag dagegen die gesamte Verwaltung bei der Senatsverwaltung. Die Berliner Schulverwaltung wollte eigentlich – wie jede Verwaltung – an der eigenen Verwaltungsorganisation überhaupt nichts ändern und die Bezirksverwaltungen erst recht nicht. In der Senatsverwaltung hatte sich aber ein junger Beamter als reformfreudig herausgestellt, der Leiter der Hauptschulabteilung wurde und begann, sich auch überregional bemerkbar zu machen. Er wurde Leiter des Leitungsteams. Für die Aufgaben der Curriculumentwicklung, der Qualitätssicherung und Evaluation hatte man innerhalb der Senatsschulverwaltung eine besondere Abteilung gebildet, sie den traditionellen Abteilungen entgegengesetzt und hierfür als Chef einen bekannten jungen „Westimport" gewonnen. Diese personelle und strukturelle Entwicklung verursachte einen gewissen Gärungsprozess innerhalb der Verwaltung selber. Als „Hefe" in diesem sich bereits entwickelnden Gärungsprozess wirkten in den dem Leitungsteam zugeordneten Projektgruppen einige junge von außen rekrutierte oder aus der Berliner Lehrerschaft freigestellte reformfreudige Kräfte. Und im Hintergrund schaltete und waltete der bereits damals für seine Radikalität sattsam bekannte Finanzsenator Thilo Sarrazin.

Wir „Drei vom Board" verfolgten im Hinblick auf MeS durchaus unterschiedliche Ansätze. Sybille Volkholz glaubte fest daran, durch die Aktivierung und Stärkung der Schulen selber und ihrer Lehrerschaft Reformen in der Schulpolitik zu fördern, die letztlich der Qualität des Berliner Schulwesens dienen würden. Jobst Fiedler, der mit der Bildungspolitik bisher noch nicht Bekanntschaft geschlossen hatte, vertrat die durch die bekannten Beraterorganisationen Mc Kinsey, Roland Berger usw. propagierten Verwaltungsreformen und fand hier ein kleines, aber interessantes Experimentierfeld. Für mich bedeutete das Modellvorhaben eine Rückkehr in die fast vergessenen Zeiten der Diskussionen um die Schulautonomie der siebziger Jahre, die Zeiten des Deutschen Bildungsrates und der Schulrechtskommission des Deutschen Juristentages (s. o. Teil II 1.1.6 und 1.2.2). Ich wollte wissen, was daraus eigentlich geworden war, nachdem ich mich in all den Jahren in Hamburg und München von dieser Fragestellung eigentlich weit entfernt hatte. Mit „PISA" hatte das Ganze eigentlich trotz des Anspruchs der Qualitätsverbesserung eigentlich nichts mehr zu tun, denn das Projekt MeS hatte eine gewisse Eigendynamik gewonnen.

Wir diskutierten im Board und mit dem Leitungsteam und den Projektgruppen nun die alten Fragen: Sollen die Schulen im Rahmen von Rahmenlehrplänen Spielräume für eigene Teilcurricula entwickeln und hierfür 10 % der Unterrichtszeit zur Verfügung erhalten? Sollen die Schulen ihre Lehrer selber rekrutieren können? Sollen die Schulleiter durch die Schule, also die Lehrer-, Schüler- und Elternschaft gewählt werden? Sollen die Schulen ein eigenes Budget erhalten, über das sie frei verfügen können? Soll die Schulaufsicht auf eine reine Rechtsaufsicht beschränkt werden? Soll die Schule Rechtsfähigkeit erhalten? Die „alten Gespenster" tauchten nach 25 Jahren wieder auf! Offensichtlich hatte sich inzwischen nicht allzu viel verändert.

Dabei „spielte die Musik" jetzt woanders. Der durch „PISA" angeblich bewirkte Paradigmenwechsel von der „Input"- zur „Output"-Steuerung und die neuen Instrumente der Bildungsstandards, der Inspektion und Evaluation, die Idee der Accountability insgesamt, ließen die gute alte Schulaufsicht blass aussehen, hatte sich ihre Unwirksamkeit doch sowie schon seit langem erwiesen, u. a. durch unsere Untersuchungen zur Max-Planck-Zeit (s. o. Teil II 1.2.3). Im Grunde ging es jetzt darum, die Debatte um die Selbständigkeit der Schulen angesichts von New Public Management neu zu führen, aber wir kamen eigentlich gar nicht dazu, sondern fochten mit der Verwaltung die alten Schlachten. Die Bezirke wiesen darauf hin, dass die Schulen ja bereits Eigenmittel zur eigenen Verfügung erhielten. Die Senatsverwaltung betonte, dass die Schulen in Personalfragen ja durchaus Mitwirkungsrechte hätten. Die neue Curriculumabteilung sagte, dass sie das nun alles machen würden; deshalb wäre für die Curriculumreform ein weiteres Modellvorhaben unnötig. Was wollt Ihr eigentlich überhaupt? Das war die Grundeinstellung der traditionellen wie der reformorientierten Berliner Verwaltung.

Da erwies sich die wissenschaftliche Begleitung als hilfreich. In einer Anfangsuntersuchung stellte die Forschungsgruppe fest, dass die an MeS beteiligten 31 Berliner Schulen keinesfalls über die in der Ausschreibung versprochene Selbständigkeit verfügten, dass sie aber die Einräumung einer solchen Selbständigkeit begrüßen würden.[173] Die beteiligten Schulen erhielten also in dem Modellvorhaben eine erweiterte Selbständigkeit und sie nutzten sie. Im ersten der vier Arbeitsfelder (Unterrichtsorganisation und Unterrichtsgestaltung) ging es dabei um die Entwicklung und Umsetzung von Schulprogrammen, um Schulvereinbarungen mit der Schulverwaltung und um Bildungsvereinbarungen mit den Eltern, um Qualitätsindikatoren und Leistungstests, um Mitbestimmung und um die sog. „Feedback-Kultur" und vieles andere mehr, ganz schweigen von den anderen drei Arbeitsfeldern, die ich hier nicht auch noch anführen will. Wie stets bei der Beteiligung an Reformvorhaben entwickelte sich in den betroffenen Schulen eine Aufbruchstimmung, die Motivation erzeugte und nach dem bekannten Hawthorne-Effekt Leistungssteigerungen bewirken musste. Die wissenschaftliche Begleitung konnte allerdings nach drei Jahren nicht feststellen, dass die Beteiligung der Schulen an MeS eine Qualitätsverbesserung bewirkt habe, jedenfalls keine Qualitätsverbesserung, die sich auf die Beteiligung an MeS kausal zurückführen ließe.[174] Wen wundert's? Auch insofern „Berliner Luft"!

Die Berliner Schulpolitik spielte freilich dem Modellvorhaben einen Streich. MeS hatte das Ziel, die erweiterte Eigenverantwortlichkeit in einem Versuch auszuprobieren, um nach dessen Ergebnis – deshalb auch das Board und die wissenschaftliche Begleitung – über die Einführung von Elementen der erweiterten Selbständigkeit zu entscheiden. Doch das dauerte der Politik viel zu lange. So gab es eine Novellierung des Berliner Schulgesetzes bereits im Jahre 2004, also ein Jahr nach dem Beginn des Modellvorhabens, in dem eine erweiterte Selbstverantwortung der Schulen eingeführt wurde (§ 7). Der Zweck des Modellvorhabens wurde nun umdefiniert. Es sollte nicht mehr darum gehen, bestimmte Reformen in Versuchen zu erproben, um dann über die Einführung zu entscheiden, sondern – genau umgekehrt – nach der Einführung von Reformen sollten die Wirkungen der Reformen an ausgewählten Schulen geprüft werden, an sich auch ein sinnvolles Vorhaben, aber eben ein durchaus anderes. Eigentlich hätte das Board nun zurücktreten müssen; doch die Entrüstung traf die Falschen, die Verwaltung, die ja wiederum an den politischen Entscheidungen gar keinen Anteil gehabt hatte. Schließlich überwiegte bei uns die Neugier und die Lust an der „Berliner Luft", in der so etwas alles möglich war. Wir blieben und diskutierten weiter.

173 Deutsches Institut für Internationale Pädagogische Forschung (Hrsg.), Durch größere Eigenverantwortlichkeit zu besseren Schulen – Ergebnisbericht der wissenschaftlichen Begleitung des „Modellvorhabens eigenverantwortliche Schule (MeS) im Land Berlin, 2006
174 A.a.O. s. 166 ff

5.3.4 „Wenn das Wasser im Rhein gold'ner Wein wär'" – Die Enquetekommission „Chancen für Kinder" in Nordrhein-Westfalen

Die SPD verlor im Jahre 2005 die Landtagswahl in Nordrhein-Westfalen, was den Bundeskanzler Schröder dazu verleitete, sich eine neue Mehrheit im Bundestag holen zu wollen, was jedoch dazu führte, dass die SPD nun auch im Bund die Macht verlor. Die SPD befand sich in NRW also in der für sie in diesem Lande gänzlich ungewohnten Oppositionsrolle. Was macht eine Partei, die sich in der Regierung „abgenutzt" hat, die die Schwächen des Regierungsgeschäftes aber genau kennt? Sie bedient sich der starken parlamentarischen Rechte der Opposition. Das klassische politische Instrument der jeweiligen parlamentarischen Opposition und ein „scharfes Schwert" ist die Einsetzung eines Untersuchungsausschusses, und zwar vor allem wenn es um politische Skandale in der Regierung geht. Das kam hier nicht in Frage, denn die neue Regierung war noch zu kurz im Amt, um politische Skandale produzieren zu können. Dem klassischen Instrument der Opposition „Untersuchungsausschuss" ist seit einiger Zeit nun aber ein weiteres Instrument an die Seite gestellt worden, die Einsetzung einer Enquete-Kommission nämlich, wenn es um die Analyse von Sachverhalten mit Hilfe externer Experten geht. Auch dies ist inzwischen ein typisches parlamentarisches Minderheitenrecht, mit dem die Opposition ihr „alternatives Regierungsprogramm" dem Programm der Regierung entgegenstellen kann. Sie zeigt dann mit Hilfe der Experten, dass sie eigentlich die bessere Regierung gewesen wäre, obwohl sie die Wahl verloren hat.

Was macht also die SPD-Opposition im Jahre 2005 im Landtag von Nordrhein-Westfalen nach der verlorenen Wahl? Sie verlangt und erhält eine bildungspolitische Enquete-Kommission, weil sie meint, der neuen CDU/FDP-Regierung mit Hilfe von externem Sachverstand beweisen zu können, dass sie die bessere Bildungspolitik hätte machen können, wenn sie nur an der Macht geblieben wäre. Die Opposition kann zwar die Einsetzung einer Enquete-Kommission verlangen; die Zusammensetzung richtet sich freilich nach den Mehrheitsverhältnissen im Parlament, d. h. die Opposition bleibt auch in einer von ihr verlangten Enquete-Kommission in der Minderheit. Die Mehrheit bestimmt auch das Untersuchungsprogramm und das Verfahren. Im Streitfalle setzt sich die Regierungsfraktion auch bei der Bestimmung der Einzelthemen und bei der Auswahl der anzuhörenden externen Experten durch. Im konkreten Falle erhielt die Opposition freilich dafür den Vorsitz.

Die Kommission erhielt den folgenden Auftrag:

Um zu erkennen, welche Notwendigkeiten und Möglichkeiten sich vor dem Hintergrund gegebener Ressourcen insgesamt für Nordrhein-Westfalen ergeben, hat die Enquete-Kommission „Chancen für Kinder- Rahmenbedingungen und Steuerungsmöglichkeiten für ein optimales Betreuungs- und Bildungsangebot in Nordrhein-Westfalen" das Ziel, notwendige Elemente einer verlässlichen Betreuungskette vom ersten Lebensjahr bis zum Ende der Sekundarstufe I darzustellen, die Aufgabenverflechtung und Ressourcenverteilung zwischen Land, Kommunen, Trägern und Familien aufzuarbeiten, verschiedene Möglichkeiten der Steuerung und die damit verbundenen Finanzierungsmodelle darzustellen, und der Politik entsprechende Handlungsempfehlungen für einen effizienten und zielgerichteten Mitteleinsatz zu unterbreiten.[175]

Chancen für Kinder! Wer könnte etwas dagegen haben? Ein optimales Betreuungs- und Bildungsangebot! Aufgabenverflechtung und Ressourcenverteilung! Das Ganze klingt harmlos technokratisch. Eine „verlässliche Betreuungskette"? Was sollte denn das eigentlich sein? Die Parteien ließen „die Katze nicht aus dem Sack", sondern versteckten ihre eigentlichen politischen Absichten hinter diesen neutralen Formulierungen. Wie sich später herausstellte, wollte die SPD aber das neue Modell der sog. „Gemeinschaftsschule" durch die Enquete-Kommission in Szene setzen und die CDU wollte gerade mit Hilfe von Experten diesen Versuch der SPD als Ideologie entlarven. Das Interessante dieser parteipolitischen Konstellation war nun jedoch, dass es sich in NRW um ein Parlament ohne „Die Linke" und ohne die noch gar nicht existierende AfD handelte, die in anderen Landesparlamenten später die traditionellen parteipolitischen Konstellationen „aufmischen" sollten. Die kleinen Parteien spielten keine Rolle. Dabei hatte sich die FDP, die früher einmal zusammen mit der SPD die Gesamtschule verlangt hatte, jetzt ganz auf die Seite der CDU geschlagen und spielte sogar „den Scharfmacher", während sich die „Grünen" still verhielten, so dass man gar nicht ahnen konnte, dass sie sich in der folgenden Legislaturperiode als die eigentlichen Gewinner dieser Debatte herausstellen würden, die erfolgreich einen zwölfjährigen „Schulfrieden" verhandeln und verkünden konnten.

Die Kommission hatte 15 Mitglieder, und zwar 9 Abgeordnete und 6 Sachverständige. Die Abgeordneten wurden selbstverständlich durch ihre Fraktionen bestimmt. Das war eine gemischte Gesellschaft, denn es waren „alte Hasen und Häsinnen" des parlamentarischen Geschäfts dabei, die die bildungspolitische

175 Landtag Nordrhein-Westfalen Enquetekommission „Chancen für Kinder", 2008, Einsetzungsbeschluss S. 213

Entwicklung des Landes seit langer Zeit mitbestimmt hatten, und zwar mal auf der Regierungs- und mal auf der Oppositionsseite und die im Grunde recht vertrauensvoll zusammenarbeiteten. Dann gab es „parteipolitisches Urgestein", d. h. Abgeordnete, die in ihren Wahlkreisen fest verankert waren und für die das „bildungspolitische Gezänk" eigentlich nicht zählte. Ein paar „Hinterbänkler" waren auch dabei, aber so richtige „ideologische Kämpfer" gab es – mit einer Ausnahme – unter den Mitgliedern eigentlich nicht. Die steuerten die Debatte eher aus dem Hintergrund.

Nicht ohne Komik war die Auswahl der Sachverständigen durch die Fraktionen. Die SPD, die die Einsetzung der Enquete-Kommission verlangt hatte, benannte Klaus Klemm, der zwar langjähriges SPD-Mitglied, aber als bundesweit einziger Experte der Bildungsstatistik über jeden ideologischen Verdacht erhaben war, und sie benannte mich, der ich zwar ebenso als langjähriges SPD-Mitglied bekannt, aber aus der Partei seit einiger Zeit ausgetreten war, was die SPD-Fraktion offensichtlich bei meiner Benennung nicht gewusst hatte, und immerhin war ich unter CDU-Herrschaft Direktor des Deutschen Jugendinstituts geworden. Die CDU benannte Rainer Dollase, der bildungspolitisch bisher nicht hervorgetreten war, und Gabriele Bellenberg, die SPD-Mitglied war, was wiederum die CDU-Fraktion bei der Benennung nicht gewusst hatte. Irene Gerlach, mit der ich lange im Familienbeirat der Bundesregierung zusammengesessen hatte, war von der FDP benannt worden; sie war bisher bildungspolitisch nicht engagiert gewesen. Auch Markus Schnapka, der aus der Sozialverwaltung kam, war nicht gerade ein „Grüner wie er im Buche stand".

Diese „gemischte Gesellschaft" der Kommissionsmitglieder ließ eigentlich erwarten, dass die Kommission das werden würde, was sie eigentlich sein sollte, eine „Enquete-Kommission", also eine „der Sache" und nicht der Parteipolitik verpflichtete Truppe. Das ließ auch die Leitung durch den Vorsitzenden, den Politikprofessor Rainer Bovermann (SPD) erwarten, der die Kommission eher neutral moderierte und das Kommissionsbüro mit immerhin fünf Mitarbeiterinnen bzw. Mitarbeitern leitete. Da auch die Fraktionen je eine hauptamtliche Mitarbeiterstelle hatten, stand der Kommission insgesamt viel Sachverstand und Manpower zur Verfügung und das für immerhin zwei Jahre mit einem Etat, der meiner Erinnerung nach rd. 150.000 Euro an Sachmitteln umfasste.

Die Kommission machte sich an die Arbeit, indem sie zunächst ein umfangreiches Arbeitsprogramm verabschiedete. Als erster Schritt war eine „sorgfältige Bestandsaufnahme" geplant. Sodann sollten „Impulse aus der Wissenschaft" aufgenommen werden. In einem dritten Schritt sollten die quantitativen und qualitativen Ziele diskutiert und geeignete Steuerungsinstrumente abgewogen werden. Zum Schluss sollte es um die Handlungsempfehlungen gehen.

Auf vier „Orientierungen" einigte sich die Kommission, nämlich erstens auf das Schlagwort „Vom Kinde aus!", zweitens auf die „Stärkung der direkten Lebensumwelt" von Kindern und Jugendlichen, drittens auf die Untersuchung der Leistungsfähigkeit der Institutionen und viertens auf die Orientierung am Budget. Es ist auffällig, dass im Jahre 2006, also nur fünf Jahre nach „PISA" zwar alle ständig von „PISA" redeten, dass aber andere Themen „PISA" in der Programmatik verdrängt hatten, nämlich die Angst vor den Folgen der demographischen Entwicklung, die Sorge um die Zukunft der Familie, die Forderung nach mehr institutioneller Betreuung der Kinder und Jugendlichen und die Effektivität der öffentlichen Institutionen und ihre Kooperation.

Die Bestandaufnahme wurde von den Ergebnissen der zehn Forschungsaufträge erwartet, die die Kommission vergab. Doch das „timing" war dysfunktional, denn die Forschungsberichte waren erst fertig, als die – notgedrungen von den Sachverständigen der Kommission und den wissenschaftlichen Mitarbeitern angefertigte – Bestandsaufnahme längst vorlag. Impulse aus der Wissenschaft sollten Experten geben, mit denen die Kommission insgesamt 25 intensive Gespräche führte. Doch die „Übersetzung" der überwiegend exzellenten und hochinteressanten wissenschaftlichen Aussagen in den Alltag der Kommissionsarbeit und in politisches Handeln erwies sich als außerordentlich schwierig, um nicht zu sagen als unmöglich. Es kommt als Schwierigkeit hinzu, dass wissenschaftliche Meinungen kontrovers zu sein pflegen. Durch zwei öffentliche Anhörungen und eine eintägige Besuchsreise – es waren ursprünglich mehrere im Inland und im Ausland geplant – sollte die Öffentlichkeit des Landes einbezogen werden; doch repräsentativ konnte das nicht sein.

Die Kommission hat 35 Sitzungen und zwei Klausurtagungen durchgeführt; hinzu kamen unzählige Besprechungen in Arbeitsgruppen. Insgesamt lassen sich zur Arbeitsweise vier Aussagen machen, nämlich 1. dass sich die Kommission völlig übernommen, dass sie ihre Kompetenz und Kraft überschätzt hat, 2. dass sich die Beteiligten gut verstanden und dass sie viel gelernt haben, 3. dass die bildungspolitische Diskussion im Lande sich von „PISA" weg zu den wirklich wichtigen Themen hin bewegt hat und 4. dass dabei etwas herausgekommen ist, was sich sehen lassen kann, auch wenn am Schluss eine allseits geteilte breite Analyse der Lage und ein breiter Konsens über eine Vielzahl sinnvoller und wichtiger Handlungsempfehlungen einerseits und eine scharfe Kontroverse über die Schulstruktur andererseits standen.[176]

176 Landtag Nordrhein-Westfalen Enquetekommission, Chancen für Kinder – Rahmenbedingungen und Steuerungsmöglichkeiten für ein optimales Betreuungs- und Bildungsangebot in Nordrhein-Westfalen, Bericht der Enquetekommission, 2008

Die Bestandsaufnahme der Lebenslagen der Kinder und Jugendlichen in Nordrhein-Westfalen und der Rahmenbedingungen der Bildungspolitik in diesem Land (Teil A des Berichts) bringt eine Fülle wichtiger Analysen, die ich nicht wiedergeben oder kommentieren will. Die Kommission hat sie einstimmig verabschiedet. Von den „Impulsen aus der Wissenschaft" darf ich – mit aller gebotenen Bescheidenheit – sagen, dass sie mir im Großen und Ganzen aus meiner Arbeit im Deutschen Jugendinstitut nicht unbekannt waren. In diesem Zusammenhang möchte ich sagen, dass ich in den zwei Jahren der Kommissionsarbeit häufig an meine „Vergangenheit" im DJI angeknüpft und mich mit Informationen versorgt habe, die mir vom Institut mit großer Bereitwilligkeit und Freundlichkeit gegeben wurden, sodass ich auch an dieser Stelle die Früchte meiner Arbeit dort ernten konnte.

Der „Austausch zwischen Wissenschaft und Praxis", der im Kommissionsbericht auch theoretisch beleuchtet wird[177] und der in meiner Vergangenheit durchaus eine gewisse Rolle gespielt hat (s. o. Teil II 1.1.2, 2.3, Teil III 3.4), erhielt in der Kommission durch die Interventionen unseres Mitgliedes Rainer Dollase, seines Zeichens Professor der Psychologie an der Universität Bielefeld und am dortigen Institut für interdisziplinäre Konflikt- und Gewaltforschung, ein gewisses Gewicht. Unter dem damals populären Schlagwort der Evidenzbasierung stellte er nämlich eine Vielzahl von Aussagen der Kommissionsmitglieder in Frage. Dabei ging es ihm nicht nur um die Evidenzbasierung der Bildungspolitik. Hier bestand – unter dem Schlagwort „What works?" – seit langem Konsens, dass den bildungspolitischen Entscheidungen nur solche in der Praxis gewonnenen Erkenntnisse zugrunde gelegt werden sollten, die sich auf eine nachweislich erfolgreiche Praxis stützen konnten, wobei die Anforderungen an den „nachweislichen Erfolg" allerdings stets umstritten geblieben waren. Nein, Rainer Dollase ging es darüber hinaus um die Evidenzbasierung der Wissenschaft selber, denn nur solche wissenschaftlichen Erkenntnisse sollten in der Politik Berücksichtigung finden, die Evidenz für sich in Anspruch nehmen konnten und diese Evidenz kann nur durch Metaanalysen wissenschaftlicher Arbeiten festgestellt werden. Diese Forderung veranlasste Dollase einerseits dazu, ein Institut für die Prüfung der Evidenz von Wissenschaft im Bereich von Bildung, Erziehung und Betreuung zu fordern und sie stütze andererseits später bei den Handlungsempfehlungen zur Schulstruktur das Sondervotum der CDU (s. u.).

Bei den Zielsetzungen, die die Kommission für die Bildungspolitik formuliert hat (Teil C 2) handelt es sich weitgehend um Ziele, die in der Bildungs-

177 A.a.O. S. 133 ff.

politik weitgehend geteilt werden, nämlich ein ausgewogenes Verhältnis von Integration und Differenzierung sowie das Bekenntnis zur Leistungsfähigkeit und zur Verlässlichkeit des Erziehung-, Bildungs- und Betreuungssystems.[178] Ungewöhnlich und mir besonders wichtig ist dagegen das Bekenntnis der Kommission zur Individualisierung als erstem Ziel.[179] Die Kommission geht dieser Beziehung durchaus über den bildungspolitischen Konsens hinaus. So fordert sie die Bildungsgänge so zu individualisieren, dass die Schülerinnen und Schüler sie nicht nach Stufen durchlaufen, sondern nach individuell gestalteten Phasen, eine revolutionäre Forderung, die allerdings nicht weiter beachtet worden ist. Die Kommission bekennt sich zum Prinzip der inneren Differenzierung, was common sense ist, und – nur halbherzig – zur Abschaffung der Versetzung. Sie will, dass die Schule an die Stärken der Schülerinnen und Schüler anknüpft und nicht an ihre Schwächen und sie sieht bei Migranten insbesondere in deren Mehrsprachigkeit eine Stärke, die ich viele Jahre lang immer wieder betont habe. Im Curriculum will die Kommission mehr leistungsspezifische Differenzierung und sie betont die Bedeutung der non-formalen Bildung, ohne allerdings daraus Konsequenzen zu ziehen. Ich habe es außerordentlich bedauert, dass sich diese Zielsetzung in den Handlungsempfehlungen der Kommission kaum wiederfindet.

Die Kommission hat für die von ihr identifizierten 12 Handlungsfelder insgesamt 124 Handlungsempfehlungen abgegeben, zu denen einzelne Mitglieder oder Fraktionen insgesamt 47 Sondervoten bzw. Ergänzungen formulierten. In der Schulstrukturfrage konnte sich die Kommission auf Handlungsempfehlungen nicht einigen, sondern es wurden vier mehrseitige getrennte Vorschläge vorgelegt (s. u.).[180] So einig die Kommission also in der Analyse und sogar in den allgemeinen Zielsetzungen war, so uneins war sie in den Folgerungen, die daraus zu ziehen waren. Dabei bestand über die Mehrzahl der Handlungsempfehlungen durchaus Einigkeit und sie hätten die Entwicklung der Bildungspolitik des Landes wirklich voranbringen können, wäre da nicht die Fixierung auf die Schulstrukturfrage gewesen, die letztlich alles blockierte.

Die SPD-Fraktion forderte – ihrem Parteiprogramm entsprechend – in Abkehr von der traditionellen Gesamtschulpolitik jetzt die sog. Gemeinschaftsschule, also die möglichst undifferenzierte Schule für alle Kinder bis zum Ende der Sekundarstufe I. Die CDU-Fraktion sprach sich – ihrem Parteiprogramm entsprechend – von zwei Sachverständigen der Kommission unterstützt für die

---

178 A.a.O. s. 149 ff.
179 A.a.O. S. 143 ff.
180 A.a.O. S. 177 ff.

Beibehaltung der gegliederten Sekundarstufe I aus, und zwar mit der Begründung, dass schulorganisatorische Maßnahmen noch nicht einmal eine annähernd gleiche Auswirkung auf die Leistungen der Schülerinnen und Schüler haben wie die Lehrerkompetenz und das Lehrerverhalten sowie die Unterrichtsorganisation. Hierbei berief sich die Fraktion auf die Evidenzbasierung ihrer Aussage. Die Grünen waren zwar gegen die Gliederung des Schulwesens, wie sie die CDU nach wie vor vertrat, und für eine Schule für alle Kinder und Jugendlichen, ohne dass sie jedoch die Forderung der SPD nach der Gemeinschaftsschule unterstützten. Angesichts dieser parteipolitischen Spaltung sahen sich vier der sechs Sachverständigen zu einem eigenständigen Votum genötigt, in dem sie zwar die Abschaffung der Hauptschule in Nordrhein-Westfalen empfahlen, jedoch meinten, dass aus wissenschaftlichen Gründen keine bestimmte Schulstruktur geboten ist, dass aber einige Grundsätze für die zukünftige Gestaltung der Schulstruktur im Lande benannt werden könnten: 1. für eine Verlängerung der gemeinsamen Schulzeit aller Schülerinnen und Schüler, 2. für die Erreichbarkeit der Hochschulreife in allen Bildungsgängen, 3. für eine Regionalisierung der Schulstruktur und 4. für eine Betonung der Unterrichtsreformen sowie der Lehrerbildungsreform anstelle der unfruchtbaren Schulstrukturdebatten.

„Wenn das Wasser im Rhein gold'ner Wein wär", so hätten sich vielleicht alle vier Fraktionen auf dieses Votum einigen können, aber der Rhein ist ein durchaus gefährlicher Fluss – auch wenn die Loreley nicht in Nordrhein-Westfalen, sondern in Rheinland-Pfalz liegt – und man kann mit dem Schiff stromabwärts schnell vorankommen, muss aber gegen den Strom mühsam ankämpfen und man kann Schiffbruch erleiden und untergehen. Trotz der Forschungsberichte und der Expertengespräche, trotz der Anhörungen und der vielen vernünftigen und sachlichen Diskussionen in der Kommission in den 35 Plenarsitzungen und den zahlreichen informellen Gesprächen setzten sich am Schluss in der Schulstrukturfrage die „Betonköpfe" durch, die aus dem Hintergrund die Abgeordneten in der Kommission steuerten. Jedenfalls konnte ich mich nach einigen Indizien und Erfahrungen diesem Eindruck nicht entziehen. Und das war schade! Umso erfreuter war ich, als es der von den Grünen gestellten Schulministerin Sylvia Löhrmann in der rot-grünen Koalition, die von 2010-2017 an der Macht war, gelang, mit allen Parteien einen zwölfjährigen „Schulfrieden" zu schließen, der auf das genannte Votum der vier Sachverständigen der Enquetekommission aufgebaut war. So hat sich die Sache vielleicht doch gelohnt!

6 Nachtrag: Jenseits von PISA

Doch mit PISA endete die Bildungspolitik nicht, denn es gibt bildungspolitische Probleme jenseits von PISA, die ich vor allem als Mitherausgeber der Zeitschrift „Recht der Jugend und des Bildungswesens" mitverfolgt habe (6.1–6.2).

Die PISA-Studien wurden und werden von der OECD (Organisation for Economic Cooperation and Development) angeregt und durchgeführt. Sie wurden und werden deshalb weitgehend so verstanden, dass sie die Leistungsfähigkeit der Kinder und Jugendlichen als Voraussetzung der zukünftigen Leistungsfähigkeit der Volkswirtschaft feststellen sollen. PISA sollte danach eine Antwort auf die ökonomischen Herausforderungen sein, denen sich die OECD-Mitglieder ausgesetzt sahen, auch wenn die internationalen Leistungsvergleichsstudien inzwischen weit mehr sind als wirtschaftspolitisch motivierte Untersuchungen. Auch in Deutschland wurden die Ergebnisse weitgehend als Bedrohung der wirtschaftlichen Leistungsfähigkeit des Landes wahrgenommen und diskutiert (s. o. 5.1.1). Wie dem auch sei: Es geht bei diesen Untersuchungen um die Feststellung der Leistungen von Kindern und Jugendlichen und um Leistungsvergleiche. In der Schule – wie im Bildungswesen überhaupt – geht es jedoch nicht nur um Leistung und die Autorinnen und Autoren der Leistungsstudien wären die letzten, das zu bestreiten.

Wenn Gesellschaften bestimmten Herausforderungen ausgesetzt sind, so wird von der Schule – vom Bildungswesen insgesamt – erwartet, dass sie einen Beitrag zur Bewältigung der Herausforderungen leistet, z. B. durch gesundheitliche Erziehung zur Bekämpfung von Seuchen, durch politische Bildung zur Verhinderung von Revolutionen, durch Informatik-Grundbildung zur Bewältigung der Digitalisierung u. a. m. Dabei gibt es Dinge, die die Schule leisten kann und Anderes, was sie nicht leisten kann. Es ist von Übel, einerseits zu sagen, dass die Schule an allem schuld sei, und andererseits zu erwarten, dass die Schule alle Probleme lösen kann. Ich will deshalb im Folgenden – jenseits der ökonomischen Herausforderungen, auf die PISA eine Antwort sein sollte, – sechs gesellschaftliche Herausforderungen benennen, die ich in der Gegenwart sehe und bei denen das Bildungswesen gefordert ist, wobei ich bei den ersten drei Aufgaben meine, dass sie das Bildungswesen bewältigen kann, während ich das Bildungswesen bei den letzten drei Herausforderungen für überfordert halte.
1. Behinderte Menschen sollen von der Gesellschaft nicht länger ausgeschlossen, sondern als normaler Teil der Gesellschaft betrachtet werden.
2. Durch Migration und Flucht nach Europa sind Millionen von Menschen auch nach Deutschland gekommen, die in die Gesellschaft eingegliedert werden müssen.

3. Millionen von Menschen sind auf der ganzen Welt durch den Corona-Virus infiziert worden und auch Deutschland muss entscheiden, wie es mit Pandemien umgehen will.
4. Die Digitalisierung hat Information und Kommunikation grundlegend verändert und damit alle Bereiche des gesellschaftlichen Lebens.
5. Der gesellschaftliche Zusammenhalt ist bedroht, wenn es einerseits radikale gesellschaftliche Gruppen gibt, die das Gesellschaftssystem grundsätzlich ablehnen und wenn andererseits gesellschaftliche Grundwerte erodieren.
6. Das politische System ist bedroht, wenn sich die Menschen mit ihm nicht mehr identifizieren.

Was kann man von der Schule – vom Bildungswesen insgesamt – angesichts dieser Herausforderungen erwarten?

6.1 Gesellschaftliche Probleme, zu deren Lösung die Schule beitragen kann

6.1.1 Die Inklusion behinderter Menschen

Die Umsetzung der UN-Behindertenkonvention von 2006, die die Inklusion der behinderten Menschen verlangt, und ihre Anwendung in der Praxis ist eine Herausforderung für die gesamte Gesellschaft. Die Bildungsinstitutionen, und zwar insbesondere die Schulen können und müssen zur Bewältigung dieser Herausforderung einen Beitrag leisten und dieser Beitrag hat in Deutschland eine Geschichte.

Im „Jahrzehnt der Bildungsreform" war eine neue Konzeption für die Erziehung und Bildung behinderter Kinder und Jugendlicher entwickelt worden (s. o. Teil II 1.1.6). Der Deutsche Bildungsrat sprach sich 1973 dafür aus, dass nicht mehr der größtmögliche Ausbau des Sonderschulwesens das Ziel sein sollte, sondern die größtmögliche Integration in das allgemeine Schulwesen.[181] Art. 3 Abs. 3 Grundgesetz wurde im Jahre 1994 durch einen weiteren Satz ergänzt: *„Niemand darf wegen seiner Behinderung benachteiligt werden."* Das Bundesverfassungsgericht entschied im Jahre 1997, dass dieser Satz nicht bedeutet, dass es ein Grundrecht auf integrative Beschulung gibt, dass Sonderschulen verfassungswidrig sind und dass die Überweisung eines

---

181 Zur pädagogischen Förderung behinderter und von Behinderung bedrohter Kinder und Jugendlicher, 1973

Kindes in eine Sonderschule grundsätzlich gegen das Benachteiligungsverbot verstößt.[182]

Die Kommission für den Elften Kinder- und Jugendbericht gab im Jahre 2002 zwei Gutachten zu den Problemen von behinderten Kindern und Jugendlichen in Auftrag, die einen Paradigmenwechsel in der Bildungspolitik einleiteten:[183]

Behinderte Kinder und Jugendliche sind in erster Linie Kinder und Jugendliche

lautet der erste Satz des Beck'schen Gutachtens.

Dies mag banal klingen, aber die durchgängig existierende sprachliche Hervorhebung der Behinderung ... bringt die Dominanz dieses Merkmals im Denken zum Ausdruck ... Wenn die notwendige und grundgesetzlich geforderte Gemeinsamkeit im Leben und Lernen von Kindern mit und ohne Behinderung praktische Realität werden soll, muss die Besonderheit als etwas Normales ebenso wie die Normalität der Verschiedenheit in das Denken, Planen und Handeln Eingang finden.[184] Eine kausale, einseitig oder sehr eng auf Ursachen von Hilfebedürftigkeit im Sinne eines „defizitären" Merkmals abzielende und damit segregierende Sichtweise muss gegen eine finale, an den Folgen für die Lebensführung ausgerichtete dynamische, systemische und ressourcenorientierte Sichtweise ersetzt werden.[185]

Auch wenn sich diese Erkenntnis langsam durchsetzte, dauerte es noch bis zur Ratifikation der UN-Behindertenkonvention von 2006[186] im Jahre 2009, dass auf die Erkenntnis auch Taten folgten. Vorher gab es zwar in allen Ländern Versuche zur Integration behinderter Kinder in das allgemeine Schulwesen, aber der Durchbruch erfolgte erst nach 2009. An die Stelle des Begriffs der Integration trat nun der Begriff der Inklusion. Nach Art. 3 gehört zu den *„general principles"* der Konvention, dass die Staaten die *„full and effective participation and inclusion in society"* gewährleisten sollen. Nach Art. 24 sind

182 BVerfGE 96, 288;
183 Iris Beck, Die Lebenslagen von Kindern und Jugendlichen mit Behinderung und ihrer Familien: soziale und strukturelle Dimensionen, und Wolfgang Jantzen, Identitätsentwicklung und pädagogische Situation behinderter Kinder und Jugendlicher, s. Sachverständigenkommission 11. Kinder- und Jugendbericht (Hrsg.), Gesundheit und Behinderung im Leben von Kindern und Jugendlichen, 2002, S. 175 ff. und 317 ff.
184 Beck a.a.O. S. 178
185 Beck a.a.O. S. 179
186 „Convention on the Rights of Persons with Disabilities" vom 13.12.2006, BGBl. 2008 II S. 1419

die Staaten verpflichtet, ein *„inclusive education system"* bereitzustellen und sie sollen sicherstellen, *„that persons with disabilities are not excluded from the general education system on the basis of disability"* und *„that persons with disabilities can access an inclusive, quality and free primary education and secondary education on an equal basis with others in the communities in which they live"*.

Die Länder haben unter diesen Voraussetzungen die UN-Konvention so verstanden, dass

- sie ein inklusives Schulsystem schaffen müssen, das den Anforderungen der Konvention gerecht wird,
- der gemeinsame Schulbesuch von behinderten und nicht-behinderten die Regel ist,
- jedes Kind ein Recht auf den Besuch der allgemeinen Schule hat,
- ein sonderpädagogischer Förderungsbedarf festgestellt und befriedigt werden muss,
- die allgemeinen Schulen organisatorisch, materiell und personell so ausgestattet werden müssen, dass sie diesen Bedarf im Rahmen des allgemeinen Unterrichts befriedigen können,
- die Schulen die Schülerinnen und Schüler sowie die Eltern über den sonderpädagogischen Förderungsbedarf informieren und sie dementsprechend beraten und dass
- besondere Schulen für die Förderung der behinderten Kinder als „Förderschulen" aufrechterhalten werden können, wenn es für sie einen Bedarf gibt und die organisatorischen Voraussetzungen für die Aufrechterhaltung vorhanden sind.[187]

Das Ziel der Inklusion als Menschenrecht war und ist „Bildung" im Sinne eines neuen Selbst-, Gesellschafts- und Weltverständnisses und einer dementsprechenden Handlungskompetenz der Kinder und Jugendlichen mit Behinderungen. Eine gelungene Inklusion vermittelt „behinderten" Kindern das Selbstverständnis „Ich bin auch wie Ihr" – trotz meines besonderen Problems. Doch die Inklusionspolitik schafft auch Probleme, und zwar sozialpsychologische Probleme für die behinderten wie auch für die nicht-behinderten Kinder und Jugendlichen und sie führt zu pädagogischen und bildungspolitischen Schwierigkeiten.

Man sollte nämlich nicht verkennen, dass die Inklusion durchaus ambivalent ist, also auch eine andere Seite haben kann. Aufgrund der Segregation

---

187 Beschlüsse der KMK vom 18.11.2010 und vom 20.10.2011

waren die behinderten Kinder und Jugendlichen – nach Behinderungsarten getrennt – unter sich. Nun auf einmal sind sie mit der Gesamtheit ihrer Altersgruppe konfrontiert. Sie erleben die Varianz, die – wie soeben positiv gewürdigt – die Normalität der Differenz. Aber sie können sich auch ihres eigenen Andersseins bewußt werden und die Reaktionen der anderen darauf erleben. Und diese Reaktionen können außerordentlich vielfältig sein, von Mitleid und Hilfe, über Nichtbeachtung und Indifferenz bis zu Beleidigung und Hass. Man würde „sich in die Tasche lügen", nicht sehen zu wollen, dass das gemeinsame Lernen das Selbstverständnis einiger Kinder auch in dem Sinne beeinflussen und prägen kann, dass sie ihre Behinderung in besonderem Maße als Defekt erleben „Ich bin doch anders als Ihr!"

Die wohlmeinenden Vertreter der Inklusionspolitik übersehen vielleicht auch eine anthropologische Grundbefindlichkeit einiger nicht-behinderten Kinder und Jugendlichen oder sie wollen sie nicht wahrhaben. Es gibt bei einigen Menschen ein individuelles wie ein kollektives Bedürfnis nach Abgrenzung von „dem Anderen", nach Aussonderung, schrecklicherweise manchmal sogar nach Vernichtung „des Anderen". Einige Menschen gewinnen ihre Identität gerade dadurch, dass sie sich mit anderen Menschen nicht solidarisieren, sondern sich von ihnen abgrenzen. Die Geschichte der ethnischen und religiösen Differenzierung ist gerade in Deutschland auch eine Geschichte der Abgrenzung und der Vernichtung. Das Bewusstsein dieser furchtbaren deutschen Geschichte soll nun nicht gegen die Inklusion sprechen, ganz im Gegenteil! Es soll nur verdeutlichen, wie schwierig die Inklusion ist und dass die rein organisatorischen und die wohlmeinenden pädagogischen Arrangements die sozialpsychologischen Tiefendimensionen des Problems nicht erreichen.

Nun rechtfertigen die Befürworter der Inklusion ihre bildungspolitischen Vorstellungen nicht nur mit der Förderung der behinderten Kinder und Jugendlichen, nein, die Inklusion dient auch den anderen Kindern, dient im Grunde allen Kindern und Jugendlichen, ja, sogar der gesamten Gesellschaft. Alle Kinder und Jugendlichen lernen die vielfältigen Formen der Behinderung kennen und die Menschen verstehen, und die Gesamtgesellschaft wird menschlicher, wenn sie Behinderte nicht ausschließt, sondern sie in ihrer Besonderheit annimmt.

Ich kann nicht beurteilen, ob die Inklusionspolitik pädagogisch in Erfolg ist. Erwerben behinderte Kinder und Jugendliche die sog. Kulturtechniken Lesen, Schreiben und Rechnen in der Regelschule besser als in der Förderschule? Wissenschaftlich lässt sich diese Frage vermutlich angesichts der Unterschiedlichkeit der Behinderungsarten und der Unterschiedlichkeit der pädagogischen Organisationsformen überhaupt nicht beantworten. Treten die sozialpsychologischen Normalisierungswirkungen, die die Verfechter der Inklusion anstreben, ein oder machen sich eher die von mir thematisierten möglichen gegenteiligen Entwicklungen bemerkbar? Vermutlich gibt es beides. Auch insoweit entzieht sich die pädagogische Beurteilung der Inklusion meiner Kompetenz.

Die bildungspolitische Bewertung der Inklusion ist jedoch nicht nur positiv, denn für die nicht-behinderten Kinder und ihre Eltern kann sie – neben einer positiven Wirkung – auch eine negative Seite haben. Und die darf nicht verschwiegen werden. Nach einigen Jahren der Inklusionspraxis kommen jetzt mehr und mehr Zweifel auf und es regt sich Kritik in den Kreisen der Eltern und Lehrer. Auch aus den Kommunen kommen Vorbehalte: Wir schaffen das nicht! Eltern fürchten nicht nur mangelnde Lernfortschritte ihrer Kinder, sondern beunruhigen sich über die Entwicklung des Sozialklimas in den Klassen ihrer Kinder. Lehrer fühlen sich überfordert angesichts der Tatsache, dass sie in Klassen mit riesigen Kompetenzunterschieden unterrichten müssen und deshalb Lernfortschritte für alle überhaupt nicht gewährleisten können. Es gibt Klassen, in denen die Herstellung eines guten Lern- und Sozialklimas schwieriger wird. Kommunale Stimmen weisen darauf hin, dass alles viel zu schnell gegangen sei, dass die organisatorischen und finanziellen Voraussetzungen für die Inklusion von den Landesregierungen nicht rechtzeitig geschaffen worden seien.

Als Herausgeber von RdJB haben wir deshalb in unserer Zeitschrift in Schwerpunktheften immer wieder auf die Gesamtproblematik der Inklusion aufmerksam zu machen versucht.[188] Dennoch: Die Schulen haben – gedrängt durch den Paradigmenwechsel in der Wissenschaft und die UN-Konvention – Inklusion zu ihrem Ziel gemacht und sie können und werden die sich daraus ergebenden Probleme lösen. Ich habe jedoch häufig gesagt, dass es sich um eine „Jahrhundertaufgabe" handelt.

6.1.2 Die Integration von Einwanderern und Flüchtlingen

Deutschland hat einen positiven Migrationssaldo, d. h. es sind in den letzten Jahren mehr Menschen nach Deutschland zugewandert als aus Deutschland ausgewandert. Nach den Angaben des Statistischen Bundesamtes kamen im Jahre 2015 rd. 2 Mill. Menschen nach Deutschland, während in diesem Jahr rd. 1 Mill. Menschen das Land verließen. Im Jahre 2019 gab es 1,5 Mill.

---

188 S. insbes. die Hefte 2015/1, 2016/1, 2016/3, 2017/2

Zuwanderer und rd. 1 Mill. Auswanderer. Der positive Migrationssaldo betrug also im Jahr 2015 rd. 1 Mill. Und im Jahr 2019 rd. 300.000 Menschen. In den Diskussionen über die Zuwanderung nach Deutschland vergisst man häufig, dass es auch eine große Auswanderung aus Deutschland gibt. Der Grund hierfür ist, dass die Auswanderung für Deutschland keine Probleme schafft, weil die Menschen „einfach weg" sind, während die Zuwanderung – insbesondere in den letzten Jahren, aber durchaus auch schon früher – politische, wirtschaftliche und soziale Probleme verursacht hat. Bei der Zuwanderung nach Deutschland muss man die Einwanderer von den Flüchtlingen unterscheiden. Die Einwanderer sind von der alten Bundesrepublik als sog. Gastarbeiter angeworben worden oder im Wege des Familiennachzuges nachgekommen, um hierzubleiben, während es in der früheren DDR so gut wie überhaupt keine Zuwanderung, wohl aber eine starke Abwanderung gab. Die Flüchtlinge haben dagegen ihr Land verlassen, weil sie wegwollten und die meisten von ihnen hoffen hierzubleiben. Die Probleme, die die Zuwanderung schafft, sind bei beiden Gruppen durchaus unterschiedlich. Bei den Einwanderern geht es um die Eingliederung in die Gesellschaft, während es bei den Flüchtlingen zunächst um die Versorgung und die Klärung ihres Aufenthaltes geht, während die Eingliederungsfrage sich erst nach einer solchen Klärung stellt. Diese Unterscheidung bestimmt auch die Bildungspolitik, die für die beiden Gruppen eine durchaus unterschiedliche Geschichte hat. Es gab ein weiteres Migrationsproblem, das als gelöst gelten kann, die Aufnahme von 2 Mill. sog. Aussiedler in der Bundesrepublik, die vor allem nach der Wiedervereinigung aus den ehemaligen „Ostblockstaaten" nach Deutschland gekommen sind und deren Integration als gelungen gelten kann. Kein Migrationsproblem stellen dagegen die EU-Ausländer und ihre Kinder dar, die die größte Migrantengruppe bilden, denn innerhalb der EU herrscht Freizügigkeit und eine inzwischen fast selbstverständliche Multikulturalität.[189]

---

189 Wir haben als Herausgeber von RdJB mehrere Schwerpunkthefte zu diesen Themen gebracht, insbesondere 2004/1, 2012/2, 2017/2, 2018/4, 2019/2. Unsere Mitherausgeberin Christine Langenfeld hat sich in ihrer Habilitationsschrift ganz grundsätzlich mit diesen Fragen befasst, s. Integration und kulturelle Identität zugewanderter Minderheiten – eine Untersuchung am Beispiel des allgemeinen Schulwesens in Deutschland, 2000, und aus einer von uns veranstalteten Fachkonferenz über diese Fragen ist eine dokumentierende Veröffentlichung geworden, s. Roman Lehner und Friederike Wapler, Die herausgeforderte Rechtsordnung: aktuelle Probleme der Flüchtlingspolitik, 2018

6.1.2.1 Die Einwanderer

Die Bundesrepublik ist kein Einwanderungsland. Dieser Satz galt bis in die jüngste Vergangenheit als unumstößliche Wahrheit, weil die deutsche Politik die faktische Einwanderung nicht wahrhaben wollte. Obwohl Mitte der siebziger Jahre in der alten Bundesrepublik bereits rd. 4 Millionen Ausländer lebten, die 6 % der Bevölkerung darstellten, galt die sog. Rotationsmaxime, d. h. man ging kontrafaktisch davon aus, dass diese Ausländer wieder in ihre Heimatländer zurückkehren und im Sinne der Arbeitsmigration durch neue Ausländer ersetzt werden würden.

Die Kultusminister der westdeutschen Bundesländer reagierten auf das Anwachsen der ausländischen Bevölkerung mit einer „Doppelstrategie", die sie im Jahre 1976 beschlossen hatten und an der sie fortan festhielten:

> Es geht darum, die ausländischen Schüler zu befähigen, die deutsche Sprache zu erlernen und die deutschen Schulabschlüsse zu erreichen sowie die Kenntnisse in der Muttersprache zu erhalten und zu erweitern. Gleichzeitig sollen die Maßnahmen einen Beitrag zur sozialen Eingliederung der ausländischen Schüler für die Dauer des Aufenthalts in der Bundesrepublik Deutschland leisten. Außerdem dienen sie der Erhaltung ihrer sprachlichen und kulturellen Identität.[190]

Das war eine Bildungspolitik, die der „Rotation" dienen sollte und die inzwischen aufgegeben worden ist.

Nachdem nicht nur die Wissenschaft, sondern auch die Politik Deutschland als Einwanderungsland ansehen, haben die Kultusminister ihre Politik geändert und die „interkulturelle Bildung und Erziehung" auf ihre „Fahnen geschrieben":

> Die Schule versteht sich als Lern- und Lebensort für alle, sie begegnet allen Schülerinnen und Schülern mit Wertschätzung und entwickelt eine interkulturelle sensible Dialog- und Konfliktkultur einschließlich des Aushandelns gemeinsamer Grundlagen für das Schulleben, so dass sich alle Mitglieder der Schulgemeinschaft einbezogen fühlen.[191]

---

190 Beschluss der Kultusministerkonferenz „Unterricht für Kinder ausländischer Arbeitnehmer" vom 8.4.1976
191 Beschluss der Kultusministerkonferenz vom 25.10.1996 i.d.F. vom 5.12.2013

Dieser Beschluss geht von der Einwanderung nach Deutschland aus und versucht für die Schule die Idee einer pluralistischen demokratischen Gesellschaft umzusetzen.

Um die Chancen einer solchen Politik beurteilen zu können, muss man sich zunächst von der liebgewonnenen Gegenüberstellung von Deutschen und Ausländern oder – im modischen Jargon – von „Bio-Deutschen" und „Menschen mit Migrationshintergrund" verabschieden. Es handelt sich nämlich in Wirklichkeit um eine ziemlich gemischte Gesellschaft. Bei den Migranten gibt es inzwischen die Enkel der einstigen „Gastarbeiter", die dritte Generation mit deutscher Staatsbürgerschaft und perfekten Deutschkenntnissen, die sich völlig in die Gesellschaft integriert haben, und es gibt die anerkannten Flüchtlinge und ihre Kinder bzw. die als unbegleitete Flüchtlinge anerkannten Kinder und Jugendlichen, die kaum Deutsch sprechen und im Lande noch fremd sind, aber die aufgrund der Anerkennung im Lande bleiben werden und deshalb zu den Einwanderern gehören. Zwischen diesen Extremen gibt es Menschen mit einer Vielzahl unterschiedlicher Lebenssituationen. Die Migranten unterscheiden sich stark nach ihren Herkunftsländern, leben häufig zusammen in besonderen Wohnquartieren und haben auch untereinander Konflikte, die sie häufig heftig austragen. Sie unterscheiden sich ebenfalls stark nach ihrer Religionszugehörigkeit, wobei der Islam dominiert, der aber wiederum in sich konfliktreich in Sunniten und Schiiten/Aleviten gespalten ist. Schließlich gibt es auch bei den Migranten Schichtunterschiede. Zwischen der akademisch/kommerziellen Mittelschicht der Migranten, der großen Mehrheit ungelernter oder angelernter Arbeiter z. B. im Bauwesen oder in der Abfallwirtschaft sowie den Haushaltshilfen oder Pflegekräften und einem „Subproletariat" berufs- und mittelloser Sozialhilfeempfänger gibt es kaum Gemeinsamkeiten. Diese Schichtung entspricht durchaus den Erscheinungsformen der allgemeinen Schichtung, sodass es zwischen den Deutschen und den Migranten im Sozialstatus zahllose Mischungen und Überschneidungen gibt.

In der Theorie gibt es drei verschiedene Antworten der Bildungspolitik auf eine solche Lage:

- eine Politik der Segregation, die auf der Identitätstheorie beruht. Die amerikanische Schulpolitik der Rassentrennung folgte bis 1954 diesem Prinzip und ebenso die südafrikanische Apartheitspolitik bis 1994. Eine solche Politik scheidet für das Deutschland der Gegenwart grundsätzlich aus und ist angesichts der skizzierten Gemengelage der Identitäten auch organisatorisch nicht denkbar.
- eine Politik der „negativen Neutralität", die die Schule zu einem neutralen Ort erklärt, der keine Rassen und Religionen, keine Klassen und Geschlechter kennt, wo Identitäten geleugnet werden oder jedenfalls keine Rolle

spielen dürfen. Das ist das Prinzip der weltlichen republikanischen französischen Schule.

- eine Politik der „positiven Neutralität", die die Vielfalt der ethnischen und religiösen, der sozialen und geschlechtsspezifischen Unterschiede anerkennt, z. T. sogar fördert und das Miteinander pädagogisch und sozial zu organisieren versucht und insofern einem „gemäßigten Identitätsprinzip" folgt.

Dies ist die Politik, der sich Deutschland verschrieben hat und die in der zitierten Erklärung der Kultusministerkonferenz Ausdruck gefunden hat. Ich glaube, dass diese Politik eine Chance der Verwirklichung hat, auch wenn ihr gewichtige Hindernisse entgegenstehen.

Der Erfolg dieser Politik hängt von drei Voraussetzungen ab:
- Eine solche gemeinsame pluralistische und demokratische Schule muss von allen gewollt sein und besucht werden.
- In einer solchen Schule müssen die Identitäten und Interessen aller Gruppen anerkannt sein und Konflikte müssen friedlich gelöst werden.
- Das Prinzip der Gerechtigkeit muss herrschen, d. h. jede ungleiche Behandlung bedarf einer akzeptierten Rechtfertigung.

Die erste Voraussetzung schwindet in den deutschen Mittel- und Oberschichten zunehmend. Dabei mischen sich drei Gründe, nämlich eine steigende Ausländerfeindlichkeit, die Sorge um die Qualität von Bildung und Erziehung sowie die Kritik am Sozialklima vieler Schulen. Viele Eltern meiden die öffentlichen Schulen und schicken ihre Kinder auf Privatschulen (11 %); der Privatschulbesuch ist in den letzten 25 Jahren um 80 % angestiegen. Viele Eltern, und zwar auch Eltern aus der Mittelschicht der Migranten ziehen aus problematischen Stadtbezirken mit „schwierigen Schulen" ins städtische Umland oder in weniger problematische Stadtbezirke. Viele Eltern, denen diese beiden Möglichkeiten nicht offenstehen, schicken ihre Kinder zwar in die gemeinsame Schule, aber „mit zusammen gebissenen Zähnen", d. h. ohne das Prinzip der interkulturellen Bildung und Erziehung zu akzeptieren.

Diese Eltern erfüllen auch nicht die zweite Voraussetzung, d. h. sie verlangen die Assimilierung der Migranten oder zumindest die Durchsetzung der „deutschen Leitkultur", und zwar nach dem Motto: „Wer nach Deutschland kommt, muss sich nach den hier geltenden Regeln richten", also kein Kopftuch, kein islamischer Religionsunterricht, keine Berücksichtigung der Migrantensprachen und -kulturen im Curriculum. Unter Migranten hat sich demgegenüber in einigen Gruppen eine „identitäre Kultur" herausgebildet. Insbesondere unter männlichen Jugendlichen mit Migrationshintergrund gibt es Gruppen, die sowohl die Kultur der deutschen Mehrheitsgesellschaft als auch das Konzept der pluralistischen Demokratie ablehnen und sich zu ihrer „ethnisch-religiösen Identität" bekennen. Es gibt sie in allen migratorischen Minderheiten. Bekannt wurden die „Deutsch-Türken", die sich in Deutschland zum Türkentum bekennen, überzeugte Anhänger des politischen Islam sind, den türkischen Präsidenten Erdogan verehren, Kanak Sprak sprechen, Türk Pop hören, Fans der türkischen Fußballmannschaften sind und allen Facetten des „ethnical pride" huldigen. Diese Gruppen lehnen nicht nur die pluralistische demokratische Schule ab, sondern sie gefährden sie.

Nach dem Bericht „Bildung in Deutschland" aus dem Jahre 2016, der einen besonderen Schwerpunkt „Migration" hatte und der die Bildungserfolge nach Maßgabe der Staatsbürgerschaft untersuchte, weil entsprechende Daten für eine Auswertung nach Migrationshintergrund nicht vorlagen, verlassen 5 % der deutschen Schüler die Schule ohne Hauptschulabschluss, während es bei den ausländischen Schüler 13 %, also fast dreimal so viele sind. Bei den Deutschen verlassen 20 % die Schule mit dem Hauptschulabschluss, während es bei den Ausländern mehr als doppelt so viele sind, nämlich 43 %. Bei der Hochschulreife zeigt sich das umgekehrte Phänomen: 44 % der Deutschen machen das Abitur, aber nur 16 % der Ausländer.[192] Ist das gerecht?

Es kommt auf den Gerechtigkeitsbegriff an. Nach einem strengen Gleichheitsmaßstab ist es gerecht, denn es werden alle gleich behandelt, und zwar mit dem Ergebnis, dass die ausländischen Kinder schlechtere Leistungen erbringen als die deutschen Kinder. Die ungleichen Ergebnisse werden durch die ungleichen Leistungen gerechtfertigt. Legt man aber einen anderen Gerechtigkeitsbegriff zugrunde, wie z. B. den Gerechtigkeitsbegriff von John Rawls, der Gerechtigkeit als Fairness definiert,[193] dann ist es unfair und damit ungerecht ausländische und deutsche Schüler nach dem gleichen Maßstab zu beurteilen, weil sie nicht die gleichen Chancen hatten, gleiche Ergebnisse zu erzielen. Es kommt hinzu, dass die Unterschiede sich weitgehend durch die soziale Schichtung erklären lassen, d. h. dass die schlechteren Ergebnisse der ausländischen Schüler an ihrer sozialen Herkunft liegen.[194] Es ist deshalb kein Wunder, dass viele Migranten und ihre Kinder das deutsche Schulsystem als ungerecht empfinden.

Kann unter diesen Voraussetzungen eine interkulturelle Bildung und Erziehung gelingen? Ich meine: Ja, aber sie erfordert große Anstrengungen und einige grundsätzliche Veränderungen.

---

192 Alle Daten nach Kultusministerkonferenz (Hrsg.), Bildung in Deutschland 2016 – ein indikatorengestützter Bericht mit einer Analyse zu Bildung und Migration, 2016, Abb. H2-12A
193 John Rawls, A Theory of Justice, 1971
194 Tanja Betz, Bildung und soziale Ungleichheit: Lebensweltliche Bildung in (Migranten)Milieus, 2004

1. Die gemeinsame pluralistische demokratische, von allen akzeptierte und besuchte Schule wird es nur geben, wenn die Migration nach Deutschland nicht als Bedrohung, sondern als Bereicherung empfunden und erlebt und die Ausländerfeindlichkeit dadurch überwunden wird. Nur wenn die öffentlichen Schulen wieder durch ihre Leistungsfähigkeit und ein positives Sozialklima überzeugen, werden die Mittel- und Oberschichten die öffentliche Schule wieder akzeptieren. Die Freizügigkeit und die Privatschulfreiheit sind jedoch Grundrechte, die die Flucht aus den problematischen öffentlichen Schulen gestatten. Von diesen Grundrechten Gebrauch zu machen, kann niemand verwehrt werden.

2. Nach dem Grundsatz der sog. „positiven Neutralität" hat die Schule eine doppelte Aufgabe. Sie muss einerseits die Entfaltung von gruppenspezifischer Identität erlauben und fördern und sie muss andererseits die Forderungen nach Assimilierung und Durchsetzung einer „Leitkultur" durch die Legitimierung der Pluralität und vor allem durch die Freude an bunter Vielfalt verblassen lassen.

3. Die Herstellung von Gerechtigkeit an Schulen fordert zweierlei, nämlich die Kompensation von Nachteilen und Zeit. Migranten werden die deutsche Schule nur dann als gerecht empfinden, wenn ihnen Chancengleichheit durch kompensatorische Leistungen gewährt wird, d. h. wenn die durch die ethnische und soziale Herkunft bedingten Nachteile ausgeglichen werden. Vor allem aber braucht es Zeit und Geduld. Schließlich hat die Durchsetzung der Emanzipation von Frauen und Mädchen im Bildungswesen einhundert Jahre gedauert und wurde dann ein großer Erfolg. Die Durchsetzung der interkulturellen Bildung und Erziehung muss und wird schneller gehen.

6.1.2.2 Die Flüchtlinge

Flüchtlinge hat es in Deutschland immer gegeben. Durch die Öffnung der Grenzen im September 2015 entstand jedoch eine neue Situation, die bis 2018 anhielt. Von 2015 bis 2018 gab es in Deutschland rd. 500.000 von ihren Eltern begleitete Asylbewerber zwischen 0 und 18 Jahren und rd. 70.000 unbegleitete.[195] Die Kinder und Jugendlichen mit Eltern wurden bis zur Entscheidung über ihre Asylanträge zunächst in Aufnahmelagern untergebracht, die unbe-

---

195 Alle Daten nach UNICEF – geflüchtete – und – migratorische – kinder – in – deutschland – 2015 – 2018 – data – pdf

gleiteten nach § 42 a SGB VIII vom Jugendamt in Obhut genommen und in Heime oder Wohngemeinschaften aufgenommen. Allein im Jahre 2016 waren von den geflüchteten Kindern und Jugendliche rd. 200.000 im schulpflichtigen Alter. Die Herkunftsländer waren die Länder des Balkans und des Vorderen Orients; rd. ein Drittel der Kinder und Jugendlichen stammten aus dem Bürgerkriegsland Syrien.

Die Kultusministerkonferenz fasste 2016 einen Grundsatzbeschluss:

> Schulische Bildung wird in den Ländern von Anfang an unabhängig von Aufenthaltsstatus und Bleibeperspektive gewährt.[196]

Was sollte sie angesichts der Massenflucht und der durch sie bedingten chaotischen Zustände auch anderes tun als Aufenthaltsstatus und Bleibeperspektive einfach zu negieren? Die Situation dieser Kinder und Jugendlichen war eine völlig andere als die der eingewanderten Kinder und Jugendlichen, die einen gesicherten Aufenthaltsstatus und damit eine Bleibeperspektive haben, die im Land bleiben wollen und können.

Die Kultusministerkonferenz fasste die folgende Strategie ins Auge:

> Das Ziel einer möglichst schnellen Beschulung junger Geflüchteter besteht in der raschen Integration in die Regelklassen der Schulen.

Die besondere Situation der geflüchteten Kinder und Jugendlichen sollte in besonderen zusätzlichen Maßnahmen Berücksichtigung finden, nämlich 1. in Sprachförderungsgruppen, in denen möglichst das deutsche Sprachdiplom (DSD) erworben werden sollte, und 2. in Berufsvorbereitungsklassen, in denen der Übergang in eine Berufsausbildung gesichert werden sollte. Insgesamt strebte die KMK für die Flüchtlinge eine gute Allgemein- und Fachbildung an.

Ziel sollte eine „möglichst schnelle Beschulung" sein. Dies Ziel wurde verfehlt, denn die Kinder und Jugendlichen wurden und werden bis zu drei, manchmal bis zu sechs Monaten in den Aufnahmelagern bzw. Heimen ohne Schulbesuch untergebracht, und zwar mit der Begründung, dass erst über ihre Verteilung innerhalb Deutschlands entschieden werden müsse. Das ist ein Verstoß gegen internationales Recht, denn Kinder haben vom ersten Tage an ein Recht auf den Schulbesuch. Schule ist aus drei Gründen vom ersten Tage an wichtig:

---

196 Bericht der Kultusministerkonferenz zur Integration von jungen Geflüchteten durch Bildung, Beschluss der Kultusministerkonferenz vom 6.10.2016

Es ist unerträglich, dass Kinder und Jugendliche bis zu sechs Monaten bei ihren Eltern in den Lagern auf engstem Raum bleiben müssen oder auf der Straße rumhängen, weil die Schule ihre allererste Aufgabe nicht wahrnimmt, den Kindern und Jugendlichen einen Schutzraum zu bieten, sie sicher aufzubewahren, für sie Kleider und Bücher zu organisieren, sie mit anständigem Essen zu versorgen und sie auch vor ihren Eltern und deren Milieu sowie vor falschen Freunden zu schützen.

Viele Kinder und Jugendliche haben wochen- oder monatelang Krieg und Flucht erlebt, Hunger und Krankheit gespürt, Leid und Tod gesehen, den Zusammenbruch jeder Ordnung und Sicherheit, die Herrschaft von Gewalt. Die Schule sollte und kann vom ersten Tage an für sie ein Ort sein, in dem es für sie Sicherheit gibt, in dem eine gewisse Ordnung herrscht, wo sie Freundlichkeit und Zuwendung erfahren, wo sie über ihre Erlebnisse erzählen und ihre Traumata vielleicht überwinden können.

Der Erwerb deutscher Sprachkenntnisse in zusätzlichen Deutschkursen ist wichtig, weil die Sprachbeherrschung die Voraussetzung für den weiteren Schulbesuch in den Regelklassen und für eine Berufsausbildung ist. Vor jedem geordneten und didaktisch vorbereiteten Sprachunterricht kommt es jedoch darauf an, dass sich die Kinder und Jugendlichen im Alltag zurechtfinden können. Dazu müssen sie in den ersten Wochen – unabhängig von jedem DSD – die wichtigsten Elemente der Alltagssprache lernen, so wie sie z. B. für Touristen in den Reiseführern stehen. Wo lernen sie das?

Die Kultusministerkonferenz hat mit den besten Absichten und mit deutscher Gründlichkeit die Integration der geflüchteten Kinder und Jugendlichen in die deutsche Schule und die deutsche Gesellschaft organisiert, aber das Wichtigste, die schnelle Hilfe, vergessen. In den ersten Jahren ist die Zivilgesellschaft mit zahllosen Initiativen der „Willkommenskultur" in die Bresche gesprungen. Wo ist sie heute? Gibt es sie noch?

6.1.3 Die Schule in Zeiten von Pandemien

6.1.3.1 Corona 2020

Im Februar 2020 breitete sich ein aus China stammender Virus, der die Lungenfunktion beeinträchtigt und insbesondere bei Risikopatienten zum Tod führen kann, auch in Europa aus, und zwar exponentiell, d. h. die Reproduktionszahlen waren sehr hoch. Da er sich in der gesamten Welt verbreitete, sprach man schon sehr bald von einer Pandemie. Das Gesundheitswesen war auf die Verbreitung dieses Virus nicht vorbereitet. Es gab nicht nur keinen Impfstoff, sondern auch keine Medikamente zur Bekämpfung der Krankheit. Die Kapazitäten der Krankenhäuser, insbesondere in der Intensivmedizin gerieten sehr schnell an ihre Grenzen, da sich jeden Tag Tausende mit dem Virus neu infizierten. Die Regierungen in allen europäischen Ländern bis auf Schweden entschlossen sich Mitte März zu einem Lockdown, d. h. zum Runterfahren des gesamten öffentlichen Lebens, zur Schließung von Betrieben und Verwaltungen, Gaststätten und Hotels sowie der Kultur-, Sport- und Bildungseinrichtungen, zum Einstellen des öffentlichen Verkehrs, z. T. auch zu Reiseverboten und Ausgangssperren. Alles stand still!

Nach einigen Wochen gingen die Infektionszahlen zurück und die Regierungen begannen, die Beschränkungen wieder zu lockern, die Einrichtungen wieder zu öffnen, den sommerlichen Urlaubsverkehr zuzulassen und Wirtschaft und Kultur durch massive Subventionen wieder anzukurbeln. Drei Grundregeln sollten gelten: Abstand von anderen Menschen (1-3 Meter), Hygiene, vor allem Händewaschen, Atemschutzmasken (AHA). Im Herbst 2020 nahmen die Infektionszahlen wieder zu, sei es aufgrund der beginnenden kühlen Jahreszeit, sei es aufgrund des Reiseverkehrs oder der größeren Sorglosigkeit bzw. der Ablehnung der Vorsorge. Die Regierungen reagierten auf diese zweite Welle der Pandemie nun nicht mit der generellen Schließung des öffentlichen Lebens, sondern mit gezielten Verboten und Geboten je nach der regionalen Belastung. Die weitere Entwicklung ist offen. Es war der größte Eingriff des Staates in das öffentliche und private Leben seit dem Ende des Zweiten Weltkrieges und die Menschen sind außerordentlich verunsichert.

Alle Bildungsinstitutionen, d. h. Kindertagesstätten, Schulen, Jugendhilfeeinrichtungen und Hochschulen waren also im Frühjahr 2020 wochenlang geschlossen. Die Kinder und Jugendlichen sowie die Studenten blieben zu Hause, wo sich jedoch auch ihre Eltern befanden, soweit diese von der Arbeit freigestellt oder sich im schnell verbreitenden homeoffice befanden. Schulen und Hochschulen versuchten, den Unterricht digital aufrechtzuerhalten, was angesichts der überraschenden und ungewohnten Entwicklung sehr unterschiedlich ausfiel. Ein ausgearbeitetes interaktives digitales Unterrichtskonzept für das gesamte Curriculum existierte in Deutschland nicht. Die Lernenden verfügten nur zum Teil über die erforderlichen Endgeräte und den notwendigen Platz und die Lehrenden waren auf ihre privaten PCs angewiesen. Viele waren überfordert und manche machten es sich bequem. Herausgefordert durch die neue Lage gelangen vielen Lehrenden jedoch innovative und effektive neue Ansätze. Auch im Bildungswesen wurden die Beschränkungen noch vor der Sommerpause gelockert und die Länder begannen wieder mit einem reduzierten Präsenz-Bildungsangebot, wobei die AHA-Maßnahmen auch hier galten.

Diese Zeit und die Sommerpause wurden jedoch nicht genutzt, um ein digitales Unterrichtsangebot zu entwickeln und die materielle Ausstattung zu verbessern, sodass die Bildungseinrichtungen vor der zweiten Welle nicht wesentlich anders dastanden als zu Beginn der ersten Welle.

Die Corona-Maßnahmen des Sommers 2020 haben die drei Grundfunktionen der Schule schwer beschädigt:

1. Die Custodialfunktion, die Aufgabe der Schulen, die Kinder und Jugendlichen „aufzubewahren", d. h. sie zu beherbergen, während die Eltern arbeiten und sie an einem sicheren Ort zu schützen. Diese Aufgabe wurde zunächst überhaupt nicht mehr und seither nur sehr unzureichend erfüllt.

2. Die Instruktionsfunktion, die Aufgabe der Schulen, den Kindern und Jugendlichen Wissen und Können, Fähigkeiten und Fertigkeiten, Einstellungen und Verhaltensweisen zu vermitteln, so wie dies in den Lehrplänen vorgesehen ist. Diese Aufgabe wurde nicht oder nur sehr unzureichend erfüllt, weil die Digitalisierung den Präsenzunterricht nicht ersetzt hat und auch nicht ersetzen kann und weil aus psychischen und vor allem aus sozialen Gründen die bestehenden sozialen Unterschiede zwischen den Kindern und Jugendlichen noch vergrößert wurden.

3. Die Sozialisationsfunktion, die Chance der Lernenden, in der Schule Freunde zu treffen und von und mit ihnen zu lernen und zu leben sowie die Chance, in der Schule auf Lehrende zu treffen, die den Lernenden Vorbild und Anreger, Freund und Helfer sein können oder auch nicht.

In einem Volk, in dem die Kritik an der Schule weit verbreitet ist, entdeckten viele Menschen auf einmal, wie wichtig die Schule für die Kinder und Jugendlichen ist.

6.1.3.2 Die pandemische Gesellschaft – eine Utopie?

Das Denkmodell, das den Corona-Maßnahmen des Sommers 2020 zugrunde lag, ging davon aus, dass die Pandemie nach einigen Wochen vorbei sein würde und dass dann alles wieder so wie vorher wäre. Dieses Modell erwies sich schon sehr schnell als Illusion, denn auch nach einem halben Jahr nach dem Ausbruch der Pandemie war diese nicht nur nicht überwunden, sondern eine zweite Welle stand bevor. Diese Entwicklung legt die Frage nahe, ob es richtig ist, die Pandemie als einen Ausnahmezustand von der Normalität zu betrachten, der eine Zeit lang dauert, bis die Normalität wiederhergestellt ist, oder ob wir davon ausgehen müssen, dass die Existenz und Verbreitung von Pandemien in unserer Gesellschaft der Normalzustand wird. Einen solchen

Zustand will ich die „pandemische Gesellschaft" nennen, also eine Gesellschaft, in der Pandemien kommen und gehen, in Wellenbewegungen auftauchen und verebben, mal schwerer und mal leichter ausfallen, aber potentiell immer präsent sind.

Eine solche Entwicklung ist nach dem Erscheinen der Corona-Pandemie nicht gänzlich ausgeschlossen, sondern durchaus denkbar und deshalb vielleicht gar keine Utopie. Wird es einen wirksamen Impfstoff geben? Wird Corona durch ihn ausgerottet werden? Kann der Virus nach einiger Zeit wieder auftreten, vielleicht in mutierter Form? Wird es neue vergleichbare Pandemien geben, nachdem es in den vergangenen Jahrzehnten andere Pandemien gegeben hat, die allerdings z. T. für die Menschen nicht gefährlich waren, wie z. B. die Vogelgrippe oder die Schweinepest oder die nur Teile der Populationen erfasst haben, wie z. B. AIDS oder Ebola. Ein Blick in die Geschichte zeigt jedoch, dass es in früheren Zeiten durchaus dauerhafte Epidemien gegeben hat, die ganze Gesellschaften lahmlegten, wie z. B. Pest und Cholera oder Typhus, Polio und Grippe, sodass die Kennzeichnung als „pandemische Gesellschaft" vielleicht nicht ganz abwegig ist. Gerade die Grippe, die es ja nach wie vor gibt, hat im vergangenen Jahrhundert zweimal, nämlich 1917 und 1969, verheerende Auswirkungen gehabt. Und man sollte nicht übersehen, dass es auch heute Regionen der Welt gibt, in denen die Länder von Epidemien wie Cholera oder Ebola flächendeckend und dauerhaft heimgesucht werden und die man deshalb als „epidemische Gesellschaften" bezeichnen kann.

6.1.3.3 Das „Prinzip Schule" als Problem einer pandemischen Gesellschaft

Die Organisationsform „Schule" beruht auf zwei Prinzipen, nämlich

1. der gleichzeitigen Anwesenheit von einer größeren Gruppe von Lernenden und meistens einem oder einer Lehrenden in einem geschlossenen Raum für eine längere Zeit und über viele Jahre, wobei die Lernenden in der Regel über Jahre mehr oder weniger dieselben bleiben, während die Lehrenden in der Regel je nach dem Unterrichtsgegenstand wechseln und im Laufe der Zeit durch andere ersetzt werden und

2. der festen Lerngruppenstruktur, des Klassenprinzips, aufgrund dessen die Schülerinnen und Schüler altersmäßig grundsätzlich einer bestimmten Lerngruppe zugeteilt sind, die von Jahr zu Jahr vorrückt und solange zusammenbleibt wie die jeweilige Schullaufbahn dauert, wobei die Zusammensetzung durch Zu- und Abgänge, vor allem durch das Sitzenbleiben sich verändert und durch eine curriculare Differenzierung aufgelockert wird.

In einer pandemischen Gesellschaft ist die längere gleichzeitige Anwesenheit von einer größeren Personenanzahl in einem geschlossenen Raum ein Problem, weil sie zur Bildung von Ansteckungsherden führt. Wenn es aber in einer solchen Organisationsstruktur aufgrund der gleichzeitigen Anwesenheit mehrerer Personen zu einer Ansteckung kommt, dann muss nicht nur die Klasse der infizierten Person, sondern gleich die ganze Schule mit Quarantänefolgen für alle Beteiligten geschlossen werden, und zwar wegen der Inkubationszeit für eine gewisse Zeit, weil sich der Träger des Virus nicht nur in einer Klasse, sondern in der ganzen Schule bewegt hat und weil die Lehrer in mehreren Klassen unterrichten.

Das „Prinzip Schule" wird für pandemische Gesellschaften der Gegenwart und Zukunft vor allem ein Problem, weil sich die Schulzeit in den vergangenen Jahrzehnten außerordentlich ausgedehnt hat und heute einen wesentlichen Teil der Wochentage einnimmt und viele Jahre dauert. Die deutsche Schule war stets eine Halbtagsschule, d. h. sie beschränkte sich auf den Vormittag, bezog aber früher den Samstag mit ein. Zunehmend wird die Schule nun eine Ganztagsschule, die – den Schulweg eingeschlossen – 9–10 Stunden am Tag einnimmt. Die Kinder und Jugendlichen verbringen dann in der Woche in der Schule einen deutlich größeren Teil ihrer Zeit als zu Hause in der Familie. Die institutionelle Kinderbetreuung – in unserem Zusammenhang auch eine Art Schule – wird allgemein, sodass die „Schule" für viele bereits mit der Vollendung des ersten Lebensjahres, spätestens aber mit drei, allerspätestens mit sechs Jahren beginnt. Es folgt eine Schulpflicht bis zum 21. Lebensjahr, die bis zum 16. Lebensjahr als Vollzeitschulpflicht und danach als Teilzeitschulpflicht ausgestaltet ist. Das „Prinzip Schule" ist also für rd. zwanzig Jahre für die Kinder und Jugendlichen lebensbestimmend und damit in einer pandemischen Gesellschaft gefährlich, und zwar nicht nur für die Lernenden und die Lehrenden selber, sondern für die gesamte Gesellschaft, weil sie auch außerhalb der Schule den Virus verbreiten.

6.1.3.4 Die Entschulung in der pandemischen Gesellschaft

Ivan Illich forderte aufgrund seiner Schulkritik schon in den siebziger Jahren des vergangenen Jahrhunderts die Abschaffung der Schule, also eine „Entschulung" der Gesellschaft, aber aus anderen Gründen.[197] Kinder und Jugendliche sowie Erwachsene sollten nicht in Institutionen, sondern in der sozialen Wirk-

---

197 Ivan Illich, Deschooling Society, 1971

lichkeit und in freien Kommunikationsnetzwerken lernen, weil dies wirklich-keitsnäher und wirksamer sei. Das war lange vor der Erfindung des Computers und lange vor der Entstehung einer pandemischen Gesellschaft.

Eine „entschulte" Gesellschaft könnte unter Voraussetzung der pandemi-schen Gesellschaft die Funktionen der Schule folgendermaßen ersetzen:

1. Die Grundfertigkeiten (sog. Kulturtechniken), d. h. Lesen, Schreiben und Rechnen, werden im homeschooling in der Familie vermittelt, wenn sie die Pandemie verschont hat, sodass insoweit keine Ansteckungsgefahren bestehen.

2. Kognitive Fähigkeiten, d. h. Wissen und Können sowie die Voraussetzun-gen von Einstellungen und Verhaltensweisen, werden digital vermittelt, sodass ebenfalls Ansteckungen vermieden werden, weil die Kinder und Jugendlichen zu Hause sind.

3. Spezielle Fertigkeiten, wie z. B. das Sprechen und Lesen in fremden Spra-chen, Sport, Musik und Kunst sowie Werken und Basteln werden in spe-ziellen Interessengruppen vermittelt, bei denen der Zugang negative Test-ergebnisse voraussetzt.

4. Soziale Erfahrungen und Einstellungen können in Praktika erworben wer-den, z. B. in NGOs oder Einrichtungen der Kinder- und Jugendhilfe sowie in Pflegeheimen und Krankenhäusern, bei denen der Zugang ebenfalls von negativen Testergebnissen abhängig gemacht werden würde.

5. Politische Erfahrungen sammelt man am besten in der Politik selber, die auf kommunaler Ebene für jedes Alter hinreichend Gelegenheit dazu bietet, wobei allerdings die Ansteckungsgefahren nicht gänzlich ausgeschlossen werden können.

6. Das Schulwesen, das durch sein Berechtigungswesen für die Verteilung sei-ner Absolventen auf die nachfolgenden Institutionen des Bildungssystems und auf die Zugänge zum Beschäftigungswesen sorgt, gäbe es nun freilich nicht mehr, sondern es bliebe den Kindern und Jugendlichen überlassen, sich die für die Übergänge erforderlichen Kompetenz-Portefolios selber zusammen zu stellen.

Eine solche Entschulung der Gesellschaft in pandemischen Zeiten setzt die Existenz und Kompetenz von Familien voraus, die diese Leistungen erbringen wollen und können. Sie verlangt die Entwicklung einer völlig neuen digita-len Didaktik und sie bedarf eines weiten Netzes von Interessengruppen und Praktikumsstellen, die die erforderlichen pädagogischen Kompetenzen noch erwerben müssen. Von der Berufung der Politik zur politischen Bildung wird – völlig unabhängig von Corona – noch die Rede sein (s. u. 6.2.3).

6.1.3.5 Die Notwendigkeit institutionalisierter Lernorte

Selbst wenn die soeben genannten Voraussetzungen einer Entschulung der Gesellschaft vorlägen oder geschaffen werden könnten, kann man nicht davon ausgehen, dass eine Abschaffung der Schulen ohne gravierende Verluste für die Gesamtgesellschaft möglich wäre. Auch unter den Bedingungen einer pandemischen Gesellschaft blieben institutionalisierte Lernorte aus den folgenden Gründen notwendig:

1. Durch homeschooling würde nur eine Minderheit der Kinder die erforderlichen Grundfertigkeiten erwerben und die Familien sähen sich Erwartungen ausgesetzt, denen sie kaum entsprechen könnten und es würden von ihnen Kompetenzen verlangt, die nur eine Minderheit von ihnen besitzt. Eine Analphabetisierung weiter Teile der Gesellschaft wäre die Folge.

2. Auch wenn sich Wissen digital vermitteln lässt, und zwar häufig effektiver als im Präsenzunterricht, setzt der Erwerb kognitiver Kompetenzen mehr voraus als die bloße Wissensvermittlung, nämlich eine Interaktion zwischen Lehrenden und Lernenden, wie sie nur im Präsenzunterricht möglich ist. Die gleiche hinreichende Motivation und Kompetenz, wie sie für eine allgemeine Digitalisierung des Unterrichts erforderlich wäre, und zwar sowohl der Lehrenden wie der Lernenden lässt sich nicht gewährleisten.

3. Eine Abschaffung der Schule würde die vorhandene soziale Ungleichheit verschärfen, weil nur eine Minderheit der Familien die für das homeschooling erforderliche Kompetenz, Motivation, Zeit und Kraft besitzt und weil der „digital divide" Kinder aus Ober- und Mittelschichten im digitalisierten Unterricht begünstigt.

4. Nur institutionalisierte Lernorte wie Schulen bieten Zeit und Raum, die für das Einüben von Fertigkeiten erforderlich sind und das gilt sowohl für die Grundfertigkeiten wie für spezielle Fertigkeiten in den Fremdsprachen, aber auch im Sport, in der Musik und der Kunst.

5. Auch wenn spezielle Fertigkeiten häufig nur manche Kinder und Jugendlichen dauerhaft beschäftigen; institutionelle Lernorte bieten ein Anregungspotential, das für alle Kinder und Jugendlichen geschaffen werden sollte. Fremdsprachen- und Computerkenntnisse werden heute von allen Kindern und Jugendlichen erwartet und auch erworben, selbst wenn die Schule heute nur die Grundlagen dafür vermittelt.

6. Auch wenn soziale Beziehungen zwischen Kindern und Jugendlichen auch in informellen Gruppen und bei wechselnden Zusammensetzungen von Gruppen entstehen, feste Lernorte ermöglichen feste Beziehungen, die außerhalb der Familie wichtig sind und häufig ein Leben lang halten,

und an institutionalisierten Lernorten kann auch das soziale Lernen besser institutionalisiert werden.

7. Kinder und Jugendliche lernen in der Schule zum ersten Mal außerhalb der Familie ein institutionalisiertes Generationenverhältnis mit definierten Rollen und Rollenerwartungen kennen, wie es in Interessengruppen und im Rahmen von Praktika nicht existiert, und dieses ist für die Sozialisation in die Welt der Erwachsenengesellschaft wichtig.

8. Schulen entlasten das Bildungssystem insgesamt und vor allem das Beschäftigungssystem durch sein Berechtigungswesen von jeweils eigenen Zugangsregelungen und -entscheidungen, die ohne die Kenntnis der schulischen Bildungsbiographien nur schwer zu treffen sind, während in die schulischen Abgangsentscheidungen die Kenntnis der gesamten Bildungsbiographien einfließen kann.

6.1.3.6 Schule in einer pandemischen Gesellschaft

Wenn also auch in einer pandemischen Gesellschaft eine gänzliche Entschulung, d. h. eine Abschaffung des Schulwesens nicht möglich erscheint, weil die Institutionalisierung von Lernorten unverzichtbar ist, dann würde die schulische Bildung in einer solchen Gesellschaft doch sehr anders aussehen. Folgende Prinzipien würden gelten:

1. Es gibt auf allen Stufen des Schulwesens nur noch kleine Gruppen von rd. 15 Schülerinnen und Schülern.
2. Soweit es sich um feste Gruppen handelt, wird ihnen jeweils eine Person als Lehrerin bzw. Lehrer oder als Moderator bzw. Moderatorin zugeordnet.
3. Soweit es sich um bereichsspezifische Gruppen handelt, werden sie von einer für den jeweiligen Bereich ausgewiesenen Person organisiert.
4. In allen Gruppen werden nur negativ auf das jeweilige Virus getestete Personen als Lehrende und Lernende zugelassen.
5. In den Gruppen gelten die für die jeweilige Pandemie vorgeschriebenen Hygienemaßnahmen, wie z. B. im Falle von Corona die AHA-Maßnahmen.

Die folgende Schulstruktur wäre vorstellbar:

1. Eine vierjährige Grundschule hätte zwei Aufgaben, nämlich a. die Vermittlung und Einübung der Grundfertigkeiten (Kulturtechniken) Lesen, Schreiben, Rechnen, Computernutzung und b. die Anregung für spezielle Fertigkeiten in den Fremdsprachen, in den Künsten einschließlich der Musik, in handwerklichen Fertigkeiten und im Sport. In dieser Grundschule gäbe es ausschließlich feste Kleingruppen.

2. Eine vierjährige Sekundarstufe I hätte fünf Aufgaben, nämlich

a. Das Kollegium digitalisiert den Wissensstoff in den Bereichen der Geistes- und Sozialwissenschaften sowie in Mathematik und den Naturwissenschaften und vermittelt ihn digital an die Schülerschaft. Es bedient sich dabei der Vorgaben eines zentralen Pools.

b. Die Schülerschaft ist für die Arbeit an diesem digital vermittelten Stoff in feste Kleingruppen mit einem festen Moderator gegliedert.

c. Dieselben Kleingruppen widmen sich auch der Übung von Fertigkeiten z. B. in den Fremdsprachen, wobei der Lehrer bzw. die Lehrerin je nach Fertigkeit bestimmt wird.

d. Unterschiedliche Kleingruppen mit unterschiedlichen Lehrern bzw. Lehrerinnen werden für das Erlernen und Einüben spezieller Fertigkeiten in den Bereichen besonderer Fremdsprachen, Kunst, Musik und Sport gebildet.

e. Soziale und politische Erfahrungen sollen die Schülerinnen und Schüler außerhalb der Schule in besonderen Praktika und Interessengruppen erwerben, die ähnlich wie die unterschiedlichen schulischen Kleingruppen organisiert sind und denselben Grundregeln unterliegen.

3. Für die zwei-dreijährige Sekundarstufe II gilt dasselbe wie für die Sekundarstufe I, nämlich die Digitalisierung des Unterrichts und die Arbeit in Kleingruppen mit dem wichtigen Unterschied, dass das Curriculum hier in die akademischen und die beruflichen Bereiche aufgeteilt ist, sodass die Schülerinnen und Schüler nur in jeweils einem Bereich lernen und dass die Digitalisierung von Schule und Universität einerseits und Schule und Berufswelt andererseits verantwortet wird.

Mögen die Prinzipien und die Schulstruktur für eine pandemische Gesellschaft auch grob und skizzenhaft sein, vorstellbar wird jedoch, dass die Schule auch die Probleme einer solchen Gesellschaft lösen kann.

6.2 Gesellschaftliche Probleme, deren Lösung die Schule überfordert

Es gibt die Neigung, von der Schule die Lösung „aller Probleme der Welt" zu erwarten; dem möchte ich mich nicht anschließen. Jenseits von „PISA" gibt es Probleme, die in den letzten Jahrzehnten entstanden sind und die zu grundlegenden gesellschaftlichen Veränderungen führen können, deren Lösung jedoch von der Schule nicht erwartet werden kann, weil dies die Schule überfordert.

• Die mediale Sozialisation durch die Digitalisierung der Kommunikation

- Die Bedrohung des gesellschaftlichen Zusammenhalts durch Radikalismus und Anomie
- Die Bedrohung des politischen Systems durch Identifikationsverluste

Auch angesichts dieser Probleme ertönt der Ruf, dass die Schule sie lösen müsse. Die Informatik und die Medienpädagogik, die Gemeinschafts- oder Sozialkunde einschließlich der Rechtskunde und die politische Bildung bzw. die Demokratiepädagogik haben zwar ihren Platz im schulischen Curriculum und ihre Nützlichkeit soll gar nicht bestritten werden; doch angesichts der sich abzeichnenden gesellschaftlichen Entwicklungen wirken sie ohnmächtig.

6.2.1 Die Digitalisierung der Kommunikation und die mediale Sozialisation

Dass die Digitalisierung das Leben in der Gesellschaft grundlegend verändert hat und weiter verändern wird und dass die sozialen Medien die wichtigste Sozialisationsagentur geworden sind, kann heute als Gemeinplatz gelten. Inmitten der Coronakrise des Jahres 2020 und angesichts möglicher noch unbekannter weiterer Pandemien in den kommenden Jahren fragt es sich, ob noch viel grundsätzlichere Veränderungen durch eine weitere Ausdehnung der Digitalisierung anstehen. Ich meine im Folgenden die Internetnutzung in „Vor-Corona-Zeiten", und zwar ist hier gemeint:1. die Nutzung des Internet als Informations- und Unterhaltungsquelle, z. B. Wikipedia als Informationsquelle oder z. B. Netflix als Speicher für Filme und 2. die Nutzung des Internet als Kommunikationsmittel, insbesondere durch Facebook, Twitter, E-Mail, SMS, whatsapp, instagram etc. Es geht also nicht um eine noch völlig unbekannte Internetnutzung wie sie sich in der Coronakrise als mögliche zukünftige Entwicklung abzeichnet.

Die Sozialisation im Internet wird bestimmt durch die Universalität und Ubiquität von Information und Meinung, Werbung und Handel sowie Unterhaltung in Schrift, Bild und Film. Potentiell kann

1. jeder Mensch in der ganzen Welt jederzeit beliebige Informationen verteilen und auf jede Information zurückgreifen, indem er im Internet surft und die entsprechende Information gibt oder sucht,
2. kann jeder Mensch jedem anderen Menschen auf der ganzen Welt jederzeit seine Meinung zu einem bestimmten Thema mitteilen, die wiederum empfangen werden kann,
3. kann jeder Mensch auf der ganzen Welt jederzeit politische oder kommerzielle Werbung machen und etwas verkaufen oder kaufen und

4. kann jeder Mensch auf der ganzen Welt jederzeit einem anderen Menschen ein Photo oder einen Film von sich und seiner unmittelbaren Umgebung oder „seine Musik" schicken sowie beliebige Audio- und Videoprodukte verteilen.

Angesichts der weltweiten Verbreitung der hardware gibt es kaum noch Beschränkungen für die software und internationale Konventionen und nationale Gesetze erweisen sich zur Regulierung als wenig wirkungsvoll.

Für die Kinder und Jugendlichen ist durch die sozialen Medien eine neue Form der Sozialisation entstanden, die neben die alten Sozialisationsformen der Familie und der Schule, der Arbeit und der Peer Group getreten ist und die sich als außerordentlich wirkungsmächtig erweist. Ich will sie durch eine Reihe von Eigenschaften kennzeichnen:

Die neue „Privat-Öffentlichkeit". Bei den neuen Informations- und Kommunikationsformen des Internet geht es in allererster Linie um neue Sozialisationsformen. Sieht man von der ausgesprochen politischen Nutzung durch internetaffine Politiker wie z. B. Donald Trump einmal ab, geht es weniger um Politik, aber vielleicht sind diese neuen Sozialisationsformen irgendwie doch auch „politisch". Das Internet wird vor allem privat und kommerziell genutzt, nicht politisch. Das Internet ist also vor allem privat! – oder doch nicht, weil es das „Private" gar nicht mehr gibt, sondern weil die strikte Trennung von „privat" und „öffentlich" aufgehoben ist? Das scheinbar Private ist öffentlich und wird damit potentiell politisch.

Horizontalisierung, Informalisierung und Probabilismus. Erziehung ist vertikal gedacht. Ich erziehe meinen Sohn z. B. zur Pünktlichkeit, von oben nach unten sozusagen. Im Internet sind dagegen alle gleich, jedenfalls potentiell gleich. Es gibt kein oben und unten. „Jeder hat das Recht auf eine gleichberechtigte Teilhabe an der digitalen Sphäre".[198] Das ist die Horizontalität. Die familiäre und schulische Erziehung besitzt eine gewisse Formalität und sie geschieht absichtsvoll, auch wenn es die „heimlichen Erzieher" gibt. Sie lebt von der Erfolgserwartung, davon dass das Ziel erreicht wird, auch wenn wir alle wissen, dass das nicht immer der Fall ist. Die Sozialisation im Internet ist dagegen überwiegend informell und dem Zufall überlassen oder jedenfalls einer unbeabsichtigten Vielfalt möglicher „Sozialisationen". Sie ist allenfalls wahrscheinlich (probabel) und deshalb spricht man von „Probabilismus". Dass das Netz sozialisiert, und zwar auf eine neuartige Art und Weise, ist sicher, aber

---

198 Art. 3 Abs.1 der „Charta der digitalen Grundrechte der Europäischen Union", angeregt und publiziert von der ZEIT-Stiftung am 1.12.2016 s. www.digitalcharta.eu

wie? Dafür lassen sich allenfalls Wahrscheinlichkeitsregeln aufstellen, z. B. die These, dass der häufige „Konsum" von Gewaltdarstellungen diese verharmlost und deshalb enthemmend wirkt.

Universalisierung und Partikularisierung. Potentiell ist das Netz universell, denn alle Menschen können es zu gleichen Bedingungen nutzen. Die Sozialisation war bisher stark unterschiedlich geprägt, insbesondere durch Geschlecht, Religion, Ethnie und Schicht. Im Netz können sich aber nun alle auf die gleiche Art und Weise informieren, können auf die gleiche Art und Weise miteinander kommunizieren, werben und sich exponieren und sie tun es auch. Die Sozialisation im und durch das Netz lagert sich über die traditionelle sozialstrukturell geprägte Sozialisation. Wird die mediale Sozialisation weltweit egalisierend wirken? Man weiß bisher aber nicht, ob der Universalisierung der Möglichkeiten eine Egalisierung der Sozialisation folgen wird. Vermutlich, eher nicht! Eine universelle Informations- und Wissensgesellschaft, von der manche geträumt haben,[199] wird vermutlich nicht entstehen. Das Internet schafft vielmehr neue Partikularitäten, neue Sub-Systeme, in denen subsystemspezifisch informiert und kommuniziert wird. Das Internet schafft durch die Sub-System-Bildung einen neuen Partikularismus, trotz des scheinbaren Universalismus und alle diese neuen Sub-Systeme sind Sozialisationssysteme. Untersuchungen zeigen schichtspezifische Nutzungsunterschiede, so dass man von einem „digital divide" zugunsten der Mittel- und Oberschichten sprechen kann. Darüber hinaus gibt es netzspezifische Sub-Systeme, z. B. die der sog. Neerds und die der Blogger.

Infantilisierung, Senilisierung und die Technisierung von Alltag und Ökonomie. Die Begriffe Infantilisierung und Senilisierung sind nicht abwertend gemeint, sondern sollen nur auf die Tatsache hinweisen, dass sich die Internetnutzung zunehmend ins frühe Kindesalter und ins hohe Alter ausdehnt. Die Nutzung des Internet setzt Lese- und Schreibkompetenz voraus und eine gewisse digitale Kompetenz, meinte man früher.[200] Inzwischen gibt es Programme für Säuglinge, wenn auch noch nicht für Greise. Die Hierarchisierung von Erziehung und Bildung in der Familie dreht sich um, denn nicht die Eltern sozialisieren die Kinder digital, sondern die Kinder bringen ihren Eltern das „Computern" bei. Dass sich dadurch das Generationenverhältnis insgesamt

---

199 Manuel Castells, Das Informationszeitalter, 3 Bände, 2001–2003

200 Insbesondere Hans Rudolf Leu, Wie Kinder mit Computern umgehen – Studie zur Entzauberung einer neuen Technologie in der Familie, 1993; Christine Feil u. a., Wie entdecken Kinder das Internet? 2004

umdreht, wie manchmal vermutet, bewahrheitet sich dennoch nicht.[201] Vorbei sind die Zeiten, in denen Computer für Spielzeuge oder Lernmaschinen gehalten wurden. Politik, Verwaltung und Wirtschaft in der ganzen Welt beruhen heute auf der Internetnutzung, denn sie ist ein integraler Teil von Produktion und Distribution, Dienstleistung und Administration und die Entwicklung scheint sogar eine neue Stufe zu erreichen: Industrie 4.0! Die Digitalisierung erreicht auch den Alltag, insbesondere den Haushalt. Kinderspiele und Freizeitgestaltung, alles verändert sich.

Die Relativierung und Verabsolutierung von Meinungen. Tradierung und Widerstand – durch diese beiden Begriffe lässt sich vielleicht die familiäre, schulische und peergenerierte Meinungsbildung schlagwortartig bezeichnen. Die elterliche Erziehung strebt nach der Tradierung von Meinungen, Werten und Normen auf die Kinder, wobei diese sich dieselben aber aneignen müssen (*„Was Du ererbt von Deinen Vätern, erwirb es zu besitzen!"* heißt es im „Faust") und erzeugt dennoch häufig nichts als Widerstand, bestenfalls Distanz und Autonomie. Das gleiche lässt sich von der schulischen Meinungsbildung durch Erziehung und Bildung sagen – vielleicht mit dem Unterschied, dass die Schule noch mehr Widerstand erzeugt, und dann vor allem auch Gleichgültigkeit. Peergruppen sind dagegen stark in der Vermittlung von Meinungen. Sie fördern die Identifikation mit den peergruppenspezifischen Werten. Wer sich nicht identifiziert, tritt gar nicht bei, verlässt die Gruppe oder wird ausgestoßen und das gilt für Pfadfinder- wie für Rockergruppen.

Von einer Universalisierung der Meinungsbildung durch das Netz wird man ebenso wenig sprechen können wie von einer Universalisierung des Wissens, eher von einer Partikularisierung (s. o.). Die Kommunikationsformen des Internet enthalten jedoch die Chance einer Relativierung von Meinungen und Moralen. Im Internet fällt es schwer, darüber hinwegzusehen, dass es eine Vielfalt von Meinungen gibt, dass es Meinungen gibt, die deutlich von der eigenen Meinung abweichen. Auch im Internet kann man sie zwar ignorieren oder dagegenhalten, aber die Präsens von Vielfalt enthält zumindest die Chance der Relativierung übergroßer Eindeutigkeit. Ein überzeugter Kreationist muss zwar Darwin nicht akzeptieren, aber er kann es schwer vermeiden, zu wissen dass es ihn gibt. Dies mag vielleicht nur eine Hoffnung sein, weil das Netz voll von Beweisen für das Gegenteil ist. Das Internet ist voll von agitatorischen, einseitigen, verschwörerischen, dümmlichen und bösartigen Meinungen, die jeweils eine absolute Geltung für sich in Anspruch nehmen,

---

201 Kurt Lüscher und Ludwig Liegle, Generationenbeziehungen in Familie und Gesellschaft, 2003, S. 175

und zwar nicht nur in der politischen, sondern auch in der allgemeinen Meinungsbildung.[202]

Fakenews, Shitstorm, Exhibitionismus und Prangerwirkung. Recht nahe bei der Verstärkungs- und Verabsolutierungswirkung des Internet liegen weitere hässliche netztypische Phänomene. Das Internet verleitet dazu, erfundene „Nachrichten", sog. fake news, zu verbreiten, und zwar nicht nur in der Politik. Das Gerücht, dass ein bestimmtes Kaufhaus zu Weihnachten Teddybären verschenkt, mag früher durch Mund-zu-Mund Propaganda eine gewisse lokale Wirkung gezeigt haben. Die Nachricht im Internet, dass in allen Aldi-Filialen in Deutschland am 24.12. zwischen 8 und 10 Uhr Teddybären verschenkt werden, führt zu katastrophalen Wirkungen, zum Verkehrschaos und zum Zusammenbruch des Verkaufs bei Aldi. Das Internet ermöglicht lone riders, fake news zu verbreiten und Chaos zu verursachen.

Das Internet kann Menschen mit abweichenden Meinungen ihrer Meinungsfreiheit berauben. Nonkonforme Einzelmeinung können mit einem sog. shitstorm überzogen werden. Wenn ich auf meiner Facebookseite z. B. verkünde, dass ich die Genitalbeschneidung von Mädchen gut finde und dass man sie auch in Deutschland einführen solle, weil sie die „Sexualisierung der Gesellschaft" eindämmt, dann würde mich ein massiver aggressiver Sturm von Meinungen im Netz überfallen, und zwar im Namen der sexuellen Freiheit von Mädchen und Frauen. Andererseits lädt das Internet aber auch geradezu dazu ein, sich zu exponieren – mit dem Risiko des Shitstorm. Besonders Kinder und Jugendliche neigen dazu, ihre Profile ins Netz zu stellen, denn sie wollen sich bekannt machen, entdeckt werden, Freunde gewinnen. Viele verbreiten auch ihre Photos im Netz oder lassen die Verbreitung durch andere zu. Das Internet führt zum Exhibitionismus.

Das Internet kann auch als „moderner Pranger" benutzt werden, und zwar insbesondere bei Kindern und Jugendlichen. Solange es Nachbarschaften und Schulen, lokale Gemeinschaften gibt, kennt man die Figur des Außenseiters, des „Sündenbockes", des „Opfers". Stigmatisierungen führen zum Ausschluss aus der Gemeinschaft. Wer erinnert sich nicht an Basini im „Törless" von Robert Musil? an Piggy in William Goldings „Herr der Fliegen"? Schrecklich genug dieser Terror in kleinen geschlossenen Gemeinschaften! Heute aber passiert es ständig, dass Außenseiter im Netz „an den Pranger gestellt werden". Der persönlichen Diffamierung ist Tür und Tor geöffnet. „Anna ist eine Schlampe, die sich mit jedem Jungen einlässt" steht im Netz, bebildert

---

202 Hannes Grassegger und Till Krause, Im Netz des Bösen, Süddeutsche Zeitung Magazin, 2016 Nr. 50 S. 14 ff

mit einer Photomontage, die sie bei einem vermeintlichen Geschlechtsverkehr zeigt und das kann noch als milde Form dieses Missbrauchs des Internet gelten. Es gibt Schlimmeres. Das Internet erlaubt das Ausleben von Rachegefühlen und fördert die Stigmatisierung.

Enttabuisierung. Kinder und Jugendliche streben nach dem, was sie für den Inbegriff des Erwachsenenseins halten, aber gerade dies wird ihnen durch Erziehung verwehrt, Alkohol, Tabak und andere Drogen und insbesondere die Sexualität. Sogar das Wissen darüber wird Kindern und Jugendlichen vorenthalten bzw. durch Erziehung nur in homöopathischen Dosen verabfolgt. Die sexuelle Aufklärung suchte sich früher andere Wege, wenn die Eltern versagten, durch die „Aufklärungsliteratur", aber vor allem „die Straße". Heute erfolgt die sexuelle Aufklärung per Knopfdruck, und alles, was man wissen und sehen kann und will, steht zur freien Verfügung, und zwar kostenlos. Es gibt keine Tabus mehr; das Internet macht die Sexualität auch für Kinder und Jugendliche jedoch zur konsumierbaren Ware [203] und dasselbe gilt mehr oder minder auch für die Gewalt.

„Geld *regiert die Welt".* Das ist der Eindruck, den die Medien vermitteln, vor allem die audio-visuellen Medien, und sie verschaffen einigen wenigen Menschen durch Glücks- und Ratespiele, casting-shows und song-contests auch wirklich Geld, und zwar sehr viel Geld. Wie ärmlich wirkt dagegen das elterliche Taschengeld! Wie armselig wirkt eine Erziehung, die „wahre Werte" vermitteln will! Der Versandhandel präsentiert im Internet die Fülle der Warenwelt, die früher selbst bei häufigem und ausgedehntem Shopping nicht zu besichtigen war. Und alles ist käuflich, für Geld zu haben. Die sog. Influencer, die im Internet Produktwerbung betreiben, haben ein Millionenpublikum von sog. Followern. Die Durchsetzung des Massenkonsums und des Glaubens an die Macht des Geldes in der kapitalistischen Welt verdankt sich vor allem den Medien. Vor allem die großen Unternehmen im Mediengeschäft, „The big five", nämlich Microsoft, Apple, Amazon, Google und Wikipedia, vermitteln den Eindruck, dass Geld die Welt regiert.

Politischer Machtkampf und Showbizz. Donald Trump war nach einem positiven Coronatest in der letzten Phase des Wahlkampfes im Oktober 2020 einige Tage im Krankenhaus. Innerhalb der ersten Stunde nach seiner Entlassung aus dem Krankenhaus hat er 20 Tweets abgesetzt und versandt, um wieder in den Wahlkampf einzusteigen, um zu zeigen: Ich bin wieder da, bin gesund, kämpfe weiter und werde gewinnen. Seinen Wahlkampf 2016 hat er ebenfalls

---

203 Bernd Siggelkow und Wolfgang Büscher, Deutschlands sexuelle Tragödie – Wenn Kinder nicht mehr lernen, was Liebe ist, 2010

auf Twitter geführt und regiert hat er seit 2017 im Wesentlichen mit Tweets. Millionen Menschen in der ganzen Welt – auch wenn sie nicht auf Twitter sind – haben aus den anderen Medien seine Entscheidungen über Schutzzölle gegen China, über die Ernennung einer neuen Richterin am Supreme Court, über die Entlassung seines Verteidigungsministers und vieles andere mehr in wenigen Minuten erfahren und das Gefühl gehabt, dass sich der amerikanische Präsident persönlich an sie wendet. Der Kampf um die politische Macht wird auf Twitter geführt und wir sind alle dabei. Als Justin Bieber 13 Jahre alt war, hat seine Mutter Aufnahmen seiner Auftritte im Jahre 2007 an verschiedene Plattenfirmen verschickt, von denen eine ihn unter Vertrag nahm und seine Debütsingle herausbrachte, als er gerade 15 Jahre alt war. Der Pop-Jungstar galt als der erste, dessen Karriere von Plattenfirmen ausschließlich über die Charts gemanagt wurde, auf denen er schnell aufstieg so dass er schon nach einem weiteren Jahr den Platz 1 der US-Charts erreichte. Wir alle haben ihn dorthin gebracht, soweit wir über die Platzierung mit abgestimmt haben. Heute verfolgt ein Publikum von vielen Millionen seine Auftritte und seine Lebens- und Liebesverhältnisse täglich im Internet. Wir alle fühlen uns den Politik- und Pop-Stars ganz nah, weil sie sich über das Internet direkt an uns wenden, denn wir bestimmen als Fans über ihren Erfolg. Kindern und Jugendlichen erscheinen Politik und Kunst als Polit- und Pop-Show.

„*Datenklau*". Die Betreiber der sozialen Medien, vor allem „the big five" verfügen über die Daten von Millionen Menschen. Sie versprechen zwar, dass sie sie nur für eigene Zwecke zum Wohle der Nutzer selber nutzen und nicht weitergeben; doch angesichts der Datentechnologien entzieht sich die Verwendung der Daten nicht nur der Kontrolle der Nutzer, sondern sogar der Kontrolle der „Kontrolleure", d. h. der Datenschützer. Kürzlich erschien in der Presse eine Karikatur: Ein Mann sitzt zu Hause gemütlich an seinem PC. Angesichts großer Hitze zieht er die Schuhe aus. Sofort erscheint auf seinem Bildschirm die Werbung für ein Mittel gegen Fußschweiß. Die Datenschutzgesetze begrenzen die Erhebung und Nutzung der Daten der Bürger durch Staat und Verwaltung. Den sozialen Medien übermitteln wir aber unsere Daten freiwillig und verlieren dadurch die Verfügung und Kontrolle über sie. Und diese Daten können nicht nur in die Hände von Dritten, z. B. Unternehmen der Werbebranche geraten, sondern auch in die Hände von Organisationen, die sie zum Zwecke der Manipulation verwenden können, wie im Jahre 2016 durch die „Kooperation" von Facebook und Cambridge Analytica zum der Beeinflussung der amerikanischen Präsidentenwahl.

Nimmt man diese Eigenheiten der digitalen Information und Kommunikation zusammenfassend in den Blick, so wird deutlich, dass die Schule den Einfluss auf die mediale Sozialisation verloren hat und ihn auch durch den

Informatikunterricht und durch eine noch so gut gemeinte Medienpädagogik nicht wiedergewinnen kann.[204]

6.2.2 Die Bedrohung des gesellschaftlichen Zusammenhalts durch Radikalität und Anomie

Es gibt gesellschaftliche Gruppen, die die Regeln des gesellschaftlichen Zusammenhalts ablehnen, sich nicht nach ihnen richten und sie aktiv bekämpfen, die ich deshalb mit dem Begriff der negatorischen Radikalität belege. Es gibt Zeiten, in denen die Regeln des gesellschaftlichen Zusammenhalts zu schwach sind, um den Zusammenhalt zu gewährleisten oder in denen sie in der Gesamtgesellschaft nicht hinreichend befolgt werden, um das Überleben des Gesellschaftssystems zu sichern. Einen solchen Zustand nenne ich in Anlehnung an Emile Durkheim Anomie.

In der alten Bundesrepublik gab es schon immer kleinere Gruppen, die zu einer negatorischen Radikalität neigten und sie auch lebten, die aber Randerscheinungen blieben, häufig auch nur einzelne gesellschaftliche Regeln ablehnten und den gesellschaftlichen Zusammenhalt nicht gefährdeten. Dazu gehörten z. B. Sekten wie die Zeugen Jehovas oder auch Scientology und eine ganze Reihe anderer. Typische Verhaltensweisen der Sektenmitglieder waren z. B. die Ablehnung des Eides vor Gericht, die Verweigerung von Impfungen oder die Verweigerung des Wehrdienstes wie auch des Ersatzdienstes. Andere ebenfalls im Grunde harmlose Gruppen lebten in „alternativen Szenen", z. B. in Landkommunen, Nudistencamps, den Ashrams der Seniassim, in buddhistischen Klöstern usw. Sie zogen sich aus der Gesellschaft zurück und die Gesellschaft ließ sie in Ruhe.

Nach der Studentenbewegung der sechziger Jahre und der RAF und ihrer Nachfolgeorganisationen bildeten sich militante linksextreme Gruppen, die z. T. in besetzten Häusern lebten, vermummt als „schwarzer Block" an Demonstrationen teilnahmen und sich als „Autonome" definierten. Sie lehnten die Gesellschaftsordnung der Bundesrepublik ab, missachteten die gesetzliche Ordnung, lieferten sich Straßenschlachten mit der Polizei, zündeten Autos an und plünderten Geschäfte. Die Anzahl der Aktiven begrenzte sich auf einige Hundert, wozu noch einige Tausend Sympathisanten gerechnet werden können. Die „Truppe" zog durch ihr aggressives Verhalten die Aufmerksamkeit, aber

---

204 In RdJB finden sich zahllose Schwerpunkthefte zum Thema der medialen Sozialisation und ihrer rechtlichen Gestaltung und Problematik, s. insbesondere 2010/4, 2013/2, 2017/3

auch die Ablehnung der Öffentlichkeit auf sich, sodass sie trotz ihrer negatorischen Radikalität den gesellschaftlichen Zusammenhalt nicht gefährdete, sondern eher stärkte. Inzwischen gibt es in allen Großstädten, und zwar nicht nur in Deutschland sog. „Autonome Szenen" von linksradikalen gewaltbereiten Jugendlichen, die die kapitalistische Gesellschaftsordnung des Westens grundsätzlich ablehnen, die untereinander stark vernetzt sind und die sich bei besonderen Anlässen Straßenschlachten mit der Polizei liefern, wie z. B. beim G 20-Gipfel in Hamburg im Jahre 2017.

In der alten Bundesrepublik gab es auch kleinere militante rechtsradikale Gruppierungen, die meist der NPD oder anderen neo-nationalsozialistischen Parteien zugerechnet wurden, die – anderes als die Linksextremen – nicht in der Öffentlichkeit, sondern im Geheimen agierten und nur durch ihre ausländerfeindlichen oder antisemitischen Straftaten auffielen. Gefährlich für die Gesamtgesellschaft waren sie eigentlich nicht. Dies änderte sich nach der Wiedervereinigung, als vor allem im Osten eine Vielzahl militanter rechtsextremer Gruppierungen entstand, die sich als Kampftruppen verstanden, mit Waffen ausrüsteten und bürgerkriegsähnliche Szenarien ins Auge fassten. Sie scheuten die Öffentlichkeit, pflegten häufig geheimbündlerische neo-nationalsozialistische Rituale, huldigten dem Führerkult, propagierten Ausländer- und Judenhass und begingen die dementsprechenden Straftaten. Das änderte sich, als sich nach 2015 angesichts der massiven Flüchtlingsströme einerseits eine „Willkommenskultur" und andererseits eine „Migrationskritikfront" bildete. Mit der Gründung von PEGIDA fanden die rechtsextremen Gruppierungen eine öffentliche Plattform, die bis in bürgerliche Kreise hineinreichte. Mit dem Aufstieg der AfD erhielt die negatorische Radikalität der Rechten in einem „Flügel" sogar Zugang zum parlamentarischen System und gefährdet nun den gesellschaftlichen Zusammenhang in erheblichem Maße, und zwar anhaltend.

Die Einwanderung von Ausländern aus muslimischen Ländern und die Aufnahme von muslimischen Flüchtlingen haben dazu geführt, dass in Deutschland rd. 4 Mill. Moslems leben, die den unterschiedlichsten Richtungen des Islam angehören und die sich im Großen und Ganzen bei aller Differenz in die Gesamtgesellschaft eingefügt haben und heute ein wesentlicher Teil dieser pluralistischen Gesellschaft sind („Der Islam gehört zu Deutschland", Bundespräsident Christian Wulff, 3.10.2010). Das gilt jedoch nicht für eine kleine Gruppe fundamentalistisch orientierter zumeist jugendlicher Männer, die häufig unter dem Einfluss radikaler Imame stehen. Sie lehnen die Normen der Mehrheitsgesellschaft grundsätzlich ab, insbesondere die Gleichberechtigung von Frauen, die Duldung der Homosexualität und die Säkularisierung des öffentlichen Lebens. Sie wollen in Deutschland nicht nur selber nach ihren

Regeln leben, was ihnen gewährt wird, sondern sie fordern die Geltung dieser Regeln für alle, und zwar nicht nur für ihre Glaubensbrüder und -schwestern, sondern wirklich für alle. Sie verlangen die Vernichtung der „Ungläubigen" und einige von ihnen schreiten zur Tat und versuchen, durch Attentate möglichst viele „Ungläubige" zu töten. Mag es sich bisher auch nur um Einzelne oder kleine Gruppen handeln, angesichts von Hass und Gewalt sind sie nicht nur eine Gefahr für die große Mehrheit der friedfertigen Muslime, sondern auch für den Zusammenhalt der Gesamtgesellschaft.

Die negatorische Radikalität dieser Gruppen erfordert Wachsamkeit und Entschlossenheit der Gesellschaft, aber das Grundgesetz gibt ihr Instrumente in die Hand um sich zu wehren, neben dem Strafrecht insbesondere das Vereins- und Parteiverbot der Art. 9 Abs. 2 und 21 Abs. 2 und vor allem die Mobilisierung von „Gegenmacht" in Staat und Verwaltung, insbesondere in der Polizei und im Verfassungsschutz sowie in einer aktiven Zivilgesellschaft.

Bedrohlicher als die Radikalität und Militanz dieser Gruppen "von außen" ist jedoch die Erosion des gesellschaftlichen Zusammenhalts „von innen". Es war vor allem Emile Durkheim, der vor mehr als einhundert Jahren vor der Schwächung der Normen des sozialen Zusammenhalts gewarnt hat. Eine solche Schwächung sah er zunächst im Schwinden des Religiösen in der Gesellschaft und in einer gesellschaftlichen Arbeitsteilung, die die Solidarität bedroht, dann aber vor allem im Egoismus der Individuen und letztendlich in der Anomie, also in einem gesellschaftlichen Zustand, in dem die normalen Regeln des Zusammenlebens nicht mehr gelten, nicht mehr beachtet, sondern systematisch verletzt werden, und zwar nicht durch Außenseiter der Gesellschaft, sondern in der Mitte der Gesellschaft. Eine solche Anomie nannte Durkheim pathologisch und zerstörerisch.[205] Ich will nun einige solcher anomischen Zustände kurz benennen, wie sie sich täglich im deutschen Alltag beobachten lassen.

Grenzenloser Egoismus. Z. B. im Straßenverkehr: Das Rasen, Drängeln und Überholen auf der Autobahn, die Autorennen in der Stadt, die Zügellosigkeit der Radfahrer, die Missachtung roter Ampeln usw., z. B. im Geschäftsleben: die Zahlung horrend hoher Boni an leitende Mitarbeiter, die Abrechnung privater Kosten als Betriebsausgaben, die Erschleichung von Subventionen, Bestechungsgelder als notwendige Betriebsausgaben, der Steuerbetrug als Geschäftsmodell usw.

---

205 Nach früheren Arbeiten wie „De la Division du Travail Social" 1893, und „Le Suicide" 1897 vor allem grundsätzlich in „Les Règles de la Méthode Sociologique" 1895, 14. Auflage 1960, S. 47 ff.

Verwahrlosung. Obdachlose und Bettler gehören zum Straßenbild jeder deutschen Großstadt. Drogenhandel und -konsum finden in der Öffentlichkeit statt. Heroinspritzen und benutzte Kondome liegen in den Ecken der öffentlichen Parks; unbetretbare öffentliche Toiletten, überquellende Mülleimer, Berge von Papierbechern und leere Schnapsflaschen an den Seeufern, Müllberge nach Demonstrationen und auf der „Partymeile", Plastik in jeder Form überall. Und niemand räumt das alles weg, sondern das bleibt der Müllabfuhr überlassen.

Entsolidarisierung und Vikitimisierung. Steigende Besucherzahlen bei den „Tafeln"; Einsamkeit, Krankheit und Tod in der Anonymität der Großstädte auch in Deutschland; Ausgrenzung von Außenseitern und Misshandlung von wehrlosen Opfern von Gewalt.

Wegschauen, Gleichgültigkeit und Mangel an Zivilcourage. Bei Verkehrsunfällen fahren viele einfach weiter statt anzuhalten und Hilfe zu rufen; andere halten an und gaffen. Bei Diskriminierungen im öffentlichen Raum greift niemand ein. Opfer von Gewalt bleiben auf der Straße liegen und viele Menschen gehen vorüber.

Xenophobie, Fremdenfeindlichkeit und Rassismus. Viele Menschen haben Angst vor „dem Fremden", statt Neugierde zu empfinden und Freundlichkeit auszustrahlen. Meinungsumfragen zeigen die mit der Flüchtlingswelle 2015 steigende Ablehnung der Migration und eine steigende Fremdenfeindlichkeit. Die Diskriminierung von Ausländern ist Alltag. Es gibt Indizien für Rassismus und Antisemitismus in vielen gesellschaftlichen Gruppen, und zwar nicht nur in der Unterschicht, auch im Militär und in der Polizei, im Öffentlichen Dienst.

Schrankenloses Vergnügen. Partymachen ohne Rücksicht auf Verluste. Das Internet erlaubt spontane Verabredungen, sog. Flashmobs. Die Spontaneität verhindert Verantwortlichkeiten. Krach und Dreck, Beleidigungen und Gewalt gehören zur Normalität. Angriffe auf die Polizei und Plünderungen können hinzukommen. Vergnügen um jeden Preis, das Ausleben von Frust, der schamlose Egotrip.

Exhibitionismus, Aggression und Maßlosigkeit im Netz (s. o. 6.3.1)

Vernachlässigung, Gewalt und sexueller Missbrauch. Viele Kinder und Jugendliche werden in ihren Familien nicht richtig und ausreichend versorgt, sondern vernachlässigt, und zwar was Gesundheit und Ernährung, Körperpflege und Bewegung, Erziehung und Bildung angeht. Die Mediennutzung und die Peerbeziehungen der meisten Kinder und Jugendlichen entziehen sich der elterlichen Kontrolle. In vielen Familien gehört Gewalt gegen Frauen und Kinder zum Alltag. Viele Menschen, fast nur Männer, beteiligen sich an vielfältigen Formen des sexuellen Missbrauchs, und zwar offensichtlich ohne Scham, weil er sich unter den Augen (begrenzter) Öffentlichkeiten vollzieht.

Grenzen des staatlichen Gewaltmonopols. Für familienrechtliche Angelegenheiten nehmen muslimische Gemeinden eine juristische Autonomie in Anspruch. In und durch Großfamilien, sog. Clans arabischer Herkunft, wird häufig Selbstjustiz ausgeübt, und zwar nicht selten nach dem Talionsprinzip. Das staatliche Gewaltmonopol stößt jedoch nicht nur in manchen Migrantenkreisen an seine Grenzen. Bei Konfrontationen mit der Polizei auf Großdemonstrationen gelten Angriffe auf die Polizei als legitim. „Die Bullen" dürfen beleidigt und angegriffen werden. Verwaltungsbeamte werden als einzelne im Netz diffamiert, häufig auch in ihrer Privatsphäre bedroht und verletzt.

Sind das nun alles Einzelfälle, wie so gerne behauptet wird? Ist das alles maßlos übertrieben? unzulässig verallgemeinert? Es sind Alltagsphänomene, wahrnehmbar von jedermann. Selbstverständlich finden sich im Alltag Gegenbeispiele, Beispiele von Hilfsbereitschaft und Solidarität, von Aufschrei vor Entsetzen und mutigem Einschreiten bei Gefahr. Es wäre mühelos, der obigen Liste eine Liste mit positiven Beispielen gegenüberzustellen, die für Gesetzestreue, Gemeinsinn, Zusammenhalt, Mut und Einsatzbereitschaft sprechen. Durkheim behauptet jedoch, dass es eine Grenze für die Belastbarkeit des gesellschaftlichen Zusammenhalts gibt und dass sich diese Grenze anhand sozialer Tatsachen feststellen lässt und jenseits dieser Grenze beginnt der pathologische Zustand der Gesellschaft.[206]

Diese Frage will ich hier nicht diskutieren, denn mein Thema ist nicht der Zusammenbruch der Gesellschaft, sondern die Frage, ob und was die Schule in diesem Zusammenhang tun kann und muss. Es war und ist das Ziel jeder schulischen Erziehung, der negatorischen Radikalität entgegenzuwirken und die benannten Zustände der Anomie zu verhindern. Die Lehrpläne sind voll von Hinweisen auf diese Aufgabe der Schule. Es gibt sogar Schulfächer, die sich dieser Aufgabe widmen, wie z. B. die sog. Gemeinschafts- oder Sozialkunde. Die Schule selber soll schließlich so organisiert sein, dass sie eine vollständige Gemeinschaft ist, ein Abbild der guten Gesellschaft und ein Übungsfeld des gesellschaftlichen Zusammenhalts. Ich bin jedoch der festen Auffassung, dass die Identifikationsmacht und der Identifikationsdruck in den Gruppen des negativen Radikalismus so groß sind, dass die Schule angesichts dessen keine Chance hat, dagegen anzukommen. Ich bin auch der festen Auffassung, dass

---

206 A.a.O. s. 64 ff.

die Schule die Wirklichkeit und Macht der benannten anomen Zustände nicht beeinflussen kann, und zwar weder durch Instruktion noch durch beispielhaftes Verhalten. Schließlich ist das das wirkliche oder vermeintliche Leben, das sich überdies auch in der Schule wiederfindet.

6.2.3 Die Bedrohung des politischen Systems durch Identifikationsverluste

Wie festgestellt, ist alle politische Bildung im Jugendalter nur als Vorgriff möglich. Im eigentlichen Sinne kann sie erst geschehen, wenn der Mensch selbst in politischen Entscheidungen steht." – „Politische Jugenderziehung ist eine Voraussetzung guter Politik. Aber die politische Erziehung des Volkes im Ganzen geschieht wesentlich durch die Politik selbst. Deshalb werden die Bemühungen um politische Erziehung scheitern, wenn nicht die Politiker sich der erzieherischen Wirkungen bewusst sind, die im Guten und im Schlechten von ihrem Handeln ausgehen.

L Deutscher Ausschuss für das Erziehungs- und Bildungswesen, Gutachten zur politischen Erziehung und Bildung vom 22. Januar 1955, Gesamtausgabe 1965, S. 837 f.

Ich vertrete in diesem Abschnitt die These, dass nicht die Familie, Schule oder die Wissenschaft politisch bildet, sondern die Politik selber. Das soll nicht heißen, dass Familie, Schule und Wissenschaft nicht Beiträge zur politischen Bildung leisten, indem sie politisches Wissen vermitteln, politische Fähigkeiten entwickeln und politische Einstellungen und Verhaltensweisen prägen, sondern es soll heißen, dass die Frage, ob sich die Menschen mit der „Gesamtentscheidung über Art und Form der politischen Einheit"[207] identifizieren oder eben nicht, dass diese Frage nicht durch den Unterricht über Politik, sondern durch die Politik selber entschieden wird, weil es sich um eine existenzielle Frage handelt. „Die Politik" verursacht, bestimmt und prägt politische Einstellungen und Verhaltensweisen. Sie – und nicht die Schule – entscheidet selber darüber, ob sich die Menschen mit der „Gesamtentscheidung über die Art und Form der politischen Einheit" identifizieren oder nicht. Ich kann leider nicht umhin festzustellen, dass dieser Ausgangspunkt der Freund-Feind-Unterscheidung von Carl Schmitt[208] bedenklich nahe kommt.

Für die Identifikation mit einem politischen System, das eine bestimmte

---

207 Sog. positiver Verfassungsbegriff s. Carl Schmitt, Verfassungslehre, 1928 S. 20
208 Carl Schmitt, Über die drei Arten des rechtswissenschaftlichen Denkens, 1934

politische Idee durch politische Einheitsbildung verwirklicht, gibt es sechs Voraussetzungen:

1. Eine *politische Idee*, die in dem politischen System Gestalt annimmt und die der politischen Herrschaft Legitimität verleiht,
2. *Menschen*, die als politische Führer in der Lage sind, diese Idee umzusetzen und das Volk in seiner Gesamtheit zu repräsentieren,
3. eine *politische Willensbildung*, in der der Volkswille in einem geregelten und akzeptierten Verfahren Ausdruck findet und durch die die politische Führung immer wieder legitimiert wird,
4. die *Souveränität des Staates*, d. h. die innen- und außenpolitische Macht, einer solchen Idee zu Wirklichkeit zu verhelfen,
5. die *Daseinsvorsorge für die Menschen*, d. h. die Gewährleistung grundlegender ökonomischer und sozialer Lebensbedingungen und schließlich
6. die *Selbstverwirklichungschance der Menschen, d. h.* die Gewährleistung der Würde des Menschen, seiner Handlungsfreiheit und einer gewissen Privatheit.

In der alten Bundesrepublik lagen diese Voraussetzungen nach der Phase der gesellschaftlichen und politischen Reformen der sechziger und siebziger Jahre vor. In der Deutschen Demokratischen Republik lagen sie offensichtlich nicht vor, und zwar von Anfang an und am Ende erst recht nicht. Die Zahlen des Jugendsurvey des DJI aus dem Jahre 1992[209] sprachen dafür, dass die Wiedervereinigung die Voraussetzungen für die Identifikation mit dem neuen Staat in ganz Deutschland geschaffen hat. Es fragt sich jedoch, ob diese Identifikation heute – dreißig Jahre nach der Wiedervereinigung – noch besteht.

Die *Idee der Demokratie* kann heute als unangefochten gelten, wenn auch ihre Ausformung und ihre Praxis außerordentlich umstritten sind. So zeigen die Befragungen von Jugendlichen ebenso wie die Befragungen der Gesamtgesellschaft, dass die Demokratie als Leitidee des politischen Systems Zustimmungswerte erreicht, die zwischen 80 % und 90 % liegen. Während jedoch eine Mehrheit der Bevölkerung das liberale pluralistische Modell meint, wenn von Demokratie die Rede ist, setzen die neuen populistischen Bewegungen dem eine andere Idee von Demokratie entgegen, wenden sich gegen die im derzeitigen politischen System herrschenden Eliten und fordern eine politische Herrschaft „im Interesse des ganzen Volkes", was immer das heißen mag. Die Befragungen zeigen auch, dass die Mehrheit der Bevölkerung mit der Praxis

---

209 Ursula Hoffmann-Lange (Hrsg.), Jugend und Demokratie in Deutschland, Deutsches Jugendinstitut, Jugendsurvey 1, 1995, S. 160 ff.

der Demokratie unzufrieden ist und kein Vertrauen in die politischen Parteien und in die Regierung hat, wenn sie auch der Idee der Demokratie in hohem Maße zustimmt.

In der Person der Bundeskanzlerin gibt es eine *politische Führung,* die das Vertrauen des Volkes wiedergewonnen hat, nachdem dieses an sich seit langer Zeit bestehende Vertrauen in der Migrationskrise der Jahre 2015/16 gelitten und sich erheblicher, auch militanter Widerstand gegen ihre Entscheidungen gebildet hatte („Merkel muss weg!"). Die Wiedergewinnung des politischen Vertrauens in jüngster Zeit hängt stark mit dem Management der Coronakrise zusammen. Die zunächst zögerliche, aber dann doch auch wieder entschlossene Art der Führung hat die meisten Menschen überzeugt und in den Meinungsumfragen hohe Zustimmungswerte für die Coronamaßnahmen der Regierung erbracht. Das Vertrauen in die politische Führung ist jedoch stark an die Person der Bundeskanzlerin gebunden. Gegen „die da oben" richtet sich nach wie vor die massive und lautstarke Kritik in einigen Teilen der Öffentlichkeit.

Es ist offensichtlich, dass wir eine deutliche Delegitimierung der traditionellen Formen der *politischen Willensbildung* erleben. Viele politische Beobachter analysieren die Entwicklung des Wählerverhaltens nach den Erfahrungen der Weimarer Republik. Die demokratische Mitte verliert durch das Erstarken extremer totalitärer Flügelparteien die parlamentarische Mehrheit. Das überzeugt nicht, weil die derzeitige sozialistische „Linke" in mehreren Ländern Regierungsverantwortung trägt und weil es noch nicht ausgemacht ist, ob sich der Teil der AfD durchsetzt, der sich demokratisch und bürgerlich geriert; ausgeschlossen ist das nicht. Es könnte vielmehr sein, dass das liberale pluralistische Modell der Demokratie an Regulierungsschwäche leidet, wie es Andreas Reckwitz analysiert hat, der sich für einen „regulierungsstarken oder einbettenden Liberalismus" und eine neue starke soziale Ordnungsbildung ausspricht.[210] Zur Zeit zeigt die Regierung allerdings durchaus Regulierungsstärke, denn sie hat zur Bekämpfung der Coronakrise viele Grundsätze der liberalen pluralistischen Verfassung – auf Zeit! – außer Kraft gesetzt und dafür die Zustimmung der Gerichte und der Bevölkerung erhalten. Mir will es deshalb eher scheinen, als ob Fehler in der politischen Repräsentation und der sozialen Umverteilung die Ursache für das Unbehagen an der Demokratie sind.[211]

---

210 Andreas Reckwitz, Das Ende der Illusionen – Politik, Ökonomie und Kultur in der Spätmoderne, 2019, S.285
211 Nancy Frazer, Soziale Gerechtigkeit in der Wissensgesellschaft: Umverteilung, Anerkennung und „Teilhabe", in: Heinrich-Böll-Stiftung (Hrsg.), Gut zu wissen – Links zur Wissensgesellschaft, 2002; Philip Manow, Die Entdemokratisierung der Demokratie, Merkur, 2020, Heft 850, S. 5 ff.

Nach der Wiedervereinigung war die *äußere Souveränität* Deutschlands wiederhergestellt und schien auch unangefochten. Seit der Lissabon-Entscheidung pocht das Bundesverfassungsgericht auf die Souveränität Deutschlands innerhalb der EU[212] und fährt einen scharfen Konfrontationskurs im Verhältnis zum Europäischen Gerichtshof. Im Verhältnis zu den USA und zu Russland regen sich allerdings Zweifel, ob Deutschland seine Souveränität in Wirtschaftsfragen behaupten kann, ohne wirtschaftlich Schaden zu nehmen. Die *innere Souveränität* des Staates steht in Frage, weil das Gewaltmonopol des Staates häufig nicht durchgesetzt werden kann, wie es Konfrontationen mit der Polizei zeigen, ob es sich dabei um das Ausufern der „Party-Szene" wie kürzlich in Stuttgart oder schon früher in einer Sylvesternacht in Köln handelt oder um rechtsradikale Demonstrationen wie 2018 in Chemnitz oder linksradikale Demonstrationen wie beim G20-Gipfel 2017 in Hamburg.

Bis vor kurzem schien es völlig unzweifelhaft zu sein, dass der deutsche Staat die *Daseinsvorsorge* seiner Bürgerinnen und Bürger gewährleisten kann und auch gewährleistet. Welches Land – wenn nicht Deutschland – kann für die große Mehrheit seiner Bevölkerung optimale Lebensbedingungen sichern, auch wenn die Armut in einem der reichsten Länder der Welt nicht zu übersehen ist. Doch mit dieser Sicherheit ist es nun vorbei, und zwar nicht nur in Deutschland. Auch wenn Deutschland die Coronakrise besser zu überstehen scheint als viele andere Länder, zeigen die Infektions- und Todeszahlen, dass auch ein starker Wirtschafts- und Sozialstaat gegen Pandemien nicht ankommt. Auch wenn Worst-Case-Szenarien mit hunderttausenden von Toten nicht eingetreten sind, zeigten sich deutliche Defizite in der Gesundheitsversorgung und nur staatliche Aufwendungen in Milliardenhöhe haben einen Zusammenbruch der Wirtschaft verhindern können. Doch noch weiß niemand, ob sich die Wirtschaft wieder erholen wird, aber jedermann weiß, dass eine solche Kraftanstrengung einmalig war und in einer weiteren Krise nicht wiederholt werden kann.

Letztendlich ist jeder „seines Glückes Schmied" und wir können von der Gesellschaft und ihrem politischen System nicht erwarten, dass sie für jedermann die *persönliche Selbstverwirklichung* gewährleisten. Wir können uns aber nur mit einem politischen System identifizieren, dass jedenfalls grundsätzlich und weitestgehend die Würde des Menschen sowie eine gleiche persönliche Entscheidungs- und Handlungsfreiheit für alle sowie ein gewisses Maß von Privatheit garantiert. Obwohl man der Bundesrepublik nicht nur bescheinigen kann, dass sie dieses anstrebt und auch feststellen kann, dass sie dieses weitge-

---

212 BVerfGE 123, 267

hend erreicht hat, gibt es viele Menschen, die genau dies bestreiten, die finden, dass für sie die entsprechenden Voraussetzungen nicht geschaffen worden sind und dass deshalb dies „nicht ihr Staat" ist. Umso erstaunlicher ist es, dass alle Meinungsbefragungen immer wieder besagen, dass die ganz große Mehrheit der Menschen ihre persönliche Zukunft in diesem Land hoffnungsvoll sieht.

Wenn also politische Bildung – wie ich in diesem Abschnitt angenommen habe – nicht durch Familie, Schule und Hochschule, sondern durch die Politik selber geschieht, stellt sich abschließend die Frage, ob die deutsche Politik zur Zeit diese Aufgabe erfüllt? Ich antworte auf diese Frage mit einem „NOCH": Die vorangehenden Zeilen zeigen jedoch deutlich, dass es Gefahren für die Identifikation der Deutschen mit ihrem politischen System gibt.